职业教育发展柳州模式

（实践卷）

潘旭阳　主编

北京

国家行政学院出版社

图书在版编目（CIP）数据

职业教育发展柳州模式．实践卷/潘旭阳主编．—北京：国家行政学院出版社，2019.10
ISBN 978-7-5150-2368-7

Ⅰ.①职… Ⅱ.①潘… Ⅲ.①职业教育-发展模式-柳州 Ⅳ.①G719.2

中国版本图书馆 CIP 数据核字（2019）第 120537 号

书　　名	职业教育发展柳州模式（实践卷） ZHIYE JIAOYU FAZHAN LIUZHOU MOSHI (SHIJIAN JUAN)
主　　编	潘旭阳
责任编辑	王美丽
出版发行	国家行政学院出版社 （北京市海淀区长春桥路 6 号　100089） （010）68920640　68929037
编 辑 部	（010）68929009
经　　销	新华书店
印　　刷	北京虎彩文化传播有限公司
版　　次	2019 年 10 月北京第 1 版
印　　次	2019 年 10 月北京第 1 次印刷
开　　本	170 毫米×240 毫米　16 开
印　　张	40.25
字　　数	741 千字
书　　号	ISBN 978-7-5150-2368-7
定　　价	58.00 元

本书如有印装质量问题，可随时调换。联系电话：（010）68929022

本书编撰委员会

顾　问　姚尹意
主　编　潘旭阳
副主编　史庭宇　周海燕　李　莉
编　委　吴光燃　卞新明　鞠红霞　吴书勤　邱同保　覃海波
　　　　龙陵英　赵从奎　何　瑜　蒋漓生　吴祖强　刘治伟
　　　　韦焕壮　韦晓华　付　云　范桂佳　曾苡萱　徐荣国
　　　　阮志南　杨　林　杨勇勤　高　停　唐满燕　涂　娟
　　　　廖波光　唐　欣

序

柳州市，又称龙城，是西南工业名城、"珠江—西江经济带"国家新战略的龙头城市。其工业体系完备，汽车产业发达，工程机械享誉中外。

职业教育是柳州市经济发展的重要支撑，已成为全市产业升级转型的"催化剂"、园区建设的"服务器"和"三农"发展的"加速器"。

柳州职业教育的最大特色是产教深度融合，其深度和广度都是引人瞩目的，发展方向也与党和政府对新时期职业教育的总要求"深化产教融合、校企合作"保持了高度一致，它的发展成效证明了职业教育与经济发展应该形成匹配关系和互动关系。

职业教育是推进柳州市经济发展的重要法宝，已经与经济发展构成良性的互动关系，在经济发展中能够主动发挥人才培养、输送和技术服务的作用。从柳州职业教育发展的各个层面来看，政府的规划布局、政策和投入等保证了职业教育发展的科学性，职业院校与企业之间建立的多元、紧密的合作关系成为产教融合的重要基础，而职业教育的高位运行又不断实现了改革和创新，产生了大量成果，积累了许多可借鉴的经验。对柳州这样一个职业教育有巨大成效的城市，通过分析、比较、参照等方法不难看出，它已经形成了一种模式，这种模式包含了政府的政策引导方式、经济和教育的互动方式、学校办学和教学模式的综合运行方式，以及因此形成的发展方式。总结职业教育的柳州模式，对中国新时期职业教育的发展，对凸显职业教育的中国特色，具有重要意义。

柳州市教育局牵头编撰《职业教育发展柳州模式》一书，通过逻辑分析和案例佐证，展示了职业教育柳州模式的完整形态，诠释了柳州模式的深刻内涵"政府领航、双元一体、教产相伴、融合发展"，概括了柳州模式的四大要素，突出了柳州模式的特征。

柳州模式为中国职业教育的锦绣篇章增添了精彩的一页。

2018 年 12 月

前　言

一

自改革开放以来，中国职业教育经过30多年的发展，改变了原有企业办学、行业办学的格局，在社会主义市场经济的大环境中，逐步适应了中国的国情，形成以政府为主，社会各界共同参与的办学体制，以及公立学校和民办学校共同发展的格局。职业学校形成了基本独立的教育体系，政府对职业教育的管理、投入和导向作用日益凸显，企业成为职业教育的合作方，其参与职业教育的行为体现出自主和自觉的特征。

职业教育新格局面临的最大挑战，是学校作为办学主体与企业形成新的关系，即从原来的隶属关系变为合作关系。这一转变深刻影响了职业教育的发展。世纪之交，随着社会主义市场经济的发展成熟，大部分行业从政府全包、全管转制为企业自负盈亏，大部分企业面临竞争和生存问题。因此，行业、企业作为我国职业教育最重要的办学主体，绝大多数不再愿意承担举办职业学校的责任。由于我国人才市场、劳动力市场的成熟，行业企业用人的渠道逐步以市场化配置为主，因此职业学校对企业人才培养的作用不再至关重要。这一变化带来的结果是职业教育中企业角色的缺位。

同时，职业学校在培养人才、提高就业水平等方面有其不可替代性。特别在企业、行业的办学角色逐步淡化的情况下，职业学校的办学意义更为重要。我国是一个人口大国，每年从中学、大学毕业的学生有2 000万，提高学生的就业能力，特别提高中等学历水平学生的就业能力，是一项极为重要的任务。同时，企业从劳动力市场获取的人力资源，随着劳动力密集型生产向技术密集型生产的转变，这些资源的低端和粗放性影响了企业的技术升级和规模发展，也需要职业学校有系统地培养大批技术技能型人才。职业学校承担了本应由企业或由企业与学校共同承担的重任。

职业教育的办学需要与企业密切关联的几大要素：一是教学内容，它应该是企业典型技术全面、及时的呈现。二是训练条件，它应该是企业的真实岗位，即使一部分是模拟的训练条件，也应该是与企业的当下设备密切联系的。三是教师队伍，他们应该由学校教师和有经验的企业师傅组成。但是，在企业与职业教育的原有关系转变以后，这些重要的办学要素逐步缺失了，从理所当然变为珍稀可贵，从天然禀赋变为一将难求。试看我国职业教育的几个重要项目，都是在新环境下的一种努力、一种抗争，这种努力和抗争可谓艰难却卓著。一是职业教育的专业和课程建设、精品专业和精品课程建设，以及以人才培养体系为目的的课程体系建设，都是对把企业生产技术转化为教学内容的努力。二是职业教育的实训基地建设，这是我国职业教育的独有名词，这个项目正是在企业难以提供真实训练环境和训练设备的情况下提出的。国家和地方财政要投入大量资金对此给予支持，恰恰反映了实训条件缺失或薄弱的问题。三是职业教育的"双师"队伍建设。学校作为办学主体很难从企业获得大批有经验、高素质的人员担任教师，因此，"双师"型教师的提出、兼职教师的提出，以及现代学徒制的提出，都是对这一难题的反映。可以说，这些重要的办学要素在企业缺位的情况下，已经严重困扰了职业教育的办学者。所以，我国职业教育的最根本问题，或者终结问题就是校企合作问题。

从世界范围来看，其他国家的校企合作问题并没有像我国这样突出。世界上其他国家的职业教育是以培训为主导的，举办主体大多是企业或培训机构。从世界几大著名的职业教育办学模式来看，例如加拿大、美国的 CBE 模式，它的核心是把职业能力转换为教学内容，其实施主体是以培训为主业的职业学校。教学内容呈菜单式，学生按需求选择学校和课程。德国"双元制"模式是企业招收学徒，并安排学徒到学校学习文化和专业知识。其实施技能教学的是企业，是企业的教师和师傅。瑞典、德国、欧美的 MES 模式，其字面含义就是"模块培训"，它是培训机构创设的一种教学内容构建方式。澳大利亚的 TAFE 模式，其文字的本义是"技术提升教育"，TAFE 学院是一种完全以培训为主业的学校。在日本，虽然在普通学校从小学高年级开始，直至初中和高中都开设职业课，但与实际的职业岗位联系并不紧密；高端的职业教育是企业对员工实施的内部培训。

学校举办职业教育并迫切需要形成的校企合作关系，是中国职业教育模式的出发点。国务院印发的《国家职业教育改革实施方案》指出，要推动校企全面加强深度合作，并提出了对产教融合型企业给予"组合型激励"，鼓励发展股份制、混合所有制等职业院校和各类职业培训机构。这些新的政策框架将进一步推进柳州职业教育的改革，推进柳州模式的发展，以取得更大的成效。

二

中国职业教育的基本模式就是以职业学校为教育主体，政府、企业和其他社会组织共同参与的模式。基于我国的职业学校绝大多数都是公办学校，政府成为职业教育的主导者的地位就更为突出。

职业教育关系就业，关系民生，它毋庸置疑是政府的职责。一方面，职业教育可以提高就业水平，提高公民的生活水平和技术文化水平。另一方面，职业教育培养技能型人才，能够提高整个社会的生产力，改善生产方式。可见，政府对职业教育的责任是难以推卸的。但是高度重视与有效引导、承担责任与有效管理是两码事，有好的意愿不能保证取得好的成效。有效推动职业教育发展，提高职业教育办学水平，提高职业教育为经济的服务水平，是各级政府始终面临的重大问题。职业教育跨越教育和产业两个领域，这是政府管理、推进职业教育的难点。对公办职业教育来说，政府是实际的办学者，它对学校的专业设置、课程教学、实习实训、经费管理、设施改善等办学问题不仅有发言权，而且是实际的主管者。但是对于产业，特别是企业，它的权力是有限的。政府对产业布局可以规划，对企业生产可以引导或限制，但都需要市场经济的杠杆才能实现。仅以校企合作而言，政府可以指令学校实施校企合作，但不能指令企业参与校企合作。甚至对于学校的办学规模和专业布局，政府也不能用行政指令的方法来实施，还是需要通过市场经济，通过那只"看不见的手"来实现理想目标。由此可见，政府要引导职业教育健康、科学地发展，并非易事。

中国新时期职业教育的目标，是为产业培养合格技能型人才，要实现这一目标必须先实现产教融合。党的十九大报告指出："完善职业教育和培训体系，深化产教融合、校企合作。"深化产教融合提出了校企合作这一终极问题，没有校企之间高水平的、十分紧密的合作，就难以实现产教融合，难以做到产业和教育的水乳交融。产教融合的办学模式，是当前职业学校开辟的一条新的发展之路，但尚处在起步阶段，还是一个需要通过努力奋斗才可能实现的目标。

产教融合是指职业学校和企业共同合作，把生产与教育教学过程密切衔接，融教育教学、生产服务、素质培养、技能提升于一体，形成产教融合、校企共进、互惠双赢的良性循环的独特的职业教育的办学模式。产教融合的一个要素是职业学校的教学过程与企业的生产过程相结合，这就为学生提供了必要的实习条件和锻炼机会。在生产实践和管理实践中，学生把学到的理论知识运用到实践中，从而加深对知识的理解，增强应用知识和解决实际问题的能力。产教融合激发学生创造、创新的愿望和热情，激励他们在实践中不断探索、不断创新，对这种创新意识、创新能力、创新人才的培养正是我国职业教育的办学方向。在产教融合中，学校还可以根据自身发展实际兴办校办企业，让学生参与生产或经营，并取得一定的报酬，客观上也为学生工学结合、勤工俭学创造了条件。学校创办企业，为广大教师特别是专业课教师参加实践、提高实际工作能力提供了条件和机会，而且在实际工作中，教师把理论知识与生产实践相结合，把教学与科研相结合，有利于提高自身的业务素质，提高教学质量，对职业院校建立一支过硬的师资队伍有着十分重要的意义。产教融合还有的重要意义是教育为产业服务，职业教育为产业服务本身就是其第一目标。产教融合，使学校为产业服务不再局限在培养学生到企业就业，而是在技术支持、产品或专利开发等多方面服务企业，这是使企业需求与学校教学无缝衔接，与技术发展方向合拍的重要桥梁。但是，我国现有的财经政策和管理制度，对学校创办企业有十分严格的限制，成为实施产教融合这一路径的障碍。有人提出，校企合作、产教融合，学校是主动方，学校要主动找企业，主动与企业结合，主动向企业靠拢，但毋庸置疑，这种态度仍然会掉入"剃头挑子一头热"的局面。没有企业的主动参与，没有企业基于自身需求的参与愿望，就谈不上有效的校企合作，更如何谈产教融合！

就政府管理与产教融合这两个问题来看，柳州模式提供了可资借鉴的答案。

三

柳州模式是中国职业教育模式的组成部分。柳州模式为我国职业教育模式的最终成型和目标的最终实现指出了方向，提供了示范。

职业教育柳州模式是指：在柳州市社会经济发展条件下形成的"政府领航、双元一体、教产相伴、融合发展"的职业教育发展样式。它的基本构架是"政府领航、双元一体"的两个发展条件和"教产相伴、融合发展"的两个发展成效，包括四个方面的基本内涵。

第一,"政府领航"型的职业教育发展动力。柳州职业教育是柳州"实业兴市,开放强柳"战略的重要组成部分,是在政府政策和战略设计的直接指导和推动下的职业教育。

第二,"双元一体"的职业教育发展环境。企业和学校一体、产业园和职教园一体并结成多条纽带,相互渗透、相互嵌入、相互依托、相互扶持,成为柳州市区域职业教育发展的特色,是柳州市产教融合得以深入发展的重要环境,是柳州职业教育发展的必要条件。

第三,"教产相伴"的职业教育发展形态。教产相伴是指产业和教育在一定平台上全方位深度融合,职业教育发展与企业发展同步,企业发展到哪里,职业教育的服务就伴随到哪里,实现企业高效运行,学校高质量办学的双赢局面。这是柳州职业教育发展最突出的成效,标志着柳州职业教育"高位运行"的发展水平。

第四,"融合发展"的职业教育发展特色。融合发展成为柳州职业教育发展的亮点,为中国新时代职业教育发展提供了范例,展示了远景。

之所以说柳州模式是中国职业教育模式的重要组成部分,是因为这一模式针对我国职业教育的基本情况,较好地解决了校企合作的基本问题。成功探索出一条适合中国国情的职业教育发展途径,形成了能够达到培养目标、具有较大办学效益、对社会和经济发展具有巨大支持作用的职业教育办学经验。

正如前文所述,在以学校为主体举办职业教育的情况下,政府的主导作用极为重要。政府要根据市场需要合理配置职业教育资源,要推进教学与产业的对接和匹配。但是政府在市场经济中不是万能的,特别在与市场经济紧密结合的职业教育领域,在推进企业参与职业学校办学,在促进专业对接产业,在提高学校的办学水平以适应经济发展等方面,政府的能力是有限的,干预能力也是受限制的。柳州市政府不是靠行政命令,而是靠科学的设计谋划和有效的引导,大力支持职业院校开展广泛的"引企入校"和"引校入企",引导学校建立校企合作的科学机制,从而形成校企深度合作、产学交融的理想状态。例如,将产业园区与职教园区同步规划,为对接产业发展进行专业布局调整,将专业链建在产业链上。在实现职业教育资源的优化和效益方面,柳州市通过构建现代职业教育体系形成高职带动中职,高水平专业带动一般专业,好学校带动一般学校,城市学校带动乡村学校的良好发展态势。为了适应柳州市的经济发展,推动柳州市企业走向世界,柳州市政府牵线搭桥,促进职业院校引进国际标准,鼓励学校举办国际化教育，以满足柳州市企业国际化生产对人才的需求。可以说，柳州市政府在职业教育中的重要作用是中国职业教育模式的一大特点，柳州市更形成了一套行之有效的做法。

　　柳州模式的另一个特点是建立起密切的校企合作关系，解决了困扰我国职业教育的终极问题，成为我国职业教育校企合作的成功范例。柳州职业教育之所以能够真正做到产教融合，能够深度实现产教融合，靠的就是紧密的校企合作关系。柳州人把校企关系称为"双元一体"，它的经验告诉世人，校企合作关系的建立不是仅靠一方的努力，也不是仅靠金钱的杠杆驱动。首先，柳州的校企合作是建立在双方互为需求、互为依靠的基础上，它的四条纽带中核心的就是人才供需纽带。柳州能够长期对准企业需要培养人才，对准支柱产业培养人才，这种恒心和坚持使这一纽带极为坚固。这对那些经常根据就业和招生情况变更专业的学校来说，应该是有所启迪的。柳州重视校企共建项目，不仅是利益的融合，而且是命运的融合、感情的融合。共建项目既提高了相互的信任和信心，更不是简单的相互利用关系，从而形成了共同的目标，从"合作"自然上升到"一体"。柳州的校企合作是建立在相互服务、依托的基础上，不仅学校要依托企业，而且学校也能为企业提供十分丰富的服务，有许多技术服务可以直接助推企业的生产发展。柳州的校企关系还有一条重要纽带，就是历史文化纽带。长期的行业办学、企业办学，使许多地方经过市场经济的冲击，校企关系日益单薄乃至断裂，但是柳州却十分珍惜这一关系。一家人原来在一间屋子里吃饭，分房后分别在几间屋子里吃饭，但这并不影响一家人共商大事，共担责任，相互分忧解难。

　　正是因为这种"双元一体"的校企合作关系，才有了柳州职业教育的产教深度融合，使柳州职业教育能伴随企业"走出去"，实现"教产相伴"。它的深度是指这种融合渗透职业教育的各个环节、各个方面。柳州的经验可以概括为五大方面，一是培养目标和企业标准的融合。二是做学融合。在干中学，在做中教，这已经成为柳州职业院校教学的基本理念，并形成丰富的教学经验。三是师资队伍融合。企业师傅和技术人员与学校专任教师共同教学，一岗双师，使师傅进入教学环节不再成为难题。四是实训设备的融合。在柳州的职业院校，既有实训设备，又有真实设备；既有实训环境，又有生产环境，这给学生的实习实训提供了优越的条件。设备的融合，不仅优化了学生的训练条件，也优化了仿真环境，使他们紧密对接了真实环境。五是校企文化、"校区"文化融合。企业文化进校园，民族文化进校园，把这些文化渗透教育教学的各个方面、各个角落，极大地丰富了产教融合的内涵，凸显了产教融合的应有之意。深度的融合实现了柳州职业院校培养的技术技能型人才伴随企业"走出去"；实现了柳州职业院校提供的技术技能服务伴随企业"走出去"；实现了中国标准伴随企业"走出去"。

衡量一个事物的发展，不仅要看其发展水平，还要看其发展趋势。创新是一个事物发展的重要标志，是这一事物具有生命力和可持续发展潜能的关键所在。柳州职业教育是一种高位运行的职业教育，这是因为它创造性地实现了党和政府对新时期职业教育设立的目标，创造性地完成了时代赋予职业教育的任务和使命，打造了中、高、本融合发展的特色职业教育体系；创新实践了城乡融合发展的帮扶式办学模式；搭建了产教研融合的创新型平台；实践探索了校企融合的现代学徒制；推进了职业标准融合的国际化办学；助力了传统和现代融合的民族传承的专业特色建设。这些创新性实践助推了柳州职业教育的可持续发展，走出了柳州职业教育融合发展的特色之路，使柳州职业教育在许多方面处于全国领先水平。

柳州模式为中国职业教育展示了一条路径，为中国职业教育的高水平持续发展提供了一份信心，为中国职业教育模式增添了一份厚重的内涵。

编　者

2019 年 3 月

目 录

立德育人篇

【典型案例】 3
 构建"113"模式多专业联动培育民族文化传承创新人才 3
 实施"六位一体"学生帮扶助力贫困学生圆梦柳铁 14
 店长是怎样炼成的
  ——广西商业学校零售店长人才培养纪实 20
 依托养殖专业综合项目培养学生自主创业能力 26
 职特融合分层培养创新特殊教育模式 32

【理论探讨】 41
 制定质量战略地图把"三全"育人落到实处 41
 基于工学结合的高职院校特色文化体系建设 48
 旅游文化课程教学中的高职生人文素养培养 53
 新常态下高职学生思想政治教育工作改革 59
 "中国制造2025"背景下职业院校的德育工作 65

体制创新篇

【典型案例】 75
 探索混合所有制，多元办学有突破 75
 "四维协同"构建中高职衔接一体化育人新模式 83
 服务区域经济发展中高职融通办学出成效 94
 打造服务管理型学生社团提高学校后勤管理效能 98

【理论探讨】 ······ 102

试析我国高等教育职普沟通制度的演进、问题和创新 ······ 102
大数据时代教育管理信息化的困境与突围路径 ······ 112
校企合作背景下高职学生社团建设创新途径研究 ······ 118
高校图书馆阅读推广长效机制的探索与实践 ······ 124
基于产教融合的高职多元化创新创业人才培养模式重构 ······ 134

校企合作篇

【典型案例】 ······ 143

构建校企办学联合体打造双向互赢新模式
——校企共建"汽车专修学校"办学模式的探索与实践 ······ 143
产学研紧密结合构建高职林科类专业人才培养新模式 ······ 150
校企共建现代养殖示范场打造生产实训新环境 ······ 157
深化校企合作提升技术技能人才培养质量 ······ 163

【理论探讨】 ······ 168

区域型优势行业职业教育集团的发展论
——以广西汽车产业职业教育集团为例 ······ 168
现代学徒制在柳州的实践与探索 ······ 176
"广西汽车城"校企合作育人平台建设的创新与实践 ······ 183
职业教育校企合作分类发展 ······ 191
标准内化培养大国工匠校企协同服务"一带一路" ······ 198

专业建设篇

【典型案例】 ······ 205

基于"一带一路"建设打造国际化汽车服务与管理特色专业
的实践 ······ 205
紧跟高铁信号技术发展,建设全国示范专业点
——柳州铁职院铁道信号自动控制专业建设案例 ······ 222
基于优秀民族文化的高职学前教育专业教学的实践案例 ······ 241

着眼提质增效，服务产业发展
　　——中职工业机器人技术专业建设案例 ⋯⋯⋯⋯⋯⋯⋯⋯⋯⋯⋯⋯⋯⋯ 255
"双平台"共振培育电子商务人才 ⋯⋯⋯⋯⋯⋯⋯⋯⋯⋯⋯⋯⋯⋯⋯⋯⋯⋯ 266

【理论探讨】⋯⋯⋯⋯⋯⋯⋯⋯⋯⋯⋯⋯⋯⋯⋯⋯⋯⋯⋯⋯⋯⋯⋯⋯⋯⋯⋯⋯⋯ 275
柳州市职业院校专业结构优化与产业互动发展专项调研报告 ⋯⋯⋯⋯⋯⋯ 275
高职计算机网络技术专业校外实训基地建设创新研究 ⋯⋯⋯⋯⋯⋯⋯⋯⋯ 283
高职院校连锁经营管理专业建设现状调查及发展趋势 ⋯⋯⋯⋯⋯⋯⋯⋯⋯ 290
基于大数据的高职院校信息资源库建设 ⋯⋯⋯⋯⋯⋯⋯⋯⋯⋯⋯⋯⋯⋯⋯ 298
现代职教体系构建下的各类专业目录对比研究 ⋯⋯⋯⋯⋯⋯⋯⋯⋯⋯⋯⋯ 303

课程改革篇

【典型案例】⋯⋯⋯⋯⋯⋯⋯⋯⋯⋯⋯⋯⋯⋯⋯⋯⋯⋯⋯⋯⋯⋯⋯⋯⋯⋯⋯⋯⋯ 315
学研赛并举，以项目引领专业教学特色发展
　　——柳州市二职校巴哈赛车 PBL 教学模式实践 ⋯⋯⋯⋯⋯⋯⋯⋯⋯ 315
打造"多层次、个性化"的公共基础课 ⋯⋯⋯⋯⋯⋯⋯⋯⋯⋯⋯⋯⋯⋯⋯ 331
构建"学训赛节评"实践教学体系，深化高等职业教育教学改革 ⋯⋯⋯⋯ 342

【理论探讨】⋯⋯⋯⋯⋯⋯⋯⋯⋯⋯⋯⋯⋯⋯⋯⋯⋯⋯⋯⋯⋯⋯⋯⋯⋯⋯⋯⋯⋯ 350
基于岗位综合能力的高职外贸人才培养课程体系的构建 ⋯⋯⋯⋯⋯⋯⋯ 350
基于翻转课堂的高职课程教学研究
　　——以产品设计基础课程为例 ⋯⋯⋯⋯⋯⋯⋯⋯⋯⋯⋯⋯⋯⋯⋯⋯ 356
院级精品资源共享课的建设与思考 ⋯⋯⋯⋯⋯⋯⋯⋯⋯⋯⋯⋯⋯⋯⋯⋯ 362
高职教师培训课程变革：工作过程与学习过程相整合
　　——基于对 1 280 名高职教师课程需求的实证分析 ⋯⋯⋯⋯⋯⋯⋯ 367

师资培养篇

【典型案例】⋯⋯⋯⋯⋯⋯⋯⋯⋯⋯⋯⋯⋯⋯⋯⋯⋯⋯⋯⋯⋯⋯⋯⋯⋯⋯⋯⋯⋯ 379
系统培养，双线测评，持续提升高职教师教育教学能力 ⋯⋯⋯⋯⋯⋯⋯ 379
练就三维魅力教师培育三方满意学生 ⋯⋯⋯⋯⋯⋯⋯⋯⋯⋯⋯⋯⋯⋯⋯ 387
建立技能大师工作室开展高技能人才培养 ⋯⋯⋯⋯⋯⋯⋯⋯⋯⋯⋯⋯⋯ 394

【理论探讨】 401
　法律视角下的高职院校外聘教师管理 401
　FAPO 模式：高职教师工作场的学习 407
　高职语文教师队伍建设的问题、原因和对策探析 416
　校企合作下的"双师型"职教师资培养 421

质量保障篇

【典型案例】 431
　引入卓越绩效模式提升质量管理水平
　　——柳州职业技术学院质量管理改革与实践探索纪实 431
　强化实践教学"三个标准化"建设，保证和提升人才培养质量 440
　课堂上来了"不速之客"
　　——广西商业学校教学质量多元评价的探索 447

【理论探讨】 453
　论以生为本的高等教育质量评价 453
　完善高职院校行政管理人员绩效考评体系的建议 461
　基于卓越绩效模式的高职院校管理成熟度评估指标体系研究 467
　五位一体的高职学生素质教育评价体系构建 476

国际合作篇

【典型案例】 485
　对接先进标准培养高职国际化人才服务区域企业"走出去" 485
　立足东盟桥头堡助力高铁"走出去" 493
　响应"一带一路"倡议伴随企业"走出去" 499

【理论探讨】 513
　基于校企合作国际化项目的文化育人研究
　　——以柳州城市职业学院中印尼 SGMW 汽车学院为例 513
　中国—东盟自贸区"升级版"建设与广西高职教育发展 519
　演进嬗变中的高职院校教育国际化发展阶段及策略 528

"一带一路"背景下广西—东盟职业教育国际化路径探讨 ……………… 536

教学成果篇

中等职业学校残疾人"残健融合、三级递进"培养模式的创新与实践
  （2018年国家级一等奖·柳州一职）……………………………… 545
导入卓越绩效模式创建高效能教育教学质量保障机制
  （2018年国家级二等奖·柳职院）………………………………… 555
对接国际先进标准培养技术骨干"四方协同"服务企业全球化战略
  （2018年国家级二等奖·柳职院）………………………………… 563
基于脱贫攻坚的农民种养技术精准培训研究与实践
  （2018年国家级二等奖·牧校）…………………………………… 571
高职学生第二课堂活动课程化的研究与实施
  （2014年国家级二等奖·柳职院）………………………………… 590
"五一体六融合企业课程体系"的研究与实践
  （2014年国家级二等奖·柳州一职）……………………………… 598
基于企业需求的高职校企合作育人教改实践
  （2014年国家级二等奖·柳职院）………………………………… 605
企业购买课程校企互动双赢的"双循环"课程开发模式创新与实践
  （2014年国家级二等奖·商校）…………………………………… 614

立德育人篇

【导语】 党的十九大明确提出，要全面贯彻党的教育方针，落实立德育人根本任务，发展素质教育，推进教育公平，培养德智体美全面发展的社会主义建设者和接班人。柳州职业院校结合区域、学校、学生实际，扎实推进立德树人、全面育人的根本任务，把立德育人融入"做中学、学中做"的全过程，培养德技并修的知识型、技能型、创新型人才。柳州市第二职业技术学校立足本地绚丽多彩的侗族风情和历史悠久的民族特色服饰文化，致力于侗族服饰文化技艺传承的创新人才培养，校企共建集"技艺研究、产品开发、社会服务、展示交流"于一体的侗族服饰文化传承与创新基地，打造全国中职中华优秀文化艺术传承学校。柳州铁道职业技术学院探索以新生入学"绿色通道"、困难补助、勤工助学、公益服务、家庭走访、就业帮扶为主要内容的"六位一体"学生帮扶模式，助力贫困学生圆梦柳铁。广西商业学校以"中和店长订单班"为载体，实施实战型职业岗位递进的人才培养模式，培养高素质的零售店长。广西柳州畜牧兽医学校打造学生创业孵化基地，鼓励学生组建团队，开展畜禽、经济动物等养殖项目，培养学生的职业素养和团队合作精神，提升学生的创业创新能力。

【典型案例】

构建"113"模式多专业联动培育民族文化传承创新人才

柳州市第二职业技术学校

一、实施背景

广西壮族自治区柳州市三江侗族自治县作为柳州市重点打造的民族风情旅游区,具有绚丽多彩的侗族风情和历史悠久的民族特色服饰文化。柳州市第二职业技术学校(以下简称"柳州二职校")距离三江侗族自治县较近且交通便利,多年来一直致力于侗族服饰文化技艺传承的创新人才培养研究。经过积极申报,我校于 2016 年 5 月被自治区教育厅、自治区民族事务委员会、自治区文化厅、自治区人力资源和社会保障厅认定为第二批广西民族服饰(侗族服饰)文化传承创新职业教育基地。基地建设为我校创建全国中职中华优秀文化艺术传承学校打下了坚实基础。

二、总体目标

以服装设计与工艺专业为主干,把民族(侗族)服饰文化传承及创新主题作为专业横向延伸的基因链,带动工艺美术专业、美术设计与制作专业、学前教育专业、社会文化艺术、旅游管理等相关专业联动发展。如将民族主题元素融入包装设计、广告设计、室内设计、服装设计、工艺美术品设计、歌舞艺术表演、民俗餐饮设计管理等。校企共建集"技艺研究、产品开发、社会服务、展示交流"于一体的侗族服饰文化传承与创新基地,打造具有民族文化特色的服装艺术类专业群,为学校创建设计艺术系打下基础,从而实现民族文化传承创新、非物质文化遗产保护、高技能人才培养、产业孵化等功能，服务区域经济发展，实现产教深度融合。

三、主要做法

（一）"113"模式构建，引领民族文化传承创新职业教育基地建设

"113"模式，指1条主线、1面旗帜、3个层次协同共进。其具体内涵为：1条主线，即以三江源侗族文化为主线；1面旗帜，即打造1个产学研商一体化实体平台，创立自己的品牌；3个层次协同共进，即从3个层面进行建设。以大师工作室作为主导，引领教师工作室高举侗族服饰文化传承创新旗帜，带领学生创客空间进行学习创作，在传承与创新侗族服饰文化的道路上共同进步。将传统课程融入工作室教学课程，使课程成果达到"作品化，产品化，商品化"，逐步实现"一生一手艺"的培养目标。

（二）多专业联动，侗族歌舞绣画饮食风情融入日常专业教学活动

根据学校服装设计与工艺、工艺美术、美术设计与制作、学前教育、社会文化艺术、旅游管理等各专业人才培养目标和专业特点，将濒临失传的侗族服饰文化、侗族餐饮民俗风情和侗族歌舞精华，渗透专业课程教学，"传承技艺—创新设计—展示推广"，各专业相辅相成，联动发展；"作业—作品—产品"，将传统侗族服饰文化通过现代服饰文化技艺的手段创新呈现，赋予传统侗族服饰文化新的生命力，培养现代非遗传承人。

（三）师资水平提升，建设一支专兼结合的民族文化技艺教学团队

通过各种赛事、展示活动及专题培训，提升自有师资的侗族文化技艺水平，聘请技能大师、行业企业专家等专业人才到校指导、授课，构建一支由职业教育专家、学校骨干教师、非遗代表性传承人、行业专家、企业设计总监组成的民族文化技艺"双师型"教学团队，保障侗族服饰传统手工艺传承模式改革的实施和工作室化现代学徒制培养模式的推行。

（四）传承模式改革，开发民族文化特色专业课程及信息化教学资源

利用信息技术手段，记录和整理侗族服饰文化技艺等非物质文化遗产，开发

侗族服饰文化、侗族大歌、侗族油茶等技艺类特色课程，建设特色课程教学资源，打破地域界限，改革民间传统手工艺口耳相传、家族传承的传承模式，让更多人了解、学习和喜欢民族传统文化技艺，主动传承、创新和推广。

（五）实训条件改造，创建民族文化浓郁的传承创新实践教学环境

在学校现有基础上改造、新建技能大师工作室、名师工作室、民族技艺传承工作坊、民族服饰文化体验馆、民族风情文化园等实践教学场所，为民族技艺的传承、创新和文化展示提供实训、培训和传播场所，从而达到实质性的研发、交流、教学、制作、生产一体化。

（六）产学研商融合，创新研发并推广民族特色服饰品及工艺品

通过搭建产学研商一体化实体平台，企业参与、教师引领、学生实践、团队合作来提升侗族服饰工艺品质，研发出具备侗族文化元素的现代民族服饰品、旅游商品及装饰工艺品等系列文创产品，通过网络及合作企业的营销渠道，与社会需求接轨，探索民族工艺产业化发展途径。

四、主要成效

（一）民族文化传承创新工作室及实践教学条件提升

学校现已建成张礼全工艺美术大师工作室、韦清花侗绣大师工作室、陈美娟民族服饰创意工作室、徐娟民族包装创意工作室、伍依安民族创意家居工作室、陶静影像本土文化工作室、张慧民族歌舞艺术工作室、民族技艺传承工作坊、民族服饰文化体验馆、民族风情文化园、学生创客空间等实践教学场所。与企业共建服装教学工厂，形成了以大师工作室为引领，名师工作室为支撑，学生参与的侗族文化技艺学习实践模式，为师生提供了具有浓郁侗族文化特色的实践教学环境和条件。

（二）侗族文化技艺专业教学及社团活动融入学生日常学习生活

《侗族服饰款式设计与制作》《侗族图案基础》《侗族图案应用》三门侗族文化系列专业课程教材及配套教学资源已开发成型。在日常的专业教学中，侗族图

案、色彩，侗族服饰品的设计制作等内容已经成为服装、美术、艺术等专业学生的必修内容。

图1　张礼全大师及柳州二职校骨干教师与中国美术家协会会员、广西艺术学院何镇海教授等人在大师工作室进行专业交流研讨

图2　韦清花大师与服装美术师生在大师工作室学习、交流

图3　陈美娟老师指导服装专业学生进行侗绣文创产品制作

学校通过开设三江侗族班，主修侗族文化艺术特色课程，创建三江同乡会、侗族大歌表演社团、侗族服饰与手工艺传承创意社团。通过侗族文化艺术歌舞展演、侗族感恩油茶会、侗族文创产品制作展示等特色系列活动，在校园营造一种积极向上的学习和传承优秀民族文化氛围，丰富了学校民族文化活动，大力推进了民族文化融入学校职业教育的发展。

图4　柳州二职校侗族大歌节目参加柳州市艺术节比赛荣获一等奖

（三）民族文化技艺教学团队教改成果喜人

（1）龙陵英校长主持，徐娟、陈美娟、吕涛、李璐等10位教师参与的教学成果"以大师工作室模式探索实践广西民族服饰文化传承创新的人才培养"荣获2017年柳州市职业教育教学成果评比二等奖。

（2）徐娟、陈超、李璐老师的信息化教学设计"三江侗族色彩"荣获2017年柳州市中等职业学校信息化教学大赛评选二等奖、荣获2017年"创新杯"广西中职教师信息化教学大赛国家比赛教学设计项目三等奖。

（3）秦怡婷和蔡凌燕老师指导的柳州二职校"大侗作"学生团队荣获柳州市首届青少年动手能力电视大赛二等奖。

图5　"大侗作"学生团队作品《侗添福弟》荣获柳州市首届
青少年动手能力电视大赛二等奖

（4）李小鹃老师多次代表柳州市参加广西八桂大歌演出，连续担任柳州市校园文化艺术节评委；秦意老师多次荣获自治区级、市级艺术比赛优秀指导教师奖等。

（四）民族特色服饰及工艺品研发获行业认可

在韦清花侗绣非遗代表性传承人大师工作室、张礼全工艺美术大师工作室的引领和指导下，学校师生积极参与工艺美术行业工艺品比赛。学校服装美术专业的师生创新研发了5种不同类别20个系列的民族服饰品及工艺品，将侗绣、侗锦、民族图案、民族色彩等技艺和元素，以时尚的方式应用于现代日常服饰品和装饰工艺品上，使其具有较强的观赏性和实用性。这些作品参加2016年、2017年柳州市工艺美术作品展获得1项金奖、3项银奖以及5项铜奖；参加2016年、2017年广西工艺美术作品展获得"八桂天工奖"3项银奖、5项铜奖、2项入围奖；参加第七届广西发明创造成果展览交易会，获得传统手工艺创新成果奖1项；参加2017年中国工艺美术大师作品暨手工艺术精品博览会获得"百花杯"铜奖1项，并获得工艺美术行业企业专家好评。

图6　服装美术专业教师创作的作品参加广西、柳州工艺美术作品展

柳州二职校服装美术专业教师创作的作品参加广西工艺美术作品展获奖8项，参加柳州市工艺美术作品展获奖9项。其中，徐娟老师的坭兴陶作品《云》，获得柳州市工艺美术作品展金奖；徐娟老师与蒋钰老师和韦思洁、韦慧芳两位学生共同创作的木雕作品《图腾》获得广西工艺美术作品展"八桂天工"银奖；宁方方等教师运用刺绣手段与银饰巧妙结合的侗族创意银手镯《五行》系列作品，运用侗族百褶裙、凤凰图案元素设计的侗族服装《偶遇》，运用侗绣与现代金属融合创意的新造型项链《溯源》系列，获得广西工艺美术作品展"八桂天工"铜奖。

图 7 服装美术专业教师部分获奖作品

图 8 东盟国家参会代表购买
柳州二职校师生制作的侗族文创产品带回国

（五）学校侗族文化传承创新育人特色声名远扬

在柳州二职校浓郁的侗族服饰文化传承创新特色的吸引下，全国有名的尖荷系设计教育实践活动首次进入广西，进入中职学校。"尖荷行动 021 期——侗族服饰文化传承创新基地建设"活动在柳州二职校成功举办，其实践活动成果促成柳州二职校创立了自己的民族文化品牌"侗礼"。由于学校侗族文化传承创新职业教育特色鲜明，成绩突出，活动精彩，吸引了柳州市电视台《新播报》栏目、《柳州日报》《南国早报》等柳州市新闻主流媒体的主动关注和报道；吸引了越来越多的兄弟院校师生、行业企业协会专家到校参观和交流学习。在广西壮族自治区内也名气倍增，被自治区教育厅作为广西职业教育特色亮点推荐给中国教育电视台，题为《民族文化融入职业教育，侗族之花绽放时尚光芒》的专访节目，已于2018年农历正月初四在中国教育电视台《中国教育报道》栏目中播出，进入全国人民的视野中。

图9　中国教育电视台对柳州二职校民族文化传承创新基地进行专访

柳州二职校先后接待了来自法国、泰国的专家和西藏那曲县、哈尔滨、广西壮族自治区及市级相关领导、民族文化研究专家到民族文化传承创新基地参观交流。

图10　柳州二职校民族文化传承创新基地多次接待国内国际各地来宾

立德育人篇

五、特色和亮点

（一）"113"建设模式具有创新性和可操作性，在国内中等职业学校中尚属首创，便于应用推广

1条三江源侗族文化主线明确了学校民族文化传承创新职业教育工作的发展方向；1面旗帜，即打造1个产学研商一体化实体平台，创立自己的品牌；3个层面是学校与专业之间、学校与企业之间、作品与市场之间，向专业市场横向发展的互动推进平台。"113"模式让学校的民族文化传承创新教育工作落到了实处并可以持续发展。

图11　侗族服饰传承创新基地应用"113"建设模式

（二）紧密对接侗族文化技艺与学校专业技能

柳州二职校将侗族文化技艺与学校专业紧密结合，例如，侗族大歌和侗画对接社会文化艺术专业、学前教育专业的歌、舞、画技能；侗族油茶、百家宴等饮食文化对接旅游管理专业的餐饮设计与管理技能；侗族刺绣、织锦、银饰等服饰文化对接服装设计与工艺、工艺美术、美术设计与制作等专业的服饰品及工艺品设计与制作技能。产业与专业的集群联动发展，丰富了民族文化传承创新发展的内涵和层次，丰富了中等职业教育专业教学内容，改变了传统的民族技艺传承方式，以现代学徒制的传承方式更有利于对民族文化技艺的传承、创新和传播推广。

图12　校企合作签约仪式

图13　合作企业专家聘请仪式

（三）在产学研商一体化实体平台上，打造校园民族文化品牌，培养师生创新创业能力

依照"113"模式，在特聘专家的助力下，柳州二职校创立了民族文化品牌"侗礼"，并与三江县清花锦绣文化传承有限公司、柳州市柳源卓艺工艺品有限公司、上海格言艺术设计有限公司、上海U&M吾尔强工作室、上海耘耕文化发展有限公司等多家企业开展产学研商校企合作。通过校企合作、产教融合，为学校师生搭建了产学研商一体化实体平台，可有效提高学校民族服饰文化传承创新基地教学及产品研发水平，培养师生创新创业能力，从而达到服务企业、回馈社会，校、企、生多方共赢的目的。

图 14　合作企业专家到柳州二职校开展当代首饰艺术品的讲座及文创产品开发研讨

（四）研发了民族特色新工艺产品——热烫纤维工艺画

在张礼全大师的指导下，伍依安、陈美娟、宁方方三位教师采用先进的热烫数码纤维针刺工艺，研发了民族特色新工艺产品，把侗族的装饰色彩提升为抽象概念直接运用到现代家居软装设计制作上，所创作的"纤维艺术装饰画"填补了广西工艺画品种的空白，分别获得第七届广西发明创造成果展览交易会传统手工艺创新成果奖 1 项、2017 年中国工艺美术大师作品暨手工艺术精品博览会"百花杯"铜奖 1 项。该项工艺技术可量化生产，广泛应用于服装、服饰和室内工艺装饰品上。无论是在课程实践教学上，还是在新产品研发上，学校都走出了领先的一步。

图 15　宁方方老师向大赛评委介绍纤维艺术装饰画产品工艺　　图 16　宁方方、陈美娟老师共同创作的纤维艺术画作品获得中国工艺美术大师作品暨手工艺术精品博览会"百花杯"铜奖

实施"六位一体"学生帮扶助力贫困学生圆梦柳铁

柳州铁道职业技术学院

一、实施背景

为进一步完善学生资助体系，努力深化资助育人工作内涵，在严格落实国家奖助学金、国家助学贷款、学费补偿贷款代偿的基础上，我院积极探索以新生入学"绿色通道"、困难补助、勤工助学、公益服务、家庭走访、就业帮扶为主要内容的"六位一体"学生帮扶模式，资助育人，助力贫困学生圆梦柳铁。

二、主要做法

（一）入学送温暖，解决学习后顾之忧

新生入学"绿色通道"是保障家庭经济困难新生顺利入学的重要措施，是落实国家各项资助政策的重要举措。为了确保每一名家庭经济困难新生都可以顺利入学，我院每年都提前布置新生资助工作，通过向新生邮寄《高等学校学生资助政策简介》介绍国家资助政策的同时，还开通了资助政策咨询热线，向家庭经济困难新生讲解各项国家资助政策，指导学生办理国开行生源地贷款和贫困生申请材料。开学当日，在校内显著位置设置新生入学"绿色通道"，让家庭经济困难学生缓交学杂费直接入学，做到不让一名学生因家庭经济困难而失学。从2015年开始，学院开通了"绿色通道"网上办理点，使家庭经济困难新生在开学前就可以完成缓交学费的申请，更加放心、自信地迈入校门。从2016年开始，学院对网上办理点进行了改进，简化申

请、审批流程，让"绿色通道"更加快速通畅。同时，在二级学院现场办理点，配备了专门的系统操作人员和志愿者，大大提升了效率，缩短了新生报到时排队等候的时间，让学生和家长一入校就感受到学校"以生为本"的服务理念。据统计，2017年共有1 400名家庭经济困难新生通过"绿色通道"顺利入学，缓交学费1 080.76万元。

图1　家庭经济困难新生入学"绿色通道"

在2017级新生报到当天，我校免费为1 130名家庭经济困难学生发放了价值400元的全套生活用品，使用资金近45万元，让学生和家长感受到学院浓浓的关切之情。

图2　邱同保副校长为家庭经济困难新生赠送生活卧具

（二）即时送温暖，解决突发困难之忧

为了帮助因疾病、意外、自然灾害、家庭变故等因素导致的突发性困难学生顺利完成学业，我院制定了《柳州铁道职业技术学院家庭经济困难学生困难补助管理办法》，明确要求资助工作要根据学生的具体情况进行即时帮扶，发现一人帮扶一人，要以最快的速度、最精准的手段解决学生经济上的困难，缓解学生的心理压力，稳定学生的学习、生活状态。

2017年，我院资助学生272人次，资助金额34万元。严格贯彻落实党和国家提出的不让一名学生因为贫困而辍学的要求，解决了学生上学的后顾之忧。

（三）勤工助学送温暖，解决日常生活之忧

"公开招聘、竞争上岗"，是我院勤工助学工作的特色。2017年11月，我院举办了第六届勤工助学"双选会"及总结表彰会，对上一年度涌现出的优秀先进个人进行了表彰，并在双选会上向学生提供了530个勤工助学岗位，公开供贫困生选择。

双选会后，我院还组织了岗前培训班，帮助学生更快适应工作环境，提高工作能力。通过勤工助学的形式让家庭经济困难学生每月都能获得一定的劳动报酬，解决部分日常生活费用，更重要的是培养了大学生的劳动观念、自立精神和创造能力，提高了学生的劳动技能、增加了社会经验。

2017学年，我院参加勤工助学的学生有4 300多人次，其中固定岗位约600个，学生勤工助学的酬金生均每月330元左右，共发放勤工助学酬金142.94万元。

（四）公益服务送温暖，解决发展之忧

从2013年开始，我院启动了学生公益服务活动机制，向每位受助学生发放学生参加公益服务活动登记册。要求凡是获得国家奖助学金的学生须按照受资助的金额，自觉完成相应的公益服务时间，公益服务内容涉及校内外无偿服务和义务献血等方面。在提高受资助学生感恩祖国、回报社会意识的同时，也作为下一学年奖助学金评定的依据之一。此项活动实施5年来，收效比较明显，获得资助的学生养成了主动回馈社会的意识。学生公益服务活动机制常态化，回报社会的主动性增强。

开展受助学生公益服务活动，主要目的是想培养学生从"受助"到"自助"，再到"助人"的转变；从理所当然接受他人无偿资助，转变为通过自己寻找劳动机会，锻炼能力，承担义务，再到能主动帮助他人，形成感恩回报的仁爱之心。公益服务与勤工助学岗位相比较，更加强调学生的主动性、自觉性和奉献精神，提升了资助育人工作的内涵，助力学生更好地发展。

（五）家访送温暖，解决家校联系之忧

自2012年起，我院每年坚持开展贫困学生家庭走访工作。活动开展7年以来，我院各级领导、教师都高度重视，亲自带队参加此项活动。通过对学生家庭的实地走访，学生、家长和教师们都感到收获颇丰。一是深入了解学生家庭的实际情况，有利于有针对性地做好贫困生的思想政治教育工作；二是拓宽了学院和贫困生家庭，教师与学生之间的沟通渠道，促成学校教育和家庭教育的强大合力；三是积极宣传国家和学校的资助政策，收集了家长对学院工作特别是学生资助工作方面的意见和建议。对于学生来说，家访活动虽然短暂，却让学生和家长都备感温暖，增强了战胜困难、改善生活的希望。除了实地走访困难学生家庭之外，我院在日常工作中还通过电话、QQ、微信等方式与贫困生家庭进行沟通。

图3　家访人员与贫困生家人照相合影

2017年，我院6个二级学院的家访小分队共43名领导、辅导员走访了玉林、钦州、北海、百色、南宁、柳州市周边的22个村镇35个贫困学生家庭，为困难学生家庭带去补贴6.10万元。

（六）就业帮扶送温暖，解决生存之忧

我院注重通过勤工助学岗位提高学生的劳动技能和社会经验，通过公益服务提升学生工作的主动性、自觉性和奉献精神。在每年毕业前夕，我院还按照国家

就业帮扶政策要求，积极与就业部门沟通，提前进行准备和部署，组织家庭经济困难学生开展求职创业补贴申请工作，帮助低保家庭毕业生、残疾毕业生和办理了国家助学贷款的毕业生在毕业时能及时得到国家求职创业补助。2017年，我院共为1 007名有求职意向的应届毕业生申请求职补贴112.784万元。

三、工作成效

我院在严格落实国家奖助学金、国家助学贷款、学费补偿贷款代偿的基础上，开展以新生入学"绿色通道"、困难补助、勤工助学、公益服务、家庭走访、就业帮扶为主要内容的"六位一体"学生帮扶模式，经过几年的不断探索和完善，初步让家庭经济困难的学生在入学前、入学后、毕业前都能享受到国家和学校的资助政策，努力落实不让一个学生因为家庭经济困难而失学。

第一，将新生资助政策宣传和"绿色通道"办理工作时间前移，让更多家庭经济困难的新生和家长提前了解各项资助政策，减轻学生和家长在经济上的顾虑，有充分的时间提前办理各类资助申请，最大限度享受到资助政策提供的帮助，让学生安心到校报到，不会因为家庭经济原因流失在校门之外。

第二，学生入校后，在严格落实国家各项资助政策的基础上，我院根据学生家庭经济情况的动态变化，对遇到突发性困难或者家庭收入极低的部分特殊学生进行精准资助。贫困是一个动态的指标，疾病、意外、自然灾害、家庭变故等因素都可能导致家庭经济状况急转直下，甚至没有办法维持正常的学习生活。这一部分学生往往因为之前不符合贫困生身份而无法得到资助。我院自出资金将这一部分学生列入资助对象后，能及时准确地根据学生的需要进行即时帮扶，以最快的速度，精准解决学生突发经济困难，稳定学生的学习、生活状态。除此之外，还有一种特殊情况是，学生家庭长期没有或者只有极少经济收入，不能维持正常生活，即使学生在获得国家资助后，仍然没有办法维持正常的学习和生活开销，如孤儿、残障家庭和军烈属家庭子女等。我院根据学生的具体情况自出资金进行补充资助，以进一步缓解他们的生活压力，确保学生能够正常地学习、生活。

第三，学生在校期间，除了为学生提供经济上的直接帮助外，我院更加重视培养家庭经济困难学生勇于面对困难、自强自立的能力。通过设立勤工助学岗位、开展受助学生公益服务活动，培养学生从"受助"到"自助"再到"助人"的转变，从理所当然接受他人无偿资助，转变为通过自己寻找劳动机会，锻炼能力，承担义务，再到能主动帮助他人，形成感恩回报的仁爱之心。此项活动实施5年来，收效比较明显，大部分获得资助的学生养成了主动回馈社会的意识。学生公益服务活动机制常态化，回报社会主动性增强。

第四，在暑假期间开展家庭经济困难学生家庭走访工作。连续开展6年以来，对学生家庭情况进行动态管理，有针对性地做好贫困生思想政治教育工作，拓宽家校联系渠道，促进形成家校共育的强大合力，在宣传国家资助政策等方面都取得了较好的效果，学生、家长和教师们都感到收获颇丰。

第五，就业帮扶，关注学生生存问题。大多数贫困生受家庭经济的限制，在计算机、英语和特长等方面相对薄弱，在激烈的就业竞争中，他们往往属于弱势群体。这让他们从一入校就为今后的生存和发展问题背负着沉重的心理压力。我院通过勤工助学岗位提高学生的劳动技能和社会经验，通过公益服务提升学生工作的主动性、自觉性和奉献精神。毕业前夕，配合国家就业帮扶政策，积极帮助学生申报求职创业补贴，从学生成长和经济方面帮助即将毕业的家庭经济困难学生缓解生存压力。

四、体会与思考

尽管我院的学生资助工作已经积累了一些经验，但是与上级部门的要求和学生的需求相比较还存在一些差距和不足。在今后的工作中，我们将用好专项经费，解决重点问题，扩宽资助渠道，尝试开发资助信息化管理平台，探讨和完善资助工作考核、奖惩、监督机制，探索勤工助学岗位新模式，开展以诚信教育、感恩教育、励志教育等为主题的理论研究和实践活动，通过资助工作培养学生良好的人格品质，教育和激励受助学生努力学习、回报社会，全面提升资助育人实效。

店长是怎样炼成的
——广西商业学校零售店长人才培养纪实

广西商业学校

一、"店长荒"：追问职校的人才培养

我国现代服务业迅猛发展，零售业面临转型升级，对人才的需求更显迫切。《2010—2011中国零售业人力资源管理蓝皮书》披露，我国零售业人才依然处于十分匮乏的状态，店长、采购人员、营销策划人员等岗位缺岗率高达30%以上。"10个瓶子7个盖，还有3个没有盖。"——"长"难求的现状，导致了同业间挖人成风。

一些职教专家和企业对中等职业学校培养零售店长提出过质疑。的确，一出校门就能当店长，这对学校的人才培养是个挑战。细究原因，就会直指职业院校人才培养模式的弊端：专业与产业、企业、岗位脱节，专业课程内容与职业标准脱节，教学过程与生产过程脱节。

二、校企共同商议：明确店长培养目标

以校企双主体、工学交替为店长培养的必由之路，明确以"导购员—副店长—店长—区域市场经理"为学生的成长路径。以"中和店长订单班"为载体，通过实施实战型职业岗位递进的人才培养模式，培养高素质的零售店长。

三、校企共同见证：店长是这样炼成的

（一）校企深度合作探索店长培养路径

从2009年开始，学校组建了专业建设团队，对零售业的人才需求进行调研，

认为中职学校完全能培养中小零售门店店长，并将学校市场营销专业的培养目标定位为零售店长，与行业企业专家共同设计了学校市场营销专业学生的成长路径："导购员—副店长—店长—区域市场经理"。

问计企业促成校企合作共同培养人才，学校与江苏中和贸易有限公司于2011年7月签订了校企合作协议：在学校成立"中和店长订单班"（以下简称"中和店长班"），学校与企业资源共享，按实战型职业岗位递进人才培养模式共同培养零售店长人才。

江苏中和贸易有限公司为此建立了一套相对完善的学员培养和管理机制，从上岗前的集中强化短训到训后分配到什么级别的店、到由谁来"传、帮、带"培养信息的定期反馈等，都有明确的制度规定。学校班主任、专业教师和实习指导教师则定期深入企业、深入每一个实习学生的岗位了解学生实习的情况，与企业进行有效沟通，及时调整实习指导方案，让学生在实习阶段得到来自公司和学校更贴心、更有效的人文关怀和专业指导。

（二）根据店长岗位需要制定人才培养方案，按照岗位能力要求进行实战型教学

为充分了解店长岗位的典型工作任务、工作流程、工作规范和对人才的素质能力要求，适应新模式下的教学任务，专业教学和管理团队的教师们直接参与到合作企业终端门店的日常营运工作中，进行岗位体验，与企业的一线店长、市场营运经理及内训导师进行座谈研讨，细化在岗位递进过程中不同阶段的岗位典型工作任务和素质能力要求，把每一阶段岗位能力的培养落实到相应的学期课程教学中。

在教学活动的实施过程中，始终强调对学生能力的培养。依托校内实训基地和企业终端门店，以岗位递进不同阶段的典型工作任务为驱动开展教学和实训，如早会主持技能实训。在校内，中和店长班学生每周一的早会，会把学业和德育的目标进行分解，作为"门店"的具体阶段性目标，落实到每一个"店员"身上，由轮值"店长"主持早会，检讨上一阶段目标完成情况，对新的目标达成提出要求和实施办法，并鼓励本店伙伴努力超标。在合作企业终端门店，学生通过见习和实习，在门店店长和区域经理或培训专员的辅导下，真实观摩、体会和演练，学习主持早会的技巧。

陈列技能实训。任课教师把课堂设在校内实训店，直观讲解陈列的知识和技

巧。学生在操作中学习，真正做到了"做中学、学中做"。学生还经常利用课余时间到实训店进行反复练习，技能上手快、巩固好、熟练程度高。

门店服务技能实训。在开展门店服务流程和技能的教学时，同样紧紧依托合作企业的终端门店和校内的实训基地，学生在完全真实的工作氛围中学习演练服务八部曲"热情迎宾—了解需求—诚意推介—鼓励试穿—真心赞美—附加销售—美程服务—感恩送客"的每一个典型工作任务所应具备的技能。

（三）企业全程参与人才培养的各个环节

参与招生，严把入口关。企业把组建每一届中和店长班的过程都视为招聘新员工的过程，由公司市场营运部门和人力资源中心派人到校进行面试，确定学生人选，并由公司人力资源中心把中和店长班学生信息作为店长储备人才建档备案。

参与教学，共铸质量。企业人员受聘于学校，对中和店长班的学生进行企业文化、企业发展、门店营运实务等方面的授课培训和技能指导，校企合作，资源共享。按教材对接技能的要求，依据岗位典型工作任务，校企双方共同制定具有明确针对性的课程体系、课程内容、教学标准、教学计划和教学方法。合作开发了《门店销售实务》《店长管理实务》《推销技巧》等核心课程教材及教学资源。

（四）校企共建生产性实训基地，为培养实战型店长人才创造条件

广西商业学校和江苏中和贸易有限公司共同出资，由企业设计并派专业人员指导，在校内建成全真版的生产性实训基地——"安踏李宁商校实训店"。中和店长班学生的专业技能课程教学大多被安排在实训店进行。课余时间，学生还按3人一组轮流上班营业，每组又选一名学生做值日店长，对当天的营运活动负全责。教师则作为总店长进行控制、指导和考核。

（五）引入企业文化、按企业管理模式进行班级管理

引入企业运营管理模式管理中和店长班。班级模拟为市场区域，班长即为区域经理，配有两名区域副经理；小组模拟为终端门店，组长即为店长；每名学生都是门店职员；班主任模拟为公司总部。这种模拟企业机制的班级管理，潜移默化地影响了学生的身份意识，他们会在日常的学习和生活过程中暗示自己的"企业准员工"身份，自觉按职场要求激励团队和约束自己，结果使学生角色逐渐淡

化，职业人意识得到持续加强。

四、社会检验：店长炼成反响大

（一）合作企业感慨：广西商业学校送来的中和店长班人才"一届比一届更优秀"

2011—2017年，学校共计培养零售店长630多名，80％以上的学生在实习期间就晋升为副店长以上职务；江苏中和贸易有限公司的营业额从2011年的14亿元增长至2016年的20.96亿元，截至2016年年底，公司拥有网店34家，网店、微店、实体店合一的新型零售门店近700家，线上销售额已达4.81亿元，公司已成功迈入新零售时代。

中和店长班学生在企业的能力和素养表现得到了合作企业各层级人员的好评，市场终端纷纷到公司人力资源中心争要广西商业学校中和店长班的学生，甚至出现了提前"预定"的现象。

（二）学生反响：我自信，我能当优秀的店长

韦杨宇同学在顶岗实习期间就成长为安踏品牌昆山区域标杆店店长，他在接受《广西日报》记者采访时说："我从进入中和店长班的那一天开始，就接受了明确的培养目标——优秀店长！无论是在学校两年的学习训练还是在公司实习的这些日子里，在老师和教练的帮助指导下，我都满怀憧憬又脚踏实地地坚持向着这个目标前进。"

黄帅同学担任副店长的李宁无锡工厂店20店，员工有近20人，他当时还只是刚满18岁的在校生——顶岗实习生！

（三）更多的企业求合作：我们也需要培养这样的店长

学校新零售店长人才培养的成功，在商贸零售行业引起很大反响，众多企业纷纷登门要求"订单办学"。近年来，学校市场营销专业的学生在入学1周内就被企业订制一空，出现一"生"难求的局面。

柳州市老邻居连锁超市、深圳一号店、广西联华超市股份有限公司加入了学校零售店长"订单"的行列，在学校开设店长班，共育零售店长；柳州市当地的

商家如柳州工贸大厦股份有限公司、柳州梦之岛百货公司等也纷纷上门，希望学校给其输送店长、主管等零售终端一线管理人才。

（四）专家及媒体关注：广西商业学校的经验值得推广

教育部职业教育专家深入广西商业学校调研，写成典型案例编入由鲁昕副部长担任顾问、教育部职业技术教育研究所组编的《学习能力指导》一书，向全国职业教育系统进行推广。《光明日报》《广西日报》《柳州日报》等媒体都对我校成功的店长人才培养经验进行了报道。

五、条件保障

（一）共赢是基础

校企合作培养人才需要契合双方的利益点。广西商业学校培养零售店长这一历程表明：校企合作办学关键在于校企双方要找到结合点和各自的利益点，从而实现资源共享、互惠互利的目的，只有这样的合作才能深入持久。也就是说，校企合作的办学目标要结合校企双方的诉求，以提高毕业生质量和企业的核心竞争力为出发点，以寻求利益共同点的效益最大化为落脚点。

（二）协作是保障

校企双主体培养是提高人才质量的保证。校企合作培养人才必须体现在整个教学过程中，包括校企共同确定专业培养方案，开设企业需要的课程，促进课程内容与职业标准对接；在学校和企业之间实行学习与工作相互交替的教学组织形式，促进教学过程与生产过程对接；学生在学校学习理论和操作训练时，以学校教师为主实施教学和管理，奠定扎实的基础；学生在企业特定的岗位工作实习时，以企业人员指导为主，按企业规范和实习生管理制度进行管理，提升职业素质和职业能力。

（三）企业资源是支撑

中和店长班的教学实施过程由校方负责，但教学资源离不开企业资源的融入和支撑。如企业应有足够满足学生职业发展的岗位资源、为学校培养实战型的教师、企业文化的资源、管理制度及工作流程、典型工作任务提炼、全真实训门店的建设等，离开这些资源，店长人才培养质量的提高将难以实现。

六、体会和展望

回顾广西商业学校成功的店长培养过程，给今后的办学带来许多启示。

准确定位是专业建设的前提。市场营销专业是传统专业，内涵宽泛，就业层次跨度大，只有深入了解市场的需求，找准中职专业的培养定位，通过校企深度合作，设计学生成长的路径和构建适合专业特点的人才培养模式，才能使传统专业注入新内涵，办出新特色。

相对工科而言，零售业人才实战能力的培养是"瓶颈"问题。广西商业学校与企业联手开发系列零售实战课程，依托校内生产性实训基地和校外实体店实训基地，建立校企行联盟的零售实战学院，将中职学历教育、社会培训、科研融为一体，力争将零售专业教学办出特色，在全国同类学校中有一定引领和示范作用。

依托养殖专业综合项目培养学生自主创业能力

广西柳州畜牧兽医学校

一、自主创业，顺应毕业生就业趋势

我校畜牧兽医专业、畜禽生产与疾病防治专业及宠物养护与经营专业都是涉农专业，涉农专业毕业生的就业环境相对比较艰苦，但涉农专业毕业生开展自主创业的门槛比较低，投入资金少，环境要求不高，有市场，投入与回报比例高，自主创业容易成功。我校很多成功的校友都是依靠自主创业发家致富的。据不完全统计，我校毕业生毕业第一年即进行自主创业的比例达到5%，毕业5年后自主创业率会达20%左右，尤其宠物养护与经营专业，毕业5年后有70%的学生自主创业。为了培养学生基本的创业素质，帮助学生体验创业过程，积累必要的创业经验，学校将长期以来学生自发开展的动物饲养实践活动进行规范管理，打造成学生创业孵化基地，鼓励学生组建团队，开展畜禽、经济动物等养殖项目，自主经营，自负盈亏，从而培养学生的创业创新能力。

二、体验过程，提升学生创业素质

一是通过畜禽、经济动物等养殖项目，开展自主经营、自负盈亏的经营活动，帮助学生体验创业过程，积累创业经验，形成创业品质和创业素质。

二是通过解决生产中的品种引进、饲养管理、疫病防控、营销及利润核算等问题，加强学生自身的职业能力与实践能力，培养职业素养和团队合作精神。

三、精细管理，确保项目有效实施

（一）出台管理办法，完善管理机制

在学校副校长的主持下，教务科和校团委对创业孵化基地的构建进行了充分的调查研究，并拟定了《广西柳州畜牧兽医学校学生创业孵化基地管理办法（试行）》《学生动物饲养管理细则》，经学校讨论通过并正式实施。该管理办法对学生创业孵化基地建设的管理机构、运行机制、监督考核等做了详细的界定，保证学生创业孵化基地的有效运行。

（二）建立创业基地场地，为学生自主创业提供硬件保障

学生创业孵化基地启动运行的关键在于要有足够的动物饲养舍。因此，需要租用教职工闲置的杂物房。学校共有 156 间杂物房，绝大部分处于闲置状态，为学生开展自主创业提供了很大便利。学校鼓励教师将杂物房租借给学生使用，制定《关于杂物房租用管理办法》，明确学生租用的条件及使用范围，并达成相应的使用协议，由学校统一支付一定的租金。

为保证杂物房能正常使用，学校出资进行维修，水电到位，保证创业条件有保障，营造相应的创业企业文化。

（三）宣传动员，组建创业团队

学校为动员并鼓励教职工将杂物房租借给学生，专门召开了教师动员会，解读《广西柳州畜牧兽医学校学生创业孵化基地管理办法（试行）》和《租借杂物房奖励和管理办法》。同时，要求各班班主任及社团指导教师认真组织本班同学及本协会同学积极组建创业团队，要求每班组建 1~2 个创业团队，每个专业社团组建一个团队，每个团队有 5 人以上，制作申报表和创业计划书，经教务科、校团委审核并公示。

（四）做好监控推进，落实资助政策

按照要求，各个创业团队要在动员大会召开后 10 天内购进种苗开始饲养，并经学校审查达到原定动物饲养量和要求后将给予第一阶段的创业资金资助。

校团委、教务科及班主任负责对创业团队进行日常监督检查。校团委专设一名工作人员，带领校创业协会成员，对各创业团队的工作进展情况进行检查，发现情况及时处理。

各创业团队每月将工作计划及工作轮值表上报校团委并公布于创业基地外墙，便于检查和考核。

（五）实施量化考核，提高创业团队的积极性

为了保证学生创业孵化基地健康有序地运行，根据《广西柳州畜牧兽医学校学生创业孵化基地管理办法（试行）》的要求对创业团队进行量化管理。教务科和校团委严格对照各项考核评比条件，每月对创业团队进行考核。考核的内容包括日常管理、创业工作室布置、安全情况、运营成果、运营材料上交、支持配合工作等方面，期末进行综合考核。根据综合得分由高到低评出优秀创业团队，给予一定的资金奖励。对于综合考核得分低于 60 分的团队，必须对团队成员进行改组才能继续下一期的创业经营活动。

（六）将创业内容与专业课程学习对接

要求各创业团队必须明确饲养的动物种类及数量，与本专业课程知识紧密对接，畜牧兽医专业、畜禽生产与疾病防治专业的学生主要从事家畜、家禽、经济动物饲养。宠物养护与经营专业的学生主要饲养狗、猫等宠物，特种动物养殖专业的学生主要饲养龟、兔子等经济动物。

饲养过程中的每个环节与岗位技能对接。要求从场地消毒、品种引进、疫病防控、饲料选配及繁殖等各个环节与专业技能和要求对接，规范操作，过程完整，详细做好创业实践记录，学校每月按时检查创业实践记录本，对不按要求规范操作或过程不完整的进行整改。

结合市场营销课程，通过召开专门的产品产销会和市场营销课程现场仿真模拟，提高学生的营销能力，完善自主创业的所有流程。

（七）加强创业过程的技术指导，为学生自主创业提供技术支持

对学生创业过程分三级两类指导：一级是学校教务科和团委，负责安排和监督；二级是班主任，负责指导学生组建团队和创业计划、过程监督；三级是专业教师和企业技术骨干，通过集中培训和现场指导两种方式，解决学生在养殖过程

中的各种技术问题，为学生自主创业提供技术保障。

四、学校重视，提供足够的软硬件保障

（一）学校高度重视，把学生自主创业实践当作一门综合专业课程实施，提供必要的政策和资金保障

学生创业实践是培养学生综合能力最好的途径和渠道，学校对此高度重视。从 2004 年开始实施至今，为保证创业有条件，评价考核有依据，学校出台了相应的激励机制，鼓励教师、班主任、专业指导教师积极参与。通过企业赞助和学校自筹等方式对各创业团队给予一定的资金支持。

（二）学生创业实践有技术指导和创业知识指导

学校开设有就业与创业课程，为学生创业提供理论指导，安排专门的专业教师和企业技术骨干担任指导教师，为学生提供技术保障，并对班主任、专业指导教师和企业技术人员给予一定的津贴补助。

（三）制定完善的管理制度，为学生创业实践提供制度保障

学校制定了完善的管理制度，建立相应的考核办法，通过奖优罚劣，保证创业过程有序开展。

（四）拥有创办学生创业孵化基地的设施设备

拥有动物饲养舍 145 间，配备完善的用水、用电条件。聘请广西宏华生产实业股份有限公司等养殖企业的专业技术员做技术指导，建立稳固的合作关系，形成校内外资源互补，有力保障项目的全面实施。

（五）学生独立自主经营，自负盈亏

教师进行技术指导、引导和监督，但不干涉学生的具体经营，这样可以保证学生享有充分的自主经营权，保证学生经营的灵活性与主动性。

（六）召开专门的产品营销会和展示会，为学生产品销售提供平台

学生饲养的动物必须有销路才能激发学生创业实践的积极性和热情，学校通

过与企业合作，召开产品产销会，确保学生产品有销路。

五、实施成效

（一）提高了学生的创业意识和创业能力

通过自主创业实践，更加深入地掌握专业知识和专业技能，在此基础上形成稳定的创业基本素质和开拓型个性特征。培养了学生的创业意识和创业精神，积累了创业知识，提高了创业能力。学生毕业后自主创业率达20%以上。

（二）培养学生严谨、务实的科学态度和团队协作的精神

通过创业实践，组建创业团队，加强学生沟通、交流、合作及团结进取精神的培养。

（三）创业内容与专业知识和岗位技能对接，提高学生学习的积极性和主动性

学生创业实践项目与本专业学习内容和毕业后的岗位技能紧密结合，学生将课堂知识应用于实践，感受课堂学习与课后实践的收获与快乐，大大提高了学生的学习积极性与主动性。学生课余时间除完成学校安排的文体活动外，其他休息时间基本都在创业基地度过，学生过得充实而有收获。

（四）有效提高学生的专业技能和专业水平

创业过程使学生的专业技能得到强化，整个创业实践环节将所学知识进行检验和强化，学生专业操作能力得到很大加强，参加全自治区技能比赛获得佳绩。2010年、2011年连续两年获得全自治区一等奖和全国二、三等奖，2014年获得全自治区团体一等奖。学生"双证率"由2010年的85%提高到现在的98%。

（五）提高学生适应市场经济变化的应变能力

通过学生自主创业、自负盈亏，培养创业者善于考察和调研，对市场具备敏锐的洞察力，同时学会把握市场的动态，提高学生适应市场经济变化的应变能力。

六、体会和思考

一是学生自负盈亏开展养殖活动，具有产业特征，也融入了专业特点，做到理论联系实际，是创业教育实践的有效载体。

二是通过创业教育实践，进一步促进了学生端正职业态度，认真学习基础知识和专业技能；培养学生的独立意识、法律意识、市场经济意识、专业意识、公平意识、合作意识、竞争意识和风险意识等，对于学生形成良好的职业素养与职业能力，成为合格的创业者，具有重要意义。

三是对创业实践过程要加强指导和监督，为创业团队创造物质条件、制度管理和产品销售渠道。

四是能否获得经济收益会影响学生创业实践的积极性，学校须将创业实践的目的和意义向学生进行详细分析和解读，同时提供营销平台。

职特融合分层培养创新特殊教育模式

柳州市第一职业技术学校

基于"融合"理念的特殊教育模式以实现残疾学生自理、融入社会、通过劳动就业自食其力为目标,以在中等职业技术学校容纳残疾学生共同学习、生活、成长为途径,在柳州市第一职业技术学校统筹协调各项资源的基础上,以建立"校中校"为突破点,历经11年,因材施教,与时俱进,形成了"三层递进、残健融合"的育人模式,及"职特融合、分层培养、统一评价"的人才培养模式,为社会输送了近450名可自理、会社交、能就业的全日制残疾学生,培训了近5 000名非学历残疾生,促进有质量的教育公平,彰显我校改善民生、温暖民心、提高民力的"残健、职特"双融合办学成效。

一、开展残疾人职业教育与培训是促进教育公平、改善民生的重要举措

残疾人教育是国家教育事业的重要组成部分,发展残疾人职业教育与培训,是适应社会文明发展和市场经济需求,促进教育公平,改善民生的重要举措。针对残疾人实施职业技术教育,不仅有利于残疾人的身心发展和社会进步,还能体现以人为本的教育观与和谐社会的理念。早在1994年,国务院颁布实施的《残疾人教育条例》中规定:发展残疾人教育,实行"普及与提高相结合,以普及为重点"的方针,着重发展义务教育和职业教育,积极开展学前教育,逐步发展高级、中等以上教育。

大力发展特殊职业技术教育,为残疾人提供完善的职业技术教育和更多的就业机会,是广大残疾人及其家庭的迫切需求。特殊职业技术教育有利于残疾人平等参与社会生活,走向社会,求职就业。残疾人由于其特殊的生理条件,以及家庭、社会等因素,普遍存在较多的心理问题以及自理能力差、社会融入能力弱、

学习知识与技能的能力低下等问题，尤其残疾学生因残疾程度不同、文化基础普遍较差造成就业面狭窄以及就业不稳定的问题，加上中职学校的日常管理与特殊教育学校存在较大的差异性，单纯依靠现有的办学模式及资源进行残疾人的职业教育存在较大的局限性。

为此，在中职学校开展残疾人职业教育，让健全学生与残疾学生共同生活、共同学习、共同提高、共同走向工作岗位，以行为的融合促进身心的融合，以模式的融合促进内容的融合，对提高残疾人职业技能和整体素质，让残疾学生真正走进社会，具有重大意义。

二、多措并举，充分关注残疾学生身心发展及技能学习与就业的需求，促进"残健、职特"整体融合

（一）目标及思路

（1）进一步提高残疾人的社会综合能力，优化和完善残疾人中等职业教育模式。

（2）从育人模式和人才培养模式入手。育人模式着重从学生生活、社交及就业方面，逐步满足残疾学生的层次需求；人才培养模式着重技能学习的"适合、达标"方面，分层解决既适合学生学习，技能又达到市场要求之间的矛盾。

（3）充分考虑残疾学生与健全学生在融合教育中，残疾学生与健全学生心理素质存在区别的实际问题，关注心理辅导，适时进行心理干预，促进整体融合。

（4）充分考虑残疾学生与健全学生在融合教育中，残疾学生与健全学生身体素质存在区别的实际问题，关注学校管理，全方位考虑帮助学生便于生活，便于学习。

（二）主要措施

1. 加强组织领导

在一套人马两块牌子的基础上，组建更为精简高效的特殊教育工作领导小组，下设办公室，出台规划，落实目标任务、责任分工、序时进度等工作安排，积极做好与上级教育主管部门的汇报、联络及推进、检查督促工作。

2. 加强科研促进办学

由学校教育教学督导牵头，校分管领导、部门负责人、班主任、一线教师多方参与，深挖我校残疾人教育特色，提炼教育教学理论，促进我校特殊职业技术

教育事业的科学、高效发展。

3. 实施学校改造工程

按照现代化特殊职业教育的要求，对学校涉及残疾人学习、生活的基础设施进行整体规划改造，通过市局、市残联等资源，配齐、配足各类教学、生活设施设备，完善学校教学、研究、服务功能。

4. 精致学校常规管理，探索并实践具有我校特色的育人模式

（1）建立残疾学生档案和联系卡制度。认真调查研究，摸清特殊学生的情况，建立每个特殊学生的专门档案和联系卡。其基本内容：学生的基本情况、家长姓名、家庭详细地址、联系电话，家长务工单位详细地址、联系电话，监护人或委托监护人的职业、详细地址、联系电话、身体状况、年龄等。安排负责学籍档案管理的人员对特殊学生的档案进行管理，并根据学生变动情况及时补充或变更联系卡的有关内容。

（2）实施帮扶制度。为特殊的残疾学生配备帮扶教师。帮扶教师经常与其谈心，随时掌握思想动态，引导他们健康成长。培养更多的优秀教师成为"代理家长"，让残疾学生在教师、同学群体中成长，对已缺失的家庭教育进行补偿，使他们走出孤独和忧郁。

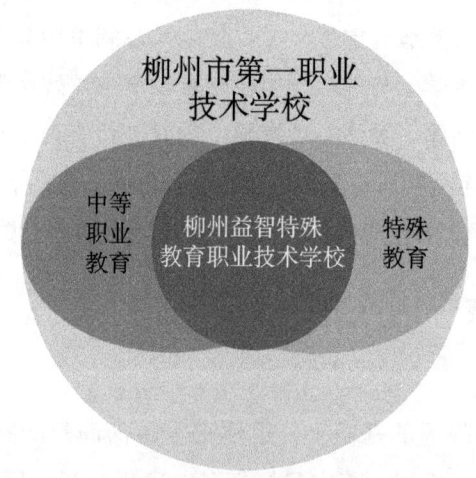

图 1　柳州市第一职业技术学校"校中校""职教特教交融"示意图

（3）建立残疾学生的应急机制。建立特殊学生、学校、家长（监护人）之间完整的联系方式和突发事件的应急机制。特殊学生在校期间遇到突发事件的，及时与校医联系并告知家长、报告上级教育主管部门，以保证特殊学生的安全，不得拖延推诿，确保学生在安全的环境中成长。

（4）加强心理健康在全体残疾学生中的覆盖面。针对品德行为偏差和心理障碍的特殊学生，着重开设心理教育课，大力开展心理咨询、心理疏导活动，定期开展思想教育、情感教育、独立生活教育和体谅父母教育等，使特殊学生感到备受关爱，体验到生命成长的快乐与幸福，消除不良情感体验，树立乐观向上的生活态度，培养正确的人生观、价值观。

（5）科学定位残疾学生的成长规律。要求落实全体残疾学生能够自理，绝大部分残疾学生融入校园生活，大部分残疾学生具备与普通学生在技能上一较高下的本领。

5. 建设德艺双馨特教师资队伍

构建较为完善的教师成长体系和平台，加强特教师资的外出培训和引进专家校内培训工作。重点加快教师转型成长步伐，引导激励教师学习手语，深入残疾学生群体中，真正做到师生共同成长。

6. 加大教学模式探索力度，形成具备我校特色支持学生走向岗位的人才培养模式

大力实施素质教育，积极推进特殊教育课程改革。针对聋弱学生的不同特点，制定不同的培养目标和措施。巩固聋弱学生"分类引导、分层教学、分流升学"培养模式，使不同类别和能力的学生均能各得其所，最大限度提高学校教育质量，使随班就读学生能够有技能突出者，特教班学生能够接受统一标准的技能鉴定。

（1）针对特教班，开展因材施教的个性化教育，最大面积覆盖学生，以"量体裁衣"式的个性化教育，帮助所有学生学有所长，能够就业，喜欢就业，自食其力。

（2）针对随班就读学生，开展统一评价，促进学生全面融入普通班级，身心健康发展，技能得到更大的提升。

（3）开设具有较强针对性的第二课堂。通过调查、论证开设学生喜闻乐见的第二课堂，挖掘学生潜能，规划职业生涯。

（4）拓宽学生就业基础。在课程设置上与时俱进，根据学生实际和市场需求，逐年调整更具有竞争力的课程设置和教学实施方案，帮助学生增加就业机会和就业资本。

7. 继续加大短期培训和技能鉴定工作

实施"走出去、引进来"战略，在社会培训方面，为我校特教师资提供外出宣讲、授课的平台，提高我校特教师资水平。同时也将学员引进学校，为更多的专业特教教师和兼职特教教师提供授课平台，促进专、兼职特教教师成长。

8. 开展校企合作办学模式

联系各类企业,洽谈合作办学,引入企业奖学金、助学金,助力残疾人学习成长。校企合作能增加学生的实习机会,提高技能学习的对应性、时效性。

三、历经十一年,基于"融合"理念的特殊教育模式在不断实践与探索中取得丰硕成果

(1) 得到了领导专家一致的肯定。2012年6月,学校在全国职业院校技能作品展中,凭借以"智慧改变生活"为主题的残疾人智慧宿舍样板间荣获一等奖,受到中共中央政治局委员、国务委员刘延东同志的好评,并接见了两位参加作品展的我校残疾学生代表黄海明和黎暖佳;2012年9月,刘延东同志到学校视察,特地看望了这两位学生,并对学校残疾人教育给予肯定和赞扬;2012年6月,学校优秀残疾毕业生"柳州市青工状元"、全国职业院校技能大赛二等奖获得者莫灿添受教育部邀请,在全国职业院校校园文化研讨会上做了主题发言,受到教育部鲁昕副部长和与会代表的高度赞扬。

**图2　2012年9月,刘延东同志到学校视察工作
与残疾学生代表黄海明(男)、黎暖佳合影**

(2) 引起国内外各界关注。中国残联教育就业部周凯率全国各省市特殊教育界代表团专家30余人到我校考察;中国残联委派学校代表到英国参加残疾人教育交流活动,受到国际同行关注;仅2014—2017年,就有25批次各级残联领导、兄弟学校到我校参观学习;《中国青年报》等16家媒体对学校的残疾人职业教育进行了多次报道。

图3 2010年5月8日,民革中央钮小明带领调研组与学校残疾学生座谈

图4 柳州市温州商会嘉宾、领导与残疾学生代表合影

图5 "柳锅"奖学金发放现场

（3）将"职特融合，分层培养，统一评价"的人才培养模式成功运用于我校残疾人短期职业技术培训，共帮助4 762名残疾人士通过职业培训获得职业资格证书，回归主流社会。学校也因此被评为广西壮族自治区残疾人职业教育培训示范基地。2011年，被广西壮族自治区人民政府评为全自治区扶残助残先进单位。

（4）优秀残疾毕业生在世界残奥会、全国职业院校技能大赛、全国残疾人田径比赛、自主创业上的傲人表现，弘扬了社会正气，展现了残疾人职业"融合"教育的成果。毕业生中涌现出"柳州市青工状元"、全国职业院校技能大赛二等奖、广西残疾人技能比赛电子技术项目第一名等技术能手；涌现出三破世界纪录、2016世界残疾人游泳公开赛SB2级50米蛙泳冠军的彭秋萍，全国残疾人田径比赛冠军陆玉象等体育健儿；涌现出自主创办豆浆饮品店的残疾孤儿等创业优秀人才。

（5）创建"柳州益智特殊职业技术学校"。年均在校生规模达150人，直接受益的青年残疾人累计600人以上，毕业生供不应求，取得良好的社会效益。

（6）在学校管理上形成"残健双赢"的长效机制。通过改进交往形式，增进残疾学生与健全学生之间的有效交往，在促进残疾学生回归主流社会的同时，也促进了健全学生人格的提升，培养他们的爱心和耐心，让他们学会了包容和接纳，变得更有责任感，因此，校园中时常可见残健互助的感人事迹。2015年，学校团委获得"全国五四红旗团委"荣誉称号，在广西壮族自治区中职学校获此殊荣尚属首次；2016年，计算机专业学生韦超永获得"全国最美中职生"荣誉称号。

四、基于"融合"理念的特殊教育模式的发展及展望

（1）在课程改革上不断实践与探索，让残疾人职业教育课程体系和教学模式在课程、内容、模式和方法上最大限度地符合残疾学生的身心发展特点和需求，更充分保证了随班就读特殊需要者的发展潜能和受教育权利。

（2）加大投入，建立学校残疾学生职业教育资源中心，满足残疾学生学习知识与技能的特殊需要，最大限度挖掘他们的潜能，使他们能够健康发展。

附：柳州市第一职业技术学校特殊教育成果

（一）发表论文

表1 发表论文一览表

序号	作者	论文题目	刊物名称	出版日期
1	王春秋 史庭宇 秦海宁	浅论残疾人职业技术教育随班就读模式	《中国职业技术教育》总第348期	2009年7月
2	王佩娟	中职特教学生心理辅导研究	《广西教育》（职教高教）	2013年11月
3	孙卉	听力语言障碍生情绪控制浅析	2009全国职业教育优秀论文	2009年8月
4	孙卉	浅论白化教育方法在职业技术学校听力语言障碍生中的应用探究	《科技资讯》	2012年7月
5	孙卉	职业院校特教生职业生涯规划探索	2010全国职业教育优秀论文	2010年10月
6	江薇	中等职业学校残疾学生的情感教育之我见	广西教育学会第十二届优秀教研成果评比二等奖	2011年6月
7	江薇	中等职业学校残疾学生的情感教育之我见	广西教育教学优秀论文二等奖	2013年5月
8	江薇	以细致之心观察以关爱之心引导	柳州市第四届职业教育"智慧教师"教育教学征文活动二等奖	2013年6月

（二）校本教材

表2 校本教材一览表

序号	作者	教材名称	出版社	出版日期
1	孙卉、刘凌、石海明	听力语言障碍生办公软件应用	机械工业出版社	2012年

（三）相关科研项目

表3 科研项目一览表

序号	项目名称	项目类别	起止时间
1	在中等职业技术学校中进行特殊教育的实践与研究	C9	2006年5月—2009年10月

（四）学生技能竞赛成果

表 4 学生技能竞赛成果一览表

序号	竞赛名称	获奖级别	获奖情况	时间
1	巴西里约残奥会游泳项目 S3 级自由泳	世界级	银牌（彭秋萍同学）	2016 年
2	巴西里约残奥会游泳项目 4×50 米男女混合接力	世界级	金牌（彭秋萍同学）	2016 年
3	巴西里约残奥会游泳项目 50 米仰泳	世界级	金牌（彭秋萍同学）	2016 年
4	巴西里约残奥会游泳项目 SB2 级 50 米蛙泳	世界级	金牌（彭秋萍同学）	2016 年
5	全国残疾人（20 岁以下）田径锦标赛	国家级	1 金、1 银、1 铜（陆玉象同学）	2009 年
6	全国职业院校技能比赛中职组网络比赛	国家级	二等奖（莫灿添同学）	2009 年
7	广西残疾人职业技能比赛电子技术项目	自治区级	第一名，全国赛第五名（黄海明同学）	2010 年
8	广西残疾人技能比赛计算机维修项目	自治区级	第一名（洪刚同学）	2014 年
9	广西残疾人技能比赛插花项目	自治区级	第一名（韦珊余同学）	2014 年
10	广西残疾人技能比赛插花项目	自治区级	第二名（农凤飘同学）	2014 年
11	广西残疾人技能比赛中式烹饪项目	自治区级	第二名（黄昌锐同学）	2014 年
12	广西残疾人技能比赛中式烹饪项目	自治区级	第三名（吴贵强同学）	2014 年

【理论探讨】

制定质量战略地图把"三全"育人落到实处

石令明[①] 邱福明[②]

【发表情况】2018-04-03发表于《中国高等教育》。

【摘要】质量是职业院校的生命,质量意识是职业院校生命的灵魂。通过质量管理搭建支撑平台,发挥师生的个性化潜能,引领质量的提高。建立"三全"育人内部质量管理体系,完善质量管理运行制度。

【关键词】质量管理;"三全"育人;职业教育

2016年12月,全国高校思想政治工作会议在北京召开,习近平总书记在会上发表的重要讲话,成为指导新形势下高校思想政治工作的行动指南。2017年12月,教育部出台了《高校思想政治工作质量提升工程实施纲要》,倡导以全面提高人才培养能力为关键,一体化构建内容完善、标准健全、运行科学、保障有力、成效显著的高校思想政治工作质量体系,形成全员全过程全方位育人格局。近年来,随着职业教育纵深发展的推进,各职业院校都把提高质量摆在了更突出的位置,以质量为引领,将"三全"育人落到实处,培养担当民族复兴大任的时代新人。

一、质量管理:新时代职业教育发展的应有之义

解决质量问题不仅是我国经济社会发展的时代要求,也是人民生活水平提升的必然要求。对于职业院校来说,质量是职业院校的生命,质量意识是职业院校生命的灵魂。

---

① 石令明,柳州职业技术学院校长。
② 邱福明,柳州职业技术学院质量管理办公室主任。

(一)质量管理是我国迈向"质量时代"之路的客观需求

2017年9月,中共中央、国务院发布的《关于开展质量提升行动的指导意见》提出,到2020年,我国供给质量明显改善,供给体系更有效率,建设质量强国取得明显成效,质量总体水平显著提升。要求健全质量人才教育培养体系,将质量教育纳入全民教育体系,加强职业教育技术技能人才培养质量,推动企业和职业院校成为质量人才培养的主体,推广现代学徒制和企业新型学徒制。可以说,在我国迈向全面质量时代进程中,需要把质量管理作为重要追求,推动中国经济发展进入质量时代。

(二)质量管理是职业教育提质升级和内涵发展的内在需要

推进内涵建设和可持续发展是当前职业教育的一个工作重点。教育部职业教育与成人教育司印发的《职业教育与继续教育2018年工作要点》明确提出,要"打好职业教育提质升级攻坚战"。建设一批当地离不开、业内都认同、国际可交流的高职学校。职业教育内涵建设是一项十分复杂的全面的系统工程,包括产教融合、师资队伍、专业建设、人才培养模式和育人,以及管理机制改革等多个方面。质量管理是职业教育内涵建设的重要手段,质量保障体系建设是职业教育内涵建设的重要组成部分。没有对质量管理体系的构建,就无法衡量和保证质量,也就难以采取切实有效的提质升级和内涵强化措施。

二、现实审视:职业院校质量管理问题分析

质量管理是职业院校提高核心竞争力的关键,是内涵建设的迫切需求。职业院校的质量管理,不仅针对专业人才培养方案、课程体系的建设和实施等教育方案能否达到高标准、高水平,还包括对学校的战略定位、招生宣传、入学报到、食堂住宿、事务办理等一切教育服务的质量进行管理。目前,我国职业院校质量管理的科学性和有效性尚待提高,其存在的问题主要表现如下。

(一)质量管理的工具和方法比较单一

一般意义上,大多数职业院校的质量管理工具和方法,主要依靠传统的ISO9000质量管理体系或者一些闭环性监控理论,质量管理采用的工具和方法

比较单一，不够丰富。当前普遍流行的六西格玛、卓越绩效等管理工具和方法主要在企业中有较好的应用和推广，但鲜有职业院校系统地借鉴或引入。实际上，在全面质量管理时代，传统的管理工具和方法无论是在理念上，还是在具体的操作实践上都存在一些不足，难以全面适应新时代职业院校质量管理的需要。

（二）质量管理的主体意识不强

职业院校是保证教育教学质量的主体，但长期以来，职业院校的办学自主性较差，学校自主发展意识薄弱。突出表现是坐等上级主管部门的评估和评价工作推动，学校内部尚未建立健全质量保证运行机制。这距离职业院校"强化办学主体意识、质量意识、效益意识和竞争意识，增强质量建设和特色发展的紧迫感和责任感"的要求还有很大差距。

（三）质量管理的运行系统未形成合力

在大多数职业院校，质量管理的主要负责机构是教务处和督导室。传统的质量管理方式更多是教务处、督导室组织随堂听课，或者安排教学常规检查，做法单一且呈散点式，不系统；没有以学生、用人单位等利益相关者的需求与满意度为出发点和目标，缺乏对全过程系统设计；没能将目标设定、教学条件建设、教育服务等统一纳入"大质量"范畴，质量管理未能形成合力。

三、破解路径：激发职业院校"三全"育人和质量提升的内生动力

在职业教育的不同发展阶段，对于质量管理的意蕴和特质有着不同的要求，这就需要不断进行职业院校质量管理价值观的重塑，自觉探索实践方法。对于职业院校的"三全"育人和质量提升，需要通过转型和重塑的方法进行追问，认真审视职业院校"三全"育人和质量提升的阶段特征、价值取向等，为今后的改革辨明方向，并提供可行策略。

（一）从传统到前沿的方法转向

柳州职业技术学院经过多方调研和甄别，结合学校实际与管理咨询公司开展校企合作，全面导入了卓越绩效模式（performance exellence model）。卓越绩效

模式是一种整合化的组织绩效管理方法,它能够为顾客和利益相关者提供不断改进的价值,从而达成组织的可持续成功,提高组织的整体有效性和能力,促进组织和基层员工的学习。卓越绩效模式包括领导、战略、顾客和市场、测量分析改进、人力资源、过程管理、经营结果 7 个方面,建立在 11 项核心价值观上,核心管理理念更全面、动态更新。

(二) 从控制到引领的目标转向

以引领为目标的质量管理具有独特的意义。首先,通过质量目标牵引学校各项教育教学活动,职业院校的质量管理要有明确清晰的质量目标以及衡量是否实现的质量标准。质量目标指明了质量保证体系中各项质量管理活动努力的方向,质量标准是衡量是否达标的基本依据。质量管理的价值导向不是"控制",而是通过合适的目标引领各项教育教学活动,使广大师生员工觉得目标可实现。其次,通过质量目标形成对教育教学活动效果和品质的关注。作为职业院校的领导和管理人员,要淡化管理意识,增强服务意识,关注教育教学活动所"完成任务的品质",鼓励和支持师生发挥自己的潜能和空间,潜心开展各类教育教学活动。

(三) 从局部到整体的系统转向

柳州职业技术学院明确质量管理主体,以质量管理办牵头全校部门、人员通力合作,实现质量管理从少数人、少数部门关注到全员关注,从规章制度的约束形式向标准化质量要求与流程运营下的有序管理转变,从被动型管理向主动型管理转变,树立人人参与、追求卓越的质量意识。同时,在系统上,以"顾客"(学生、企业、家长、用人单位等)需求为出发点、以"顾客"满意为目标,将学校的人才培养进行"计划目标—资源保障—过程管理—检查改进"全过程系统设计,打破了过去只是教务处、督导室组织随堂听课、安排教学常规检查的阶段式、散点式传统做法,将目标设定、教学条件建设、教育服务等统一纳入"大质量"范畴,重构质量管理体系,形成质量合力。

(四) 从"成事"到"成人"的制度转向

管理制度是职业院校保障日常教育实践有序运行的重要手段。长期以来,学校的质量管理制度强调更多的是对教育教学活动的事件管理和保障,目的在于

"成事"，现在通过构建网状结构关系，更多的是立足于人的工具性存在以获取"人力"。在新形势下，质量管理必须以人为本，在制度制定和执行上以人为出发点和中心，关注和发挥制度对人的主动性、创造性的激发和调动，以实现人与职业院校共同发展的目标。以"成人"为维度的质量管理制度，首先必须关注"人"。人作为学校质量管理制度的中心，一方面充当着质量管理制度的设计者，另一方面又肩负着质量管理制度的实践任务。职业院校的质量管理需要注重方法和技术，即相关机构、制度、流程的确立和贯彻实施，以确保其规范性和科学性；同时，更需要关注"人"，制度的设计和编制应以尊重师生"生命"为前提，激发和调动师生的主动性和创造性。

柳州职业技术学院重视质量管理制度对教职工的潜在规约作用，主动有意识地从"人"的角度出发，把教职工当作"顾客"，服务好、指导好。一是组织所有部门广泛开展工作职责研讨会30余场，把原来的800多条职责梳理归类成200多条的人才培养职能分工表。借鉴应用PDCA（计划、实施、评价和改进）质量管理理念和方法，设计优化471条工作程序，理顺了学校质量管理工作的职责和流程。二是专门成立了教职工发展中心，帮助员工不断成长，提升教职工个人能力和岗位要求的匹配度。通过构建"四个关注"的教职工发展服务体系，开展了新入职、入校教职工集中培训、新入校专任教师教学基本功培训、一般管理人员培训以及面向全体教职工的学校战略与文化宣讲等培训，促进了学校教职工的整体素养提升。同时，组织全校教职工制定个人职业生涯发展规划，并开展专业化、个性化的职业生涯发展"一对一"指导，为教师的职业生涯发展提供良好的服务平台。

（五）从被动接受到内在自觉的文化转向

职业院校的质量文化主要包含职业院校在质量管理中所体现的价值理念、制度行为、道德规范、规章制度及行为方式的总和。它具有强烈的内隐性特征，作用是潜移默化的，引导职业院校教职工的思想和行为，从而形成对质量管理的认同和责任意识。质量文化是高校内部质量保障体系建设的核心和灵魂，它的积淀和形成需要历经一个缓慢的长期过程。职业院校应强化对质量文化的研究，明确各自层次，分析和摸索内在逻辑，作为学校重点工作推进，打造符合学校个性特征的质量文化符号和体系，并将这些文化在师生、员工中广泛宣传，以达到认同的目的，实现质量的文化管理和文化式的质量保障。

学校从文化自觉上下功夫，在充分认识和理解职业院校进行质量管理的独特价值与历史必要性的基础上，把质量理念和质量制度内化于行。首先，明确"让学生成为企业的首选"的学校使命，形成"求真务实、追求卓越"的学校价值观，树立"成为受人尊敬的高职名校"的学校愿景。其次，系统设计系列专题培训，内容涉及学校人才培养质量战略、职责梳理、流程文件编写、教育服务质量标准制定、管理成熟度评估和校内自评师培训等，并在教育教学活动中对全体师生进行"不接受缺陷、不制造缺陷、不传递缺陷"的质量训练。通过学习内化，形成"人人参与、追求卓越"的质量文化，引导教职工牢固树立以"顾客"为关注焦点，树立服务理念，实现内部质量管理人人有责、人人参与，全员关注，追求卓越的质量意识，进而推进学校质量文化的创新发展，养成自觉的质量文化品格。

职业院校内涵发展和质量提升的深入推进，需要质量管理的转型和不断地实践探索。落实"三全"育人，为职业教育改革创新发展提升核心竞争力，特别为进入内部质量保证体系建设的改革"试验区"，提供丰厚的土壤和强劲的内驱动力。广大职业院校应对当前质量管理转型与重塑的实践重心正从控制到引领的目标转向、从局部到整体的系统转向、从"成事"到"成人"的制度转向、从被动接受到内在自觉的文化转向的背景保持时刻专注。担当好职业院校作为教育质量保证的主体角色，真正把"三全"育人落到实处，建立"三全"育人内部质量管理体系，完善质量管理运行制度，不断提高职业教育质量，履行好培养担当民族复兴大任的时代新人的使命。

【参考文献】

[1] 周建松. 基于内涵发展的高等职业教育质量保障体系构建[J]. 现代教育管理，2014（10）.

[2] 马树超. 新时期高职教育质量与院校评估要点分析[J]. 职教论坛，2016（19）.

[3] 刘虎，石伟平. 职业院校内部质量保障体系建设：问题与对策[J]. 职教论坛，2012（13）.

[4] 钟秉林. 强化高校办学主体地位促进内涵建设和质量提升[J]. 中国高等教育，2015（18）.

［5］李姗姗．从"成事"到"成人"：学校管理制度的价值转向［J］．当代教育科学，2011（4）．

［6］朱永江．质量文化：高校内部质量保障体系建设的灵魂［J］．现代教育科学，2012（4）．

基于工学结合的高职院校特色文化体系建设

古志华①

【发表情况】 2014-01-10 发表于《职业技术教育》。

【摘要】 高职特色文化体系是现代职业教育体系的基本表征,建设工学结合的高职特色文化体系,有利于高职院校在新的发展形势下进一步确立自身定位,适应经济发展要求,增强核心竞争力,推动高职院校差异化发展,正确履行文化传承与创新使命。高职院校应进一步深化认识、转变观念、科学统筹,从教学、活动、环境、管理等多领域着手,系统构建工学结合的高职院校特色文化体系。

【关键词】 工学结合;高职院校;特色文化;文化建设

一、高职院校建设工学结合特色文化的必要性

(一)落实高职教育办学定位的要求

工学结合是高等职业教育人才培养模式改革的重要切入点。以工学结合作为突破口,形成具有高职特色的人才培养模式,也是高职院校文化建设的指导思想。要求高职院校以工学结合为特色和切入点,营造具有工学结合特色的校园文化环境,服务以就业为导向的人才培养工作,推动高职院校办院校学目标的实现。

(二)增强高职教育核心竞争力的要求

经过多年的发展,高职教育的地位和作用经历时间的考验,办学能力不断提高,逐步积淀了一定的文化成果,但由于我国已有的办学体制机制的惯性作用,作为高等教育领域新生事物的高职教育与普通高等教育之间仍存在较为明显的文

---

① 古志华(1974—),男,广西鹿寨人,柳州职业技术学院讲师。

化同质性。理论上，由于办学定位、人才培养模式、教育教学方式上存在很大的不同，普通高等教育与高职教育在文化上应体现为各自特色明显的两个体系。在当前，以工学结合为切入点，逐步构建起以工学结合为特色的高职教育文化体系，是高职教育形成自身核心竞争力的必然选择。

（三）推动高职院校差异化发展的要求

随着我国高等教育进入大众化时代，社会对人才的需求不断提高，以及生源形势的变化，差异化发展成为新时期高职院校提高核心竞争力、实现可持续发展的有效途径。工学结合的人才培养模式将学习与工作结合在一起，涉及学生、企业、学校等多样化主体，能充分利用校内外教育资源，学生在学习过程中即直接参与社会生产和市场竞争，这种主体丰富、方式灵活、深入社会的培养方式，既有利于学生的个性化发展需求，也有利于高职院校构建自身的特色文化，形成和提升核心竞争力。

二、高职院校建设工学结合特色文化的主要载体和途径

（一）树立工学结合的文化建设理念

树立工学结合文化建设理念，就是通过切实有效的措施，让全体教职工认识和理解工学结合人才培养模式的优越性，建设工学结合的特色文化既是配合人才培养工作，也是这种人才培养模式的有机组成部分，进而在岗位工作中自觉落实工学结合的理念和要求。我国高职院校的发展历史较短，工学结合特色文化正处于建设初期，各高职院校需要结合自身工学结合和内涵建设的实践，从办学理念、办学定位、发展目标、人才培养目标、人才培养模式、办学特色、学校精神、校训校风、教风学风等多层次、多角度及时总结工学结合的实践经验和成果，逐步构建学校的办学理念体系。

（二）构建工学结合的教学体系

工学结合的教学体系是工学结合高职教育特色文化的主体，应通过灵活有效的措施，落实工学结合的教育理念，形成工学结合的高职特色教学文化。在专业设置上，要立足市场需求，以就业为导向，开设社会急需的专业，培养市场急需

的人才。在课程设置上，采取更为灵活的模式，可邀请企业、行业力量参与教学改革与课程开发，优化专业设置与课程设置，创新教学内容和方法。在教学资源的协调运用上，可采取校企合作共建实训基地的形式，通过多种方式解决学生参与生产实践的问题。在师资建设上，通过吸纳企业优秀人员加入师资队伍、建立专业教师定期轮训制度、安排教师到企业实践锻炼等方式，建立工学结合的师资培养机制。在评价机制上，把生产实践考核纳入日常教学评价体系。

（三）建设工学结合的校园文化环境

一是把现代企业文化融入基础设施建设中，让每一个建筑都能体现出精益求精、团结协作、学习创新、责任与效率、包容和谐的现代企业文化，突出工学结合的特色校园环境文化。二是在人文景观上，要适当考虑现代企业文化、学校产学研结合特色文化的景观设置。三是实训基地文化建设要重点考虑现代企业文化的设置，使学生以身临其境的状态接受现代企业文化的熏陶。四是在校园宣传设施上，适当加强现代企业制度、文化的宣传，使学生在日常学习生活中也能了解与自己今后职业生涯有关的信息。五是充分发挥传统媒体和网络媒介的作用，以视频、文字、图像及音频等多种组合形式开展职业素质教育，引导师生积极了解职业、就业信息，构建浓厚的职业文化环境氛围。

（四）构建工学结合的校园文化活动体系

通过全方位、多层次、宽领域、高质量的工学结合校园文化活动，促进学生的自我发展、自我完善。丰富多彩的校园文化活动需要高质量的统筹和协调。在传统的校园文化活动中融入工学结合的内容，如邀请企业的经营者、管理者到学校举办讲座，向学生宣传现代企业制度和文化，培育学生的职业精神和素质。通过开展工作场景模拟活动，让学生参与就业、职业、生产等不同领域的实践体验，或者指导学生参与实际经营活动，引导学生形成正确的择业观念和良好的职业素质。

（五）在管理上融入现代企业制度

从工学结合特色文化建设的角度来看，管理育人就是在全体教职工特别是行政后勤和教辅人员中开展工学结合的思想教育，树立工学结合的育人理念，将现代企业制度和文化引进学校管理系统，让学生通过管理制度和规范及管理人员的言行，感受和认同现代企业管理理念。同时，通过比较现代企业制度与学校管理中的异同，理解现代社会公益组织与非公益组织在管理上的异同。

三、高职院校建设工学结合特色文化应遵循的原则

（一）整体规划和系统实施的原则

工学结合的特色文化只是一个范畴，真正的目的是提高办学水平，满足社会对人才培养的多样化需求和学生发展的个性化需求。不同学校由于办学基础、资源、自身能力等不同，会形成个性化的特色模式和文化内涵。因此，在工学结合的人才培养模式下，高职院校要从自身实际出发，从顶层设计开始系统设计，形成分步骤的总体任务结构，从物质文化、精神文化、制度文化和行为文化等多领域系统推进。

（二）克服对工学结合狭隘理解的原则

一是避免从概念到概念倾向。工学结合是一种人才培养模式，目的仍然在于人才培养，流于形式或缺乏有效管理和引导均是对工学结合理念的背离。二是避免校企合作的简单化。校企合作是工学结合的有效载体，但合作对象过于单一的倾向会影响工学结合的实践效果。三是要注意现代企业文化与单一企业文化的区别。单一企业文化有现代企业文化的共性，但显性的文化往往是企业自身的特色文化，如果不注意区分，无形中就局限了工学结合的选择性和其原有功能。四是注意理论学习和技能训练的平衡。过于侧重理论学习或侧重技能训练，都会制约学生可持续发展能力的提升。五是要注意工学结合与行业、区域等其他特色的有机结合。高职教育以地方或行业办学为主，工学结合的培养模式要立足于服务地方、行业发展，主动与地方经济社会和行业发展有机结合起来。

（三）企业需求和学校需求相统一的原则

工学结合的人才培养模式以校企合作为载体和基础，工学结合特色文化的形成，也与校企合作的内容和方式以及企业的文化资源有着直接关系。但校企合作涉及各方面的因素，如企业对效率、技术的需求，学校对教学资源、学生就业、企业文化资源的需求，政府对职业教育发展、就业和社会经济发展的需求等。高

职院校要有协调各方需求的意识,并善于运用已有的实践成果做好制度设计,对各种关系的独特协调方式和处理成果,本身也是工学结合特色文化的重要内容。

(四)坚持建设实践与理论提升并重的原则

文化在于建设,卓有成效的文化建设实践能够形成相应的文化成果,但是文化成果与物质成果不同,文化成果需要不断提炼、升华和整理,使文化成果形成从理念到具体的文化体系。文化成果的总结提炼是一项系统工作,需要学校层面的统筹协调和职能部门的协同努力,做到领导重视,有规划、有安排。理论提升与宣传教育协同开展,广泛宣传特色文化,发挥其育人功能,产生示范效应,在交流与合作中进一步完善和提升。

【参考文献】

[1] 朱发仁,傅新民."校企结合"构建高职特色校园文化[J].职教论坛,2006(12).

[2] 李坚强.关于高职校园文化与企业文化融合模式之探讨[J].职业教育研究,2010(6).

[3] 蔡泽寰.论高等职业院校的校园文化建设[J].教育与职业,2006(9).

[4] 马晓虹,张树武.论四大名著影视改编与传播的当代性[J].东北师大学报:哲学社会科学版,2009(6).

旅游文化课程教学中的高职生人文素养培养

林筱颖①

【发表情况】 2014-11-11 发表于《教育与职业》。

【摘要】 高职旅游文化课程虽然不能单独完成对高职生人文素养的培养任务，但作为人文学科色彩浓厚的社科类课程，对高职生进行人文素养培养具有一定的特质。要利用旅游文化课程教学平台，加强高职生人文素养培养。文章提出从当代高职生的人文素养的缺失现状分析入手，思考旅游文化课程所具备的人文素养培养特质，从高职教育的培养目标出发，构建合理的旅游文化课程、人文素养价值体系，从"社会人"的需求角度，将课程与社团合一，教学与服务合一，在实践教学中培育学生人文素养的基本路径。

【关键词】 旅游文化课程；人文素养教学

当今，人文主义教育的复兴已成趋势。重视人文知识和人文精神的培养已成为21世纪教育的一个重要特征。当代的人文主义教育观倡导要教会学生语言、文学、哲学、历史、地理等人文知识，教会他们理解和升华这些人文知识，并内化形成对自己、他人、社会正确的价值观念、伦理道德、人格情感、思维品质和社会责任等精神领悟。可见，人文主义教育已成为教育的主轴。高职旅游文化课程作为一门人文色彩浓厚的社科类课程，在对高职生进行人文素养培养方面具有一定的特质，对培养学生的人文意识、人文素养具有重要的作用。

一、人文素养的内涵

"人文"一词最早见于《易经》："阴柔交错，天文也；文明以止，人文也。

---

① 林筱颖（1979— ），女，广西柳州人，柳州城市职业学院科研处副教授、硕士，研究方向为高职旅游教育教学。

观乎天文，以察时变；观乎人文，以化成天下。"这里的人文就是教化的意思。所谓"人文素养"，大家的表述各不相同，但"人所拥有的诸多素质之中最根本、最基础的素质"这一点还是得到一致认同的。正如著名教育学者肖川所述的11种层次的人文素养内涵，即在人文知识、人文精神、人文氛围滋养熏陶下形成的思想观念、价值取向、人格模式、审美情趣、思维方式、学识才华等精神收获的总和。在当今以学生为本的新教育理念下，人文素养的培养是形成学生健康人生和高尚品格必不可少的精神氛围，高职教育目标的实现和教育效果的体现都有赖于学生对人文素养的掌握和形成。

二、高职人文素养培养现状分析

（一）高职人文素养教育存在偏差

我国高职教育办学历史短、经验少、文化基础浅，特别在当下蓬勃扩招发展时期，因"外延式规模发展""重实用轻人文""重专业技能淡人文综合素养培养"等负面影响，使高职人文素养教育流于形式，处在被边缘化的尴尬境地，更谈不上形成规范化的培养教育体系。如何形成符合高职教育特色的人文素养教育体系，对于高职院校而言是一项既熟悉又全新的工作，以至于曾一度出现偏差，要么一味模仿或复制本科模式，定位模糊，缺失特色；要么将中职的教育模式简单升级，流于形式，毫无效果；要么培养"工具人"，不重视"社会人"的综合培育，功利性、实用性过重。

（二）高职人文素养建设低层次化

高职院校人文素养教育存在偏差，为了建设而建设，忽略了人文素质的养成是一个内化沉淀的过程，急功近利只求短期内见成效，往往将学生素养的培养工作等同或附属于学生管理、文体活动、思想政治、党群工作，仅把学生人文素养教育看作教育教学活动的管理方法和管理手段，着重强调控制功能、导向功能、凝聚功能、激励功能，以及改善生活、学习条件的物质功能，看作提高学生学习积极性的手段，使人文素养教育局限在学生管理层次上，脱离课程教学，导致学生人文素养建设的简单化、低层次化。

（三）高职学生人文素养普遍缺失

在文化全球化的背景下，传统文化与现代文化，东方文化与西方文化的矛盾冲突日益加剧，加上高考"应试教育""重理轻文"现象的影响，高职院校的学生人文素养普遍缺失。主要表现在：一是人文历史、艺术、地理等基础知识贫乏，文明礼仪及素质较低；二是"无笔族""电脑族"等"传统文盲"不断涌现，长期缺乏优秀思想文化的陶冶，学生的心理承受力和人际协调能力较差；三是拜金主义、好逸恶劳等不良心理因素长期积累，出现了大批"啃老族"，功利主义和实用主义现象严重。

三、旅游文化课程教学服务于高职生人文素养培养的思考

（一）从当代高职生的人文素养的缺失现状入手，分析旅游文化课程具备的人文素养培养特质

高职学生普遍存在人文类基础知识贫乏、文明礼仪素养偏低、拜金和实用主义明显、心理承受力和人际协调能力较差等问题。我们进一步对柳州城市职业学院 186 名学生开展了问卷及访谈调查，发放问卷 186 份，收回有效问卷 168 份。调查显示，当代大学生对旅游的兴趣浓厚（79%），但具备与旅游文化相关的人文知识及素养却较为贫乏。

旅游文化课程是一门旨在使学生掌握旅游相关客体文化的概念、分类、特征、具体内容、开发途径及有关鉴赏知识的综合性较强的旅游管理专业类课程。要将旅游景观介绍与文化体验相结合，培养学生的旅游兴趣，激起学生对人文知识的摄取，提高学生的可持续发展观，提高学生的审美层次和文化体验度，增强他们的感悟和创新能力。根据旅游文化课程的学科特点，可以培养高职生如下人文素养特质：一是有助于树立正确的可持续发展观。旅游文化课程教学以"旅游与自然、文化和人类生存环境协调发展"为宗旨，涵盖旅游资源环境、旅游生态环境、旅游人地环境等相关知识内容。在课程教学过程中，强调科普环保、文化交流、对外开放、旅游形象、社会公德等观念的渗透，帮助学生重建资源、环境、人地伦理意识，有助于学生树立正确的生态环境观、资源保护观、人地协调观及可持续旅游观，有助于旅游发展与经济可持续协调发展，生态环境发展与资

源可持续利用相协调，人与自然得到协调、可持续发展。二是有助于人文知识内化为人文素养。人文素养的培养是人"感受—情绪—性格"形成的过程，只有通过情感智慧教育，才能将人文知识内化为个体的人文精神，形成个体的人文素养，塑造个体的健全人格。旅游文化课程教学从"旅游"独特的视角出发，通过"感受"吸引学生对旅游景观的衣食住行、人文习俗、价值观念等人文知识的注意力，再通过"情绪"陶冶让学生感知各地旅游文化资源的形成、发展与变迁的过程，最后通过情感智慧教育，指引学生正确认识人与自然、社会的关系，树立科学的人地关系与价值观念，提高学生的情感智慧及健全人格的认同度。三是有助于培养高尚的审美情趣和鉴赏能力。著名心理学家马斯洛的层次需要理论按照心理需要水平，由低到高分为七个层次，即生理需要、安全需要、爱与归属需要、尊重需要、认知需要、审美需要、自我实现需要。审美需要在第六个层次，这表明审美教育对人的全面发展，特别是素养培养非常重要。从课程涉及的内容看，旅游文化课程教学就是学生感知美、认同美的过程。课程教学通过图片、视频、亲身游历等方式展现，让学生接触各类独具特色的民族文化、风土人情，让学生通过感知美，到学会挖掘美，这无疑有助于增强学生审美的体验度，培养他们的审美情趣。此外，在旅游文化课程教学中，介绍旅游景观人文风俗时，教师要善于挖掘旅游景观的历史典故、神话传说，如讲授北京故宫时，可以结合明清时期的历史故事引导学生与破坏美的思潮划清界限，培养学生正确的鉴赏、理解与评价能力。四是有助于培育人文及科学精神，提升创新能力。旅游文化课程涵盖自然与社会科学方方面面的知识，是一门实践性较强的综合性课程。在实践教学中，要能激发学生的想象力和创造力，如进行旅游文化产品开发时，要教会学生考虑"旅游景区的生命周期"知识点，培育学生的人文科学精神，激发学生的创新思维，培养学生的探究能力，做出富有新意的最佳决策。旅游出行与人们的生活息息相关，日常生活与地理环境关系密切，理解生活中的现象和遇到的问题往往离不开旅游文化学的相关知识。旅游文化课程对于帮助学生更好地了解、认识、介绍、欣赏、理解不同文化的地理背景、开发文化景观资源和分析各种旅游文化现象很有帮助。通过修习旅游文化课程对学生自身人文素养的提升大有裨益。

（二）从高职教育的培养目标出发，构建合理的旅游文化课程人文素养价值体系

旅游文化课程要体现高职的"教育理念"。课程的建设应根据培养什么样的

人才决定。高职教育的人才培养目标是为区域经济社会发展培养适应生产、建设、管理、服务一线需要的高素质技术应用型人才。与本科院校相比，高职院校的学术研究性相对较弱，但在教学、技术及服务领域更具超前性、创新性及服务性。因此，构建旅游文化课程人文素养价值体系，要注重培养学生的职业素质与职业养成，课程的内容要具有行业文化、企业文化、职业文化的特点。旅游文化课程人文素养价值体系的构建，其实就是来自教材的旅游文化知识点与来自市场、社会的各类文化进行碰撞、交融后形成的新课程。构建课程的人文素养特质，首当其冲就是实现旅游知识和行业、企业、职业文化的互补与融合，实现课程教学的人文素养及职业素养培养兼顾：在课程每个章节的内容设计中融入人文素养培养的机制；在课程教学实施过程中渗透人文素养的培养；在课程实践活动中渗透职业素养的培养。

（三）从"社会人"的需求角度，将课程与社团合一，教学与服务合一，得出在实践教学中培育学生人文素养的基本路径

旅游文化课程的设计必须纳入学校校园文化建设和发展的整体轨道，并放在高职"社会人""职业人"培养的目标下操作，才能有效利用课程教学平台，形成正确的框架和充满职业特色的素养人才培养氛围。一是将课程与社团合一，以"课堂理论课为主、社团多种活动拓展课环绕为辅"为原则，统一规划课程大纲，把课堂上的"项目驱动"体验教学、社团协会的"角色转变"实践教学、国家级的"大赛驱动"策划教学三合为一，教学过程呈现阅兵式的层层递进方式，可以将课堂上无法充分展开但又承载着有利于学生素质养成的相关内容与校园文化大环境中的社团、赛事等载体相融合，通过开展以学生为主体的项目活动将其素养能力激发、深化并提升。二是将教学与服务合一，将学生素养的养成贯穿于高职教育中，除了专业课程、选修课教学需要对此有所渗透外，还应该在新生入学时就开展体验式教学，如在"新生适应性教育活动"中安排策划"带大一新生去旅游"的项目活动，要求新生在入学时必须参与此项活动，活动的策划设计可以由学院旅游专业的学生在学院内成立协会，并在旅游文化课程教师的指导下系统完成。一是学生可以通过项目系统研究学习柳州及周边旅游资源情况，开展区域特色资源旅游项目策划，制作一本"柳州旅游手册"，让学生亲身经历项目设计、组织、实施、推广的全过程，既符合区域人才培养需求又充分体现高职教育的"工学结合"精髓；二是可以把素养教学、新生适应性教学、专业教学、社会实

践等多项活动结合在一起,是一种全新的体验旅游教学模式,成为高职校园文化建设中的一个亮点、特色。

总之,旅游文化课程最能体现人文素养培养的现代教育思想。利用旅游文化课程教学平台,加强高职生人文素养培养,是高职教育注重科学精神与人文精神相结合,不断创新适应时代的最新要求。

【参考文献】

[1] 肖川.教育的理想与信念[M].长沙:岳麓书社,2002.

[2] 朱智贤.心理学大词典[M].北京:北京师范大学出版社,1989.

[3] 曾繁仁.现代美育理论[M].郑州:河南人民出版社,2006.

[4] 马波.现代旅游文化学[M].青岛:青岛出版社,2001.

[5] 教育部关于全面提高高等职业教育教学质量的若干意见(教高[2006]16号)[Z].2006-11-16.

新常态下高职学生思想政治教育工作改革

周 华①

【发表情况】2016-04-01 发表于《教育与职业》。

【摘要】中国经济的新常态正在深刻影响着中国社会各个领域,只有适应新常态,才能把握发展的机遇,赢得发展的空间。文章以新常态的核心本质、实现路径和发展动力等为切入点,提出新常态给予高职院校大学生思想教育工作的启示:认识新常态下高职学生思想政治教育工作的重要任务是提质增效;高职学生思想政治教育工作适应新常态的基本路径是调整优化;推动高职学生思想政治教育工作改革发展的动力是创新驱动。

【关键词】新常态;高职院校;大学生思想政治教育

经过 30 多年的改革发展,中国经济建设、社会发展进入全新的阶段,正处于向更高级发展水平进阶的关键时刻,如何更好地认识新常态,适应新常态,并推动新常态的发展,是各个领域建设与发展取得成效的关键。高职院校大学生思想政治工作需要从新常态的基本国情中获得启示,并通过创新探索获得新的发展动力与活力。

习近平总书记首次提及"新常态"是在 2014 年 5 月的河南考察过程中,用"新常态"描述处于发展新周期的中国经济。6 个月后,习近平主席在亚太经合组织工商领导人峰会上,首次系统阐述了什么是经济新常态、新常态的新机遇、怎样适应新常态等,提出了"新常态将给中国带来新的发展机遇"。由此,"新常态"从经济领域拓展至中国经济社会发展的方方面面,其不再只是执政理念,还具有重要的哲学价值和实践指导意义。我国高等职业教育的起步和发展几乎与改

---

① 周华(1978—),男,广西柳州人,柳州城市职业学院社会科学部副教授、硕士,研究方向为思想政治教育、高职教育管理。

革开放是同步的，特别在近 20 年的发展过程中，经历了从规模发展向内涵发展的转型过渡，中国经济的新常态推动形成的中国发展新常态也深刻影响着高等职业教育的发展。通过研究新常态，将对加强和改进当前高职院校大学生思想政治教育工作极具现实意义与启示性，主要启示有三点。

一、认识新常态下高职学生思想政治教育工作的重要任务是提质增效

新常态是不同于以往的相对稳定的发展状态和发展阶段，是在过去几十年发展积累的基础上获得的新发展机遇，不再单纯追求规模、速度等粗放型指标，把关注点、增长点转化到关注质量、注重实效上，其核心本质是提质增效。对于提质增效的理解包括两个层次：一是在认识层面，转变发展观念，转变关注点，建立新的质量观、效益观，形成新的价值取向、自我认知和考核评价标准；二是在实践层面，转变发展思路，调整发展路径，明确新的发展目标和关键点，形成新的发展任务、发展路径和发展方式。

新常态下，高职学生思想政治教育工作面临新的挑战与困境。随着市场经济发展、社会价值取向的多元化，作为以培育高级技能人才为主要目标的高职教育在大学生思想政治教育工作中呈现新情况，那些曾经卓有成效的教育活动，其有效性和影响力在不断衰减。学校不断增加的资源投入与现实教育成效的下降形成鲜明对比，部分学校的管理者和教育者对教育成效的关注点也发生了偏离，过度追求理想化而忽视现实性，过度讲究仪式性而忽视有效性，过度关注教育者的组织目的而忽视受教育者的学习效果，形成了高投入、低效能的状态。当前新常态下高职院校大学生思想政治教育工作的重要任务就是提质增效，提高教育教学质量，增强教育教学效果，形成新的教育质量观和教育效益观。

（一）树立新的教育质量观

要在认识层面形成正确的教育质量观，思想政治教育是有质量要求和明确目标的。思想政治教育工作不能"空、大、远"，不能与现实脱节，思想政治教育工作是高职院校人才培养任务中的重要组成部分，直接服务于人才培养工作。在高职院校开展学生思想教育工作的过程中，要把教育工作的关注点放在"以学生发展为本"上，落脚点放在"学生的最近成长区"上，让思想政治教育工作接地气、有实效。新常态下的教育质量观不仅要关注具体的教育活动和教育工作的质

量，更要重视受教育者获得发展的质量。

（二）建立新的教育效益观

要在实施层面建立正确的教育效益观，思想政治教育同样需要成本意识，要在有限的投入上尽可能产生更多的收益，通过效益的提升来激活相关人员的积极性。效益要体现在教师的职业成就感上，从事思想政治教育工作的教师、辅导员、管理者要从被动执行转为主动研究、设计和组织实施思想教育教学工作，要从学生的肯定与认可以及学生的成长性发展中获得成就感。效益还要体现在受教育者的获得体验上，要让学生有"获得感"，这种"获得感"包含了学生对思想政治教育内容和形式的肯定与认同，体现了思想政治教育工作最重要的一种方式——内化，"获得感"是内化最直接的表现形式，要把提升学生的"获得感"作为重要工作目标和考核指标，作为衡量思想政治教育成效的重要内容。

二、高职学生思想政治教育工作适应新常态的基本路径是调整优化

新常态较"旧常态"而言，呈现出两个较为直观的变化趋势：一个是速度。经济发展的速度"从高速增长转为中高速增长"，形成这一变化趋势的原因，一方面是经济发展体量变大，基数增加后发展速度自然趋缓的客观原因；另一方面是基于对经济发展质量取向变化的主观原因，对发展速度的调整体现了自主把握发展规律、掌握发展主动权的意识与能力。另一个是结构，即"经济结构要不断优化升级"，提高附加值、培育增长点、保持可持续发展能力是经济结构调整的重点，经济结构的优化升级就是发展质量的升级，关注长远的发展能力与潜力；优化结构就是系统设计、积极变革、主动储备发展要素，体现了宏观战略统筹能力、可持续发展能力。可见，适应新常态就是要把握规律、主动调整、积极优化、可持续发展。高职院校大学生思想政治教育工作就是要充分认识自身发展规律，这种规律与高职教育的办学定位、专业特色、生源结构紧密相关。

（一）调整的方向是可持续

思想政治教育工作是面向人的教育活动，必须尊重人的成长发展规律，按照人的认知发展过程进行，不可一蹴而就，不可竭泽而渔，要把持续有效发挥教育工作功能作为重要目标。首先，遵循规律，重视内化。思想工作的规律是"慢工

出细活",不能急于求成、急功近利,要由心而发,只有真正触动人内心的需求点和共鸣点,才能做好思想教育工作。学校教育有完整的培育周期,高职院校的思想政治教育工作贯穿高职学生三年的教育学习,在一个既"封闭"又"开放"的校园空间,应当形成一种可持续给予学生积极向上、自我提升的影响力和作用力。其次,积极变革,加强统筹。高职教育与生俱来的特性就是与经济社会发展紧密结合,这一特征直接影响高职学生思想政治教育工作。因此,在教育内容上要更充分地结合经济社会发展的大环境,结合高职学生成长规律,结合党和国家的大政方针,体现明显的时代性、专属性和导向性。要适应新常态,对教育内容不断进行补充和调整,在教育形式上要持续大胆创新,应用新技术、新形式、新手段。此外,还要给高职学生思想政治教育工作设定合理的预期目标,包括具体的进阶目标,要清晰地认识到思想政治教育效果的显现是一个循序渐进的过程,把握这一原则有助于建立良好的师生互动关系,提升教育内容和形式的可持续性价值。

(二)优化的重点是体系化

思想政治教育工作是一项系统工程。从参与者的角度看,思想政治教育工作是全员参与,甚至全社会参与的工作;从资源配置的角度看,几乎涉及学校教育各个方面的资源,从硬件到软件,从师资到制度,甚至涉及政府、企业、社会等各个方面的资源。如何有效调配资源,调动各方积极性,高效组织运作是思想政治教育工作的关键点。特别是随着社会经济发展、新媒体新技术的兴起,传统的思想政治教育课已不再是思想政治教育的唯一渠道和阵地。思想政治课、党团教育活动的主阵地功能正在日益弱化,思想政治教育工作正在朝着零散化、碎片化、多样化、实践化方向转变,亟待对现有的资源、渠道、内容和形式进行系统优化设计与重新建构。因此,要以"大思政"的理念对现有资源进行有效梳理,对当前机制进行分析,有效整合资源,实现教育资源利用率的优化,提高教育质量。

三、推动高职学生思想政治教育工作改革发展的动力是创新驱动

新常态将是一个长期的过程,是向更高级形式迈进之前的重要准备阶段,在推动量变向质变转换的过程中,需要不断获得发展的动力以完成积累。因此,可

以说新常态是一个不断发展运动着的常态，探寻推动发展的动力源方能与发展的趋势相适应。当前中国经济新常态的动力特点是"从要素驱动、投资驱动转向创新驱动"，这一变化趋势的实质是驱动要素从外部转向内部，由借力使力转向主动发力，从短期效益转向长远发展，提高对于发展的内生性动力源的重视。改进高职学生思想政治教育工作的突破点，就是要充分发挥思想政治教育中各个主体的优势和长处，找准内生性动力源，激发其活力。

（一）找准内生性动力源

内生性动力源就是主体内在的动力。高职学生思想政治教育工作最主要的参与主体有两个，即作为教育者的教师和受教育者的高职学生。教师不仅仅是思想政治课教师、辅导员和学生工作部门的管理者，还包括其他校内参与思想政治教育的工作者，是一个集体。但是，这个主体是有分工的，每种角色的教师在思想政治教育工作中都承担不同的职责与任务，各司其职才能发挥各自的积极性和主动性。高职学生也不能单纯理解为受教育者，他们的思想状态、发展诉求等是社会发展的缩影，只有关注他们的成长需求，才能找到思想政治教育工作的切入点和落脚点。

（二）激活创新主体动力

教师是创新主体之一，激活他们的创新动力就是要把个人职业发展与思想政治教育工作相结合，要从制度层面进行设计，从机制体制创新的角度建立由激励机制（政策导向）、考核评价体系（业务规范）和培育支持服务（培育支持）组成的教师发展支持体系。推动教师开展创新改革，不断针对新问题、新现象和新要求开展研究与创新实践，同时要拓展教育阵地、渠道和形式，保持教育内容和形式的时代性、先进性及有效性。学生是创新主体的重要组成部分，激活他们的创新动力，就是要把个人成长需求融入思想政治教育活动，要通过思想政治教育活动帮助高职学生找到学习发展的内驱力，与其职业梦想、人生理想结合起来，把思想政治教育工作的支撑点放在高职学生的职业成长上。同时，找到与现实对应的衔接点，调动高职学生自主学习、主动参与、自觉内化的积极性，真正提高思想政治教育工作的有效性，把服务、管理和教书三者有机结合，充分引入新媒体，建立平等开放的交互式教育模式。由此可见，激活创新主体的动力，就是要把主体的发展意愿、需求与思想政治教育工作的支撑点、服务点和发展点结合起来，把发展需求转换为发展目标，再细化为具体的发展任务，从而形成良性循环，让师生在教育过程中实现教学相长。

【参考文献】

[1] 王维华．职业院校思想政治教育"新常态"及其创新[J]．黄冈职业技术学院学报，2015（3）．

[2] 朱春华．新常态背景下大学生思想政治教育创新研究[J]．辽宁警专学报，2015（4）．

[3] 王萍．"新常态"品牌的哲学价值对思想政治教育的启示[J]．品牌，2015（7）．

"中国制造 2025"背景下职业院校的德育工作

禤福英[①]

【发表情况】2016-09-15 发表于《教育与职业》。

【摘要】职业教育必须为产业变革服务,"中国制造 2025"是我国未来 10 年制造业转型升级的目标任务,对产业工人提出很高的要求。职业院校的德育工作必须根据"中国制造 2025"对人才素质的新要求,进行世情国情、理想信念、民族精神和时代精神、职业精神、遵纪守法、道德伦理方面的教育,必须在德育主渠道、学生日常管理、实训管理、活动育人、文化育人等方面进行创新。

【关键词】中国制造 2025;职业院校德育

近年来,我国经济正在经历"转方式、调结构、促升级"的重大改革。2015 年 3 月,国务院政府工作报告提出"中国制造 2025"的产业升级任务。世界大国的每一次产业变革都伴随着职业教育的发展与升级,正是在产业变革的大背景下,中央相关部委发出了一系列职业教育改革动员令:2015 年 6 月,国务院颁布了《关于加快发展现代职业教育的决定》,召开了全国职业教育工作会议;教育部联合六部委制定了《现代职业教育体系建设规划(2014—2020年)》;同年 12 月,教育部出台了《关于深化职业教育教学改革全面提高人才培养质量的意见》等。国家之所以如此重视职业教育改革,是因为职业教育与产业升级换代之间的关系非常密切,没有职业教育为产业升级提供智力支持和人才保障,产业升级换代就难以实现。为此,面对新一轮的产业变革,职业教育必须提早占位,根据产业对人才的需求,在教育理念、教学内容、教学方式

---

① 禤福英(1971—),女,广西横县人,柳州铁道职业技术学院副教授,研究方向为高校思想政治教育。

方法上进行全新变革。

一、"中国制造2025"及其对产业工人的要求

(一)"中国制造2025"提出的背景

进入21世纪后，新一轮工业革命正在孕育兴起，其最大的特征是信息技术将与制造业深度融合，所以全球制造业将出现深刻变革。世界各国高度重视由信息技术引领的这场工业革命，特别是发达国家，纷纷实施"再工业化"战略。中国为了走出制造业"大而不强"的困局，也为了塑造竞争新优势，国务院总理李克强在2015年的政府工作报告中首次提出了"中国制造2025"这一概念，及其相应的目标任务。国务院于2015年5月印发了《中国制造2025》规划蓝图，对实现制造强国进行了战略部署。"中国制造2025"最主要的目标就是力争用10年时间，即到2025年中国要迈入制造强国行列。

(二)"中国制造2025"对产业工人的要求

为实现上述目标，《中国制造2025》提出要加快培育制造业发展急需的经营管理人才、专业技术人才、技能人才，建设一支素质优良、结构合理的制造业人才队伍，走人才引领的发展道路。这说明我国制造业要实现跨越式发展，不但需要大批量的制造业人才，而且对产业工人的素质提出了更高的要求，这些素质优良的人才将主要由职业教育培养。德育工作是职业院校的一项重要工作，在人才素养培养方面发挥着举足轻重的作用，面对新形势，职业院校的德育工作必须根据"中国制造2025"对人才素养的新要求，进行适应时代要求的变革。

二、"中国制造2025"背景下职业院校德育教育的内容和任务

《关于深化职业教育教学改革全面提高人才培养质量的意见》明确指出，现代职业教育人才培养必须坚持把德育工作放在首位，促进学生全面发展。职业院校必须明确："中国制造2025"即使再强调劳动者的技术技能，但"德"绝不是可有可无的，"德才兼备，以德为先"是任何时候都必须坚持的人才培养方向。但由于经济发展的时代背景不同，德育工作的内容和任务也会有所不同，因此职

业院校必须深挖"中国制造 2025"对人才素养的要求,明确德育教育工作的内容和任务。

(一) 世情国情教育

要想让产业工人努力实现"中国制造 2025"的目标,就必须让他们认清当今世界制造业和中国制造业的发展状况。因此,职业院校的德育课必须对学生开展制造业形势教育,让学生认识到中国制造业与世界先进制造大国的差距、中国实现制造强国与中华民族伟大复兴的关系、中国制造业面临的紧迫任务及努力方向等。通过世情国情教育,激发学生为之奋斗的使命感,并以实际行动投入"中国制造 2025"事业,直至投入整个中国特色社会主义事业中。

(二) 理想信念教育

"中国制造 2025"本身就是一个理想,是中国特色社会主义共同理想的一部分,没有制造强国梦想的实现,就没有中国强国梦想的实现,这一切都离不开中国特色社会主义理论、道路、制度的指引和保障,离不开人们对社会主义核心价值观的认同和践行。因此,职业院校对学生开展马克思主义教育,特别是中国化的马克思主义教育、社会主义核心价值观教育仍是"中国制造 2025"时代背景下必须完成的德育工作任务。

(三) 民族精神和时代精神教育

"中国制造 2025"是中国制造业华丽又艰难的转型,如果我们的产业工人没有"国家兴亡,匹夫有责"的爱国精神,没有自强不息、开拓创新的时代精神,那么中国制造业的转型就难以完成,中国的强国地位就难以重新确立。所以,职业院校在德育工作中必须重视对学生进行以爱国主义为核心的民族精神和以改革创新为核心的时代精神的培育,将中华民族的优秀精神品格融入学生的思想品格,使他们成为不甘落后、奋发向上、锐意进取的合格建设者和可靠接班人。

(四) 职业精神教育

制造业位于世界前列的国家的产业工人,总体来说都具有良好的职业精神,如德国、日本的工人,其敬业精神、精益求精的工作态度、勤勉尽责精神都是世界闻名的。要想促使"中国制造"向"中国智造"转变、中国产品向中国品牌转变、中国速度向中国质量转变，实现"中国制造强国"的梦想，就必须打造一支具有良好职业精神的产业工人队伍。因此，职业院校必须通过各种方法和手段，重视对学生职业精神特别是工匠精神的培养，使他们成为学一行、干一行、爱一行、钻一行、精一行，具有追求卓越精神的产业后备军。

（五）遵纪守法教育

"中国制造2025"要促进中国制造业整体水平的提高，而一个行业的水平除了跟技术相关外，还与管理系统和员工素质密切相关，很难想象一个管理落后、员工违纪的企业能生产出优质产品。中国制造业要向"精""良"发展，员工就必须具有一丝不苟、严守操作规程、严守劳动纪律和劳动法规的意识。因此，职业院校在德育中必须重视学生的遵纪守法教育，引导学生具有良好的职业纪律意识，养成遵纪守法的良好行为习惯。

（六）道德伦理教育

"中国制造2025"作为国家战略，不仅关系到国家富强、民族振兴，也与企业发展、个人幸福、自然和谐息息相关。作为一名产业工人，对国家要热爱、对社会要奉献、对企业要忠诚、对同事要团结、对自然要保护。因而，除了要对学生进行爱国主义教育，还要进行为人民服务、集体主义、团结互助、环境保护等方面的教育，使学生拥有健全人格。特别在中国制造强调绿色发展的背景下，更需要向学生传递生态文明理念，使中国真正走上一条资源消耗低、环境污染少的新型工业化道路。

三、"中国制造2025"时代背景下职业院校德育工作创新

"中国制造2025"战略的提出，对职业教育来说，既是一次机遇，也是一次挑战，职业院校德育工作要服务好"中国制造2025"，必须从各方面进行创新，以增强其针对性、实效性。

（一）德育主渠道创新

思想政治理论课是职业院校进行德育教育的主渠道，承担着德育教育的重要职责。思想政治理论课要为学生就业服好务，要为"中国制造2025"打造好所

需的产业工人，必须注意几方面的创新。

1. 教学内容创新

职业院校的思想政治理论课教材与非职业院校一样，没有特别体现其职业性、企业性，这就需要职业院校思政课教师在认真钻研教材的基础上，结合社会对人才素养的需求，筛选教学内容，重构教学体系，使教学内容和教学体系能体现就业性、职业性。专题式教学应是职业院校思想政治理论课的改革方向，因为专题式教学能避免面面俱到地讲解教材，能突出形势政策宣传和就业导向。

2. 教学方式创新

职业教育应体现职业性，所以教师在讲思想政治理论时，应结合社会与职业现实创设教学情景，通过情景教学引导学生理解国家方针政策、改变观念认知、提高思想素养。例如，可以通过"假如我是老板，我会聘用谁"的情景设计，让学生明确什么样的人才受企业欢迎，从而从内心深处认同职业道德和职业精神。

3. 师资安排和培训创新

在安排思想政治理论课时，要让教师授课班级的专业具有相对固定性，如此安排的好处是教师可以在深入了解这一行业的工作性质和职业素质要求后，有针对性地开展教学。同时还要创新师资学习培训方式。例如，可以要求思政课教师与专业教师一起到现场学习、考察，感受现代企业的发展趋势，深入实训环节，掌握学生思想动态，走访毕业生，了解毕业生的工作表现等。只有这样，思政课教师在上某专业的思政课时才能利用相关资源，有针对性地进行教学，思政课的职业性、实效性才能得以体现。

（二）学生日常管理创新

抓好学生日常管理也是德育教育的一种方式。职业院校应着重从抓宿舍和教室管理入手，培养学生良好的职业品格。有些高职院校认为学生已是大学生，不用管得太多，有些高职生也认为自己是成人了，学校不应管得太严，所以高职院校对学生的管理比较松懈。现在手机、电脑、网络普及，学生的自控能力又不够强，导致高职生的素质不容乐观。具体表现在没有时间观念，玩手机、玩电脑到半夜甚至通宵；宿舍内务一团糟；上课迟到、无精打采、学习畏难情绪严重，考试投机取巧等。这样的学生根本满足不了现代精良制造业对员工的要求，根本成不了"中国制造2025"背景下的合格产业工人。所以，职业院校必须强化对学生的日常管理。首先，对宿舍可实行半军事化管理，实行按时作息制度，对宿舍内务进行精细化管理，要求卧具叠放整齐、生活用品摆放规范。通过严格的管理培养学生严守纪律的意识、一丝不苟的精神。其次，对教室课堂管理可采取企业化管理方式，记录迟到、早退、旷课、上课看手机、睡觉等影响学习质量的行为，并且将考勤与学业成绩挂钩，把学生培养成有纪律观念、有担当意识的现代产业大军。

（三）实训管理创新

对于职业院校来说，实训实习是对学生进行德育教育的重要环节，但有些职业院校认为实训实习主要是培养学生的专业操作技能，忽视了其中的德育功能。其实学生只有在实训实习环节中对职业道德和职业精神才有较深刻的感悟和体会。所以职业院校应创新实训实习车间管理，比如，将目前世界上先进的"5S"生产管理（"5S"生产管理源于日本，是指在生产过程中对机器、材料、人员等生产要素进行有效的管理，"5S"是整理、整顿、清理、清扫、素养的英文简称）和"六西格玛"质量管理（"六西格玛管理"是一种全新的企业管理方式，其核心精神是通过追求"零缺陷"降低企业的不良质量成本）等引进学校的实训实习车间。对学生实训实习活动提出严格要求，使学生通过实训实习养成现代化大生产所要求的遵章守纪、精益求精精神，以便在毕业后能很快适应现代企业管理。

（四）活动育人创新

"中国制造2025"需要的是掌握高新技术的，愿意在制造业一线工作的技术技能型人才，但长期以来大中专毕业生向往的都是"管理岗位""办公室工作"，不愿到企业一线工作，或者认为自己从事的是最基层的工作，无须掌握多少技术，所以忽视学习。因此，职业院校要有意识地通过一些活动引导学生向往、崇敬一线劳动技术人员。职业院校要减少普遍性的、浅层次的、中学阶段开展过的德育教育活动，多开展一些学生能够接触企业、接触一线劳动者的活动。例如，"走进企业"参观活动，"我与企业家对话"访谈活动，"优秀校友回校""劳模进校园"事迹报告活动，"技术能手秀绝活"技能展示活动。在主题班会或团日活动时，组织学生观看反映在平凡岗位上追求职业技能的完美和极致，最终跻身"国宝级"技工行列的先进人物故事影片。通过这些培养学生崇德尚能观念的德育活动，教育引导学生牢固树立立足岗位、追求技艺、服务企业、奉献社会的职业理想，提高学生对职业责任和职业使命的认识与理解，增强学生的职业荣誉感，并养成良好的职业态度和职业操守。

(五) 文化育人创新

"中国制造2025"强调质量、效益、创新、环保，学校要把这些观念深深烙进学生心里。在职业院校的校园文化建设上，要突出相关思想和理念的宣传及教育。无论是听到的还是看到的、网上的还是网下的、制度的还是活动的，都要让学生在校园文化中潜移默化地受到现代制造文化的熏陶，不但要让学生认识到"工人伟大，劳动光荣"，而且要让学生明白质量、效率、创新、绿色是中国制造业成功转型的关键，从而让学生立志为这一具有深刻意义的事业努力学习、奉献青春。

总之，"中国制造2025"战略的实现与职业教育密切相关，职业院校的德育工作必须根据时代和形势发展要求，深化德育工作内容改革，创新和丰富德育教育形式，在培育合格制造业人才的伟大事业中发挥应有的作用。

【参考文献】

[1] 国务院. 关于加快发展现代职业教育的决定（国发[2014]19号）[Z]. 2014-05-02.

[2] 国务院. 中国制造2025（国发[2015]28号）[Z]. 2015-05-08.

[3] 教育部. 关于深化职业教育教学改革全面提高人才培养质量的意见（教职成[2015]6号）[Z]. 2015-08-20.

[4] 马建富. 职业教育学[M]. 上海：华东师范大学出版社，2015.

体制创新篇

【导语】 习近平总书记对职业教育做出重要指示，要求必须高度重视、加快发展，牢牢把握服务发展、促进就业的办学方向，深化体制机制改革，创新各层次各类型职业教育模式，努力建设中国特色职业教育体系，努力让每个人都有人生出彩的机会。多年来，柳州市致力于破解制约职业教育发展的体制机制难题，推进产教融合、校企合作，培养了大批高素质的技术技能型人才，职业教育服务地区经济社会发展的能力得到有效提升。柳州铁道职业技术学院利用毗邻"广西汽车城"的地理优势，校企合作，以"混合所有制"形式创建"上汽通用五菱销售服务柳州培训中心"，打造专业实践教学平台，解决汽车类专业实训基地建设与产业脱节的问题。柳州职业技术学院创新人才培养模式，推进中高职人才培养衔接，构建教学标准体系，健全教学质量管理和保障制度，全面提高技术技能人才培养质量。柳州城市职业学院探索实施"五年制人才培养"方案和制度，实现中高职培养目标、专业设置、教学资源配置等有机衔接。柳州市第一职业技术学校创新后勤管理模式，结合实际工作情况，组建"校园110""校园小管家"两个后勤服务管理型学生社团，让学生直接参与后勤服务管理工作，大大提高了学校后勤管理的效能。

【典型案例】

探索混合所有制，多元办学有突破

柳州铁道职业技术学院

我校位于柳州市职教园区，毗邻柳东新区的"广西汽车城"，利用地理优势，与上汽通用五菱汽车股份有限公司（以下简称上汽通用五菱）开展全方位合作，在服务地方区域经济的人才培养模式方面联合大型国有企业，积极进行探索及实践。上汽通用五菱是"广西汽车城"的龙头企业，2016年的销售量突破213万辆，实现年度销售收入超千亿元，成为广西壮族自治区内首家销售收入跨越千亿元大关的制造企业。我校自2010年起，与上汽通用五菱共建、共享和共管"上汽通用五菱销售服务柳州培训中心"（以下简称"培训中心"），现已建成上汽通用五菱全国最大的"校中厂培训中心"，面向企业员工、职业院校的师生及社会人员开展汽车技术的培训、学习、实习、实训等相关业务，同时也开启了对混合所有制校企联合办学模式的全新探索。

一、解决的主要问题

（1）通过校企合作，以"混合所有制"形式创建"培训中心"，打造专业实践教学平台，解决汽车类专业实训基地建设与产业脱节和不足的问题，改善了实训条件，强化了学生的关键职业技能，解决了学生在真实的工作环境中进行真实的实训项目。

（2）立足"广西汽车城"产业需求，学校与上汽通用五菱共建、共管和共享"培训中心"，创新校企"混合所有制"形式的人才培养模式，整体推进合作育人，解决公办职业院校和企业以资本作纽带的实质性合作难题。

（3）建立"共建共管、共赢共享"的长效机制，提高校企合作育人工作系统化程度，解决合作育人不落地、人才培养与产业需求脱节的问题，建立产教融合的保障机制、学校与产业对话机制、校企共建共管共享实践教学管理机制，从制度层面解决合作育人载体缺乏、优质资源整合机制缺失和校企合作长效机制建立难的问题。

二、主要做法

（一）创建"混合所有制"形式的"培训中心"，打造专业实践教学平台

学校对接"广西汽车城"产业需求，以"混合所有制"形式创建"培训中心"，丰富并完善"混合所有制"校企合作模式的建设内涵。"培训中心"的建筑面积达 6 000 多平方米，作为上汽通用五菱全国最大的"校中厂培训中心"，上汽通用五菱共投资 800 万元，主要用于"培训中心"装修、所有教学设备［包括上汽通用五菱所有车型（含即将上市新车型）、相关总成、维修工具、维修设备和诊断工具］和辅助设备（空调、投影仪、维修手册、教学资源和技术资料）等相关物料采购，并给予专业支持和技术指导。每年以新车上市持续引领新技术发展并推动专业教学改革和"培训中心"建设，所有教学设备（含辅助设备）和相关物料产权均归属上汽通用五菱，学校则按照校企合作协议对"培训中心"进行全方位管理，对所有教学设备可以无偿用于教学、培训、项目开发和科研实践；学校在场地及配套设施、政策支持、管理流程、教学团队、人才和智力方面给予企业支持。

"培训中心"连续 5 年成为柳州市高职高专院校职业技能比赛项目"汽车检测与维修""汽车营销"的举办场地。表 1 所示为"培训中心"服务性实训基地项目。

表 1　上汽通用五菱销售服务柳州培训中心实训基地项目表

建设基地名称	建设项目	功能（理实一体化）	面积
上汽通用五菱销售服务柳州培训中心	汽车整车实训室	技术服务培训及教学	2 000m^2（7 间）
	汽车营销中心	汽车营销、新车上市与发布及教学	500m^2（3 间）
	汽车发动机实训室	技术服务培训及教学	800m^2（6 间）
	汽车底盘实训室	技术服务培训及教学	700m^2（5 间）
	汽车电气实训室	技术服务培训及教学	700m^2（5 间）
	新能源实训室	技术服务培训及教学	360m^2（2 间）
	配件资料室	技术服务支持	360m^2（2 间）
	办公室	办公	230m^2（2 间）
	多功能会议室	商务会议及教学	450m^2（3 间）

(二)完善"校—企—企合作模式"优质资源整合机制

学校着眼于对接"广西汽车城"产业需求,以四个合作"合作办学、合作育人、合作就业、合作发展"的合作理念,建成集教学实体、服务实体、科研实体和管理实体为一体的"校中厂培训中心",打造了以"持续性"成长模式为核心的汽车售后技能实践训练平台,克服了单纯依靠政府项目资金支持的实训基地发展后力不足的问题,进一步拓展"实体化""培训化""服务化"的办学功能。

同时,引入上汽通用五菱的专业服务供应商迪迪艾(TTi)公司,迪迪艾作为第三方专业技术服务培训公司,与学校和上汽通用五菱共同对汽车专业群的教师开展专业培训认证,共同设计人才培养方案,共同开发专业教学标准和课程标准,共同编写教材,共同组织教学活动,共同实施教学评价,进一步完善"校—企—企合作模式"优质资源整合机制。

(三)创新校企"混合所有制"形式的人才培养模式

依托"广西汽车城"的核心企业上汽通用五菱,以企业技术服务标准为载体,改革专业教学内容以匹配企业岗位要求,重构课程体系并制定专业教学标准,让课程内容与岗位能力进行有效衔接。对接企业技术服务标准,制定课程开发流程(见图1),确定专业关键技能标准达成路径及原则(见图2),在汽车类专业群中设计256个教学项目,校企共同开发系列化、专业化培训教材30多部,

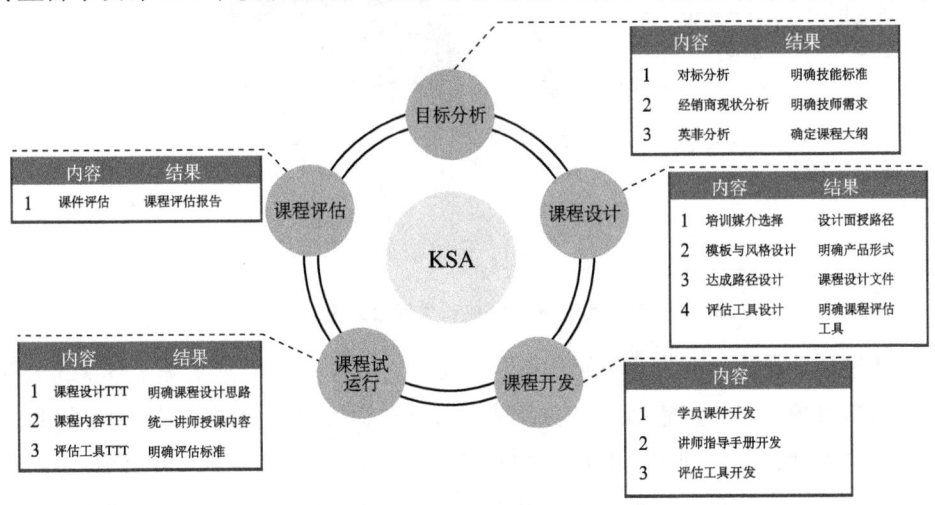

图1 校企合作课程开发流程

教材根据学生和学员的实际情况从三个维度（等级课程、车型课程和总成课程）对课程进行优化，完善实践、知识、能力和素质整合方案，提出汽车售后技术专家三级成长之路：初级技师、中级技师和高级技师，创新人才培养模式。图3所示为汽车售后技术专家成长之路及对应的课程体系。

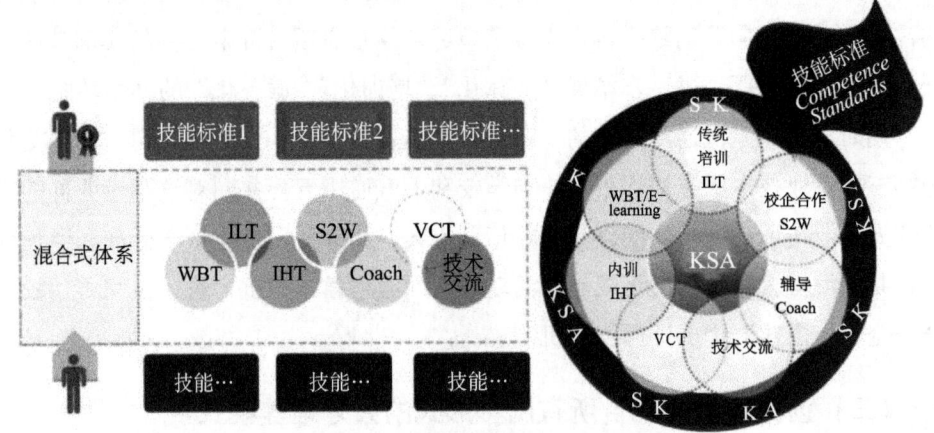

图2 专业关键技能标准达成路径及原则

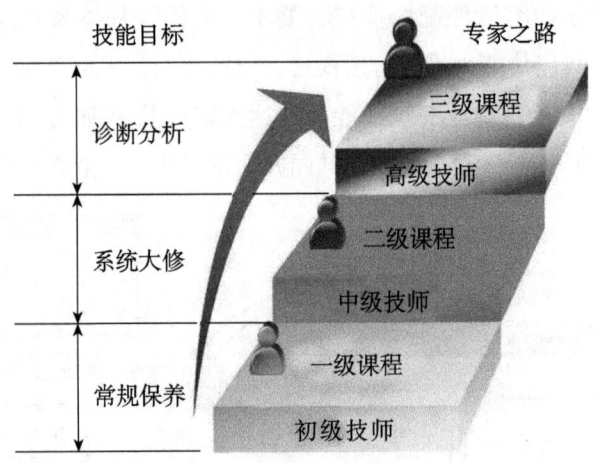

图3 汽车售后技术专家成长之路及对应的课程体系

通过校企合作，开发立体化的教学资源库。教学项目设计来源于真实工作项目，教学过程与工作过程对接，实训项目与服务项目对接。按照工作任务，践行技术服务标准，学生利用已有的知识和技能结构，从工作任务、标准操作流程、基础知识、拓展知识、任务工单、操作与练习方面，主动思考在实践中发现的问题，在教师的指导、帮助和启示下，及时得到企业最新设备和技术支持，大大提高学生发现问题、分析问题和解决问题的能力。图 4 所示为校企合作开发系列培训教材及教学资源库。

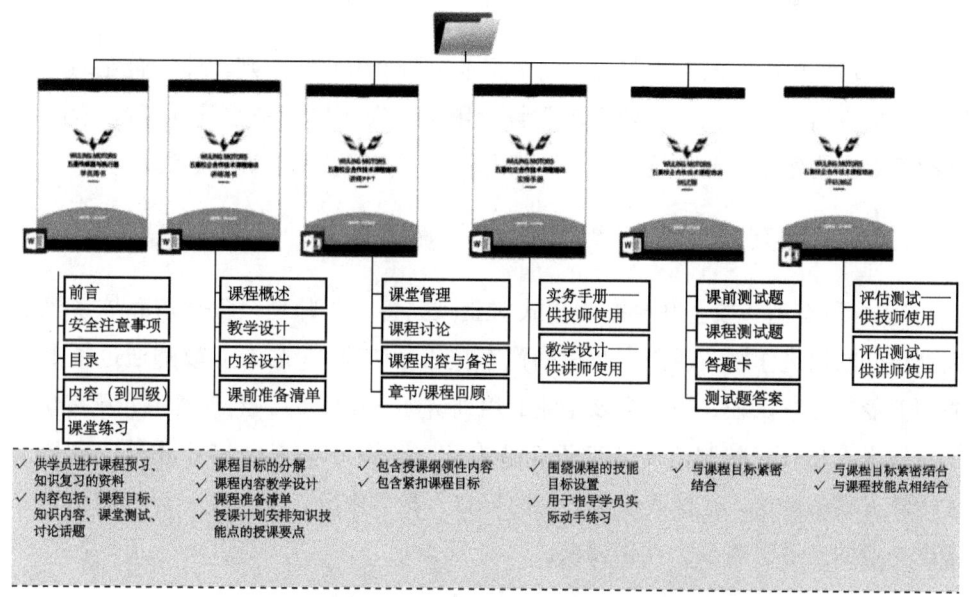

图 4　校企合作开发系列培训教材及教学资源库

（四）打造"校企合一"的教学团队，引领专业建设与发展，提升专业服务能力

校企双方以"混合所有制"形式创建"培训中心"，使"培训中心"成为专业教师提升技术服务能力的摇篮，锻炼和培养了大批专业教师。通过上汽通用五菱认证的培训讲师达到 15 人，提高了"双师"素质，"双师型"比例由 50% 提升到 90.6%。有 12 名教师被上汽通用五菱聘为校企合作项目教师，12 名教师通过上汽通用五菱中级技师认证，6 名教师通过上汽通用五菱高级技师认证，教师专业化水平显著提高。上汽通用五菱汽车售后工程师被学校聘为行业建设指导专家和兼职教师并与学校专业教师组建"校企合一"的教学团队。建成国家级专业 1 个（汽车运用技术）、自治区特色专业 1 个（汽车运用技术）；校企合作开发课程 20 多门、培训教材 30 多部，国际化教材 3 套（初级、中级和高级各 1 套）；承担自治区级以上课题 17 项（与上汽通用五菱合作申报项目 6 项），获自治区高等教育教学项目三等奖 1 项，发表论文 30 多篇。

三、保障措施

(一) 明确责任,完善"培训中心"管理制度

对"培训中心"的管理采用"一个根本,两个中心"原则,即以企业的人才需求为根本出发点,依据企业需求建设全国示范性"培训中心",同时,学院结合教学要求构建与企业"培训中心"相配套的"汽车技术实训中心"。

(二) 互兼互聘,壮大"培训中心"师资队伍

"混合所有制"校企联合办学模式对我校完善"双师型"教师培养体系机制起到很好的促进作用。目前,我院的汽车技术学院有15名专业教师通过了上汽通用五菱的专业认证,被聘为该企业的培训讲师(见图5)。上汽通用五菱有5名工程技术人员被我院聘为专业建设企业专家(见图6),参与专业建设,参与人才培养方案的制定,在课程设置、课时安排、教学内容、实训实习等方面都充分考虑企业的发展思路及个性化要求。

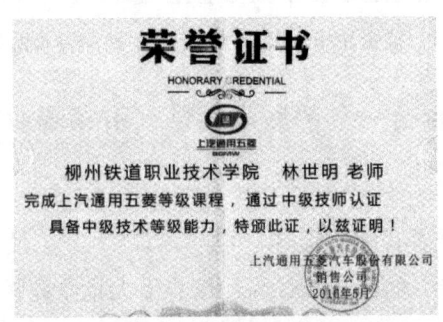

图5 我院专业教师被聘为校企合作项目教师

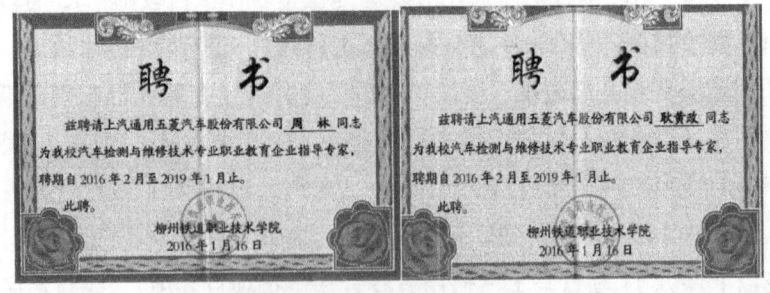

图6 学院聘请企业专家作为专业建设指导专家

四、主要成效

(一) 创建"混合所有制"形式的"培训中心"

以"混合所有制"形式创建"产权明晰、责任明确、管理规范、项目共享、合作共赢"的校企合作新模式,校企双方"共建、共管、共享"全国品牌培训中心——"上汽通用五菱销售服务柳州培训中心",实现产业链、专业链、教学链、技术链、服务链和利益链的有机融合,建立实践教学的综合平台,通过企业每年以新车上市持续引领新技术、新设备、新文化和新工艺的实训基地建设新模式,丰富发展并完善"混合所有制"新型汽车实训基地建设新模式,同时服务国家"一带一路"建设,推动上汽通用五菱汽车技术服务职业教育的国际化发展。

(二) 创新校企"混合所有制"形式的人才培养模式

利用校企合作育人平台,对接职业环境,引进企业文化,建设实训中心。以上汽通用五菱汽车 4S 店特有的环境为参照,建设"先进性、真实性、综合性、开放性"的培训实训中心,真实的售后技术服务实训基地,满足学生对真实服务环境的诉求,践行"产教融合、专业对接产业、课程标准对接技术服务标准、师资队伍合一"的有机融合,同时将社会主义核心价值观、上汽通用五菱优秀文化理念融入人才培养全过程,强化对职业道德、职业精神、团队协作和创新能力的培养,推进素质教育,实现职业教育与终身学习的对接。

(三) 建成高职教育对接区域经济校企合作新典范

引领汽车专业群的建设与发展,服务区域经济。建成"产权明晰、责任明确、管理规范、项目共享、合作共赢"的全国品牌"培训中心",形成了学校教学、人才培养、实训基地建设、课程体系开发、教学团队打造和技术服务的良性发展机制,服务国家"一带一路"发展战略,推动上汽通用五菱汽车技术服务职业教育的国际化发展。

五、体会思考

校企合作项目由于没有专项资金的支持,教师能力的进一步提升受到限制,教学资源库的开发与完善进展缓慢，不能完全满足企业的培训与开发需求，影响了学院在校企合作开发项目中的作用。另外，就校企深度合作而言，企业的热情度不高。要想解决这个矛盾就需要上级出台文件并提出指导性意见，例如，建立师傅式"双师型"教师认证机制、建立师傅式师资聘用机制、建立师傅式师资合作机制等。

"四维协同"构建中高职衔接一体化育人新模式

柳州职业技术学院

中高职衔接是目前职业教育的重要发展事件,也是建立现代职业教育体系的必然要求,还是适应社会发展需要的必然要求。中高职专业衔接则是中高职衔接中的关键环节,关系着中高职协调发展的成败,成为新时期职业教育改革发展的重要任务。为此,柳州职业技术学院针对中高职衔接问题,进行了改革实践。

一、广西中高职衔接现状及存在的问题

(一)广西中高职衔接现状

广西壮族自治区人民政府于2014年发布了《县级中专综合改革计划》,自治区教育厅于2013年发布了《五年制中高职人才培养方案编制工作方案》,要求中高职学校和企业联合制定五年制中高职贯通培养方案。2015年发布了《职业教育人才培养质量提升工程实施方案》,提出要创新人才培养模式,构建教学标准体系,健全教学质量管理和保障制度,推进中高职人才培养衔接,全面提高技术技能人才培养质量。各级职业学校积极探索中高职衔接,取得一定成效。广西职业教育越来越受到学生和家长的欢迎。中高职一体化培养已经被大多数中高职学校认同,特别是中职学校更是表现积极,都将其看作学校办学水平与实力提升的具体展现。

(二)广西中高职衔接存在的问题

在过去中高职具体衔接过程中,既有科学合理的一面,也存在一些问题:中

高职衔接过程中，学校衔接动力不强，运行和管理机制不顺畅；培养目标层次不清晰、课程体系不衔接、课程设置重复，设计的课程方案难以实施；衔接专业的选择依据不科学，部分专业衔接不对口等。

二、柳州职业技术学院中高职专业衔接一体化育人实践

（一）探索实践了政府、企业、高职、中职"四维协同"的中高职衔接一体化育人模式

"四维协同"，即政府搭建平台，通过出台政策，项目引导，组织结对等形式鼓励中职、高职、企业创新衔接的内容和运行机制，中高职学校、企业通过动力共享、责任分担、互动交流，在培养目标、课程设置、运行和管理机制等方面有效衔接，实现中高职学校"集团统筹""资源共享""协同发展"。

1. 政府平台搭建和政策支持

柳州市政府对区域内中高职衔接进行顶层设计，出台了相关政策。组织中高职学校以专业为纽带，联合开展现代学徒制试点项目，探索中高职一体化人才培养；出台了《柳州市职业教育专业布局与结构调整规划（2015—2020年）》，提出形成职业院校之间准确定位、错位竞争、有序发展的柳州"大职教"格局，组建中高职院校发展共同体，建设"中职—高职""高职—本科"协调发展的共建共享型衔接专业，建设柳州市职教园区。

2. 高职院校发挥示范引领作用，搭建中高职沟通与交流平台

柳州职业技术学院充分发挥国家示范高职的示范引领作用，牵头成立由柳州市24所中高职院校组成的柳州市职业院校校长联席会，搭建柳州市职业院校与政府、社会之间的交流和协作平台；与上汽通用五菱汽车股份有限公司共同牵头，组建广西汽车产业职业教育集团，集合柳州市各职业院校、各汽车产业、行业力量，共同打造广西壮族自治区乃至全国独具汽车产业职业教育品牌与特色的现代职业教育体系。

3. 中职学校加强沟通交流，立足自身发展需要开展各项具体衔接工作

在专业建设上，柳州职业技术学院与柳州市第一职业技术学校共建旅游服务与管理、计算机网络技术、计算机应用技术、机电技术应用、工业机器人技术专业；与柳州市交通学校共建汽车营销与服务、物流管理、民航安全技术管理、通

信技术等专业；与广西机电工程学校、昭平县职教中心、富川瑶族自治县中等职业学校等自治区内20多所中职学校建立合作关系，共同开展中高职衔接的相关工作，实现一体化发展。

根据中职学校国际化发展的需求，柳州职业技术学院联合柳州市第一职业技术学校、柳州市第二职业技术学校开展"基于英国现代学徒制的物流管理人才培养试点"项目；联合柳州市第一职业技术学校和广西科技大学鹿山学院开展"柳州市中德'双元制'职业教育合作"项目；联合柳州市第一职业技术学校、柳州市第二职业技术学校、柳州市交通学校开展"广西汽车检测与维修技术专业教学资源库建设"项目。通过项目的带动，实现中高职一体化发展。

通过以上措施，中高职院校在育人平台上开展衔接的具体工作，实现动力共享、责任分担、互动交流，有效解决了中高职学校衔接动力不强的问题。

（二）构建了"模块对接、程度递升"的中高职课程衔接模式

中高职衔接是一项非常复杂的工程，中高职人才培养目标、课程体系如何衔接是有效衔接的关键。项目组在实践过程中，组建由中高职院校专业教师、行业企业专家组成的课程开发团队，在进行充分调研的基础上，按照职业能力要求和学生职业成长的规律，构建了"模块对接、程度递升"的中高职课程衔接模式。其中，"模块对接"主要体现在课程结构上，"程度递升"主要体现在课程目标和内容上。中高职在专业基础课、专业核心课、专业方向等课程模块上对接，在课程内容上进行深度提升和广度扩展，以及在程度上递升，实现同一课程的不同阶段学习内容衔接。如图1所示。

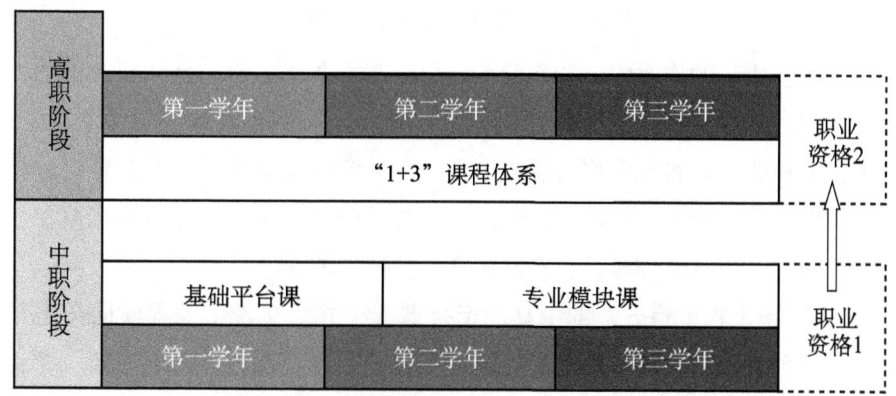

图1 中高职衔接课程体系示意图

中职阶段采用"平台＋模块"课程结构体系。平台课程的内容主要以基础文化课为主，相当于普通高中文化课内容。这样设置可以提高中职生进入高职院校的生源素质，以及便于和通过高考进入高职院校的普通高中生统一编班，执行统一课程标准和教学计划，从而有效实现中高职课程衔接。模块课程主要针对中专毕业直接就业的学生，根据其就业意向开设适应职业岗位需求的专业课程，并取得相应的职业资格证书。

高职阶段采用"1＋3"课程体系。其中，"1"是指一个平台，即"基础能力教育"课程平台，其作用是帮助学生建立最基本的专业理论知识、专业技能及职业素养，为实施后续课程教学，形成综合的职业能力打下坚实基础；"3"是指为三个不同的专业能力阶段设置的三个课程模块。图2所示的是模具设计与制造专业中高职衔接课程体系。

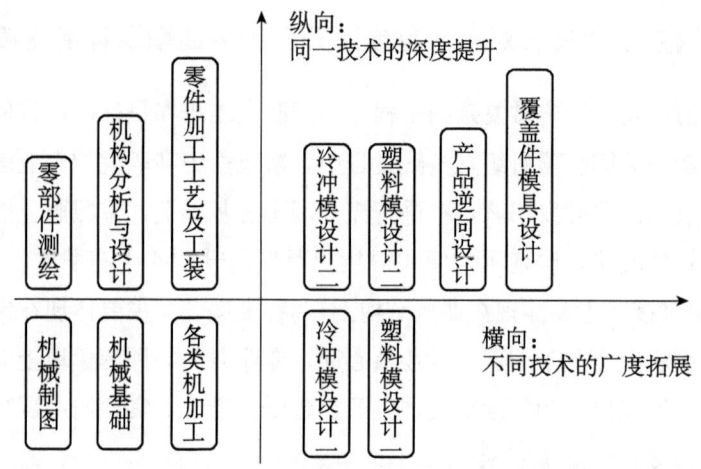

图2　模具设计与制造专业中高职衔接课程体系

在该课程体系的构建中，中职阶段定位为基本文化素质、良好职业道德、熟练操作技能，采用"2＋0.5"的方式学习，课程学习内容侧重在零件加工工艺，刀、量、夹具选择，机床操作与制造零件；高职阶段定位在厚实专业理论、技能与技术应用、生产管理，采用"2＋0.5"的方式学习，课程学习内容侧重在产品成型工艺开发、模具结构设计、产品生产，如图3所示。

"模块对接、程度递升"的中高职衔接课程模式，实现了课程横向拓展与纵向提高，避免课程重复和资源浪费，解决了培养目标、课程体系不衔接，课程设置重复的问题。

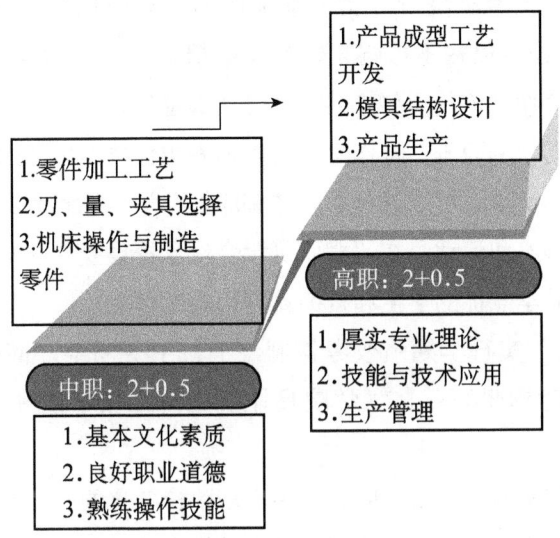

图3 模具设计与制造专业中高职衔接课程模块

(三) 建立了以"柳职班"为载体的中高职衔接运行和管理机制

在中职学校设立"柳职班"。"柳职班"是柳州职业技术学院与中职学校联合开展"2+3"五年一体化中高职贯通培养的专业班级在中职学校期间的简称。"柳职班"学生前两年在合作的中职学校就读,后三年进入柳州职业技术学院就读。制定了柳州职业技术学院"2+3"五年一体化"柳职班"试行管理办法,与中职学校签订了"柳职班"合作协议,以制度和协议的形式规范中高职院校各自的职责和任务。主要包含以下内容。

(1) 中高职院校联合成立"柳职班"管理办公室,由专人负责,实行"双班主任"制,中职班主任负责学生在校期间的日常管理,高职班主任负责用QQ、微信等远程联系方式在线指导学生(专业答疑、职业生涯规划等),每学期至少一次与学生进行面对面交流,每次不少于两天。

(2) "柳职班"学生的培养按照"五年一贯制"设计人才培养方案实施。由柳州职业技术学院和中职合作学校共同研究制定合作专业五年一体化人才培养方案、课程计划和教学大纲。

(3) 组建"柳职班"专业核心课程教学团队,与合作学校共建课程,由专业教师根据合作学校情况以"现场授课+远程指导"方式承担部分教学任务,并每学期至少一次到合作学校开展专业知识讲座。

（4）柳州职业技术学院所有实训基地面向"柳职班"合作学校开放共享，"柳职班"合作学校可以在不影响正常教学的情况下安排学生实训和教师培训，根据"柳职班"合作学校的需要，共建部分实训基地。

（5）可以根据"柳职班"合作学校的需求安排优秀学生社团代表到合作学校开展第二课堂教学活动，可以联合举办"柳职杯"学生技能大赛，开设学生基本素质培养方面的讲座和活动。在"柳职班"合作学校设立专项奖学金，主要用于表彰"柳职班"品学兼优的学生和资助家庭困难的学生。

（6）"柳职班"实行学期绩效考核制。考核主要围绕"柳职班"学期工作计划实施情况，对柳州职业技术学院具体实施的二级学院和合作学校进行双考核。

在具体的操作实施中，由于明确了中高职院校各自的职责和任务，中高职院校能够充分运用各自的教育资源，担负各自的教育教学职责，通过优化配置发挥中高职院校各自的办学优势，解决了中高职衔接运行和管理机制不顺畅，课程设计难实施的问题。

三、中高职专业衔接实践条件保障

（一）政府平台搭建和政策支持

柳州市政府对区域内中高职衔接进行顶层设计，出台了《柳州市职业教育专业布局与结构调整规划（2015—2020年)》《柳州市职业教育国际化发展行动计划（2014—2020年)》《柳州市现代学徒制试点》等政策文件，建设了柳州市职教园区，组织成立了校长协作会、广西汽车产业职业教育集团等，为中高职专业衔接的有效开展提供了大力支持。

（二）学校高度重视，组建领导机构，建立保障机制

柳州职业技术学院高度重视中高职衔接工作，成立了柳州职业技术学院中高职衔接工作领导机构，院长担任领导机构组长，副院长担任副组长，下设招生就业工作组、人才培养工作组、师资队伍建设工作组、学生工作组、校企合作工作组、宣传工作组、财务工作组，共七个工作组，保证中高职衔接工作的顺利开展。与此同时，柳州职业技术学院与17所合作学校成立了合作教育联合工作管

理机构，领导小组组长由双方主管此项工作的院长（校长）担任，成员由双方教务处、招就处、学生处等部门组成，主要职责为贯彻教育厅关于中高职衔接的相关精神，就试点工作事项按照程序协商，做出决策并形成相关的文件、制度，以保证我院中高职衔接工作的顺利开展。

四、柳州职业技术学院中高职专业衔接实践成效

（一）搭建了合作交流平台

柳州职业技术学院作为国家示范性高职院校，牵头成立职教集团、职业院校校长协作会，举办中高职衔接一体化论坛，搭建中高职合作交流平台，形成政府、高职、中职、企业"四维协同"的中高职衔接一体化育人平台，实现了中高职"资源共享""协同发展"。如表1、图4、图5所示。

表1 合作中职学校一览表

序号	合作院校名称
1	武宣县职业技术学校
2	融水苗族自治县民族职业教育中心
3	富川县中等职业技术学校
4	广西机电工业学校
5	柳州市第一职业技术学校
6	柳州市第二职业技术学校
7	岑溪市中等职业技术学校
8	昭平县职业教育中心
9	都安瑶族自治县中等职业技术学校
10	钟山县职业技术学校
11	象州县中等职业技术学校
12	苍梧县中等职业技术学校
13	广西经贸高级技工学校
14	北部湾职业技术学校
15	柳州市交通学校
16	平乐县职业技术学校

图 4　校长协作会成立大会

图 5　汽车职教集团成立大会

（二）创新了课程衔接模式

开发了"模块对接、程度递升"的中高职课程衔接模式。"模块对接"主要体现在课程结构上，指中高职在专业基础课、专业核心课、专业方向上的对接；"程度递升"主要体现在课程目标和内容上，指中高职同一课程的深度提升与广度拓展，实现同一课程的不同阶段学习内容衔接。为中高职衔接在课程体系构建与衔接上做了很好的探索和试点，并创新性地解决了课程实践的最大难题——课程衔接问题，为解决中高职课程衔接问题提供可参考的技术路径，如图6所示。

中职课程	高职课程
机械制图（计算机辅助工程图绘制）	机械零部件测绘
AUTOCAD	计算机辅助设计（二）
金属材料与热处理	机械结构分析与设计
互换性与技术测量	零件加工工艺及工装设计
机械基础	机械零件部件设计与制作综合训练
零部件计算机辅助设计（一）	钳工训练与技能考级
钳工	材料成形设备及自动化
车工	模具制造工艺
铣工	冷冲压工艺及模具设计（二）
磨工	冷冲压模具制作
电火花线切割	模具检测与维护技术
电火花成型	模具价格估算
数控车编程	质量管理与控制
数控铣编程	覆盖件模具制造技术：车身冲压件成型工艺
数控车操作	产品逆向设计
数控铣操作（含计算机辅助制造）	覆盖件模具设计
冷冲压工艺及模具设计（一）	覆盖件模具制造
塑料成型工艺与模具设计（一）	企业顶岗实习
	塑料模具制造技术：塑料成型工艺及模具设计（二）
	塑料模具制造

图6 模具设计与制造专业中高职衔接课程设置对应图

（三）创新了中高职衔接运行和管理机制

通过在中职学校设立"柳职班"，以"柳职班"为载体，以专业为关键点，开展中高职衔接的具体运行和管理工作，并以制度和协议的形式明确中高职院校各自的职责和任务，同时通过定期的例会制度和学期绩效考核制度，有效解决了运行和管理机制不顺畅的问题，为中高职如何建立运行和管理机制提供了可操作、可借鉴的方法和路径。如图7、图8所示。

图7 "柳职班"成立现场

图8 我院教师为"柳职班"学生授课

(四)提升了中高职学校的办学水平

通过与中职学校合作开展"2+3"五年一体化中高职衔接培养,提高了中职学校的办学水平。通过合作,我院及合作中职学校录取人数在质量和数量上有了明显提升,真正实现了合作双方共赢的效果。

2014—2015年,柳州市第一职业技术学校、柳州市第二职业技术学校、柳州市交通学校、岑溪市中等专业学校、柳州市高级技工学校5所学校顺利通过国家示范校验收,办学水平大幅提升。

我院分别荣获自治区教育厅 2014、2015、2016、2017 年县级中专综合改革高职帮扶奖，获得奖励 600 万元。2016 年，我院对口帮扶的苍梧县、岑溪市、武宣县、钟山县、横县、都安县 6 个单位获得优秀奖，融水县、灵川县、昭平县 3 个单位获得进步奖；平乐县、富川县、鹿寨县、融水县、昭平县、象州县、兴安县、忻城县 8 个单位获得单项奖。如图 9 所示。

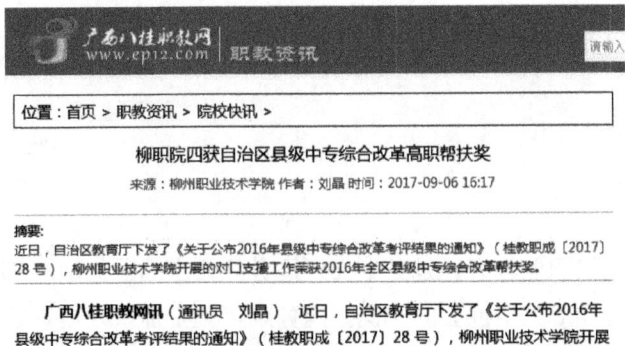

图 9 柳职院四获自治区县级中专综合改革高职帮扶奖

服务区域经济发展中高职融通办学出成效

柳州城市职业学院

一、背景

加快发展现代职业教育，是党中央、国务院做出的重大战略部署，现代职业教育体系建设已经成为全社会的共识。国务院《关于加快发展现代职业教育的决定》明确要求，"深化体制机制改革，统筹发挥好政府和市场的作用，加快现代职业教育体系建设""推进中等和高等职业教育紧密衔接""到2020年，形成适应发展需求、产教深度融合、中职高职衔接、职业教育与普通教育相互沟通，体现终身教育理念，具有中国特色、世界水平的现代职业教育体系"。国家连续出台了一系列政策推动中等和高等职业教育协调发展，中高职衔接成为当前职业教育界研究的热点。

2016年，自治区教育厅和柳州市人民政府达成《柳州市人民政府与广西壮族自治区教育厅深化共建广西现代职业教育综合改革示范区》等相关协议，合作共建"广西现代职业教育改革发展示范区"。到2020年，柳州市在全自治区率先建成（示范广西）现代职业教育体系。为此，双方提出要继续深化五年制中高职一体化人才培养试点；统筹柳州市高职院校与中职学校探索实施"五年制人才培养"方案和制度，实现中高职培养目标、专业设置、教学资源配置等有机衔接。同时，积极推进"职业教育扶贫富民能力提升"工作，以求更好地"发挥中等职业教育的基础性作用和高等职业教育示范引领作用"。

二、主要举措

（一）政校合作，创建中高职融通平台

经过近10年"五年一贯制"专业办学实践，柳州城市职业学院积累了较为

丰富的中高职融通教育教学管理的经验。在新的历史背景下，学院主动捕捉发展机遇，尝试开展中高职一体化五年制办学模式的探索和研究。2017年1月11日，鹿寨县人民政府与柳州城市职业学院签订战略合作框架协议，建立战略合作关系。双方通过优化资源配置，创新办学体制机制，共同构建中高职衔接的人才培养模式。根据协议，柳州城市职业学院在鹿寨职业教育中心的基础上设立柳州城市职业学院鹿寨分院，探索建设责任共担、利益共享的中高职一体化办学平台，力争在3~5年内建成高标准、高起点、高水平的市县联动、中高职融通一体化办学模式。

（二）统一运作，探索城乡联动人才培养道路

柳州城市职业学院鹿寨分院成立后，学院按照"五统一"的原则进行运作，实行统一招生、统一学籍、统一教学、统一评价、统一管理的工作模式，探索城乡联动、中高职衔接人才培养道路。学院各行政职能部门及各教学系部根据"五统一"原则，直接对接、协调和指导鹿寨分院的专业设置、招生计划、学籍管理、人才培养方案、教学运行等各项工作。

（三）突破"瓶颈"，主动调研开展专业布局谋划

根据鹿寨县域经济的发展需要，鹿寨分院亟待进行专业布局调整。学院组织专业系部教学团队及招生就业管理团队到鹿寨分院开展实地调研，深入了解鹿寨县域经济发展的现状和趋势，提出在鹿寨分院开设中高职专业的思路和规划。2018—2020年，将围绕汽车制造与检修、学前教育、市场营销等专业谋划专业群的布局和建设，力求为鹿寨县域经济的发展提供层次丰富的技术技能人才，不断提升职业教育精准扶贫和服务地方经济的能力。

三、条件保障

（一）管理架构完备，中职教育管理经验丰富

柳州城市职业学院是柳州唯一推行"五年一贯制"的高职试点院校，自2012年以来就开展"五年一贯制"人才培养实践，共开设"五年一贯制"专业20个，累计招收培养高职生5 400人，中职教育管理经验丰富。学院在鹿寨分院

设院长、副院长等职务，为鹿寨分院配备了完整的管理人员架构，管理团队经验丰富，能够高效地统筹协调分院与总院的各项工作。

（二）项目研究并行，融通实践推进科学稳妥

针对中高职融通的教育实践探索，学院组织立项广西教改项目五年一贯制高职特色专业及课程一体化建设研究与实践等两项，柳州市"十二五"规划重点课题柳州市"五年一贯制"高等职业教育人才培养试点研究等3个市级课题均顺利结题，为鹿寨分院中高职融通建设奠定了良好的操作基础。2017年，吴书勤副院长主持申报柳州市职业教育规划课题柳州市中高职一体化五年制"联合学院"模式的研究与实践——以柳州城市职业学院鹿寨分院为例，进一步为学院全面、科学、系统、稳步推进鹿寨分院建设提供了保障。

四、主要成效

2017年3月，柳州城市职业学院鹿寨分院挂牌成立。2017年9月，鹿寨分院首次招生就取得开门红，新生报到852人，是2016年招生人数的3.6倍。自2017年9月以来，鹿寨分院在课题立项、教师技能大赛等工作上都实现了新的突破。学院"五个统一"的管理模式有效改善了分院工作质量，提升了分院的办学吸引力，彰显了高职院校主动服务地方经济发展的社会责任感。

五、体会与思考

第一，鹿寨分院的成立是柳州市教育局促进市县中高职协调发展，建设现代职业教育体系的基础性工程之一，也为学院探索中高职融通的工作实践提供了现实的工作平台。

第二，与城市职业院校相比，县级中等职业学校办学条件薄弱，体制机制不畅，吸引力不强，质量有待提高，还不能适应产业发展的新需要，暂时难以满足群众对职业教育的新期盼。

第三，柳州城市职业学院鹿寨分院的建设，将进一步统筹城市与县域职业教育的一体化发展，有助于缩短城乡职业教育的差距，扩大城市优质职业教育资源的辐射面积，激发县域职业教育发展的活力，破解县域职业教育发展的"瓶颈"

问题。

  第四，学院探索"五年一贯制"职业教育体系，探索中高职衔接、专本衔接的人才培养工作，尚需要教育主管部门加强机制建设，出台政策，完善职业教育体系，建立中职、高职、应用技术类型本科、专业学位研究生相互衔接的职业教育人才成长通道，增强职业教育的吸引力。

打造服务管理型学生社团
提高学校后勤管理效能

柳州市第一职业技术学校

后勤工作是学校管理的重要保障和基石,后勤管理工作直接影响学校各项工作的顺利实施,人手不足、服务意识相对薄弱成为学校后勤管理的一大困境,结合实际工作情况,后勤与保卫科立足部门职责,组建了"校园110""校园小管家"两个后勤服务管理型学生社团,增加了勤工俭学岗位,让学生直接参与后勤服务管理工作,大大提高了学校后勤管理的效能。

一、形成背景

(一)部门人手不足,事情琐碎繁杂,制约工作开展

我校实行大后勤管理模式,把总务与安保的职能结合在一起,成立了后勤与保卫科。学校后勤服务工作琐碎、繁杂,安全保卫工作要求严谨、细致,必须做到零事故、零差错,工作强度和难度可想而知,单靠部门教师的力量不能全面、有效地完成任务。

(二)助学平台有限,学生提出需求,亟须增加助学岗位

我校部分学生来自偏远乡镇,家庭经济条件不是很好,就读职校就是为了早日就业,以缓解家庭经济压力。以往学校勤工俭学的工作多为临时性、阶段性的,没有设立长期、持续的勤工俭学工作岗位,学生曾多次向学校提出勤工俭学的要求。

针对上述现象,我校后勤与保卫科与学生科、校团委等多个部门反复沟通,决定立足部门职责,组建"校园110""校园小管家"两个后勤服务管理型学生

社团。社团在成员的选择上要优先录用学习成绩优秀、家庭经济困难的学生。

二、主要措施

（一）制定社团章程，精准定位，明确工作目标

社团章程，是社团明确工作流程和规则的依据，是其根本性的规章制度。社团成立之初，当成员选拔完成后，科室的主要负责教师与同学们一起讨论章程的编制，明确社团的性质、人员构成、业务范围等内容。每年社团完成换届后，新一届成员的第一次会议内容就是对社团章程的学习和进一步完善，通过对章程不断修订，使社团的工作方向越来越清晰，成员的工作目标也越来越明确。

"校园110"是由在校学生自愿报名参加，协助后勤与保卫科维持校园秩序，排查校园安全隐患，晚修时间及大型活动期间的校园巡查，学生宿舍违禁物品检查，收集师生对学校安保工作的意见和建议并向学校反馈，保障校园安全、稳定的服务型学生组织。

"校园小管家"是由在校学生自愿报名参加，协助后勤与保卫科对校园内的公共设施进行巡查记录，对课桌椅进行基本修理，收集师生对学校后勤服务的意见和建议并向学校反馈，为师生的校园生活提供后勤保障的服务型学生组织。

（二）配备指导教师，加强指导，确保工作效率

学校为"校园110""校园小管家"配备了专业的指导教师。"校园110"社团指导教师从负责学校安保工作的干事中选派。"校园小管家"社团指导教师从负责学校后勤工作的干事中选派。指导教师负责社团的日常管理，包括社团招新、组织训练、集中学习、工作绩效考评等。社团活动的开展多为课余时间，指导教师到场指导的，按学校绩效工资方案折算课时补贴。

（三）定期业务学习，扎实技能，提升服务能力

每周日晚19：30—21：10为"校园110""校园小管家"固定的业务学习时间。要求做到周周有主题，月月有考试。"校园110"的学习内容主要有校园安全知识、体能训练、巡查路线、格斗招式等。"校园小管家"的学习内容主要有常见设施设备识别、家用维修工具使用等。通过学习，社团成员们提升了业务

能力。

(四) 配备工作装备，统一标识，提高队伍辨识度

学校为每一位社团成员配备工作服装、工具包及通信器材。"校园110"的服装为迷彩服，在校园巡逻期间配备长棍，小组长配对讲机。"校园小管家"的服装为印有LOGO（由扳手、螺丝批、法兰盘组成）的黄色马夹，在巡查教室公物时配备日常维修工具包。社团成员在出勤时必须按要求整齐着装，统一领取工具，出勤结束后清点归还工具并进行工作小结。

(五) 工作绩效考核，良性竞争，永葆组织活力

后勤服务管理型学生社团由后勤与保卫科和团委双重考核，按每月的月考成绩以及平时出勤表现进行综合评定，对不能胜任的学生予以解聘。在任职期间受到学校处分或一个学期内有3门课程期评成绩不及格的学生予以解聘。社团成员也可以自行申请退出社团。考核结果分为优秀、良好、合格、不合格4个等级，每个学期进行一次期评，评比结果作为是否续聘及补贴发放的依据。

三、条件保障

(一) 领导高度重视，督导工作开展

学校领导高度重视，对"校园110""校园小管家"两个后勤服务管理型社团建设分别进行了指导，并做好发展方向的策划，使后勤服务管理型社团工作更高效，服务更及时，得到大师生的认可。

(二) 划拨专项经费，及时发放补贴

服务管理型学生社团的工作补贴由校团委做年度预算并以住宿费补贴的形式发放，一个学期发放一次，期评考核结束由后勤与保卫科上交拟发放补贴名单，校团委审核通过后在校内公示3天，办好请款手续后由学校财务部门发放到学生的建行中职卡内。

(三) 优先推荐就业，延伸服务平台

多数社团成员的家庭经济条件较差，就读职校的目的就是早就业以缓解家庭

经济压力，社团成员通过参与学校后勤服务管理，综合素质有了较大提高，特别在服务意识上相比其他同学更胜一筹，后勤与保卫科与招生就业科达成共识，无论是顶岗实习还是就业，对后勤服务管理型学生社团的成员进行优先推荐。

四、主要成效

（一）增加助学岗位，提高学生综合素质，缓解部门人手不足的现状

后勤服务管理型学生社团的成立，全面提高了学生的的综合素质，培养了学生的创新能力和实践能力，进一步发挥了广大学生在后勤服务管理工作中的作用，同时帮助家庭经济困难学生缓解了经济压力，充分体现了学生服务学校、协助管理学校的作用，也缓解了后勤与保卫科人手不足的现状。

（二）深入学生群体，及时掌握信息，提前介入化解部分危急事件

后勤服务管理型学生社团成员有较强的主人翁意识，把校当家。平时，他们与其他同学一起学习、一起生活，能更及时地收集到学生违反学校纪律或违法的信息并及时上报，学校保卫人员能及时采取有效措施，制止一些不良现象的发生，对维护学校的稳定有一定的作用。

五、体会与思考

后勤服务管理型学生社团成员既是学生又似同事，"校园110"每个学期按40人配备，"校园小管家"每个学期按20人配备，这也就意味着后勤与保卫科在课余时间有60个人可以支配，一些不涉及人身安全的工作都可以交给学生完成，给学生提供了实践的平台，学生既得到了锻炼，又提升了综合素质。学生在参与学校后勤服务工作时，更直接地了解学校后勤工作的现状，对一些突发性、临时性的状况能更客观地分析，从而更好地把信息正确传递到其他同学中，在一定程度上避免了其他学生对后勤服务以及学校工作的误解。

【理论探讨】

试析我国高等教育职普沟通制度的演进、问题和创新

李东航[①]

【发表情况】 2014-11-21 发表于《职业技术教育》。

【摘要】 文章在梳理我国高等教育职普沟通制度演进历程的基础上,提出职普沟通的单一性职普沟通的单向性,现有职普沟通制度细节的不完善是当前我国高等教育职普沟通制度存在的主要问题,进而提出了职普沟通制度创新的若干建议。

【关键词】 高等教育职普沟通制度;制度演进;制度问题;制度创新

一、我国高等教育职普沟通制度的演进历程

高等职业教育与普通高等教育的沟通,包含教育内容层面的沟通和学制上的沟通,本研究只对两者在学制上沟通的制度进行研究。目前,我国高等职业教育和普通高等教育在学制上沟通的制度,主要有职普"专升本"制度和职普联合培养制度两种。

(一)职普"专升本"制度的演进历程

目前,我国专科学历学生升入本科学习的途径主要有全日制专升本、自学考试专升本、成人高考专升本、网络教育专升本、电大专升本等。本研究中的"专升本"指全日制专升本,即高职高专院校应届毕业生通过一定的选拔方式进入普通院校接受两年本科教育,"专升本"制度就是对这一教育活动进行规范的规则

---

① 李东航(1981—),男,广西天等人,柳州职业技术学院副教授,华中师范大学教育学院在读博士,研究方向为高等教育学和高等职业教育管理。

体系。总的来看，我国"专升本"制度经历了以下发展阶段。

第一阶段：职普"专升本"制度的出台。1999年1月，国务院批转了教育部起草的《面向21世纪教育振兴行动计划》，提出要逐步研究建立普通高等教育与职业技术教育之间的立交桥，允许职业技术院校的毕业生经过考试接受高一级学历教育。同年6月，中共中央、国务院《关于深化教育改革全面推进素质教育的决定》对外发布，提出要构建与社会主义市场经济体制和教育内在规律相适应、不同类型教育相互沟通和衔接的教育体制，为毕业生提供继续学习深造的机会，并再次指出职业技术学院（或职业学院）毕业生经过一定选拔程序可以进入本科高等学校继续学习。此后，"专升本"工作率先在上海市和江苏省进行试点。

2000年，上海市教委发布了《上海市普通本科高校招收应届专科（高职）毕业生（简称专升本）试点改革方案》，选取同济大学、华东师范大学等16所普通本科院校作为试点单位，规定专升本选拔考试的科目为"2+X"，"2"是指全市联考的英语和计算机基础，"X"是由试点院校自主确定的专业基础考试科目。之后，各省、自治区政府相继出台本地的"专升本"实施方案或办法，及时满足了渴望继续深造的专科毕业生的需要。"专升本"的热潮席卷全国各地，专升本的比例逐年上升。

第二阶段：职普"专升本"制度的修正。在持续大幅扩招后，我国高等教育快速进入大众化阶段，原来制约我国高等教育发展的主要问题由规模过小变为质量不高甚至下滑，减缓规模增速并强调提高质量成为我国高等教育发展的新主题。同时，"专升本"比例的不断提高也使高职院校日益沦为本科院校的预备学校，以"升本"为目标的应试教育在部分高职院校愈演愈烈，导致职业教育日益远离自身办学目标。在此背景下，严格控制"专升本"比例成为政府的无奈之举。2006年1月，教育部和国家发改委联合下发了《关于编报2006年普通高等教育分学校分专业招生计划的通知》，指出自2006年起，各地普通专升本教育的招生规模要严格控制在当年省属高校高职（专科）应届毕业生人数的5%以内，并纳入国家下达的普通本科总规模；"985工程"和"211工程"重点建设的高校、独立学院和民办院校原则上不举办普通专升本教育。

第三阶段：职普"专升本"制度的调整。"十一五"规划完成后，我国陆续出台了一系列指导教育改革创新的重要文件，其中对"专升本"制度进行了调整。中共中央、国务院2010年公布的《国家中长期教育改革与发展规划纲要（2010—2020年）》指出，要完善职业学校毕业生直接升学制度，拓宽毕业生继续学习渠道和高等职业学校应届毕业生进入本科学校应用性专业继续学习的渠道。2014年，教育部和国家发改委等六部门联合印发的《现代职业教育体系建设规划（2014—2020年）》提出，学习者可以通过考试在普通学校和职业院校之间实现转学、升学，适度提高本科高等学校招收职业院校毕业生的比例。此后，各省、自治区、直辖市政府结合地方发展实际，陆续出台了本地教育发展规划，对"专升本"制度做出了调整。如《湖南省现代职业教育体系建设规划（2014—2020年）》提出，要扩大高职院校学生"专升本"的比例，2015年这一比例将达到8%左右，2020年这一比例要达到10%左右。广西壮族自治区人民政府《关于加快发展现代职业教育的意见（征求意见稿）》提出，到2017年，广西高等职业院校学生"专升本"比例提高至15%。在"专升本"比例的分配上，教育部和国家发改委在2006年联合下发了《关于编报2006年普通高等教育分学校分专业招生计划的通知》，规定普通"专升本"教育的招生规模要严格控制在当年省属高校高职（专科）应届毕业生人数的5%以内，目前各省、自治区都突破了这一比例。

（二）职普联合培养制度的演进历程

职普联合培养是高职院校与普通本科院校发挥各自优势、合作培养本科层次高端技能型人才的育人活动。职普联合培养制度是对这一育人活动进行约束的规范体系，大致经历了以下发展阶段。

第一阶段：职普联合培养制度的酝酿。高职院校与普通本科院校联合培养高端技能型人才的教育举措，是基于我国独有的经济社会发展背景提出的。一是我国经济转型升级对高端技能型人才的需求供给不足。2011年3月，国家公布了《中华人民共和国国民经济和社会发展第十二个五年规划纲要》，提出把经济结构战略性调整作为加快转变经济发展方式的主攻方向，把科技进步和创新作为加快转变经济发展方式的重要支撑。产业升级对高技能人才的需求将持续增加，据预测，2020年我国技能劳动者需求将比2009年增加近3 290万人（不含存量缺口930万人），其中，高技能人才需求将增加约990万人（不含存量缺口440万人）。然而，当前我国高技能人才总量短缺，人才结构不合理，特别是领军型高端技能型人才匮乏。因此，创新高技能人才培养模式，由高职院校与本科院校联合培养高层次技能人才，逐渐进入政府的考量范围。二是高职学生接受更高层次职业教育的愿望日趋强烈。一方面，随着产业升级的加快，生产过程的技术含量将大幅提升，经济发展对劳动者的技术水平要求也随之提高。另一方面，随着我国高等教育规模的扩大，高校毕业生的就业竞争日趋激烈，特别是处于专科层次的高职毕业生的就业压力更大。提高学历层次、增强就业竞争力成为众多高职学生的强烈愿望。三是我国高职教育被限制在专科层次，由高职院校或本科院校单独培养的本科层次高技能人才又面临管理体制、学制等诸多障碍，一时难以取得实质性突破。在以上三个因素的综合作用下，由高职院校与普通本科院校联合培养高端技能人才就成为政府的选择。《国家中长期教育改革与发展规划纲要（2010—2020年）》指出，要拓宽高等职业学校应届毕业生进入本科学校应用性专业继续学习的渠道。2011年教育部《关于推进高等职业教育改革创新引领职业教育科学发展的若干意见》提出，鼓励高等职业学校与行业背景突出的本科学校合作探索高端技能型人才培养制度。这些文件为各省市和各高等院校开展职普联合培养试点明确了方向。

第二阶段：职普联合培养制度的形成。教育部明确了联合培养的大方向后，河北、天津、江苏、安徽、广东、广西等省和自治区、直辖市相继启动了高职院校与普通本科联合培养项目试点。如江苏省教育厅制定了《2012年江苏省现代职业教育体系建设试点工作实施方案》，四川省教育厅发布了《关于开展高端技术技能型本科人才培养改革试点工作的通知》，安徽省教育厅发布了《关于开展"四年一贯制"技术技能型本科人才培养模式改革试点工作的通知》，这些方案或通知的出台为各地开展高职院校与普通本科院校联合培养项目试点提供了制度框架。一是明确了高端技术技能型人才的培养目标；二是大体确定了高职院校和本科院校的各自责任和权利；三是确定了联合培养的具体模式。

第三阶段：职普联合培养制度的实施。在省级教育管理部门出台总体试点方案后，各合作院校依据具体的试点方案和联合培养协议书开展招生和培养工作。我国高职院校与普通本科院校联合培养项目试点情况如表1所示。

表1 全国高职与普通本科联合培养项目试点情况表

序号	省份	启动时间	高职院校数	本科院校数	试点专业数	招生人数	录取批次
1	河北	2011	4	3	7	320	本科第二批
2	天津	2012	6	6	10	450	本科第二批
3	江苏	2012	2	2	4	120	本科第二批
4	安徽	2014	3	2	6	300	本科第二批
5	广西	2014	6	4	6	240	本科第二批
6	贵州	2012	2	1	4	200	本科第二批
7	广东	2013	4	4	6	380	本科第二批
8	四川	2013	6	3	12	600	本科第二批

注：数据根据各省、直辖市、自治区高职与普通本科联合培养项目试点的方案整理得出。

以上省、自治区、直辖市的高职院校与普通本科院校联合培养人才的具体模式主要有两种：一种是在国家示范（骨干）高职院校遴选重点建设专业，在此基础上开展联合培养试点，由高职院校与本科院校合作制定衔接合理的人才培养方案。学生4年均在高职院校就读，本科院校选派教师和管理人员参与教育教学活动，学生完成既定学习任务后获得本科院校颁发的本科毕业证书、学位证书和相关职业资格证书。如南京工业职业技术学院与南京工程学院的合作模式，就是学生在南京工业职业技术学院学习，双方联合培养，毕业颁发南京工程学院的本科文凭。另一种方式是学生在高职院校、本科院校和合作企业分段学习。如广东省的试点模式为"2+1+1"模式，培养方案由合作三方共同制定，学生在不同地点完成各阶段的学习任务，即第1～4学期在本科院校学习，教学任务由该校教师承担；第5～6学期（或第5～7学期）在高职学院就读，由高职教师承担教学任务，第7～8学期（或第8学期）在企业进行顶岗学习，在两校教师及企业兼职教师共同组成的教学团队指导下完成毕业论文（设计）和毕业实习，达到毕业条件的学生获得本科毕业证书和学士学位。

二、我国高等教育职普沟通制度存在的问题

我国普通高等教育与高等职业教育沟通制度的建立和日渐完善，有力推动了我国终身教育体系的建设，但目前仍存在不少问题，主要表现如下。

（一）职普沟通的单一性

我国普通高等教育和高等职业教育之间的沟通渠道只有两种：一是由专科层次的高职教育向本科层次转型的"专升本"；二是由高职院校与本科院校联合培养本科层次的技能型人才，能进入这两条渠道的学生很少。尽管部分省、自治区将"专升本"学生的比例目标适当提高，但最高比例都在15%左右，而调查发现，高达47.3%的高职学生将"专升本"作为自己的学业目标。此外，从近几年开展联合培养本科层次技能型人才试点的省、自治区的招生计划看，绝大多数省、自治区的年招生人数都在1 000人以下。由此可见，目前我国高职教育与普通高等教育之间的沟通渠道非常狭窄，无法满足学习者的学习需求。从高职教育与普通高等教育沟通的层次关系看，现有的沟通都是专科层次与本科层次的沟通，而完善的职普沟通体系应包括高职专科与普通本科的沟通、高职本科与普通

本科的沟通、高职本科与学术研究生的沟通、普通本科与专业研究生的沟通等，应呈现纵向衔接、横向沟通、转换灵活的特征。我国的高职教育还被限制在专科层次，没有形成从专科到本科再到研究生的上下衔接、完整的高等职业教育体系，以普通高等教育为主的"单轨制"成为建设完整的职普沟通体系的最大障碍。

（二）职普沟通的单向性

高职教育与普通高等教育的沟通应该是双向的，而目前我国的职普沟通制度所提供的沟通渠道却是单向的，即只能从高职教育向普通高等教育转向。在当前大学生就业竞争加剧的形势下，学生由普通高等教育向高职教育转向的需求日渐扩大，不少在本科院校就读的学生在就业时发现自己的实际操作能力太弱，不能满足企业的要求，从而选择回到职业学校或培训机构重新学习。目前，我国普通教育转向职业教育的制度建设还很滞后，学生在"回炉"时往往缺乏规范的制度约束，转向的成本过高。

（三）已有制度的不完善

我国高职教育与普通高等教育之间已建立职普"专升本"和职普联合培养两条沟通渠道，但这两条沟通渠道在具体的运作环节上尚有很多需要完善的地方。

第一，选拔方式有待优化。特别是职普"专升本"的选拔方式存在的问题尤为突出。目前，我国职普"专升本"的选拔方式主要有根据学生平时成绩选拔和组织专门的"专升本"考试进行选拔两种方式。如广西普通高校就是根据学生平时成绩排序来选拔"专升本"学生。广西教育厅《关于做好2014广西专升本选拔工作通知》规定："各高校'专升本'按照择优录取的原则，根据学生在校期间（除最后一个学期外）所有考试（查）科目平均成绩排名先后顺序，在学生自愿报名的基础上进行选拔。"上海、山东等地通过组织专门考试选拔"专升本"学生。山东省教育厅《关于做好2014年普通高等教育专科升本科工作的通知》规定，"专升本"考试科目为4门，其中2门公共课（英语和计算机基础），2门专业综合课。上海市教育委员会《关于做好2014年本市部分普通高校招收"专升本"新生工作的通知》规定，考生须持有相应的英语和计算机等级证书，而专业基础科目由各招生院校自主组织考试。以上两种"专升本"选拔方式尽管在具体程序上有所不同，但都将重点放在考核学生的英语和计算机等基础知识上，没有将学生的专业实践技能纳入重点考核范围。尽管有些省、自治区提出各高校要对报考应用性较强的专业的学生进行职业技能考核,但由于操作成本过高,这一环节往往流于形式。这种重文化基础、轻操作技能的考试导向,促使高职院校中有志参加"专升本"考试的学生只关注与选拔考试相关的理论课程,忽视对专业实践实训课程的学习。部分高职学校为了提高"专升本"录取率,不惜减少本来就有限的实验实训课时,淡化了高职教育的职业特性,使部分高职院校沦为"专升本"考试预备学校。

第二,课程衔接不顺畅。高职教育和普通高等教育同属高等教育,两者同一专业或专业大类的课程内容存在一定的共同之处,从节省学生学习精力、提高教学资源利用效益的角度看,如果"专升本"学生在专科阶段已学习这部分课程就不用在本科阶段重复学习。目前,我国职普"专升本"制度缺乏完善的课程衔接机制,高职院校和对接的本科院校之间没有明确的课程和学分互认办法,导致学生重复学习相同课程,造成大量学习精力和教学资源的浪费。

第三,教学管理模式有待改进。目前,我国职普"专升本"教育中,本科教育阶段主要实行单独编班和插班就读两种模式,这两种模式各有利弊。单独编班有利于学校根据"专升本"学生的特点组织教学,但不利于"专升本"学生融入本科院校的校园文化;插班就读有利于"专升本"学生更快融入本科院校的氛围,但可能无法充分照顾这类学生的学习特点。如何将"专升本"学生的需求与本科院校管理结合起来,找到一个真正促进学生发展的管理模式,仍是我国"专升本"教育需要继续探索的课题。在职普联合培养制度中,绝大部分省、自治区的培养模式都是学生在不同时间段,在高职院校与普通本科院校间变换学习地点,由于合作高校分属不同的教育类型,在管理理念、管理模式、管理方法上有较大差异,导致管理过程中出现衔接不畅甚至相互冲突的现象,这些都需要相关合作方在今后的管理实践中不断改进、优化。

三、我国高等教育职普沟通制度的创新路径

(一)构建职普多元沟通渠道

我国现有的职普"专升本"和职普联合培养制度,都是从专科向本科的沟通,对于学习者的多样化教育需求来说,这两个沟通制度过于单一。合理完善的

职普沟通制度应确保两种高等教育形成上下衔接、横向沟通的多元立体沟通结构。首先，要建立完整的高等职业教育体系。我国普通高等教育已形成层次完备、较为成熟的学制，但高职教育仍被限定在专科层次，高职学生想进一步提高学历就只能选择转入普通高等教育。因此，两种类型高等教育要形成多元立体的沟通结构，一个基本前提就是铺设一条与普通高等教育并行的完整的高等职业教育学制道路。其次，要在高职教育和普通高等教育两条道路之间架设相互连通的桥梁，使两种类型的高等教育在各层次都能够相互沟通。架设这一桥梁的关键就是实现高职教育与普通高等教育之间课程衔接和学习成果的互认。这需要高职院校与普通高等学校密切合作，共同构建教学目标层级递进、教学内容相互衔接的总体课程架构，并拟定具有可操作性的学生学习成果互认与转换办法。

（二）建立职普双向沟通机制

目前，我国高职教育与普通高等教育之间的沟通还局限在前者转向后者的单向沟通层面。随着社会的发展进步，技能型人才的社会价值日益凸显，职业教育的社会认可度逐渐提高，加上社会对公民个性和个人选择的宽容度逐步加大，学习者在进行教育选择时更加自主和理性，学习者从普通高等教育转向高职教育的需求也越来越大，因此，建立健全我国高等教育职普双向沟通的机制非常必要。建立这一机制，除了在宏观上改革政府教育管理体制、消除高职教育与普通高等教育间的体制壁垒、健全相关法规外，还要在外观上建立可行的运作机制，可以考虑建立高职教育与普通高等教育之间的过渡课程。由于高职教育与普通高等教育属于不同的教育类型，人才培养目标不同，学习者应具备的知识结构和能力要求也有所区别，因此，从一方转向另一方就存在知识和能力如何转换的问题。对此，可以设立过渡课程，即高职教育的学生要转向普通高等教育必须先补习相应的理论课程，而普通高等教育的学生要转向高职教育则要通过一定的职业技能测试。至于过渡课程由谁来实施，笔者认为可以通过学习者所在学校开设选修课或学习者参加社会培训机构开设的相关认证课程两种途径来解决。

（三）完善已有职普沟通制度

一是优化职普"专升本"的选拔方式。现有的选拔方式重基础知识、轻实践能力，导致有"专升本"目标的学生为了提高应试能力而放弃专业技能课程的学习，这些学生如果落榜就会陷入升学失败和因技能不过关而无法就业的双重困境。因此，职普"专升本"的选拔方式应具有既注重对专业基础知识掌握又强调专业实践技能训练的导向，学生要做好升学与就业两手准备。目前，我国职普"专升本"的专业基本上是应用性专业，不管是专科层次还是本科层次都强调基础知识和实践技能并重，只是本科层次的培养目标要比专科层次的培养目标略高。"专升本"的选拔应引导那些专科阶段学有余力的学生继续提升理论基础和提高专业技能。二是实现专科阶段与本科阶段课程的衔接。不管是职普"专升本"还是职普联合培养，专科院校和本科院校都要成立专门的协调机构，共同制定一体化的人才培养方案，对每门课程在不同阶段的教学目标、内容设置及其相互衔接的具体环节进行详细设计，并制定相关管理监督制度。三是创新教学管理模式。为使"专升本"学生尽快从专科院校融入本科院校的氛围，可以采取插班就读的方式。学生通过与本科学生的长久接触，真正融入本科阶段的学习，在价值观念、知识结构和技能水平上得到切实提升。当然，插班就读并不意味着"专升本"学生的学习需求和特点受到忽视，所在本科院校可以通过单独辅导、开设专门补习课程等有针对性的措施来弥补这些学生的不足。职普联合培养制度中应该细化管理协调的相关机制和细则，如建立联合培养的校际协调机构、校际联合质量评价机制等。

【参考文献】

[1] 上海市教委高教办. 上海市普通高校招收插班生和专升本试点改革方案[J]. 教育发展研究，2000（7）：88.

[2] 湖南省教育厅，发改委，财政厅，等. 湖南省现代职业教育体系建设规划（2014—2020年）[Z]. 2014-08-27.

[3] 广西教育发展大会筹备工作领导小组办公室. 广西壮族自治区人民政府关于加快发展现代职业教育的意见（征求意见稿）[EB/OL].［2014-02-19］. http：//www.gxhqxx.edu.cn/upload/2014/0219/20140219103839181.pdf.

[4] 中共中央组织部，人力资源和社会保障部. 高技能人才队伍建设中长期规划（2010—2020年）[Z]. 2011-07-06.

[5] 高金花. 今年广东首试本科高校与高职联合培养本科生[N]. 信息时报，2013-06-15.

[6] 彭志武. 高等职业教育学制研究[D/OL].［2007-05-01］. http：//www.cnki.net/KCMS/detail/detail.aspx？QueryID＝1&CurRec＝1&recid＝

&filename=2009181159. nh&dbname=CDFD0911&dbcode=CDFD&pr=&urlid=&yx=& v=MTk4MTViUElSOGVYMUx1eFlTN0RoMVQzcVRyV00xRnJDVVJMNmVaK2RwRnkzZ1ZMN0xWMTI3RjdLd0g5REpwcEU=.

[7] 广西区教育厅. 关于做好 2014 广西专升本选拔工作通知 [EB/OL]. http://www.gx211.com/news/2014429/n8061188694.html, 2014-04-29.

[8] 山东省教育厅. 关于做好 2014 年普通高等教育专科升本科工作的通知 [EB/OL]. [2013-12-09]. http://gaokao.chsi.com.cn/gkxx/zc/ss/201312/20131209/675953917-2.html.

[9] 上海市教育委员会. 关于做好 2014 年本市部分普通高校招收"专升本"新生工作的通知 [EB/OL]. [2014-04-03]. http://www.shangxueba.com/news/1149196.html.

大数据时代教育管理信息化的困境与突围路径

赵 萃①

【发表情况】 2016-02-15 发表于《中国成人教育》。

【摘要】 实现教育信息化管理观念变革和教育信息化管理软件系统的构建,系统规划教育管理信息化工程,把技术融入教育观念创新、实现大数据支持的教育管理信息化课程教学模式创新,是大数据时代教育管理信息化突围的基本路径。

【关键词】 大数据时代;教育管理;信息化

一、大数据时代教育管理信息化的困境

经过几年的教育管理改革,教育信息化管理已初现规模,但是信息化管理的推进还迟迟没有达到预期效果。教育改革规划纲要提出:制定教育信息化管理标准,要求教育界各院校要制定出符合自身发展的基础信息化管理标准规范,大力发展院校信息化管理脚步,达到管理信息化的归一化、标准化,加快政府教育管理部门对信息化进程的监督和监控管理并提供人员、信息和技术的支持,最终实现教育管理的信息化、现代化水平。但是,面对大数据时代,教育管理信息化面临很多困境。

(一) 管理者思想观念陈旧及信息化技术水平低

在教育管理信息化不断改革进程中,传统教育管理观念向现代信息化管理模

---

① 赵萃(1982—),女,硕士,柳州职业技术学院讲师,研究方向为职业教育与人力资源管理。

式转变迫在眉睫。传统的管理模式已经严重阻碍了现代大数据信息的传播和发展，更不能适应现代教育信息化管理提出的培养创新思维和研究性、实践性人才的目标。在大数据时代教育管理工作中，信息技术的加入引起了教育教学工作模式的转变、教与学方法及过程的改变，甚至教育界管理者及教学工作者岗位的改变。在大数据时代，教育界要想有效利用信息技术，首先需保证教育管理者思想理念的改变，甚至教育教学方式、方法、模式的改变。新的信息化教育教学管理模式需要教师具有一定的信息技术和软件使用能力，这在一定程度上加重了教师的负担和责任。

教育管理信息化向教育管理者的信息化专业技术水平提出了很大挑战，有些管理者没有必备的专业信息化素养，无法在教学活动中有效利用信息技术，不能对信息化管理系统内的教育教学数据信息资源有效地进行选择、搜索、获取并加工、分析、利用，个别管理者甚至还不会使用信息化管理软件进行日常教学管理工作。

大数据时代教育的信息化管理观念的改变不仅仅是技术变革，关键是思想上、观念上、理论上的改变。面对大数据时代的浪潮，管理者必须认识到教育信息资源分散，信息孤岛普遍存在，各种信息没有有效沟通，信息不能共享的困境。

（二）信息化管理软件开发与应用缺乏系统性

教育信息化管理很大程度上依赖于信息技术的发展和应用，特别在信息数字化管理系统软件的设计、建立、开发及使用方面，新型数字化信息管理技术极大地促进了大数据时代教育信息化管理的发展历程。但是，目前有些教育院校的相关管理组织机构没有专业的管理系统软件设计开发者，这样只能使用校外资源完成软件的开发，因此导致管理软件功能与教育教学实际不是特别吻合。这是因为，软件开发人员不了解具体教育教学活动的实际情况，并且没有亲身体验，不是特别清楚教育教学信息化管理工作活动的所有部分之间的内在关系。更重要的是，软件开发者不清楚教育管理工作的逻辑发展情况，很难预测将来管理活动的发展方向，一般不能设计出按信息化管理创新发展需要的可以扩展的管理软件。软件开发后应用于教育界各院校甚至一个院校的各个管理部门，由于之间缺少有效沟通，没有注意到相互之间的制约和互助作用，最终导致软件相似功能的重复多余，信息不能共享，使信息资源的节约合理使用丧失了可能性。同时，各院校内部的新信息化管理技术不能达到很好的整合，管理系统内部各模块很难及时完善。这样，软件使用后期的大量维护和扩展又是一大困境。

二、大数据时代教育管理信息化的突围路径

研究分析《美国 2010 国家教育技术计划》和我国的《教育信息化十年发展规划（2011—2020 年）》可以看出，信息化管理技术和大数据时代教育"深度融合"是现代信息社会的一个全新理念，是实现教育管理事业快速发展和不断进步的必要过程。要想克服教育管理信息化的种种困境，找到合适的突围路径是本节研究的重要内容。

（一）教育信息化管理观念变革

目前，突破困境遇到的最大问题是传统教育理念的约束和限制。教育管理者和教师的数字化信息管理技术是思想观念改革的基础。在现代大数据时代，网络教学过程中，教师的角色不仅仅是一般的专业知识传授者，更重要的是在线资源学习的组织者和引导者；教育管理者也必须做出相关变革，数据分析师、信息资源管理者、数据开发管理应用人员将应运而生；信息中心、网络中心、数据中心等新的业务职能机构已经出现，并将发展成为教育数字化管理和教学活动的专业机构。例如，在教育院校建立大数据局，统筹推进教育信息化管理中的信息收集、处理、分享和使用，最终走出教育管理信息孤岛的困境。

（二）教育信息化管理软件系统构建

信息化管理软件系统可以为教育管理工作创造优越的智能化在线教学数据服务平台，为教育信息化管理提供智能化的数据收集、分析利用及挖掘技术。经过大量研究调研发现，最能实现大数据时代教育信息化管理系统各项功能的组织结构是结合 B/S 与 C/S 技术的混合模式体系架构。该组织结构不但能实现数据的安全传输和存储，还能集成扩展并提供远距离的数据使用服务与管理。两种技术的有机结合满足了教育各管理等级对各种信息不同程度的需求。

大数据时代教育信息化管理系统不再是孤立的单一计算机处理，而是利用多台机器实现信息管理网络化。基于 Web 计算机技术的信息化网络管理系统简单易用，同时还能降低计算机系统维护及网络在线管理的开支，很大程度上减少了

系统投资。管理者能使用所有节点的浏览器配置和在线网络监控，从而不再受地理位置因素的制约，大大提高了信息化管理水平，还能促进教育管理事业的进一步发展。

教育管理系统面对大数据的存储问题建立了数据中心服务器，结合校园信息化管理建设，很大程度上使用校园现有的软硬件管理资源，把管理系统内的大数据整体存放在应用服务器系统内。学校大数据中心服务器拥有较好的安全性和使用性，还具有较完备的复制备份存储机能，数据使用过程中的准确、安全一定能够得到很好的保障，同时还显著减少了教育信息化管理人员的后台维护时间和精力。教育信息化管理系统使用校内网络系统上的大数据时，在线反应较快、用时较短，能实现数字化、自动化，大大提高了工作效率，从而为大数据时代教育管理信息化中，管理软件的开发使用缺乏系统性找到了突围路径。

三、大数据时代教育管理信息化创新

（一）系统化规划教育管理信息化工程

为了应对大数据时代数字化管理模式、信息化管理需求，教育管理系统必须变革教育管理模式，创新性、系统化规划教育信息化工程，建立较完善的数字化信息系统，提高管理者的技术水平，提升工作效率，最终实现数字化信息管理的现代化和科学化。

教育信息化管理系统既有各种各样的参与者组成的人的网络，还有学校文化环境、教学课堂环境等组成的外在物质环境网络，以及由教学教研工作、教师与学生课堂沟通活动等形成的实践活动网络。因此，教育信息化管理要想实现可持续的长远发展，必须协调把握教学环境、实验设备、教学技术、信息管理等所有网络之间的相互制约、相互发展的关系，以系统化的角度创新规划教育管理信息化工程，最终把教育管理信息化推入深度应用。利用全面的系统化理论规划教育管理信息化工程，不但有利于处理教育信息化投资在农村和城市不均衡的问题，还能有效处理投资见效快的硬件建设与见效慢且很难预测效果的应用软件的投资之间的比例平衡问题。使用系统化理论长期规划教育管理信息化工程，将大大有利于教育技术培训、教育组织机构变革、教学工作及教师思维方式的改变。

（二）技术融入教育观念创新

教育管理信息化工程注重多角色化和情境化，即此工程内有在线网络电子课堂，也有传统粉笔黑板、纸质课本课堂；有多媒体教学资源的虚拟无形教室，也有房屋建筑的有形实体教室；网络群与学校班级同在。教育管理信息化并不像有些教育学者说的那样"信息化技术可以变革教育，可以变革课堂教学形式，可以变革教育教学内容"；技术并不能直接变革教育，超过一定限度的推崇技术的作用，会给大家带来过度盲目崇拜技术的错误教育观念，使人们错误地认为信息技术必定能使教育教学管理工作取得飞跃性进步，达到最终的理想信息化阶段。

大数据时代的教育信息化管理要想取得显著进步，必须注重正确新颖的理论观念指导。首先，根据信息技术的已有理论研究成果，结合教育信息化管理的现有状况，吸取经验教训，总结规律，充分利用理论技术观念指导实例，然后转化为具有指导监督意义的新理论成果，以指挥教育信息化管理工作的开展，即只有把信息化技术融入教育管理的改革大潮中，才能实现教育管理的真正信息化。同时，教育信息化管理工作者自身要在工作过程中不断总结自己的不足和失误，还要加强信息化技术理论知识的学习。计算机数字化技术、现代云计算数据管理技术，智能化存储数据技术，网络、CD、TV等一切现代化技术，都是教育管理者必修的技能。

（三）大数据支持的教育管理信息化课程教学模式创新

大数据时代的教育管理可以利用大量的教学资源、大数据平台，教育教学不再仅仅依靠课堂形式学习知识，互联网丰富的在线教育资源可以形成一个无形的教室课堂。基于大数据、云计算、物联网等IT技术提供的多种多样的课程教学方式，为教育院校的封闭教室课程打破原有的空间限制，发展为完全自由开放共享的模式提供了可能性。突破原来的封闭教室课程教学组织方式，创新为半开放式、完全开放式、协作式、信息化、社会化、数字化学习组织模式。创新教室教学课程评价体系，利用大数据时代网络学习分析技术，实现教学课程完全依靠学生自身的知识掌握情况及知识构成复杂程度来组织，并以此评价教师的组织安排课程能力，为学生提供完全富有个性化、自主化的课程信息资源。

随着现代网络技术的不断发展进步，教育管理活动也在利用在线计算机网络技术对教学资源、管理对象信息进行获取、处理、吸收、加工、利用和传播，以实现管理工作的信息化、智能化发展。教育管理实施者必须利用信息化管理系统创新的理论规范，选择最适合、最恰当的教育管理信息化课程教学模式，以完成大数据时代教育信息化管理工作。为了加强教育管理信息化课程教学模式的创新，管理者必须积极引导被管理者主动参与活动。在现代数字化信息技术的基础上，不但使用网络平台，而且要积极利用各方面的信息媒体，实现管理者和被管理者享有共同关注的资源和信息，从本质上实现信息双向沟通、发布、传递的管理模式。

总之，大数据时代教育管理信息化目前仍面临很多严重困境，其现状更不容乐观。因此不但要找到解决困境的有效路径，同时还要提出具有创新性的方案和措施，大胆尝试新的数字化、智能化、信息化、网络化的管理手段，利用网络新技术实现信息化管理的巨大进步。

【参考文献】

[1] 何克抗. 关于《美国2010国家教育技术计划》的学习与思考[J]. 电化教育研究，2011（4）.

[2] 袁典典，姜召. 我国教育管理信息化之反思[J]. 现代远距离教育，2013（4）.

[3] 周湘林. 大数据时代的教育管理变革[J]. 信息化与现代教育技术，2005（12）.

[4] 赵海涛. 学校教育信息化管理问题的探讨[J]. 中国电化教育，2007（9）.

[5] 王竹立. 我国教育信息化的战略思考和路径选择[J]. 现代远距离教育，2013（4）.

校企合作背景下高职学生社团建设创新途径研究

黄 奕①

【发表情况】 2015-03-11 发表于《教育与职业》。

【摘要】 高职学生社团活动是提升学生专业能力和职业素养的有效途径,是创建高职特色校园文化的重要组成部分。目前,高职学生社团存在传承性差、活动策划单一等问题,社团活动相对封闭,与社会、企业、行业之间脱节,严重影响社团活动的成效。文章从分析高职学生社团建设存在的问题入手,探究校企合作背景下高职学生社团建设的新途径。

【关键词】 校企合作;企业文化;专业型技能社团

当前,以专业为桥梁的学生班级联结职能正在弱化,以共同追求和兴趣为桥梁的学生社团则不断发展,作用日益显著。学生社团作为校园文化建设的重要组成部分,是实施大学生素质教育的有效载体。良好的高职校园社团活动对提高学生的综合能力具有重要作用,是高职院校培养适应生产、建设、管理、服务第一线需要的高素质、高技能型应用人才的有效途径。然而,当前高职学生社团存在传承性差、活动策划单一等问题,社团活动相对封闭,与社会、企业、行业之间脱节,严重影响社团活动成效。本文分析高职学生社团建设存在的问题,进而探究校企合作背景下高职学生社团建设的新途径。

一、当前高职学生社团建设存在的问题

(一)建设和发展缺乏传承性

高职学生社团传承性差表现在两方面:第一,社团活动的传承性差。社团成

---

① 黄奕(1980—),男,广西柳州人,柳州城市职业学院团委书记、讲师,研究方向为旅游管理与高校思想政治教育。

立之初，社团成员大多充满激情，各类活动开展得风风火火。然而，由于社团管理松散，没有形成一套良好的运行机制，以致新接手的社团干部不知道如何开展活动，无法让有价值的活动传承下来，社团发展出现了断层。第二，社团干部的传承性差。一般情况下，对于某个社团来说，干部能力强的社团在管理和运行中相对好些，社团活动效果就更好，发挥的作用也就更大。但是一旦社团干部毕业，新任干部就难以顺利接手，社团的发展也一样会出现断层。

（二）学生社团干部缺乏管理能力

高职学生社团干部的选拔一般采用竞聘上岗或者干部推荐两种方式。竞聘上岗是面向全体社团成员采用自主报名、上台演讲的方式，条件达到要求的社团成员都有机会参加竞聘，然后由成员投票选举产生。这种方式相对公平，但也会出现语言表达能力较强而综合素质不高的同学被选上的现象，这类干部往往做事不牢，缺乏持之以恒的精神，不利于社团的良性发展。干部推荐是由上届社团干部根据成员日常的表现，选出最佳接班人，直接任命为下届社团干部。这种方式受个人喜好影响，基本是以个人意愿包办社团干部的选拔，存在很大弊端，不利于社团的和谐稳定，影响了社团的发展。同时，由于高职社团一般都是由学校团委管理，人员少、经费不足，在社团干部培养方面难以投入更多的人力、物力，加上社团学生干部自身学习的自觉性与主动性不高，社团干部的能力难以提高，社团发展相对缓慢。如果长期得不到关注，社团干部就会缺乏自我发展的动力，对社团的关注逐渐减弱，使社团的吸引力下降，最终导致解散。

（三）缺乏专业指导教师和资金支持

对于高职学生社团来说，缺乏资金支持和良好的指导教师是社团发展的难题。多数高职院校学生社团为提升社团的活动层次和知名度，聘请了指导教师，但多数教师因为工作繁忙或没有报酬不愿意承担额外的工作量，所以社团指导教师只是挂个名而已，没有真正起到指导作用。尤其一些专业技能型社团，没有专业教师的指导，社团活动的开展无法取得良好的效果。学生社团虽然是高职院校学生培养不可或缺的组织形式，但社团自身的群众性和自发性决定了其"民间"性质，导致学生社团缺乏学校相关部门的资金支持，无法顺利开展各种各样的活动。

（四）缺乏企业文化引领，脱离社会实际

当前，多数高职学生社团只注重校园内与自身学习和生活相关联的事情，社团活动的策划单一且相对封闭，忽略了社会实践，与社会、企业、行业之间脱节，社团活动的开展不能融入优秀的企业文化。企业文化是企业发展过程中逐步形成和培育起来的具有企业特色的企业精神、企业理念、发展战略、企业道德、经营思想的综合体现，是企业员工普遍认同的价值观、企业道德观及其行为规范。脱离社会实际、没有优秀企业文化引领的高职学生社团，就会缺乏创新性，没有持久的生命力。尤其一些专业技能型社团，如果没有融入企业文化，不遵循企业模式的管理和运行，社团成员就无法提前感受企业环境和职业氛围，在参与社团活动过程中也难以提高自身的专业能力、职业能力、社交能力、应变能力等综合能力，以致在未来的工作中无法达到企业和社会的实际要求。

二、校企合作背景下高职学生社团建设的创新途径

（一）校企合作创建社团管理制度

校企合作背景下，要保证高职学生社团组织正常运行并充满活力，高职院校必须建立一套行之有效的社团管理制度。为此，高职院校领导必须高度重视，在规划校园文化建设时，将学生社团建设视为重要组成部分，健全组织机构，加大人力、物力和财力支持，责成相关职能部门与企业合作，从高层设计着手，共同建立一套良好的社团管理制度。第一，建立良好的社团注册和评审机制。有很长一段时间，多数高职院校学生社团的注册、评审和建立相对宽松，有些学校甚至根本没有对新申请的社团进行评审，仅仅简单地对申请材料进行核查后盖章通过，学生轻轻松松就注册成功，建成一个新的社团，导致很多社团都是滥竽充数。高职院校必须加强对新成立的社团，尤其专业性较强的社团进行严格评审，按照"申请—审批—考察—考评考核"的程序评审新建社团，定期评估社团的活动数量和质量、社团的内涵建设和社团影响等，对评估不合格的社团予以取消。第二，建立良好的社团学生干部竞聘制。社团学生干部是学生社团正常运行并保持活力的核心要素。必须建立良好的社团学生干部竞聘制，选取有良好组织能力、管理能力、社会交往能力、专业能力的学生担任，对表现良好的社团学生干

部予以评优、评先等相关政策激励。第三，建立社团导师负责制。缺乏指导教师是社团存在的普遍现象，为提高社团指导教师的热情，高职院校可以建立社团导师负责制，邀请企业管理者、师傅、技术骨干以及学校专业教师组成，负责对学生社团进行指导。要建立相关的导师考核和奖励机制，将导师的指导划入其工作量，并在职称晋升或评优、评先等方面予以政策倾斜。

（二）校企合作选拔和培养社团干部

　　社团干部是社团的核心人物，能否选拔优秀的社团干部，对社团的发展乃至兴衰起到至关重要的作用。在校企合作背景下，高职院校相关职能部门必须和企业一起对社团干部进行选拔和培养，依据"倾听民意、任人唯贤"的原则，按照自愿报名（考察社团干部是否有为会员服务的态度）、竞聘演说（考察是否会说、敢说）、成绩考察（考察是否具备良好的知识储备）、民意调查（考察是否具有良好的群众基础）、聘用上岗（增强主人翁意识）五个步骤选拔社团干部。通过以上环节，可以挑选出理想的、敢担当的、有能力的社团干部。此外，要注重对社团学生干部的培养，可以从学校和企业两方面入手。学校方面，高职院校每年从学校划拨一定经费到团委，由团委组织开展针对社团新任干部的培训班，培训课程包括管理学、心理学等内容，形式上可以采用与社团干部座谈，建立社团干部头脑风暴训练营，或者开展社团干部素质拓展训练，提高社团干部的思想境界和管理能力，提高理论水平和政治修养；企业方面，实现校企合作培养，增加社团干部参加社会实践的机会，以学校名义邀请企业管理人员、专家、技术骨干到学校对社团干部开展优秀人物事迹报告会和学术讲座，宣传企业文化，让社团干部了解行业发展和企业发展状况，扩大知识面，让学生社团干部深入企业进行社会调查，或者进入企业实习（见习），体验企业生活，了解企业文化，感受企业职业氛围，积累企业实践经验，培养社团干部的组织管理能力、沟通交流能力，培养社团干部爱岗敬业、甘于奉献的精神，提高其服务意识。对于专业技能型社团干部的培养，企业显得尤为重要。

（三）校企合作创建专业技能型社团

　　高职教育以培养适应生产、建设、管理、服务第一线需要的高素质、高技能型应用人才为目标。为此，高职学生社团必须为学生的专业学习服务。这就要求高职院校必须加大校企合作力度，大力发展专业技能型社团。专业技能型学生社团是指依托某一专业创建的，把对某一专业、学科或某一方向有共同爱好的学生根据专业兴趣自愿组织到一起进行交流、实践、研讨等专业活动，通过自主学习、自我组织与管理、自我锻炼，把专业技能的形成与专业知识的掌握融入社团活动的社团组织。其重要特征是在社团活动中融入职业认知、职业技能、职业特征等要素，使社团成员的专业能力、组织管理能力、应变能力、动手能力、社会实践能力和职业道德素质在社团活动中得到培养和提高。专业技能型社团的创建必须依托校企合作，融入企业文化。企业文化是企业在经营管理过程中创造出来的具有企业特色的精神财富的总和，是企业核心竞争力，具有强大的凝聚力和感召力。作为高职院校培养学生专业能力和职业素养的重要形式，专业技能型社团的创建必须引入真实的企业文化。在校企合作背景下，企业可以吸收社团成员利用假期去企业实习（见习），让他们感受真实的职业氛围，学习真正的企业知识，这有助于他们在社团建设中融入企业知识。校企合作共建的专业技能型学生社团开展的活动能充分结合学生的专业实际，与社会、行业和企业衔接，是高职学生专业能力和职业素养的优化平台，也是社团成员自我培养和自我完善的有效途径。高职院校必须把打造优质、高效的专业技能型学生社团作为学生社团建设和发展的方向。

（四）校企合作开展具有企业元素的社团活动

高品位的社团活动是高职学生社团生存与发展的灵魂。高职院校要想打造高品位的社团活动，活动的组织与开展必须贴近企业的生产生活，依托专业，以行业为背景，以企业为支撑，充分利用实习实训基地进行。只有这样才能发挥社团活动"第二课堂"的功能，实现校园与企业的互动和对接、校园文化与企业文化的融合，更好地培养学生的实践能力、专业能力、职业能力、创新能力等综合素质。校企合作共同开展具有企业元素的校园社团活动，要求企业参与社团活动的开展，在活动的设计中必须选择与企业生产生活相关的项目为主题，以提升学生的专业能力和职业能力为中心，实现专业性、社会性、企业性有机结合，激发学生参与社团活动的兴趣，更好地发挥其为专业教学服务的功能。校企合作共同开展社团活动可以分为两种形式：一是组织社团成员到合作企业参观、学习和顶岗实习，让社团成员与企业师傅、技术骨干、企业管理人员进行沟通、交流，甚至参加企业的培训、技术讲座、科普活动等，使社团会员深入了解企业的生产生活，感受企业的职业氛围、职业精神与企业文化，帮助他们树立爱岗敬业的责任意识、精益求精的质量意识，培养团结协作、吃苦耐劳、艰苦创业的精神；二是邀请企业参与设计与开展具有企业特色的校园社团活动，如举办专业技能大赛、模拟面试、素质拓展训练等，通过这些具有企业元素的社团活动，培养学生的职业意识、实践能力和专业能力。

【参考文献】

[1] 王志坚.高校学生社团与和谐校园文化建设[J].教育探索，2008（6）.

[2] 郭晟，贺大松，伍倪艳，等.校企合作构建高职专业技能型学生社团新模式[J].当代职业教育，2012（8）.

[3] 莫华伟.校企合作背景下的高职德育工作模式探析[J].职教论坛，2012（29）.

高校图书馆阅读推广长效机制的探索与实践

李 薇[①]

【发表情况】 2016-05-05 发表于《广西社会科学》。

【摘要】 柳州铁道职业技术学院图书馆顺应时代发展需求,致力于开展直达读者内心的阅读推广,创新、探索出"书香四季"阅读推广主题系列活动。在不同的季节,针对不同的主题,结合不同的特点,该学院图书馆推出不同的阅读活动,积极引导学生感受读书的魅力,培养学生健康向上、充满活力的学习精神,努力实现阅读推广常态化。

【关键词】 高校图书馆;阅读推广;常态化

一、引言

一年一度的"世界读书日"是各高校图书馆进行阅读推广的集中期,作为全民的"文化盛宴",这期间,校园内外都会组织各式各样的活动吸引读者、引导阅读。有媒体称:"在'世界读书日'期间,书香溢满整个中国。"然而,从后续来看,无论是推广力度还是推广手段都存在明显不足,没有形成持续化、常态化,这样的阅读推广在表面上轰轰烈烈,实际对广大读者的阅读影响并不大,更谈不上深入。

再者,随着信息技术的飞速发展,高校学子的阅读现状不容乐观,这使被誉为"高校三大支柱"之一的图书馆受到冲击,直接面临借阅量下降、纸本馆藏受冷落等问题,更面临价值质疑的危机。

李克强总理在 2015 年 4 月考察厦门大学时说,"世界读书日"虽然只有一

---

① 李薇,柳州铁道职业技术学院图书馆。

天，但我们应该天天读书，这种好习惯会让我们终身受益。因此，探索一套适应自身可持续发展的阅读推广长效机制，将阅读推广作为一个整体进行全面规划，已成为现代高校图书馆发展中亟待解决的重要课题。

二、"书香四季"主题系列活动的产生背景

阮冈纳赞"图书馆学五定律"的精髓主要有两点，一是以读者为中心、以使用为主导的"书—人"关系，二是"图书馆是一个生长着的有机体"。作为"一个生长着的有机体"，图书馆存在的价值与生命力体现就是"读者的利益高于一切"。高校图书馆应该在满足广大读者日益增长的信息需求的基础上，主动积极地进行探索实践，大胆变革，与时俱进，以使机体适应环境，适应当代社会的发展和需求。要让"一个生长着的有机体"不断焕发青春活力，高校图书馆必须努力实现阅读推广的持续化、常态化，积极构建一个架构完整、功能齐全、制度完善的阅读推广活动体系，它是阅读推广各项工作得以顺利开展的重要保障。

柳州铁道职业技术学院图书馆顺应时代发展需求，专门设立阅读推广部，不断丰富服务内容，致力于开展直达读者内心的阅读推广，创新、探索出"书香四季"阅读推广主题系列活动，围绕春、夏、秋、冬四季特点，在不同的季节，针对不同的主题，结合实际推出不同的阅读活动，将观赏性、知识性、趣味性、互动性、参与性、传统阅读与新媒体阅读的融合性等特点融为一体，很好地诠释了"图书馆学五定律"的第5个内涵，将阅读推广工作持续化、常态化。

三、"书香四季"主题系列活动的实践探索

（一）赏书季（3~5月）

一年之计在于春，春天是万物复苏、一派生机的季节，明媚的春光带来浓浓的诗情画意，阅读之旅也随之开启，故图书馆将春季定为"赏书季"。赏阅、欣赏、赏析，陶冶意志情操，弘扬人文传统，丰富精神生活。

1. 奏响"真人图书三部曲"

真人图书馆是一个比传统图书馆更开放、更具互动性的"阅读"平台，使读者通过阅读真人图书的不同经历、专长和感悟等，拓宽视野，了解不一样的世

界。为让真人图书馆发挥最大功能，柳州铁道职业技术学院图书馆奏响了"真人图书三部曲"。

第一，名人请进来。图书馆通过学校官方微信进行宣传，发放调查问卷获取读者的阅读需求，并在此基础上甄选及邀请大家感兴趣的各行各业名人代表走进校园，做客"真人图书馆"，如先后邀请柳州市资深语言艺术大师刘万生、心理教育专家田昕、著名诗人和作家苏展、广西人民广播电台播音员孙明萌（校友）等人物走进校园，让其与学生分享自己的人生经历，讲述自己对工作、生活的感悟，从而引导莘莘学子找寻自己人生的目标与意义。

第二，榜样在身边。图书馆选取学校最受欢迎的教师及学生代表作为"真人图书"，并将"真人图书"及提供的阅读主题通过微信、海报、广播等形式进行宣传，从而达到吸引读者及创设愉悦、轻松环境的目的。通过师生、生生对话，读者可以更加直接地感受到"真人图书"的真情和经历，更能深刻领悟到"真人图书"蕴含的深刻意味。

第三，爱心传社会。图书馆积极与获得国家奖学金、国家励志奖学金的优秀学生，以及在全国职业技能大赛等高级别赛事中获得优异成绩的佼佼者联系沟通，经过策划将他们包装成"爱心真人图书"，带领其走出学校，走进乡村小学，让其为见识贫乏、家境贫困、缺少图书的小学生讲述自己的成长奋斗史，分享学习经验，为孩子们树立榜样，传播正能量，从而激励他们从小做有理想、有斗志的人。

2. 开展图书漂流活动

图书馆在图文中心一楼大厅开辟"图书漂流岛"，在墙上悬挂"图书漂流"规则和"图书漂流"征集图书倡议书，并设置图书漂流书架，方便师生借阅。漂流的图书均来自师生的无偿捐赠，每一本都会被盖上"图书漂流"专用章，封底贴上"图书漂流足迹"后投入漂流。放漂人捐赠的图书能给后面的阅读者带来信任感，并且让互不相识的阅读人群之间增加彼此的联系，从而献出爱心，传播诚信，构建和谐的文化氛围。

为使图书漂流活动长久持续地进行下去，由读书协会具体负责图书漂流活动的开展和图书管理，并通过学校微信平台、广播站和海报加大对图书漂流活动的宣传，以扩大图书漂流活动在全校师生中的影响。

3. 开展"书法名家进校园"活动

"书法名家进校园"是赏书季期间最受欢迎的活动之一，因此图书馆将其作为传统项目，每年特邀书法名家进校开展书法表演与交流活动。2014年5月，中国书画研究学院院士、中国书画艺术协会会员、柳州市博物馆副馆长、德文轩书画院院长、太极书法创始人、五菱书画院副院长等20多位书法名家参加了该活动。另外，还特别邀请了柳州市8所高校的书法爱好者近400人共同参加该活动。

4. 举行书签设计比赛

书签是穿行于书中的精灵，它在用来定位与记录学习和阅读进度的同时，还时刻提醒大家要勤于读书。为此，图书馆特别选择在赏书季举行书签设计比赛，营造浓郁的校园读书氛围，激发学生的读书兴趣，提升其审美情趣和文化素养。同学们发挥独特创意，利用灵巧的双手，设计出一张张小巧精美的书签，赋予简单的小纸片无限的创意与内涵。

所有参赛作品集中在指定时间接受广大师生的投票评选。在统计出参赛作品所获票数的基础上，由阅读推广部馆员和学生会宣传干部组成的评委团展开讨论，从作品的设计创意、制作工艺等方面进行斟酌，最终评选出一、二、三等奖。同时，参赛作品全部被赠予图书馆使用，学生别出心裁的创意以一张张书签的形式融入大家的阅读生活中，在为师生提供阅读标记方便之余，更能带来温馨、美的享受。

（二）论书季（6~8月）

奔放的夏季是太阳最热情的时刻，阳光洒满每一处角落，让所有人感到心潮澎湃，充满整个夏天的是一种紧张、热烈、跃跃欲试的旋律，故图书馆将夏季定为"论书季"。谈论、评论、辩论，增强文化认同，建立核心价值，净化社会风气。

1. 举行读书辩论赛

读书辩论赛是"论书季"的一个重要组成部分。赛前，图书馆指派专人做好辩论比赛方案，确定辩论比赛流程，并结合当前的热门话题和社会现象确定辩题，之后由校团委进行宣传，两部门联合举办。2014年夏，经过初赛、复赛、半决赛的激烈争夺，运输管理学院和建筑技术学院脱颖而出，分别作为正反双方就"社会风气造就个人行为还是个人行为造就社会风气"的辩题展开激烈的辩论。辩论过程中，正反双方都引用了大量研究成果和现实例证来证明己方观点，剑拔弩张。经过一番唇枪舌剑，最终建筑技术学院获得冠军，运输管理学院和动力技术学院分获亚军和季军。

举办读书辩论赛，营造热烈、浓厚的阅读思辨氛围，不仅挖掘了学生的阅读深度，锻炼了学生的口头表达能力，充分展示了学生的学识、才华、魅力和激情，更加强了新型合作学习能力，可谓一举多得。

2. 开展读书沙龙活动

开展读书沙龙活动旨在营造良好的读书氛围，同时为喜爱读书者搭建阅读与交流平台。图书馆针对某一主题或某一本图书，邀请师生作为主讲人对该话题进行深入阐述，参与的读者可随时发表自己的见解，畅所欲言，以达到主讲人与现场读者的充分互动，在沟通交流中激发思维的碰撞，从而使大家在思想上得到共鸣，实现以书会友的目的。

2015年读书沙龙活动的主题为"书韵留香，你我共赏"，除读书会全体会员外，图书馆还特邀学校社团联合会、塔松文学社和柳州城市职业学院读书协会等代表参与活动。活动中，大家踊跃介绍对自己影响、帮助最大的一本书，畅谈自己的收获和体会。还有学生特意把自己的爱书拿到现场分享——"换心书"，即参与者把自己心爱的图书与他人心仪的图书进行交换并互留联系方式，自行商量还书事项。最后，图书馆馆长黎劲松建议用"把西游记倒过来读"的批判思想去读书，并结合自身体会指导同学们如何读书，使每个人都成为"有思想的阅读者"。

3. 打造图书馆"服务明星"

为提升图书馆服务形象，提高图书馆勤工助学人员的自身素质、业务能力和服务水平，打造图书馆"名片"，图书馆瞄准国内先进高校图书馆的管理理念和建设目标，制定了柳州铁道职业技术学院图书馆学生馆员助理培训方案，并向全体学生馆员助理及读书会会员特别推出专题讲座8场，着力打造图书馆"服务明星"。

培训活动从每年6月初开始，每周安排3~4课时。图书馆阅读推广部、采编部、流通部等部门分别对学生馆员助理进行图书馆服务形象礼仪、《中国图书馆分类法》基本知识、图书馆规章制度、机构设置及职能、数字图书馆、图书借阅相关流程等多项内容的培训，并进行实地操作、演练。受训学生纷纷表示，系列培训让自己受益匪浅，相信通过学习、锻炼能顺利上岗，为图书馆增光添彩。

4. 发布假期阅读倡议

对高校学生来说，大学时代的节假日、寒暑假等加起来大约有1年时间，若能把这些时间加以有效利用，对于学生自身素质的提高将事半功倍。因此，图书馆将阅读推广渗透节假日中，树立"阅读无假期"理念，在暑假到来之前利用学校官方微信平台及时发布阅读倡议——放假喽，开启"品味书香"的暑期之旅。引导学生在步入悠闲的假期之际不要忘记读书，并向学生进行"暑期好书推荐"。2015年7月初，微博上最会写故事的人张嘉佳的短篇小说《从你的全世界路过：让所有人心动的故事》、连续两年位列《纽约时报》畅销书榜首的小说《追风筝的人》、缔造文坛传奇与文学奇迹史上"最无争议"诺贝尔文学奖得主加西亚·马尔克斯的巅峰杰作《百年孤独》、凯利·麦格尼格尔撰写的《自控力（斯坦福大学最受欢迎的心理学课程）》等10本好书，以图文并茂的形式——映入学生眼帘，拨动学生心弦，激发大家在假期进行阅读的兴趣。

（三）尚书季（9～11月）

秋天是令人心醉的季节，金风送爽，天高地阔，阅读则是这个季节里最美的画面，故图书馆将秋季定为"尚书季"。崇尚、热爱、注重，激发阅读动机，培育阅读情趣，培养阅读习惯。

1. "服务明星"助力新生入馆教育

"各位同学，早上好！欢迎大家来到图书馆。我是今天带领大家参观图书馆的学长，来自……"。每年9月初，随着一声声亲切的自我介绍和一张张灿烂的笑脸，图书馆"服务明星"正式上岗，一年一度的新生入馆教育全面展开。

入馆教育是大一新生入学伊始对图书馆进行全面了解及接受阅读教育的关键环节。以往进行培训的讲解员全部由图书馆员担任，虽然介绍详尽，但由于教师的特殊身份，在某种程度上会让学生有一定的拘束感。经过反复酝酿，图书馆在"论书季"就打下良好基础，使学生馆员助理在成为图书馆"服务明星"的同时，也成为一名合格的新生入馆教育引导解说员。待新生报到工作一结束，图书馆就主动联系各个二级学院，确定到校新生实际人数，做好分批次安排，精心设计馆内参观路线，并做好学生助理讲解员、引导员的实战演练等准备工作，积极推动新生入馆教育活动。"服务明星"通过生动、直观地介绍图书馆概况、入馆须知、馆藏分布、借阅流程、数字图书馆的使用等，鼓励新生充分利用资源，学会获取知识的有效途径，尽快融入大学阶段的学习和生活中。接受入馆教育的新生普遍反映这样的培训方式很好，学长、学姐们的引导和解说让大家感觉很亲近、很有吸引力，能引起大家的共鸣。整个新生入馆教育包含"服务明星带你走进图书馆""馆员携助理——如何使用电子图书馆讲座""新生咨询台——服务明星为你答疑解惑"等多个环节。入馆教育形式的大胆创新和内容的丰富多彩，赢得广大师生的肯定，取得令人满意的效果。

2. 举办经典诵读比赛

每年9月的第3周为全国推广普通话宣传周，每到此时，学校语言文字工作委员会办公室和图书馆都会联合举办"热爱书籍，享受阅读；热爱母语，享受经典"诵读比赛，以进一步营造浓郁的校园书香氛围，引导师生遨游书海，与经典为友，与好书同行，与大师对话，培养具有深厚文化内涵的一代新人。

在2014年的比赛中，《母爱》《再别康桥》《祈祷》等作品在诵读中融入了唯美浪漫的色彩，启发观众对伟大母爱和今后人生的思考；《一个高大的背影倒了》《娘，大哥他回来了》《相信未来》《满江红》《我的中国》等作品铿锵有力，瞬间将观众的情绪带动起来，吸引师生探寻爱国、爱家的真谛；《大漠敦煌》《山雀子噪醒的江南》《安塞腰鼓》则为观众展现了伟大祖国优美的自然风光和悠久的历史文化。

3. "我阅读，我快乐"有奖知识竞答

为鼓励学生多读书、读好书，充分利用馆藏资源，培养良好的阅读习惯，阅读推广部每年都会在图书馆一楼大厅举办主题为"我阅读，我快乐"的有奖知识竞答。2015年活动当天，通过报名筛选后的130多名参赛学生手持号码牌有序地入场就坐。竞赛共分4个环节：第一环节自发抢答，抢答最快并答题正确者获得精美奖品一份。第二环节幸运抽奖，由主持人在现场随机抽取10个幸运号码，手持号码与抽取号码一致的学生获得幸运奖。第三环节分选项答题，设置天文地理、历史政治、经济人文、军事科技4大类题目，抢答成功者可选择答题类型进行回答。第四环节传递物品抢答，主持人指定一本图书在参赛者手中传递，背对观众倒数若干秒，图书传到谁手中谁即获得答题机会，答对者获得奖励。赛后，学生普遍表示："有奖竞答只是一种形式，活动的实质其实是倡导我们广大学生多读书，了解更多的知识。"

4. 举办"镜头下的阅读"主题摄影比赛

图书馆通过举办"镜头下的阅读"主题摄影比赛，倡导大家用细腻的镜头、独特的视角聚焦图书馆，捕捉阅读的美好时光，把自己的所见、所闻、所感用影像的方式表达出来。2014年的摄影大赛自10月启动以来就受到广大师生的欢迎，先后有近百幅优秀作品在图书馆一楼大厅展出。经过初选、投票、专家评定,最终有 30 位选手获得名次。在这次的摄影作品中,两张是运营管理专业学生徐新雨在图书馆看书的身影。她的浮游照上传网络后,引发大量网友围观和膜拜:"没想到看书还可以这样唯美""让我真正体会到了什么叫'秀外慧中'""跟着'漂浮女神'一起学习,保证不挂科啊!"

(四)品书季(12~2月)

冬的意境,就像一杯沁人心脾的苦咖啡,虽苦却耐人寻味,让人留恋。透过漫天飞舞的洁白,可以倾听那静谧世界万物的心语,故图书馆将冬季定为"品书季"。品评、品味,引导阅读倾向,指导阅读门径,提高阅读能力。

1. 举办"书海拾贝演绎人生"话剧比赛

话剧凝聚着人类酸甜苦辣、悲喜交加的情感,把握住文学作品里不同的人物性格形象,也就把握住话剧表演的灵魂。作为"品书季"的一项品牌活动,图书馆联合校团委将话剧比赛的主题定为"书海拾贝演绎人生",目的就是让话剧作为一种形象,以生动的阅读方式来更好地展示文学作品,让文学、话剧爱好者们能有一个相互交流和展示自我的平台,创造全新的文学结合话剧的阅读新时尚。

2014年,经过前后两周的评比,最后闯进话剧比赛决赛的共有6个剧目,现场的5位教师和300名学生分别作为专家评委和大众评委为比赛剧目打分。比赛剧目是学生社团和各二级学院学生根据图书内容自行编写演绎的,内容积极向上。校学生会和电子技术学院分别以独特的表现手法和演绎方式诠释了《奋斗》《我的未来不是梦》,运输管理学院的《红楼梦》、建筑技术学院的《京华烟云》、信息技术学院的《孔雀东南飞》等为观众们献上了耳熟能详的名著名篇。

2. 开展经典名著影视系列赏析活动

在"品书季",图书馆开展的以"观影视人生品文学真谛"为主题的经典名著影视赏析活动非常有意义。活动从文字到影视,从纸质读本到电子读本进行了深入和拓展,丰富了阅读的形式和内容。在2015年12月的经典名著影视赏析活动中,图书馆邀请学校研究世界史、爱好文学的杨勇勤博士作为主讲人。赏析会上,杨博士详细介绍了列夫·托尔斯泰其人,介绍了经典名著《复活》的创作背景、故事结构及文学价值。之后,阅读推广部还精心挑选出另外两部根据托尔斯泰经典名著改编的影视片,在多媒体室内集中放映,以供读者欣赏,让读者通过这些影视作品,更加形象、生动地阅读名著,深刻体会列夫·托尔斯泰这位世界上最伟大作家的不朽思想。

3. 举办"一院一书"经典品读活动

"一院一书"指所有二级学院在图书馆推荐书目中或推荐书目以外选择一本经典好书，让全院师生共同阅读，阅读时间可延续至寒假，须组织师生积极撰写书评或读书心得，并于开学之初将电子稿发送至图书馆的电子邮箱。阅读推广部会将收集到的读书心得放到学校官方微信平台上，让全校读者投票选优。另外，图书馆还会于新学期召开"一院一书"专题座谈会，参加对象为图书馆全体馆员、读书协会全体会员、各个二级学院师生代表。各二级学院指定一名代表（师生均可）介绍本院"一院一书"阅读活动实施方案、活动过程、活动效果，并用PPT演示。与会者以座谈形式对所品读的经典著作进行交流，抒发自己的感受。

四、"书香四季"主题系列活动的成效与影响

"书香四季"主题系列活动已经连续举办两年，因其结合四季特点开展，又具有延续性和连续性，加上活动内容的丰富多彩和组织形式的独特创新，不仅繁荣了校园文化，更重要的是把"书香"融进了每一季、每一天。"书香四季"实施两年来，全校师生参与主题系列活动人数多、参与面广、影响大、效果好。据不完全统计，2014年直接参与读书活动的师生为15 237人次，2015年达到21 680人次。图书馆在培养和提高学生的文化素养、打造浓郁的校园书香气息、丰富广大师生的精神生活等方面取得了良好的效果。

目前，"书香四季"已成为柳州铁道职业技术学院图书馆阅读推广活动的固定品牌，在广大师生中具有较高的影响力。它既表达了高校图书馆开展阅读推广活动的主导思想和价值观，也为各高校图书馆活动的校园推广提供了有益的借鉴和参考。

虽然"图书馆学五定律"提出已经80多年了，但仍具有超乎一般的科学性和适用性，其倡导的"以读者为中心，全心全意为读者服务"的理念和精神，依然是广大图书馆人不懈的追求。"图书馆学新五定律"的提出者戈曼先生曾说："必须公正地、清醒地、理智地将过去与未来相融合。只有如此，才能在变革的挑战面前，既保持了自己的特色，又争取更美好的前景与未来。"当然，"书香四季"切忌年复一年的"炒旧饭"，只有在汲取上一年精华的基础上不断推陈出新，才能持续地吸引读者参与。开展"书香四季"主题系列活动的根本目的是倡导全校阅读，打造书香校园，积极推进阅读推广工作的持续化、常态化。我们充分相

信,读书本身具有永恒的生命力,"书香四季"也一定能历久弥香。

【参考文献】

[1] 但愿"书香飘四季"[EB/OL].[2015-04-24].http://news.163.com/12/0425/11/7VUDMD0E00014AEE.html.

[2] 彭德倩.大学生阅读少说明啥[N].解放日报,2012-02-27(3).

[3] 李克强总理的"厦大时光":勉励学子把每一天都当成读书日[EB/OL].[2015-04-24].http://politics.people.com.cn/n/2015/0424/c1001-26898091.html.

[4] 徐恩元,徐建华.图书馆学五定律及其给我们的启示[J].四川图书馆学报,2005(5).

[5] 吴晞.任务、使命与方向:图书馆的阅读推广工作[J].图书馆杂志,2014(4).

[6] 提升图书馆服务能力 打造馆内靓丽"名片"[EB/OL].[2015-07-07].http://www.lztdzy.com/view-15187.html.

[7] 走进图书馆:2015年新生入馆教育活动启动[EB/OL].[2015-09-16].http://www.lztdzy.com/view-15332.html.

[8] 新生入馆教育圆满结束"服务明星"助力呈亮点[EB/OL].[2015-10-19].http://www.lztdzy.com/view-15389.html.

[9] 广西"漂浮女神"徐新雨浮游照走红网络[EB/OL].[2015-07-01].http://www.gxedu.gov.cn/Item/10678.aspx.

[10] 王余光.百年来学人回答:为什么要读经典[J].图书馆杂志,2014(4).

[11] 赵笙,张欣毅.图书馆是一个生长着的有机体[J].图书馆理论与实践,1999(4).

基于产教融合的高职多元化
创新创业人才培养模式重构

刘洪波[①]

【发表情况】2016-07-01发表于《中国成人教育》。

【摘要】文章以高职院校创新创业人才的培养目标、评价标准为主线,遵循产教融合、开放办学的原则,系统总结出高职院校在创新创业人才培养过程中存在的问题,积极探索创新创业人才培养模式的改革与创新,提出知识体系多元化、能力结构多元化、素质结构多元化、教育模式多元化的新举措,从而重构人才培养与服务地方经济产业发展对接融合的创新创业人才培养新模式。

【关键词】产教融合多元化;创新创业人才;培养模式

在"大众创业、万众创新"的时代背景下,从教育的角度出发,高职院校承担着培育服务经济发展的创新创业人才的重任。在国家战略层次的推动下,高职院校积极探索创新人才的培养模式,是推进创新创业教育的积极举措。

一、高职创新创业人才培养目标及评价标准

1998年4月,教育部在《关于深化教学改革培养适应21世纪需要的高质量人才的意见》中明确提出人才培养模式的概念,指出"人才培养模式是学校为学生构建的知识、能力、素质结构以及实现这种结构的方式,它从根本上规定了人才特征并集中体现了教育思想和教育观念"。实际上,人才培养模式就是在一定

---

① 刘洪波(1970—),男,广西柳州人,柳州城市职业学院建筑工程与艺术设计系主任、副教授、硕士,研究方向为建筑史和艺术设计。

的现代教育理论、教育思想指导下，制定的人才培养目标和培养规格，以及实现这些培养目标的方法或手段。

2015年5月，国务院办公厅《关于深化高等学校创新创业教育改革的实施意见》中明确提出："系统谋划、协同推进深化高校创新创业教育改革，引导大学生深度参与创新创业，提高其综合素质和就业能力，提高就业质量。"创新创业人才是指具有创新创业精神和创新创业能力，具有冒险精神和首创意识，具有强烈的社会责任感和高尚的职业道德，具备社交和管理技能及现代社会商业经营理念，可以单独地或者与他人合作开创事业，对经济发展和社会进步做出创造性贡献的人才。

近年来，我国新注册市场主体增长近50%，新一轮创业浪潮成为保经济增长、促产业升级的重要引擎。高职教育应该抓住新一轮创业浪潮的新机遇，系统谋划、协同推进深化高校创新创业教育改革，引导更多的大学生深度参与创新创业。因此，高职院校应以提高大学生的"创新精神、创业意识和创新创业能力"为培养目标，以投身创业实践的学生人数显著增加为衡量指标，从机制、载体、方法等方面着力构建创新创业人才培养新模式。

二、产教融合是创新创业人才培养的孵化器

产教融合是指学校或专业部（系）组织的与专业教学相关的技术服务、生产和科研协作等。产教融合的方式主要有两种：一是借助于校办工厂；二是校企联合。两者无一例外都是突出高技能实习训练的特色，这就要求学校必须构筑校企联合或对话的新平台，把合作企业打造成学校教育教学、实习实训的第二课堂，同时也希望学校能够成为企业的人才培育和技术研发基地，实现学校、学生、企业三方共赢。目前，各高职院校在"产教融合"模式上的主要做法如下。

（一）机制：校企深度合作，激发学生的创新创业意识

"依托行业办学，办好学校服务于行业"是高职教育产教融合应该坚持的办学理念。校企深度合作，改变传统的相对比较呆板的教学模式，将真实的项目带到教学中，学生参与项目的设计、运作等各个环节，学生的创新创业意识得到激发，切实提高学生的创新创业能力。学生在企业实习，"真刀真枪"地进行毕业设计。在这个过程中，无形中形成了高校与企业紧密合作培养创新创业人才的机

制，通过校企真实的高技能实习训练提高了学生的创新创业能力。

(二) 载体：创设"工作室"创新实践，创设"真实职场"创业实践

学校通过与企业合作，在校内以工作室的方式创设真实存在的职场环境（创业孵化器），让学生直接参与行业运作的各个环节，在生产线上就能接触相关产业一手的运作方式、技术工艺及最新动态，获得更直观的创新创业体验，通过"产教融合"把他们的潜在生产力转换为现实生产力，通过"创业孵化器"总结成功经验，锻炼他们的创新创业能力。

(三) 方法：与产业需求对接，寻求彰显职业特色的创新创业人才培养模式

随着我国进入经济新常态，经济结构、产业体系、市场主体等都在发生深刻变革，高职产教融合要以培养高素质应用型人才为目标，力求在人才培养模式中突出"四个结合"，即结合理论知识与实践知识，结合专业教学和通识教学，结合专业教育与创新创业教育，结合价值引领和能力培养，从而建立符合时代需要、彰显职业特色的创新创业型人才培养模式。依托产教融合，高职院校可以从机制、载体、方法等方面入手，全方位提升大学生的"创新精神、创业意识和创新创业能力"，为高职创新创业人才培养提供孵化平台。

三、高职院校创新创业人才培养存在的问题

(一) 人才培养目标定位含糊

目前，许多高职院校在创新创业人才的培养定位、层次和方式认识上存在诸多误区：打着"创新创业"的口号，却没有将培养学生的创新创业意识纳入办学定位、理念中；高喊"以就业为导向"，却将"校企合作、产教融合"的教育模式流于形式，更谈不上将创新创业教育服务于经济发展、社会进步。因此，服务市场需求、实践能力强、具有良好职业道德的高技能创新创业人才培养只是纸上谈兵。

(二) 知识体系单一，结构不合理

创业是由创业目标、观念、程序及应对等一系列要素组成的。目前，高职院

校大多开设的是大学生职业生涯规划等教育类课程，课程内容仅涉及政策解读、信息发布、职场应聘技巧等方面，系统地将创业课程体系设置纳入教学计划的学校还很少见，大多数是以创业活动的形式实施教育。根据对部分高职院校的调查，其中设置有创新创业管理类课程的学校约占1/3，设置有创新创业类教育课程的学校仅占1/20，两者系统结合开设的就更少了。

（三）创新创业教育的师资队伍薄弱

高职院校开展创新创业教育面临的最大问题是师资队伍薄弱，目前，从事创新创业教育的师资还摆脱不了从理论到理论的书本教育模式，实战的市场教育模式还很难实现。此外，当下高职院校比较流行的"孵化器"创业教育形式，虽然聘请企业行业的专家是一种可行的举措，但是聘请的企业家多半不熟悉教育规律，授课随意性较大，时间上也多为临时状态，所以创新创业教育的实际效果并不理想。

（四）与区域经济、产业发展不相适应

高职教育要与区域经济发展及产业结构调整相适应，才能真正体现其特色和价值。不同区域具有不同的资源禀赋优势，其不尽相同的经济发展模式对人才素质提出了不同的要求。但是，多数高职院校在专业设置上比较分散，没有形成办学规模和特色专业，而且大多数专业与区域经济、产业发展不相适应，缺乏专业师资，缺乏校外实训基地，教学存在理论和实践脱节现象，直接导致缺乏市场影响力和竞争力。例如，西部民族地区的高职院校需要依托本区域民族特色产业打造自身的专业特色，并且在创新创业人才培养中着力传承民族文化精神，积极推进人才培养与地方民族文化产业的对接融合，凝练形成具有民族特色的办学理念，这样才能在竞争激烈的市场环境下寻求创新创业的精品项目，服务地方民族产业发展，培养高素质的创新创业人才。

四、高职产教融合创新创业人才培养模式重构的对策

（一）知识体系多元化：融合专业教与育创新创业教育

创新创业人才的培养具体需要构建以下三个方面的知识体系：一是本专业领域的知识，能够综合运用专业理论知识与实践知识解决创新创业实践中遇到的问

题，排除障碍，不断实现产品创新、技术创新、理念创新和管理创新。二是人文修养知识，包括对中国和世界上基础的人文、历史、艺术、法律、哲学以及宗教等多元化的知识的获得，培养出既有专业知识，又有健全人格；既能发挥专业本领，又善于从不同的角度发现创新点、创造新成果的高素质人才。三是相关产业的前沿知识，只有把握相关产业的发展趋势，才能利用创新的方法捕捉创业的商机，在创业道路上取得成功。创新创业人才的培养不能脱离知识、专业教育而孤立地开展，要深入了解区域经济、产业发展所需求的前沿知识领域，遵循产教融合的原则，在深刻掌握本专业业务流程的基础上，在专业课程体系和教学过程中融入创新创业的知识结构，提高学生的综合知识水平。

（二）能力结构多元化：创新创业教育理论教学模式

创新创业人才的培养需要重点培养学生以下三个方面的能力：一是理论联系实际的能力，创新创业人才必须具备理论联系实际的能力，科学地将相关专业理论、实践知识灵活运用到具体工作中，真正学以致用。二是逻辑思维能力及定向思维能力，这是学生今后走入职场不可缺少的能力。三是适应社会能力，主要包括社会责任感、团队协作精神、终身学习的能力及适应环境的能力等。其中，社会责任感包括自我责任感、家庭责任感、他人责任感和集体责任感；团队协作精神是高效率运转的保证；终身学习能力是构建学习型社会的基石，政府应支持指导终身学习公共服务平台的构建，为创新创业人才提供资源整合的学习支持服务系统；理工科院校创新创业人才需要有比普通人更强的适应环境的能力，要有更强的心理调控能力，能够保持积极而沉稳的心态。创新创业教育理论教学应是师生间共同探究、共同学习的过程，因此，产教融合教育过程中教师要基于案例、科研项目、实际问题等，通过探究式教学、科研项目式教学、启发式教学、运用问题式教学，培养学生的创造性思维及创业意识。

（三）素质结构多元化：创新校企协同教育模式

创新创业人才的培养需要重点培养学生的创新思维、创业意识、创新技能和商业经营意识。要培养学生的以上四种素质，必须改变封闭办学的旧模式，进行校企协同教育不失为一种有效的策略。具体做法是共建创新创业实习基地——创新创业孵化中心，利用校友、家长、社会等多方力量创造条件与企业合作，学校与企业共同出资共建创新创业孵化中心，校企成立高水平研发团队打造创新精品项目，通过真实项目的教学方式将课堂理论教学与真实工作实践结合起来，践行产教融合，开展工学交替，使学生在工作过程中培养创新思维、创业意识、创新技能和商业经营意识，进而将其开发成为常态化的创新创业实践教育基地。此外，还可以通过校企共同开展创新创业大赛、校企共同设立大学生创新创业专项基金等方式，激励大学生创新创业。

（四）教育模式多元化："政、产、学、研、市"多元一体的创客、众创教育实践模式

整合"政、产、学、研、市"各系统资源，依托校企一体化"产教融合"平台，探索高校多元一体的特色创业培养模式，是提升高校服务地方经济社会能力的有效途径。

1. 服务地方产业，加强校企合作，共建"创客空间"

具体的做法是高职院校成立"创业中心学院"，加深与地方龙头企业的合作，针对地方产业的人才需求，与企业共同谋划企业需求的核心项目，高职院校以项目管理的形式与行业企业在"创业中心学院"中共同成立优秀的创新创业人才培育团队，企业为"创业中心学院"提供最新的研发保障，诸如政策对接、中介咨询、服务保障、团队交流等平台服务，加强商业营销和技术转化指导。"创业中心学院"以"一个中心学院＋N个特色创客空间"的形式为大学生提供高校"学术导师"和企业"项目导师"，在创客空间围绕"应用技术＋产品开发＋高新技术产业"开展课题研究，完成"技术—产品—创业"的全过程，创客空间既是企业新产品研发的实验室，又是高校大学生创新创业的开端。

2. 主动融入市场，优化孵化"众创空间"环境

广泛开展校地合作，高校要主动抓住地方产业特色进行协同育人，不断拓展合作范围，增强与政府、科技园区及企业之间在大学生创新创业教育工作方面的对接力度，形成高校优势专业"园区助推"的创新创业教育模式，争取地方政府的政策、资金、场地支持，拓展服务保障，校地共建"众创空间"。"众创空间"的宗旨是为初创业的大学生创业团队成长为真正的企业实体提供"创业教育链"，打造校内"创业实验室"，提供创业实训载体，提供创业基金、政府贴息等优惠政策，帮助大学生初创企业融入市场，让大学生孵化器中的个人成长为企业法人，教会他们如何将项目设计落实为市场产品。

综上所述，创新创业育人模式培养的人才具有多元的知识结构、能力和素

质，能够较快地适应社会，具备较强的就业竞争力，也有利于企业加快科技成果转化，更好地为地方产业经济发展服务作出贡献。

【参考文献】

[1] 吕楠.基于项目驱动下的大学生创新创业教育探讨[J].经营管理者，2014（34）.

[2] 马慧敏.大学生创新创业能力三位一体培养体系研究[J].教育理论与实践，2012（36）.

[3] 陈文远.大学生创业教育中的社会责任感之培育[J].高等工程教育研究，2013（3）.

[4] 肖君，王民.终身学习公共服务平台运行模式研究[J].教育发展研究，2013（19）.

[5] 邢善萍.开展大学生创新创业教育的实践探索[J].山东高等教育，2014（4）.

[6] 李晶，朴金花，王迪迪.科研式教学方法培养创新型医学人才[J].黑龙江教育学院学报，2012（8）.

校企合作篇

【导语】 产教融合、校企合作是职业教育的基本办学模式,是办好职业教育的关键。党的十九大报告明确提出:"要完善职业教育和培训体系,深化产教融合、校企合作。"柳州职业院校根据自身特点和人才培养需要,与具备条件的企业在人才培养、技术创新、就业创业、社会服务、文化传承等方面开展了多种形式的合作。柳州市交通学校与企业共建办学联合体——"汽车专修学校",形成共招、共建、共育、共培、共评——"五位一体"的产业技术人才培养培训平台,强化企业在学生(学员)的招生、培养、评价、实习与就业等方面的全程参与,引入职业标准、企业文化、企业资源、等级鉴定、评价模式等,为当地汽车产业培养培训高素质专门化技术人才。广西生态工程职业技术学院围绕提高教育质量的主题,紧扣林科类专业特点,形成"以专业为依托,以科研为纽带,以产业为平台,以教学为中心"产学研紧密结合的人才培养模式。广西柳州畜牧兽医学校主动与企业合作,建成集良种畜禽生产、师资培养、技术服务、顶岗实习和就业"五位一体"的现代化校内生产性实训基地,满足企业生产发展和学校现代职业教育需要。广西机电技师学院瞄准校企合作双方的利益契合点,探索实践现代学徒制人才培养模式,形成了校企"共建、共管、共育、共赢"的鲜明办学特色。

【典型案例】

构建校企办学联合体打造双向互赢新模式
——校企共建"汽车专修学校"办学模式的探索与实践

柳州市交通学校

学校通过探索与实践校企共建办学联合体——"汽车专修学校",校企共建"五位一体"("共招、共建、共育、共培、共评"校企办学联合体)的产业技术人才培养培训平台,通过引入职业标准、企业文化、企业资源、等级鉴定、评价模式等,强化企业在学生(学员)的招生、培养、评价、实习与就业等过程中全程参与,创新校企合作模式,为当地汽车产业培养培训高素质专门化技术人才。

一、对接产业需求,寻求双赢模式

汽车产业是广西壮族自治区重点发展的 14 个千亿元产业之一。柳州市是广西的汽车工业重镇,未来 5 年,以建设"广西柳州汽车城"为目标,努力打造立足广西、辐射西部的汽车整车及零部件生产基地,产业发展强劲,人才需求旺盛。

东风柳州汽车有限公司分布全国的汽车 4S 店及特约服务站点有 600 多家,站点从业人员 30 000 人以上,每年因站点扩建、人员换岗等原因需新增技术人员约 3 000 人以上。如何解决专业人才紧缺及人才储备问题,是企业面临的新问题。

随着产业的发展,企业迫切需要与学校合作,共同制定标准,不断规范和提高企业在汽车服务领域的水平和质量,推行全国统一的服务标准,更好地促进企业的可持续发展。

柳州市交通学校是一所汽车类专业学校,为了不断提升学校的办学品牌与知名度,需要探索校企一体化办学新模式,以促进学校办学机制不断创新,并在人才培养模式改革、课程体系建设、教学模式创新、实训基地建设等方面带来空前的变革，促进学校的可持续发展。

二、校企携手，创新办学模式

（一）签订战略协议，健全规章制度

签订战略协议：学校与东风柳州汽车有限公司签订了合作办学的战略协议。成立理事会，制定理事会章程，明确各自的责任、权利和义务，学校与企业共同组建专修学校。

健全规章制度：成立专修学校相应的管理机构和职能部门，聘用教育教学管理经验丰富的专业人员担任各职能部门负责人，并制定相应的管理规章制度，确保专修学校的正常运行。"汽车专修学校"职能分工如图1所示。

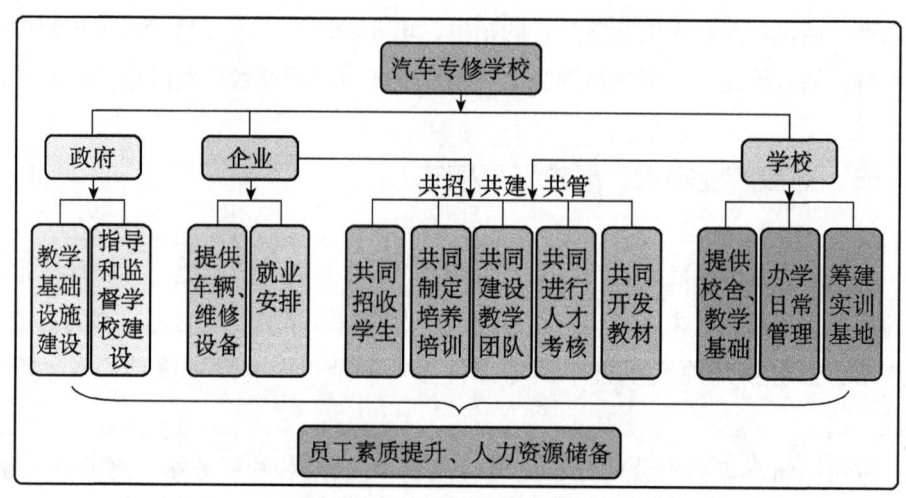

图1 "汽车专修学校"职能分工

（二）校企共同招生，学生定向培养

通过企业全国售后服务网络面向社会共同招收全日制三年的初中毕业生，学生入校前与相关服务站（服务中心）签订定向培养培训协议，校企共同采用现代学徒制对定向班学生进行培养。学生毕业后由企业全国服务站（服务中心）负责安排工作，实现学校招生即招工，学生入校即入厂，上学即上班的招生模式。

图2　学校与企业签订校企合作协议　　"汽车专修学校"开班典礼　　校企共建特色化专业教学室

（三）校企共同策划，动态选定方案

根据企业人才要求，校企共同制订人才培养方案。分别制订了一年、半年、三个月等多种学制的东风柳汽售后服务维修人员培养培训方案，并根据企业的用工、对人才技术技能需求和企业生产经营需要，选定不同学制的人才培养方案。

（四）创新教学模式，推行弹性教学

按照"学做交替、理实一体"的教学思路，引入现代学徒制教学理念，在教学安排上推行弹性教学模式，构建教学形式对接企业生产状况的动态响应机制，根据企业生产员工需求情况，安排学生到企业开展临时性生产实习，并根据企业人才需求及时调整相应的教学模块。在教学区域上实现"学校、企业、社会"三位一体，实行开放式的专业模块教学管理体系，并根据教学模块内容及特点，安排学生在学校、企业、社会开展学习及实训。

图3　校企共同开发的培训教材　　校企共同研发的教学培训设备　　东风柳汽专家到我校为学生授课

（五）校企共建基地，学生员工双受益

校企合作共同在校内按照企业售后服务标准及流程，建成集检修、培训、教学、技术咨询于一体的生产性实训基地——东风景逸特约服务站，并结合实训基地的建设，制定特约服务站的建站标准及服务流程标准。在此基础上，建成东风风行故障诊断和零部件鉴定中心、汽车诊断大师工作室，提高学校对企业员工技术培训、

零部件诊断、解决疑难故障等技术服务输出水平，增强了学校服务地方产业的能力。

图 4　生产性实训基地——东风景逸特约服务站

图 5　东风风行故障诊断和零部件鉴定中心

（六）共建培训中心，教师员工皆成长

校企合作在校内共建技术培训中心，学校多名专业教师被企业聘为技术培训师，其中，吴祖阳老师被聘为东风柳州汽车有限公司"高级顾问"。培训中心内企业负责提供培训用教学设备及相关的技术资料，学校负责制定培训方案、开发培训教材、研发培训用教学台架，并在校内为企业的技术骨干、企业新入职大学生进行技能培训、入职培训，以及前往全国各地为企业服务站员工进行培训、技术指导。近年来，平均每年在校内开展培训 17 期，培训人数约 400 人，深受企业欢迎。

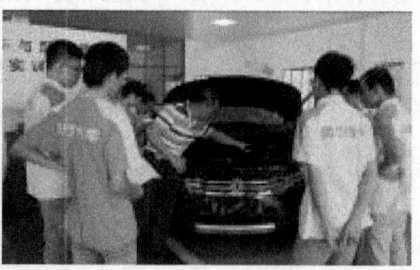

图 6　风行景逸 S50 装配及售后技能培训班（叙利亚专场）

图7 东风柳汽新入职大学生培训

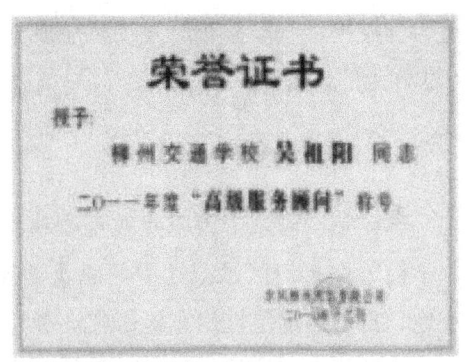
图8 教师为风行汽车公司工程师进行技术指导

(七) 策划技术比赛，制定评分细则

学校为企业策划一年一度的汽车检修技术比武，校企共同制定比赛方案及技术文件，制定评分细则，并由校方专业教师参与比赛的评判工作。为学校承办柳州市汽车维修类技能比赛提供经验、参考。

(八) 对接职业考核标准，实施多元考核评价

校企共同制定考核评价标准，注重过程与目标相结合、理论与实践一体化、校内与校外相结合、能力与态度相统一；实行"教师＋学生＋企业＋社会"多元主体化、立体式评价体系；通过校企共同考核，由企业颁发相应的等级证书。

三、政府学校企业，三方合力推进

(一) 政府大力支持

柳州市政府把职业教育纳入经济和社会发展规划，在教育体制改革中对学校与企业联合组建"汽车专修学校"给予大力支持，并拨款 300 万元用于该项目建设；作为学校汽车运用与维修示范特色专业及实训基地建设项目建设内容之一的"东风风行故障诊断和零部件鉴定中心"，自治区投入资金 135 万元用于该中心的建设。

(二) 合作基础深厚

校企自 2006 年起，在学校设立"东风柳州汽车有限公司技术培训中心"，企

业为学校提供汽车整车、发动机总成、汽车底盘总成、汽车专用维修设备等价值100万元的设备。

(三) 学校条件完备

学校是"国家中等职业教育改革发展示范学校"、首批"国家级重点中等职业学校"、"自治区示范性中等职业学校"、国家级汽车检修技能型人才培养培训基地、自治区示范性汽车检修实训基地，且具备良好的教学环境及雄厚的师资队伍，为项目的实施提供了强有力的软硬件支持。

四、学生员工共成长，学校企业同发展

第一，企业参与了"招生、培养、实习、评价、就业"的全程管理，创新了"校企合一、共同培养"的新模式，学生培养针对性强、岗位适应性强。

第二，校企共同制定了深度对接企业岗位能力需求的人才培养方案、课程标准，开发了对接企业技术状况的教学培训教材，使学校培养的人才更贴近产业的需求。

第三，引进企业技术专家和能工巧匠担任教学工作，充实了专业教师队伍，拓宽了学生学习渠道，提高了学生技能学习水平。

第四，促进学校专业教师的培养，多名教师被企业聘为技术培训师，为企业开展了多期汽车维修技师、高级技师培训班、新晋员工岗前培训班，先后为东风柳州汽车有限公司培养培训各类售后服务技术人员2 000人以上。

第五，通过在我校开展各类培训班，学校专业教师的专业技能及教学理念得到有效提升，更了解了不同时期柳州汽车产业对相关技术技能型人才的实际需求，更益于学校学生的专业培养。

第六，为企业解决生产技术难题，提供技术服务。学校教师被东风柳州汽车有限公司聘为高级维修技术顾问，通过电话咨询或现场指导等方式为企业解决汽车维修中的各种技术难题200多个。

五、推动理念创新，增进产教融合

打破常规、创新理念是职业教育新型校企合作模式产生的源泉。我校利用与

东风柳州汽车有限公司多年的合作基础,并借助学校汽车专业的办学优势,构建校企办学联合体,引入现代学徒制教学理念,创新校企"共招、共建、共管"办学新模式,实现校企人力资源共享、实训基地共享、技术资料共享、管理和文化共享等,实现校企双赢。

职业教育的根本是为产业培养高素质技能型人才,只有企业全程参与,校企一体,学校的人才培养方案、课程标准、培养模式、评价模式才能紧跟产业的人才需求,才能实现专业与产业、企业、岗位对接,专业课程内容与职业标准对接,教学过程与生产过程对接,才能动态适应产业发展需要。最终达到校企人才培养目标的衔接、专业结构布局的衔接、课程教材体系的衔接、教育教学过程的衔接、评价模式改革的衔接、教师培养培训的衔接。

产学研紧密结合构建高职林科类专业人才培养新模式

广西生态工程职业技术学院

广西生态工程职业技术学院产学研结合的实践始于建校初期，1956—1987年，学校坚持教学与生产相结合，理论联系实际，组织师生参加植树造林实践活动。1988—2000年，根据广西的实际，对学校教学工作进行改革、创新。在实行以教学为主的原则下，贯彻林科教相结合的办学方针，加强实践性教学环节，培养适应广西壮族自治区经济建设和林业发展需要的人才。1999年，学校获全国科教兴农先进单位，这一时期产学研的结合已经比较紧密；2001—2006年，开展了广西教育科学"十五"规划课题"广西生态工程职业技术学院骨干专业产学研结合办学模式研究"；2006—2010年，开展了全国教育科学"十一五"规划2006年度教育部规划课题"高职林科类专业产学研紧密结合人才培养模式研究"；2015—2017年，开展了广西教育科学规划课题"林业职业教育集团化办学模式构建与实践研究"。在研究过程中凝练形成了"以专业为依托，以科研为纽带，以产业为平台，以教学为中心"的产学研紧密结合理念。

一、理论创新，搭建模式框架

在产学研紧密结合理念指导下，紧扣"面向生产、建设、管理和服务第一线，培养具有良好职业素质和职业能力的高等技术应用性人才"基本目标，围绕提高教育质量主题，提出了产学研紧密结合人才培养模式的构架，如图1所示。

这一模式明确了产、学、研三方的结合关系，其内涵如下。

（一）产学结合

校办产业实体的经营活动与专业教学相结合，并且充分利用好校外教学实训

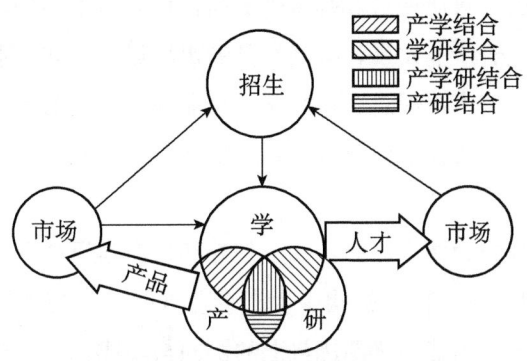

图 1　产学研紧密结合人才培养模式

基地（林业及相关行业企业与事业单位）开展专业教学。通过组织学生参加生产性劳动和实习实训，生产出能适应市场需要的产品并投放到市场，产生经济效益和社会效益，同时，使学生在生产、销售和服务过程中学到专业知识，培养职业技能，形成职业素质，实现产业服务人才培养、教学促进产业发展的目标。

（二）学研结合

学生在校学习过程中，参加教师组织的科学研究、产品开发、技术应用和技术推广工作，教师将科研的成果和方法融入教学中，培养学生的创新意识、技术创新与开发能力，学研结合，相互促进。

（三）产研结合

一是教师和学生参与校办产业实体的产品开发和科技成果转化，根据市场需求和生产需要开展科学研究与技术开发；二是教师根据行业发展的需求进行科研立项，科研工作结合生产单位的需求立项，加强应用科学研究、技术服务和技术推广工作。产业发展促进科研，科研服务产业发展。

（四）产学研结合

产学研结合就是以科研为纽带，将企业、科研机构和学校有机地结合在一起。学校以企业委托的技术攻关、产品开发，或者教师与学生根据专业领域的热点问题、行业企业生产实际需要解决的问题、教学与学习中遇到的问题立项或自发研究的课题为载体，依托校内生产性实训基地、科研机构和校企合作平台，结合教学过程开展课题研究，将研究成果回馈到学习和生产实际应用中，解决学习和生产中的实际问题。科研促进教师水平提高，培养学生的创新意识、技术创新与开发能力；科研促进产业发展，提高产品的市场竞争力和企业的经济效益；学校的科研成果和培养的人才促进企业发展，企业服务学校的人才培养和教师挂职锻炼；企业和学校为科研提供研究方向，提供部分研究经费。三者相互促进，互惠互利，共同发展。

产学研紧密结合分为两个层面：一个是外环型产学研结合（又称外部或外向型产学研结合），即学校、科研机构、生产企业（行业）三个社会属性不同、社会活动各异的子系统在功能与资源优势上的协同与集成化，生产要素、科研要素与教学要素进行有机整合，服务于高职人才培养目标，并相互促进。另一个是内环型产学研结合（又称内部或内向型产学研结合），即学校教学部门、校内科研机构、学校产业集团（或科技园区）的联合体。在教学中引进校办产业等生产要素，强化实践性教学环节，增强学生的动手能力和企业所需要的职业岗位能力；在教学中融入科研要素，将科研成果运用于教学，将学生科研能力和创造能力的培养贯穿于教学中的每一个环节，造就学生的可持续发展能力。这是产学研结合的内涵式或内向化发展，也是提升高职院校产学研结合自我实现能力的必然要求。

二、体系构建，丰富模式内容

（一）产学研紧密结合人才培养目标体系

通过开展职业能力和典型工作任务分析，建立了以职业岗位能力为核心，以职业素质和"两种证书"为支撑的"一核心两支撑"的产学研紧密结合的目标体系。目标是培养学生的综合职业能力，提高学生的实践能力、创造能力、就业能力和创新创业能力，促进学生的全面可持续发展。

（二）产学研紧密结合人才培养内容体系

人才培养方案是保证教学质量的重要文件，按照产学研紧密结合的原则制定的人才培养方案是产学研紧密结合人才培养内容体系的载体。通过分析林科类专业职业岗位能力需要和典型工作任务，总结学院产学研结合人才培养的实践经验，紧扣林科类专业的特点，制定林科类专业产学研紧密结合人才培养方案，构建林科类专业产学研紧密结合人才培养内容体系。

1. 产学研紧密结合人才培养方案的制定原则

高职定位原则；职业能力主线原则；工作过程导向原则；产学研紧密结合原则；"双证书"原则；实践性原则；可行性原则。

2. 人才培养方案制定技术路线

贯彻"以服务为宗旨，就业为导向"的职业教育方针，以国家对高职高专教育总体人才培养目标和培养规格为基准，运用现代教育理念，产学研结合，整合优化教学内容，培养综合职业能力。组建由行业专家和专职教师组成的专业建设指导委员会，一起制订行动导向、产学研结合的人才培养方案，在开展专业人才需求分析和职业岗位能力分析的基础上，将职业生涯发展的培养目标设计、课程设计与教学分析和教学设计结合在一起。人才培养方案制定技术路线如图2所示。

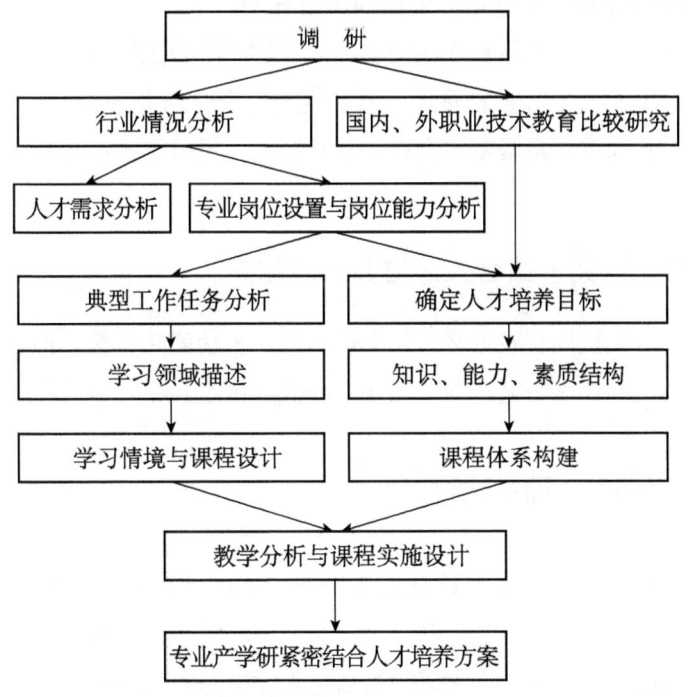

图2　人才培养方案制定技术路线

3. 产学研紧密结合人才培养方案框架

产学研紧密结合人才培养方案的内容包括专业基本信息、主要职业岗位及职业能力分析、专业培养目标和人才培养规格、课程体系和课程设置、教学安排、教学环境及设施、教学实施与管理等。与传统的人才培养方案相比，新的产学研紧密结合人才培养方案将教学进程与生产过程结合起来，将过去以课堂教学为主的学校教育和直接获取实际经验的行业工作结合起来，为产学研结合形成时间与空间的结合点。教学模式实行"工学结合，双证融通"，把职业资格要求融合到学历教育的各门课程中，把学生的"学"与"做"融合在教学过程中。以职业能力为导向，以职业活动为单元，以能力培养目标为主线，以应用知识讲授和素质养成为两翼，对课程体系和教学内容进行重新整合优化。在教学组织过程中，以学生为主体，以项目为载体，以实训为手段，找准产学研紧密结合人才培养的结合点。对教学过程强调培养学生"自我学习能力"，以保证工作后的可持续发展。特别在组织实践教学中，通过产学研紧密结合人才培养服务平台，结合生产任务组织教学，把生产任务当作教学任务交给学生。引用生产标准作为学生的学习标准和考核依据，在真实的工作环境中培养学生的职业素养和综合职业能力。

4. 产学研紧密结合人才培养方案的实施方法

产学研紧密结合人才培养方案的实施是产学研结合工作落到实处的关键，实施情况如何，事关人才培养的质量。为了实施好产学研紧密结合人才培养方案，学院制定了一系列产学研紧密结合教学管理制度，规范了各项教学工作，确保了教学质量。

（三）产学研紧密结合人才培养保障体系

构建了由组织机构、服务平台、实训基地、教学团队、管理评价制度、产学研结合机制构成的产学研紧密结合人才培养保障体系。

三、试点实施，特色运行

在林科类专业产学研紧密结合人才培养模式的基础上，各专业紧扣专业特点，形成了产学一体、政校企社联合、社会服务和学研互动四种特色鲜明的产学研紧密结合运行方式，并在产学研紧密结合人才培养实践中发挥了积极作用，取得了显著成效。

（一）产学一体运行方式

产学一体运行方式依托学校完善的"校中有产，产中有校，校产一体"的特色生产性实训基地，以生产项目为载体，实现"教、学、做"相融合。它以理论学习为开端，以实践训练为重心，以生产应用为目的，很好地发挥了学生的主体作用，达到了学用一致的目的。实施过程中强调专业理论学习与生产实践相结合，使学生在学习知识点后能紧密结合生产任务进行实际训练，从而更好地加深知识理解，提高实际操作和应用能力，真正提高学生的实践能力、创造能力、就业能力和创业能力。如我校依托教学实验林场开展产学研紧密结合人才培养、依托柳州赛特生物科技研发中心开展产学研紧密结合人才培养。

（二）政校企社联合运行方式

政校企社联合运行方式这是一种政府、学校联合推动，政府搭台、学校支撑、引进企业入驻，农民合作社参与，共建生产性实训基地，促进地方产业调整与经济建设和农民致富，服务高等技术应用性人才培养的运行方式。在基地的运行过程中，政府、学校受益，企业得利，农民增收，学生成才，人才培养、经济效益、社会效益三丰收。如我校依托政、企、社共建柳州青茅花卉基地，服务人才培养。

（三）社会服务运行方式

社会服务运行方式是依托学校专业技术优势和人力资源优势，根据企业（行业）需求，以项目为载体，通过科技下乡、技术培训、技术推广、完成生产性任务等形式开展社会服务，服务地方经济建设。在开展社会服务的过程中，既能培养教师和学生的实践技能与科技推广工作能力，积累工作经验，又能在实践中寻找科学研究与地方经济发展的结合点，寻求产学研紧密结合新的结合点。如依托专业技术优势面向社会开展技术培训，依托广西森态工程规划设计公司承接行业企业生产任务和以科研项目为载体服务地方经济建设等。

（四）学研互动运行方式

学研互动运行方式以企业委托的技术攻关、产品开发，或者教师与学生根据生产实际需要和学习中遇到的问题立项或自发研究的课题为载体，依托校内生产性实训基地和校企合作平台，结合教学过程开展课题研究，将研究成果回馈学习和生产实际应用中，解决学习和生产中的实际问题。同时，通过参与课题研究，学生在选题立项、方法设计、外业调查、内业资料整理等方面得到了锻炼，培养了学生的学习能力、拓展了知识、培养了科研素质。如教师依托产业和科研机构立项，学生参与研究；教师根据生产实际需要立项，学生参与研究；学生根据实际需要立项或自发研究，教师全程指导等。

四、教学相长，保证人才培养

遵循产学研紧密结合人才培养模式，我院近年来取得了一系列成果，包括：政校行企社人才共育体系构建与实践、"树木树人知行合一"办学模式的探索与实践、林业技术专业产学研结合人才培养运行方式创新、物流管理专业"六融合、六对接"工学结合人才培养模式改革与实践、家具设计与制造专业实践教学评价体系及实训成果可视化研究与实践5项，获广西教育教学成果二等奖；西南桦人工林丰产技术研究与示范获广西自然科学成果三等奖；西南桦人工林丰产技术示范与推广获中国林业产业突出贡献三等奖；培育自治区级以上教学名师2人；国家级以上师生技能竞赛获奖超百人。建校以来培育的5万多名林业类专业毕业生，如今在广西林业系统和生态文明建设中发挥着主力军的作用。

校企共建现代养殖示范场
打造生产实训新环境

广西柳州畜牧兽医学校

一、产业升级,亟须校企优势互补

(一)学校发展亟须企业合作

随着现代畜牧业向规模化、标准化、产业化和信息化发展,社会对中等专业技能型、应用型人才的需求日益旺盛。自 2008 年以来,学校畜牧兽医类专业招生连年攀升,每年均超过 1 000 人,给学生实践性教学、生产实训的安排带来巨大压力。学校迫切需要建立一个现代化的校内实训基地,以满足培养人才的需要。由于学校自身资金不足,经营管理能力有限,很难完成这一转变,只能通过引进现代农牧企业共建来解决这一问题。

(二)企业发展需要学校支持

我校与广西宏华生物实业股份有限公司(以下简称宏华公司)从 2005 年开始合作,共同经营第一教学实习牧场。通过近 12 年的发展,宏华公司已具有相当大的规模和实力,但也遇到了发展的"瓶颈"问题,如技术创新缓慢、生产成本过高、人力资源不能根据生产需要及时得到补充等,从而影响了公司的发展。

为此,转变合作模式,实现优势互补,建设一个具有现代化水平的生产性校内实训基地已成为可能,不仅可以解决我校在人才培养、专业建设、课程建设、教学实习、顶岗实习、就业安置等方面的突出问题,而且可以促进企业的产品研发、技术更新和生产发展。

二、五位一体，生产职教相得益彰

校企双方建成集良种畜禽生产、师资培养、技术服务、顶岗实习和就业"五位一体"的现代化校内生产性实训基地，以满足企业生产发展和学校现代职业教育需要。一是实现教学功能，充分利用畜牧行业现代化设施设备，开展理论实践一体化教学，保证学生教学实习、生产实习轮训的有效开展。建成的现代养殖示范场，每年可提供1 000多人的教学和顶岗实训。二是建设一支高素质"双师"结构师资队伍。加强双方专业技术人员队伍建设，企业为学校选派技术人员担任兼职教师，为学校专业教师实践锻炼提供方便。三是为社会提供服务。为相关企业培训在职人员，为社会提供优质种猪和种鸡，同时开展技术指导，解决养殖户的后顾之忧。

三、签订协议，多渠道多层次合作

（一）深入市场调研，了解合作企业的条件和优势

学校有场地和设备，曾自主经营管理多年，一定程度上满足了教学实训，但因经营不善，连年亏损，教师既上课又管理，难以身兼数职。加之资金有限，抵御市场风险能力薄弱，由此职工内部矛盾日益突出。为改变这种由学校独立经营难以解决根本问题的局面，经过深入市场广泛调查，多方征求意见，通过公开招投标的方式，最后确定与资金雄厚、政策资源丰富、有多年畜牧业经营管理经验的宏华公司进行合作，并签订12年的合作协议。协议明确了双方责权利，并根据需要不断改进合作内容。

（二）明确合作内容与层次，满足校企双方需求

一是安排理实一体化教学。定期安排学生1个班45人左右到实训基地进行为期两周的封闭式理实一体化教学，主要讲授学习畜牧兽医专业核心课程，即养猪与猪病防治和养禽与禽病防治。二是成立专家工作室。在公司、学校内互相设立专家工作室，公司不定期安排技术人员到学校指导学校的教学，学校安排专职教师利用课余时间到公司挂职（由学校给予教师一定补贴），并参与公司的生产。

三是成立学生冠名班和专项技能学习班。在学生自愿的基础上，由公司在校内设立1个"宏华班"，组织1个"鸡的人工授精、雏鸡雌雄鉴别"专项班，由学校安排专门教师负责组织，公司技术员负责安排指导，利用学生课余时间在公司开展专项培训，培养学生专项技能，并为公司储备人才。四是设立"宏华奖学金"，奖励品学兼优的学生。企业在学校设立奖学金，每年奖励品学兼优的学生40名，每人500元。五是建立科研平台。根据公司生产过程中遇到的实际问题，设立科研项目，公司投入相关设备和资金，学校投入适当的人力、物力，共同开展项目研究，条件成熟的申报柳州市及上级科研项目。"柳麻牌"麻花鸡就是通过校企双方研发，成为广西知名品牌，并畅销全国。六是开展人员互派。学校聘请公司技术骨干作为兼职教师，担任实训班级学生的教学和实训指导，并有计划地到学校给师生授课或作报告，讲授畜牧兽医生产上的实际问题，以及新技术、新工艺，增长师生的见识。学校派专业技术过硬的专业教师到企业挂职锻炼，并担任企业技术副场长，为企业培训技术人员，与企业共同研发新产品，解决生产技术问题。

为了充分发挥各自的优势，努力打造校企技能人才培养新高地，经双方友好协商，本着"互相合作、互利互惠、实现三赢、共同发展"的合作原则，于2014年3月在2005年双方合作协议基础上签订了合作补充协议，进一步明确了双方的责、权、利。通过合作，双方修订完善了校企合作管理制度、学生顶岗实习管理办法、企业员工管理制度等制度和办法，为进一步合作提供了有力的制度保障。

四、紧密对接，整合双方优势资源

（一）制度建设保障

校企合作一体化管理机制规范科学，保障校企合作深入开展。学校与企业签订了12年的共建协议，时间长，合作稳定。在合作的过程中，根据合作项目的变更灵活增加补充协议，确保合作有依据、可持续发展。同时，学校建立校企合作管理制度、学生顶岗实习管理办法、企业员工管理制度等制度和办法，规范管理，落实到位，实现学校、企业、学生三方共赢。

（二）场地建设保障

第一教学实习牧场原有的生产基础较好，有一定的经济效益。距离学校仅100米，占地300亩，四周建有围墙。自2005年合作经营后，由宏华公司累计投入1600余万元，对原有设施进行了现代化改造，增添了先进的畜牧兽医生产设备，完全能满足2个班的学生教学技能和生产实践要求。

（三）资金保障

宏华公司是新三板挂牌上市公司，具有较强的实力和社会影响力。公司建于1974年，是广西著名的集养禽、饲料、蛋品、种植、种鸡、花卉、房地产及相关产业于一体的多元化科技型民营企业。集团公司总资产3.11亿元，主营产业年销售收入及拉动相关农户产业收入10.84亿元。

（四）技术力量保障

企业方面：企业职工380多人，其中各类专业技术人员100多人（我校毕业生占47%）。公司与华中农业大学、四川农业大学、广西大学动科院、广西畜牧研究所等多所科研院所、大学建立了长期的产学研合作关系，是华中农业大学生命科学技术学院的教学实习基地。公司于2001年通过了ISO9001质量管理体系认证，目前拥有广西的祖代、父母代种禽场，是自治区级文明单位、广西农业产业化重点龙头企业。

学校方面：学校现有畜牧兽医专业专、兼职教师78人，其中高级职称26人，中级职称45人，国家级骨干教师2名，自治区级骨干教师4名，有8名教师是柳州市及以上的项目评估专家。

五、成效显著，企业学校互利共赢

（一）建成了现代化的生猪养殖基地和种鸡孵化基地

在宏华公司先进的现代企业经营发展理念支配下，经双方共同努力和不断投入，实训基地面貌有了很大改观，已成为一个现代化生态型的中型养殖示范场。年销售种猪3 500头，肉猪15 000头；鸡2 200万只，蛋20 000吨，产值同比增加 25%。

(二) 为开展教学提供载体，保证理实一体化教学实训

从 2014 年春季学期开始至今，在实训基地内共进行了 16 个班 800 名学生养猪与猪病防治和养禽与禽病防治两门专业核心课程的讲授，300 名学生为期 1 个月的教学实习和 60 名学生的顶岗实习，效果较好。

(三) 通过学徒式的人才培养模式改革，为企业储备提供优秀人才

通过校企建设的教学实践环境，开展理实一体化学徒式的学习，培养出的学生以思想道德好、适岗性强和能吃苦耐劳，深得社会好评和欢迎。2014—2017 年，公司在校内设立了一个"宏华班"冠名班，学生 50 人；组织了一个"鸡的人工授精、雏鸡雌雄鉴别"专项班，学生 60 人。宏华公司从中选用了 16 名优秀毕业生。

(四) 共建技术专家工作室，增强教师实践技能，提高教学水平

公司已聘用我校 6 名专业教师为技术顾问，同时为 3 名专业带头人和 12 名专业教师提供实践锻炼条件，丰富了教师的专业知识，提升了他们的专业技能。学校已聘用宏华公司 7 名技术骨干为我校兼职教师，在我校专业建设、课程开发、学生技能指导等方面给予卓有成效的指导，特别是在他们的精心指导下，我校学生在第九届（2014 年）全自治区中等职业学校技能大赛畜牧兽医类专业技能比赛雏鸡雌雄鉴别技术、猪精液品质检查技术、犬静脉输液技术三个项目中，均获得第一名的佳绩。此外，学校为公司培训员工 130 人。

(五) 校企合作助推区域经济发展，在农类学校校企合作运行中起到了示范和引领作用

校企共建的第一教学实习牧场年产种猪 3 500 头，鸡苗 2 200 万只，销往自治区内外各地，涉及养殖户 15 000 多家，帮助 5 000 多贫困户脱贫致富。自治区农业厅、水库移民局、扶贫办、教育厅等部门领导，多次前来参观考察并对校企合作模式给予了充分肯定。广西农业职业技术学院、江西赣州农业学校、桂林农业学校等兄弟院校到校交流学习，埃塞俄比亚农业职教校长培训班学员到牧场参观学习并产生了浓厚的合作意向。

六、体会与思考

第一，校企双方合作必须建立在互利共赢的基础上，才能保持稳定和发展的合作关系。

第二，学校要结合生产过程开展项目式、工作过程导向式、任务驱动式等教学模式，专业核心课程要实现"做中学，做中教"，以适应生产性实训的要求。

第三，畜牧企业与工科和其他农业企业不同，不能灵活地大批量开展实践性教学。因为生产的对象是活体动物，易受应激影响，企业接纳学生实训首先要考虑生产性防疫问题，否则会给其生产经营造成影响，所以学生进场实践的时间不能机动和绝对灵活，必须相对固定，这在一定程度上制约了教学实训的开展。

深化校企合作提升技术技能人才培养质量

广西机电技师学院

广西机电技师学院创建于 1956 年，被誉为"广西机电技术工人的摇篮"。在 60 多年的办学实践中，学院始终坚持"校企合作、工学结合"的人才培养模式，迄今已为社会培养了 10 万多名中、高级技能人才。建校之初，学院就充分利用同时建立的校办实习工厂——柳州第二机床厂，校企融合培养技能人才。20 世纪 80 年代后期开始与玉柴、五菱等企业合作"订单"培养技能人才。进入 21 世纪，学院进一步完善了校企合作机制、体制，深化校企合作内涵，创新校企合作方式，探索实践现代学徒制人才培养模式，形成了校企"共建、共管、共育、共赢"的鲜明办学特色。主要做法如下。

一、找准契合点，整合校企资源，共建校中厂

装备制造类专业是广西机电技师学院的重点骨干专业，各专业的师资实力强、设备先进，有丰富的机械产品制造经验。如何发挥优势，对接企业需求，更好地为技能人才培养服务，同时促进自身专业建设，一直是学院研究的课题。

通过企业调研，学院了解到很多企业（特别是中小企业）有很大的技术服务需求空间，大量的零部件加工需要通过外协生产来完成，大量的售后服务需要属地来承担。企业的需求正好是我院的优势。找准了契合点，学院就对数控、模具、汽车维修等专业的资源进行了整合，同时引进企业资源，与长虹机器制造公司、柳州五菱柳机动力有限公司、大连机床集团等企业共同投资建立了产学一体的产教中心、大连机床装调维修中心、博世汽车诊断中心等 6 个校中厂。

由于找准了校企合作双方利益契合点，这些合作取得了良好效果。一是解

决了合作企业生产能力和售后服务力量不足的难题,为企业创造了丰厚的经济效益;二是通过收集加工和维修案例,开发高端学习任务,有力地促进了专业课程建设;三是易于采取师徒结对或师生组团的教学组织形式,为开展现代学徒制创造了良好环境;四是直面真正的加工和技术服务场景,大大增强了学生的岗位适应能力;五是提高了人才培养的质量和效率,培养的人才真正符合企业需求。

自合作开展以来,累计技术服务与生产协作项目达 180 项,产值 600 余万元,累计为企业创造经济效益 70 余万元;"订单"学生每年达到 600 人以上,成为企业争抢的"香饽饽"。同时,学院专业建设也获得长足发展,主要专业均建立了以工作过程为导向的一体化课程体系,提取的典型案例成为专业课程建设的"源头活水"。

二、深化校企合作,探索专业高端发展新方向

近年来,学院乘着国家大力发展现代职业教育的东风,以国家中职示范校建设为契机,不断加强专业建设。将传统的优势专业不断升级,如数控加工专业向高端的智能柔性加工方向拓展,电工电子专业向工业机器人应用与维修方向拓展,焊接加工专业向自动焊接方向拓展。

专业的高端引领、良好的教学质量,吸引了世界一流的金属切削机床制造商德马吉中国公司与学院合作,在学院建立了全国第 4 家"德马吉智能制造认证中心"。中心的实训基地以生产的产品为教学课题,同时引进德国德马吉的课程体系和教材,以德国"双元制"的培养模式进行技能人才培养,按照德国职业商业协会的认证体系和标准进行认证。德马吉公司定期安排教师到学院授课和进行技术指导,校企双方共同培养高技能人才,共同开展社会服务。目前,合作开办了"德马吉"冠名班 3 个,学生 125 名。德马吉公司还为冠名班的优秀学生设立了奖学金,为特别优秀的学生提供赴德国培训的机会。

学院主动开拓焊接自动化新专业方向,添置焊接工业机器人等教学设备,培养面向大中型制造企业的焊接自动化技能人才。新专业方向既符合国家和区域经济转型升级的政策取向,又符合企业对焊接自动化技能人才的迫切需求,还符合学院"高端引领,工学结合"的办学方向,使专业建设向更高层次推进。

三、完善订单培养模式，开展现代学徒制探索

订单培养是培养适应企业岗位需求的技能人才的良好途径。自20世纪80年代末起，学院就与广西玉柴机器股份有限公司共同商订人才培养方案，共同制定培养目标，实施"订单"培养高技能人才，每年培养300名高级工，这种培养模式一直持续到90年代末。"订单"培养的学生得到玉柴公司的充分肯定，支撑了玉柴公司的快速发展。近年来，学院先后与上汽通用五菱、大连机床集团、德马吉中国公司等开展了这种模式的技能人才培养，"订单"学生每年达600人以上。同时，还与上汽通用五菱、东风柳州汽车有限公司、华锡集团等以这种模式开办"上汽通用五菱千人班组长培训"、技能提升培训、紧缺工种培训、大赛选手培训等，培训人次每年超过5 000人，培训效果得到企业的高度好评。

学院不断完善校企合作育人机制，在原有"订单"培养的基础上，以校中厂为平台，工学结合，为企业进行配套生产和开展技术服务，校企一体开展现代学徒制技能人才培养。学生在具备一定的专业理论知识和专业技能后，分批安排到校中厂参与生产，由学院的技能大师、技术能手、专业教师等带领学生进行生产和售后服务。企业派出技术专家或能工巧匠担任师傅指导生产。实现了生产岗位即教学岗位，生产产品即教学课题，生产工艺、生产手段即教学内容，生产流程即教学过程，建立了"教师＋师傅"的双导师制。在生产过程中，教师和企业专家、能工巧匠（师傅）带领学生共同制定生产工艺、参与生产管理、质量管理、体验企业文化等。既提高了学生的实践操作技能，又培养了学生良好的岗位素质，学生毕业就能上岗，该模式深受企业和学生的青睐。

学院通过完善订单培养，探索出了"招工即招生、上课即上岗、学习即工作、课程即项目、毕业即就业"的现代学徒制培养模式。

四、校企合作，共建师傅队伍

随着产业、企业的转型升级不断加快，各种新工艺、新材料、新设备等不断涌现和应用。教师专业知识的提高、知识结构的更新，成为院校师资队伍建设的新课题。学院通过校企合作协同培养，较好地解决了这一问题。

一方面，对新专业教师，先安排到学院产教技术中心或合作企业一线进行

生产锻炼一年，培训专业技能，经考核合格后才能到教师岗位任教。其他教师则有计划地安排到企业培训或到企业一线挂职参与生产，更新专业知识，提升技能。学院在长虹机器制造公司、柳州九鼎机电科技有限公司等企业建立了10个"教师技术学习工作室"，定期安排专业教师到企业学习新技术、新生产工艺。通过此途径，学院培养了一支"大师引领、素质优良、结构合理、专兼结合"的优秀教师队伍。其中，国家级技能大师3人、全国技术能手3人、全国技能人才培养中有"突出贡献的教师"2人、自治区技能大师4人、广西技术能手33人。

另一方面，企业安排专家和技术骨干到学院担任兼职教师，承担一定的教学模块，并依据国家职业标准、结合企业岗位要求，对接产业发展趋势，与校内骨干教师共同担纲专业建设、课程改革、人才培养方案的制定、考核评价体系确立等。为了便于企业"师傅"参与教学，学院为特聘的企业大师在校内建立了大师工作室。目前，学院聘有企业国家级大师2人、企业能工巧匠或技术骨干60人担任兼职教师（或师傅），形成了大师引领、能工巧匠授艺，专兼结合的"教师＋师傅"教学团队。

通过"校企合作，工学结合"的培养途径，学院学生的技能水平、岗位素质得到大幅提升，毕业生就业后能很快适应岗位需要，并得到企业的高度认可。学院荣获"全国机械行业校企合作与人才培养优秀职业院校"称号，获得教育部、人社部授予的"全国教育系统先进集体"等多项荣誉称号。

五、经验与体会

总结多年的校企合作办学经验，体会如下。

（一）建立完善的校企合作体制和有效的校企合作运行机制是校企合作的有力保障

学院的校企合作体制自20世纪90年代初步建立并不断完善以来，现已形成了以校企合作委员会、专业建设委员会、专业建设指导小组的三级校企合作组织架构和政府、行业、企业、学校四方联动的校企合作运行机制。学院定期召开校企年会，了解企业对技能人才的需求，听取企业对技能人才培养、专业建设等方面的建议。

（二）在校企合作中，必须找准双方需求的契合点，通过校企合作，实现双方共赢

技能人才是职业院校与企业需求的关键契合点。学校围绕企业所需，主动服务企业发展，为企业量身培养优秀技能人才，是企业愿与我院开展合作的前提。

（三）加强自身专业建设，增加校企合作吸引力

建校 60 多年来，学院的专业发展始终依据市场需求，从无到有，从有到优，从优到精，既体现了我院的办学实力，更增加了校企合作的吸引力。

【理论探讨】

区域型优势行业职业教育集团的发展论
——以广西汽车产业职业教育集团为例

潘旭阳[①]　史庭宇[②]

【发表情况】2017-10-20发表于《职业技术教育》。

【摘要】以广西汽车产业职业教育集团为例，探究区域优势行业职业教育集团的形成与发展。通过平台建设、机制建设、文化培育、生态建设等方面的实践探索，实现职业教育集团的聚集效应、辐射效应与品牌效应。

【关键词】汽车产业；职业教育集团；机制；效应

自2014年教育部出台《现代职业教育体系建设规划》以来，职业教育集团得到迅猛发展，也为区域经济和社会发展作出了积极贡献。广西汽车产业职业教育集团是全国性汽车职教集团，它的成立建立起与汽车产业发展紧密结合的现代汽车职业教育体系，为汽车制造与服务产业升级和技术进步培养急需的技术技能人才。以下是以其为例，探究区域型优势行业职业教育集团的发展。

一、区域优势行业职业教育集团的形成论

（一）天时：政策环境分析

职业教育集团是校企深度合作的必然产物。自1992年全国首家职业教育集团北京蒙妮坦美发美容职业教育集团出现以来，职业教育集团得到国家系列政策

---

① 潘旭阳（1979— ）男，柳州市教育局副局长，副教授，研究方向为企业信息化、教育管理。
② 史庭宇（1972— ）男，柳州市职业教育研究所副所长，高级讲师，研究方向为中国古代文学、职业教育。

的大力支持。如2014年6月,教育部在《现代职业教育体系建设规划》中,提出到2020年职业教育集团基本覆盖所有职业院校。广西壮族自治区在2014年的职业教育工作年会上,明确将集团化办学作为广西现代职业体系建设的重要抓手,同年成立了广西职教集团化办学研究专项课题组,并建设10个职教集团,打造为广西壮族自治区示范性职教集团,实现了行业性职教集团自治区重点产业全覆盖。

(二)地利:行业特征分析

我国自2009年夺得全球汽车产销桂冠以来,已经连续多年保持全球产销第一。2013年,柳州汽车总产销量达186万辆,增长11.4%,产销量在全国排名第五。2010年,自治区党委、政府决定在柳州市柳东新区建设"广西汽车城"。柳州市正在建设的国际化、工业化、信息化世界一流的汽车城,将成为引领柳州汽车产业发展的新引擎。

(三)人和:诉求意愿分析

权威数据显示,按国际标准计算,与中国汽车产业规模相应的应该有超过2 000万的汽车服务从业人员,实际上,目前的从业人数只有约200万人。汽车职业人才需求存在巨大的空间。在柳州,汽车产业企业"用工荒"与职业院校毕业生"就业难"的矛盾仍然存在。组建职教集团,是柳州职业教育发展的可行之路。同时,也是柳州职业教育教学改革、创新人才培养模式的迫切需要。

二、区域优势行业职业教育集团的发展论

(一)以平台建设为核心的基础建设

1. 人才培养平台建设

广西汽车职业教育集团,围绕柳州市汽车产业发展方向和需要,建设人才培养平台。通过合理确定、不断优化专业结构和布局,建立专业设置和调整的动态机制;联合建立人才需求预测机制和专业设置预警机制,定期发布人才需

求信息，引导高等职业院校调整专业设置；协调行业企业组织，参与集团内各院校的专业设置和建设，指导人才培养方案设计，促进课程内容和职业资格标准融通；推动和引导企业与职业院校共建教学与生产二合一的开放式实训基地，合作开展兼职教师选聘；组织指导职业学校教师参与企业实践、学生实习、就业推荐等工作。

2. 就业创业平台建设

广西汽车职业教育集团，通过组合集团成员院校就业创业渠道，构建柳州职业教育集团就业创业推荐信息网络，建立集团就业创业基地，形成就业创业平台。通过共同推介优秀毕业生，开展创业实践，做到就业资源共享；积极吸纳更多企业加入集团，实行"订单"培养，使集团成员企业优先录用集团成员院校的优秀毕业生，实现集团成员院校学生—集团成员企业就业链直通。

3. 技术研发平台建设

广西汽车职业教育集团，通过集团内企业和院校的合作，加强技术中心建设。着力为汽车产业转型发展搭建科技成果转化、科技创新人才聚集、技术交流合作平台，增强企业的科技创新能力和市场竞争力，助推企业转型升级；依托院校的技术中心和企业技术部，联合申请专利，开发新产品，助推企业产品升级。

4. 技能培训平台建设

充分利用集团各成员院校资源，集团内院校和企业共同建设职业技能培训和职业技能鉴定公共服务平台，借助广西汽车职教集团网和柳州职业院校已有的技能人才培训基地，为企业职工、各职业院校学生和有需求的社会人士提供高技能培训和职业鉴定服务。

（二）以机制建设为重点的发展建设

1. 治理结构建设

广西汽车产业职教集团由政府主导，学校、企业、行业、研究机构、社会组织机构共同参与，成立职教集团。集团设立理事会、常务理事会、专业委员会、秘书处，包含核心学校和运营机构，具体治理组织结构如图1所示。

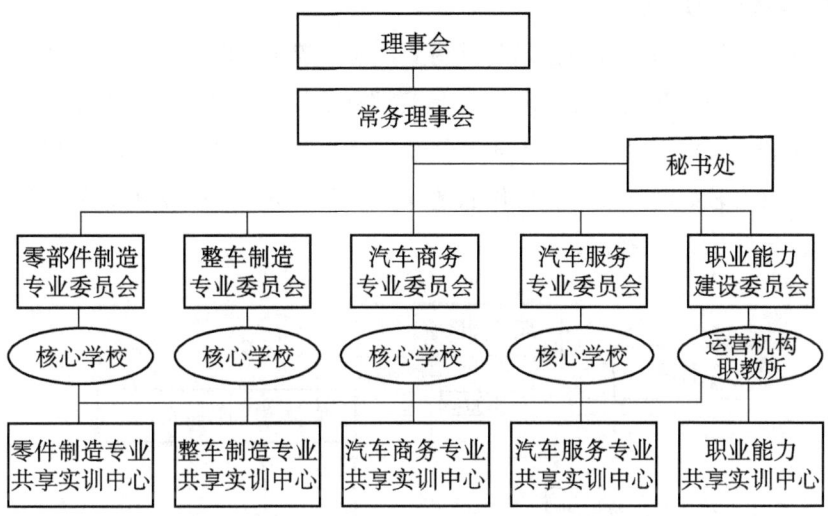

图1 广西汽车职业教育集团治理组织结构

2. 融合机制建设

广西汽车职业教育集团通过集聚汽车产业企业和职业院校,强化政府、行业、企业、学校、科研机构和社会组织机构六个主体的协同和深度合作,发挥集团内高等职业院校的引领作用、中等职业学校的基础性作用,推动中等和高等职业教育的统筹与衔接,探索职教集团建立实体性工作机构,加强集团内企业和院校的资源整合,促进不同院校错位发展、特色发展。各要素具体融合机制如图2所示。

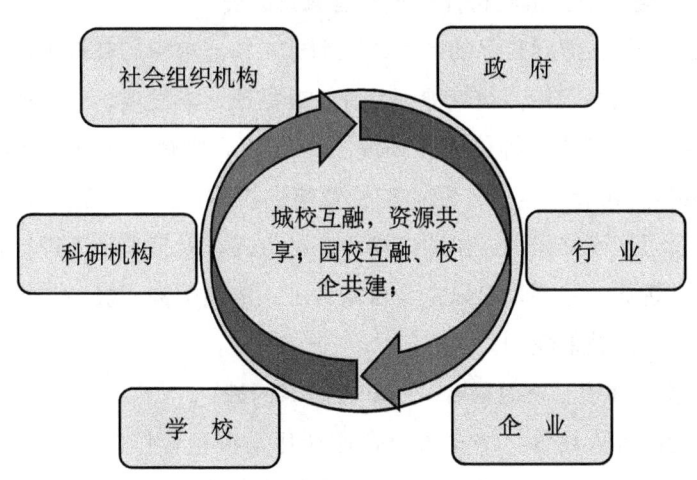

图2 广西职业教育集团各要素融合机制

3. 运营机制建设

广西汽车职业教育集团在运营机制上，根据产业共性需求，由职教集团统一协调，政府集中资源投资建设若干共享实训基地，并委托优势学校和服务机构，面向柳州职业院校和社会开展人才培养运营服务。柳州汽车产业职业人才需求规模庞大，具有较好的专业分工协作的条件。广西汽车产业职业教育集团和共享实训基地的运营体系如图 3 所示。

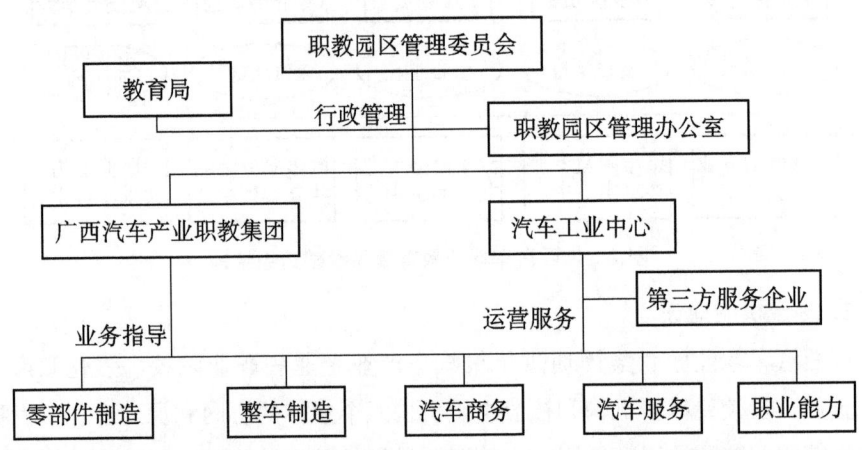

图 3　广西汽车产业职业教育集团和共享实训基地的运营体系

（三）以文化培育为依托的内涵建设

1. 技术文化建设：工匠精神——职业教育的魂

工匠精神是指工匠对自己的产品精雕细琢、精益求精的精神理念，即严谨专注、精雕细琢、精益求精，精气神创品牌、升品质、求发展。广西柳州以职业教育集团为依托培育工匠精神的成长环境。2013 年，柳州市实施"龙城蓝领成长计划"，主要依托市骨干企业、职业院校及培训机构，立足工匠精神，通过在岗培训、脱产学习、研修培训、出国培训等多种方式，对技术工人进行技能提升的培训、评审和选拔。主要采取以企业自培为主、培训机构积极参与等方式，抓好汽车产业在岗职工技能轮训。

2. 模式文化建设：产教融合——职业教育的魄

王瑞、南海等人认为，培育校企合作文化是校企合作健康可持续发展的保证，同时，也是我国加快发展现代职业教育的强大推动力。只有从文化的层面对校企合作的实施和职业教育的发展进行有力的推进和深化，最终才能实现我国现代职业教育的形成。从教育生态上讲，职业教育集团本身就是一种微生态，其文化环境，是职业教育微生态中与生存密切相关且最为重要的环境，是职业教育的坎。广西柳州以职业教育园区建设为依托，培育校企合作、产教融合的文化环境。目前，重点建设了柳东新区职教园，规划用地约 10 000 亩，一期建设已全部完成，总投资近 27 亿元，已有 5 所职业院校入驻园区办学，在校生近 4 万人，二期也正在加快推进。柳州职教园区建设与工业园区同步建设，有机融合，是"广西汽车城"的有机组成部分，从而形成产业链和人才培养链融合发展。广西汽车产业职教集团也是在此基础上创立的，致力于推进汽车产业链和人才培养链融合发展。在延伸、深化汽车产业链和促进企业向产业链高端进军的过程中，推进汽车产业龙头企业与职业院校骨干专业群的有机衔接和整体融合，推动企业和职业院校建立以技术技能的积累、传承和创新为核心的利益链、价值链，实现专业规划、"订单"培养、定岗实习、共建实训基地、师资共享、开发课程等多方面合作，鼓励校企共享人才、信息、技术资源，联合开展产品研发和技术服务，深化校企互利互惠的合作关系。

（四）以协同创新为目标的生态建设

1. 发展上从各自独立走向联盟共生

以往的校企合作各个院校独立进行，存在两方面的问题。一方面，校际重复建设实训中心，导致了资源浪费。另一方面，校际两极分化严重，实力雄厚的学校发展迅速，实力较差的学校发展缓慢。而广西汽车产业职业教育集团的做法是，以构建相关行业企业和职业院校共同参与的"协同发展合作联盟"的形式，通过搭建人才培养、就业创业、技术研发、技能培训等平台，为集团成员单位的共同发展提供合作保障和平台支持，提高了资源的利用效益。

2. 要素上从简单参与走向协同创新

解学梅认为，协同创新（synergy innovation）是指通过创新要素的耦合以及复杂的非线性作用产生单独要素无法实现的整体协同效应的过程。要实现协同创新，各参与要素必须是一种共生互长的关系，即要有教育生态的思维：主张运用生态学的原理，整体联动思维和系统平衡思维，从教育生态环境、教育个体生态、教育群体生态和教育生态系统的相互影响和制约机理入手分析解决教育问题。广西汽车产业职业教育集团的做法是，通过政府主导，推动校企共建共享资源，推动教学链、产业链、利益链的融合，组成发展共同体。

三、区域优势行业职业教育集团的发展阶段论

职业教育集团的发展不是一蹴而就的事，是分阶段逐步完善和发展的。广西汽车产业职业教育集团建设分四个阶段：平台建设期、教学发展期、服务拓展期、模式形成期。

（一）平台建设期

组建广西汽车产业职业教育集团，制订集团发展规划，用1~2年的时间，投资建设共享实训平台，并开展教学规划、课程开发、师资培养的工作，为教学业务运营奠定基础。

（二）教学发展期

以核心学校为主体，按照专业、共享的原则，用1~2年的时间，推进基于共享实训平台的教学改革创新，探索、积累满足广西汽车产业未来发展的职业人才培养体系，引领职业教育发展。

（三）服务拓展期

在积累了一定的实训平台教学经验之后，逐步开展师资培养、企业人才培养等服务，搭建基于共享实训平台的规模化、专业化商业运营体系。

（四）模式形成期

在取得一定的教学成果和商业运营经验的基础上，总结形成成熟的模式，塑造国内汽车产业职业人才培养第一品牌形象。一方面，总结制定汽车产业职业人才培养、考核、评价标准，使之成为广西壮族自治区甚至国家的行业标准，引领汽车产业职业教育；另一方面，集成建设汽车产业职业人才培养体系，形成面向汽车产业全面、权威的职业人才培养、资质认证等能力。

四、区域优势行业职业教育集团的效应论

（一）聚集效应

区域性优势行业职业教育集团的聚集效应主要体现在以下三个方面：一是形

成强大的集体效果,即实现"1+1>2"。二是在空间上相对集中,常依托职业教育园区或共建公共实训中心等平台基础形成。三是具有较好的联动机制,实现协同创新、生态共生效应。

(二) 辐射效应

我国现代职业教育体系、现代学徒制的建设刚刚起步,政策上要求到2020年职业教育集团实现全覆盖。具体做法很多学校还在探索,迫切需要一批有实力、能创新、敢探索的优秀区域行业职业教育集团走在改革与发展的前沿,积极探索,大胆实践,使先进的治理机制、运营模式、发展方式得到检验和示范,从而促进区域内职业教育的全面提高与发展。区域型优势行业职业教育集团,因天时、地利、人和,理应成为区域行业职业教育的引领者,起示范和辐射作用。

(三) 品牌效应

实施职业教育品牌战略,是促进职业教育与经济社会发展紧密结合、实现经济社会跨越式发展的客观要求。区域优势行业职业教育集团应具有一定的品牌效应。其品牌价值更多体现在为社会、为企业培养了多少高素质技术技能型人才,在促进产业结构调整和优化经济活力等方面所作出的实际贡献的最大化。

【参考文献】

[1] 刘雪梅.广西职业教育集团化办学现状分析[J].职业技术教育,2016 (21).

[2] [美] 亚力克·福奇.工匠精神:缔造伟大传奇的重要力量[M].陈劲,译.杭州:浙江人民出版社,2014:7.

[3] 王瑞,南海.中国现代职业教育校企合作文化探微——基于文化学的研究视角[J].中国职业技术教育,2014 (12).

[4] 解学梅.协同创新效应运行机理研究:一个都市圈视角[J].科学学研究,2013 (12).

[5] 吴鼎福,文蔚.教育生态学[M].南京:江苏教育出版社,2000:1-3.

现代学徒制在柳州的实践与探索

潘旭阳[①]　史庭宇[②]

【发表情况】2016-06-15 发表于《中小学校长》。

现代学徒制作为教育部新时期大力推行的职业教育人才培养模式,越来越受社会的关注,引发业界的深入探讨,柳州市的职业教育以服务广西壮族自治区的城市以及产业国际化合作发展为导向,在引进国际优质职业教育资源与标准的同时,重点面向东盟国家,深入实施"企业走出去职业教育伴随计划",不断将试点工作推向深入。

一、现代学徒制试点城市概述

(一)现代学徒制含义

现代学徒制是"将传统的学徒培训与现代学校教育思想结合的一种企业与学校合作的职业教育制度,是一种新型的职业人才培养实现形式,校企合作是前提,工学结合是核心,其鲜明的特征是校企联合双元育人和学生双重身份(学校的学生、企业的学徒)"。这种职业教育制度很好地实现了企业培训和学校教育相结合(校企合作)、受教育者的工作和学习相结合(工学结合),能有效地帮助学习者学习知识、训练技能、积累工作经验和养成职业态度,适应了现代经济社会对技术技能型人才的需要,因而得以迅速发展。

---

① 潘旭阳(1979—　)男,柳州市教育局副局长,副教授,研究方向为企业信息化、教育管理。
② 史庭宇(1972—　)男,柳州市职业教育研究所副所长,高级讲师,研究方向为中国古代文学、职业教育。

(二)试点城市的缘起

2014年8月25日,教育部《关于开展现代学徒制试点工作的意见》明确指出"建立现代学徒制是职业教育主动服务当前经济社会发展要求","是深化产教融合、校企合作,推进工学结合、知行合一的有效途径",要求各地要高度重视现代学徒制试点工作,加大支持力度,大胆探索实践,着力构建现代学徒制培养体系,全面提升技术技能人才的培养能力和水平。

2015年1月5日,教育部《关于开展现代学徒制试点工作的通知》决定遴选一批有条件、基础好的地市、行业、企业和职业院校开展现代学徒制试点工作,明确试点城市的任务是统筹辖区内职业院校和企业,立足辖区内职业教育资源和企业资源,合理确定试点专业和学生规模,开展现代学徒制试点工作,重点探索地方实施现代学徒制的支持政策和保障措施。

2015年8月6日,教育部办公厅《关于公布首批现代学徒制试点单位的通知》决定遴选165家单位作为首批现代学徒制试点单位和行业试点牵头单位(其中试点城市17个),柳州市榜上有名。

二、柳州市现代学徒制试点城市的实践与探索

(一)试点城市建设的背景基础

柳州市正处于产业结构转型升级时期。柳州市政府致力于产业结构调整升级、创新驱动,培育新兴产业,打造特色产业园区,加快了工业产业结构转型升级的步伐。开展现代学徒制的创新与实践,对破解产业转型升级难题、满足企业对招用技术技能型人才要求、缩短技术技能人才成长周期、增强技术技能人才培养的针对性和适应性,具有十分重要的意义。

柳州市具有深厚的工业基础,既是广西最大的工业城市,也是西南的工业重镇,拥有一批实力雄厚的企业,为柳州市的职业院校开展实训教学提供了良好的环境,并且这些知名企业大多与柳州市的职业院校建立了良好的教学实训合作关系。

柳州市的职业教育已成为全国品牌。柳州市是职业院校集聚的城市,涵盖了从中职教育、高职教育到应用本科教育等体系较完备的优质职业教育资源。柳州

职业教育在柳州市委、市政府"抓职业教育就是抓工业经济"的指导思想下，得到长足发展，形成了具有柳州特色的职业教育发展模式，走出了一条"园区合作共赢、产教深度融合、城乡协调发展、品牌充分彰显"的职业教育发展新路。柳州职业教育多次获评为"全国职业教育先进单位"，成为广西乃至西南地区职业教育的领头羊。

（二）试点城市建设的目标任务

紧扣试点城市要求制定目标任务：建立健全现代学徒制的相关支持政策和配套措施；探索建立校企联合招生、企校双制、工学一体的教学管理及运行机制，推进专兼结合、校企共享的双导师队伍建设，采取企校双师带徒、工学交替培养、脱产或半脱产培训等模式共同培养新型学徒。到2018年，力争建成柳州市现代学徒中心（依托广西柳州职业技能公共实训基地平台，加挂柳州市现代学徒中心牌子），可以培养400名现代学徒（见表1），基本形成以政府为引导，学校、企业双主体育人，以高职专业为龙头、衔接应用本科专业、带动中职专业发展的柳州特色现代学徒制培养体系。

表1 柳州市参与现代学徒制试点工作企业、学校、专业情况

试点专业集群	试点企业	试点学校	试点学生（人）	
装备制造	柳州采埃孚机械有限公司	柳州职业技术学院	30	80
	柳州柳新汽车冲压件有限公司	广西科技大学鹿山学院	30	
	柳州市华力机器制造有限责任公司	柳州市第一职业技术学校	20	
现代物流	敦豪物流（北京）有限公司柳州分公司	柳州职业技术学院	20	80
	广西柳州医药股份有限公司	柳州市第一职业技术学校	20	
	宝供物流企业集团有限公司	柳州市第二职业技术学校	40	
汽车商务	东风柳州汽车有限公司	柳州城市职业学院	40	100
		广西科技大学鹿山学院	20	
		柳州市第二职业技术学校	20	
		柳州市交通学校	20	
汽车技术服务	上汽通用五菱汽车股份有限公司	柳州铁道职业技术学院	30	90
		柳州市第一职业技术学校	20	
		柳州市第二职业技术学校	20	
		柳州市交通学校	20	
轨道交通	南宁铁路局	柳州铁道职业技术学院	30	50
		柳州市第二职业技术学校	20	
合计				400

（三）试点城市建设的重要举措

进行体制机制创新。职业教育是一种跨界的教育，必须建立起教学运行平台，把人才培养置于多方参与的开放体系中，贯穿于教学、生产实践、创新研发和应用服务的全过程，才能适应经济社会和产业发展的需要。为此，加强体制机制建设，探索建立适合柳州市职业教育创新发展的运行体制和机制就显得尤为必要，主要有以下做法。

1. 发挥政府统筹作用

建立健全现代机制体制相关支持政策和配套措施，进行制度创新；通过局际联席会议、职教集团、校长协作会等搭建有效运行的平台。一是统筹部门资源。充分发挥政府职能作用，构建由教育、人社、财政、发改等相关部门组成的局际联席会议制度，共同研究解决试点工作中遇到的困难和问题。二是统筹企业资源。据教育部和人社部文件精神，依托广西汽车产业职教集团等职教集团平台，在柳州市企业中选择一批实力强、资源丰富并积极参与教育及教学改革的骨干企业作为首批试点单位，整合行业企业资源参与试点工作。三是统筹院校资源。结合柳州市实际情况，遴选一批校企合作条件好、办学水平较高、办学特色鲜明的职业院校，依托柳州职业院校校长协作会平台参加试点工作。

2. 形成与现代学徒制相适应的教学管理与运行机制

明确校企双方的职责与分工，建立校企联合招生、多方参与评价的双主体育人的运行机制；建立教学运行与质量监控体系，共同加强教学过程管理；制定学生（学徒）管理办法，保障学生（学徒）基本权益；实行弹性学制或学分制；根据教学需要，合理安排学徒岗位，分配工作任务，保证学徒合理报酬。共同实施考核评价，建立多方参与的考核评价机制。

3. 建设现代学徒制产教平台

现代学徒制产教平台建设主要通过构建"产业—专业"集群发展模式、"产学研训"一体化的开放共享实训体系，以及组建职教集团等平台进行。一是构建"产业—专业"集群发展模式。立足柳州市汽车、机械等支柱产业及现代城市服务业发展需求，重点建设面向汽车、机械、信息、现代服务业、轨道交通产业的17个"产业—专业"集群，构建产教紧密衔接的专业体系，加大职业教育专业链与产业链的匹配度和契合度，促进形成优势互补、错位发展，具有柳州特色和集群效应的专业群建设模式。二是构建"产学研训"一体化的开放共享实训体系。充分整合校企资源，在试点院校和企业中构建"产学研训"一体化的开放共享实训平台的同时建设一个立足柳州市，辐射全自治区及西江经济带的大型职业技能公共实训基地——柳州市现代学徒中心。三是深化以产业为纽带的集团化办学模式改革。通过组建汽车产业职教集团、轨道交通工程职教集团、机械产业职教集团、现代服务业职教集团等，推进职业教育的集团化办学，形成"企业元素融合实践教学"的职业能力培养模式。

4. 深化人才培养模式改革

改革招生招工方式、人才培养模式、评价模式。改革招生招工方式，是指在试点过程中，根据合作企业的需求，试点职业院校与合作企业共同研制招生招工方案，通过先招生再招工、招工招生同步、先招工再招生等多种形式，推行校企双方招生录取和企业用工一体化的招生招工制度。改革人才培养模式，是指以人才培养对接用人需求为切入点，校企共同设计人才培养方案；共同制定专业教学标准、课程标准、岗位标准、企业师傅标准、质量监控标准及相应实施方案；共同建设基于工作内容的专业课程和适应柳州市产业发展的学徒制课程体系，开发基于岗位工作内容、融入国家职业资格标准的专业教学内容和教材；共同探索学徒在学习时间和场地安排等方面的有效开展模式；通过签订校企合作协议，职业院校承担专业知识学习和基本技能训练，企业承担岗位技能训练，真正实现校企一体化育人。

5. 改革评价模式

根据柳州市人民政府《关于印发〈柳州市职业教育国际化发展行动计划（2014—2020年）〉的通知》精神，引入国际先进职业教育人才培养标准，探索柳州市职业院校人才培养标准与国际职业资格标准对接；鼓励职业院校引进国际先进的职业教育质量标准和保障体系。改变传统单一的评价模式，积极构建第三方评价机制，形成学生自我评价、教师评价、师傅评价、企业评价、社会评价的综合评价模式。

6. 加强现代学徒制师资队伍建设

校企共建师资队伍是试点工作的重要任务，学校教师和企业师傅共同承担现代学徒制的教学任务，建立健全双导师的选拔、培养、考核、激励制度，形成校企互聘共用的管理机制。建设一支满足柳州市现代学徒制试点工作需求的企业师傅团队。企业师傅团队遵循准入规范、管理科学、保障有力的基本原则，建立5个不同行业（专业）企业师傅团队及15个"技能大师工作室"，培养200名合格的企业师傅，实现参与试点的装备制造业、现代物流、汽车商务、汽车技术、轨道交通等五大专业集群全覆盖，形成具有示范作用和推广价值的师资队伍建设的体制机制。试点院校要选拔综合素质高的教师作为指导教师。指导教师的企业实践和技术服务纳入教师考核并作为晋升专业技术职务的重要依据，在职称评聘、评优评先时优先考虑。落实职业院校教师流动编制和编内聘用兼职教师财政支持政策，建立灵活的人才流动机制，校企双方共同制定学校与企业之间人员互聘共用、双向挂职锻炼、横向联合技术研发、专业建设的激励制度和考核奖惩制度。

（四）试点城市建设的主要成效

第一，制定出台了系列政策措施。加强了政府统筹作用，成立了由分管副市长任组长的职业教育现代学徒制试点工作领导小组，制定出台了相关支持政策和配套措施。如《柳州市开展职业教育现代学徒制试点工作实施方案》《柳州市现代学徒制试点工作企业师傅团队建设实施方案》《柳州市参与现代学徒制企业师傅评价考核标准》《柳州市开展现代学徒制试点工作第三方评价考核办法》《柳州市开展现代学徒制试点工作督查评估办法》等。

第二，实现校企深度合作，推动了产教融合。通过职业院校专业建设暨布局结构调整，推进"产业—专业"集群发展、建设"产学研训"一体化的大型职业技能公共实训基地（柳州市现代学徒中心），组建广西汽车产业职业教育集团等职教集团，推动了产教融合，增强了职业教育服务地方产业的能力。

第三，提高了人才培养质量。由于现代学徒制实现了专业设置与产业需求对接、课程内容与职业标准对接、教学过程与生产过程对接、毕业证书与职业资格证书对接、职业教育与终身学习对接等5个对接，参加试点学生的技术技能水平不断提高，在各级技能大赛中大显身手，不断摘金夺银。

第四，师资队伍建设卓有成效。通过组织各级各类学校指导教师培训，打造了一支具有国际新观念、宽视野、高素质、专业能力强的教师队伍；通过组建"企业师傅团队"、成立"技能大师工作室""企业工程师工作坊"等举措，遴选培养了200名技艺高强的兼职师资团队；初步构建了柳州职业教育国际化发展的专家智囊平台，如聘请北师大职教所赵志群所长为柳州市政府顾问等。

第五，提高了柳州职业教育国际化水平。通过推进试点城市建设，指导各职业院校积极开展国际交流与合作，着力引进国外先进的课程标准和课程资源，学习借鉴德国、英国等发达国家职业教育发展成功经验，对柳州市职业教育教学进行优化提升，进一步提高城市职业教育的国际化水平。

三、破解难题，将试点工作纵深推进

现代学徒制试点是一项艰巨而又意义深远的工作。当前，柳州市在推进现代学徒制试点工作上先行先试，大胆创新，已经在相关支持政策和保障措施等方面取得重大突破，对于实现既定的试点城市建设目标大有裨益。实践表明，只有不断破解出现的难题，才能将试点工作推向纵深发展。

一要加快机制体制创新研究，继续完善相关政策文件的制定。二要将试点工作过程理论化，形成系列研究成果。三要进一步加强培育参与"双主体育人"的师资，培养更多的"企业师傅""技能大师"，以及行业领军人物、专业带头人和骨干教师。四要加强对试点工作经验的提炼和总结，将相关试点成果向柳州各中、高职院校及应用本科同类专业进行推广应用，同时辐射全自治区、全国，形成柳州职业教育现代学徒制的创新与实践的品牌。

"广西汽车城"校企合作育人平台建设的创新与实践

谭克诚[①]

【发表情况】 2016-03-15 发表于《中国高等教育》。

【摘要】 文章从开创"城校企"模式,构建"城校企"校企合作育人实践平台、"城校企"校企合作育人平台进一步完善专业的建设与发展、"城校企"校企合作育人平台建设成果、校外推广和社会影响几个方面,论述"广西汽车城"校企合作育人平台建设的创新与实践,为同类学校校企合作模式提供有益的探索。

【关键词】 广西汽车城;校企合作;育人平台;创新与实践

国务院《关于加快发展现代职业教育的决定》中指出,提高职业院校人才培养质量,必须着力构建五个方面的内容:推进人才培养模式创新、建立健全课程衔接体系、建设"双师型"教师队伍、提高信息化水平和加强国际交流与合作,而这五个方面的内容实施与落地要紧紧围绕"产教融合,校企合作"这个核心。

柳州铁道职业技术学院在 2010 年正式成为广西自治区示范性高等职业院校以来,在服务地方区域经济和人才培养方面进行了积极而有成效的实践和探索,"广西汽车城"校企合作育人平台建设的创新与实践围绕柳州是"广西汽车城",柳州职教园区就坐落在"广西汽车城"内,上汽通用五菱汽车股份有限公司是"广西汽车城"的核心龙头企业,柳州铁道职业技术学院自 2011 年与上汽通用五菱汽车股份有限公司开展全方位合作以来,正式拉开了"城校企"合作模式。本

---

① 谭克诚(1974—),男,广西象州人,柳州铁道职业技术学院副教授,研究方向为车辆工程、教育教学管理等。

文通过四个方面的内容来说明"广西汽车城"校企合作育人平台建设的创新与实践所解决的相关问题和取得的成果,力求在校企合作育人平台建设上探索更为有效的途径。

一、开创"城校企"模式,提高合作育人工作系统化程度,解决合作育人不落地、人才培养与产业需求脱节的问题

依托柳州职教园区坐落在"广西汽车城"内的优势,学校与上汽通用五菱汽车股份有限公司共建、共管和共享"上汽通用五菱销售服务柳州培训中心"(以下简称"培训中心"),建成上汽通用五菱全国最大的"校中厂"培训中心,形成合作育人工作体系,整体推进合作育人,惠及所有汽车专业学生。

(一)创新平台的建设理念

根据柳州市政府的总体规划,在建设思路上,把柳东新区建成广西汽车城和柳州职教园区,引领行业发展的龙头企业(上汽通用五菱等企业)入驻柳东新区,柳州市政府对整个州职教园区实现金钥匙工程,搭建城校企合作平台。学校在校企合作模式建设上根据"广西汽车城"企业对人才需求转化为教学模式,为企业提供人才、智力支持,为育人服务。

(二)城校企平台管理机制的创新

在培训中心的管理上,按照"一个模式,两个中心",即以企业人才培养模式为根本,按照企业要求建设全国样板"培训中心",学校结合教学要求构建与企业培训中心一模一样的汽车技术实训中心,按照企业的管理模式和学校管理制度,全部由学校对培训中心进行管理,对汽车技术和销售服务培训、实训教学安排、企业文化建设、库房管理、实训场地建设等进行有益的补充和完善,从根本上解决校企合作长期存在的问题。

(三)创新人才培养模式平台

引入企业新车型、新技术、新服务和新文化,与企业共建和共享企业培训中心和汽车技术实训中心教学基地,解决工学结合相关问题。同时,进一步提升教师核心专业课程开发能力、实践教学设计能力、校企合作科研课题能力、汽车技

术服务水平能力。学生的职业素养和职业技能得到全面的提升。

二、构建"城校企"校企合作育人模式实践平台

（一）以"建城引企、企校融合"的建设理念，解决了人才培养与产业需求脱节的问题

按照"一院一品，校企深度融合"的思路，汽车技术学院依托"广西汽车城"，引入一家行业发展的龙头企业（上汽通用五菱），重构以"工学结合"为特征的课程体系，实现专业课程内容与职业标准的对接，实现学历证书与职业资格证书的对接，将现代企业优秀文化理念融入人才培养全过程，全面提高专业办学的综合实力，提升专业社会服务与辐射带动能力。

（二）"实践教学、社会服务"综合运作机制，解决了人才培养过程中困扰学校的"一缺五难"问题

第一，解决了学生综合职业能力培养缺乏有效载体的问题。按照学校"一院一品，校企深度融合"的思路，即一个骨干专业配套一个行业龙头企业进行校企合作，带动其他相近专业的建设与发展，形成专业群优化发展，建成一个综合生产性实训基地。在校企深度融合过程中，我院汽车技术实训中心基本实现实训室建设上三个标准化模式：实训室建设标准化，实训项目标准化，实训行为标准化。实现"车间与教室合一，学生与'准员工'合一，实践教学与技术服务合一"。

第二，解决了专业教师开发课程遇到困难、教学设计提升难、专业教师实践教学能力培养难、兼职教师聘请难和教师科技创新与技术服务能力难的问题。汽车技术学院常年有15名专业教师通过上汽通用五菱的专业认证，被聘为企业的培训讲师，汽车技术服务经验丰富。上汽通用五菱常年有5名工程技术人员被学校聘为专业建设企业专家，参与专业建设、制定人才培养方案、课程标准及教学内容。学校与企业共建汽车售后技术服务团队，教师参与企业的技术服务管理与技术服务开发，有效解决了教师科技创新与技术服务能力难的问题，同时与企业合作申报相关课题。

三、"城校企"模式校企合作育人平台进一步完善专业的建设与发展

（一）推动汽车专业群的优化与发展

校企双方建成"培训中心"，以上汽通用五菱汽车制造与售后服务人才需求为导向，充分利用合作育人平台"培训中心"、信息、设备、师资等资源，紧紧围绕上汽通用五菱汽车制造厂和上汽通用五菱汽车 4S 店对人才的需求信息，为上汽通用五菱培养技术技能型人才；利用上汽通用五菱品牌和校企合作育人平台开创学校汽车技术专业的建设与发展。学校汽车技术学院从 2007 年建系开设 1 个专业（汽车运用技术），2 个教学班级，69 人开始创业之路，通过平台建设，目前开设有汽车检测与维修技术、汽车运用技术、汽车电子技术、汽车运用技术（技术服务方向）、新能源汽车维修技术等 5 个专业（含方向），共 22 个班级，856 人，推动汽车技术学院专业群的建设、优化与发展。

（二）推动汽车技术实训中心三个标准化建设

学校利用合作育人平台，引进企业文化，对接职业环境，建设成全国样板"实训中心"。以上汽通用五菱汽车 4S 店特有的环境为参照，建设"真实性、先进性、综合性"的校内实训中心，真实的汽车技术服务实训基地，完全满足上汽通用五菱汽车技术服务培训要求和学生对汽车技术服务所具备的知识、能力和素质的诉求。通过合作育人平台，推动汽车技术实训中心实训室标准化建设、实训项目标准化建设、实训行为标准化建设取得标志性成果。实训室标准化建设是指按照汽车企业 6S 要求进行整改和完善；实训项目标准化是指按照校企共建实训室的设备开展相关的实训项目，以目视化的形式展现在实训室；实训行为标准化是指按照企业员工着装，要求学生进入实训室统一实训着装，并且手机入袋。

（三）推动专业课程内容与岗位需要相关联

依托"广西汽车城"龙头企业上汽通用五菱，对接行业企业用人和技术标准，改革专业教学内容，以匹配汽车技术服务对人才的需求，重构课程体系，校企合作开发课程和专业培训教材。以上汽通用五菱技术服务标准为依据，开发专业教学标准，制定核心课程标准。对接工作任务，重置课程内容。以工作任务为

载体,改革专业教学内容,以匹配企业岗位要求。对接职业资格标准,在汽车检测与维修技术等 5 个专业中设计相关教学项目。校企共同编写教材,新教材以实践整合知识和技能,从实践过程着手,由实践整合理论,再由理论指导实践。教材编写体现学生的成长成才规律,按照初级维修技师课程、中级维修技师课程和高级维修技师课程所具备的知识、能力和素质进行编写。

(四)学生就业能力进一步增强

本专业毕业生初次就业率 96.8%,受到上汽通用五菱汽车制造厂和上汽通用五菱汽车 4S 店经理的高度评价。在顶岗实习和参加工作期间,70%的同学走上班组长、管理员和技术服务主管岗位。

四、"城校企"模式校企合作育人平台建设成果

(一)建成了"一个模式,两个中心"的生产性实训教学基地

目前,校企双方统筹建成 6 500 多平方米的"培训中心",作为上汽通用五菱全国最大的"校中厂"培训中心,具体包括"1 个汽车营销中心;10 间理实一体化实训室:整车实训室 3 间,发动机实训室 2 间,电气实训室 3 间,底盘实训室 2 间;配件室 2 间;资料室 1 间;多功能会议室 2 间"。将社会主义核心价值观、上汽通用五菱的优秀文化理念融入人才培养全过程,强化职业道德、职业精神、团队协作和创新能力的培养,推进素质教育,实现职业教育与终身学习的对接。汽车技术学院已建成与"培训中心"零距离对接的理实一体化实训室,形成标志性"上汽通用五菱培训中心"生产性实训教学基地成果。表 1 所示为汽车技术学院实训中心标志性建设成果。

表 1 汽车技术学院实训中心标志性建设成果表

建设基地名称	建设项目	功能(理实一体化)	面积
上汽通用五菱销售服务柳州培训中心	汽车整车实训室	技术服务培训及教学	720m^2(3 间)
	汽车营销中心	汽车营销、新车上市与发布及教学	300m^2(3 间)
	汽车发动机实训室	技术服务培训及教学	540m^2(2 间)
	汽车底盘实训室	技术服务培训及教学	360m^2(2 间)
	汽车电气实训室	技术服务培训及教学	540m^2(3 间)
	配件资料室	技术服务支持	360m^2(2 间)
	办公室	办公	230m^2(2 间)
	多功能会议室	商务会议及教学	360m^2(2 间)

续表

建设基地名称	建设项目	功能（理实一体化）	面积
汽车技术实训中心	汽车整车实训室	技术服务培训及教学	1 200m²（4 间）
	汽车营销中心	汽车营销、新车上市与发布及教学	300m²（1 间）
	汽车发动机实训室	技术服务培训及教学	450m²（3 间）
	汽车底盘实训室	技术服务培训及教学	450m²（3 间）
	汽车电气实训室	技术服务培训及教学	450m²（3 间）
	配件资料室	技术服务支持	360m²（2 间）
	多功能会议室	商务会议及教学	120m²（2 间）
	办公室	办公	230m²（2 间）

（二）创新了人才培养模式，专业建设取得了显著成效

依托"广西汽车城"的"培训中心"，构建了"以岗导学、项目主导、工学结合"等人才培养创新模式。通过本项目的实施，自 2011 年以来，该成果先后应用于本校汽检、汽运、汽电 3 个专业，惠及 1 500 多名学生，有效支撑了人才培养模式改革。建成国家级专业 1 个（中央财政支持汽车运用技术专业提升专业服务产业发展能力）、自治区特色专业 1 个（汽车运用技术特色专业及课程一体化）；出版教材近 10 部，校企合作开发培训教材 38 部，项目教学案例 64 个。

（三）"双师"素质队伍建设取得成效，专业教师队伍结构得到优化，教师综合能力得到有效提升

"培训中心"成为专业教师提升技术服务能力的摇篮，锻炼和培养了大批专业教师。在"培训中心"，通过上汽通用五菱认证的培训讲师达到 15 人，提高了"双师"素质，专业教师的双师比例达 80％以上，1 名教师被评为全国优秀教师，1 名教师被评为广西高等学校优秀中青年骨干教师，5 名教师获得广西高校青年教师教学业务能力提升，4 名教师被评为市级优秀教师，教师发表核心论文 4 篇，一般论文 40 多篇。"培训中心"连续三年成为柳州市高职高专院校职业技能比赛项目"汽车检测与维修""汽车营销"的举办场地。

（四）学生综合能力进一步提升，人才培养质量明显提高

5 年间（2011—2015 年），学校利用"城校企"校企合作育人平台，引领职业教育教学改革，对接行业标准和企业技术发展水平，在广西参加全国职业院校

技能大赛广西选拔赛"汽车检测与维修"和"汽车营销"两个项目中全部获得一等奖共9项；代表广西参加全国总决赛获得1金、8银、8铜的广西最好成绩。

（五）服务社会功能得以强化，服务区域经济成效明显，校企合作成果显现

"培训中心"构建上汽通用五菱技术服务培训平台的社会服务综合体系，既可以为企业提供技术服务培训平台，又可以提升教师的科研综合能力。自2011年以来，汽车技术学院教师获国家专利14项，其中发明专利2项，实用专利12项；专利受理25项；立项区级课题13项，开展职业技能服务和培训达2.5万人次，连续5年为上汽通用五菱全国汽车4S店员工技术服务技能大赛提供技术支持，教师作为技能大赛裁判206人次。

五、校外推广和社会影响

本项目从2011年1月至2015年12月，全国政协相关代表团、广西壮族自治区政府相关代表团、广西壮族自治区教育厅相关代表团、柳州市政府相关代表团、柳州市教育局相关代表团及其他、广西职业技术院校等20多批次国内代表团共2 658人次到校进行学习和交流，并在2014年11月汽车产教对话活动暨第十一届全国汽车职教年会上作典型经验交流，产生了重大影响。

以"广西汽车城"作为区域经济优势特点，校企合作建成"培训中心"育人平台作为载体，为校企合作育人平台进行了有益的探索，对于人才培养、专业建设、课程标准、师资队伍建设、实训基地建设、专业技术服务能力及服务地方区域经济，具有重要的参考意义。

【参考文献】

[1] 国务院关于加快发展现代职业教育的决定［EB/OL］. http：//www.scio.gov.cn.

[2] 邓志良. 职业教育（园校企）模式研究与实践[J]. 中国职业技术教育，2014（29）.

[3] 曹根基，郝超，蒋庆斌，等. 产教园＋工作站：合作育人平台创新与实践[J]. 中国职业技术教育，2015（17）.

[4] 田锋社. 机械制造与自动化专业人才培养体系的建设与实践[J]. 中国职业技术教育, 2014 (29).

[5] 职业院校管理水平提升行动计划 (2015-2018) [EB/OL]. http://www.jxlsxy.com.

[6] 张平. 德国职业院校的职业能力理念和实践[J]. 中国职业技术教育, 2012 (29).

职业教育校企合作分类发展

梁 将[①] 刘 腾[②]

【发表情况】 2016-12-01 发表于《中国高等教育》。

【摘要】 职业教育的核心是校企合作,校企合作对于发展职业教育、培养技术技能型人才至关重要。职业教育校企合作,尽管政府重视、学校主动,但校企合作现状依然不尽如人意,发展极不平衡。针对当前校企合作发展困难及不均衡的现状,需要政府、行业、企业、学校等多方联动,发挥各自优势,履行本位职责,分门别类地对校企合作进行干预、扶持和促进。

【关键词】 职业教育;校企合作;分类均衡

国务院《关于加快发展现代职业教育的决定》指出:"健全企业参与制度。研究制定促进校企合作办学有关法规和激励政策,深化产教融合,鼓励行业和企业举办或参与举办职业教育,发挥企业重要办学主体作用。""以服务为宗旨,就业为导向,产学结合的发展道路"已成为职业院校的共识。放眼世界,经济发达的欧美国家,均有基础扎实、普及程度高的职业教育体系,具有先进的职业教育人才培养模式。职业教育的健康发展离不开校企合作:校企合作有利于提升人才培养质量,增强学校服务经济社会的能力,实现充分就业;校企合作能为企业提供优良的人力资源,培养对口人才;校企合作有利于整合学校、企业及社会资源,解决企业招工难与学生就业难的困境,实现人口大国向人力资源强国的转变。校企合作虽有诸多益处,但发展现状却不容乐观。

[①] 梁将(1972—),男,广西桂林人,柳州铁道职业技术学院发展改革处处长、讲师、经济师、硕士,研究方向为职业教育校企合作。
[②] 刘腾(1988—),男,河北大城人,廊坊职业技术学院助理讲师,研究方向为计算机网络集成与安全。

一、校企合作发展不均衡

职业教育校企合作，政府重视、企业支持、学校主动，从国家到地方均先后出台多项政策，支持发展校企合作。作为职业教育办学主体，职业院校对于校企合作均投入很高的热情。然而，不同地域、不同行业专业类型职业院校的校企合作呈现冷热不均的状态，水平高低不一，发展参差不齐。

（一）快速成长的行业企业主动参与职业教育

企业调集资金、设备等资源与学校共建校内外实训实习基地，主动接收学生顶岗实习。企业主动要求开展"订单"或"半订单"教育，并定期派出企业技术专家参与专业建设、课程设置等教学工作。例如，全国城市轨道交通爆发式发展，带来了人才需求的高潮，各城市轨道企业主动与相关院校开展合作，不少企业直接到学校筛选刚入学新生开展"全订单"培养。

（二）经济发达地区学校或国家级示范或骨干院校对企业有较强的吸引力

经济发达地区学校或国家级示范或骨干院校的办学环境和办学条件优越，毕业生质量较高，有一定的科研服务或生产服务能力，自然形成了校企合作的有利条件。

（三）具有深厚行业背景的职业院校便于开展校企合作

由于历史的原因，依托人脉和文化认同，具有深厚行业背景的职业院校与行业有着天然的合作渊源。此类院校较容易与企业达成合作意向，并能深入发展。例如，铁路职业院校于10年前已经移交地方政府管辖，但是铁路职业院校的办学特色和铁路文化依然延续，校企之间依然有较强的吸引力。

（四）综合性普通职业院校多以浅层校企合作为主

由于缺少行业背景支持，综合性普通职业院校办学缺乏特色，校企合作大多数为学校主观愿望，表面上轰轰烈烈，形式繁多，但收效甚微，多数只是签一份协议、给实训基地挂一块牌而已，缺乏实质性内容。

（五）艰苦行业及落后地区的院校或专业，深化校企合作困难重重

例如，农、林、水利、地质等，校企合作的发展空间非常有限，特别是西部偏远落后地区，深入开展校企合作更困难。这些地区或行业是国家扶贫攻坚的重点，而职业教育是增加就业、脱贫致富的重要手段，校企合作有待进一步发展。

二、校企合作中企业动机与政策环境分析

针对当前存在的校企合作发展不平衡的现象，有必要对校企合作动因和环境进行分析，探究校企合作发展滞后的原因。

（一）企业的职业教育主体意识缺失

市场竞争说到底是人才的竞争，作为企业方对人才无不重视，企业内部的人才战略和激励政策层出不穷。企业获得人才的途径有三条：一是企业自主培养，基本限于职前或在职短期培训；二是与学校合作培养大中专应届毕业生，需要投入时间和资金成本；三是向社会公开招聘，公开招聘是企业获得人才的重要渠道，其优点在于成本低、见效快，员工到岗就能任用，不需要长期的培养。企业用人策略的功利性与人才成长的客观规律出现明显错位，造成企业悲叹招工难的同时，大中专毕业生正为就业发愁，似乎毕业生的自身条件与企业的岗位要求之间有一层无形的隔膜，二者很难对接。究其原因，主要在于企业虽是人才使用方和职业教育受益者，却逃避了人才培养及支持职业教育的职责。

（二）校企合作缺乏政策环境支持

经调查，企业认为开展校企合作带来的负面影响主要包括：一是企业接受职业院校的学生、教师实习，需要配备专门的指导人员，导致劳动生产率受到影响；二是学生技术不熟练，存在损坏设备或发生安全生产事故等风险；三是顶岗实习虽然签订了合同，但是学生毕业后违约离职的情况屡见不鲜，作为实习企业，付出了培养成本，却为他人做了嫁衣。在校企合作中，企业的义务和责任远大于获得的利益，其对校企合作的投入也未必能带来相应的经济效益、社会效益。因此，校企合作缺乏主动性、长期性，趋于形式化、表面化。对于校企合作，目前没有真正适合的配套保障机制、激励机制，使企业缺乏开展校企合作的

内在动力和外在约束，参与人才培养的责任感缺失。

三、校企合作分类发展策略

从国家及社会经济的总体层面而言，各行各业均衡发展，各类人才结构优化、分布合理，校企良性互动，培养高素质技能型人才，社会劳动人群充分就业，是保证经济持续健康发展、社会健康和谐的关键所在。针对当前校企合作发展困难及不均衡的现状，需要政府、行业、企业、学校等多方联动，发挥各自优势，履行本位职责，分门别类地对校企合作进行干预、扶持和促进。

（一）通用型人才培养校企合作发展策略

通用型职业人才，顾名思义，就是这类人才可以在多类行业企业、多个岗位就业，这类人才总量大、来源广，企业获得人才的渠道多样，而且校际之间竞争较为激烈。因为通用性和可替代性职业人才的培养很难真正获得企业的有力支持，在校企合作中学校基本处于被动地位。

1. 设立职业教育基金

参照德国的"双元制"校企合作模式，由政府引导设立职业教育基金，主要来源包括政府财政拨款、企业按生产规模缴纳职教税、社会团体及个人捐助等。基金主要用于支付学生到企业实训产生的费用，包括材料消耗、企业生产效率损失、现场技术人员参与教育补贴、学生人身保险、住宿及生活补贴等。一方面，使接收学生实训实习的企业受益，乐意接受学生实训实习，使校企合作成为一项有收入的业务。另一方面，职业教育基金的定向使用，平衡了实习企业与非实习企业之间的不平等现象。学校在基金的使用分配上占主导权，以市场的手段调控企业的非市场行为，参与合作的企业可获得职教基金资助，合作成效优良的企业可获得较多的职教基金资助，从而激发企业参与合作的积极性和主动性，使校企合作能够良性循环发展。

2. 招聘准入制度

由政府主导，顶层设计政策，制定并全面推行人才招聘准入制度。企业进行人才招聘的准入条件包括，有条件开展校企合作的企业参与校企合作达到规定的标准，如接收一定数量的实习生、与学校共建实训基地、开办职业教育培训机构等；不具备校企合作条件的企业需要缴纳职教税，为职业人才培养支付成本。

（二）社会经济欠发达地区职业人才培养校企合作发展策略

由于历史和区域经济发展失衡等原因，老、少、边、穷地区的职业教育发展相对落后，职业院校办学能力较差，在校企合作中往往处于劣势地位。因此，要对这些地区的校企合作有所倾斜。

1. 财政倾斜支持

职业教育的普惠性决定了职业教育必须走均衡发展之路，经济发达地区对欠发达地区的人才掠夺造成欠发达地区职业教育越发落后。中央政府和省级政府需要加大对落后地区的财政转移支付力度，增强这些地区举办职业教育的财政能力，增加对职业教育的支持，改善办学条件，促进我国各地区职业教育的均衡协调发展。同时，要用财政杠杆调控，加大财政资金对校企合作的资助力度，让企业参与校企合作变得有利可图，引导区域外企业与欠发达地区职业院校开展校企合作。

2. 发展跨地区集团化办学模式，政府牵头，结对共建

发挥政府行政指导功能，指定发达地区的职教集团接纳欠发达地区职业院校为集团成员，充分发挥职教集团的资源平台功能，让欠发达地区职业院校充分分享集团的各项校企合作资源，为欠发达地区职业院校开办"订单"培养，使发达地区企业和学校接纳欠发达地区学校学生的校内外实训实习。

（三）艰苦或落后行业职业人才培养校企合作发展策略

农业、林业、水利、地质等行业，由于就业渠道偏窄、工作环境恶劣等原因，招生就业境况不佳，然而这些行业关乎国计民生，属于应优先发展、必须发展的行业。如何深化校企合作、提高办学水平、提升行业岗位吸引力是一个重要课题。

1. 增强学校科研能力，吸引企业

由政府扶持、行业协会指导，充分发挥学校人才和技术资源集中的优势，提高艰苦和落后行业职业院校办学质量，提升应用技术研发水平和服务行业企业的技术能力，形成行业技术高地，以院校为突破口，破解落后行业发展"瓶颈"，增强学校对企业的吸引力，使校企双方相向而行，深度合作，产教协同发展。

2. 校企深度融合，提升学生职业认同感

围绕如何提升学生的职业认同感、稳定员工队伍，开展教育模式改革，以行业企业为主导的"全订单"职业教育模式，将在校生纳入企业准员工管理，实现工学交替。学生在企业实习期间享受一定标准的待遇，接受企业文化的熏陶，提高学生对企业的了解，提升其职业认同感。实现课堂与车间无缝对接，既能实现校企深度合作，提高办学质量，又为艰苦和落后行业解决了人才短缺的问题。

（四）垄断行业职业人才培养校企合作发展策略

调研发现，大型国有企业、垄断行业企业的校企合作意愿度比较高。一是这些企业基本属于市场垄断或技术垄断，且已进入成熟发展期，自身生存压力较小，有精力和能力开展校企合作；二是企业特有工种人才，在社会上招聘较为困难，需要与相关特定院校保持较为紧密的合作关系；三是企业具有良好的合作文化氛围，需要通过校企合作进一步提升企业的社会形象。例如，近年来，铁路行业的国家投资建设规模空前扩张，运营里程大幅增长，站段一线技术人员缺口较大。因此，铁路企业主动与相关职业院校接洽，开展校企合作，共建实训基地，开设铁路特有专业"订单"班，使相关专业出现了出口畅、入口旺的喜人局面，与2010年之前的冷淡景象有了天壤之别。

1. 组建职教集团

由于行业背景的独特性，垄断行业职业教育竞争壁垒较高，其他类型学校难以进入其中，其特有专业能保持一定的招生或就业优势。但是由于铁路、电力、石油等垄断行业受国家经济发展起伏影响，以及企业减员增效的压力，其人才需求容易发生较大幅度的波动。因此，组建职业教育集团是一条有效途径。例如，由柳州铁道职业技术学院牵头组建的"广西轨道交通工程职业教育集团"，集合了广西铁道学会、南宁铁路局等18家行业、企业、学校、科研机构，集团的成立搭建了学校与企业合作交流的平台，让校企双方相互充分了解，共同研究人才需求发展规划，共同制订技术技能型人才培养计划，提高企业在校企合作中的话语权、参与决策权。充分发挥职教集团的作用，让校企双方充分沟通，信息共享，不仅能将学校的办学风险降至最低，还能最大限度地满足企业对人才的需求。

2. 行业企业办学

纵观我国职业教育发展历史，企业参与办学一直是职业教育的主流。放眼世界，德国的"双元制"、英国的"现代学徒制"等人才培养模式中，学生在企业的工作学习时间大多数超过60%，企业在技术技能人才培养过程中发挥着重要作用甚至是主导作用。在我国教育改革进程中，垄断行业企业如铁路行业采取一刀切的职业教育改革方式，全部职业院校移交地方政府或教育机构，看似铁路主业减负、减员增效，但从长远发展而言，却给铁路发展带来负面影响，铁路技术技能型人才培养出现了断档，企业需求与学校办学意愿渐行渐远。铁路行业移交全部职业院校及培训机构后，又不得不重新组织人马，配备硬件设施，成立各式各样的培训基地、训练中心，从反面证明了行业企业办职业教育的迫切性和合理性。

学校与企业分属不同性质的组织，职业院校办学具有公益属性，企业追求经济利益具有市场属性。校企合作是教学与生产、科学与经济的结合，校企合作受到各种因素的影响和制约，因而产生了各式各样的校企合作模式、渠道，形成优劣不一的合作效果。促进校企合作、产学融合均衡发展，有利于促进充分就业、促进产业均衡发展。促进校企合作均衡发展，关键在于政府，应充分发挥各级政府主管部门的主导作用，针对不同地域、不同行业，制定相应的政策、法规，构建校企合作的长效运行机制，激励、引导、规范、调节、推动校企合作，通过政府、企业、职业院校三方共同努力，实现校企合作由表面向深入、由短期向长期、由松散型向紧密型、由低层次向高层次转变，使技术技能型人才培养质量有保障、有特色，实现"合作办学、合作育人、合作就业、合作发展"。

【参考文献】

[1] 林英．高职院校校企合作现状及构建机制的调研[J].中国大学教学，2011（7）.

[2] 魏启亮．高等职业教育校企合作成效探讨[J].职业教育研究，2013（4）.

[3] 段玉青．德国职业教育经费保障体系对我国西部职业教育的启示[J].教育财经研究，2012（4）.

标准内化培养大国工匠校企
协同服务"一带一路"

朱伟才[①] 李东航[②]

【发表情况】2018-04-18 发表于《中国高等教育》。

【摘要】根据不同专业人才培养特点,以国际先进职教和行业标准为引领,重构专业课程体系。将国际先进工作流程、岗位标准和技能培养理念融入专业实训条件建设,构建管理高层协调组、中层领导组和基层运行组三级校企协同服务"一带一路"协调机构。

【关键词】标准;校企协同;国际化

教育部印发的《高等职业教育创新发展行动计划(2015—2018年)》提出,支持高等职业院校将国际先进工艺流程、产品标准、技术标准、服务标准、管理方法等引入教学内容,积极参与职业教育国际标准与规则的研究制定,开发与之对应的专业标准和课程体系,扩大国际话语权、增强国家软实力。为配合国家"一带一路"建设,助力优质产能"走出去",扩大与"一带一路"沿线国家的职业教育合作,主动发掘和服务"走出去"企业的需求,培养具有国际视野、通晓国际规则的技术技能型人才和中国企业海外生产经营需要的本土人才。柳州职业技术学院积极推进学校国际化发展战略,紧贴地方企业开拓"一带一路"沿线国家市场的需求,引进并内化先进标准,培养大国工匠,在助推中国企业"走出去"和推进中国职业教育标准的国际输出上开展了有益的探索。

---

① 朱伟才,柳州职业技术学院党委书记。
② 李东航(1981—),男,广西天等人,教育学博士、副教授,柳州职业技术学院职业教育研究所所长,研究方向为职业教育管理。

一、内化先进标准，夯实大国工匠培养支撑要素

学校引入德国工商大会（AHK）技能认证标准、德国手工业协会（HWK）技能认证标准、英国国家职业资格物流三级标准和工程机械行业（柳工）先进标准、美国卓越绩效管理标准，并把先进标准的理念和原则与柳州市学校本土实际，以及技术技能型人才成长规律有机结合，把国际先进工艺流程、产品标准、技术标准、服务标准、管理方法等创新性地融入人才培养各要素，为大国工匠培养提供有力保障。

（一）内化国际先进标准，构建国际化课程体系

职业院校可以根据不同专业人才培养特点，以国际先进职教和行业标准为引领，重构专业课程体系，为大国工匠培养奠定课程基础。如柳州职业技术学院机电类专业引入德国工商大会（AHK）技能认证标准，开发了本土化"双元"专业课程体系；物流管理专业设计了基于英国物流职业标准"测评"模式下的雇员的权利和责任（ERR），沟通、数据处理及计算机（ESW），物流模块（NVQ）三大教学单元；汽车类专业根据德国手工业协会（HWK）的技能认证标准，构建了"分级递进"式的专业课程体系；工程机械类专业参照德国"双元制"培养模式，对接工程机械行业（柳工）先进标准，按照"基础能力—专项能力—综合能力—创新能力"的职业成长规律和教学规律，构建四模块（电气、液压、发动机、底盘）并进的"工学交替"专业课程体系。

（二）培养与引进并举，建设国际化师资队伍

职业院校可以通过自主培养和外部引进相结合的方式，打造国际化师资队伍。一是提升在岗教师的国际化水平。一方面，选派教师到德国、英国、新加坡等职教发达国家进行海外研修，开拓教师国际视野，学习发达国家先进职教理念和人才培养标准，提高国际化职教课程开发能力和教育教学能力；另一方面，在本校或委托国内高校举办国际化师资专题研修班，邀请国内外职教专家，在国际化职教理念学习、国际化职教课程开发等方面对教师开展针对性的指导，实现教师国际化职教理念学习和能力培训的全覆盖，进而提高在岗教师的国际化水平。如柳州职业技术学院先后选派20多名机电类和管理类专业教师到德国和英国进

修的同时，依托德国工商大会（AHK）上海办事处，组织专任教师赴上海开展"双元制"人才培养模式、课程开发流程等培训，还聘请了德国培训师到校开展教学示范，有效地提升了学校教师的国际化水平。二是引进境内外国际化师资。一方面，西部职业院校要主动"走出去"，加强与国外职业院校的交流沟通，扩大学校知名度，增进国外特别是发达国家具有职业教育教学资质人员对学校的了解，通过加大政策支持和经费投入力度，吸引境外优秀人才加盟；另一方面，西部职业院校可以将合作企业的优秀人才作为国际化师资的重要来源，充分利用国家和地方鼓励企业技术骨干到职业院校担任兼职教师的政策，做好相关规划和服务工作，吸引地方企业中具有国际化学习和工作背景的管理人员和技术骨干到学校参与教育教学工作。

（三）整合校内外资源，夯实国际化实训条件

加强产教融合校企合作，整合校内外资源，将国际先进工作流程、岗位标准和技能培养理念融入专业实训条件建设，是职业院校夯实国际化实训条件的重要路径。柳州职业技术学院根据国际先进标准对学生实训教学条件建设的要求，在机电类专业按照"小班教学、定期轮换"的教学要求及德国工商大会（AHK）技术资格考证需要，建设跨企业培训中心，在企业内建设包括工艺教室、模拟生产加工、工艺开发室等项目的培训中心。物流管理专业在国际知名物流企业敦豪物流柳州分公司建设校外实训基地。汽车类专业根据中德汽车机电人才培养（SGAVE）项目要求，建设汽车维修专业实训室，与企业共建共享型跨企业培训中心——汽车"工匠学院"。工程机械类专业通过"柳工—柳职院全球客户体验中心"建设，形成集培训、教学、职业技能鉴定、技能竞赛、客户体验、咨询服务、创新创业和专业技术交流平台等多项功能为一体的实训教学平台。

（四）引入先进管理模式，推进管理国际化

国际化人才培养需要职业院校提升管理服务水平，为人才培养提供有力的管理保障。职业院校可引入、吸收国际先进管理模式和标准，重构管理体制机制，优化管理手段，提升管理的国际化水平。柳州职业技术学院借助校外管理咨询公司力量，引入美国卓越绩效管理模式，突出以师生为本，对教育教学、学生管理、后勤服务等各个工作环节进行流程再造，优化管理服务流程，完善管理制度，明确工作职责，提升管理服务效能，为培养高质量国际化技术技能人才提供

了坚实保障。

二、建立校企协同长效机制，助推中国企业"走出去"

"一带一路"倡议为全球企业带来重大商机，也为中国职业教育伴随企业"走出去"输出中国职业教育标准提供了历史机遇。柳州职业技术学院紧跟柳州当地企业开拓海外市场的需求，构建校企协同机构和制度体系，助推中国企业"走出去"。

构建管理高层协调组、中层领导组和基层运行组三级校企协同服务"一带一路"协调机构。管理高层协调组是由学校领导与公司高层构建的工作组，主要承担项目顶层设计和进度监督，解决合作双方存在的设备、资金、人员管理等方向性问题；中层领导组主要由二级学院领导与公司人才资源管理高层组建的工作组，其职责就是细化项目顶层设计，制定详细工作方案，负责组织实施人员培训、课程体系构建、课程开发及实训基地建设、教学管理等工作，监控项目运行情况，确保项目按节点运行，及时向管理高层协调组汇报合作中存在的问题；基层运行组主要由学校专业负责人与企业基层管理人员领衔，并且包括学校专业教师和企业技术人员，具体落实中层领导组制定的工作方案，实施课程体系构建、课程开发及实训基地建设等工作，开展课程教学。

建立校企协同服务"一带一路"制度保障体系。签署校企战略合作协议，明确协同培养大国工匠过程中双方的权利和义务、沟通机制、工作机构等；完善校企协同服务"一带一路"工作的具体管理制度。在课程体系开发、师资队伍管理、实训条件建设和使用、教师课酬、人才培养质量评价等方面，制定专项管理制度，以确保合作过程得到长效制度保障。

三、"三业并进"服务"一带一路"建设

"三业并进"是指职业教育"走出去"服务"一带一路"要同时具备专业载体、企业伙伴、产业支撑三个要素，三者形成相互协同，有机融合的共生关系。

在专业载体的建设上，学校要有较强的办学实力，能够根据企业需要的人才类别、层次和素质能力要求，设置相应专业，确定人才培养目标，并开发相关课程体系和教学资源，形成专业标准，以确保人才培养与企业需求的吻合度。在企

业伙伴的选择上，企业要具有较强的国际竞争力；在海外市场的开拓和经营上，具有丰富经验；在产品生产和售后服务上，建立有较为完备的标准体系。此外，不可或缺的是在企业和学校之间要建立成熟的合作机制和制度，以保证双方合作的顺畅。在产业支撑上，校企合作在海外开展合作办学项目，必须要以当地产业发展作为支撑，面向当地培养产业急需的技术技能人才，实现学校、企业、当地产业三方共赢。

柳州职业技术学院作为国家示范高职院校，教学改革深入，人才培养质量高，一直是广西乃至全国职业教育发展及改革的"排头兵"。学校大力推进"国际引领、内涵升级、六化并举，建成特色鲜明高职名校"的发展战略，在国际化人才培养上取得了丰硕成果，积累了丰富经验。广西柳工机械股份有限公司（以下简称"柳工"）是中国工程机械行业和广西第一家上市公司，是中国工程机械行业的领先厂商，在国际化发展过程中，通过国际营销、国际制造、国际并购，成为中国拥有最大、最完整的经销商的世界型企业之一。截至2017年年底，柳工的海外客户数量持续增长超过24 000个，关键客户数量超越500个，拥有超过300家海外经销商团队，10个海外配件库，3个海外生产基地，12家海外营销子公司，海外营业额在公司总营业额占比达30%以上，产品销售和售后服务能力不断增强。

2015年，柳工与柳州职业技术学院强强联合，共同建立了柳工—柳职院全球客户体验中心，合作开展人才培养、全球经销商培训、技能竞赛、科技研发等。同时，基于柳工在全球的发展战略布局基础，校企在全球选址建设分中心，建设覆盖全球的中国企业海外培训基地网络，通过线上线下培训，共享培训资源，服务企业海外发展。目前，已在印度、波兰、巴西、泰国、南非、俄罗斯等"一带一路"沿线国家建立了8个分中心。柳州职业技术学院在分中心基础上，建立了8个学院。以学院为平台，按照中国职业教育标准，面向当地产业发展培养技术技能人才，既促进"一带一路"沿线国家产业发展，又有力助推中国企业国际化发展，还提升了学校的国际影响力，实现中国职业教育标准的国际输出，探索形成了中国职业教育服务"一带一路"的"三业共进"模式。

专业建设篇

【导语】专业建设是职业院校建设和发展的核心，是技术技能人才培养的重要依托，决定着职业教育人才的培养质量和培养规格，体现着职业院校的办学实力与办学水平。近年来，柳州职业教育取得了长足的发展，成为广西壮族自治区乃至西南地区职业教育的"领头羊"，这与柳州市各职业院校如火如荼地开展专业品牌建设和特色建设密不可分。迄今为止，柳州职业院校已建成国家级重点专业20个，自治区级示范专业和特色专业64个，不断满足了人民群众对优质职教资源的需求。

柳州城市职业学院围绕柳州市汽车产业发展和转型升级需求，强化专业建设与企业动态的联动性，伴随"一带一路"建设，成功打造了国际化汽车服务与管理特色专业；柳州铁道职业技术学院铁道信号自动控制专业紧跟高铁信号技术发展，以"国内引领"为建设目标，依托行业、产教融合、校企协同、强化创新，进行专业群建设，提升办学质量，服务区域经济发展；柳州城市职业学院学前教育专业遵循学院"抓内涵、提质量、强特色、创品牌"的战略方针，把打造"民族化的专业特色"作为主要的努力方向，在基于优秀民族文化的高职学前教育专业建设中成效显著；柳州市第一职业技术学校在专业设置上紧跟《中国制造2025》要求和柳州经济社会发展需要，与柳州职业技术学院强强联手，短短三年时间就建好了工业机器人技术专业；广西商业学校电子商务专业探索建构了以校企合作、工学结合为主线的实战型职业岗位模块化人才培养模式，通过建立电子商务人才教育教学培养平台和电子商务人才培养实践平台，实现集教学、生产和培训于一体的"双平台"共振育人目标，增强了专业的核心竞争力。

【典型案例】

基于"一带一路"建设打造国际化汽车服务与管理特色专业的实践

柳州城市职业学院

一、形成背景

自21世纪以来,随着上汽通用五菱、东风柳汽等汽车企业的产品技术更新换代,以及产品在海内外的生产、销售市场的需求,急需大量遍及全国乃至东盟地区的柳产汽车新产品的生产和售后维修服务的技能型高级技术人才。然而,2009年我院高职汽车专业才开始建设,由于教学资源匮乏,专业课程开发未能与柳州市汽车生产企业的新知识、新技术、新技能和企业文化同步接轨,专业群缺乏服务于柳州市汽车产品开拓海外市场的需求及能力。其突出的问题是,专业教师缺乏与行业相吻合的相关专业的教学技能,课程建设缺少柳州汽车产品涉外的相关知识与技能培养的内容,实训基地缺乏相应的教学设备。这些势必违背了专业建设为提高学生综合素质和服务于区域性产业的办学宗旨。

根据教育部《关于推进高等职业教育改革创新引领职业教育科学发展的若干意见》等文件的精神,专业建设应该始终围绕柳州市汽车产业发展、升级需求,与企业密切合作,强化专业建设与企业动态的联动性,不断优化专业内涵建设和外延发展;我院共建了"东风柳汽销售公司培训中心",与上汽通用五菱签订了合作建设海内外"上通五"汽车培训基地,为企业提高国内、海外市场的影响力提供技术、人力支持,依托柳州市"汽车商务现代学徒中心"的建设,探索现代学徒制人才培养模式;通过"走出去",送培一批专任教师参加德国柏林集团组织的"汽车商务职业资格证书的师资认证"培训,组织教师"企业挂职",开拓并提升专兼结合骨干教师的国际化视野和专业技能;通过"请进来",聘请德国汽车商务专家到校授课，提升师资的专业服务能力和实训基地的社会服务功能；探索具有"工匠精神"的专业技术型人才培养实践。

二、主要举措

（一）职业教育服务企业国际化

在东风柳汽海外网点技术培训和在印度尼西亚成立"印尼中上汽通用五菱汽车教育培训中心"的校企合作实践中，学院多次外派汽车专业师资，前往缅甸、印度尼西亚等"一带一路"沿线国家开展企业汽车技术培训，为企业拓展海外市场提供技术服务，践行"企业走出去，职业教育伴随计划"。2017年，我院作为广西壮族自治区唯一一所高职入选全国高职高专"国际影响力50强"。

图1　中印尼上汽通用五菱汽车学院揭牌仪式

图2　中印尼上汽通用五菱汽车学院领导合影

图3　2016级第三批45名印度尼西亚新生合影留念

图4　26名印尼留学生
赴上汽通用五菱印尼公司实习现场（业务培训）

（二）风驰校企合作人才培养的制定

为充分落实校企合作发展的现代职教理念，从2014年开始，汽车服务与管理专业在学生顶岗实习的基础上，与广西风驰集团确定开展"汽车商务现代学体制"的校企合作模式，通过建立"厂中校"，试点建设汽车类专业"现代学徒实验班"，开展校企联合招生、联合培养的人才培养模式试点，创新学生实习、实训的管理办法。

图5　2011级"风驰班"开班仪式　　　　图6　广西风驰集团月度员工大会

以"现代学徒制"人才培养模式改革探索为核心，引进德国汽车商务人才培养体系，经过学校与企业共同研究，进行本土化改造后形成相应的课程体系、评价体系、教学内容、评价标准等，形成"四阶段工学交替"人才培养模式。

图7　赵志群博士到汽车营销与服务实训中心
指导"现代学徒制"的研究实践

探索由"先招生后招工"向"招生即招工"过渡，签订用工合同，校企联合培养，进行学徒制试点；试点实行校企联合招生，真正实现招生招工一体化。

（三）参与企业技术难题攻关，实现校企"双赢"

5年来，通过履行与东风柳汽签订的"商用车售后技术培训合同"，共建了"东风柳汽技术培训中心"，先后培训了国内720多家"东风柳汽售后服务站"的汽车技术人员。同时，通过网络或电话等方式，了解培训学员实际工作中的疑难车辆故障，或者教师直接到现场参与排故及指导，提升了职业教育服务企业能力。近两年，柳汽的新上市车辆先后出现十几辆"自燃"现象，教师韦淇淋作为专家组成员参与了此问题的解决方案研讨，最终得出解决办法，为企业挽回了经济损失。

（四）与企业合作开展课题研究，提升团队的科研能力

在与企业开展的多年合作中，专业教师结合实践多次参与校企合作的科研项目。2013 年 12 月，我院在参加东风柳汽组织的"车辆故障分析研讨会"中，了解到大型商用车"共振"故障较多的情况，与东风柳汽专家合作，申报了自治区教育科学技术课题"大型商用车'共振'数据分析及技术对策的研究"，通过对企业国内 600 多家售后服务站的大量数据分析后，与柳汽专家和同济大学汽车设计院专家，共同参与完成了 2015、2016 年度东风柳汽商用车、景逸乘用车和宝骏乘用车的"高原""高温""耐寒"的车辆性能实验；针对引起车辆产生共振的主要原因，进行了发动机的扭矩波动、车轮不平衡引起的振动等方面的理论研究和路试实验的分析；先后完成了《大型商用车传动系统扭矩共振的研究》《大型商用车传动系统共振转速优化分析》等 9 篇相关技术论文。通过研究分析及论证，柳汽对相应汽配部件的用材，进行了调整，减少"共振"，提高车辆性能。韦淇淋教师被柳汽聘为"技术专家"参与海外市场的技术培训、6 名教师被聘为柳汽"技术培训师"，使柳州各种汽车技术融入专业教学中，促进了本项目的研究与实践。

三、条件保障

（一）政策的支持保障

在中央财政、自治区财政、市财政的扶持帮助下，我院先后建设了自治区示范性"汽车技术服务实训基地"、自治区（千万元）"汽车服务与管理示范特色专业及实训基地"；加强了师资培训，汽车专业教师有 10 多人次前往德国和东南亚进行了专业技术培训与考察；"上汽通用五菱印尼生产基地汽车专业群国际化人才培养项目"获得自治区、市财政的支持，在政策上确保了专业建设改革实践项目的研究。

（二）区域企业的支持保障

学院与东风柳汽共建"东风柳汽售后技术培训中心"，与上汽通用五菱共建了"宝骏人才培养基地"和"中印尼汽车学院"，并提供了师资培训、专业设备、专业技术的支持。通过与东风柳州汽车公司合作，进行 40 个"大型商用车""新能源汽车"的故障检修的微课制作，实施远程汽车技术培养等，这为专业建设营

造了良好的校企合作氛围。

(三) 学院组织保障

为确保专业建设的持续性和制度化管理，我院成立了专门领导小组，下设项目建设工作组和项目建设团队，落实人员，明确责任，充分调研，科学论证，合理制定建设方案，确保专业建设项目的顺利完成。

四、主要成效

(一) 专业的办学规模

我院于2009年开办高职汽车专业1个，当年招生131人，专业师资1人（对口专业），汽车教学设备仅2万余元；目前，汽车专业群有汽车检测与维修、汽车营销与服务、汽车电子技术、汽车制造与检修和新能源汽车技术5个专业。专业群师资为35人，有10名骨干教师，赴德国参加1个月的专业及教学能力提升培训；2016年7月，邀请德国职业教育专家Rohmer教授到我院开展课程开发培训，提升教师的国际化教学技能；依托东风柳汽等企业，组织专业教师到企业挂职，学习区域汽车技术，打造专兼结合的汽车商务师资团队；制订了汽车专业教师培训计划，结合学院专业教师"准入制度"的激励机制，先后组织了6名青年教师参加"广西高师能力提升培训班"的学习，有12人参加了研究生学历的学习。通过几年的专业基地建设、专业师资培养、课程开发等方面的研究与实践，取得了良好的效果。目前，汽车专业在校生1 400多人，汽服专业就业率由原来的85.36%提高到96.76%；汽车专业群整体就业率由原来的83.66%提高到93.68%。

图8 自治区教育厅副厅长黄雄彪到访我系

图9 "请进来",邀请德国BBW职教集团汽车商务领域专家到校授课

图10 "走出去",与德国BBW职教集团合作,10名教师赴德参加专业教学能力提升培训

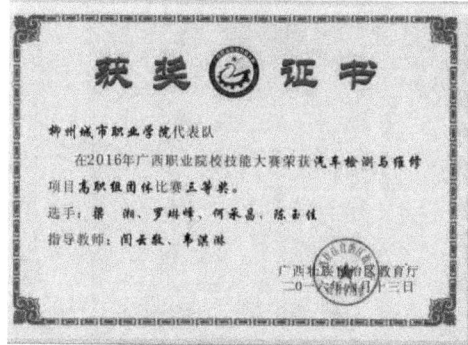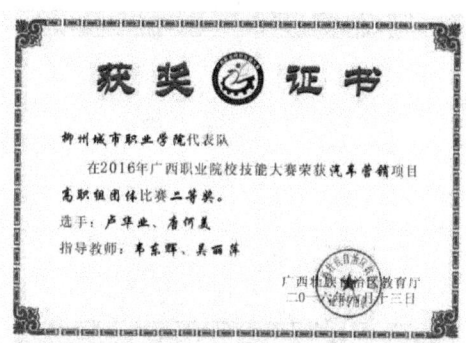

图11 学生获奖情况

(二)科研与教研现状

5年来,我院先后申报了自治区职业教育教改项目"基于区域性标准培养汽

修教师教学技能的研究与实践、构建与区域性行业标准相吻合的汽修专业课程和教学内容的研究、基于区域性汽车技术加强专业建设的研究与实践"的研究（分别已于 2014、2015 年结题）；2014 年开展了教育厅科技课题"大型商用车'共振'的实验分析及技术对策"的研究（2017 年已结题）；先后 21 次获教育厅教科所、院级教育教学奖，其中，2017 年 7 月，获得自治区教育成果一等奖。发表相关论文 40 多篇，出版了 6 本高职汽修类教材。2017 年又申报了自治区职教重点课题"基于区域性汽车技术需求提升专业全方位服务能力的研究与实践"和教育厅科技研究项目"新能源汽车动力系统的数据分析与对策"的研究与实践。致力于研究汽车专业群的建设改革方向，开发了 5~8 门专业核心课程，以提升专业群办学的社会服务能力。

1. 完成自治区级教改课题立项研究的结题情况

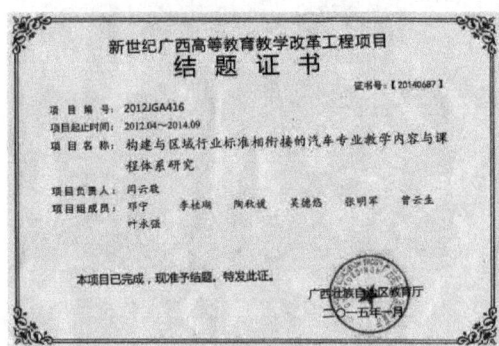

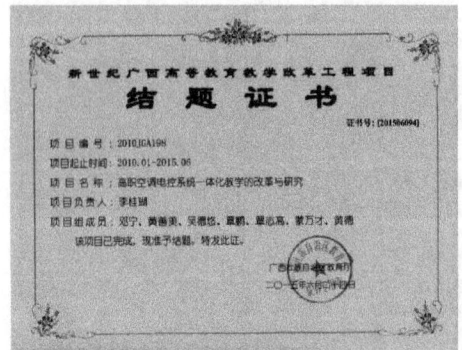
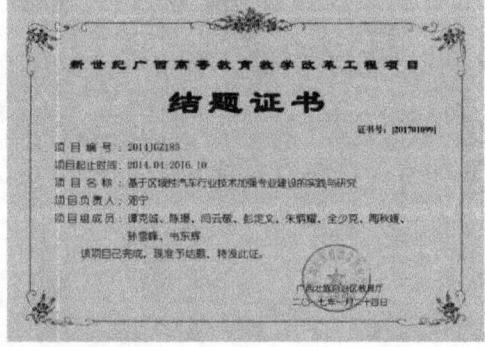

图 12　近 5 年完成自治区级教改课题结题证书

2. 完成教育厅科技项目"大型商用车'共振'的实验分析及技术对策"结题的批文

广西壮族自治区教育厅

桂教科研〔2018〕1号

关于同意2017年下半年广西高校科研项目结题的通知

各高等学校：

根据《关于做好2017年下半年高校科研项目结题工作的通知》（桂教科研〔2017〕34号），我厅组织专家对各高校报送的项目结题材料进行评审，同意629个项目通过结题审核，现将结题名单予以公布（详见附件）。希望各高校进一步加强对在研项目的管理，督促指导项目负责人按时高质量完成项目研究任务。同时，要及时对已经取得的科技成果进行成果登记，积极推动高校科技成果转移转化。

附件：2017年下半年广西高校科研项目结题汇总表

广西壮族自治区教育厅
2018年2月11日

序号	学校	编号	课题名称	主持人	成员
554	柳州城市职业学院	KY2015YB477	广西侗木结构建筑信息模型（BIM）的构建与研究	李宏俭	周魏、刘洪波、傅文庆、文建平、陈乘、文小丽、张文丽、杨似玉
555	柳州城市职业学院	KY2015YB480	柳州城市文化形象的建构与传播研究	周华	林筱颖、陆斐、罗大、汪雯、李柳芳、刘浩
556	柳州城市职业学院	YB2014569	大型商用车"共振"的试验分析及技术对策	邓宁	同云敬、覃振杰、朱柄耀、黄威、韦淇淋、葛永军、孙雪峰
557	北海职业学院	KY2016YB755	面向中小企业的云制造资源虚拟化及组合技术研究	汪卫星	龙有强、朱节宏、卢运娇、覃惠芳、叶刘琴
558	广西经贸职业技术学院	YB2014540	广西佳祥红木文化旅游资源的开发与研究	王东波	农彩云、王丽波、黄春华、陆晓敏、唐宏、吴菲
559	南宁地区教育学院	YB2014598	中国古代神话与亚洲神话影响研究	梁珍明	黄艳、邱冬梅、李娥兰、黄小平
560	广西卫生职业技术学院	2013YB346	靶向抗肿瘤药（拉帕替尼）衍生物的设计、合成与药效评价研究	黄敏琪	黄敏琪、陈海燕、刘喜华、尹艳春、廖朝东、廖泽勇、李生茂、秦泉、兰太进、刘安韬、熊万娜
561	广西经济管理干部学院	KY2016YB581	基于法治思维视角的高校治理现代化问题研究	刘凤兰	刘洋、苏亮乾、陆俊先、李胜兰、田冰
562	广西经济管理干部学院	KY2016YB585	基于北斗导航技术的智能物流管理体系统理论与应用研究	李茜	李茜、岑丽阳、吴沂珊、李玉梅
563	广西经济管理干部学院	KY2015YB350	交通物流物联网地理信息特征点聚类优化技术研究	潘翔	潘翔、林兴志、廖菲菲、刘杰、杨小梅、李玉梅、薛微
564	广西经济管理干部学院	201010LX707	基于模仿创新的企业核心竞争力提升探析——以广西为例	娄亮华	陆凤莲、李寒青、康定华、翁丹宁、黄艳
565	广西经济管理干部学院	KY2015LX577	基于战略支点角度的广西现代服务业税收政策研究	龙丽佳	韦懿益、周新柠、刘石敏、刘展

图13 韦淇淋老师被东风柳州汽车有限公司聘为海外服务技术专家聘书

3. 实训基地建设成果

2014年获批自治区（千万元）示范特色专业及实训基地项目"区域品牌汽车服务与管理国际化人才培养基地"（于2016年5月通过验收）；建成了大众汽车营销实训中心（含二手车评估实训室、事故车查勘与定损实训室）和大众汽车售后实训中心，实训基地所含实训室由10间增加到18间，实训室总面积为5 037.5平方米，可以满足专业群多专业同时进行实训的要求。

图14 大众汽车营销实训中心　　图15 大众汽车售后实训中心

4. 课程体系改革现状

（1）借鉴德国巴符州职教集团、德国BBW职教集团引入德国汽车商务人才培养标准及课程体系试点，结合区域汽车企业技术要求，融入专业教学，修订汽车服务与管理5个专业的人才培养课程体系。

图16　聘请德国专家来华指导
5个汽车专业的人才培养的课程体系的修改制定及教学示范

（2）参照汽车商务职业资格认证体系，建立一套与国际先进职业教育接轨的汽车商务职业能力测评标准及质量保障体系。

图17　教师赴德国考取BBW汽车商务培训证书
及东风柳汽领导向我院教师颁发企业专家证书

5. 校企深度合作的情况

与东风柳汽公司合作共建东风柳汽服务培训中心，企业出设备，学校教师自己制作培训台架，并为柳汽提供师资和培训场地，同时为企业提供技术支持，提升企业技术人员的技能水平。校企共同开发培训教材、课件及视频，鉴定员培训教材、汽车电器培训教材等。

图18　柳汽售后技术培训中心成立照片

图 19　在印度尼西亚成立"上通五"汽车培训中心

在与上通五菱宝骏共建了在印度尼西亚成立的"印尼中上汽通用五菱汽车教育培训中心"校企合作实践中,学院多次外派汽车专业师资,前往缅甸、印度尼西亚等"一带一路"沿线国家开展企业汽车技术培训,为企业拓展海外市场提供技术服务,践行了"企业走出去,职业教育伴随计划"。

与柳州市汽车风驰公司合作,建立"厂中校",开展现代"学徒制"试验班的实践。

6. 职业培训情况

2013 年,我院与东风柳汽共建"东风柳州汽车有限公司服务培训中心"。自 2013 年以来,先后承接了东风柳汽在全国 700 多家售后服务站技术人员培训,至今培训人数累计 1 362 人。

自 2016 年以来,我院与上通五菱宝骏在印度尼西亚的"印尼中上汽通用五菱汽车教育培训中心"和国内的"中印尼汽车学院",先后培训了 560 多名印度尼西亚学生和 400 多名宝骏汽车技术人员。

7. 联合办学、社会服务和社会影响力

(1) 构建中、高职衔接办学机制。深化教学改革中、高职衔接国际化汽车商务专业人才培养,我院与广西科技大学鹿山学院、鹿寨职教中心、柳州第二职业技术学校开展合作,搭建中、高职衔接的人才培养立交桥体系。

图 20　承担教导各中职学校师生技术培训

（2）营造共享"学徒制"研究实验氛围。我院依托柳州市各院校联合成立了"柳州市汽车商务专业现代学徒中心"，以服务于柳州市的汽车产业升级，为东风柳汽、上汽通用五菱等汽车制造企业和汽车零部件生产企业培养了大量具有国际化视野和复合型特点的高素质汽车商务人才。与广西风驰集团共建"厂中校"实践教学基地，并成立"风驰班"进行现代学徒制汽车商务国际化人才的培养与探索。

图 21　柳州市汽车商务专业现代学徒中心授牌仪式

（3）提升社会服务功能的情况。第一，参与企业海内外技术培训。我院承接东风柳汽在全球售后服务站技术人员培训，参加培训的国家包括印度尼西亚、泰国、越南、马来西亚、老挝、菲律宾和埃塞俄比亚的售后服务站技术人员，同时，我院教师作为东风柳州汽车的特聘专家，赴缅甸对各服务站网点的售后服务人员开展培训，培训人数达 2 000 多人次。

图22 为泰国柳汽霸龙"H7"维修技术人员进行培训

第二，参与行业攻关科研。我院与东风柳汽、上汽通用五菱、同济大学汽车设计院合作，参与了柳州品牌车辆的"高温""高原""耐寒"车辆性能实验，完成了教育厅科技项目"大型商用车'共振'数据分析及技术对策的研究"，提升了专业的社会服务能力。

图23 "高原""高温""耐寒"的车辆路试和"共振"性能实验数据采集及分析实验

第三，参与"区培"技术培训。自2017年以来，我院先后培训了教育厅组织的全自治区汽车专业教师岗位能力提升培训班两期（学员112人）。

图24 2017年广西职业院校教师素质提升班师生合影

图25 汽车专业教师授课现场

(4) 技术交流及社会影响。近 3 年来，我院先后接待了美国、日本、德国、印度尼西亚、泰国、越南、老挝、埃塞尔比亚等国家及地区政府教育团体的交流学习，接待了自治区内外十几个兄弟院校的交流学习，促进了我院的学习与研究。先后有广西、柳州电视台，《柳州晚报》进行了相关采访报道。2016 年 9 月 13 日，老挝教育与体育部副部长贡西·森玛尼率代表团参观了我院汽车实训基地。

图 26　老挝教育与体育部副部长贡西·森玛尼率代表团参观我院汽车实训基地

图 27　印尼卡拉旺国立第一职业技术学校校长阿库斯到我院参观汽车实训室

五、建设后的思考

反思 1："共享型"现代学徒中心本土化实践难点突破

改进措施：探索一套基于产业真实需求，政府引导、行业参与、校企联盟及深度融合，责任均担、利益共享的运行机制，以便更好地发挥共享型现代学徒中心的辐射和示范作用。

反思2：职业教育实训基地多功能实现

改进措施：结合地方产业，探索校企联动，发挥实训基地多功能、多层面服务于地方产业发展的作用。

紧跟高铁信号技术发展，建设全国示范专业点

——柳州铁职院铁道信号自动控制专业建设案例

一、形成背景

随着"中国高铁八纵八横""中国制造2025"等重大战略和"一带一路"倡议的逐步实施，以轨道交通产业带动工业化，以工业化促进地区经济发展，优先发展轨道交通产业。在全国轨道交通产业基本完成布局的形势下，广西壮族自治区着力打通面向东盟的交通运输通道，建立面向东南亚市场的制造基地，以提高中国在东盟的国际影响力。

铁道信号自动控制专业以学校"特色鲜明高水平示范性高职学院"的办学定位为指引，在学校"强调服务、强抓质量、强固技能、强化特色"的办学理念指导下，以"国内引领"为建设目标，依托行业、产教融合、校企协同、强化创新，进行专业群建设，提升办学质量，服务区域经济发展。

二、主要举措

（一）产教融合，工学交替，践行"以岗导学、学训一体"人才培养模式

铁道信号自动控制专业紧密结合行业岗位需求，优化人才培养方案，完善"以岗导学、学训一体"人才培养模式，完善"课、岗、证、赛"融合的"双证"制度。"以岗导学"：以铁道信号自动控制专业岗位标准、内容、技能，导出专业教学平台、课程标准、教学内容和方法，实现岗学相融、岗学交替；"学训一

体"：校企共同实施学训一体的项目教学，融"教、学、做"于一体，以任务为导向，工学交替开展岗位技能实境训练，做到训中有学、学中有训。人才培养模式如图1所示。

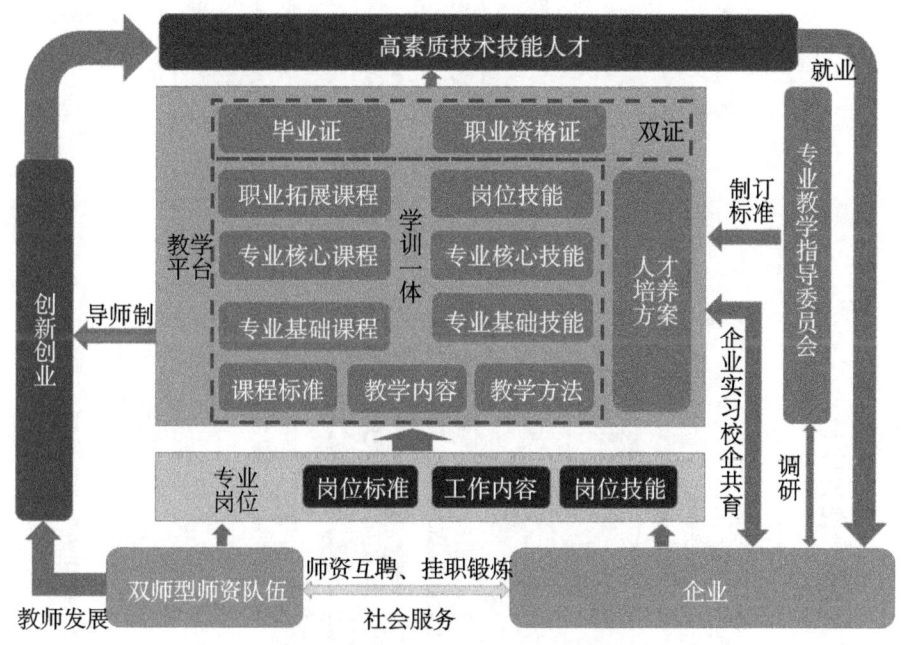

图1 "以岗导学、学训一体"的人才培养模式

（二）强固技能，夯实基础，构建"三平台、四递进"岗学融通课程体系

铁道信号自动控制专业以轨道交通信号设备检修、安装与调试等技术应用能力培养为主线，以产教融合、校企合作为切入点，结合师资队伍、实训条件及岗位职业能力培养提升规律，加强课程建设，深化"岗学融通"课程体系，构建"三平台"的理论课程体系和"四递进"的实践课程体系。课程体系如图2所示。

（三）紧贴企业，紧跟技术，建设"四共同、六一体"的"真、全、新"实训基地

在"贴近现场、贴近技术、贴近岗位过程"的原则指导下，紧贴铁路企业发展，紧跟专业技术更新，与区域轨道交通开展全方位、深层次、多形式的合作，

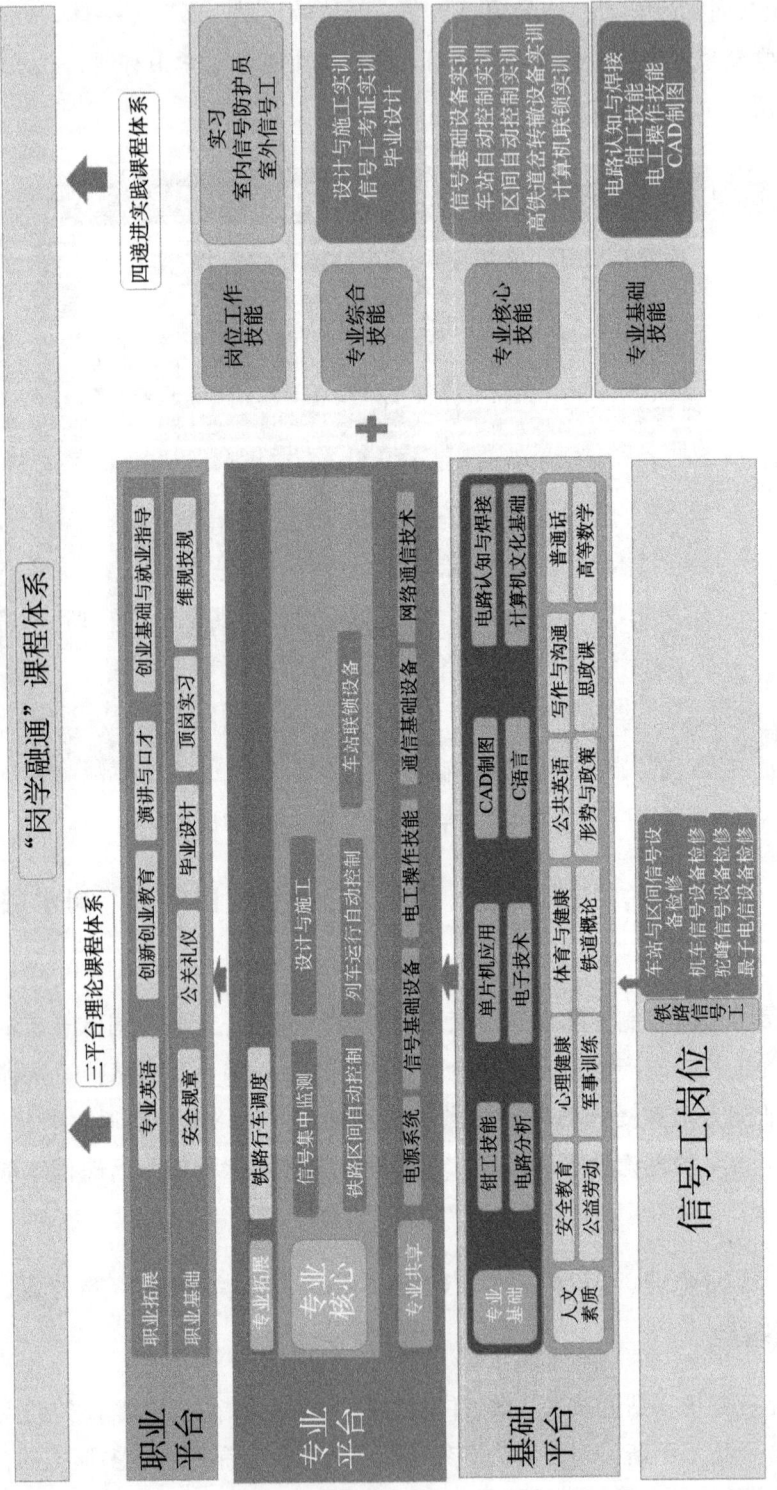

图2 "三平台、四递进"课程体系

采取"共建、共管、共享、共赢"的四共形式，以"高水平、生产性、大容量、过程化"为目标建设一流的高铁信号校内外实训基地，建设集"生产、教学、科研、培训、技能鉴定、技术服务"于一体的环境真、设备全、技术新的"真、全、新"实训基地。实训基地建设模式如图3所示。

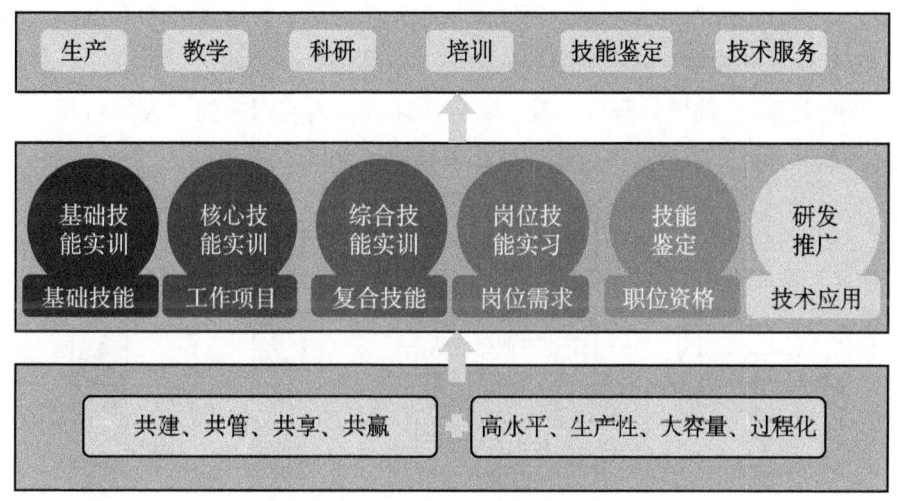

图3　实训基地建设模式

（四）校企协同，合作创新，组织职教装备研发和专业技术培训

多年来，铁道信号自动控制专业紧扣行业产业链，坚持走"产、学、研"结合之路，针对专业教学改革与人才培养的重点、热点和难点问题，联合行业企业研发信号专业职教装备，开展培训和技术服务。具体措施如图4所示。

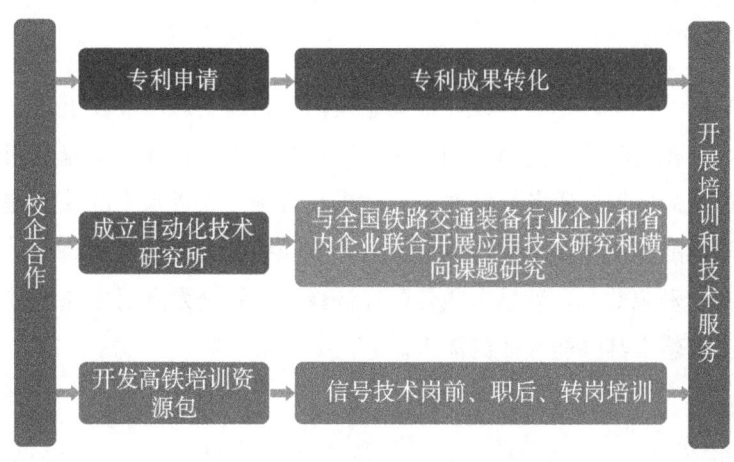

图4　开展培训和技术服务具体措施

（五）名师引领，骨干带头，打造专兼结合高水平创新型教学团队

以技能大师、教学名师、骨干教师为建设重点，建立健全教师培养培训机制，建设专业双带头人引领、技能大师及名师带动、骨干教师支撑的教学团队。优化"双师型"教师培养方案，完善兼职教师管理机制，构建结构合理、专兼结合，具有高水平教学、科研和服务能力的"双师型"师资队伍。打造"产教融合型"技能大师、"教学科研型"教学名师，建设国内有影响的"大师引领、名师突出、骨干拔尖"的高水平创新团队。具体措施如图5所示。

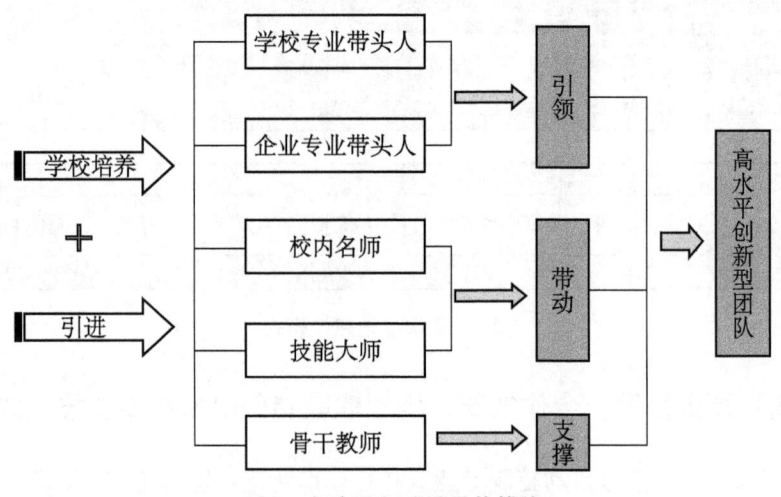

图5 师资队伍建设具体措施

（六）面向东盟，开展国际合作，服务国家"一带一路"建设输出专业教学标准

服务国家"一带一路"建设，推动东盟国家轨道交通事业发展。铁道信号自动控制专业依托由学校牵头组建的"中国—东盟轨道交通职业教育集团"对接东盟国家轨道交通发展、服务经济建设，输出具有国际先进水平的铁道信号自动控制专业教学标准和实训教学条件建设标准。实现中国与东盟各国轨道交通职业教育优势互补、资源共享，满足东盟各国经济建设和社会发展对铁路运输、城市轨道交通及工程建设高技能人才的需求。

图6 服务国家"一带一路"建设输出专业教学标准

三、条件保障

（一）政策支持

对于铁道信号自动控制专业建设，柳州铁道职业技术学院作为铁道通信信号专业教学指导委员会主任单位，在教育部行指委办公室和铁道行指委领导下，紧紧围绕铁道职业教育中心工作，积极发挥研究咨询和指导服务作用。

（二）经费支持

铁道信号自动控制专业的专项建设经费、日常运行经费充足，能保证大力建设专业的资金需求，见表1。

表1 铁道信号自动控制专业建设资金

年份	来源	使用项目	资金（万元）
2013年	中央财政	职业教育实训基地	230
2014年	柳州铁道职业技术学院	铁道通信信号专业核心课程教学资源库建设	20

续表

年份	来源	使用项目	资金（万元）
2014年	柳州市财政	采购调度中心设备	100
2015年	柳州市财政	采购18号道岔	285
		采购列控中心设备	295
2016年	中央财政	示范特色专业及实训基地建设	1 000
2017年	柳州铁道职业技术学院	铁道信号自动控制专业教学资源库建设	180
2017年	柳州铁道职业技术学院	示范特色专业及实训基地建设	150
2018年	国示范专业奖补	主要采购竞赛设备、实验室建设、师资培训	100
合计			2 360

（三）学校保障

学校加强优势专业建设，规范各项管理。根据柳州铁道职业技术学院章程、柳州铁道职业技术学院"十三五"规划，建立健全专业管理制度，用制度规范专业建设，为铁道信号自动控制专业建设提供保障机制。

（四）师资保障

通过专业群的方式建设专业，注重教师的引进和培养，形成结构合理的教学团队，省级教学团队2个；行业名师2名，广西优秀教师1人；专任教师29人，兼职教师20人；专任教师中副高以上职称20人，高级职称比例为40.8%；45岁以下青年教师33人，占67.3%；专任教师中具有硕士以上学位人数比例占44.8%；柳州市拔尖人才1人，优秀青年科技人才3人。

（五）企业保障

以人才培养为根本，积极了解、掌握企业在应用性技术研发项目上的合作意向，推动双方合作，搭建教师与企业合作开展应用性技术研究平台。与本专业合作的企业有：南宁铁路局、南宁轨道交通有限责任公司、深圳市地铁有限公司、广西沿海铁路股份有限公司钦州电务段、柳州轨道交通投资发展集团有限公司、北京中科远洋科技有限公司、重庆道驰科技有限公司等。

（六）基地支撑

在"贴近现场、贴近技术、贴近岗位过程"的原则指导下，深化与区域轨道交通企业合作方式，建成国家级示范性实训基地，持续开展高铁电务信号培训、建立企业教学实训基地、培养专业人才、技术研发等项目。通过高水平、高质量的实训基地建设带动课程内容改革、人才培养模式改革、教学方法和教学手段改革、"双师型"师资队伍建设。

四、主要成效

铁道信号自动控制专业经过5年建设，取得了较大成绩，现将2014—2018年的专业建设主要成效总结如下。

（一）就业率就业质量高，教学团队有实力

1. 学生就业率高

2014—2018届毕业生就业率分别为97.58%、97.25%、77.16%（由于当年招生时女生偏多，本专业女生就业比较困难，所以就业率偏低）、100%、96.63%。通过对南宁铁路局的毕业生就业状况调查，数据显示本专业毕业生的综合素质满意度在90%以上。2014—2018届毕业生就业率，如图7所示。

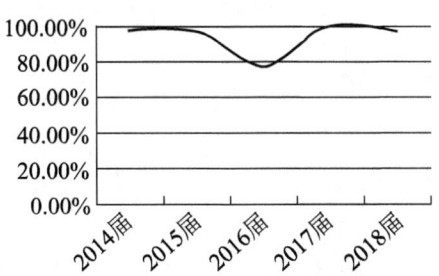

图7 2014—2018届毕业生就业率

2. 毕业生质量高

毕业生周文静在2015年昆明电务段技术比武中获得冠军，成为建段以来第

一位获得该荣誉的女职工；黄灵生获得2016年南宁电务段"全员掌上练功大赛"季度复赛个人单项第一名；2017年，彭智鑫被广铁集团破格提拔为工长，伍锋、陈冠廷、苏黄鑫被南宁铁路局破格提拔为工长。

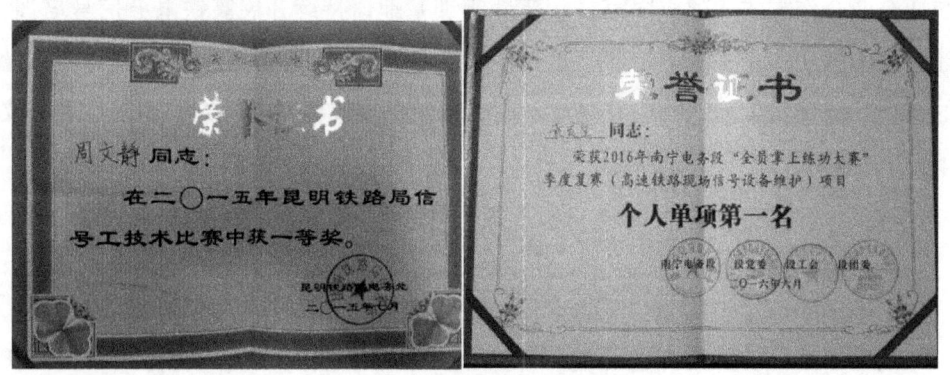

图8　毕业生获奖证书（部分）

3. 教学团队有实力

教学团队现有全国轨道交通行业名师2人、广西壮族自治区高校卓越学者1人、广西壮族自治区高等学校优秀人才1人、广西壮族自治区优秀教师1人、柳州市拔尖人才1人、柳州市新世纪个十百人才工程三层次人选1人、柳州市优秀青年科技人才3人。铁道信号自动控制专业于2010年获广西高校教学团队，2017年获批交通运输大类国家示范专业点，2018年获广西高校高水平创新团队及卓越学者计划项目、广西职业教育第一批专业发展研究基地项目、广西首批现代学徒制试点单位。

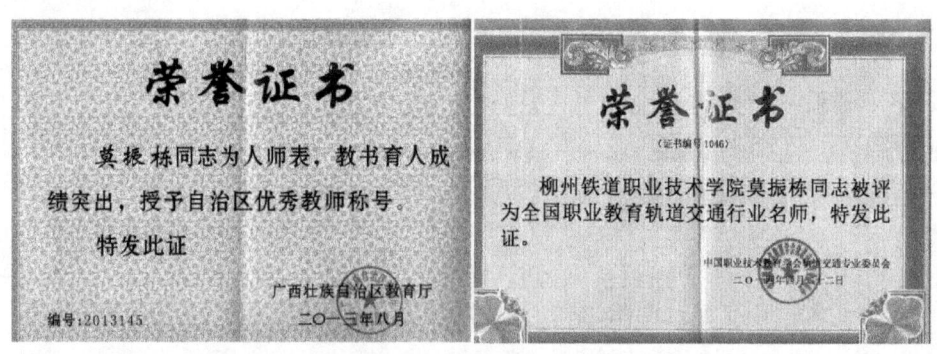

(a)

广西壮族自治区教育厅

桂教人〔2018〕35号

自治区教育厅关于公布2018年广西高校高水平创新团队及卓越学者计划入选名单的通知

各高等学校：

经各学校推荐、替补评审和公示，现将2018年度"广西高校高水平创新团队及卓越学者计划"入选团队及卓越学者名单予以公布，并将有关事项通知如下：

一、请团队所在高等学校按照《广西高等学校高水平创新团队及卓越学者计划实行办法》（桂教人〔2013〕35号）规定，及时制订团队及卓越学者工作计划，明确工作任务和团队工作目标，并及时开展年度考核、滚动支持考核、资助期满及时组织评估验收。

二、要把团队建设与学科建设、平台建设紧密结合，为团队及卓越学者提供良好工作保障，营造良好的学术氛围。

三、要发挥团队和卓越学者的学科带头、技术带动、产业带动作用，加快创新步伐，加速科研成果转化，为我区经济社会发展服务，加快创新驱动，加速科研成果转化，为广西人才培养和团队建设贡献力量。

附件：1. 2018年广西高等学校高水平创新团队入选名单

附件1

2018年广西高等学校高水平创新团队入选名单

序号	团队所在高校	团队名称
1	广西大学	大跨度桥梁设计与施工技术创新团队
2	贺州学院	供热通风高质量安全控制研究创新团队
3	柳州铁道职业技术学院	高铁信号和轨道装备技术研究与应用
4	广西大学	动物基因组与功能基因研究利用创新团队
5	玉林师范学院	杂优性系抗病性分析与应用创新团队
6	河池学院	砂页岩及其风化金属研究利用
7	广西医科大学	加速康复外科临床实践体系构建与优化研究团队
8	桂林医学院	群体性重大疾病研究团队
9	广西民族大学	维持健康教学学习困境及改善保护研究团队
10	百色学院	"一带一路"倡议下广西红柿文化研究 创新团队
11	中国（广西）-东盟跨境电子商务与供应链研究团队
12	广西幼儿师范高等专科学校	幼儿英语启蒙智能服务
13	桂林电子科技大学	先进电子产品制造装备技术研究
14	桂林理工大学	共性基金网络研究开发研究创新团队

附件2

2018年广西高等学校卓越学者入选名单

（排名不分先后）

序号	团队所在高校	团队负责人（卓越学者）
1	贺州学院	罗扬合
2	柳州铁道职业技术学院	黄骞
3	广西大学	刘庆友
4	广西师范大学	沈洪涛
5	玉林师范学院	刘永祥
6	河池学院	邓维安
7	广西医科大学	秦俊强
8	桂林医学院	莫湖文
9	广西民族大学	陈荣波
10	广西财经学院	张建中
11	百色学院	周艳群
12	广西幼儿师范高等专科学校	刘晓军
13	桂林电子科技大学	张平
14	桂林理工大学	刘杰

（b）

广西壮族自治区教育厅

桂教职成〔2018〕37号

自治区教育厅关于公布广西职业教育第一批专业发展研究基地名单的通知

各市教育局，各有关高等学校，区直各中等职业学校，各有关单位：

为进一步提升我区职业教育发展水平，决定建设一批职业教育专业发展研究基地，经各单位申报、专家评审、我厅审定，确定广西职业教育第一批专业发展研究基地名单（共30个），现予以公布，并就有关事项通知如下：

一、经费安排

自治区安排专项经费支持专业发展研究基地建设（每个基地20万元），建议基地所在学校配套一定支持经费。经费主要用于专业改革与发展研究。基地所在学校要按照有关要求编制经费预算并严格执行经费使用有关规定。

二、基地管理

（一）专业发展研究基地建设期3年，第一批基地于2018年底完成启动、开展工作，于2021年底前验收。未按期完成建设任务，将予撤销。支持经费按规定返还，主持人5年内不得申报广西职业教育教学改革研究项目。

附件

广西职业教育第一批专业发展研究基地名单

序号	基地名称	主持人	基地所在单位
1	广西职业教育专业与专业群建设发展研究基地	王屹	广西师范学院（广西职业教育发展研究中心）
2	广西职业教育建筑工程技术专业群发展研究基地	姚绮	广西建设职业技术学院
3	广西职业教育新一代信息技术专业群发展研究基地	易泰荣	南宁职业技术学院
4	广西职业教育智能制造立体专业群发展研究基地	李庆文	广西国际商务职业技术学院
5	广西职业教育茶树栽培与茶叶加工专业及专业群发展研究基地	覃勇	广西职业技术学院
6	广西职业教育畜牧兽医专业及专业群发展研究基地	李军成	广西农业职业技术学院
7	广西职业教育机电一体化技术专业及专业群发展研究基地	韦林	柳州职业技术学院
8	广西职业教育汽车运用与维修技术专业发展研究基地	刘学军	广西交通职业技术学院
9	广西职业教育铁道信号自动控制专业及专业群发展研究基地	莫振栋	柳州铁道职业技术学院
10	广西职业教育电厂热能动力装置专业群发展研究基地	诺莉	广西电力职业技术学院
11	广西职业教育智能制造专业群发展研究基地	陶枫	广西工业职业技术学院
12	广西职业教育水利专业群发展研究基地	金龙风	广西水利职业技术学院
13	广西职业教育学前教育专业群发展研究基地	文怿	广西幼儿师范高等专科学校

（c）

—3—

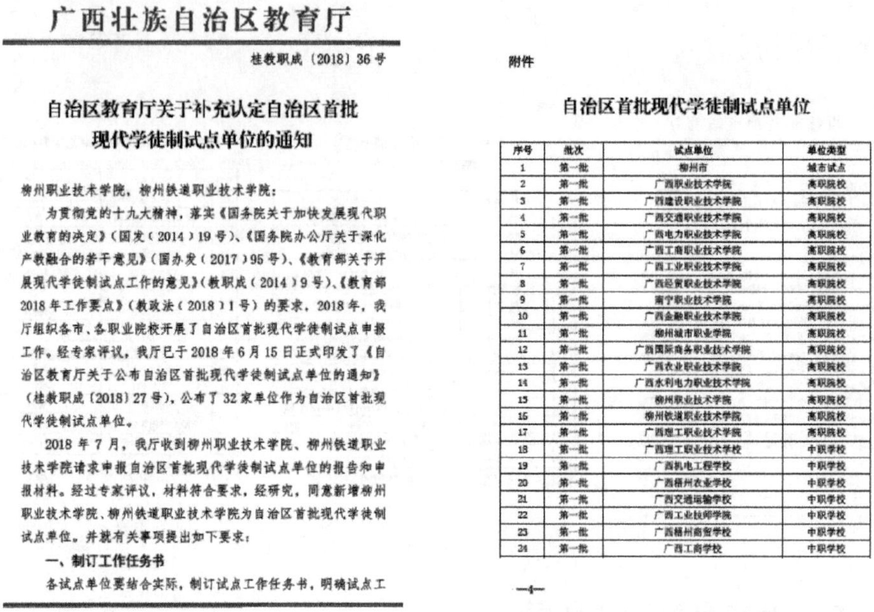

广西壮族自治区教育厅

桂教职成〔2018〕36号

自治区教育厅关于补充认定自治区首批现代学徒制试点单位的通知

柳州职业技术学院，柳州铁道职业技术学院：

为贯彻党的十九大精神，落实《国务院关于加快发展现代职业教育的决定》（国发〔2014〕19号）、《国务院办公厅关于深化产教融合的若干意见》（国办发〔2017〕95号）、《教育部关于开展现代学徒制试点工作的意见》（教职成〔2014〕9号）、《教育部2018年工作要点》（教政法〔2018〕1号）的要求，2018年，我厅组织各市、各职业院校开展了自治区首批现代学徒制试点申报工作。经专家评议，我厅已于2018年6月15日正式印发了《自治区教育厅关于公布自治区首批现代学徒制试点单位的通知》（桂教职成〔2018〕27号），公布了32家单位作为自治区首批现代学徒制试点单位。

2018年7月，我厅收到柳州职业技术学院、柳州铁道职业技术学院请求申报自治区首批现代学徒制试点单位的报告和申报材料。经过专家评议，材料符合要求，经研究，同意新增柳州职业技术学院、柳州铁道职业技术学院为自治区首批现代学徒制试点单位。并就有关事项提出如下要求：

一、制订工作任务书

各试点单位要结合实际，制订试点工作任务书，明确试点工

附件

自治区首批现代学徒制试点单位

序号	批次	试点单位	单位类型
1	第一批	柳州市	城市试点
2	第一批	广西职业技术学院	高职院校
3	第一批	广西建设职业技术学院	高职院校
4	第一批	广西交通职业技术学院	高职院校
5	第一批	广西电力职业技术学院	高职院校
6	第一批	广西工商职业技术学院	高职院校
7	第一批	广西工业职业技术学院	高职院校
8	第一批	广西经贸职业技术学院	高职院校
9	第一批	南宁职业技术学院	高职院校
10	第一批	广西金融职业技术学院	高职院校
11	第一批	柳州城市职业学院	高职院校
12	第一批	广西国际商务职业技术学院	高职院校
13	第一批	广西农业职业技术学院	高职院校
14	第一批	广西水利电力职业技术学院	高职院校
15	第一批	柳州职业技术学院	高职院校
16	第一批	柳州铁道职业技术学院	高职院校
17	第一批	广西理工职业技术学院	高职院校
18	第一批	广西理工职业技术学校	中职学校
19	第一批	广西机电工程学校	中职学校
20	第一批	广西梧州农业学校	中职学校
21	第一批	广西交通运输学校	中职学校
22	第一批	广西工业技师学院	中职学校
23	第一批	广西梧州商贸学校	中职学校
24	第一批	广西工商学校	中职学校

—4—

（d）

图9　团队荣誉（部分）

（二）资源建设经验丰富，取得成果较丰富

建成校级精品课程2门，自治区级精品课程1门，建成较高水平的“铁道通信信号专业核心课程教学资源库”。“铁道信号自动控制专业教学资源库”于2017年7月获广西第一批职业教育专业教学资源库项目立项，2018年8月，成为年度国家级备选资源库。开发的作品参加了广西职业院校信息化教学大赛，并获一等奖1项、二等奖2项，广西高校教育教学软件应用大赛二等奖2项、三等奖1项。作为主编和副主编编写和公开出版了“课、岗、证、赛”融通的特色专业教材5部，编写完成校本教材4本。

（三）实训设备齐全先进，承办竞赛有影响

1. 先进示范的校内实训基地

铁道信号自动控制专业获得中央财政支持的高等职业学校提升专业服务产业发展能力建设项目等4个国家级和自治区级实训基地建设项目，建成广西乃至西南地区有重要影响力的示范性实训基地：区间信号设备实训室、车站信号联锁设备实训室等11个。目前，高铁信号室内外实训基地正在建设，该项目投入经费为2 600万元。

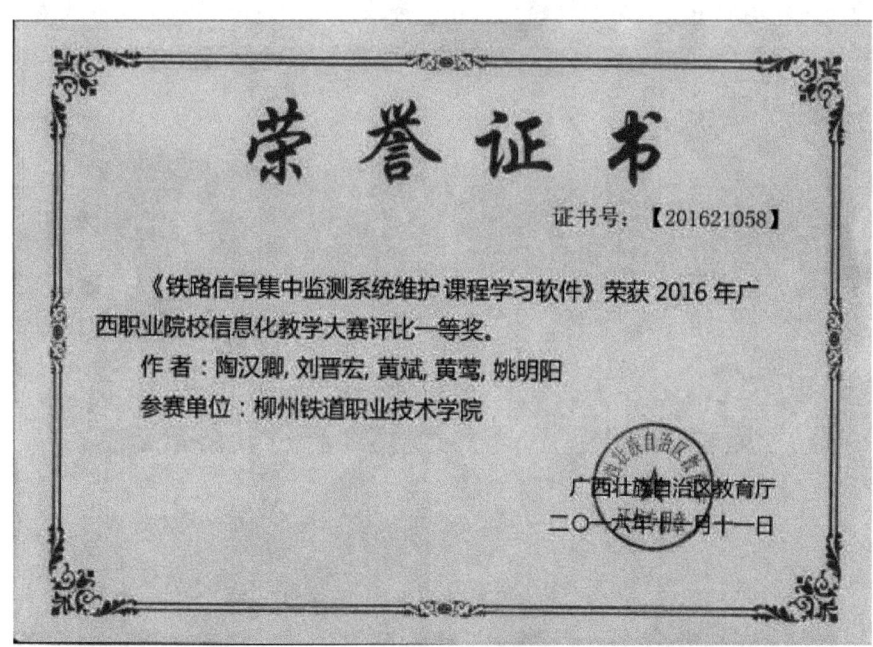

图10 国家级专业教学资源库和广西职业院校信息化教学大赛荣获一等奖

图 11　校内实训基地（部分）

2. 运行良好的校外实训基地

校外实训基地主要有南宁铁路局柳州电务段、南宁铁路局南宁电务段等 5 个实训基地，持续稳定并良性运行，可以给学生指导现场信号设备的检修作业内容、流程和课程教学内容。

图 12　校外实训基地

3. 承办技能竞赛影响力较大

教学团队研发的"ZK-1301 移频自动闭塞智能实训系统",2014—2017 年用于承办全国职业院校铁道信号专业学生技能竞赛;每年承办中国铁路南宁局集团有限公司和中铁电气化局集团有限公司的信号专业技术比武,大大提高了在同类院校和行业企业中的知名度。

图 13　承办技能竞赛

(四)组织全国专业活动,咨询指导有突破

我校是全国铁道职业教育铁道通信信号专业教学指导委员会主任单位,牵头完成高职铁道类专业目录修订、专业教材质量抽查评估、专业仪器设备装备规范编制;举办全国铁道通信信号专业教学指导委员会工作会议;每年举办两期轨道交通信号系统高技能人才师资培训班。

图 14　组织全国铁道通信信号专业教学指导委员会活动

(五)参加学生技能竞赛,竞赛成绩较显著

学生参加全国职业技能竞赛获三等奖7项;参加广西职业技能竞赛获一等奖1项、二等奖6项、三等奖3项;全国职业院校铁道信号专业学生技能竞赛获一等奖2项、二等奖2项;参加全国大学生电子设计竞赛获二等奖1项;参加广西大学生电子设计竞赛获一等奖1项、三等奖2项;大学生创新创业大赛获广西区金奖1项、铜奖1项。

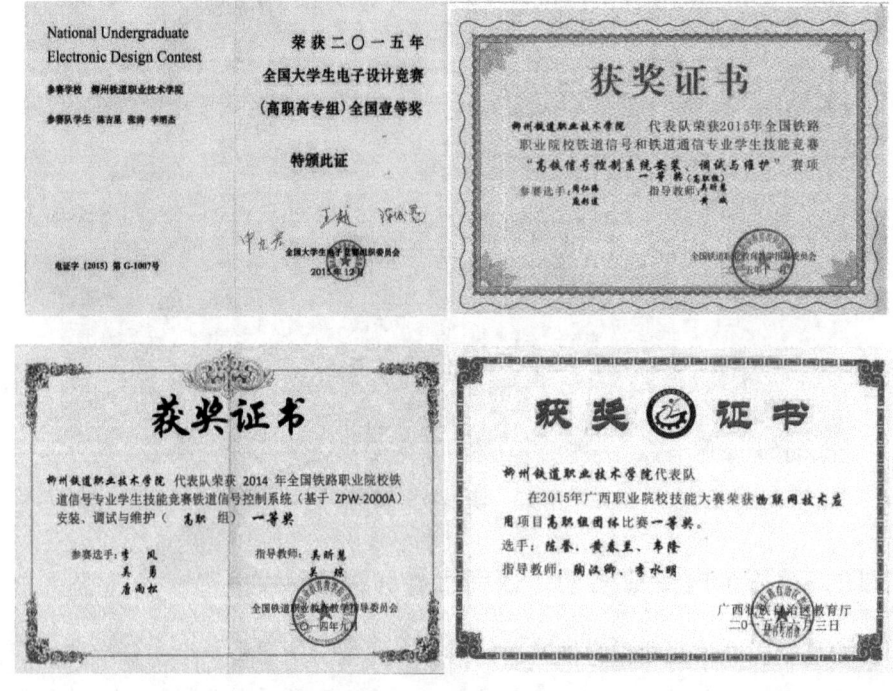

图15 学生参加竞赛获奖证书(部分)

(六)科技创新能力突出,服务社会贡献大

1. 团队科技创新能力突出

教学团队申请且获得国家专利授权50项,专利转化产值达2 531.8万元,在研的3项信号职教装备研发项目取得横向课题经费总值78万元;完成或在研教科研项目22项,在专业期刊和教学研究期刊发表论文107篇,其中,中文核心期刊24篇、四大检索7篇。

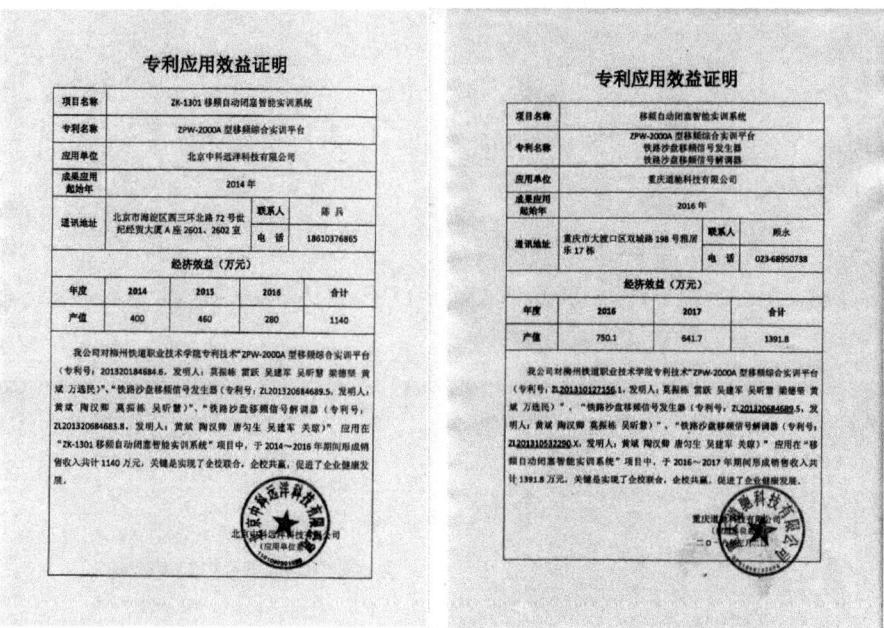

图 16　专利应用效益证明

2. 社会服务能力强，贡献大

教学团队承担南宁铁路局、广西沿海铁路公司等企业职工高铁信号技能培训等各种培训，培训人数 1 600 多人次，完成信号工技能鉴定 1 200 多人次，通过率 90% 以上，为南宁铁路局乃至铁路行业的发展提供了一定的技术支持。

3. 科研成果多，社会评价高

教学团队研发的"ZPW-2000A 型移频综合实训平台""高铁列车控制仿真实训系统"参加第二届广西发明创造成果展览交易会，在柳州国际会展中心展出。各级领导对这两次发明创造成果给予了高度赞扬，同时，《南国早报》、新华网广西频道、《光明日报》等自治区内外多家媒体进行了密集报道。

（七）服务国家"一带一路"建设，职教输出现初效

依托"中国—东盟轨道交通职业教育集团"，与 18 家东盟国家院校企业行业、1 家国外政府机构建立了合作关系。积极开展国际化专业和特色课程建设。2018 年，为泰国东北皇家理工大学输出 ZK-1301 移频自动闭塞智能实训设备 2 套，

图 17　参加展览会和媒体报道

在泰国大城府商业学院建设实训室，积极输出实训基地建设标准。2017 年，招收泰国来华留学生 30 人。近两年已为泰国、印度尼西亚等国家开展师资培训 3 期。

五、体会与思考

铁道信号自动控制专业在 2014—2018 年的建设过程中取得了较大的成绩，但也存在一些问题，如校企合作领域有待进一步拓展，合作深度有待进一步加

图 18　国际师资培训和留学生学习

强；专业的"一带一路"建设国际服务有待进一步提升；"以岗导学、学训一体"的人才培养模式的运行机制有待进一步完善等。为充分发挥特色专业的示范作用，进一步提高人才培养质量，不断增强专业建设的整体实力，今后的专业建设计划如下。

（一）产教融合，深化人才培养模式改革

不断探索校企深度合作的新领域，把工学结合作为人才培养模式改革的重要切入点，进一步拓宽合作领域，完善"以岗导学、学训一体"的人才培养模式和各种运行机制。紧跟行业发展和区域经济对人才培养提出的新要求，认真修订完

善人才培养方案;针对企业工作岗位的新技术发展,调整教学内容和课程体系,加强职业技能的培养和训练,进一步提高人才培养的针对性和适应性。

(二)校企合作,推进高铁信号教材建设

教学团队将紧跟现今高速铁路信号技术的发展和信号工岗位的需要,计划编写和出版教材 5 部以上,形成系列教材;计划出版高铁信号技术国际化双语教材 4 部,开发国际化教学信号核心课程 5 门以上;自治区级教学资源库建设,计划开设英文版作为特色模块。

(三)国际合作,加强服务国家"一带一路"建设

积极参与国际化办学,主动承担来华教师和留学生的教学任务,每年招收来华留学生 30 人以上,培训来华教师 40 人次以上。积极到"一带一路"沿线国家进行教学和交流学习,每年出国进行高速铁路信号技术支教 2 人次以上,鼓励专业教师参加师资英语培训每年 5 人次以上,继续输出实训基地建设标准,更好地服务国家"一带一路"建设。

基于优秀民族文化的高职学前教育专业教学的实践案例

柳州城市职业学院

一、形成背景

党的十八大以来,习近平总书记在多个场合谈到中国传统文化,表达了自己对优秀传统文化、传统思想价值体系的认同与尊崇。习近平总书记指出:"我们要坚持道路自信、理论自信、制度自信,最根本的还有一个文化自信。"文化自信是一个民族、一个国家以及一个政党对自身文化价值的充分肯定和积极践行,并对其文化的生命力持有的坚定信心。中国有56个民族,每个民族都有自身的传统文化,我们的文化自信便来源于此。因此,我国各级政府从政策层面多次发文,鼓励民族文化融入教育,如中央办公厅、国务院办公厅印发的《关于实施中华优秀传统文化传承发展工程的意见》,明确提出了民族文化进课堂的要求。

柳州城市职业学院地处广西壮族自治区,拥有丰富的民族文化资源,大部分学生也来自少数民族地区。我院结合地区与生源特点,在发展的过程中提出了"民族化、国际化"的发展理念。近年来,随着实践的深入,又更为明确地提出了"抓内涵、提质量、强特色、创品牌"的战略方针。学前教育专业作为学院的优势专业,紧跟学院步伐,把打造"民族化的专业特色"作为主要的努力方向,在基于优秀民族文化的高职学前教育专业教学的实践研究中取得了一定成绩。

二、主要举措

学前教育专业结合学院发展方针之"民族化"的要求,进行课程改革与建设实践，充分挖掘柳州区域内优秀民族文化，选取其中比较具有代表性的钦州坭兴陶艺、侗族剪纸、侗族刺绣、三江农民画，以及壮、侗、瑶族民间故事及歌谣、舞蹈，建立柳州城市职业学院民族艺术科技研究所，以学前教育课程改革为切入点，进行改变教育观念、转变教学方式、更新评价制度三方面的实践，在师生中进行"民族文化"的传承和再加工，使学前教育专业在教学实践和教学成果等方面都有很大收获。

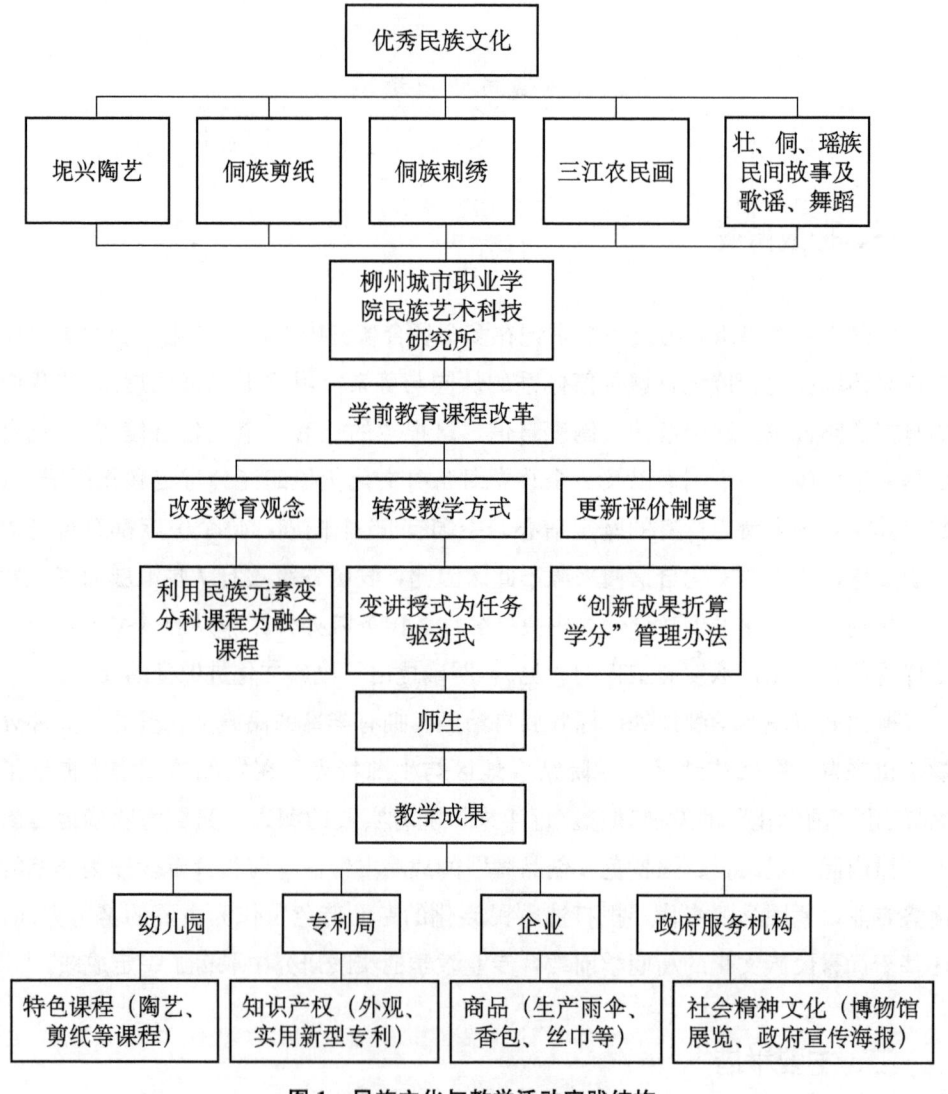

图1 民族文化与教学活动实践结构

（一）以学院民族艺术科技研究所为依托，系统开展广西本土民族文化元素挖掘和教学实践

在柳州城市职业学院民族艺术科技研究所专家的指导下，学前教育专业教师收集整理了美术、声乐、器乐、舞蹈等领域中蕴含的优秀民族元素。比如，钦州坭兴陶、侗族剪纸、侗族刺绣、三江农民画，以及壮、瑶、侗族等少数民族的民间故事、歌谣、舞蹈等，并对部分技艺进行改良创新。例如，系统研究了柴窑烧制技术，在传统柴窑的基础上研发出污染小、效果好的新式柴窑，并投入生产，为后阶段教学成果的转化提供了物质基础与技术保障。

（二）撰编民族化特色教材，填补地方民族教材使用的空白

近两年，学前教育美术专业教师团队利用课余时间到三江、融水采风，采访民间艺人，收集、整理了大量的民间农民画、剪纸、刺绣、蜡染等作品，经过整理、改编，使用民间艺术语言创作出一批具有民族特色的儿童画作品。2016年9月，出版了一系列具有浓郁地方民族特色的学前美术教材：《美术基础》《简笔画实训》《幼儿园手工制作》《创意儿童画》。

图 2　编写的特色教材

通过使用民族特色教材，学生可以在课程学习中创作出一批民族儿童画、民族手工作品及玩教具，教师精选出学生的优秀作品，通过博物馆平台以展示、展览的形式呈现给大众，邀请幼儿园及相关企业进行参观、评价及研讨，使学生设计出的手工作品和儿童画更符合本地区幼儿园教学需求，使学生的成果价值最大化。

(三)深入研究民族文化元素与学前教育各类课程的联系，提炼民族文化元素形成线索，构建"以一带七"的课程模式，重构学前教育专业的部分课程

围绕民族化特色调整美术方向班课程的教学内容、教学进度、教学方法、学生的评价考核方法，要求学生制作大量具有民族特色的幼儿园玩教具，并运用于幼儿园教学中。在试点成功后，将向声乐、儿童歌曲弹唱、幼儿园语言教育指导、幼儿园社会教育指导、学前教师口语技能等多学科课程辐射，全方位打造民族化特色。构建"以一带七"的课程模式（见图3），整合课程资源，编写了相应教材，使教学更符合职业教育规律，使学生的能力结构更加完整，融合理论课程群和技能课，构建民族化学前教育课程群，力争实现建设民族化品牌课程的目的。

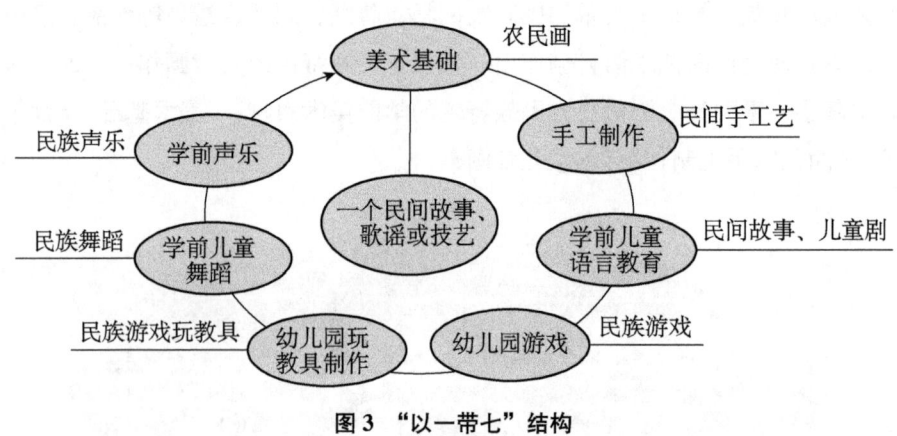

图3 "以一带七"结构

(四)积极探索"校—园—政—企（机构）"四位一体的合作模式

全面探索学校、幼儿园、政府、企业等多个主体在教学成果转化方面的功能和优势，让每个主体都能全面参与到高职学前教育专业教学成果转化的体系中。学前教育专业在深入发展学校与幼儿园共建、共赢的建设模式基础上，还积极探索"校—园—政—企（机构）"四位一体的合作模式，并以此为方向开展了多方面的合作。如2017年3月，柳州市鱼峰区教育局教研员张梦带领鱼峰区部分幼儿园、中小学美术教师共70人，到我院开展主题为"多元文化下美术教学中本土文化回归培训暨参观城职院美术民族特色课题成果"的活动。此次活动充分利用柳州特色的民族

文化,让本土文化在美术课堂上得到体验、表达和传承,从而体验美术创作的乐趣,提高审美能力、表现力和创造力,促进教师教学能力和素质的全面提高。

(五)教学方式的变革

民族化的教学改革的实施以及教学成果转化模型的建立迫使教师改变原有的对课程的认识,使教师从传统的以讲授为主的授课方式转向以项目为引领的授课方式,同时也使教师注意到教学成果转化的价值和重要性。

三、条件保障

(一)第二批现代职业教育质量提升计划中央基金的支持项目

学前教育专业获得第二批现代职业教育质量提升计划中央基金的支持项目,建立了学前教育示范特色专业及实训基地。实训室分为四个体系:艺术技能实训体系、理论教学实训体系、早教实训体系、特色教学实训体系,包括"创客空间"、手工技能实训室、陶艺实训室在内的17个实训室。具体见表1。

表1 专业实训室

实训室类别	实训室名称	对应方向班	数量
艺术技能实训室	数码钢琴教学室	键盘方法	2间
	数码钢琴练习室		2间
	钢琴实训室		1间
	美术技能实训室	美术(手工)方向	2间
	手工技能实训室		2间
	环境创设实训室		1间
	舞蹈与形体训练室	舞蹈方向	2间
	声乐训练室	声乐方向	3间
理论教学实训室	幼儿早期阅读实训室		1间
	幼儿园情境体验室(三位一体)幼儿园情境体验室由三个实训室		1间
	幼儿科学探究馆		1间
早教实训室	早教技能综合实训室	早教方向	1间
	"蒙氏+奥尔夫"实训室		1间
	感统实训室		1间
	卫生保健实训室		1间

续表

实训室类别	实训室名称	对应方向班	数量
特色教学实训室	综合技能训练与考核室		1间
	"三笔字"智能教学实训室		1间
	智慧·空中教室		1间
	普通话教学实训室		1间
	创客空间		1间
	多媒体应用技能实训室	多媒体技术方向	2间

这些实训室将是融"教学、科研、经营、培训、鉴定"五位一体的学生实训中心、教师技能教育培训中心、幼儿园教师职前与职后培训中心，为更好地完善课程体系、加速教学成果的转化提供帮助。

（二）合作幼儿园支持

合作幼儿园具体情况见表2。

表2 合作幼儿园

序号	合作企业名称	企业性质	签约时间
1	柳州市直机关第二幼儿园	公办，自治区级示范幼儿园	2004年
2	柳州市公园路幼儿园	公办，自治区级示范幼儿园	2006年
3	柳南区第一幼儿园	公办，自治区级示范幼儿园	2013年
4	柳南区第三幼儿园	公办，自治区级示范幼儿园	2013年
5	柳南区第五幼儿园	公办，自治区级示范幼儿园	2013年
6	柳州市胜利小区幼儿园	公办，自治区级示范幼儿园	2005年
7	柳州谷埠幼儿园	公办，自治区级示范幼儿园	2007年
8	柳钢第一幼儿园	企业办园，自治区级示范幼儿园	2007年
9	柳钢第二幼儿园	企业办园，自治区区级示范幼儿园	2007年
10	柳钢第三幼儿园	企业办园，自治区区级示范幼儿园	2007年
11	行知幼教集团（5个分园）	民办幼教集团	2010年
12	小红帽幼教集团	民办幼教集团	2014年
13	柳州向日葵幼教集团	民办幼教集团	2014年
14	红黄蓝亲子园	民办早教集团	2016年

四、主要成效

（一）成果

1. 形成了民族化的学前教育专业课程群

高职学前教育专业对幼儿园教学活动设计与指导系列课程，是从五大领域入手的，分别开展了语言、健康、绘画、音乐、科学、手工、游戏等方面的教学活动设计与指导内容的教学。在教学活动过程中，各教学活动设计与指导课程内容处于分科教学的形态，内容相互独立，内容相互割裂，学生无法整合学习内容，也不易理解幼儿园的"主题式课程"。本成果基于任务引领的职业教育理念，依据优秀民族文化，串联起各教学活动设计与指导课程，提出了"以一带七"的课程模式，整合了课程资源，编写了相应教材，使教学更符合职业教育规律，使学生的能力结构更加完整，也达到了建设民族化品牌课程的目的。融合了理论课程群和技能课，构建民族化学前教育课程群。

"以一带七"是指选择一个民间故事、歌谣或技艺，串联起美术基础、手工制作、学前儿童语言教育、幼儿园游戏、幼儿园玩教具制作、学前幼儿舞蹈、学前声乐七门课程，使这七门课程能够围绕同一个主题展开，从而形成了"以一带七"的课程。例如，我们以侗族风雨桥的传说为主题，在理论课教师的带领下，学生依据提供的民族元素以及教育部颁布的《3～6岁儿童学习与发展指南》等文件和教育学、心理学的基本原理进行儿童剧剧本创编，之后在美术教师的带领下，学生依据剧本采用民族传统技艺设计、制作道具，这些道具包括剪纸、陶艺等。同时，在音乐、舞蹈、器乐组教师的带领下，学生依据剧本要求完成相应的歌曲、舞蹈创编，最后在见习时，组织学生完成对幼儿的排练，最终呈现该舞台剧。以此方式，形成了具有民族文化特色的高职学前教育专业课程群。

2. 丰富了教学成果转化的途径

本项目成果是基于学前教育专业教学成果转化途径匮乏，转化路径模糊，师生在教与学过程中创新动力不足，缺乏有效激励体制支持等问题而产生的，本项目成果从学校、幼儿园、企业、政府四个层次出发，实现了教学成果在四个角度上的全面转化。

例如，学生学习了陶艺、剪纸、刺绣课后，将所学内容引入幼儿园，使幼儿园有了富有民族特色的课程。学生通过任务驱动式的学习后，在完成任务的同时所产生的设计类作品，如刺绣、陶艺、剪纸、绘画作品可以经过专利局申请外观专利，这些专利还可以通过企业转化为商品。目前，学前教育专业已经依靠柳州城市职业学院民族艺术科技研究所，将学生专利投入生产，已生产出雨伞、丝巾等5项产品在网店销售，取得了不俗的业绩。此外，学生的设计作品还通过柳州城市职业学院民族艺术科技研究所向政府服务部门转化，部分优秀的绘画作品或者被博物馆收藏，或者被当作政府精神文明宣传海报使用。

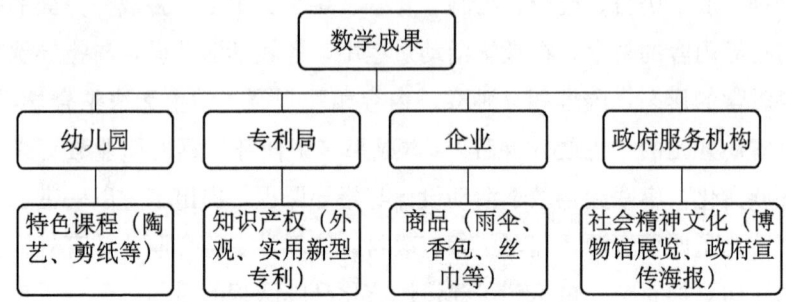

图 4　教学成果转化结构

图 5　学生获得的专利

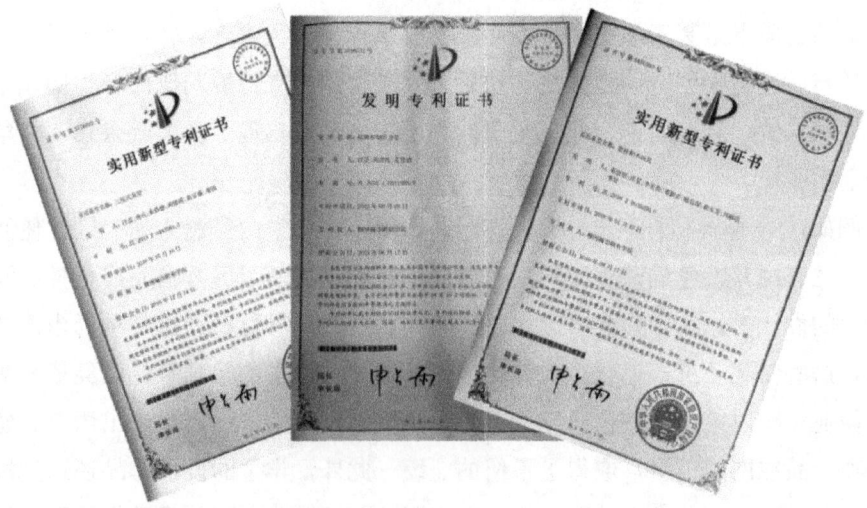

图 6　专利"砖雕的制作方法、木质智力玩具、套柱积木玩具"证书

图 7　形成的地毯产品

3. 学生获奖成果丰硕

表 3　学生技能大赛获奖情况

序号	姓名	比赛项目	获奖等次	级别
1	莫小琳等	2011年全国学前教育、音乐专业技能大赛（声乐、弹唱、弹奏）	三等奖 团体三等奖	国家级
2	黄金玲等	2012年全国学前教育专业毕业生论文大赛	三等奖	国家级
3	陆凡霆	2013年广西师范生教学技能大赛（学前组）	三等奖	自治区级
4	石玉雪	2013年广西师范生教学技能大赛（学前组）	优秀奖	自治区级
5	邱利珍 陆凡霆	2013年香港"紫荆花"钢琴演奏比赛	铜奖	
6	盘臣晓	2013年香港"紫荆花"钢琴演奏比赛	优秀奖	
7	向冰	2014年广西师范生教学技能大赛（学前组）	二等奖	自治区级
8	侯喜鲜	2014年广西师范生教学技能大赛（学前组）	三等奖	自治区级
9	王康婷	2014广西高职高专技能大赛键盘乐器演奏	三等奖	自治区级
10	莫晓兰 柯珊珊	2015广西高职高专技能大赛艺术专业技能（舞蹈）	三等奖	自治区级
11	卢雪婷	2014年广西师范生教学技能大赛（学前组）	一等奖	自治区级
12	覃秋银	2014年广西师范生教学技能大赛（学前组）	二等奖	自治区级
13	邓燕萍	2015幼乐美全国高职高专学前教育专业教学技能大赛（B组）	三等奖	国家级
14	邓燕萍 莫晓兰	2015幼乐美全国高职高专学前教育专业教学技能大赛	团体 三等奖	国家级

4. 教师获奖成果丰硕

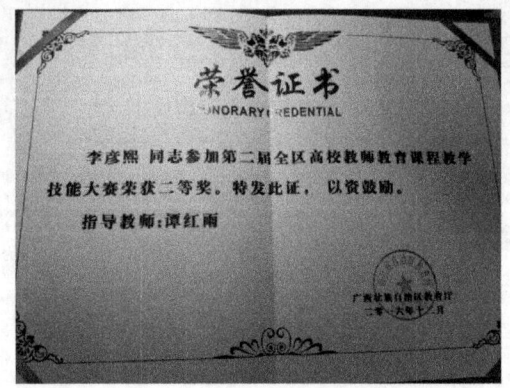

图8 李彦熙获得
2016年第二届全自治区高校教师教育课程教学技能大赛二等奖

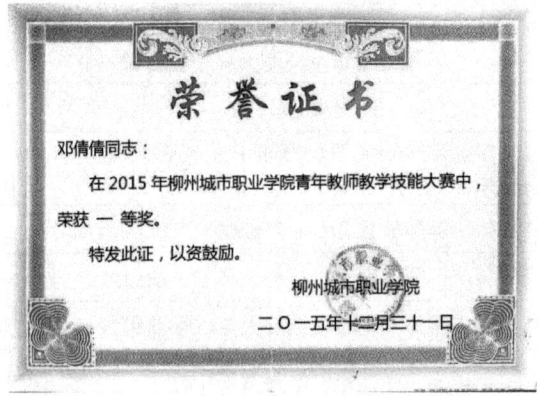

图9 邓倩倩获得
2015柳州城市职业学院青年教师教学技能大赛一等奖

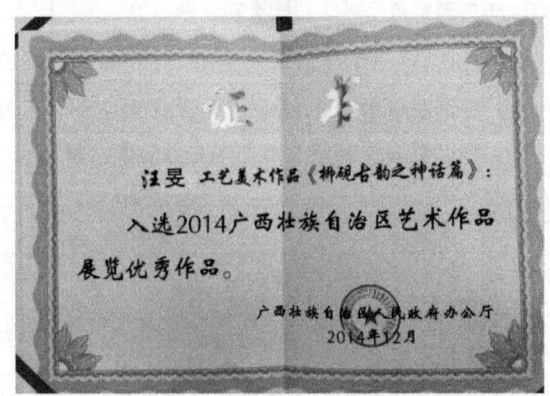

图10 汪旻作品《柳砚古韵之神话篇》
入选2014广西壮族自治区艺术作品展览优秀作品

图 11　徐玉芳等人创作的作品《侗族风情抱枕》
荣获第三届柳州市工艺美术作品展银奖

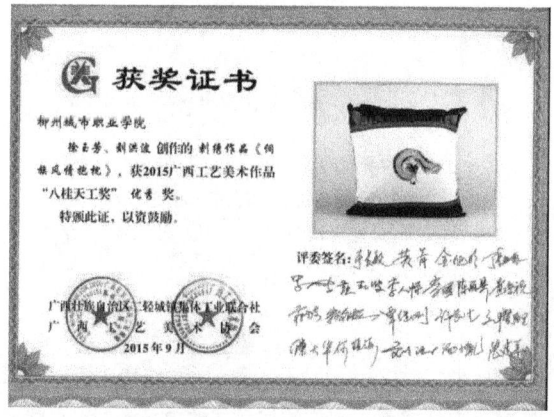

图 12　徐玉芳等人创作的作品《侗族风情抱枕》
荣获 2015 广西工艺美术作品"八桂天工奖"优秀奖

图 13　徐玉芳等人创作的作品《刺绣—苗族餐桌布艺》
荣获 2015 年"金凤凰"创新产品设计大赛优秀奖

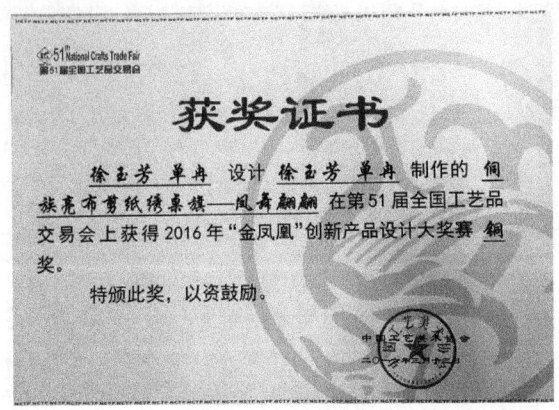

图 14　徐玉芳等人创作的作品《侗族亮布剪纸绣桌旗——凤舞翩翩》
获得 2016 年"金凤凰"创新产品设计大奖赛铜奖

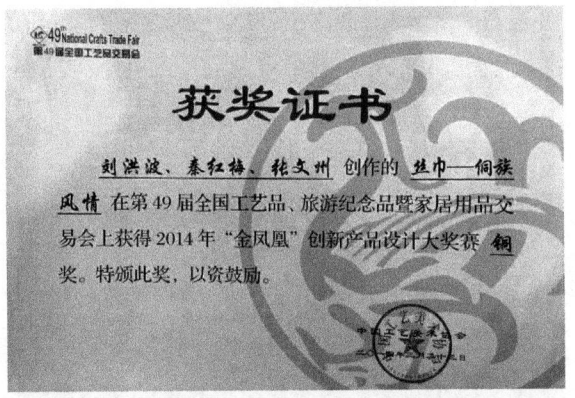

图 15　秦红梅等人创作的作品《丝巾——侗族风情》
获得 2014 年"金凤凰"创新产品设计大奖赛铜奖

图 16　秦红梅及歆哲老师指导的学生覃妤静
参加 2016 年柳州市职业院校、技工学校学生专业技能比赛
获得学前教育（中职组）个人项目三等奖

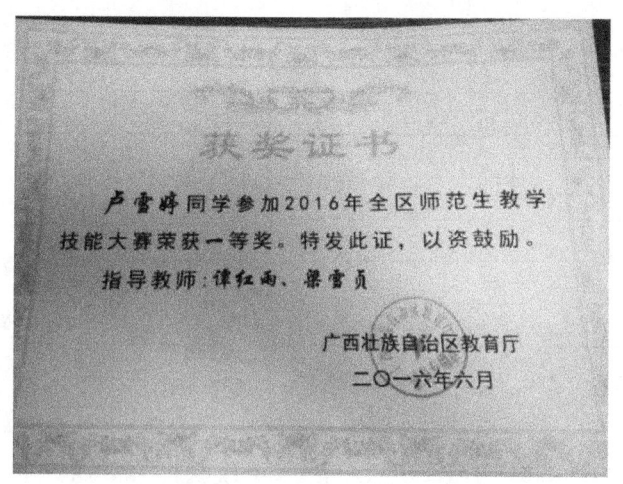

图 17　谭红雨、梁雪贞老师指导的学生卢雪婷
参加 2016 年全区师范生教学技能大赛荣获一等奖

5. 就业率提高

自 2013 年以来，学生受益全覆盖，专业招生人数逐年增加，由 2013 年的 27 人增加到了 2016 年的 862 人。目前，我院专业人数累计达 3 500 名，毕业生就业比例和起薪水平逐年递增，工作一年后的月薪增加幅度大为提升，由 2013 年的 1 800 元增加至 2016 年的 2 800 元，提升了 1 000 元。

表 4　学前教育专业学生招生就业对比数量

项目类别	2013 年	2014 年	2015 年	2016 年
招生	27 人	269 人	463 人	862 人
就业率	99.33%	88.46%	100%	100%
专业对口率	80%	88.46%	88.23%	80.64%
起薪水平（元/月）	1 500	1 700	2 300	2 500
一年后月薪水平（元/月）	1 800	2 000	2 500	2 800

（二）影响

民族特色的教学成果得到了深圳大学教授、教育部民族技艺教育教学指导委员会委员田少煦，柳州市文联副主席马践，柳州市中华文化促进委员会副会长张礼全等 10 位行业专家的高度评价。其中，田少煦教授认为，学前教育专业课程群构建很有新意，教学成果转化模型有很大参考和推广价值，值得其他职业院校借鉴。民族特色的教学成果还得到我国国家民族事务委员会的高度认可，成为我国高等职业学校"民族文化类"专业目录修订的参考依据之一。

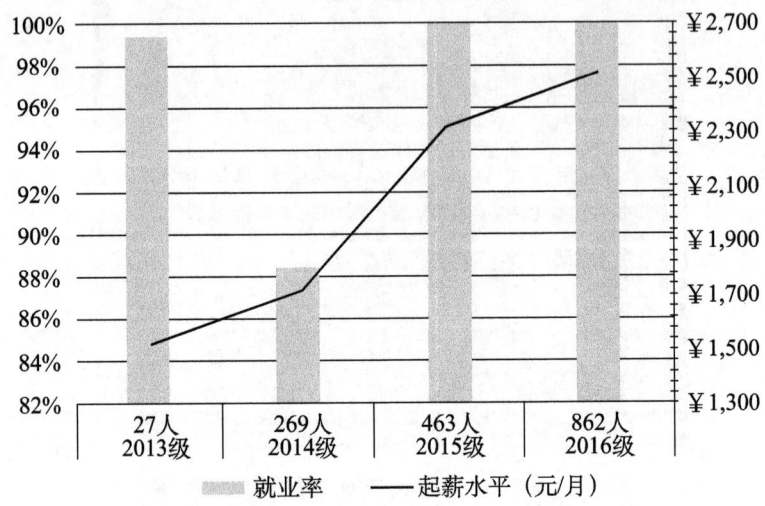

图 18　学前教育专业学生招生就业对比、薪资水平趋势

五、体会与思考

广西民族文化的博大精深，短短的 4 年研究根本无法穷尽，还有很多令人惊叹的艺术元素有待发现和转化，这对于民族化的学前教育人才培养改革来说，只是万里长征的第一步。如何让更多民族元素融入学前专业课程体系，让学生的专业能力得到拓展与提高，这些都是今后我们继续努力的方向。

着眼提质增效，服务产业发展
——中职工业机器人技术专业建设案例

柳州市第一职业技术学校

一、形成背景

2015年5月，国务院下发了《关于印发〈中国制造2025〉的通知》。广西壮族自治区人民政府紧跟中央步伐下发了《关于贯彻落实〈中国制造2025〉的实施意见》，其中，重点工作内容涵盖了以促进制造业创新发展为主题，以提质增效和转型升级为主线，重点发展的产业和领域包含了数控机床和机器人。依托"一带一路"等重大战略重点打造南宁、柳州、玉林、梧州、防城港等市先进装备制造产业集群。积极布局具有发展潜力和先导价值的新兴产业，依托汽车、机械、食品、电子、建材、化工等产业基础重点打造柳州、南宁市机器人产业集群，布局建设中国—东盟（柳州）机器人产业基地。

柳州市行业专家、企业科技人员普遍认为，机器人的使用情况是衡量制造业科技水平的重要标志之一，有意向使用工业机器人的企业已达83.3%，大中型企业基本应用了工业机器人。在2016年，已建立工业机器人应用示范企业10家以上，在汽车与机械产业关键焊接工序上，机器人应用率达90%。柳州市的机器人产业正进入高速增长期，急需大量的专业人才。中等职业学校在专业设置上应紧跟当地经济社会发展需要，做好人力资源保障，使优质的工业机器人技术人才推动机器人在工业领域中的普及应用速度，提高机器人的应用效率，促进工业机器人行业良好发展，提高社会生产效率。

2014年11月，市教育局要求我校与柳州职业技术学院共同新建工业机器人技术专业。

二、主要举措

自2015年1月至2018年，3年时间按照调研、分析、建设三步完成首届工业机器人技术专业的建设，主要工作内容如图1所示。

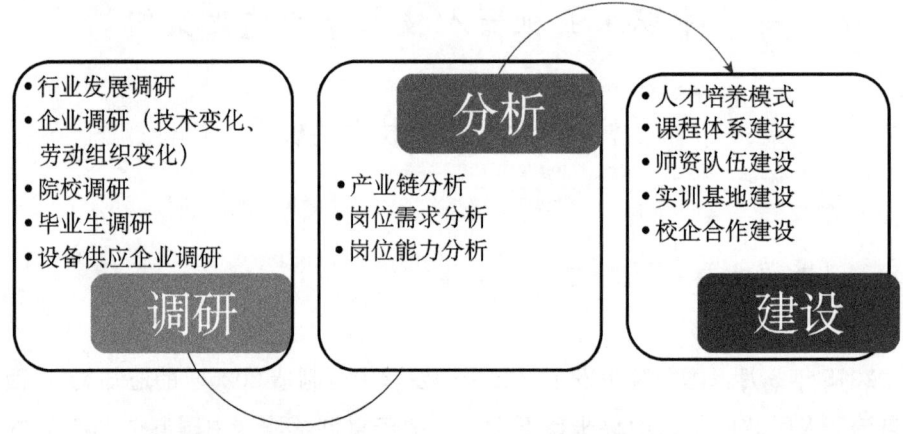

图1 首届工业机器人技术专业的建设

（一）专业定位过程

1. 工业机器人产业链分析

图2 工业机器人产业键链

2. 岗位需求分析

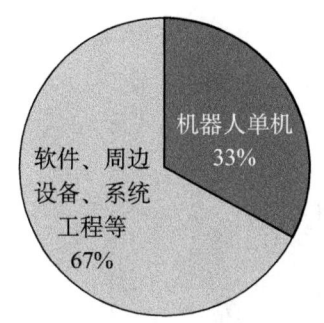

工业机器人人才需求量较大的相关岗位：
自动化生产线设备保全员
自动化生产设备安装调试员
机电设备售后服务
工业机器人维护技师
工业机器人及系统销售员
工业机器人工装夹具设计与开发
……

图 3　岗位需求分析

3. 人才需求分析

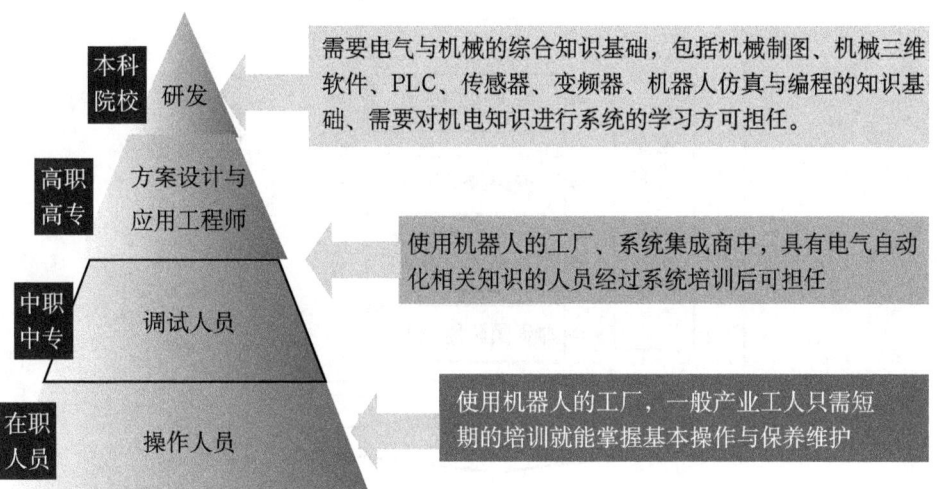

图 4　人才需求分析

通过进行了大量的行业、企业、学校以及专业的市场机构、人力资源部门、就业群体的沟通和调研，我们发现，约 2/3 的人员从事相关机器人外围系统、集成、销售与维护和二次开发的工作，仅有 1/3 的人员从事机器人本体开发或制造。

因此，我校工业机器人技术专业定位为：工业机器人设备操作，以及与外围设备的安装调试、维保维修。

（二）课程开发及实训基地建设过程

1. 课程开发路径

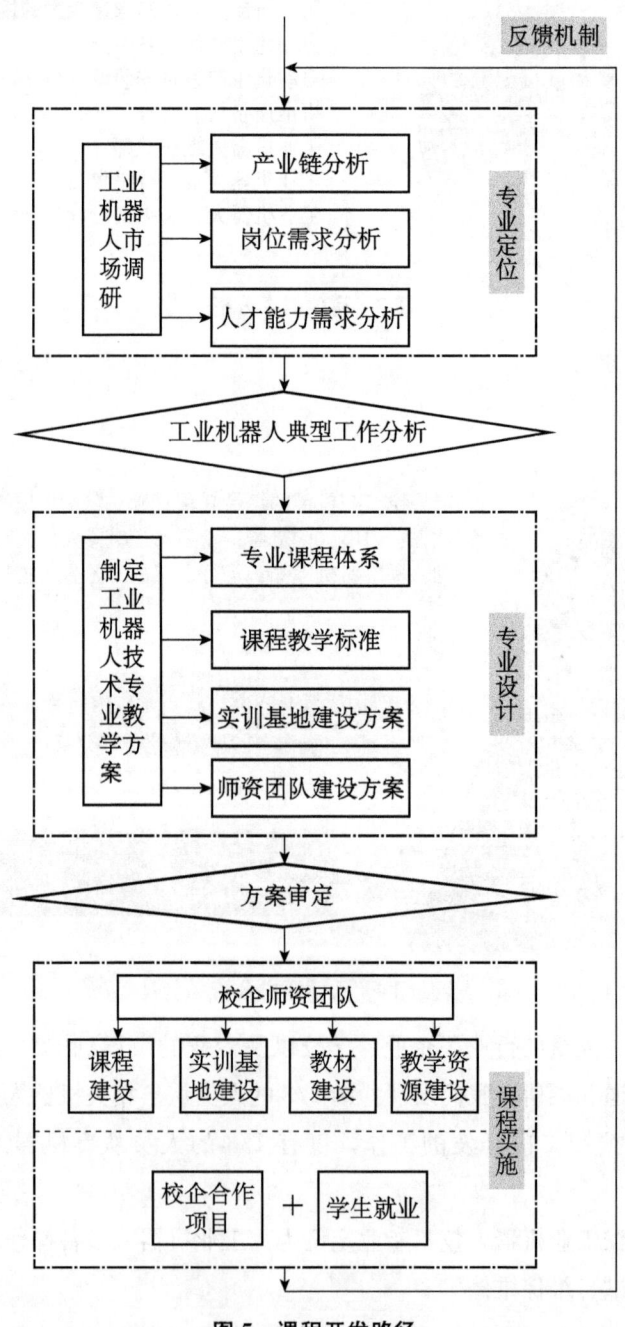

图 5　课程开发路径

2. 确定专业培养目标（能力目标如图 6 所示）

专业能力培养：电工电子技能、PLC与GOT技能、机械装调技能、驱动与传动技能、传感器技能、液压与气动、网络通信技能、C语言、工业机器人基础

通用能力：
方法能力培养：基本工具使用、故障状况分析与处理、信息收集与处理、工艺的编制、终身学习能力

社会能力培养：职业道德素质、身体素质、心理素质、礼仪修养、人际沟通、行为气质、组织和执行任务的能力

以上构成综合职业能力

图 6 能力目标

3. 课程框架

（1）专业基础课程。电力拖动、液压与气动、PLC与传感器技术、PLC与GOT、驱动与运行控制、机械制图、电子技术与信号接口、电气CAD、单片机与C语言。共 679 学时，占总专业课的 43.4%。

（2）专业课程。工业机器人基本技术、自动焊接机器人机械装调、自动焊接机器人安装与调试、工业机器人码垛应用安装与编程调试、工业机器人涂胶应用安装与编程调试、工业机器人装配应用安装与编程调试。共 471 学时，占总专业课的 30%。

（3）专业拓展课程。工业机器人应用微改造，共 104 学时，占总专业课的 6.6%。

（4）考工课程。电工上岗证考核、焊接中级工考核、电工中级工考核。共 312 学时，占总专业课的 20%。

4. 教学组织

（1）第一、二学期专业基础课程采用"理实一体化"的教学方式。

（2）第三学期采用"4＋1"，即 4 天在学校，1 天在企业（自动焊接机器人机械装调）。

（3）第四学期采用"3＋2"，即 3 天在学校，2 天在企业（自动焊接机器人安装与调试）。

（4）考工课程集中在第五学期，采用集中培训的方式培训一个工种，鉴定一个工种。

（5）第五学期考工结束后，将学生分成 4~8 个小组，每组 6~10 人，进行工业机器人应用微改造课程设计 1 个月。

5. 实训基地建设思路

遵循职业技能成长路径，紧紧围绕工业机器人操作、安装、调试，以及自动生产线微型改造等专业核心能力构建的需要，打造真实的工作情景，密切结合理论与实践、认知与应用的需求，围绕课程体系进行机电一体化通用技能、工业机器人基本技能、工业机器人应用技能、工业机器人应用微型改造技能四方面技能建设实训室。为满足一体化教学实施的需要，场地、课程、教材、师资、装备同步推进。

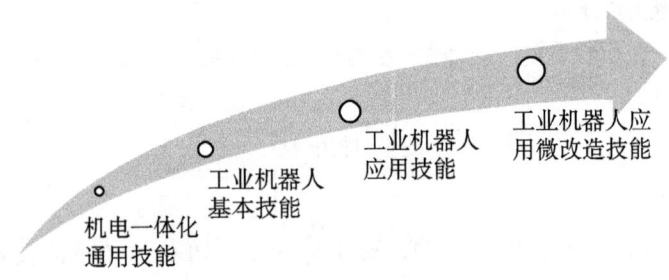

图7　实训基地建设思路

三、条件保障

工业机器人专业的建设得到上级主管部门的大力支持，柳州市教育局先后投入了3期超过1 200万元的实训室建设经费，重点打造全国一流、广西领先的实训建设基地，并与柳州职业技术学院建立了中高职衔接的课程。

学校在师资、校企合作等方面也进行了专业建设的打造。

（1）从专业带头人、骨干教师、"双师型"教师、兼职教师四个维度打造师资队伍。

（2）采用基于工作过程系统化的课程体系建设技术路线，重构理实一体化的专业课程体系，校企共同制定人才培养方案。

（3）通过改建基础实训室、新建新技术实训室，建立生产性实训室的运营机制，完善机电技术应用实训基地的建设。

（4）进行校企合作，引入工作情境、工作过程，将知识、技能融入学习情境，共同开发理实一体化课程。

（5）通过校校、校企合作，为学校及合作单位的机电设备、工业机器人提供维护维修服务，在合作中建立生产性实训的运营机制，为师生提供提高技能、学习技术的平台。

四、主要成效

（一）课程体系的建设

在专业建设过程中，通过文献调研、企业考察参观、邀请一线专家召开工业机器人工作岗位能力分析会、参观深圳智能制造/智能工厂展会等多种手段，进行行业信息的收集和学习，并将这些信息整理提炼，得出适合于中职的工业机器人教学方案，并形成对应的课程体系，如图8所示。

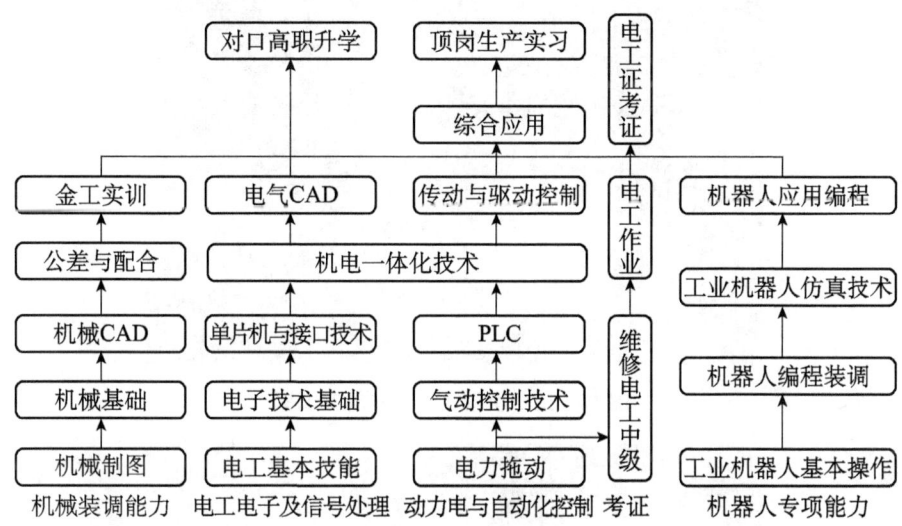

图8 课程体系

同时，结合工业机器人专业目标岗位的能力要求，对应到每一门课程，制定了相应的课程标准。

图9 课程标准

(一) 实训基地建设

1. 工业机器人基本技能实训室

工业机器人基本技能实训室该实验室主要解决工业机器人基本示教与运动编程、外部传感器信号处理编程、典型工作任务模型编程、IO 信号与触摸屏通信应用等技能的教学实训需求和对应工业机器人工作站运行与维护岗位的技能要求。

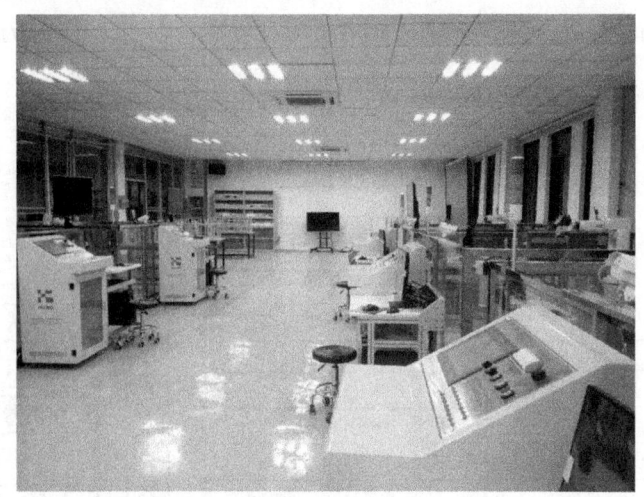

图 10　工业机器人基本技能实训室

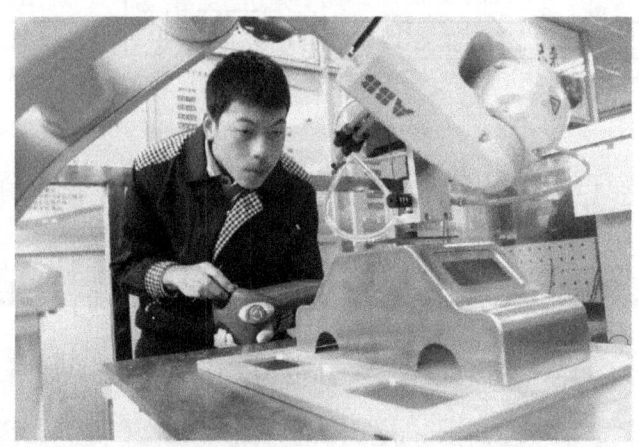

图 11　学生在工业机器人基本技能实训室进行实训操作

2. 传动与驱动控制实训室

传动与驱动控制实训室主要解决 PLC 与电机驱动器（含变频、步进、伺服）控制信号接口的连接与参数的设定，PLC 控制程序的编写技能学习。同时，也培养学生对传感器、丝杆、导轨、凸轮等传感传动器件的性能调试。该实训室还能进行触摸屏与 PLC 的综合应用调试。

图 12　传动与驱动控制实训室

3. 工业机器人应用实训室

工业机器人应用实训室主要满足学生对真实工业机器人工作站的实训需求。该实训室根据柳州市本地经济的特点，建设了点焊工作站、弧焊工作站、冲压上下料工作站、码垛工作站、并联机器人视觉分拣工作站共 5 个柳州市一线企业常见的工作站，设备和场地尺寸全部按照实际企业中的设备和尺寸进行布置，使学校与企业的岗位差距缩减至最小。

该实训室能满足学生对设备进行配置、参数设置与调试、综合编程应用等学习需求。

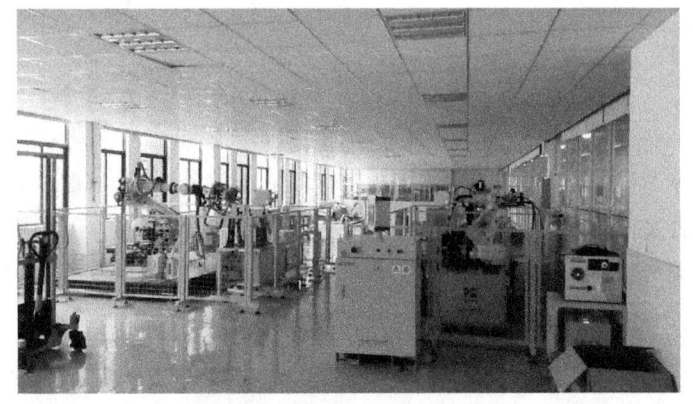

图 13　工业机器人应用实训室

图 14　工业机器人应用实训室中的工业机器人

（三）就业质量提升

从 2017 年 12 月开始，第一届工业机器人技术专业的学生开始进入顶岗实习阶段。我校学生分别进入广西明泉自动化设备有限公司、上海同众机械技术工程有限公司、柳州乾锦智能装备有限公司、柳州中科机器人有限公司等工业机器人集成行业的企业工作，岗位为工业机器人安装调试技术人员。用人单位反馈我校学生具备良好的工业机器人基本操作能力，师傅带上手很快，数个月后学生已经能独立承担工作站的运行维护工作任务。

某公司即将为柳州市职业技术学院建设一条工业机器人生产线，届时，我校的学生将参与其中，以工业机器人工程师的身份进入柳州市职业技术学院进行设备的安装与调试工作，可见学生强劲的后续发展能力。

五、体会与思考

第一，依托原有优势专业力量和师资，高起点建成新兴专业。依靠企业专家建立新技术领域岗位职业能力标准，开发课程，建立符合岗位能力培养需求的实训基地，是办好专业的基本保证。利用专业建设指导委员会平台，每年动态调整好人才培养方案，每 3 年认真做好专业剖析，解决好师资队伍技术"瓶颈"，缩短校企差距，才能真正提高专业办学的社会影响力。

第二，实训基地、实训装备的建设一定要从课程体系出发，符合人才培养目标，尽量做到课程、教材、装备、师资一体化建设，兼顾好信息技术辅助教学，实现教学互动。由于我校创建工业机器人技术专业比较早，当时从事工业机器人实训装配的企业并不多，而且没有成功案例做参考，所以企业按照我校的需求开发实训装备的周期较长。建议后建学校解决好基础性实训装备与典型应用特色实训装备建设的矛盾，使用较成熟的装备及教材，可缩短建设周期。

第三，师资队伍是办新专业、办特色专业的关键所在，共同的愿景、共同的目标，匹配度高的能力结构是培养高质量、高素质劳动者和技能型人才的核心。因此，从专业的申报、人才培养方案的制定、实训基地的论证及建设、教学内容的开发、教材的开发与编写、教学方法及手段的运用，都是以团队整体进行的，绝不是一人写方案，其他人各自为政，唯有如此，才能在各个环节形成高度匹配。另外，专任教师的组建与培养应从机电通识技能、工业机器人基本技能、工业机器人典型应用技能、工业机器人应用微型改造技能四个层面构建。

"双平台"共振培育电子商务人才

广西商业学校

一、形成背景

《国家中长期教育改革和发展规划纲要（2010—2020 年）》中提出，职业学校要实行工学结合、校企合作、顶岗实习的人才培养模式，在培养人才时要注重校企合作、工学结合。在 2014 年 6 月召开的全国职业教育工作会议上，习近平总书记在说到职业教育人才培养时提出了两个坚持：坚持产教融合、校企合作，坚持工学结合、知行合一。由此可见，职业教育只有遵循校企合作、工学结合、产教融合的人才培养模式，才能培养出符合企业需要的实战型技术技能人才。我校电子商务专业经过两年的示范校建设，探索建构了以校企合作、工学结合为主线的实战型职业岗位模块化人才培养模式。该模式将电子商务人才培养过程与电子商务职业岗位相对接，按职业岗位技能模块化的模式进行学生职业能力的培养。

然而，电子商务人才培养需要集教学、生产和培训于一体，将教学过程与生产过程相结合，才能让学生通过教学与实战锻炼，教师通过教学与参与运作，得到实战技能的提升及经验的积累。在此背景下，学校提出了"双平台"共振，培育电子商务人才的思路。

二、主要举措

（一）建立电子商务人才教育教学培养平台

1. 建设全新的教学实训区，形成现代化的电商实训环境

随着工学一体化教学的深入开展以及经验积累，企业化的实训布局环境有助于学生首先从感知层认识电子商务企业或者相关企业，在熟悉和适应企业化实训环境的基础上，逐步轮替加深岗位技能的训练，最终建成辐射全区域、功能齐全、具有省级示范能力的实训基地，高度体现将学生职业素质训导与专业文化建设相融合的建设理念。

2. 改革人才培养模式

在学校人才培养模式指导下，依托校企合作，通过理实一体课程、生产性实训、顶岗实习三个阶段对学生进行培养，将商务活动融入教学的三个阶段中，使学生的基础能力、专业能力、综合能力逐级提升。

3. 提升电子商务专业核心课程教学

用企业化的环境布局、工作岗位设置及工作内容将相关各课程理论知识模块串联起来，达到理论指导工作、工作验证理论的一体化教学效果，实现对电商专业核心课程的系统性优化和改造，完成对核心知识与核心工作能力的转化。

（二）建立电子商务人才培养实践平台

1. 将理实一体化引入电商创客城，搭建在校生的实战平台

电子商务专业自2000年创办以来，学校就重视对该专业实训室的建设。目前，已经建成21间电子商务实训室，电子商务专业学生达到1 100人。先后建设了电子交易大厅、网络营销实训室、网店模拟经营实训室、商务软件实训室、深圳一号店（商校实训店）、电子商务物流配送实训室、电子商务网站建设实训室等校内实训场所。2009年，学校电子商务实训基地经自治区教育厅组织评估被确认为广西中职示范性实训基地。2017年，柳州市鱼峰区的创客城落户我校的电子商务实训基地，引入了多家电商企业，由企业和学校教师共同为学生的教学实践营造一个良好的环境。

2. 深化"双师"型教师培养机制，打造一个电商"双师"型教学团队

目前，各类职业院校都面临"双师"型教师匮乏和培养不易的难题。教师入企锻炼时间长可能影响正常授课，入企锻炼时间短又不能很好地达到"双师"型教师必备的扎实能力。因此，通过广西华侨学校对该项目的建设，可以有效地解决上述难题，让教师在学校内即可完成入企锻炼的目的，深化广西华侨学校"双师"型教师培养的机制。电子商务专业现有专业课教师23名，全部具有本科及以上学历，其中7人具有研究生学历；实习指导教师5名，全部具有专科及以上学历；高级职称8人，中级职称9人，中级以上职称占专业课教师和实习指导教师总数的85.7%，"双师型"教师20名，双师比例为95.2%。2017年，经过广西壮族自治区商务厅的电商好讲师大赛选拔，在广西"百名电商好讲师"中，我校有12名教师入选百强，占广西壮族自治区的12%。其中，获得三等奖8人；前20名"电商好讲师"中，黄强新、杜国宁获得二等奖；在前10名"广西电商十佳好讲师"中，吕志宁、梁艳获得一等奖。

3. 学校成为柳州市批准的三家电商培训机构之一，参与柳州电商建设

（1）在市政府的引导下，师生共同参与柳州市电商培训活动。我校开展电子商务培训得到了柳州市人民政府及柳州市商务委的认可及大力支持，柳州市人民政府颁布的《关于加快电子商务产业发展的实施方案》明确提出，引进阿里巴巴商学院、浙江大学等电商培训机构与我校合作，共同建设电子商务人才培训基地。2016—2018年，学校师生多次承担柳州市电子商务人才培训，在校内培训人数达到500人次以上，为柳州市电商人才的培养作出了贡献。

图1 我校承担的柳州市电子商务人才培训

（2）师生共同参与柳州市"电商进农村"的培养活动。2014—2018年，学校电子商务教师团队为广西的南丹、桂平、荔浦、巴马，柳州市的融安、柳城、鹿寨等县先后进行过几十场电商人才培训。到目前为止，已经参加了柳州市柳城县、鹿寨县、三江县的农村电商项目的招标活动，承担了共3 722人次的培训。组建了由电商教师主讲，电商学生助教的电商培训团队，为有力地支撑柳州市电商进农村建社的活动作出了应有的贡献。

图 2 我校承担的柳城县"电商进农村"人才培训

图 3 学生助教在"电商进农村"的培训中

三、条件保障

（一）建立项目建设的专门机构

学校成立了电子商务示范特色专业及实训基地建设项目领导小组，领导小组下设建设项目办公室和建设项目质量督查小组，建设项目办公室下设具体建设项目工作小组。

（二）建立项目建设的动态调控机制

建立项目专家组及项目建设监控组，对建设项目的"决策—评估—执行—考核—反馈"实施全过程的指导、监控，加强项目运行过程管理。完善激励机制，对"双师型"教师、专业带头人、骨干教师、聘请的行业企业技术专家和优秀技能人才实行政策倾斜，调动全员参与项目建设。继续深化内部管理体制机制改革，调动各职能部门的主动性和能动性，激发各部门的工作热情，增强学校办学活力，为项目建设任务的顺利完成保驾护航。

（三）经费保障

本项目建设资金总投入预算500万元，由自治区支持，全部投入电子商务实训基地项目建设。学校严格执行国家有关财经制度，加强对项目资金的管理，做到专款专用，纪委参与监督全过程，严格把好每一关，让建设工作始终保持阳光、透明运行，以确保项目建设顺利完成。

（四）制度保障

实训基地项目的建设接受由学校，以及自治区教育厅、人力资源和社会保障厅、财政厅等上级部门、自治区内外有关行业企业和职业院校专家共同组成的建设项目专家指导组的全程监控，对项目建设计划的实施实行事前充分论证、事中监控管理指导、事后效益监测评价的全过程监控和考核。建立项目实施过程中的信息采集、信息上报、信息发布和信息反馈制度，及时向自治区教育厅、人力资源和社会保障厅、财政厅及社会各界、师生员工公开项目进展和资金使用情况。

四、主要成效

（一）学生岗位核心职业能力提高，对口就业率和双证率稳步提升，企业满意度高

对毕业生质量跟踪的调查显示，2015级电子商务专业毕业生无论是专业对口就业率、双证率，还是在对工作岗位的适应能力方面，都较2013级电子商务毕业生要强。其中，毕业生专业对口就业由2013级的89.5%提升到2015级的

95.2%，同时，毕业生的上岗适应期由原来的平均 3 个月左右缩短到 15 天，企业对学校 2015 级电子商务专业毕业生的总体评价优良，学生实习满意度达 98.6%。

（二）学生核心技能提升，形成以"柳州五菱联发汽配"为代表的学生创业网店群

实施以核心职业能力为轴心的中职电子商务专业课程体系，专业课程的教学由企业与学校共同组建的教学团队进行，同时按照学校的教学安排，企业把自己的实际项目引入班级，作为学生的实战教学项目。企业还派出专家及技术能手参与班级的实战教学；所有实训项目均按"任务驱动，情境教学"模式设计，让学生在一定的实际工作情境中完成实训，带着任务进行实训，突出项目的实战性。以实用为主，学生操作现实存在的电子商务网站，以真实的平台训练企业涉及的电子商务内容，不仅使学生学习的目的性、针对性得到了提升，核心技能得到了提升，学生实战能力也有了显著提高。

（三）教学质量提升，学生参加自治区、市各级比赛均获佳绩

以核心职业能力为轴心的中职电子商务专业课程体系在我校电子商务专业的实施，不仅使专业的教学质量有了较大的提升，电子商务专业学生在专业技能方面也得到了较大提高，还在全国、全自治区比赛中取得了良好的成绩。

（1）2015 年，参加"博导前程杯"全国电子商务运营竞赛荣获自治区二等奖。

（2）2016 年，参加柳州市大中专院校、技工学校学生专业技能大赛电子商务项目比赛荣获二等奖。

（3）2016 年，参加"博导前程杯"全国电子商务运营竞赛荣获自治区一等奖；荣获全国总决赛一等奖。

（4）2017 年，参加广西职业院校技能大赛中职组电子商务运营技能项目荣获二等奖。

（5）2017 年，参加"博导前程杯"全国电子商务运营竞赛荣获广西赛区中职组二等奖。

（6）2018 年，参加广西职业院校技能大赛中职组电子商务运营技能项目荣获三等奖。

图 4 第四届"博导前程杯"全国电子商务运营竞赛总决赛
中职组一等奖获奖证书

图 5 学生在电子商务竞赛中的获奖证书

（四）电子商务专业建设成绩显著，专业影响力从自治区内向全国扩散

以核心职业能力为轴心的中职电子商务专业课程体系在我校电子商务专业中实践，使电子商务专业建设取得长足的进展。2012 年 10 月，该专业通过自治区教育厅的评估认定，再次被确认为自治区示范性专业；2013 年 7 月，被中国商业联合会评为"商科中等职业学校特色专业"；2015 年经广西自治区商务厅评审，获批为"广西电子商务定点培训机构"；2016 年，被评为全国电子商务专业教育"课赛融通"教学改革实验校，其专业的影响力从自治区内向全国扩散。

（五）建设形成了一个具有鲜明电子商务特色、立体化的实战教学环境

为适应以核心职业能力为轴心的中职电子商务专业课程体系的实施需要，学

校与企业一起，在电子商务专业原有实训室的基础上，按照电子商务企业一个完整的运营流程：产品体验—商品拍摄美化—平台运营—移动运营—跨境运营—客服服务，建设形成一个能体现"教、学、做"一体化、完整的电子商务实训基地。

同时，学校与广西富仕云商供应链管理有限公司深度合作，由企业提供场地、货品，企业专家带领学生开店实战，学生可以直接参与到企业的运营中，真正做到了实战教学、工学交替。此外，该专业与厦门亿储信息科技有限公司合作，校企共建校园电子商务O2O创业实训基地，共同运营"莲花乐购"及"莲花商城"2个网上商城；与柳州市汇冠电子商务有限公司合作，企业整合柳州螺蛳粉、五菱汽配等产品，供电子商务专业师生自由选择在淘宝网上进行实战销售。目前，已建成一个融教学、培训、职业技能鉴定等功能于一体的、具有鲜明电子商务特色、立体化的实战教学环境，适合专业课程体系的实施。

（六）编写了10本以核心职业能力为轴心的特色校本教材

根据以核心职业能力为轴心的电子商务专业课程体系实施的需要，项目组积极组织教师进行体现电子商务核心职业技能的校本教材编写。目前，已完成9本基于岗位核心职业技能的特色校本教材的编写，其中《网络营销》《电子商务基础》《客户服务技巧》3本教材作为商务部"十二五"规划教材正式出版；《移动电子商务营销》《跨境电子商务》《网络客服》《网店运营》4本教材由中国财富出版社正式出版。

图6　校本教材《网络营销》《网店运营》

图7　与广西交通运输学校交流会现场

图8　与横县职业教育中心交流会现场

图9　2016年全国电子商务职业教育发展报告工作会议专家合影

五、体会与思考

总的来说，虽然整个电子商务人才培训项目基本达到预期的效果，但是由于柳州市的电子商务处于一个刚刚起步的阶段，在未来的日子里，还有很多工作值得我校去学习、去提高。我校也在积极联系自治区内外的各类电子商务公司，大力扩展校企合作。在未来，我校将继续把电子商务工作作为学校电子商务专业发展的头等大事，在实训层面积极与企业合作，学习先进的技能应用及操作，为将来把电子商务人才培养成为学校真正的核心竞争力作出应有的贡献。

【理论探讨】

柳州市职业院校专业结构优化与产业互动发展专项调研报告

史庭宇[①]

【发表情况】2015-10-20 发表于《广西教育》。

【摘要】本文在对样本学校"十二五"期间专业建设和发展情况,以及"十三五"期间专业调整及建设思路的调研基础上,提出了相应的对策和建议。

【关键词】专业建设;结构优化;产业发展

为全面了解柳州职业院校专业建设和发展情况,科学引导各职业院校明确办学及专业发展定位,进一步优化柳州职业教育专业布局与结构,努力形成与柳州经济社会和产业转型升级相匹配的职业教育学科专业结构,提高技术技能人才培养质量,柳州市职业教育研究所适时组织开展了职业院校专业结构优化与产业互动发展的专项调研。

一、调查对象、内容与形式

(一) 调查对象

本次调查选取了柳州市 3 所高职院校(柳州职业技术学院、柳州铁道职业技术学院、柳州城市职业学院)和 7 所中职学校(柳州第一职业技术学校、柳州第二职业技术学校、柳州市交通学校、广西商业学校、广西机械高级技工学校、广西工艺美术学校、柳州畜牧兽医学校)共计 10 所职业院校为样本学校,涵盖了自治区直、市属、行业等不同的学校分类和办学层次,具有一定的代表性。

---

① 史庭宇(1972—),男,湖南郴州人,柳州市职业教育研究所高级讲师、文学硕士,研究方向为中国文学和职业教育。

(二) 调查内容

各职业院校"十二五"期间专业建设和发展情况；各职业院校"十三五"期间专业调整及建设思路。

(三) 调查形式

本次调查采用问卷调查和专家组现场调研相结合的形式进行。其中，调查问卷以市级教育行政部门发文通知形式，统计收集各校数据，再汇总进行统计分析；专家组现场调研则通过成立的两个专家组分别赴各校听取汇报、实地考察和座谈交流等形式。

二、调研的基本情况

(一) 各校"十二五"期间专业建设和发展情况

依据各样本学校上交的职业院校重点建设专业情况汇总表及现场调研情况可知，各样本学校均能够结合自身实际，对柳州市的产业布局以及柳州市的职业院校专业布局进行分析和思考，从服务产业行业、服务地方经济转型发展、提高人才培养质量等方面考虑学校及专业的发展定位，借助国家和自治区示范校、特色校建设，打造契合本校特点的重点专业（群）。

1. 高职院校专业建设和发展情况

调研的 3 所高职院校对自身定位与专业发展有较为明确和清晰的认识，专业建设有特色，同时也彰显了学校的办学特色。如柳州职业技术学院以二产专业为主、柳州城市职业学院以现代服务专业为主、柳州铁道职业技术学院轨道交通专业优势明显、行业支撑背景好等，具体见表1。

表 1　高职院校重点专业建设一览表

序号	院校名称	专业建设成绩	重点专业（群）
1	柳州职业技术学院	依托柳州市优势产业设置专业，形成"二产为主、三产为辅、协调发展"的专业布局。建成 6 个国家示范校建设重点专业，14 个自治区优质专业、9 个自治区级特色专业	数控技术、机电设备维修与管理、电气自动化技术、汽车检测与维修、软件技术、物流管理

续表

序号	院校名称	专业建设成绩	重点专业（群）
2	柳州铁道职业技术学院	依托广西职教集团，坚持对接轨道交通与交通工程建设产业，共建有国家重点专业5个，自治区重点/特色/示范专业10个，行业（铁道部）重点专业7个	铁道交通运营管理、通信技术、铁道通信信号、汽车运用技术、城市轨道交通运营管理
3	柳州城市职业学院	建成4个央财支持建设专业，4个自治区级优势/特色/急需专业	学前教育、汽车服务与管理、汽车检测与维修、会计电算化、物流管理、建筑装饰工程技术、计算机网络技术

2. 中职学校专业建设和发展情况

中职学校在重点专业建设上也取得一定成绩（见表2），但相对来说，中职学校对自身定位与专业发展考虑得不够全面和深入，有些专业设置与地方产业的匹配度不高。此外，还存在专业重复现象，如大多数学校都开设了汽车相关专业等。

表2　中职学校重点专业建设一览表

序号	院校名称	专业建设成绩	重点专业（群）
1	柳州第一职业技术学校	专业覆盖一、二、三产业，建成国家示范建设专业5个，自治区示范性专业6个	汽车运用与维修、计算机应用、电子技术应用、中餐烹饪与营养膳食
2	柳州第二职业技术学校	建成国家示范建设专业4个	工程机械运用与维修、维修服务与管理、服装设计与工艺、市场营销
3	柳州市交通学校	建成国家示范建设专业3个，自治区示范性专业3个	汽车运用与维修、汽车制造与检修
4	广西商业学校	建成全国商科中等职业学校特色专业3个，自治区示范性专业3个	市场营销、电子商务、会计、中餐烹饪与营养膳食
5	广西机械高级技工学校	建成全国商科中等职业学校特色专业3个，自治区示范性专业3个	数控加工、模具制造、机械维修、汽车维修、电气维修
6	广西工艺美术学校	打造了工艺美术品牌专业，凸显了行业办学优势	工艺美术、民间传统工艺、现代艺术设计
7	柳州畜牧兽医学校	建成国家示范建设专业1个，自治区示范性专业2个	畜牧兽医、畜禽生产与疾病防治、宠物养护与经营

(二) 各校"十三五"期间专业调整及建设思路

依据各样本学校上交的"院校专业调整及建设工作方案（2016—2020年）"及现场调研结果，表明各样本学校基本能抓住柳州市产业升级和经济转型的有利时机，积极调整专业设置，加强内涵建设，以适应经济发展，但仍存在对专业的规划能力不足的情况。

1. 高职院校的专业调整及建设思路

高职院校基本能够深入挖掘自身潜力，将本校优质专业与柳州市产业紧密结合，规划形成"产业—专业群"，特别是柳州铁道职业技术学院对自身定位和专业发展相对较为明确和清晰，见表3。

表3 高职院校专业调整及规划

序号	院校名称	专业调整及规划
1	柳州职业技术学院	1. 重点建设先进制造技术、机电装备技术、汽车与工程机械技术、物理管理4个专业群 2. 积极发展电子与通信技术、计算机技术2个专业群 3. 稳定发展现代商贸、旅游与酒店管理、财务与会计、检验与检测技术、艺术设计、文化传播专业群 4. 适时开发面向新兴产业的专业，取消专业定位不准确、与产业联系不够紧密、资源共享性不足的专业
2	柳州铁道职业技术学院	1. 对接铁路行业——铁道运输专业群 2. 对接地铁行业——城轨交通专业群 3. 对接地方支柱产业——制造与汽车专业群 4. 对接电子信息产业——电子信息专业群 5. 对接建筑行业——土建工程专业群
3	柳州城市职业学院	1. 重点发展文化教育、财经商贸、汽车商务、汽车制造专业群 2. 积极发展土建、电子信息类专业群 3. 做精以现代服务业为依托的旅游类专业群 4. 扶持发展面向新兴行业，特色行业的新专业

2. 中职学校的专业调整及建设思路

调研发现，中职学校普遍存在"十三五"期间的专业规划和发展思路方面专业设置分散、紧密度不高的问题，没有结合自身的行业、专业优势形成学校特色专业群，规划的专业发展稍显盲目，典型的如柳州畜牧兽医学校拟开设城市交通运输、高铁乘务等专业，见表4。

表 4 中职学校专业调整及规划

序号	学校名称	专业调整及规划
1	柳州第一职业技术学校	1. 加大汽车运用与维修、计算机应用、电子技术应用、中餐烹饪与营养膳食等优势专业建设 2. 推动数控技术应用、模具制造技术、工业机器人技术、物流服务与管理、现代商务、厨政管理等特色专业建设
2	柳州第二职业技术学校	1. 重点优先发展物流服务与管理、工程机械运用与维修、服装设计与工艺、市场营销、学前教育5个优势专业 2. 大力发展会计、工艺美术、电子商务、电子电器应用与维修、汽车制造与检修、旅游服务与管理6个特色专业 3. 新设空乘服务专业
3	柳州市交通学校	建成汽车运用与维修、汽车制造与检修、数控技术应用、焊接技术应用、新能源汽车运用与维修、汽车整车与配件营销、公路运输与管理7个示范专业
4	广西商业学校	1. 重点建设中餐烹饪与营养膳食、物流服务与管理、汽车整车与配件营销3个专业 2. 重点建设形成商务贸易、财务管理、现代物流、旅游服务、汽车服务、消费服务6大专业群
5	广西机械高级技工学校	1. 将机电技术应用专业调整为机电设备安装与维修专业 2. 拟开设工业机器人应用与维护、电子商务、机器人焊接加工、汽车车身修复与保养专业 3. 形成装备制造类、机电类、车辆工程类、商务贸易类、旅游服务类、信息技术类6个专业群
6	广西工艺美术学校	1. 建成与柳州市文化教育产业有效衔接的艺术设计专业群 2. 建成以工艺美术专业为核心的面向现代服务业的"产业—专业群"
7	柳州畜牧兽医学校	1. 进一步完善畜牧兽医、畜禽生产与疾病防治、宠物养护与经营3个重点建设专业 2. 建设观光农业经营专业 3. 开设旅游服务与管理、城市交通运输、高铁乘务、物流管理等专业

三、对策建议

（一）对市教育行政部门的相关建议

1. 加强对各职业院校的规划指导

加强指导各职业院校深入做好行业、产业和专业调研，利用专业行业优势，拓宽视野，着眼长远，从整体上做好学校"十三五"期间专业布局结构调整，走科学可持续发展的道路。

2. 加大对在柳州市所有职业院校的扶持

专家组认为无论是市属学校还是自治区属学校、行业学校，只要在柳州市，都在为柳州市的教育凝聚人才，都在为柳州市的社会经济服务。教育行政、财政部门宜破除体制壁垒，一视同仁，加大扶持力度。将此类学校也纳入柳州职业院校发展大规划内，信息共享，政策普惠。

3. 给各职业院校保留充分的专业发展自主权

建议对柳州市专业布局结构调整文件里的专业大类、专业—产业群归属划分仅作引导，将专业发展自主权留给学校。对各学校的优势专业加以扶持，对各学校的非专业—产业群专业或者意愿开设的新专业可以不扶持，但是也不强令禁止或者限制。

（二）对各校专业发展和结构调整的建议

针对各校实情，对各校的专业发展和调整建议如下（见表5）。

表5 对各职业院校专业发展和调整的建议

类别	名称	相关建议
高职院校	柳州职业技术学院	1. 建议整体规划院系、实训基地等空间位置布局，使同一专业系部的教师、学生、基地等相对集中，更有利于专业发展 2. 建议进一步发挥带头作用，更多地带动中职发展，并在中高职衔接、高职本科衔接上起到桥梁和枢纽作用
高职院校	柳州铁道职业技术学院	1. 铁路工程大类在全自治区都有很大优势，建议该校继续重点发展有铁道行业背景支撑的铁道类、通信类专业 2. 铁职的信息工程面向行业能力有优势，建议将其扩展到地方工程服务和维护等信息服务方面
高职院校	柳州城市职业学院	1. 建议继续认真分析区域现代服务业产业结构，进一步做好顶层设计，提高专业布局及结构与产业的契合度 2. 建议明确各专业群的核心骨干专业，以核心骨干专业带动相关专业共同发展，在专业、师资、基地各方面实现资源共享，实现一体化建设
中职学校	柳州第一职业技术学校	1. 学校专业设置比较散，但有专业优势和课程建设，建议跳出教育部门的专业分类限制，形成学校特色专业群 2. 专业设置和发展思路需要再加强，信息技术专业有空间，但是需要梳理出特色和发展思路，明确定位 3. 建议加强专业复合能力，二产专业加强机电和机械类专业建设，提高对信息应用的能力 4. 建议在现有专业基础上把一产与三产专业融入"互联网+"，如旅游和园林专业，可以发挥学校专业特色，适应未来创新创业

续表

类别	名称	相关建议
中职学校	柳州第二职业技术学校	1. 建议继续认真分析柳州市区域经济发展，可考虑设置民族文化专业群、商贸物流专业群、汽车专业群、工程机械专业群以及学前教育专业群 2. 师资缺口问题需要重视，建议加大人才引进力度，加大激励机制，建立稳定的专职、兼职教师队伍，以适应"十三五"期间规模增长的需求
	柳州市交通学校	1. 作为交通学校，公路、交通类专业不够突出，没有发展出学校特色，建议学校打磨更多岗位，发展相关专业 2. 仅盯汽车专业，专业面窄，可以考虑其他地面交通进行专业拓展 3. 社会服务有一定基础，但仅依托园区大企业可能不够，可以重点支持汽车售前和售后的服务 4. 专业核心内容变化明显，其区域优势、行业背景优势明显，应围绕交通运输专业背景做大做强，有必要支持汽车大类体系
	广西商业学校	1. 建议根据学校定位进一步调整专业结构，重点发展本校特色专业 2. 建议电子商务等专业面向东盟，考虑国际化电商发展 3. 扩大社会培训的规模，更好地服务柳州及广西的商贸发展
	广西机械高级技工学校	1. 学校两大类主要专业非常明确：一是机械制造专业群在柳州中职学校中行业背景强；二是汽车制造专业，要继续做大做强 2. 旅游、电子信息类专业也不错，可作为辅助专业发展 3. 机器人、电焊专业值得扶持，但专业培养人数需要解决招生难题，以适应区域需求 4. 学校对"十三五"期间的专业建设思考还不够深入，如电商专业建设没有围绕学校的专业优势
	广西工艺美术学校	1. 将民族传统工艺与现代艺术设计相结合，与地方产业发展需求相结合，进一步传承和发扬 2. 利用自身优势，关注和发掘柳州区域非物质文化遗产的传承和人才培养 3. 利用协会平台，扩大社会服务
	柳州畜牧兽医学校	1. 学校行业、专业特色鲜明，但专业发展容易受行业市场动态影响，建议仍保持涉农和畜牧兽医专业 2. 社会培训强是学校的特色，可以此为基础破解招生难题，建议学校职前教育和职后教育并重发展，同时进行业态分析，整合资源，将培训与"互联网＋"相融合 3. 学校专业在广西具有优势，建议进行深入调研，结合广西区域、农业环境拓展相关行业专业 4. 建议社校互融，即学校与社区服务相结合（尤其宠物专业），将来可以发展成社区学校

(三)建议"十三五"期间重点支持各校发展的专业

通过对各职业院校专业建设及布局结构调整问诊把脉,为更好地形成与柳州产业转型升级相匹配的职业教育学科专业结构,建议政府部门在"十三五"期间对各职业院校的以下专业(见表6)给予重点扶持。

表6 对各职业院校重点扶持的专业(群)

类别	名称	重点扶持专业(群)
高职院校	柳州职业技术学院	先进制造技术、机电装备技术、汽车与工程机械技术、物流管理、电子与通信技术、计算机技术等专业群
	柳州铁道职业技术学院	铁道交通运营管理、铁道工程技术、通信技术等专业群
	柳州城市职业学院	文化教育、汽车商务、汽车制造、财经商贸、土建、电子信息类等专业群
中职学校	柳州第一职业技术学校	信息技术专业、旅游专业、烹饪专业、汽车专业
	柳州第二职业技术学校	物流服务与管理专业、工程机械运用与维修专业、服装设计与工艺专业、市场营销专业
	柳州市交通学校	汽车运用与维修、汽车制造与检修两大专业及其所带动的汽车后市场和汽车制造业两大专业群
	广西商业学校	物流服务与管理专业、汽车整车与配件营销专业及商务贸易专业群
	广西机械高级技工学校	机械制造类专业(尤其数控加工专业、焊接加工专业)、机电技术类专业(尤其机器人应用与维护专业)、汽车制造类专业
	广西工艺美术学校	工艺美术、民间传统工艺、现代艺术设计
	柳州畜牧兽医学校	畜牧兽医专业、畜禽生产与疾病防治专业、宠物养护与经营专业、特种动物养殖专业

高职计算机网络技术专业校外实训基地建设创新研究

唐淳杰[①]

【发表情况】2015-05-11发表于《教育与职业》。

【摘要】计算机网络技术专业校外实训基地既是完成学生顶岗实习教学任务和保证人才培养质量的重要保障，也对提高学生的创新精神、创业能力、实践技能，以及综合素质的培养有着十分重要的作用。因此，分析目前高职院校在该专业实训基地建设当中存在的问题，对研究如何建立实训基地建设的有效模式和科学的评价机制，探讨创新建设的新途径，无疑具有重要的现实指导意义。

【关键词】计算机网络技术；实训基地；建设模式；评价体系

高职院校校外实训基地是开展教学改革、科学研究、就业指导、服务社会等工作的多功能场所。然而，高职院校计算机网络技术专业在校外实训基地建设之中仍存在诸多问题，明晰这些问题，积极探讨校外实训基地建设、管理及评价机制建立的方法，必将有助于更好地发挥校外实训基地的积极作用，更好地实现高职人才培养目标。

一、计算机网络技术专业校外实训基地创新建设的意义

（一）推动高职人才培养目标的实现，有力缓解毕业生就业压力

校外实训基地具有创造情景教学的作用，能够提供培养学生职业能力与职业

[①] 唐淳杰（1978— ），男，广西资源人，柳州城市职业学院教务处，讲师、硕士，研究方向为计算机网络、电子商务教学和实践教学管理。

素养的"大气层",引领学生进入计算机行业的前沿,有力推动高职人才培养目标的实现。

与此同时,计算机网络企业不仅对毕业生的实际操作技能要求高,还对毕业生在沟通交流、团队合作等方面的职业素质有很高的要求。因此,能够深入校外实训基地企业的职场环境中进行实践熏陶,能够逐步增进学生与企业间的认知和认同,增强学生对社会的认识和适应能力,有力缓解学生的就业压力。

(二)有效弥补校内实训设备的不足,促进专业建设与实践教学质量的提高

计算机网络技术专业对实训教学设备的要求比较高,而且计算机设备更新比较快,技术革新周期短,对应的厂商非常多。因此,充分利用校外实训基地的设备,能有效弥补校内实训设备的不足,如在实训基地开展H3C、网络设备、综合布线、网络安全的实训教学等,使学生所学技术和使用设备与市场需求"零距离",实现先进的技术与企业用人标准的无缝对接。

高职院校还可以及时了解行业发展情况以及企业对人才规格的要求,掌握新技术和新思路的应用,及时发现专业在课程内容设置、目标确立、培养方案制定、教学方法使用以及师资队伍建设等方面的不足,与合作企业共同开发实训教材,共同编写教案,共同评价考核学生(员工),共享技术、设备和人才,并将专业综合技能训练项目移植到校外实训基地开展,打破原有"理论讲授,虚构项目"的传统教学模式,教师、技术人员(师傅)共同指导学生,边学边实践,从而有效提高专业建设与实践教学的质量。

(三)加快教师职业转型,提升专业教师的职业素养

近年来,高职院校日趋重视校外实训基地的建设工作,不仅将教学投入实际生产中,也让专业教师深入工作一线锻炼,使教师也成为一个"职业人",教师的科研能力和职业素养也得到较大提升。

二、计算机网络技术专业校外实训基地建设存在的主要问题

计算机网络技术专业是目前多数高职院校最早招生的专业之一,也是众多学院的重点建设专业。近年来,高职院校逐步建立了一批校外实训基地,但由于部

分高职院校办学时间短、经验积累不足、所在地区 IT 企业规模不大,以及企业只用人不育人、盲目追求眼前利益等诸多问题,暴露出校外实训基地在运行过程中存在的很多问题,主要有以下几个方面。

(一) 建设随意,规划不足,稳定性差,使用频率较低

在校外实训基地前期建设阶段,高职院校只关注专业的内在需求而忽视了专业和专业之间的共享性。没有系统地部署,缺乏统一指导和整体规划,使校外实训基地建设很随意,能够服务于整个专业群的基地更是少之又少,导致基地使用率非常低,有效运行数量只占总基地数的 30% 左右。

同时,多数校外实训基地建设只有形式上的合作,缺乏共同的业务联系、情感交流、后期跟进、持续输入和建设,在实际操作中双方的责任不明确,对协议内容落实不到位,在解决困难和障碍时缺乏有效沟通,也逐渐导致合作的积极性减弱,难以保证合作的稳定性。

(二) 功能单一,针对性不强

校外实训基地的功能应包括为学生提供实习就业岗位、专项奖学金或助学金、终身教育与创业培养、职业技能培训鉴定,为教师提供挂职锻炼,为学校提供设施与设备、技术支持,与学校联合实施订单培养、共建校内实训基地、联合开展新产品新技术的开发和推广应用等。然而,目前的校外实训基地大多数仍然是传统的训练场所,校企合作的内容很多只限于培训课程、毕业设计和顶岗实习等功能单一的练习和训练,而不是根据专业人才培养方案,对学生的职业素质进行综合训练。

(三) 校企双方缺乏共同管理

目前,高职计算机网络技术专业校外实训基地的管理工作主要存在管理制度不完善、教学管理漏洞凸显和学生管理难度大等问题。如学生在校外实训顶岗实习期间,基本脱离校园,在企业的岗位上工作,为企业创造价值,成为廉价劳动力;而企业往往忽略校方提出的教学任务,很少给予学生心理上的引导、生活上的关心、理论知识的辅导、专业技术的指导。企业对学生的管理基本达不到校方的要求,使学生的管理难度加大,整个教学管理存在漏洞。

三、计算机网络技术专业校外实训基地建设的创新途径

由此可见,校外实训基地建设在高职院校计算机网络专业人才培养中处于举足轻重的地位。为提高高职院校计算机网络专业学生的实践操作能力和就业竞争力,各高职院校应积极思考如何突破以往校外实训基地建设的困境,解决面临的问题,寻求新的建设途径,为学生建设一个长期合作、关系稳定、技术含量高和实践性强的校外实训基地。通过对众多高职院校开展调研分析,建议可以从以下几个方面入手,创新校外实训基地建设的途径。

(一)"合作制"与"实体制"相结合,创新校外实训基地的建设模式

在对众多高职院校的调研过程中,发现较多院校经过多年的建设与发展,计算机网络技术专业校外实训基地逐步形成了"三层合作、多方共建、互利多赢"的办学体制以及"共建、共管、共用、共享"的校外实训基地建设和管理机制。在结合目前高职院校普遍做法的基础上,建议在计算机网络技术专业校外实训基地发展过程中,构建"合作制"和"实体制"两种校外实训基地模式。

1. "合作制"模式

通过与相关企业或公司合作建设校外实训基地,基于"互惠互利、共建共管"的原则,建立一种长期合作关系。学校不仅可以为公司提供教师、学生、网络布线部分设备,还能为公司提供技术服务、员工培训及项目实施服务;公司则可以为学校提供网络通信设备、技术人员、工程项目图纸、施工技术规范等,而且公司还能配合学校制定和实施人才培养方案,参与制订课程计划、开发实训教材、整合教学资源、安排技术人员指导学生实习实训及指导学生进行项目施工。这种模式可以促使校企双方深度融合,促进校企双方共同发展,取长补短,能够使学生较好地将所学的基本理论和技能付诸实践和工作中,更有利于强化专业技能,提高学生的实践能力,实现"双赢"模式。

2. "实体制"模式

有条件的院校可以由计算机网络技术专业教师共同集资,利用校内实训室注册公司,主要从事通信安防、公共广播、多功能会议室、公共机房等产品研发生产、方案设计、施工及安装等业务,由系主任或专业负责人担任法定代表

人，独立经营、自负盈亏。此时，学校与企业合二为一。在这种模式下，校内实训室又增加了新的角色，即校外实训基地。通过这样的实体模式，学生可以在同一时间里，将学到的理论知识付诸相关的实际工作，积累宝贵的实际工作经验。显然，这种"实体制"模式不仅能够让学生劳有所获，还可以有效降低学校教学的运营成本，更加便于教学和实践，可谓一举两得。

（二）"定量评价"与"定性评价"相结合，创新校外实训基地的评价体系以往对计算机网络技术专业校外实训基地的评价体系，存在评价偏向单向和平面的问题，评价标准、评价量值的不科学因素，在一定程度上导致评价结果的偏差

不断完善创新校外实训基地的评价体系是我们必须重视的工作。为此，计算机网络技术专业校外实训基地的评价指标，既要符合职业教育"工学结合"的办学思路，又要结合专业自身发展规律和各要素间的内在联系，校外实训基地的功能评价也应以有利于提升学生的专业技能和素质为主要标准。因此，创新计算机网络技术专业校外实训基地的评价体系，可以通过"定量评价"与"定性评价"相结合的方法进行，要做到全面科学地诊断校外实训基地的建设效果。我们可以从校企合作、实训条件、师资队伍、实训教学实施、实训基地管理、职业资格鉴定、资源共享与示范作用7个方面入手，建立、完善和创新计算机网络技术专业校外实训基地评价指标体系。具体而言，计算机网络技术专业校外实训基地评价体系可设定两个等级指标。第一级指标共有7项，对应相应的分值，具体指标分别为校企合作（20分）、实训条件（15分）、师资队伍（15分）、实训教学实施（20分）、实训基地管理（10分）、职业资格鉴定（10分）、资源共享与示范作用（10分），总分合计100分。第二级指标共有21项，分别对应在一级指标之下，可用于具体操作时的评价打分。具体评价内容如下：(1) 校企合作（一级）：合作对象、投资共建、合作共管、基地运作（二级）；(2) 实训条件（一级）：建设基础、建设规划、制度建设、场地环境、基本功能（二级）；(3) 师资队伍（一级）：队伍建设、师资结构和水平（二级）；(4) 实训教学实施（一级）：教学体系、教学文件、教学资源、教学过程（二级）；(5) 实训基地管理（一级）：组织管理机构、常规管理（二级）；(6) 职业资格鉴定（一级）：双证书制度（二级）；(7) 资源共享与示范作用（一级）：资源共享、社会培训、示范作用（二级）。

(三)"宏管理"与"微管理"相结合,创新校外实训基地的管理模式

目前,计算机网络技术专业校外实训基地在管理中暴露出了诸多问题,但无论是通过哪种途径建立起来的校外实训基地,我们在管理工作过程中都可以采取"宏管理"与"微管理"相结合的办法,加强和完善现有的管理工作。

所谓"宏管理",就是从宏观的角度来调控和把握校企合作的方向。校企双方在共建校外实训基地合作平台的过程中,除了签订合作协议,明确双方人员的相关责任和权利之外,还应该成立专门的专业建设指导委员会,同时聘请企业中的专家担任规划发展顾问。校企双方共同为校外实训基地的运作模式制订一个科学的长远规划,使基地的建设和发展与企业的发展方向相契合,以期更好地解决校外实训基地建设问题。

而"微管理"的具体做法,是利用微信平台来动态呈现及反馈校外实训基地建设的不同阶段、不同内容,贯穿整个基地建设与管理的过程,突破传统的校外实训实习基地建设的藩篱,加强校企合作的深度。

计算机网络技术专业校外实训基地的基础功能,是为学生提供一个与行业发展紧密结合的实习实训场所。学生在企业的具体岗位中,开展岗位实训和毕业实习。学校在根据企业岗位实际工作要求的基础上,除了制定相应的细则加强实习实训的管理,同时可开通基地建设的微信管理平台,使管理动态化。如学校要掌握学生在实训岗位上的工作表现情况,就可以利用微信平台进行收集、分析、评价和反馈。学生的表现内容可包含工作态度、工作技能、工作创新、职业素养等内容,表现情况应该由学生、工作小组、实训导师(学校与企业)、社会共同利用微信平台进行多方位展示,动态地跟踪和记录每位学生的工作和成长轨迹,在企业和学校共同关注学生成长的过程中、变化中不断完善基地的管理手段,使动态管理真正发挥出服务高职实训教育的作用。

四、结语

综上所述,校外实训基地不仅是培养高职学生职业素质的重要场所,实现专业人才培养目标的重要条件之一,更是实现高职学生和工作岗位"零距离"对接的桥梁和纽带。因此,建设好校外实训基地既可以巩固学生的理论知识,又可以

训练学生的职业技能，还可以全面提高学生的综合素质，对高职教育工作有着重大意义。

【参考文献】

[1] 黄萍．高职校外实训基地建设的创新研究[J]．黑龙江科技信息，2013（3）．

[2] 李红立，游普元．我国高职院校校外实训基地建设研究综述[J]．科技信息，2013（4）．

[3] 刘景华．高等职业院校校外实训基地建设的实践与思考[J]．价值工程，2013（31）．

[4] 秦赋明．高职高专院校校外实训基地建设类型与管理模式的探究[J]．桂林师范高等专科学校学报，2011（4）．

[5] 喻华明．计算机专业校外实训基地建设的探讨[J]．中国科技信息，2010（24）．

高职院校连锁经营管理专业建设现状调查及发展趋势

韦林华[①]

【发表情况】2015-06-01 发表于《教育与职业》。

【摘要】文章以获得"中央财政支持高等职业学校提升专业服务能力项目"的 11 所院校连锁经营管理专业建设情况为研究对象,分析了当前高职院校连锁经营管理专业建设的现状,认为该专业建设存在对连锁,即零售业的误解、课程开发力度不足、职业证书考取范围狭窄、就业质量不高造成办学规模难以扩大和缺乏深度校企合作等问题,并梳理了各院校连锁经营管理专业建设趋势,力图为各院校连锁经营管理专业建设提供较为全面的研究依据。

【关键词】高职院校;连锁经营管理;专业建设

一、前言

中国连锁经营起步于 20 世纪 80 年代初期,从那时开始,连锁经营便作为一种企业组织形式在我国迅猛发展。根据中国连锁经营协会发布的"中国连锁百强"榜单显示:2011 年,连锁百强销售规模达到 1.65 万亿元,百强企业门店总数达到 55 407 个。同样根据该协会公布的《中国特系经营年度发展报告》,到 2011 年年底,全国特许体系已超过 5 000 个,加盟店总数达到 50 万家以上,覆盖的行业业态超过 70 个,特许企业直接创造的就业岗位超过 500 万个。

鉴于连锁经营逐渐在中国商业领域占据主导地位,每年对人才的需求也在不

---

① 韦林华(1972—),女,广西桂林人,柳州城市职业学院教务与实训管理处,副教授、硕士,研究方向为教学管理和公共事务管理。

断增长，高职院校开设连锁经营管理专业的越来越多。根据中国高职高专教育网专业设置备案数据显示：2012年，全国共有273所高职高专院校开设了连锁经营管理专业。2011年，教育部组织进行了"中央财政支持高等职业学校提升专业服务能力项目"申报，全国各高职院校在省级优势或特色专业中挑选专业进行了申报，其中，山西国际商务职业学院、柳州城市职业学院等11所学院的连锁经营管理专业获得立项，代表了这个专业在全国高职院校的最高水平。笔者以这11所学院为样本，通过统计、对比这些学院专业建设发展信息表和专业建设发展方案，研究连锁经营管理专业建设现状及发展趋势，为连锁经营管理专业建设与教学改革提供依据。

二、高职院校连锁经营管理专业建设现状

基于全面深入的行业调研明确了人才培养目标的定位。通过调查可以看出，各院校均在全面深入的行业调研基础上，进行了人才培养需求及职业岗位能力要求分析，院校间对连锁经营管理专业人才培养目标及规格的定位基本一致。如浙江商业职业技术学院对浙江省商业厅提供的2005—2009年连锁企业发展状况数据进行了分析，计算出"十二五"期间浙江省连锁企业的人才缺口，对比了开设同样专业的省内高职院校，树立了专业建设的信心，明确了专业人才培养目标。亳州职业技术学院从全国行业发展态势到区域背景、政府发展规划进行了深入分析，明确了连锁经营管理专业定位，确立了"连锁企业的中高级销售人员，中小型商业连锁企业门店店长，连锁企业仓储配送中心的技术操作人员及管理人员，大型连锁企业中、基层管理人员"的目标就业岗位群，并进一步明确了专业人才培养的目标与规格。

基于工作流程及岗位职业能力需求构建课程体系。11所院校在锁定目标就业岗位后，均对企业工作流程及岗位职业能力要求进行了研究，梳理出每个岗位的具体工作任务，明确了每个工作任务的核心能力要求，并以此为基础，明确了学习内容，确定了连锁经营管理专业的课程体系。图1是柳州城市职业学院的课程体系构建推导流程，遵循了从工作领域、工作岗位、工作任务向能力要求、课程设置的推导逻辑，基本代表了大多数院校连锁专业的工作分析成果。

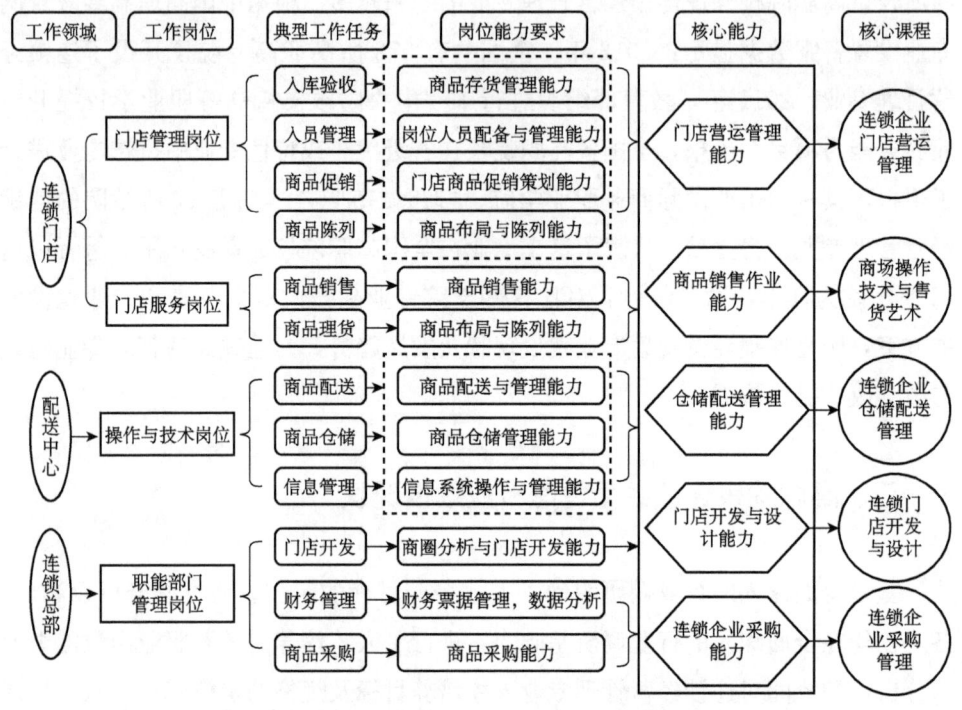

图1 柳州城市职业学院连锁经营管理专业课程推导

（一）基于生产性实训基地及合作企业的工学交替的人才培养模式日趋成熟

全国各地连锁企业人才需求普遍存在的缺口，为连锁经营管理专业顶岗实习提供了大量的岗位，同时，由于建设成本较低，投资回报率较高，高职院校连锁专业独资或引入企业在学院内建设"超市"等形式的生产性实训基地较为容易实现，也为连锁企业探索工学交替提供了便利。通过统计，11所院校连锁经营管理专业的合作企业均超过5个，共有7所学院建成或正在建设"超市"。基于院内的生产性实训基地及合作企业，各院校积极开展了"校企合作、工学结合、顶岗实习"的人才培养模式探索。如辽宁现代服务职业技术学院基于连锁企业及beautyparty教学实体店实行"工学结合、双线递进式"人才培养模式，采用多学期、分段式教学的"12211"人才培养方案，规定了学生到教学实体店实习的学时。同时，根据连锁企业运营特点，在节日销售高峰期将学生派到合作企业顶岗实习，形成"忙出、闲归的动态阶段性学习过程"。

（二）学生综合素质培养日趋获得重视

根据各个学院连锁经营管理专业建设情况简述可以看出，除了专业知识与专业技能，许多学院开始重视对学生综合素质的培养。如山东商务职业学院坚持每学期用三天时间开展CHANCE，即 communication（沟通）、health（健康）、attitude（态度）、nice（美好的）、cooperation（合作）、enjoyment（享受快乐）等职业心态培养综合训练。同时，为提高学生个人综合素质，坚持开展MDCPC，即music（音乐欣赏）、dancing（舞蹈）、calligraphy and drawing（书法和绘画）、photography（摄影）、chromatology（色彩）等人文素质培养综合训练课程。

三、连锁经营管理专业内涵建设中存在的问题

连锁经营管理专业获得"中央财政支持高等职业学校提升专业服务能力项目"的11所学院中，有8所是在2005年之后开设的这个专业，相对于许多传统专业，专业建设年限并不长。但由于近年来国家重视职业教育，专业建设成果较为显著，与此同时也暴露出一些问题，主要包括以下几点。

（一）形成了连锁即零售业的误解

在进行工作分析的过程中，每个院校均取零售业为样本，大多数教材中的案例也是以零售业为背景，学院的生产性实训基地也多为超市，在造成课程开发局限性的同时，也容易给学生形成连锁即零售业的误解。

（二）课程开发力度不足

分析各个院校的课程体系构建推导图，可以发现各个院校都存在工作岗位能力要求分析很细致，但是归纳到学习情境后课程的开发力度减弱。课程实际并未得到重新开发，而是将原有课程分类套入不同工作情境，牵强地完成所谓的基于岗位能力需求的课程体系构建。

（三）职业证书考取范围狭窄

11所院校连锁专业的学生考取的职业资格证书都较为凌乱，既有职业店长、助理店长、连锁经营管理师，也有营销师、物流师、人力资源管理师等。其中，

职业店长和营销师是大多数院校要求学生考取的核心职业资格证书，由此可见，连锁经营管理专业目前没有一个能体现这个专业核心技能的资格证书，学院要求学生考取的证书依然锁定的是零售业。

（四）就业质量不高造成办学规模难以扩大

就业质量不高造成各院校连锁经营管理专业办学规模均不大，与连锁行业旺盛的人才需求形成反差。根据11所院校填报的数据，连锁经营管理专业办学规模最大的院校在校生规模不超过400人，最小的院校在校生数量仅为140多人。究其主要原因，应该与该专业学生的就业质量有关。根据调查，连锁经营管理专业学生毕业后的主要就业企业是连锁超市或商场，初始就业岗位均为营业员。11所院校分布于全国各地，大多数院校毕业生的就业起薪在1 200～1 800元/月。这样的就业岗位与起薪水平实际上与中职学校毕业的学生是相同的，即使高职毕业的学生由于专业功底更为扎实，获得升迁至管理岗位的机会更多，所需的时间稍短，但毕竟一个企业的管理岗位是有限的，而且很多学生会因为心态难以调适而放弃在此行业继续工作。就业质量不高，直接影响了连锁经营管理专业办学规模的扩大。

（五）缺乏深度的校企合作，企业作用难以体现

各院校连锁经营管理专业的校企合作依然停留在较浅的层面，企业在专业内涵建设中发挥的作用难以体现。职业教育教学改革进行到一定阶段，各院校都充分意识到了离开行业企业办职业教育等同于闭门造车的事实。然而，连锁行业在中国还是属于较为年轻的一个行业，由于竞争激烈，发展不均衡，大多数企业还没有精力主动将触角伸向学校，实现既用人也育人的人才培养模式，只有职业院校连锁经营管理专业单方面想实现与连锁企业的深度合作。11所院校中，大多数院校都与校企合作开展订单培养。在订单培养的模式下，各院校尝试进行工学交替，企业发挥的作用多为指导实训和接收实习。由于没有发现更多的利益吸引点，企业在合作中更多的是将目标锁定在批量接收学生到基层营业员岗位实习就业上，对专业内涵建设起到的作用非常有限。

四、连锁经营管理专业建设趋势

通过研究11所院校的建设任务书，同时根据各院校的专业建设信息，可以

看到连锁经营管理专业和高职其他专业建设趋势基本一致，都在通过寻求校企合作的突破来深化专业内涵建设，提高人才培养质量。主要体现在以下几个方面。

（一）众多院校连锁经营管理专业开始探索专业校企合作办学机制体制的新突破

从11所院校的专业建设任务书中可以看到，辽宁现代服务职业技术学院和安徽国际商务职业学院提出成立"校企合作理事会"；山东经贸职业学院和山东商务职业学院提出成立"农村现代经营服务职业教育集团"及"连锁职教集团"等。各院校都意识到如果不通过办学机制体制的改革，让企业在办学中与学院"利益共享，责任共担"，就无法真正让企业自愿深入职业教育、指导教育教学改革，从真正意义上实现专业与企业融合的事实。

（二）连锁经营管理专业生产性实训基地形式的多样化成为新趋势

目前，11所院校中有7所学院的连锁经营管理专业建立或正在建立"超市"形式的生产性实训基地，解决校内基于真实环境的实践教学需求。很多院校也意识到，"超市"这种形式的生产性实训基地所能提供的实践项目的局限性，已经开始进行新形式的生产性实训基地建设的探索。例如，辽宁现代服务职业技术学院提出建立"中小企业电子商务服务中心"；四川商务职业学院提出建立"创业一条街"；柳州城市职业学院提出建立"项目营销推广中心"，加盟大型连锁企业，到校外建立实体店；山东经贸职业学院提出"建立农村日用消费品、农业生产资料现代经营网络、再生资源回收利用网络，建设校内大型超市和与之配套的配送中心"等。各学院都在尝试通过建立不同形式的生产性实训基地，尽力改善及补足实践教学条件，为学生提供各种形式的真实实践项目。

（三）立体教学资源的累积与网络教学平台的建设成为重点

顺应高职教育教学改革的发展趋势，各院校的连锁经营管理专业教学手段及教学模式的改革也在向数字化、网络化发展。各学院的专业建设任务书中都提及立体教学资源库及专业网站的建设。其中，山东商务职业学院提出"校企合作建设并共享优质资源，破解校企合作的时间和空间障碍，如利用网络远程双向传输功能，搭建校企数字课程，将企业实时数据、视频等信息传送到课堂，使企业兼职教师能在生产、工作现场直接开展专业教学，并可以和学生进行网络实时互动,答疑解惑,实现校企联合教学"。

课程内容将突破零售业的局限,课程体系将更为科学合理。11所院校的连锁经营管理专业与原有的课程体系雷同,均以零售业的岗位职业能力要求为基准进行构建,目前使用的教材也多以零售业为教学案例,使专业教学有一定的局限性。从研究各院校的建设任务书中,可以看到部分院校已经意识到这个问题并开始尝试突破。例如,柳州城市职业学院以教改立项的形式重新研究连锁行业的职业能力要求,该院提出重新召开工作分析会,邀请零售业、酒店、药店、餐饮业等专家参与课程开发,重新构建课程体系并重新编写校本教材,力争把握连锁经营的行业特点,使人才培养方案更为合理。

(四)专业办学规模小,就业质量不高的问题将受到正视及解决

越来越多的院校开始重视连锁专业办学规模小的问题,正视专业就业质量不高的事实,开始研究解决方案。如柳州城市职业学院通过深入深圳职业技术学院等国家示范校调研,吸取多方办学经验,提出"宽基础"多方向构建"大商贸"专业群概念,将连锁经营管理专业和市场营销、汽车营销等专业进行捆绑,形成统一的人才培养方案,低年级打破专业界限开展专业基础教学,高年级进行分方向培养,使学生就业适应面更加宽广。

(五)学生综合素养的培育将更受重视并形成体系

从各院校专业建设任务书中可以看出,连锁经营管理专业对学生的综合素养的培育已经从设置训练模块、开设专门的课程向研究素养培育体系发展。柳州城市职业学院提出实施"素养工程",通过"课程、活动、竞赛"三位一体的系统设计,加强对学生政治素养、身心素养、人文素养和职业素养的培育,同时规定了学生素养必修学分,保证素养工程实施的效果;安徽国际商务职业学院提出构建"三大"教学体系,即精要、实用的理论教学体系,能力主导的实践教学体系和全方位、渗透式的综合素质教学体系,将综合素质的系统化设计提升到了与专业理论和实践教学体系设计同等重要的高度。

五、结语

连锁经营管理专业在高职院校是一个年轻的专业,受限于行业发展的不平

衡，社会对专业认识的不足等因素影响，专业建设处于不断完善和进步的阶段。研究获得"中央财政支持高等职业学校提升专业服务能力项目"的院校现有的连锁经营管理专业的建设现状、问题和趋势，有助于全面把握该专业的建设发展动向，从而对专业建设规划进行反思，形成更为成熟的专业建设方案，不断提高连锁经营管理人才培养质量，以满足日益增长的企业用人需求。

【参考文献】

中国连锁经营协会，德勤. 中国连锁零售企业经营状况分析报告（2011—2012）[EB/OL]. (2012 - 11 - 21). http://www.docin.com/p-532840345.html.

基于大数据的高职院校信息资源库建设

潘梅勇[①]　宋伟奇[②]

【发表情况】 2016-02-10发表于《教育与职业》。

【摘要】 信息资源技术在高职院校中的应用，被视为教育深化改革的有效推进与深入手段。基于大数据的高职院校信息资源库建设依托于云技术支撑平台，呈现智能化的信息服务提供、全新的服务架构、按需而生的服务模式等特点，在建设中需要先行制定标准，紧扣需求，逐步推进。

【关键词】 大数据；高职院校；信息资源库

随着全球经济与技术的迅速发展，信息化技术逐渐出现在人们生活的各个角落，同时，人们的各种生活与消费习惯也正式宣告了大数据时代的来临，信息化技术的出现与应用在不断丰富人们的生活细节。在大数据时代背景下，高职院校作为重要的人才培养基地，也应当不断强化信息化建设，提升教育质量与水平。

一、高职院校信息资源库的特点与分类

高职院校的信息资源库一般有如下特点：一是处理数字化。首先就是其处理模式的数字化形式。在信息资源库里，所有的声音、图像等内容最终都要通过系统的转换器进行信息模拟与转换。二是海量存储、智能管理。整个信息库能存储的信息资源内容十分丰富，以数字化、智能化的技术进行管理，便于保存、检索等各项功能需求的满足。三是多媒体显示技术。信息内容不仅包含图像、文字，还包含视频及声音等，这些信息内容通过立体化的多媒体技术进行显示。四是超

---

① 潘梅勇（1969—　），男，广西生态工程职业技术学院汽车与信息工程系主任、副教授。
② 宋伟奇（1976—　），男，柳州城市职业学院信息工程系讲师。

文本的结构形式。从整个信息资源库的系统结构来说，并不是单纯的信息组织结构表现，而是以超文本的信息进行组织，存在联想式以及非线性等特性，从而更便于使用时实现联想以及便捷处理等。五是良好的交互性。信息资源库能够为学生提供丰富多样、图文并茂的交互式学习环境，并且能让学生自主选择想要学习的内容，从而更有针对性地帮助学生实现学习提升。

高职院校的信息资源库类别主要有以下分类：一是按对象分类，主要有知识资源库，即单纯进行学习知识的存储，一般以教科书上的知识内容为主，并辅助搭配相关的链接知识；智慧资源库，不仅包含了需要学习的知识，更包含了很多学习知识之外的内容，帮助学生进行自我启发；工具资源库，主要是以学习的工具以及相关的工具介绍和应用为主；素材资源库，与知识资源库一样，但更加丰富，而且这类资源库的内容种类较多，多是可以用来帮助学习整合处理使用。二是按结构分类，信息资源库有实库与虚库之分。实库是内部存放的内容都是可用的学习资源内容，虚库是在内部存放的资源并非资源单体，而是链接到资源的网络链接部分。三是按内容特点分类，一般有专题资源库和综合资源库。综合资源库会比专题资源库更加丰富多样，而专题资源库更加具有针对性。

二、高职院校信息资源库建设的现状

从我国高职院校信息资源库建设的现状来看，人才培养已经纳入教学信息资源库的建设目标中，许多高职院校采用校企合作与交流的形式进行信息资源库的建设工作，也出现了区域性的资源共享平台建设，但目前信息资源库的建设还停留在简单的教学知识内容整合，对学生智慧的启发相对不足。

第一，欠缺对软件设施的建设与管理。很多高职院校进行了信息资源库的建设工作，但主要投入的是硬件设备，对于软件投入很少；而且这些信息资源也仅仅是粗放式的构建，缺乏一个合理的管理设计，没有在真正意义上实现教学资源的优质、优化和共享，专业化明显不足。

第二，无法实现切实的信息优化整合。虽然我国很多高职院校已经开展信息资源库的建设，但是并不能真正有效地实现信息资源的优化整合，很多内容还停留在单个平台上，无法实现互联互通效应，也无法实现有效的资源共享与利用，更是严重制约了信息化教育事业建设的发展。

第三，信息吸收参差不齐。人员的素养参差不齐，对于信息化教学的认识也不一致，使用者、学习者、参与建设者的素养参差不齐，使整个信息资源库在内容表现方面出现了不一致的现象。

第四，可有效利用的资源较缺乏。很多高职院校进行信息化建设仅仅是对现有教学资源的加工，并没有深入进行教学资源的合理优化与重组，也无法摆脱原有的教学资源建设。

三、基于大数据的高职院校信息资源库的建设

（一）基于大数据的高职院校信息资源库的总体规划

第一，要建立以云技术、数字化信息技术为支撑的教学服务平台，包括网络办公与通信、远程教育以及数字图书馆等内容，汇聚全国乃至世界的优秀教学资源，实现教学资源的共享与优化利用。

第二，在实现校园各项教学与学习资源的优化整合基础上，实现校园信息优化管理，并以此进行数字化校园信息平台的建设。利用各类互动活动的开展，实现校园内部的交流与互动，对教材、学生与教师等校园资源进行更加合理的优化整合，实现资源价值的最大化。

（二）基于大数据的高职院校信息资源库的服务模式与特点

1. 智能化的信息服务提供

信息资源库依托的是数字化信息技术，在进行信息资源使用和存储时采用智能化的检索与读取、存储模式。

2. 全新的服务架构

就信息资源库来说，是在云计算的基础上应运而生，其计算模式是将所需信息资源以数字化信息的形式实现内容的重组与存储，并且在实现检索功能后，可以利用信息的智能化检索模式实现信息资源的检索与利用。这些是前所未有的。

3. 按需而生的服务模式

信息资源库的建立，其主要目的并不仅仅是实现海量的资源信息的存储，而是为了更便捷、更快速地实现信息资源的检索、利用以及共享，所以资源库是按需分类。学生与教师或者其他使用者可以利用各类需要的关键词进行信息资源的检索，并且搭配这些关键词以及相关的链接定位，寻找到自己所需要的信息资源

以及相关的链接内容，并进行获取或共享等操作。

（三）基于大数据信息资源库的建设步骤

1. 标准先行，制度保障

在建设信息资源库之前，对资源库的数据内容要进行相关的标准制定，如规划地形图入库数据标准、规划编制数据入库标准、规划项目数据入库标准、规划档案数据入库标准、规划知识资料数据入库标准、规划数据关系标准等一系列标准，以及制定与信息资源库配套的数据管理、更新、应用推动等制度，通过制度化保证数据的获取、入库、更新以及使用的动态循环。

2. 把脉需求，合理建库

规划信息资源的建设并不是简单的技术应用，而是根据不同的数据业务需求与管理，对所有的信息数据内容进行系统、有效的梳理分析，对数据的分类、分层、数据关系、表现形式等内容进行详细的分析，并且在满足需求的基础上实现合理的组织与建库。在这个前提之下，再在云计算的基础上实现数字资源的信息整合，并且利用各种技术手段满足信息检索等功能，并将信息的内容架构完整清晰地展现出来，从而对用户在实际应用中的需求实现满足，还可以利用导航和链接等手段的应用，使不同层次用户的需求得到进一步满足。

3. 总体设计，逐步推进

规划信息资源库建设本身是一项持久性的工程项目，在进行整体资源库框架构建的时候，保持本身的合理性极为重要，必须在进行总体设计及相关的顶层设计基础之上，根据信息资源库的不同现状以及相关的应用内容，逐步推进整个信息资源库的建设工作。在实现对数字化信息技术与资源的整合利用基础上，利用不同的手段方式将整个信息资源库的系统体系进行全面优化，从而实现各类资源的完善连接，并不断提升使用者的访问速度，更深入地实现数据服务的挖掘与拓展。

【参考文献】

[1] 吴小瑜. 浅谈信息技术与发酵工艺学的整合[J]. 科技信息，2012（36）.

[2] 刘明国. 信息技术在高职院校教学改革中的作用[J]. 软件导刊：教育技术，2013（8）.

[3] 李和娟，和艳会，崔伊飞，等. 浅析数字化时代高校图书馆信息资源建

设[J].农业网络信息,2006(12).

[4] 狄九凤.数字时代高校图书馆信息资源建设研究[J].农业图书情报学刊,2006(5).

[5] 赵伶,郭晓堡.中小型图书馆资源数字化建设方法探讨[J].图书馆工作与研究,2004(1).

[6] 张晓芳.数字时代高校图书馆的馆藏建设[J].湖南财经高等专科学校学报,2005(1).

[7] 张祖鹰.教学资源信息化管理与应用平台建设方案[J].科技情报开发与经济,2007(27).

[8] 潘穗雄,邹应贵.高校信息化教学资源的整合策略[J].中国教育信息化,2009(3).

[9] 余艳,王忠华,易鹏.教育信息环境下的网络教学资源建设[J].教育技术导刊,2006(8).

现代职教体系构建下的各类专业目录对比研究

付 云[①]

【发表情况】2018-04-15发表于《现代教育管理》。

【摘要】作为对教育进行宏观管理的指导性文件,专业目录在现代职业教育体系的构建中具有基础性作用。在职业教育内部,中职和高职教育专业目录已经衔接起来。在普通教育内部,本科和研究生专业目录已经衔接起来。现代职业教育包含高中、专科、本科和研究生几个阶段,应具备职业教育本科和研究生层次的专业目录,这已经成为构建现代职教体系中不可回避的问题。

【关键词】现代职教体系中职;高职;本科;专业目录衔接

2014年5月,国务院颁布的《关于加快发展现代职业教育的决定》(以下简称《决定》)提出,要形成产教深度融合、中高职衔接、职业教育与普通教育相互沟通,具有中国特色、世界水平的现代职业教育体系。随后,教育部等六部门印发了《现代职业教育体系建设规划(2014—2020年)》(以下简称《规划》),对现代职教体系的构建做了具体部署。2015年10月,高职专业目录完成了第一次修订,成为构建现代职业教育体系的重要部分。在打通职业教育的上升渠道上,目前的重点在探索本科层次职业教育。

一、各类专业目录的修订情况分析

专业目录是国家对教育进行宏观管理的基础性指导文件,具有制度的特殊

[①] 付云(1980—),女,四川乐山人,柳州铁道职业技术学院副教授、硕士,主要从事职业教育研究。

性。专业目录是国家经济社会所处发展阶段在人才需求、人才培养方面的集中反映,具有鲜明的时代特征;它既是高等院校培养人才的规格和标准,也是人才培养目标的具体化,还是教学内容和课程体系设计安排的基本依据。近几年来,各类教育相继发布新修订的专业目录,具体情况见表1。

表1 各类专业目录各层次数量对比

专业目录层次	普通高等教育				职业教育			
	研究生(2011)		本科(2012)		高职(2015)		中职(2010)	
	名称	数量(个)	名称	数量(个)	名称	数量(个)	名称	数量(个)
第一层	学科门类	13	学科门类	12	专业大类	19	专业类	19
第二层	一级学科	109	专业类	92	专业类	99	—	—
第三层	二级学科	—	专业	506	专业	748	专业	321

从各专业目录修订时间来看,本科专业目录修订的间隔时间为14年,高职专业目录修订的间隔时间为11年,中职专业目录修订的间隔时间为10年。普通教育和职业教育两类教育在专业的划分原则上有区别,本科和研究生专业目录是以学科划分的专业门类,而中高职专业目录是以产业/行业划分的专业门类。本科专业目录的制定时间较早,其学科门类也是在多次修订变革以后才确立的;相比较而言,高职专业目录的制定时间较晚,其专业分类在首次就基本确立。

(一)以学科划分的本科教育

就以上几种教育类型而言,本科专业目录的调整经历较为复杂,概括起来,我国本科专业目录主要经历了三个发展阶段。第一阶段:以行业部门划分专业门类。1954年,国家颁布了第一个高等教育专业目录——《高等学校专业分类设置》,强调专业设置与行业部门的对应。第二阶段:以"行业部门+学科"划分专业门类。1963年,中华人民共和国成立后第一个正式由国家统一制定的《高等学校通用专业目录》颁布。第三阶段:以学科划分专业门类。自此延续了该划分标准。在2012版本科目录中,首次区分了基本专业和特设专业,并以"以宽为主、宽窄兼顾"为原则,既设置了满足综合性大学的宽口径专业,也设置了培养应用型人才的特色专业,以更好地满足高等教育培养多类型、多规格人才的新需要。本科专业修订具体情况见表2。

表 2　本科专业目录修订

划分标准		以行业部门划分专业门类	以"行业部门＋学科"划分专业门类		以学科划分专业门类		
专业目录层次		1954年数量（个）	1963年数量（个）	1988年数量（个）	专业目录层次	1993年数量（个）	1998年数量（个）	2012年数量（个）
第一层	专业门类	11	11	11	学科门类	10	11	12
第二层	专业类	40	—	77	专业类	71	71	92（原73）
第三层	专业	257	432（含59种试办专业）	702	专业	504（含56种跨学科门类）	249（含31种跨学科门类）	506（原635，含352种基本专业，154种特设专业）

注：1963年颁布的《高等学校绝密和机密专业目录》不纳入此表的统计范围。

（二）以产业划分的中高职教育

1. 中职教育

中职专业目录经历了两个阶段。第一阶段：以学科设置专业门类。1993年，国家教委颁布的《普通中等专业学校目录》，呈现去行业化的特点。第二阶段：以产业设置专业门类。从2000年，开始中职专业目录按产业设置专业；2010版中职专业目录历经两年5个月的修订时间，为了与当时的高职专业目录（2004版）相衔接，对专业类进行了较大调整，由原来的13类增加为19类。中职专业修订具体情况见表3。

表 3　中职专业目录修订

划分标准		以学科设置专业门类	以产业设置专业门类	
专业目录层次		1993年数量（个）	2000年数量（个）	2010年数量（个）
第一层	专业类	9科，49类	13	19
第二层	专业	518	270	321

2. 高职教育

高职专业目录经历了以下发展轨迹：一是套用本科目录，以学科划分专业（20世纪80年代至2003年）；二是确定三级架构，以产业、行业划分为主（2004—2014年）；三是扩大自主权，推进衔接（2015年至今）。2015年高职专业目录延续了原来的划分标准，且更加细化对应关系：专业大类对应产业、专业类对应行业、专业对应职业岗位群或技术领域。高职专业目录的专业大类数量不变,划分和排序有所调整,且在原来的基础上新增了"专业方向举例"等 4 项内容。高职专业修订具体情况见表 4。

表4 高职新旧专业目录结构、数量对比

划分标准		以产业、行业分类为主,兼顾学科分类	
专业目录结构		2004 年专业目录数量(个)	2015 年专业目录数量(个)
第一层	专业大类	19	19
第二层	专业类	78	99
第三层	专业	532(原 1 500)	748(原 1 170)

二、各类教育内部的专业目录衔接分析

就专业目录而言,普通高等教育内部(以本科和研究生教育为主)和职业教育内部(以中职和高职为主)之间的衔接已经建立起来。

(一)本科和研究生专业目录的衔接

从 1993 年的本科目录开始,为保持与研究生学科专业目录一致,在本科的专业一级分类中完全实行纯学科框架。在新修订的专业目录中,本科和研究生的学科门类是一一对应的(见图 1)。本科的 12 个学科门类和研究生的 12 个学科门类是一致的,其中,本科目录里没有研究生目录里编号为 11 的"军事学",但为其预留了编号 11。由此可见,相继修订的本科和研究生专业目录,从学科门类名称到编号都保持了高度的一致性。

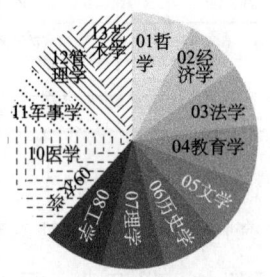
研究生学科门类(2011年)

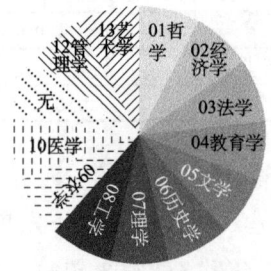
本科学科门类(2012年)

图1 研究生、本科专业目录学科门类对比

（二）中职和高职专业目录的衔接

作为以产业划分专业门类的中高职教育，通过表 5 清晰可见产业与专业大类/专业类的对应关系。从表 1 可见，高职专业目录采用了"专业大类—专业类—专业"的三级架构，而中职专业目录采用的是"专业类—专业"的二级架构，中职的专业类下并未再细分。中职的"专业类"对应着高职的"专业大类"，以此为基础，对中高职的 19 个专业大类/专业类进行对比分析，见表 5。

表 5 中高职专业大类名称对比

对应产业	高职专业目录（2015）专业大类代码及名称	中职专业目录（2010）专业大类代码及名称	相同	名称比较结果		类似
					类似	
第一产业	51 农林牧渔大类	01 农林牧渔类	相同	—	—	—
第二产业	52 资源环境与安全大类	02 资源环境类	—	类似	—	—
	53 能源动力与材料大类	03 能源与新能源类	—	类似	—	—
	54 土木建筑大类	04 土木水利类	—	—	类似（拆分）	—
	55 水利大类					
	56 装备制造大类	05 加工制造	—	类似	—	—
	57 生物与化工大类	06 石油化工类	—	类似	—	—
	58 轻工纺织大类	07 轻纺食品类	—	—	类似（拆分）	—
	59 食品药品与粮食大类					
第三产业	60 交通运输大类	08 交通运输类	相同	—	—	—
	61 电子信息大类	09 信息技术类	—	类似	—	—
	62 医药卫生大类	10 医药卫生类	相同	—	—	—
	63 财经商贸大类	12 财经商贸类	相同	—	—	—
	64 旅游大类	13 旅游服务类	—	类似	—	—
	65 文化艺术大类	14 文化艺术类	相同（拆分）	—	—	—
	66 新闻传播大类					
	67 教育与体育大类	11 休闲保健类	—	—	类似（拆分）	—
		15 体育与健身类				
		16 教育类				
	68 公安与司法大类	17 司法服务类	—	类似	—	—
	69 公共管理与服务大类	18 公共管理与服务类	相同	—	—	—
—	—	19 其他	—	—	—	—
	小计		6	7	2	1

以中职的专业类为基础与高职专业大类进行对比，可以得出两类结果：相同或类似。

第一，名称完全相同的共有 6 个专业大类，涉及"农林牧渔、交通运输、医药卫生、财经商贸、文化艺术、公共管理与服务"。其中，中职的"文化艺术类"情况较为特殊，虽然在两个目录中名称完全一致，但经过对专业的对比发现，中职的"文化艺术类"中包含高职"新闻传播大类"中的相近专业。由此，中职的"文化艺术类"对应高职的"文化艺术大类"和"新闻传播大类"两个专业大类。

第二，专业大类名称类似，主要有以下三种情况：一是名称类似，且一一对应的有7个专业大类，涉及高职的"资源环境与安全大类""能源动力与材料大类""装备制造大类"等。二是名称类似，2个高职专业大类对应1个中职专业类，涉及高职的4个专业大类。高职的"土木建筑大类"和"水利大类"对应中职的"土木水利类"；高职的"轻工纺织大类"和"食品药品与粮食大类"对应中职的"轻纺食品类"。三是名称类似，1个高职专业大类对应3个中职专业类，涉及高职的1个专业大类。高职的"教育与体育大类"，对应中职的"休闲保健类"、"体育与健身类"和"教育类"3个专业类。由于中职"休闲保健类"下的专业在高职专业目录中并未有与之相对应的专业，在中职目录的"继续学习专业举例"中列举了高职的体育保健类专业，由此，将中职的这个专业类也纳入与此对应的关系中。

在以往中高职专业目录的研究中，大多数仅以专业大类的名称是否一致来确定二者的对应关系，而较少关注专业大类下专业的对应性。在表5的制作中，不仅对比了中高职的专业大类名称是否相同或类似，而且对中职相关专业在高职专业目录中的具体分类进行了比照，从而找出中高职专业大类内在的对应关系。修订后的中高职专业目录，从专业大类的顺序到名称上的衔接都更加通畅，这为中高职专业更深层次的衔接打下了基础。

三、各类专业目录衔接带来的思考

（一）中高职衔接要落实到课程体系的衔接

专业设置的衔接是中高职衔接的基础。在对专业目录的分析中可以看出，以往中高职专业目录不对应的现象得到改观，新修订的中高职专业目录在衔接性上得到加强。在理顺中高职专业设置的问题之后，重点应考虑其他更深层次的衔接。专业建设的落脚点是课程，专业的衔接必然要反映到课程体系的衔接上。

《决定》敏锐地抓住了我国职业教育发展中这一"瓶颈"问题，明确提出要建立健全课程衔接体系。建立专业教学标准和职业标准联动开发机制，推进中高职在专业设置、培养目标、教学过程等方面的衔接，形成对接紧密、动态调整的职业教育课程体系。近年来，随着国家招生制度改革的推动，高职院校通过对口招生、单独招生等各类形式招收了不少中职学生，以后中职生源还将继续扩大。在这种情况下，高职院校在中高职衔接中应重点构建课程衔接体系，以解决中高职实际衔接过程中的"瓶颈"问题。

（二）职业教育与普通教育的沟通已基本建立

作为普通教育的本科是按照学科体系来设置专业的；职业教育是按照产业/行业来设置专业的。学科和产业/行业作为专业分类设置的两个框架，各有优缺点。学科框架的优点：既有利于培养学生扎实的学科基础，增强理论功底，拓宽适应面，也有利于高校开展科学研究，提高办学水平和科研实力。产业/行业框架的优点：人才培养规格、专业教学能最大限度地贴近产业/行业的发展实际，有利于贴近社会人才需求，促进产教融合等。《规划》中指出，要建立职业教育和普通教育双向沟通的桥梁。普通学校和职业院校可开展课程和学分互认，实现学习者通过考试在两类学校之间的转学、升学。普通学校也可与职业院校联合培养高层次的应用型人才。在我国现有的教育体制下，实现职业教育和普通教育沟通的基础在于专业的相近，两个完全无关的专业之间，是无法实现学分和课程互认的。在高职专业门类的划分上兼顾了学科分类，在结构上新增了"接续本科专业举例"条目，有723个高职专业列举了1491次，共344个接续本科专业，对加强职业教育和普通教育的顺利沟通，迈出了基础性的一步。

（三）打通职业教育上升渠道还需考虑专业目录的衔接

拓宽中高职毕业生的上升通道，给予职业院校学生更大的成长空间。在确有需要的职业领域，可实行中职、专科、本科这几个层次的贯通培养。中高职衔接已基本建立，趋向深入阶段。在职业教育内部，目前还只实现了对中职和专科层次职业教育专业目录的衔接，而未涉及职业教育的更高层次。高职专业目录中新增了"接续本科专业举例"条目，只是对加强职业教育与普通教育的沟通打下了基础；基于不同划分原则的高职和本科专业目录，虽然二者有一定程度的关联性，但还未达到可以称之为衔接的程度。要打通职业教育的上升渠道，尤其从专科阶段到本科阶段，仅仅依靠较少的优秀学生专升本，高职和本科院校联合举办本科专业等方式，还是远远不够的。引导一批普通本科高校向应用技术类型高校转型，这是目前推进本科职业教育的主要途径。在转型过程中或准备转型的应用技术类高校中，目前的专业还是按照本科纯学科框架设置的，这只能是当前转型期的权宜之策。如果要求这类院校按照产业框架的形式设置专业，将使正在转型的本科院校面临专业的大调整。因为这不仅仅涉及专业名称的变化，更重要的是涉及专业的定位和内涵。普通教育与职业教育各层次专业目录情况见表6。

表6　普通教育和职业教育各层次专业目录情况

教育类型	教育层次			
	高中阶段	专科阶段	本科阶段	研究生阶段
普通教育	—	高职高专专业目录（2015）	本科专业目录（2012）	研究生专业目录（2011）
职业教育	中职专业目录（2010）		—	—

现代职业教育是一种包含了高中阶段、专科阶段、本科阶段和研究生阶段的教育类型，这已经成为共识。但就现有的各类专业目录，还主要是从教育层次的角度进行划分的，从表6可见，普通教育从专业到研究生各层次的专业目录已经建立起来，而对于专业教育而言，目前只有中职和高职两个层次的专业目录。现代职业教育具有本科和研究生层次，依照此逻辑，我国也应该具有本科阶段和研究生阶段的职业教育专业目录。这又有两种路径：一是在现有的本科专业目录上进行调整，与专科阶段的情况类似，将两种教育的本科层次专业目录合二为一；二是在现有的高职高专专业目录上进行调整。这两种方式各有利弊，都将对我国的教育体系有重大影响。毕竟现代职教体系的构建不仅限于职业教育内部，还将影响我国教育体系的重新划分。

【参考文献】

[1] 陈涛.我国高等教育学科专业目录的检视与反思[J].现代教育管理，2015（12）.

[2] 郭雷振.我国高校本科专业目录修订的演变：兼论目录对高校专业设置数量的调节[J].现代教育科学，2013（2）.

[3] 林蕙青.实施新本科专业目录扎实提升高等教育质量[J].中国高等教

育，2013（5）.

［4］邓泽民.《中等职业学校专业目录（2010年修订）》解读［J］.中国职业技术教育，2010（16）.

［5］刘小强.高等教育专业目录修订的回顾与思考［J］.中国高教研究，2011（3）.

课程改革篇

【导语】课程改革是职业教育内涵建设的重要内容，是职业教育改革发展的核心任务之一，也是建立与完善具有中国特色现代职业教育体系的必然要求。柳州以职业院校为主体积极开展基于职业能力培养的课程改革，结合地区及学校的实际探索具有区域特点和学校特色的课程体系。柳州市第一职业技术学校依托校内经营性实训基地创建"五一体六融合企业课程体系"，解决课堂教学与生产实践脱节的弊端，促进教学质量全面提升。柳州市第二职业技术学校首开全国中职学校先河，组建了全国第一支中职巴哈赛车车队，对接产业及岗位新需求，设计并实施了汽车制造与检修专业巴哈赛车 PBL 教学模式改革项目，提升了专业教学质量，培养了学生的工匠精神。柳州市第一职业技术学校在严格执行中等职业学校公共基础课"基础模块"教学标准的前提下，以培养学生具备能够适应终身发展和社会发展需要的必备品格和关键能力为目标，历经 6 年的研究及实践，形成了"多层次、个性化"的公共基础课教学特色，学生人文素养、职业素养得到全面提升。柳州铁道职业技术学院积极探索构建"学训赛节评"实践教学体系，通过加强顶层设计，整合教学资源，融通实践环节，实现实践教学目标体系、内容体系、管理体系、评价体系和保障体系的有机融合。

【典型案例】

学研赛并举，
以项目引领专业教学特色发展
——柳州市二职校巴哈赛车 PBL 教学模式实践

柳州市第二职业技术学校

柳州市，西南工业重镇，广西壮族自治区最大工业城市，汽车整车生产实力雄厚，拥有上汽通用五菱、东风柳汽、一汽、重汽四大整车生产企业及众多汽车零部件生产企业。2016 年，柳州市的汽车产量为 244.7 万辆，汽车销量为 243.3 万辆，占全国汽车销量的 1/10，产值为 2 437.43 亿元。据广西壮族自治区及柳州市汽车产业规划，未来柳州市将重点引进和发展运动型实用汽车、轿车和多用途汽车等产品，加快发展专用车产品，积极发展新能源汽车。汽车产业的转型升级对职校汽车相关专业的人才培养方向、培养数量及培养质量都提出了新的要求，根据对汽车龙头企业的调研表明，柳州市汽车产业目前最缺乏的是研发类人才、既具备动手能力又具有专业提升空间的复合型技能人才。为了更好地服务柳州市的汽车产业，柳州市第二职业技术学校（以下简称柳州二职校）首开全国中职学校先河，组建了全国第一支中职巴哈赛车车队——柳州二职校 BSC 巴哈赛车队，以巴哈赛事为激发点，对接产业及岗位新需求，设计并实施了汽车制造与检修专业（以下简称汽修专业）巴哈赛车 PBL 教学模式改革项目，以项目引领汽车服务部汽修专业教学特色发展，提升专业教学质量，培养学生的工匠精神，取得了令人瞩目的成效。

一、巴哈赛车 PBL 教改项目设计理念

巴哈大赛是"中国汽车工程学会巴哈大赛（Baja SAE China，BSC）"的简称，是一项适合高职院校和本科学生参与的年轻赛事，要求参赛车队按照赛事规

则和赛车标准，在规定时间内，使用同一型号发动机，设计制造一辆单座、发动机中置、后驱的小型越野车参加多种静态测试和动态赛道测试的赛事。

PBL，即 problem-based learning，常译作问题式学习，"它强调为学生提供真实的、有意义的问题情境，通过小组协作，共同提出和解决问题，在这个过程中完成知识建构。该模式把重点放在学生的学习上，教师更多的是辅助者的角色"。PBL 有五大特征：一是需要一个驱动问题（drivingquestion）开始学习；二是需要学生在一个真实的情境中对驱动问题展开探究，在探究过程中学习及应用学科知识；三是需要教师、学生和其他成员共同协作，共同寻找解决问题的方法；四是在学习技术的过程中帮助学生提升能力；五是学生要创制出产品（products，又称制品 artifacts）作为课堂学习的成果，共同分享。

巴哈赛车 PBL 教改项目以研发制造本车队的巴哈赛车为真实目标，师生一起在 BSC 车队工作室这样一个真实的情境中对赛车开展研发和制作，共同协作，共同寻求解决方法，在研发过程中，促进学生形成更高的内在目标导向，提升学生的学习动机、自主学习能力、沟通协作能力，以解决学生在传统理论教学中内在动力缺乏、被动接受知识等问题；在制造过程中，磨炼学生综合专业技能，锻造工匠精神，培养学生解决问题的能力，以解决传统实践教学中章节分割，整合性差，学生动手机会少等问题；在竞赛过程中，检验项目学习成效，验证项目成果性能，让学生直面挑战，通过参赛提振学生的自重感和自信心，解决中职学生自我悦纳程度低、社会认可度低的问题。

二、巴哈赛车 PBL 教改项目实施

（一）巴哈赛车 PBL 课程开发

巴哈赛车 PBL 课程分为赛车研发、赛车制作、赛车调试、赛车训练及赛车比赛 5 个主要模块，其中，赛车研发、赛车制作两个环节与学生专业知识及专业技能结合紧密，下文主要从这两个环节对项目进行介绍。

1. 巴哈赛车 PBL 课程——赛车研发模块

赛车研发模块进行的主要是专业基础知识、赛车研发理论知识、赛车研发软件学习模块 3 个不同层级的理论知识学习，学生在这个过程中理论知识得到层层提升，在此基础上才能进行最后的步骤——赛车研发设计（见图1）。

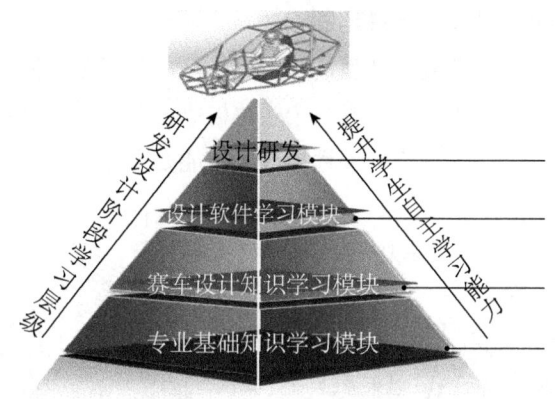

图 1　研发设计阶段课程模块构建

　　此部分课程的搭建犹如建楼一般，每跃升一个层级，对中职学生来说都是一次艰巨的挑战。由表 1 可见，从第二个层级的学习开始，6 门科目的知识难度都远远超过了中职毕业生的要求。在中职阶段，要求参与项目的学生学习、掌握、运用高职乃至本科的专业知识，这对师生来说似乎是一个不可能完成的任务。而这一点正好也从另一个方面解释了为什么巴哈赛事一直是大学生的主场。

表 1　赛车研发阶段第二～四层级的学习内容

类别	序号	科目	知识层级	学习内容
二、赛车研发知识学习模块	1	材料力学	本科	学习材料特性，完成材料选取
	2	汽车设计制造指南	本科	学习赛车各系统总成的设计计算和校核
	3	工程力学	本科	学习受力分析，最终采用 ansys 有限元分析完成零部件优化设计
	4	人机工程学	本科	学习坐姿设计，设计座椅和方向盘的角度
	5	工程制图	高职	学习零部件的设计图纸标准
	6	金属加工工艺学	本科	学习金属的用途和加工
类别	序号	软件名称	知识层级	学习内容
三、设计软件学习模块	1	NX8.0 三维制图	高职	设计零部件及座椅角度和方向盘安装点
	2	ansys 有限元分析	本科	赛车工况和主要零部件有限元分析
	3	workbench 模态分析	本科	分析共振点，保证赛车结构稳定性
	4	CAD2007	高职	标注尺寸、出图加工零部件
类别	序号	设计步骤	能力层级	学习内容
四、设计研发赛车	1	赛车零部件设计	本科	汽车设计工程实践
	2	前后悬架的运动仿真	本科	定位悬架点，接近理想参数
	3	完成设计报告	本科	计算参数，设计总结，参赛

2. 巴哈赛车 PBL 课程——赛车制作模块

此模块主要将第一阶段赛车研发的学习成果——研发设计图演变成学习产品的过程，主要由车身制作、车架制作等 7 个模块构成，牵涉模具制造、焊接、装配等几个工种技能的综合运用，本模块课程构成及技能要求如图 2、图 3 及表 2 所示。

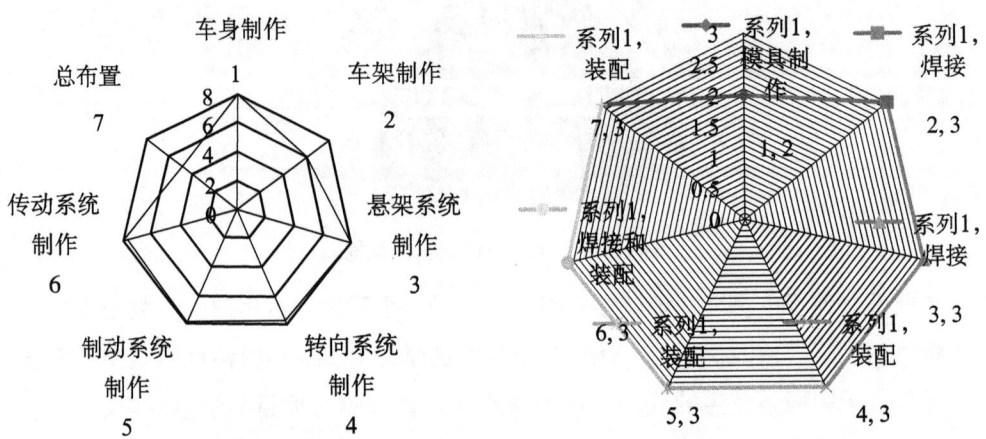

图 2　赛车制作模块课程　　　　图 3　赛车制作模块技能要求

表 2　赛车制作模块学习内容及技能要求

类别	序号	模块	材料	技能工种	技能层级	学习内容及目的概述
赛车制作模块	1	车身制作	碳纤维、树脂等	模具制作	中级工	真空导流和手糊碳纤维工艺，掌握汽车美容改装基础知识
	2	车架制作	钢管	焊接	高级工	焊接、切割、定位，掌握汽车生产制造基础知识
	3	悬架系统制作	钢管	焊接	高级工	运动仿真，选取定位点，掌握汽车行驶系统基础知识
	4	转向系统制作	碳纤维等	装配	高级工	阿克曼转向原理，掌握汽车转向系统基础知识
	5	制动系统制作	铝型材	装配	高级工	根据人机工程设计制动踏板，设计制动系统零件，掌握汽车制动系统基础知识
	6	传动系统制作	铝、碳纤维等	焊接和装配	高级工	传动效能调试，掌握汽车传动系统基础知识
	7	总布置	线束、电气设备等	装配	高级工	学习各系统之间的完美配合，掌握汽车总布置基础知识

(二) 巴哈赛车 PBL 课程实施

1. 实施人员组织构架

车队实行车队负责人制，分技术指导和日常事务两条线管理，技术指导由专业教师负责,日常事务由车队经理管理。其下设队长、组长两个管理层级,队长共管理 5 个小组,分别是动力传动组、制动电气组、悬架转向组、车架车身组和成本宣传组,每个小组设组长 1 人管理小组具体事务(见图 4)。学生申请加入车队时可按兴趣方向选定小组。

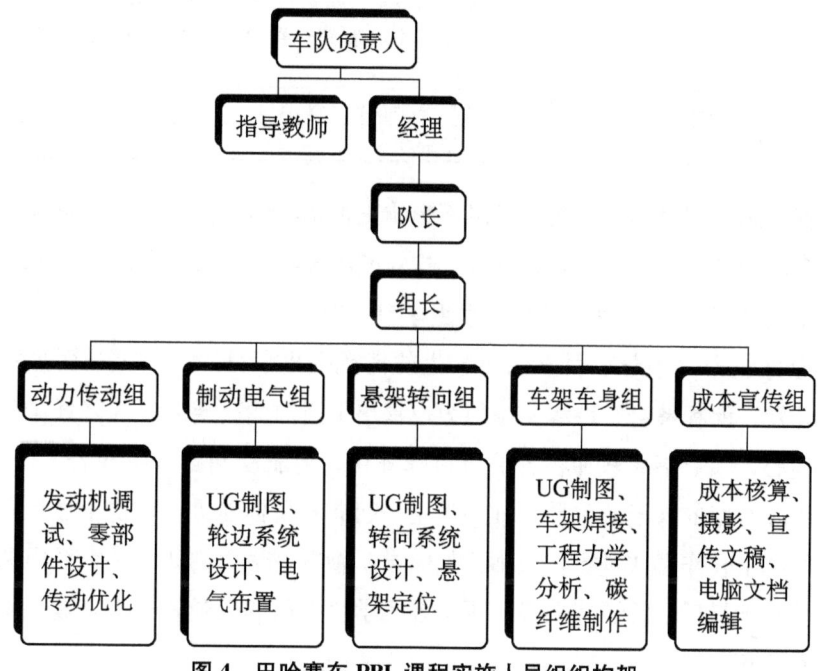

图 4 巴哈赛车 PBL 课程实施人员组织构架

2. 场地、设备及时间要求

无论是巴哈赛车项目,还是 PBL 学习,相较于传统教学对场地、设备、技术都有较高的要求,这也是项目能否成功的必备条件之一。由于学校及赞助企业给予大力支持,我校的巴哈赛车 PBL 课程才得以顺利实施。表 3 为巴哈赛车 PBL 课程 4 个环节所需的场地及设备简表。

表 3 巴哈赛车 PBL 课程 4 个环节所需场地及设备

序号	学习模块	学习阶段	场地	设备
1	赛车研发	专业基础知识学习	教室、电脑室	电脑、互联网、专业书籍等
		赛车设计知识学习	教室、电脑室	电脑、互联网、相关书籍、打印机等
		设计软件学习	电脑室	专业书籍、电脑、互联网、设计软件和分析软件等
		研发设计	电脑室	电脑、互联网、设计软件和分析软件等

续表

序号	学习模块	学习阶段	场地	设备
2	赛车制作		工作室	焊接—氩弧焊机、切割—切割机、打磨—磨砂轮、钻孔—电钻、弯钢管—弯管机、日常制作维修—工具车、打气—空压机、压轴承—液压机、制作碳纤维—真空泵、烘烤碳纤维—红外烤灯仪、铝型材—定位车架、喷漆—喷枪、抛光—抛光机、吸尘—吸尘器等
3	赛车调试		工作室	自制赛车及相关工具
4	赛车训练		赛车场地	自制赛车

课程实施时间对学生的要求是以不影响正常学习为前提，课程实施利用的大多为课余时间和周末，甚至寒、暑假，这对教师和学生来说都是巨大的考验。

3. 课程实施——研发环节增强学生学习的兴趣

巴哈赛车 PBL 教学项目不仅对学生的情智提出了巨大的挑战，而且对教师的课程开发、课程整合、课程实施能力也提出了空前的高要求。为降低难度，增强学生信心，项目指导教师将各层级目标细化，将驱动问题分解成若干子问题，搭成一级级有序的梯子，引导、推动学生一起向着目标前进。在这个过程中，学习一直以小组合作形式进行，教师犹如向导、领队，学生则如同一个登山队的队员，要坚持到最后，除了靠向导，更多是靠学生自己的兴趣和毅力，靠学生之间的协作和互相扶持。

这个过程既是一个提升蜕变的过程，也是一个淘汰筛选的过程，它促使学生在挑战中形成更高的内在目标导向——实现自我而非单纯学习，依托教师、网络电脑等技术工具获得技术上的支持，依托团队获得情感上的支持，提升了学生的自主学习能力、沟通协作能力和共情能力。

图 5　研发阶段教师指导学生学习软件

4. 课程实施——赛车制作环节培养学生的工匠精神

按照巴哈赛事规则，在赛程开始前，赛车就要经受裁判从里到外仔仔细细地检验，看是否符合赛事规则，不符合要求的赛车将不能参加比赛。比赛开始后，静态赛将通过设计答辩、技术检查等方式检验赛车研发设计理念及合理性，动态赛则以牵引力测试、操控性测试、耐力测试全面考验赛车性能。三重考验，对赛车的研发和制造均提出了很高的要求。因此，在赛车制作阶段，学生要做的并不只是简单的装配，而需要将自己研发设计的图纸先制成一个个实物零部件，再由一个个零部件通过焊接等方式精准地组装成一辆能开、能跑、能赛的赛车。从车架的设计到钢管的焊接，从悬架的定点到传动系统的定位，从固定好轮圈上的最后一颗螺帽到发动机轰鸣，每个细节都必须一丝不苟。在指导老师的严格要求下，经过几十次，甚至几百次的实验才能得到想要的结果，才有可能经受赛场上严峻的考验。为了赶制赛车，师生们有时得从晚上 8 点开始一直忙到凌晨 4 点，试做六七次才能成功。这个过程磨炼的是学生的综合专业技能，锻造的是学生精益求精的工匠精神，培养的是一个汽车人的专业追求。

图 6　制作阶段教师指导学生打磨车身模具

5. 课程实施中的管理模式促进学生全面成长

课程运作采用社团化的运作模式和企业化的管理制度，对队员们有严格的要

图 7 我校巴哈车队制作的 2016 年参赛赛车

图 8 我校巴哈车队制作的 2017 年参赛赛车

求，以任务驱动法的形式让队员根据自己的兴趣选择分组，责任落实到小组，车队的经理、队长以及组长都由师生推选产生，在考验学生协商、协作能力的同时，更培养和锻炼了学生的自我管理意识和能力。在赛车设计、制造阶段会遇到不同的问题和困难，需要小组之间团结协作，最后的总装组合赛车阶段更需要小组之间互相交流，共享学习成果，才能保证赛车各系统总成的协调性和可行性，才能保证赛车的整体性能，在不断学习和突破自我的过程中，队员进行自我定位，建立长远的目标，对今后的发展有巨大帮助。

（三）巴哈赛车 PBL 教改项目效果检验

巴哈大赛是检验我校巴哈赛车 PBL 课程开发、实施成效的全国性平台，大赛主办方中国汽车工程学会（SAE-China）成立于 1963 年，是由中国汽车科技工作者自愿组成的全国性、学术性法人团体，所颁发的奖项在中国汽车领域不但具有专业性，更具备权威性。由于巴哈赛事对选手的专业知识和专业技能要求均较高，因此 2014 年、2015 年的大赛只有本科院校和高职院校组队参赛。

整个巴哈赛事分静态赛和动态赛两个项目。静态赛项目包括技术检查、赛车设计、成本与制造、商业营销等，动态赛项目包括牵引力测试、操控性测试以及耐久赛等。牵引力测试是在一个坡度为 25 度，长度为 35 米的坡上进行，用时最短者获胜，部分赛车无法完成爬坡，只能丈量爬坡长度，无法得到计时成绩；操控性测试就是一个迷你障碍赛，包括炮弹坑、砂石路面、石块堆、深坑等考验，主要测试赛车的稳定性和通过能力，也是以计时方式评判优劣，有的赛车因禁受不住巨大的冲击而损坏，被迫终止比赛，只能被拖离赛场；持续 4 小时的耐久赛是在一条总长为 1 900 米的赛道上展开，赛车要经受圆木、驼峰、V 形沟、飞坡、泥潭等诸多考验，全方位检验赛车性能及赛车手的素质，这个赛段会有不少赛车"趴窝"，赛车扎堆"沦陷"泥潭的现象也很常见。

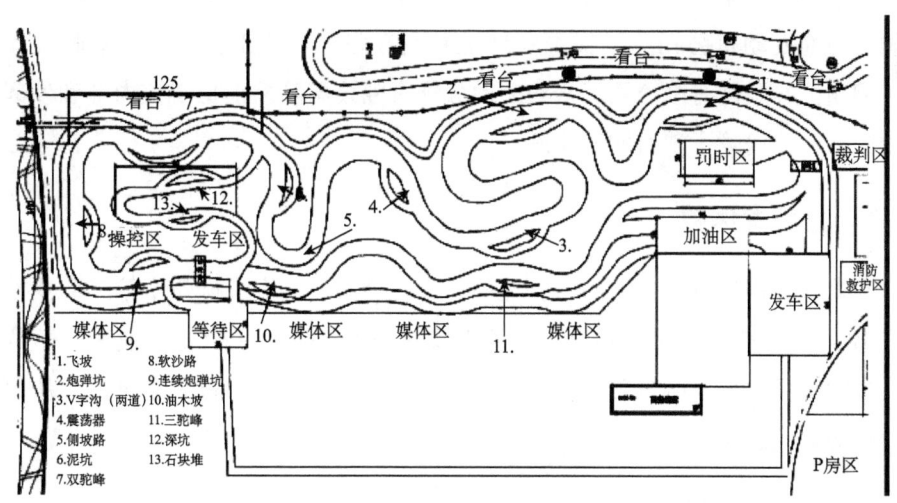

图 9　巴哈赛事耐力赛赛道图

我校巴哈车队参赛两次，不仅都完成了赛程，而且在大赛中创造了总成绩全国排名第 12 的佳绩（详见第三部分"项目主要成效"），更在研发、制作过程中提升了学生的自重感和自信心,培养了学生解决问题的综合能力。师生们以时间和汗水打造出的"自信、实干、努力、专业"的新时期中职师生形象,赢得了业界和社会的认可。

三、项目条件保障

(一)组织保障

1. 学校内部组织及人员保障

该项目虽然由汽车服务专业部汽修专业具体实施,但学校上下均给予了鼎力支持。校领导经常走访项目工作室,询问项目进度,需要什么支持;专业部主任江拥军老师整体把控项目进度,协调项目;专业教师——李星潮、黄彦博等老师开发课程、跟踪指导学生研发制作,大家共同推举的优秀学生代表——杨梓辉、罗章政、莫窍春等负责车队日常管理。上下一心,不仅在人员上有保障,而且整个团队凝心聚力,团结高效。

2. 学校外部组织与保障

我校巴哈车队从筹备之初就得到了校外企业的高度关注和大力支持,小到参赛服装,大到赛车制造的原材料、零部件,很多都是由企业提供的。这些企业有美国百力通发动机公司、无锡彬旺纤维制品有限公司、正新集团、中联汽保公司、柳州艺匠服饰有限公司、来宾顺驰服饰有限公司等。正是学校内部和外部的大力支持,才保障了项目顺利实施。

(二)制度保障

专业部根据项目需求,借鉴企业项目管理经验,制定了柳州市第二职业技术学校 BSC 车队管理办法,并出台了配套实施方案,明确了资金的使用、车队组成人员的责任,将车队日常工作制度化、清晰化,使项目运行有据可依,从而保障项目的顺利进行。

(三)经费保障

项目经费由专业部做出预算,经学校领导班子开会讨论研究决定,纳入学校经费预算。学校按照预算请求拨付资金,用于项目的设计、制造、维护以及运输等环节。以学校为主,以企业为辅,在资金和资源上给予项目充分的保障。

四、项目主要成效

(一)全国大赛参赛成绩令人瞩目

2016年,作为第一支也是全国唯一一支参加巴哈大赛的中职车队首次参赛。我校车队在33支职业院校车队中获得了耐力赛第18名、操控赛第23名、单圈计时赛(原直线加速赛)第25名、总成绩第29名的成绩。

2017年,巴哈大赛(含襄阳站和乌兰察布站)共有89支参赛车队,本科院校车队37支、职业院校车队45支、高中车队3支、企业车队4支。我校巴哈车队是参赛的两所中职学校车队之一,在赛程中取得设计答辩赛第6名,襄阳站耐力赛第5名,襄阳站操控赛第10名的好成绩,最终荣获职业院校组乌兰察布站全国二等奖,襄阳站全国二等奖,职业院校年度二等奖,年度总成绩排名全国第12名,职业院校组第6名。成绩超越了30所本科大学和40所大专院校,在参赛的广西职业院校中排名第1。

图10 我校巴哈车队参加2017年中国巴哈大赛获奖证书

（二）车队学生就业质量好

我校 2016 届车队人数为 20 人，毕业就业人数为 20 人，就业率为 100%；2017 届车队人数为 30 人，毕业人数 20 人（另有 10 人在读），就业人数为 20 人，就业率为 100%。

两届毕业生共 40 人，有 23 人进入世界 500 强企业工作，占车队毕业生总数的 57.5%。其中，13 人进入 2016 年全球排名第 46 位的上汽集团，成为 2017 年、2018 年"中国杰出雇主"——上汽通用五菱宝骏股份有限公司的员工；10 人进入 2016 年全球排名第 303 位的广州汽车集团股份有限公司工作，整体就业质量高。

巴哈赛车特色教学项目的趣味性、专业性和过程性，巴哈车队毕业生的就业质量，吸引了诸多家长和学生纷纷到我校汽修专业参观。近 3 年来，汽修专业每届招收新生超过 700 名，目前，累计有 2 000 名汽车专业在校学生，成为学校招生人数最多的专业。

（三）专业影响力日益提升

巴哈大赛是学生专业能力展示和竞技的全国性平台，也是本科院校和高职院校学生展示自我的主战场，我校这支中职车队从第一次踏进赛场起就伴随着不少质疑和观望，虽然是学历层次最低的车队，参赛年龄最小的选手，但我校师生用信心、勇气、专业、技能征服了赛场，赢得了对手的尊敬。

赛后，广西有不少院校主动提出到我校车队交流和学习，其中包括本科学院——广西科技大学，全国首批高职示范院校——柳州市职业技术学院等。这个过程不仅促进了车队之间的交流与合作，而且开阔了学生的眼界，锻炼了学生的沟通交流能力，增强了学生在专业道路上不断探索、不断追求的信心和决心。

（四）项目车队成为学校品牌和形象代表

由于巴哈赛车 PBL 项目不仅在教学上、项目管理上取得了一整套行之有效的经验，而且在全国赛场上经受了考验，成为赛场黑马，因此，巴哈赛车在学校也成了一道亮丽的风景线。项目车队逐渐成为学校的品牌形象，代表学校参加职教各种展会已成常态。

图11 龙陵英校长在中国——东盟职业教育博览会
向中外嘉宾介绍巴哈赛车项目

图12 巴哈赛车工作室在初中学生进职校活动中
引发参观热潮

（五）媒体争相报道

柳州二职校从成为第一支参加巴哈大赛的中职学校开始，便受到了中央电视台、柳州电视台、《柳州日报》等新闻媒体的广泛关注，成为我校汽车专业的风向标，得到了大赛组委会和社会各界的高度认可，成为中职生"逆袭"的典型案例，受到人们的广泛关注。

图 13　CCTV5《赛车时代》栏目报道我校巴哈车队 2016 年参赛情况

图 14　2017 年柳州电视台采访我校巴哈车队队员

图 15 《柳州日报》对我校巴哈赛车项目进行报道

（六）开发出一整套适合中职学生的巴哈赛车 PBL 课程

我校汽车服务部汽修专业，在专业部主任、专业带头人江拥军老师的带领下，以李星潮、黄彦博老师为核心，组成课程研发小组，5 名专业教师用了两年中几乎所有的课余时间，终于开发出一套以中职学生为对象，包含赛车研发、赛车制作、赛车训练等 5 个模块的课程。这套课程经受住中国汽车工程学会的专业检验，经受住全国大赛场地、评委的严格检验，也经受住来自多所本科院校、高职院校的竞争和挑战。

五、项目思考与展望

PBL 教学起源于 20 世纪 50 年代的医学教育领域，在这种教学模式中，教师更多的是扮演辅导者的角色，而且是多重辅助，学生成为学习的主体，并进行大量的自主学习活动。与传统方法相比，PBL 更能激发学生学习的兴趣，增强学生学习的内在动机，提升学生理解程度和独立工作能力，增强自我效能感，促进批判性思维和自我努力，发展学生社交技能和领导力，使学生的后续表现更为优秀。中国汽车工程学会相关课题研究成果也表明，有过赛车研发制作大赛经历的学生在就业和专业成长上更为优秀，这些在我校的巴哈赛车 PBL 教学项目中也得到了有力印证。但是，在我校探索将 PBL 教学模式应用于职教领域专业教学中也发现了如下问题：一是这种教学模式对执教者的要求很高，它要求执教者不仅具备系统，甚至跨学科的专业知识和专业技能，而且要求执教者能将其整合成一个整体，开发出一套课程；二是 PBL 教学对资金、场地、设备、学习时间、学习频次均有较高的要求，否则难以完成。我校巴哈赛车 PBL 教学项目之所以能够成功，也是因为有了学校和企业的鼎力支持，有了教师的坚持和无私付出，有了学生的毅力和参与才能走到今天。因此，未来我校将在原有项目经验的基础上，争取相关支持，将 PBL 教学模式在职教领域专业教学中推广，让巴哈赛车 PBL 人才培养模式乘上职业教育的高速列车，让学生更好地步入专业成长道路，真正享受职业教育带给他们的成果，为汽车领域培养更多的人才，为区域经济、社会服务。

打造"多层次、个性化"的公共基础课

柳州市第一职业技术学校

针对中等职业技术学校的发展现状,在严格执行中等职业学校公共基础课"基础模块"教学标准的前提下,我校以培养学生具备能够适应终身发展和社会发展需要的必备品格和关键能力为目标,以服务专业学习为宗旨,有组织、有计划地实施公共基础课的教学改革。历经6年的研究及实践,形成了"多层次、个性化"的公共基础课教学特色,教师综合能力提高,学生人文素养、职业素养得到全面提升。

一、新形势对中职公共基础课提出挑战

(一)教育部对中职公共基础课教学提出了更高要求

2009年,教育部颁布了《关于印发新修订的中等职业学校语文等七门公共基础课程教学大纲的通知》(以下简称《通知》),将每门公共基础课的教学内容结构分成了基础模块、专业模块、拓展模块三个部分。基础模块是各专业必须掌握的内容,专业模块是学生适应相关专业学习要求而选修的内容,拓展模块是满足学生个性发展和继续学习需要的任意选修内容。《通知》明确提出,"基础模块执行统一标准,专业模块和拓展模块,各学校根据实际情况进行选择和安排教学。"因此,如何搞好公共基础课的专业模块和拓展模块学习,成为我校落实《通知》精神的首要问题。

(二)中职发展现状对公共基础课教学提出新要求

自"十二五"以来,广西壮族自治区构建了高职院校多元录取模式,开展了高职对口中职自主招生、普通本科院校对口自主招收中职学校毕业生的试点工作,构建现代职业教育体系和技术技能人才培养"立交桥"。国家职业教育的发

展及上级政策的出台，要求公共基础课程按照培养学生基本科学文化素养、服务学生专业学习和终身发展的功能来定位，同时，随着学生毕业后就业及升学途径在不断扩宽，对学生文化基础的要求也在提高，这些都对学校公共基础课的改革提出了更高的挑战，教学改革需要深层次进行。

（三）学校公共基础课教学遇到阻力

（1）公共基础课教学内容单一。我校原来在公共基础课教学上一直使用国家对公共基础课的基本教学大纲，没有任何专业模块和拓展模块，国家的统一大纲较强调理论知识的完整性，而专业性不足，这导致学校的公共基础课基本上是照本宣科，无法提高学生应用于专业实际的能力；尤其对学习能力不佳的中职学生来说，如果教学内容与专业及日常生活无关联，有很多的知识只能浮于表面，只能依靠死记硬背来应付，换个角度、换个案例就不会举一反三。因此，在实施基础模块教学的基础上，开发专业模块和拓展模块迫在眉睫。

（2）原有的公共基础课课程标准单一，不能满足学生个性发展及不同专业的需求。中等职业学校学生的学习水平参差不齐，入学成绩由 D 至 A 不等，尤其在中职对口升本政策出台后，有一批成绩在 B 以上的学生加入了中职学生的队伍中。学校里出现了两种不同学习目标的学生：一种是以就业为目标的学生，因为初中阶段的文化基础成绩比较差，他们更倚重在专业技能上提升，公共基础课只求过关就好；另一种是以升学为目标的学生，入校文化成绩基本都在 C+ 以上，他们在专业课上是一把好手，公共基础课的接受能力也很强，对公共基础课学习的要求较高。然而，学校原有的课程标准是执行教育部颁布的基础模块课程标准，比较单一，对不同层次的学生实施的内容和要求都是一致的，造成了"学优生吃不饱，学困生吃不了"的现实状况。久而久之，学优生对自己的学习要求下降，学习水平及能力也随之下降，而学困生则因为学不会自信心丧失而放弃学科学习。单一的课程标准已无法适应学生的需要。

（3）教学模式单一，教学方法传统，评价方式单一、片面，课堂效能不高，无法促进学生的关键能力提高。长期以来，我校强调"以学生为主体，以教师为主导"的教学理念，注重学生能力的提升。虽然专业课在这方面的改革进展顺利，但是公共基础课由于理论性知识较多的特点，进展相对较慢，有很多教师的教学仅停留在一本书、一支粉笔、一块黑板、一张嘴上，"一言堂，满堂灌"的教学模式在教学过程中还是屡见不鲜。同时，几乎所有公共基础课对学生的评价还是以传统的笔试为主，这些对在初中阶段就对公共基础课缺乏兴趣及信心的中职学生来说，更难以吸引学生的注意力。

二、确定公共基础课的改革目标

（1）纵向创建"多层次"的公共基础课课程标准，横向设置"个性化"的教学实施模块，全面建设与之配套的教学辅助资源库。

（2）打造一批"上课好，能开发"的师资队伍。

（3）促进学生职业能力全面发展，提高学生就业及升学竞争力。

三、找准方向，精准发力，层层推进

（一）调研、分析，确定改革方向

组织项目组成员到企业调研，了解企业对学生技能水平、文化素养及职业素养的要求；项目组负责人亲自带队，每年到广西师范大学、桂林电子科技大学、柳州职业技术学院等院校调研，了解高职、本科院校对学生文化基础的要求，并对调研结果进行分析，为制定多层次的课程标准打下扎实的基础。

（二）创建独具特色的公共基础课教师及班级管理模式

（1）改革公共基础课教师管理模式。学校设置"公共基础教研室"，由教务科直接管理。教研室下设语文教研室、数学教研室、英语教研室、政治教研室、体育教研室、计算机基础教研室。教研室成员由教研员及学科教师组成。教研员集中教务科办公，由教务科直接管理；学科教师分散在不同专业部办公，教学业务由教研员统一管理，教学业务外的日常工作由专业部进行管理。这种管理模式既能较好地使公共基础课教学与专业紧密相连，又能确保文化课的质量和规范。

（2）改革班级管理模式。根据学生职业生涯规划及学习基础，新生入学时按照学生的意愿，各专业将学生分为就业班、中升高班、中升本班，为分层教学创设条件。

（三）建章立制，起航改革

（1）制订实施方案。制定了柳州市第一职业技术学校公共基础课教学改革指导性意见，并要求各学科分别制订学科教学改革实施方案。公共基础课"多层次，个性化"教学改革开始实施。

（2）规范教研管理。制定了柳州市第一职业技术学校公共基础课教研制度。要求各学科结合教学改革目标及实施方案，有层次、有步骤地制订学期教学研修计划，每个学期至少开展4~5次相关联且层层递进的主题教研活动，通过培训、听课、观摩、点评互动等形式促进教师的共同进步。

（四）更新教师教学理念

组织教师学习我国职业教育改革的新思想、新理念；学习《中等职业学校公共基础课教学大纲》；开展行动导向教学法培训，改变文化课只能照本宣科、满堂灌的传统观念，使广大公共基础课教师能在教学中充分尊重学生的不同认知起点，关注学生的个性差异与发展，以培养学生具备能够适应终身发展和社会发展需要的必备品格和关键能力为目标，以服务专业学习为宗旨的理念设计教学，并通过各种途径的实施唤起学生主动学习，达到综合育人的效果。

（五）制定不同层次的课程标准

语文、数学、英语这三门对口升学考试科目，在严格执行中等职业学校公共基础课"基础模块"教学标准的前提下，根据三个层次（就业、升高职、升本科）的班级，确定了三个层次的课程标准：就业班级的课程标准执行教育部制定的基础模块标准；中升高班级、中升本班级的课程标准在基础模块标准基础上进行不同层次的提高，打好文化课基础，让我校的学生不仅进得去高职院校，更能很好地读下去。

（六）开设各具特色的专业模块和拓展模块

全校公共基础课各学科在完成基础模块教学的基础上，实施了各具特色的教学模块：语文"三层多元模块"、数学"基础扁平模块＋专业应用模块"、英语"专业教学模块"、德育"实践活动教学模块"、体育"选项教学模块"及全校的公共基础选修课教学模块，充分满足了学生的个性化要求。德育课以德育实践指导教学实施，设计了多个实践活动模块，通过实践及体验，内化品质；体育课全面建设项目化模块，打破以班级为单位的教学模式，跨年级、跨班级开设了篮球、气排球、羽毛球、乒乓球、健美操、武术、足球等学习项目，让学生每学期自主选择一个项目学习；全校开设了播音与主持、今日说法、英语国家社会与文化、围棋等 16 门公共基础选修课。

（七）改革教学实施过程

（1）结合学生需求，设置"内外三层"的教学标准。"外三层"是指语文、数学、英语按"就业层次、升高职层次及升本科层次"三种层次制定学科标准，满足多层次人才培养需求。"内三层"是指在同一培养层次教学中，根据学生的学业水平差异，在同一个班级内进行分层教学，设计三种不同难度的练习及作业，让学生选择完成，并鼓励学生采取进阶式学习，培养学生良好的学习习惯及自信心。

（2）充实教学内容。在基础模块教学内容的基础上，结合不同专业的职业岗位特点，加入与专业岗位及社会生活实践相结合的内容，实现基础学科与专业知识的融合，达到公共基础课为专业学习服务的功能。

（3）创新教学模式及评价方式。结合语文、数学课程大纲特点，采用模块化教学模式；结合体育课自身多个分类及项目的特点，采用选项教学模式；结合英语教材中情境教学内容的特点，采用体验式教学模式；结合德育课紧密联系实际的原则，采用实践式教学模式，并以促进学习为目的的理念设计各种评价方式。

（4）采用"行动导向教学法＋现代信息化手段"实施教学。通过采用合作学习、小组讨论、角色扮演、情景模拟等多种教学法，鼓励学生自主学习、积极参与课堂，同时运用微课、网络平台等信息化手段辅助教学，激发学生的学习兴趣，创建高效课堂。

（八）总结及推广

经过完整的一轮实施，搜集汇总企业对学生的评价数据、学生获得高校录取数据、教师水平提升数据，对比项目实施前后的效果，对各学科课程辅助体系的建设进行全面总结，形成理论体系。同时，在校内推广实践应用经验，利用我校是广西中职师资培训基地、柳州市职业教育集团参与学校的优势，将我校公共基础课教学改革的经验推广到广西各中职学校，推动广西中职公共基础课教学改革。

四、理论成果丰厚，建成公共基础课资源库

（一）形成了"多层次、个性化"公共基础课教学特色

（1）制定了公共基础课多层次的课程标准。在完成教育部颁布的公共基础课"基础模块"课程标准的前提下，根据当前人才培养模式多样化（就业、升学）要求，对不同层次要求的学生适当提高课程标准，语文、数学、英语3门学科分别制定了就业、中职升高职、中职升本科3个层次的课程标准。

（2）建立并实施了"个性化"的公共基础课教学模块。针对专业特点及学生选择，形成语文"三层多元模块"、数学"基础扁平模块＋专业应用模块"、英语"专业教学模块"、体育"选项教学模块"、德育"实践活动教学模块"、公共基础选修课教学模块，充分满足学生的个性化要求。

（3）多层次、个性化的公共基础课课程结构如图1所示。

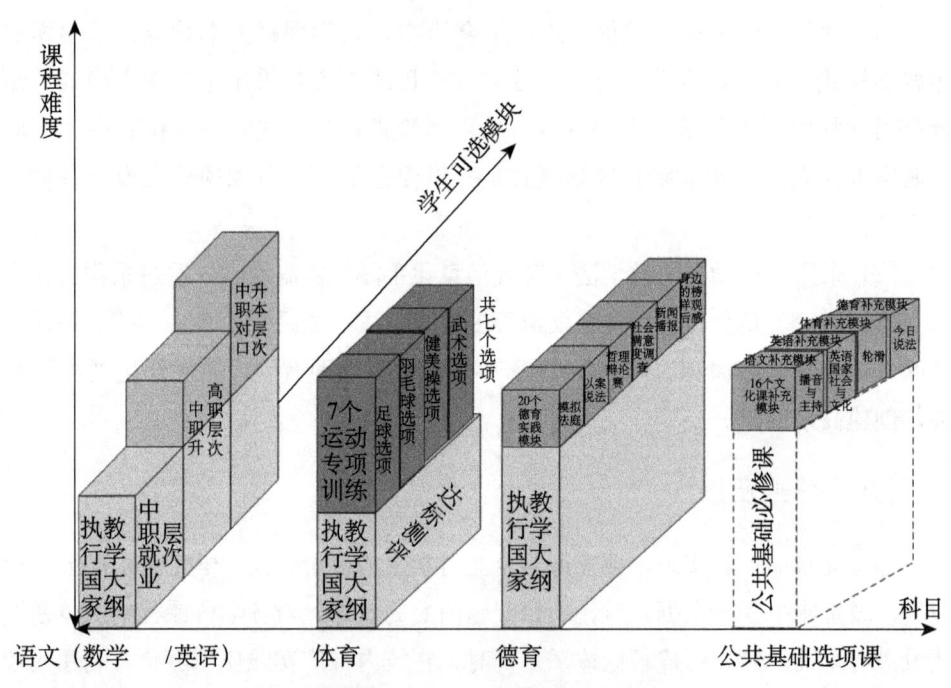

图1 多层次、个性化的公共基础课课程结构

（二）首创公共基础课教师双元管理模式

打破公共基础课教师由教研室管理或由专业部管理的单一传统模式，率先采用教

研室管业务，专业部进行日常管理的双元管理模式。既能保持公共基础课教师与专业的融合，将文化课教学与专业紧密相连，又能保证文化课的整体质量和规范性。

（三）公共基础课率先实现全方位选择性学习

个性化的教学模块使学生可以结合自身水平及个人喜好进行不同层次、不同项目、不同要求的选择性学习。学生可以有3个方面的选择：一是入学学习层次的选择，学生可结合自己的职业生涯发展选择不同学习层次；二是课堂学习难度的选择，每节课都要求教师结合学生差异设计不同难度的练习及作业，鼓励学生结合自身情况进行选择；三是教学模块的选择，学生可以在全校范围内实行选项教学，可挑选自己喜欢的项目，进行跨班级、跨专业学习，满足了学生特长发展的需要，率先在全自治区实现公共基础课的全方位选择性学习。

（四）建设了公共基础课教学辅助资源库

学校公共基础课各学科开发了系列教学辅助资料、辅助课件、实施性指导方案、活动策划方案、评价标准等教学资源，为更好地实施教学服务：

（1）语文教学辅助资源库。开发了中职应用文行动导向教学法教学资源包及《中职升本语文总复习手册》。资源包内涵盖以行动导向理念设计的10个教学内容的教案、学案、课件、任务书、例文及评价表等资源。通过研究近年来广西中升本考题，开发了《中职升本语文总复习手册》，共18个专题知识清单、教师用书、练习册及试卷库，起到了针对性教学的作用。

（2）数学教学辅助资源库。开发了《中职升本数学总复习手册》及数学课教学资源包。《中职升本数学总复习手册》综合了8个教学章节的120个知识点，每个章节均由知识梳理、典型例题、巩固练习组成。教学资源包括高一上下学期、高二上学期使用的基础模块和高二下学期使用的专业模块的所有教案以及31个配套课件，要求每节数学课都要使用学校教室内统一配置的多媒体一体化电子白板进行授课。

（3）英语教学辅助资源库。开发了《中职英语任务驱动教学学案》，此学案已在广西师范大学出版社出版，是结合外研社的《中职基础英语》教材编写，结合学生学业水平精心设计的。该学案中每个课时都是按照"想一想""学一学""做一做""玩一玩""评一评"步骤组织教学，达到了循序渐进的教学效果，开发了与学案搭配使用的全套课件。

(4) 德育教学辅助资源库。针对中职开设的职业生涯规划、职业道德与法律、经济政治与社会、哲学与人生 4 门必修课程以及心理健康进行了各自教学资源包的开发，尤其重视视频及案例的收集，且结合德育内容具有时效性的特点，资源包的内容随时进行更新和补充。

德育课的教师们充分理解德育教学大纲提出的要紧密联系实际的原则，开发了德育课实践活动方案，此方案就 4 门必修课程及心理健康设计了 20 个主题实践活动，就实践活动的开设步骤和内容、效果评价标准进行了设定。尤其在评价标准方面，更新了传统的评价方式，采用分模块情境考评的形式进行。例如，在职业生涯规划中设置有市场调查实践活动，学生需提交市场调查报告进行考核；实习面试实践活动，学生在角色扮演的过程中得以评价。

(5) 体育教学辅助资源库。开发了篮球、气排球、羽毛球、乒乓球、健美操、武术、足球 7 个教学项目的教学实施方案，涵盖教学内容纲要、单元计划、授课计划、评价办法、教案等。

(五) 取得丰硕的理论成果

组织和指导教师进行公共基础课教学改革，编写了 3 个课程标准，主编了《中职英语任务驱动教学学案》《求职就业案例分析与指导》《成长阶梯——从校园到职场》3 本正式出版教材及两本校本教材，参编了 3 本职业技能培训教材。发表《鲜活的生活鲜活的语文——谈"语文生活观"在中职语文教学中的应用》《用"学习金字塔"理论进行中职数学教学评价的尝试》等论文 46 篇，科研课题已结题 4 个，在研课题 8 个，其中"行动导向教学法在中职应用文教学中的实践与研究"在 2012 年度广西职业教育教学改革立项项目中获得重点项目立项，此课题已经于 2015 年 8 月结题，研究成果运用效果很好。

(六) 促进了师资队伍建设，教师综合能力提高

促进了师资队伍建设，提高了教师综合能力。通过课程标准及资源库的建设，打造了 50 名既能熟练运用行动导向教学法及现代信息化手段进行授课，又能开发教学资源及评价方式的教师。教师参加各级、各类的教学技能竞赛，取得了很大进步。2013—2016 年，参加全国比赛获奖 6 项、自治区级比赛获奖 27 项、市级比赛获奖 18 项。其中，语文学科教师参加"外研社杯"全国中等职业学校语文教师教学技能大赛连续两年获得特等奖。

图 2 语文学科教师参加"外研社杯"全国中等职业学校
语文教师教学技能大赛获得特等奖

(七) 学生综合素质提高

(1) 学生竞赛获奖情况。2013—2016 年，我校学生参加文明风采获全国奖 16 项、自治区奖 981 项；2013—2016 年，学生参加全自治区职业院校技能大赛 "职业英语"赛获奖 4 个；2013—2016 年，学校参加各级、各类体育赛事获奖 43 项。

(2) 我校升学人数也在逐年提升。2013—2017 年，升高职的学生人数分别为 153 人、197 人、238 人、337 人、681 人；升本科的学生人数分别为 32 人、78 人、119 人、170 人、123 人。连续 4 年考入广西师大及桂林电子科技大学的学生人数名列广西壮族自治区第一。这充分展现了我校学生的文化素质。

五、特色鲜明、模式首创

（一）形成了"多层次、个性化"的公共基础课教学特色

面向学生设置"外三层"培养标准和"内三层"学习标准，这些层次与学生个性化的选择一一匹配，满足人才培养需求。

设置公共基础课学习模块，学生可以结合自身水平及个人喜好进行不同层次、不同项目、不同要求的选择性学习，满足学生个性化需求。

"多层次、个性化"的公共基础课教学改变了过去单一标准的公共基础课教学模式，将专业性和学生个性发展有机结合，在广西中职学校极具推广性。

（二）首创公共基础课教师双元管理模式

据了解，目前广西壮族自治区乃至全国，对公共基础课教师的管理基本上采取两种模式：教研室集中统一管理；分散到专业部，由专业部统一集中管理。我校创建的教研室管业务、专业部进行日常管理的公共基础课教师双元管理模式为全自治区或全国首创，具有创新性和推广性。

（三）公共基础课实现全方位选择性学习

公共基础课的选择性学习，可能很多中职学校都有，但是它们主要表现在可以选择哪些选修课。而我校在培养层次、学习科目、课堂学习难度上，针对所有学生都有选择，甚至可以是跨专业、跨班级和年级的选择。这种全方位的选择性学习在全国来说都具有先进性和推广性。

六、校外推广、校内实践

（一）校内应用效果

（1）促进学生综合能力全面发展。"多层次、个性化"教学改革的实施，使学生参与课堂的积极性大幅提高，不仅学生的文化素养得以整体提高，学生在自我学习、团队合作、解决问题等方面的关键能力也得到一定提升，同时促进了学生的专业学习。我校学生在各级各类学生技能大赛上成绩优异，在全自治区名列

前茅；每年被本科院校录取的学生数量位于全自治区前列；初次就业率为98.4%，毕业生广受用人单位好评。

（2）公共基础课教学模式个性化凸显。语文课创建了"三自课堂"，数学课创建了"基础扁平模块＋专业应用模块"的教学模式，英语课创建了"以学案为引导，寓教于乐"的课堂教学模式，德育课创建了"课堂＋校园＋社会三位一体"的实践学习模式；体育课创建了选项教学模式，大大调动了学生学习的自主性和积极性，教学效率提升明显。

（二）校外推广应用效果

（1）自治区内示范作用。近3年来，接待来访的自治区内兄弟学校38所，均对我校对公共基础课的重视及改革进行了高度肯定。项目组成员在柳州市教育局、广西师范大学、柳州职教集团、柳州职业技术学院等组织的中高本、中高职衔接会议上进行主题发言3次，推广我校公共基础课改革，尤其语、数、英分层教学改革经验，得到与会人员的好评。

（2）自治区外影响。课题组成员在全国性的观摩研修活动中进行作品展示及教学效果经验发言两次，获得好评。

（3）社会辐射。参与柳州市社会主义核心价值观宣讲活动10余次。开展全市师资培训10余次。学校负责建设的柳州市未成年人心理咨询中心，获得市领导的高度肯定。

构建"学训赛节评"实践教学体系，深化高等职业教育教学改革

柳州铁道职业技术学院

实践教学是实现职业教育人才培养目标的关键教学环节。柳州铁道职业技术学院坚持"强调服务，强抓质量，强固技能，强化特色"的办学理念，积极探索构建"学训赛节评"实践教学体系，极大地提高了人才培养质量，促进了学院的可持续健康科学发展。

一、实施背景

教育部《关于全面提高高等职业教育教学质量的若干意见》指出，大力推行工学结合，突出实践能力培养，探索工学交替、任务驱动、项目导向、顶岗实习等有利于增强学生能力的教学模式。探索具有高职教育特色的实践教学体系，提高实践教学成效，成为当前高职院校教育教学改革的一项重要任务。

近年来，学院依托铁路行业，紧紧围绕广西铁路网建设与运营，密切配合北部湾港铁一体化建设，贴近柳州市建设桂中交通枢纽和广西柳州汽车城建设，不断调整和优化专业结构，大力推进人才培养模式创新和教育教学改革。在高职特色人才培养实践教学体系的构建方面，以强固学生技能为办学核心理念，着力提高学生职业能力、创业能力、创新能力，开展了深入系统的设计、研究和科学实践，取得了初步成效，积累了一定的经验。

二、主要做法

"学训赛节评"实践教学体系，主要通过加强顶层设计，整合教学资源，融

通实践环节，实现实践教学目标体系、内容体系、管理体系、评价体系和保障体系的有机融合。

（一）岗位化导"学"，推进专业和课程改革

专业设置对接产业，紧盯行业产业发展变化持续调整专业面向和优化专业结构，并通过编制"专业改革与建设路线图"，深化"1+N 和 N+1"的专业建设。课程建设瞄准岗位、对准职业，深化和突出"岗学融通"，引导教师走向企业、走进车间，与行业企业合作共同研究制定"教学过程与生产过程""教学内容与工作内容"的对接方案，融入企业技术比武内容，引入企业评价标准和评价方式。教学内容结合生产流程、安全生产、技术标准、操作规程和岗位职责，合理融入教学过程。

图 1　实训标准化教材参加科技成果展示会

（二）标准化施"训"，强化大时段教学模式

学院以广西特色高校项目建设为契机，结合企业生产环境、生产规程、工作内容和文化氛围，着力开展"三个标准化"（实验实训室标准化、实验实训项目标准化、实验实训行为标准化）建设，全面规范实践教学设备管理、环境建设、资料建设和教学安全，提高和保障实训教学质量。同时，实施以学生自主动手为主、教师指导为辅的"大时段"实训教学模式，通过集中的教学时间、真实的设

施场景强化训练,不断巩固职业技能。

(三)常规化备"赛",提高学生综合素质

学院坚持职业技能训练趣味化、技能训练指导制度化和技能竞赛活动常规化,开展和组织参加各级、各类竞赛,通过竞赛培养学生的竞争意识、拼搏精神和团队合作能力,增强学生的综合素质。此外,完善竞赛长效机制,成立学生专业技能竞赛委员会负责技能竞赛的组织协调工作,出台相关制度完善竞赛的管理、运行和激励机制。

图2　校领导指导自治区赛模拟赛,鼓励师生积极备赛

(四)主题化办"节",打造创新竞技平台

一是组织一年一度的"技能节",根据不同专业及相应岗位特点设计竞赛项目,通过竞赛、表彰和"技能明星"评比营造学习氛围,让争先创优的动力推动实践教学质量提升。二是定期开展以不同专业群为主题的"校企文化节",深化企业文化、职业精神与校园文化融合,在潜移默化中增强学生掌握技能的紧迫感。三是举办"科技节",通过展示发明创造、技术服务和技能竞赛获奖作品,激发师生的创新意识和创造活力。

图3 第二届科技节开幕式

(五) 多元化考"评",构建科学评价体系

评价体系是转变职业教育观念的"指挥棒",实践教学应以技术技能考核为重点,突出职业能力的考核鉴定,吸收企业评价方式,以过程性评价为主,构建对高职实践教学的目标取向、过程取向、结果取向的评价体系。学院现有的实践教学评价主要包括对实践课程设置、实践教学组织、实训项目质量、实践教学效果和学生实践技能水平的评价,以及学生参加技能竞赛的成绩评定等指标。

三、保障措施

(一) 打造优质师资队伍

学校坚持人才强校战略,大力加强人才引进与培养力度,高层次人才队伍建设取得实质性进展。鼓励教师积极进行教育信息化应用方面的研究,开展各类教育技术应用培训、讲座,对信息化教学技能竞赛与教学改革项目立项相结合进行探索与实践,提高教师进行教育信息化应用研究与创新的积极性和主动性,提升教师的实际教学能力。

(二) 建设优质教学资源

学校依托现有的共享型专业教学资源库平台，以满足学校教师、在校学生、企业员工、社会人员的需求为宗旨，以优质教学资源建设应用为核心，实现学校"专业—岗位—课程"与企业"专业—岗位—技能"三个层次立体资源组织架构的无缝对接，采用"顶层体系设计、校企联合建设、先进技术支撑、开放网络管理、制度持续更新"的方式，通过"课程开发先行、资源建设跟进、校企合作深化、持续更新发展"的过程，构建集资源云搜索、在线智能备课、校企协同教学、技能考证测评、教务教学管理等功能于一体的在线学习平台。通过建立完善的资源库运行管理机制，加强资源库平台的应用推广，实现资源库建设的可持续发展，进一步提高优质教学资源的示范性和共享性，为院校、教师、学生、企业等用户提供智能备课、网络课堂、技能测评、教学管理等服务。建成专业教学资源平台5个。

(三) 实训室标准化建设

为全面推动实训室建设和管理水平上档次、上台阶，充分发挥实训室在技术技能型人才培养工作中的基础性作用，实现实训室工作的制度化、规范化和科学化，提高办学质量和投资效益，学校从2014年开始启动实训室标准化建设工作。通过实训室标准化建设工作，推动我校实训室管理工作达到一个新的水平，实训室的整体环境焕然一新，与专业有效对接的实训文化氛围进一步加强，有效促进了实践教学质量及各种仪器设备利用率的提高。

(四) 参加、承办各类竞赛

我校积极组织学生参加各级、各类职业院校技能大赛，如参加2016年全国职业院校技能大赛，大学生电子设计竞赛、数学建模竞赛、全国数控技能竞赛广西选拔赛、广西机器人创客大赛等，成绩斐然。此外，我校还成功承办了各级、各类职业技能大赛，如承办了2016年广西职业院校技能竞赛暨全国职业院校技能竞赛广西选拔赛、承办了2016年全国职业院校铁交通运营管理专业（客运）学生技能竞赛、承办了2016年全国职业院校铁道信号、铁道通信专业学生技能竞赛等。这些竞赛极大地调动了学生的学习积极性，在提升教学质量的同时，也提升了学校的知名度。

四、改革成效

（一）专业结构不断优化

学院设有铁道运输、城市轨道交通、电子信息、汽车与机械制造、土木建筑5大专业集群42个专业（方向），招生专业41个，新增专业12个，中央财政支持的重点专业4个、"提升专业服务产业发展能力"的专项建设专业2个、广西高校特色专业与课程一体化建设专业6个、优势特色专业建设点7个。

（二）实训条件明显改善

学院现拥有14个校内实训基地（技能演练鉴定中心），拥有133个起点高、仿真性强的实验实训室，建有中央财政支持实训基地4个、自治区示范实训基地7个、柳州市千万元设备值生产性实训基地3个，并建有科技创新实验基地、6个教师工作室等教学科研基地和89个校外实习基地。

图4 校企合作共建整车实训中心

(三) 师生创新意识增强

近几年来，我院通过建立健全发明创造机制、举办专利知识讲座、委派骨干教师参加专利审查员培训等措施，发明创造与科技服务工作取得了初步成效，教师科研意识逐渐增强，科研成果、专利发明数量和质量明显提高，累计专利申请量和授权量分别为283件和152件，共获得柳东新区专利奖励143 000元，超额完成柳州市政府下达的发明专利申请倍增任务。同时，先后承担省部级科研、教研项目136项，其中，科技项目24项、教改项目66项、其他项目46项；公开发表论文2 076篇，其中，四大索引收录29篇、中文核心期刊129篇；成立了学院科学技术协会和自动化技术应用研究所，承接了全国铁道通信信号职业技能大赛设备的研发，举办了两届科技节，参加了两届广西发明创造成果展览交易会和两届中国—东盟职业教育联展。

图5　教育厅科研处处长傅源方参观我校展位

(四) 人才培养质量提高

近年来，学院组织学生参加全国、相关行业、自治区及柳州市的各类技能竞赛100多批次，获奖1 000多项。其中，获全国职业院校技能大赛（高职组）一等奖7项、二等奖35项、三等奖52项，是连续多年代表广西壮族自治区参加国家级比赛项目最多、获奖最多，并实现一等奖突破的高职院校。此外，毕业生就业竞争力增强，就业率和就业质量不断提升。学院近年来的就业率均在95%以上，并连续获评全自治区高校毕业生就业工作先进集体。

图 6　2015 年，导游服务项目国家级比赛一等奖学生、领队、指导教师合影

五、体会与反思

构建科学合理的实践教学体系是职业院校一项长期而艰巨的教学改革任务。在今后的办学实践中，我院将不断更新教育观念，认真研究经济发展和社会需求变化，继续深化实践教学和人才培养模式改革，着力提升人才培养工作水平，向社会输送"技能过硬，行业需要"的高素质优秀人才，为铁路行业和地方经济社会的发展作出积极的贡献。

【理论探讨】

基于岗位综合能力的高职外贸人才培养课程体系的构建

张 蓓[①]

【发表情况】2014-09-21 发表于《教育与职业》。

【摘要】随着课程改革的进一步深化，充分满足相关岗位需求的人才培养课程体系的构建成为高职人才教育与培养的关键，而从岗位能力出发，使职业素质的培养与专业技能的培养并重则成为人才培养关键中的核心部分。文章针对上述问题进行了研究和探讨，提出构建高职综合性外贸人才培养课程体系的思路，以期进一步促进外贸专业人才培养的发展和完善。

【关键词】岗位能力；职业素质；综合性高职外贸人才；课程体系

"十二五"时期是中国深化体制改革、技术革新和加快经济增长方式的关键时期，在全球外需持续低迷的情况下，中国对外贸易仍然取得了振奋人心的成就。伴随着中国对外贸易的发展和"中国制造"向"中国智造"的转变，中国的外贸发展质量不断提升，外贸行业企业对一线外贸人才的需求不断增长，对应用型外贸人才有了更新的定义和要求。高职院校必须充分考虑区域产业结构、进出口商品结构、企业类型和紧缺岗位需求等诸多因素，进行系统性的课程体系设计，从而培养出充分满足行业企业要求的综合性高职外贸人才。

一、高职外贸人才需求的新特点

区域经济一体化的深入发展和全球经济的大融合，在推动经济活动规则改革

---

① 张蓓（1980— ），女，湖北孝感人，硕士，柳州职业技术学院贸易与旅游管理系讲师，研究方向为进出口贸易业务流程和外贸单证制作。

的同时，也推动着人才需求的改变。具备良好的英语应用能力、较强的实务操作能力、一定的市场开发能力的传统外贸人才，已经无法满足现今的外贸行业企业的需求，它们呼唤新兴外贸人才的诞生。

（一）经营主体和贸易方式的多元化增加了企业对多层次高职外贸人才的需求

近几年来，随着技术的革新和新兴贸易方式的产生，外贸行业经营主体出现了多元化的趋势，多种性质、不同规模的外贸企业同时并存，外贸业务员的角色由不同身份的人扮演，他们可以从属于一个企业也可以作为一个自然人而存在。因此，对外贸行业人才的需求也呈现出多元化的态势：大型的国有企业、外商独资或中外合资企业管理完善，分工细致，需要的人才层次和专业化程度都比较高；中小民营企业由于规模较小、组织机构设置简单，对综合性的人才需求相当迫切；以自然人存在的外贸业务单元可以服务于各类外贸企业，工作更为灵活，能够独立完成一项业务，具备货源寻找、信息发布、磋商、签订合同、接单、生产跟单、合同履行、业务善后和电子商务操作各个环节的能力。

贸易纠纷的频繁出现加剧了企业对管理型人才的需求。随着中国对外贸易的发展，中国企业参与出口活动越来越频繁，中国生产的产品在世界各国的市场占有率也越来越高，这就带来了更多的业务纠纷，甚至是反倾销问题。然而，中国的企业综合能力并没有随着经济活动的发展而发展，由于业务员发现问题和解决问题能力的欠缺，诸多中国外贸企业在面临业务纠纷，甚至反倾销问题的时候，更多的是选择息事宁人，但是息事宁人的结果是问题继续频繁发生。因此，现今的外贸企业对人才的需求也相应地从单纯的货物进出口业务操作向服务贸易运作加管理型人才转变。

（二）产品的多样化加速了企业对复合型高职外贸人才的需求

新型产品的产生和日新月异，使各类消费者的购买行为越来越依赖于产品知识的详细介绍和宣传，这就使企业需求的外贸人才必须是既懂得相关产品的知识，能很好地掌握客户的消费心理，采取适合的营销方式，又具备进出口业务流程中必备的各类知识的复合型人才。

总之，外贸企业在对外贸人才的需求上，除了着重考察专业岗位技能外，还对他们的职业素质做出了更高的要求；同时，还提出他们必须持有国家颁发的相关职业资格证书，如外销员、外贸业务员、外贸跟单员、国际商务单证员、报关员、报检员等。

二、高职外贸人才培养课程体系中存在的问题

外贸专业的课程改革多数以外贸各类业务流程操作能力训练为导向，因此，许多高职院校在外贸专业课程体系设置上，引入职业能力本位的概念，重点调整专业核心课程的内容，采用新的教学模式，融入实践教学环节，加强顶岗实习和职业资格证书的要求，取得一些喜人的成绩。然而，这些改革仅仅是针对局部的改革，在整个专业课程体系组织设置上，没有做到系统化、合理化。

（一）对就业岗位能力要求的分析不到位

以就业为导向的高职教育理念，决定了高职教育的课程设置及课堂教学必须以就业岗位需求为根本出发点，但是，不同地缘经济环境条件下相同岗位的岗位能力却不完全相同。因此，在对就业岗位能力进行剖析时，没有融入区位经济环境的因素，没有着重分析区域内相关行业企业的人才需求现状。在这种条件下分析出来的专业基本能力是不科学的，培养出来的学生也是严重脱离职业需求实际的，到了就业岗位上，必然会出现用非所学、学非所用的状况。

（二）第一课堂课程设置缺乏系统性

人才的培养讲求系统性，并不是单单加强某些专业核心课程的授课就可以的。许多高职院校的外贸专业在进行课程体系改革时，仅仅是在原有的课程体系上改革了专业核心课程，即那些能够训练专业技能的课程，却严重忽视了其他课程对学生基础素质能力培养的重要性，没有将基础课程进行相应的专业化改革，使培养出来的学生只具备进出口业务操作技能，但是在外语运用、与人沟通、团队合作、抗压、发现问题和解决问题等方面的能力相当缺乏。

（三）重视能力的培养，忽视能力的检验

完善的人才培养课程体系，既对学生进行各项能力的培养，同时也对学生具备的能力进行系统的检验，并且能够在能力培养的初期、中期和末期均进行检验。当发现学生某项能力较弱时，能够立即采取方式提高，构成循环式的能力培

养和检验的人才培养课程体系，才是科学的课程体系。然而，现在许多高校的外贸专业人才培养课程体系仅仅注重人才能力的培养，却忽视对能力的检验和补足、提高，这就使培养的学生并不一定像人才培养目标所描述的那样，具备应具备的各项能力。

（四）校企合作的深度不够

高职院校外贸专业实现校企合作的难度比较大，因此，许多高职院校的外贸专业在所谓的校企合作中只是让企业挂名，有的甚至在与非专业相关的企业进行合作，在合作中也没有用企业的标准作为衡量人才合格的标准，导致某些重要的职业能力训练与外贸行业和企业的要求脱离，培养出来的学生缺乏真实的实训操作能力，学生所具备的技能与企业的要求不相符。

三、着眼"专业技能＋职业素质"，构建高职综合性外贸人才培养课程体系

针对上述提出的高职外贸人才需求状况和专业课程体系设置存在的问题，在进行充分的区域市场需求调研的基础上，笔者提出构建强调人才培养的系统性和科学性，专业技能和职业素质并重的高职综合性外贸人才培养课程体系。

（一）以服务于地方经济为目标，细分外贸专业人才培养岗位能力，强调"专业技能＋职业素质"并重的培养原则

针对广西泛北部湾经济圈外贸企业的特点和对外贸人才的要求，以"单证员＋跟单员"为初次就业培养岗位，并针对这两个岗位专业能力的相关性和互补性进行详细分析，确定了培养专业人才岗位能力。培养专业人才岗位能力包括：专业能力，即熟练进行产品和客户调研，完成进出口业务流程操作，熟练完成全套结汇单据的制作和结算、核销工作；方法能力，即具有学习新知识、新技术的能力，能把所学的知识进行迁移，能在工作过程中发现问题、分析问题、解决问题，能对已完成的工作进行反思并提出改进与优化建议，能正确使用工具书阅读与专业相关的外文资料；社会能力，即具有吃苦耐劳、严谨细致、诚实守信、认真负责的工作态度，能按照质量要求按时完成承担的工作任务，能遵守社会公德和职业道德，行为习惯符合社会规范和礼仪要求，具有良好的团队意识，能与团

队成员沟通、协调及有效合作完成工作任务，具备适应职业生涯发展变化的能力，具备良好的沟通和协调能力。并且，在设置上述岗位能力的同时强调"专业技能＋职业素质"，实现综合性高职外贸人才的培养。

（二）以课程性质为原则，设置五大模块课程

课程模块的设置能够较好地根据课程性质将课程进行分类。首先，根据上述岗位的专业能力和职业素质要求设置专业课程；其次，根据课程性质设置五大模块课程，即公共基础课、专业基础课、专业核心课、专业拓展课和综合实训课，并确定各模块课程的作用；最后，将所有课程分别归类到五大模块课程中，将这些课程安排到6个学期的日常教学中，让它们相辅相成、相互作用，从而实现对学生的系统培养。此外，除了对专业核心课程进行专业能力培养改革外，还必须对专业基础课也进行相应的改革，让专业基础课成为培养学生各项能力的砝码。例如，商务英语视听说训练、商务英语读写训练、商务英语翻译等作为专业基础课程除了要训练学生英语的听、说、读、写、译能力外，还应该强调针对外贸业务应用方面的听、说、读、写、译能力进行训练。

（三）以考证为前提，优化专业课程设置

就外贸专业而言，相关职业资格证的获得是其专业能力的证明，更是就业成功的敲门砖。将职业资格考证标准融入专业课程体系设置，既符合企业要求又符合行业要求，让培养出来的学生既能具备企业要求的各项专业能力，又能够通过行业的相关职业资格考试。例如，在外贸单证制作和进出口跟单实务课程中专门设置考证培训模块，并且借鉴这两个证书的考核标准改革课程的考核标准。

（四）以"培养＋检验"为法则，引入企业标准评价机制的同时实现循环式培养模式

不可否认，专业能力和素质的培养是高职人才培养的核心，但是在培养的同时不进行成果的检验就无法达到培养的目标。因此，对学生能力和素质的综合评价也是相当重要的。引入企业标准评价机制，在日常课堂教学的各种评价基础上，增加各类技能大赛、顶岗实习和毕业设计等企业能够深度参与的评价活动来检验、反馈人才培养成效，并将这些综合性评价活动分散到3年的教学活动中，不定期地对日常教学进行检验和补足，实现循环式能力培养模式。

总之，科学的合理化课程体系的构建是综合性高职人才培养的关键。只有充分考虑区域经济结构和企业需求现状，将行业标准和企业要求融入课程体系，将课程体系中的各类课程都围绕就业岗位要求进行配套性和系统性的改革，并采用循环式培养模式来针对学生的能力和素质进行培养、评价、反馈和巩固，才能培养出真正符合企业需求的综合型和应用型人才。

【参考文献】

[1] 崔玮.服务于地方经济发展的国贸专业课程体系构建研究[J].中国电力教育，2012（10）.

[2] 胡彩梅，王莉，肖昆.基于"3+1"培养模式的国际贸易专业课程体系探析[J].经济师，2012（1）.

[3] 林翰园.国际商务专业"2+1"模块化课程设置的设想[J].职业时空，2012（3）.

[4] 王雨.高职国际商务专业课程体系改革研究[J].现代营销，2012（10）.

[5] 杨素娟.外贸岗位需求与国贸专业人才培养方案改革探讨[J].职业教育研究，2012（10）.

[6] 郑美花.高职高专国贸专业"岗、课、证三位一体"的课程体系构建[J].职业教育研究，2013（9）.

基于翻转课堂的高职课程教学研究
——以产品设计基础课程为例

王 岳[①]

【发表情况】2015-02-15 发表于《中国成人教育》。

【摘要】翻转课堂通过教学流程、方式、设备等方面的创新取得了令人瞩目的教学效果,在高职教学中具有较高的应用价值和借鉴意义。以高职产品设计基础课程为例,可在教学中借鉴翻转课堂的创新思路和做法,通过合理设置教学流程、综合应用教学方法、灵活运用教学设备以及科学设计考核方案等手段,促进专业理论教育、职业基础素质教育与设计专业素质教育的相互融合,体现高职教育的"职业"特色;同时,培养学生自主学习的意识和能力,为后续课程打好基础。

【关键词】翻转课堂;教学模式;高职课程;教学研究

一、翻转课堂教学模式探析

(一) 翻转课堂发展简述

翻转课堂(the flipped classroom)源于美国科罗拉多州落基山的"林地公园"高中。该校化学教师乔纳森·伯尔曼和亚伦·萨姆斯出于帮缺席学生补课的需要,从2007年年初开始,尝试使用录屏软件录制文稿演示和语音讲解视频,并上传到网络,供需要的学生观看、学习,取得了意想不到的效果。随后,这一教学模式被不断改进,形成了课前学生利用教材、视频等教学资源自主学习,辅以教师在线指导;课堂上通过师生互动教学,帮助学生加深理解、解决难点,促

---

① 王岳(1975—),男,柳州职业技术学院讲师、硕士,研究方向为工业设计。

进消化吸收的教学模式。2011年,另一位教育工作者萨尔曼·可汗在TED大会上介绍了这一教学模式,引起了教育界的广泛关注,并在世界各地形成了一股翻转式教学的探索热潮。我国也引进了翻转课堂的相关理论和教学手段,并有部分学校对此展开了一系列的实践探索,如重庆的聚奎中学和广州市海珠区第五中学等。但总体而言,国内教育界对翻转课堂的介绍多于研究、理论分析多于实践应用,且集中在中小学课堂教学的探讨,涉及高校教学的应用研究较少。

(二)翻转课堂的创新解析

目前,国内外许多学者对翻转课堂的研究,主要是从学习过程和教学实施流程两个方面展开的。学习过程通常被划分为两个阶段,即知识的传授阶段和内化阶段。传统课堂的教学流程一般是"课内学,课外练",即先通过教师讲授在课堂上完成知识传授,然后通过学生练习在课外完成知识内化。在教学实践中,由于很多教师在课堂上采取"满堂灌"的方式,往往导致学生在课堂教学中听不全,甚至听不懂;而学生的课后练习大多是自己一个人完成的,做不对或不会做的时候缺乏教师或同学的帮助,容易产生挫败感和厌学情绪,这也是传统课堂为人诟病的关键所在。与之相对,翻转课堂颠倒了知识传授和内化两个阶段的教学流程,转变为"课外学,课内练":课外(主要是课前)学生通过观看教学视频、完成相应练习等方式自行完成知识的传授;知识的内化则在课堂上通过个人练习、小组讨论、教师辅导等教学形式完成。在翻转课堂教学模式下,学生可以较自由地安排学习的时间、方式和重点,能有效培养学生自主学习的意识和能力;教师可以根据学生对知识点的掌握情况,有针对性地进行辅导、演示,较好地实现了个性化教学,尤其在知识内化过程中,教师的辅导和同学的帮助,有效地消除了学生在个体练习过程中容易出现的挫败感,避免了厌学情绪的产生。由此可见,翻转课堂通过教学流程、方式、设备的创新,转变了教师和学生在教学活动中的固有角色,将教师从单纯的讲授者变成了学习进程的设计者和辅助促进者,能实时把握学生的学习状况,开展个性化教学;学生则从单纯的接受者转变为知识的探索者和主动追求者,建立自主学习的意识,掌握自主学习的方法,真正实现可持续性的自主性学习。

(三)对翻转课堂教学模式的反思

当前,开展翻转课堂教学试验的学科多为理科类课程,原因在于理科知识点明确，很多教学内容只需要清楚地讲授一个概念、一道公式、一道例题、一个实验，其学科特点便于翻转课堂的实施。而在政治、历史、语文等文科类课程的授课过程中，会涉及多学科的内容，而且需要教师与学生进行思想上的交流、情感上的沟通才能收到良好的教学效果。同时，近年来的教学实践也表明，翻转课堂在实践性课程中的教学效果较为突出，而在理论性课程中的应用效果则相对平淡。由此可见，其一，翻转课堂并非是适合所有课程的"万能"教学模式，它更适用于实践性较强的课程，这与高职教育注重实践的教学特性相符，因此，翻转课堂在高职课程教学中具有较高的应用价值和借鉴意义。其二，合理的教学流程能有效改善教学效果，在教学中应根据专业、课程、学生以及具体的教学内容等因素合理而灵活地设置教学流程，才能获得最佳的教学效果。教学流程主要有四种基本类型：传统课堂往往采用"课内学、课外练"的流程形式，将知识的传授阶段放到课内，知识的内化阶段放到课外；翻转课堂则反其道而行之，将知识的传授阶段放到课外，内化阶段放到课内，形成"课外学、课内练"的流程形式；此外，将知识的传授和内化都放到课内则形成"课内学、课内练"的流程形式；如果都放到课外则形成"课外学、课外练"的流程形式。其三，应充分利用高新设备创新教学手段和方式，改善教学氛围，激发学习热情、提升教学效果。

二、高职产品设计基础课程教学中存在的问题及原因

（一）教学中存在的问题

产品设计基础是高职工业设计相关专业的入门课程之一，对后续的专业课程学习具有指导性作用。在采用传统课堂教学的过程中，发现学生对该课程的学习热情不高，尤其理论讲授的课堂气氛较为沉闷，学生对提问、讨论等教学互动的参与意愿较低，教学效果不佳。不仅本课程的教学目标难以实现，还可能打击学生学习专业的兴趣，对后续课程的学习产生负面影响。类似问题的出现与课程本身的特性以及高职学生的特性有直接联系。

（二）课程特性分析

从课程作用来看，产品设计基础是一门与专业基本知识和职业基本素养直接挂钩的专业课程，在专业课程体系中具有基础性作用，能帮助学生树立正确的职

业观和设计观，并对后续的专业课程学习起指导作用；从课程内容来看，该课程以专业基础理论知识为主，要求了解工业设计的发展历程、知识结构以及设计师的基本素养等，掌握产品设计的基本原则、流程和方法，理论性较强，实践内容相对较少；从教学形式来看，该课程通常以课堂讲授为主，实践环节较少。综合而言，产品设计基础课程具有基础性强、理论内容多、讲授难度大等特点。

（三）学生特性分析

由于生源层次相对偏低，高职学生在学习态度、能力、方法等方面普遍存在一定程度的欠缺。不少同学学习目标不明确、主动性不强，在课堂上注意力较易分散，学习状态也不稳定，对不感兴趣的内容比较消极。但同一学生在不同课程中却可能呈现截然不同的学习状态，调研显示，高职学生对实用性强、教学方式新颖、教学环境宽松、教学设备先进的课程，普遍具有较高的学习热情。尤其实践环节多、动手机会多的课程，往往更容易激发其学习兴趣，教学效果较为显著。这也说明教学方式的创新对高职学生尤为重要。

三、产品设计基础课程教学的创新设计

（一）产品设计基础课程教学设计的总体思路

产品设计基础的课程特性与高职学生的学习特性构成一对矛盾体，采用常规教学形式往往效果不佳。因此，该课程首先必须打破以理论讲授为主的传统课堂教学模式，结合高职教育的教学特性开展实践化教学。例如，针对产品设计的环境原则这一内容，可以先提供相关资料，让学生对产品设计与环境的关系产生初步认识；然后组织各小组同学对教学楼周边、校园周边，以及市区周边等不同层次的环境问题进行调研；最后通过小组内和小组间的讨论交流调研心得，重点分析环境问题中与产品设计相关的因素。通过学生的真实体会和主动思考加深对环境原则的理解，初步建立可持续发展的设计观和责任感。实践化教学不仅能促进专业理论教育，也有利于专业理论教育、职业基础素质教育与设计专业素质教育的相互融合，在提高专业理论水平的同时，有效增强学生的表达能力、沟通技巧以及团队协作的意识与能力等，充分体现高职教育的"职业"特色。其次，在教学流程组织和教学手段创新等方面则应该借鉴翻转课堂的思路和做法，根据教学

内容等因素合理设置教学流程，并通过综合应用教学方式、灵活运用教学设备以及科学设计考核方式等手段，进一步提升教学效果。

（二）合理设置教学流程

同一课程的教学流程并非是一成不变的，应根据专业、课程、学生以及具体的教学内容等因素合理而灵活地进行设置。就产品设计基础而言，除了常规的"课内学，课外练"教学流程外，对较抽象但适于实践教学的内容可以采用类似翻转课堂的"课外学，课内练"流程形式，由学生在课前自行完成知识的传授，并通过一定的练习或实践完成知识的初步内化，再通过教师的课内辅导完成知识的全面内化；对较难理解的内容可将知识的传授和内化阶段都安排在课内完成，采取"课内学，课内练"的流程形式进行强化教学；而对较简单的常识性内容则可以采取"课外学、课外练"的流程形式，由教师归纳即可。

（三）综合应用教学方法

新颖的教学方式往往能有效激发学生的学习兴趣。在课堂教学中需因地制宜地应用情景教学、项目教学、互助教学等方法，打破"台上教师讲，台下学生听"的固有形式，消除台上与台下、教师与学生的界限，营造宽松、自由的学习氛围，鼓励自主思考和协作学习，充分发掘学生的主观能动性；在实践教学中，则应结合课程内容有针对性地组织学生对特定市场、实践基地（设计公司、制作企业等）、科技会展等进行实地考察，促进学生对专业理论的理解，掌握工作流程与方法，并对专业发展、职业要求以及个人职业发展形成初步认识。

（四）灵活运用教学设备

教学设备包括软、硬件两个方面。软件包括 Photoshop、PowerPoint 以及 MindManager 等设计、演示和思维导图等工具软件；硬件则包括计算机、投影仪、WIFI、平板电脑、智能手机等各种高科技、信息化设备。对工业设计相关专业而言，高科技软、硬件设备在教学中的运用不仅有助于活跃气氛、辅助教学、提高成效，同时也是学生体会科技发展与思维创新对学习、生活和设计产生影响的有效途径，有利于开阔视野、深化对专业的理解。因此，对智能手机等设备不能简单地一禁了之，应通过导向性的管理引导学生与教学内容结合使用。教学实践也证明，在允许适度使用智能手机或平板电脑后（前提是只能浏览与课程相关的内容），学生在课堂互动中的积极性和参与度大幅提高，教学氛围显著改善。

(五) 科学设计考核方案

考核方式不仅是检验学习成效的手段，同时也是一种隐性的教学手段，科学、合理的考核方式能有效激发学习热情、调节学习进度、提升教学成效，应给予充分的重视。课程考核应以形成性评价为主，通过学生自评、团队互评和教师总评等方式，对学习态度、专业理论、实践操作以及团队协作等专业素质和职业素质进行综合考评，促进专业能力与职业能力的均衡发展。

翻转课堂通过教学流程、方式、设备等方面的创新，转变了教师和学生在教学活动中的固有角色，有效提升了教学效果，具有普遍借鉴意义。高职课程应根据课程本身和高职学生的双方特性开展实践化教学，将专业理论融于实践活动中，并借鉴翻转课堂在教学流程、手段等方面的创新思路和做法，通过合理设置教学流程、综合应用教学方式、灵活运用教学设备以及科学设计考核方案等手段，将专业理论教育、职业基础素质教育与设计专业素质教育相互融合，体现高职教育的"职业"特色，并培养学生自主学习的意识和能力，为后续课程的学习打好基础。

【参考文献】

[1] 刘桂花，陈智敏．翻转课堂在高校计算机文化基础课中的应用研究[J]．中国成人教育，2013 (20)．

[2] 汪晓东，张晨婧仔．"翻转课堂"在大学教学中的应用研究：以教育技术学专业英语课程为例[J]．现代教育技术，2013 (8)．

[3] 张金磊，王颖，张宝辉．翻转课堂教学模式研究[J]．远程教育杂志，2012 (4)．

[4] 杨璐．高职学生学习兴趣调查分析[J]．辽宁农业职业技术学院学报，2013 (5)．

[5] 徐承萍．基于高职学生素质特点开展因材施教的探索与思考[J]．教育与职业，2013 (11)．

[6] 张小军．高职院校实施理论实践一体化教学的思考[J]．教育探索，2009 (10)．

院级精品资源共享课的建设与思考

莫 平[①]

【发表情况】2017-06-15 发表于《教育与职业》。

【摘要】普通高校持续开展院级精品资源共享课建设，对深化课程教学改革、提高教学质量具有十分重要的意义。文章论述了院级精品资源共享课建设的意义，指出了院级精品资源共享课建设存在的问题，提出了院级精品资源共享课建设的路径：资源建设应坚持标准化与本土化相结合；选择先进的数字化网络教学平台；引导学生善用院级精品资源共享课获取知识；采取三级共建的模式。

【关键词】院级精品资源共享课；教学资源；信息技术水平

"十二五"期间，教育部在原国家精品课程建设成果的基础上，合理布局、优化结构，支持建设了 5 000 门国家级精品资源共享课。虽然爱课程网站向全社会免费共享了这些国家级精品资源共享课，但各校教师并没有广泛使用这些共享课进行教学。另外，现有国家级精品资源共享课的数字化教学管理平台，只针对国家级精品资源共享课进行资源的上传、发布，没有面向全社会提供免费使用。基于以上两点，各高校有必要引入功能更为强大、适用性更为广泛的数字化教学管理平台，持续建设以本校教师和学生为服务主体的院级精品资源共享课，创建适合本校学生特点并与教学内容紧密结合的共享资源，以充分发挥资源共享课的作用。

一、院级精品资源共享课建设的意义

（一）有利于整体提升教师的信息技术水平，促进课程信息化建设

教师在建设精品资源共享课的过程中，要运用现代信息技术手段掌握常用教

[①] 莫平（1965— ），女，湖北武汉人，硕士，柳州城市职业学院副教授。

学资源制作软件，学习数字化教学平台的使用。例如，在进行课件、微课制作时，教师要熟悉多媒体制作软件和视频处理软件；在网上发布课件、微课和作业时，教师要熟练操作数字化教学平台。可以说，建设资源共享课促使教师不得不学习和应用计算机网络技术，不断提升自身的信息技术水平。

一所学校里能参与国家级、省级精品资源共享课建设的教师毕竟是少数，也就是说，仅少数教师有机会通过国家级、省级精品资源共享课建设提升信息技术水平。因此，学校只有通过开展院级精品资源共享课建设，才能促使更多的教师参与以教育技术为抓手的课程建设，进而提升全校教师的信息技术整体水平，加快课程信息化建设的步伐。

（二）有利于教师转变教学观念，深化教学改革，提高人才培养质量

精品资源共享课建设，旨在促进教育教学观念转变，引领教学内容和教学方法改革，推动高等学校优质课程教学资源共建共享，提高人才培养质量。这就要求教师在进行精品资源共享课建设时，广泛开展教育教学研究，学习教育教学理论，改进教学内容、教学模式和教学手段，从而提高教育教学效果。

二、院级精品资源共享课建设存在的问题

一些院级精品资源共享课仅仅搭起了课程资源共建共享的一个框架，教学资源的质量与数量都不理想，与实际教学需求有较大的差距，因此很少被应用在实际教学中。究其原因有以下几点。

（一）教师积极性不高

部分教师更习惯"粉笔＋黑板"的以教师为中心的传统课堂教学模式，不肯花精力学习现代教育技术，不肯花时间进行网络教学资源建设，很少主动参与教学资源共建共享，很少主动运用网络上的共享教学资源进行教学。还有部分教师虽然参与了教学资源共建共享，但不愿公开自己的建设成果与研究成果，使教学资源共享的深度和广度没有达到最高水准，院级精品资源共享课建设的进程和质量都不理想。

（二）网络软、硬件设备落后

精品资源共享课建设离不开必要的网络软、硬件设备支持。一些高校的服务器落后，上网速度较慢，数字化教学平台服务性差，教学用机房有限，这在很大程度上限制了共享课的建设与应用。

（三）缺乏相应的管理体制和激励机制

首先，院级精品资源共享课的建设资金投入严重不足，影响了教师的工作积极性，导致资源建设质量不高。其次，院级精品资源共享课的建设成果一般不作为教改与教研成果纳入职称评定的范围，致使教师不肯花时间和精力建设共享课。总之，学校缺乏真正使院级精品资源共享课发挥作用的管理体制和激励机制。

三、院级精品资源共享课建设的路径

（一）资源建设应坚持标准化与本土化相结合

院级精品资源共享课应按照国家级精品资源共享课对资源的要求进行标准化建设。基本资源通常有课程简介、课程标准、授课计划、教案、课件、课程录像、微课等；扩展资源通常有教学案例库、专家讲座库、素材资源库、仿真实训实验等；作业考试系统通常有作业系统、在线自测系统、在线考试系统等；交流工具通常有在线答疑、交流论坛、文字聊天室、投票等。按照国家级精品资源共享课标准建设资源时，教学团队应本着"教学资源建设以本校教师和学生为服务主体"的原则，使教学资源无论是形式，还是内容都要在满足使用者需求的前提下形成自己的特色，避免一味追求院级精品资源共享课在形式上的"高大上"。

（二）选择先进的数字化网络教学平台

数字化网络教学平台是网络课程建设的依托，是教师进行精品资源共享课建设不可缺少的工具。学校应选择科学先进的数字化网络教学平台，使在该平台上建设的资源共享课具有强大的教学与管理功能。

1. 网络教学的班级化

教师将已经制定好的网络课程发布到新接手的教学班级中，从而形成一个全新的班级网络课程。教师还可以根据班级教学的需要，对班级的课程资源进行个性化设置。例如，针对不同班级、不同专业的学生，可在原网络课程的基础上修改教学内容、教学任务、作业考试内容和班级论坛讨论等。

2. 学习分析与跟踪统计

资源共享课具有学习跟踪系统，可以对学生的学习过程进行全面跟踪与分析反馈。班级网络课程能准确地对学生在线上的一切学习活动和学习轨迹，包括学习者的学习内容、作业完成情况、学习成绩等进行跟踪、统计，采集的数据可在全班范围内进行对比分析。教师可以登入课程后台，随时掌握各个班级学生在线学习的学习时长、学习内容、学习次数以及作业、测验完成情况。学习跟踪系统不仅便于教师掌握全班学生的线上学习情况，也便于学生查看自己的学习轨迹、学习时间及学习成绩。

3. 学习评价的自动化

学生在规定的时间内做完精品资源共享课题库中的试题，提交后可以立刻得到批改、评价、指导。资源共享课评价反馈的自动化、迅速化，有利于学生及时了解自己的学习情况。而在传统教学中，作业与试卷的批改都要经过较长时间才能到学生手中，不利于学生及时了解自己的学习情况。可以说，现代网络技术的快捷化与智能化为教学评价、教学反馈提供了新的途径和手段。

4. 微课管理功能的灵活性、交互性、多平台性

微课是以阐释某一知识点为目标，以短小精悍的在线视频为表现形式，以学习或教学应用为目的的在线教学视频。资源共享课应嵌入微课管理功能，学生在看微课自学时，可以利用微课管理系统在线做笔记、提问题、做测试、发感想、参加师生讨论等。良好的微课管理功能为学生利用零散时间随时随地学习提供了便利。

（三）引导学生善用院级精品资源共享课获取知识

优秀的院级精品资源共享课应具有丰富的课程学习资源，学生借助计算机和移动设备可以进行个性化学习。尖子生可以通过浏览课程的扩展资源扩展知识面，学习困难的学生可以通过多次学习课程基本资源，将没有理解与掌握的学习内容弄清楚。传统的以教师为中心的课堂教学模式，使学生对教师产生了较强的依赖性，导致多数学生还不太习惯借助资源共享课进行自主性的网络学习。因此，教师可以改变自己的教学方式，利用精品资源共享课布置学习任务、检查学习情况，逐步引导学生改变学习方式，使学生习惯在数字化教学平台上利用共享课资源进行学习。

（四）采取三级共建的模式

三级共建的模式，是指学校的教务处、现代教育技术中心、教师共同建设院级精品资源共享课。教务处主要负责相关政策的制定与全面规划，组织院级精品资源共享课的评审与立项，掌握各门课程的建设进程与应用情况，检查与评定资源共享课的建设质量，帮助教师解决在课程建设过程中遇到的困难与问题，使资源共享课建设工作全面、有序、持久地开展。现代教育技术中心负责数字化网络教学平台的数据安全、系统维护与升级、正常运作，以及培训教师如何使用数字化教学平台、如何开发数字化教学资源。教师负责课程资源的建设与更新。共享课建设完成后，教师要经常登录课程管理系统，浏览论坛内容，回答学生的问题，发布学习指导、学习安排，并及时将作业批改情况反馈给学生。

综上所述，学校可以依托先进的数字化教学平台，持续建设一批适合本院学生的院级精品资源共享课。教师通过院级精品资源共享课建设，在网络上以班级为单位为学生提供丰富的学习资源，开展在线班级教学与管理活动；学生通过院级精品资源共享课建设，在网络上完成教师布置的学习任务，选择适合自己的学习方式进行个性化学习。可以说，院级精品资源共享课建设为教师走出传统教学模式、深化教学改革、提高教育教学质量提供了不可多得的有效途径。

【参考文献】

[1] 熊永红. 对国家级精品资源共享课建设中几个问题的认识[J]. 中国大学教学，2014（1）.

[2] 焦建利. 微课与翻转课堂中的学习活动设计[J]. 中国教育信息化，2014（24）.

[3] 黄瑞国. 论高职院校资源型微课的建设[J]. 商丘职业技术学院学报，2015（2）.

[4] 刘卫. 高校数字化教学平台建设实践与研究[J]. 科技广场，2009（9）.

[5] 怀丽，夏军，卢铮松. 构建数字化教学平台创新研究生教学模式[J]. 学位与研究生教育，2012（5）.

高职教师培训课程变革:工作过程与学习过程相整合
——基于对1 280名高职教师课程需求的实证分析

刘玉芳[①]　李　斌[②]

【发表情况】2016-04-01发表于《职业技术教育》。

【摘要】基于顾客需求的分析视角,对全国1 280名高职教师展开问卷调查。研究发现:高职教师培训是一个反思实践的课程学习过程,高职教师需要的培训课程要服务于高职教师的工作过程,方便教师的学习过程,最终引领高职教师职业生涯发展。因此,高职教师培训课程变革要在课程目标、课程内容、课程结构、课程实施与课程评价方面实现高职教师工作过程系统化和学习过程情境化相整合,致力于把高职教师培养成反思性实践者。

【关键词】高职教师;培训课程;工作过程系统化;学习过程情境化

教师培训是高职教师专业发展的重要途径之一,然而,当前我国高职教师培训存在多方面的问题。研究发现,高职教师培训目标定位不明确、缺乏对岗位胜任力的培训、培训效果评估流于形式。而且,培训内容与社会经济发展需求脱节、培训方式不利于教师专业发展和教师个人成长、缺少发展性的培训评价等。事实上,高职教师培训是高职教师在职后参加一系列相关课程学习的过程,所以,高职教师培训过程中的很多问题都是培训课程的问题。培训课程的目标定位、内容体系、结构安排、实施模式以及评价方式会影响培训的目标、内容、过程以及效果等。因此,解决我国高职教师培训中的问题,培训课程变革尤为关

[①] 刘玉芳(1973—　),女,柳州职业技术学院教师,研究方向为高职教育管理。
[②] 李斌(1973—　),男,西南大学教育学部博士后,研究方向为高等教育管理。

键。本研究从高职教师需求的视角出发，基于1 280名高职教师课程需求的问卷调查，建构新型的实践导向高职教师培训课程。

一、研究设计与实施

（一）调查设计

1. 调查目标

本研究的目的在于从高职教师需求的角度，掌握教师需要什么样的课程。因此，本研究需要调查的具体目标有五个：高职教师培训课程目标需要做出什么样的变革，如何有效定位高职教师培训课程目标？高职教师培训课程内容需要做出什么样的变革，如何科学选择和调整高职教师培训课程内容？高职教师培训课程结构需要做出什么样的变革，如何组织和安排高职教师培训课程结构？高职教师培训课程实施需要做出什么样的变革，如何高效实施高职教师培训课程教学？高职教师培训课程评价需要做出什么样的变革，如何创新和实施高职教师培训课程评价？

2. 调查程序

20世纪80年代，戈尔茨坦（I. L. Goldstein）等人经过长期研究将培训需求分析系统化，构建了Goldstein模型。图1所示，通过组织分析、任务分析和人员分析三方面评价结果的比较和综合，全面揭示培训任职者需求，也就是高职教师最必要的培训结果。

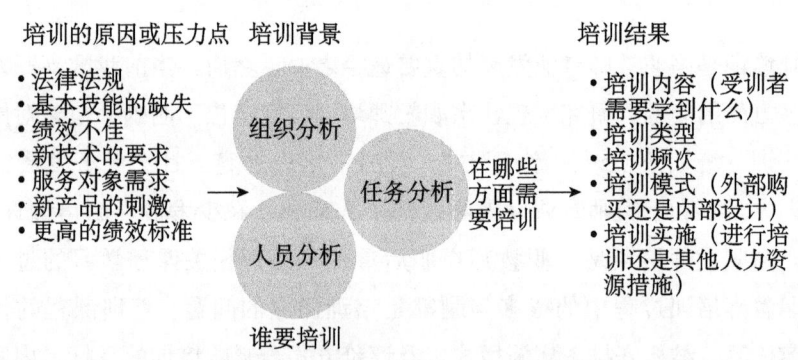

图1 培训需求的Goldstein模型

根据Goldstein模型，研究确定了高职教师培训课程需求调查的基本程序，整个流程分为"四阶段八步骤"。

第一阶段——发现问题。第1步：通过访谈、调查或文献阅读，发现高职教师教学和研究工作内容的变化、高职教师人员变化以及高职教师职后学习等问题；第2步：发现问题后对问题进行直观判断，分析问题的严重性或高职教师培训的必要性。

第二阶段——提出假设。第3步：基于问题分析，构思高职教师培训教学实践等方面存在的问题和困境，结合教师培训目标，尝试从课程设计与开发的角度解决问题；第4步：基于以上假设，确定需要在哪些维度、哪些范畴进行高职教师培训课程需求分析。

第三阶段——资料收集。第5步：根据第二阶段对高职教师培训课程需求，分析工作量和问题范围的判断，设计高职教师培训课程需求调查问卷；第6步：发放问卷，在全国范围内尽可能多地收集数据，并实施统计分析。

第四阶段——得出结论。第7步：基于数据统计分析，从组织分析入手，以任务分析为核心，结合人员分析，对应然与实然结果进行比较和综合；第8步：基于应然与实然的对比，建构出高职教师培训课程的变革框架。

3. 调查工具

本研究根据高校教师培训状况调查问卷，自编了高职教师培训课程需求调查问卷。问卷分为被试基本情况部分和课程需求调查。课程需求部分分别从课程目标、课程内容、课程结构、课程实施、课程评价5个方面入手，综合运用多选和排序的方式，全面掌握教师对培训课程的需求。

问卷编制除了项目内容来自比较成熟的文献外，研究者还征求了5位教育学专家对问卷进行评分，整理评分数据，得到肯德尔和谐系数$W=0.831$，$\chi 2$检验显示，$\chi 2=15.63>\chi 2（6）0.005$，$W$值达到显著水平，说明10位评分者的评分等级一致性很高，问卷的信度和效度较好。

（二）调查实施

2015年3月，在广西、广东、重庆、安徽、江苏、湖北等地发放问卷1 500份，回收问卷1 396份。其中，有效问卷有1 280份，有效回收率为85.33%。整理得到被试信息见表1。

表1 被试信息

一级维度	二级维度	教师信息	
		人数	百分比（%）
性别	男	690	53.9
	女	590	46.1

续表

一级维度	二级维度	教师信息	
		人数	百分比（%）
年龄	30岁及以下	330	25.8
	31~40岁	430	33.6
	41~50岁	370	28.9
	50岁以上	150	11.7
教龄	5年以下	260	20.3
	6~10年	550	43.0
	11~20年	290	22.7
	20年以上	180	14.1
学历	专科及以下	190	14.8
	本科	840	65.6
	研究生	250	19.5
区位	城市	470	36.7
	县镇	520	40.6
	农村	290	22.7

二、结果分析

对全国1 280名高职教师的调研发现，97.7%的教师参加过国家级培训，100%的教师参加过省级培训，99.2%的教师参加过市级培训，85.2%的教师参加过县级培训，所有教师都参加过培训。在所有的培训类型中，国培占25.6%，省培占26.2%，市培占26.0%，区县培占22.34%。

（一）高职教师培训课程学习目标

根据调查资料显示，1 280名高职教师培训课程学习目标相对集中，获得教学新理念和方法培训的有650人，占25.1%；想要提高专业知识和技能培训的有920人，占35.5%；想要实现自我发展培训的有680人，占26.3%；其他学习目标的有340人，占13.1%。

（二）高职教师培训课程内容需求

调查显示，1 280名高职教师培训课程内容的需求虽然存在差异，但是相对比较集中。让1 280名高职教师对培训课程内容自选并排序，然后对所有选项进行排序赋分，得到课程内容需求的排序结果，如图2所示。

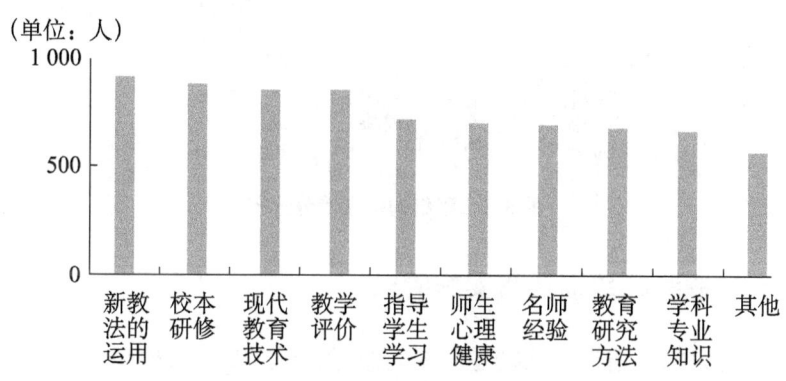

图2　课程内容需求得分分布

整理所有结果排序，得到教师培训课程内容需求的最终排名情况：新教法的运用频数为912、校本研修频数为882、现代教育技术频数为859、教学评价频数为857、指导学生学习频数为821、师生心理健康频数为814、名师经验频数为811、教育研究方法频数为789、学科专业知识频数为782、其他频数为756。

（三）高职教师培训课程结构需求

根据调查资料显示，1 280名高职教师培训课程结构需求差异较大。按学科组合总得分524.00，平均得分4.093 8±0.191 30；按主题组合总得分539.00，平均得分4.210 9±0.175 26；理论与实践各占一定比例总得分471.00，平均得分3.679 7±0.158 01；按模块组合总得分579.00，平均得分4.523 4±0.154 88；按教师需求自由组合总得分500.00，平均得分3.906 2±0.193 85；"主题＋模块"总得分544.00，平均得分4.250 0±0.161 41；"需求＋主题＋模块"总得分607.00，平均得分4.742 2±0.170 49。整理所有结果排序，得到教师培训课程结构需求的最终排名情况："需求＋主题＋模块"、按模块组合、"主题＋模块"、按主题组合、按学科组合、按教师需求自由组合、理论与实践各占一定比例。如图3所示。

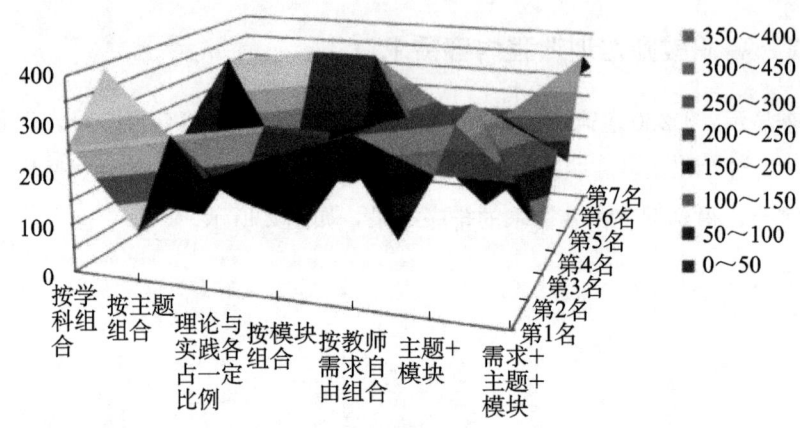

图 3　课程结构需求得分分布

（四）高职教师培训课程实施需求

课程实施方式是培训方式的主要决定参数。让 1 280 名教师自由选择上课方式，并进行排序。整理所有结果排序，得到高职教师培训课程实施需求的最终排名：参与式教师职后教育频数为 718、实地考察频数为 711、专题沙龙频数为 684、专家讲授频数为 677、与专家讨论频数为 672、课堂观察频数为 649、案例分析频数为 645、课题研究频数为 633、专家指导自学频数为 545。对待不一样的学生，需要哪些不一样的方式因材施教，不同教师对此也需要不一样的探寻。因此，教师是否需要一种服务导向的课程设计还需要实证调查。调查显示，对教师课后进行课程服务的导向坚决反对的有 60 人，占 4.7%；比较反对的有 60 人，占 4.7%；不支持不反对的有 230 人，占 18.0%；比较支持的有 730 人，占 57.0%；非常支持的有 200 人，占 15.6%。可见，超过 70% 的教师表示支持课程实施服务化导向。

（五）高职教师培训课程评价需求

调查显示，1 280 名高职教师对培训课程评价改革的认同有差异，但都强调评价模式要改革。在评价方式上，认为用课程作业的有 90 人，占 7.0%；用心得体会写论文的有 500 人，占 39.1%；用教案和说课的有 550 人，占 43.0%；用课堂表现的有 140 人，占 10.9%。

调查显示，1 280 名高职教师都强调评价模式要改革，特别关注评价过程结果的管理。对实施学分银行，比较反对的有 130 人，占 10.2%；不支持不反对的有 480 人，占 37.5%；比较支持的有 430 人，占 33.6%；非常支持的有 240 人，占 18.8%。

三、结果与讨论

高职教师培训不仅是一个获得知识的过程,还是一个通过职后理论学习达到理解和认识教学的过程。首先,作为成人学习者,高职教师通常具备较为丰富的知识经验和较强的独立意识,在学习过程中擅长以独立的自我经验从事各种学习活动及设定学习目标和结果。其次,高职教师已走上工作岗位,远离他们曾经的学习场,职后培训是一种工作场学习,属于"用中学"的范畴。最后,高职教师课程学习的时间不如师范生和职前教师那么充沛。因此,高职教师培训课程一方面必须立足于教师的客观需求,另一方面也要贴近高职教师的学习规律和学习条件,致力于把高职教师培养成反思性实践者。

(一)高职教师培训课程目标:培养反思性实践者

培训课程的目标定位要落脚于培养什么样的"人"的问题。高职教师培训课程的目标显然就是培养什么样的高职教师的问题。高职教师学习是旨在获得专业知识的过程,也是他们参加各种课堂学习活动及其认知的全过程,这个过程包含了一整套、一系列的知识、技能与思维方式。实证分析已经表明,25.1%的高职教师想学习教学的新理念和方法,35.5%想提高专业知识和技能,26.3%想实现自我发展,13.1%有其他学习目标。直观来看,高职教师需要从培训课程中获得的主要是知识、技能与思维方式等。

然而,知识、技能与思维方式等只是高职教师的一部分,并不是高职教师这个"人"。而且知识、技能与思维方式等只有在高职教师进行教育教学实践的时候,才能成为高职教师的一部分。皮亚杰的研究早已证明,知识并不是直接观察的结果脱离对客体的建构,或者不依赖于现存的、内在的认知结构。高职教师培训中教师主体建构的发生,认知结构的发展是理论与实践相互作用的结果。高职教师培训是基于教师原有认知结构为逻辑起点,在培训课程的新知识、新技能与新思维方式等内容的影响下,促进教师在与环境和社会的交往互动中,实现对认知的链接、完善或改组,而教师的自我实现和专业发展成了最终落脚点。所以,高职教师培训课程的关键在于实现新旧认知系统、理论与实践的贯通,在于用新理论反思实践,用实践催生新认知,把高职教师培养成为善于反思的实践者和精于实践的反思者。

（二）高职教师培训课程内容：情境化问题导向

调查显示，新教法的运用、校本研修、现代教育技术、教学评价、指导学生学习、师生心理健康、名师经验、教育研究方法、学科专业知识等都是高职教师想要学习的培训内容。这些内容既是高职教师培训的课程内容，也是教师职业生涯发展和具体教育教学实践中面临的问题。高职教师要学习的这些内容，或者要解决这些问题需要以严谨的逻辑和科学的方式呈现在培训课程中。一般来说，教育教学的问题都是发生在具体教学情境中；同时，这些问题相互之间又有一定的关联。因此，高职教师培训课程内容可以采用分模块、设置情境的选择和安排方式。

具体来说，在高职教师培训课程内容的选择和课程结构安排上，一方面，要充分考虑高职教师的真实需求；另一方面，要兼顾高职教师的工作过程与情境。课程内容选择要改变有内容、无逻辑，重"客体"、轻"主体"的现状，实现课程内容情境化问题导向，课程内容选择指向教师的工作场情景和具体工作问题。高职教师培训课程的内容选择要考虑面对不同年龄、教龄、阅历的教师，其个性更是百花齐放。在"宽基础"上，更强调课程的灵活性，弹性选课，从教师的"选"和学校的"选"两种思路设计，在使用课程综合化手段时，强调拓展和发展教师个性的"大模块"的重要性。

（三）高职教师培训课程结构：阶段化生涯导向

高职教师培训课程不仅在内容上要有所甄选，在课程的结构安排上，还要方便学习。主要考虑高职教师的学习条件限制，兼顾高职教师的职业生涯阶段与发展。特别要改变重"顺序"不重"逻辑"的现状，把高职教师培训课程转向阶段化职业生涯导向课程。在课程结构上，根据高职教师职业生涯阶段选择内容，安排课程结构，服务于高职教师的职业生涯发展。宏观课程结构要遵循课程之间的连续性、顺序性、整合性和开放性；微观课程结构应遵循知识的逻辑和教师学习的心理逻辑，这样才更有利于促进教师在情境中学习体验，反思实践，促进教师的专业发展。

一方面，基础课程与特色课程应相互结合。高职教师培训课程改革应该构建出科学合理的课程体系，在这个体系中，要注意基础课程与特色课程的有机结合。集群式模块化课程模式的"宽基础、活模板"为课程改革提供了清晰而明确的思路。"宽基础"是面向一个职业群的定向教育，为受教育者在一个职业群范围内终身接受教育奠定基础内容；"活模块"中的每一个"大模块"是针对一个职业的定向教育，是让受教育者具有一个职业的必备知识、技术和能力的内容。"小模块"的内容即为专项能力。在处理"宽"与"专"关系的具体实施操作中，要认真研究"宽基础"与"活模块"的结构比。另一方面，静态结构与动态结构相互搭配。高职教师培训课程的静态结构是横断界面的学习结构；动态结构是基于教师职业生涯发展和工作情景变化的发展递进式课程结构。因此，在构建教师培训课程模式时，要处理好动与静的关系。在开发教师培训课程过程中，课程结构设置；在符合教育行政部门相关规定的基础上，及时调整教学内容。课程设置的基本框架和主要科目相对稳定，这有利于学校师资、设施设备方面的基本建设。

（四）高职教师培训课程实施：结构式服务导向

"服务"导向的提出同样是秉承以教师职后专业能力与实践能力的发展为首要考虑，将教师作为职后教育课程实施过程中的主体。在对高职教师培训课程的实施理念进行定位后，对课程的组织要处理好纵向组织与横向组织之间的关系。

首先，应该借鉴施瓦布实践课程理论中的"实践兴趣"——指向课程实践过程本身。针对过去教师培训实践课程只注重结果评价而忽视活动过程的问题，教师培训课程实施要注重手段、过程和相互理解、相互作用。其次，各地和各校应根据自己的实际情况开发教师培训实践活动课程，制订适应自身条件的综合实践活动资源包或指导计划。综合实践活动课程的实施在很大程度上属于校本课程，其课程内容应该反映校本特色，体现"地方特色"与"本土特色"。应积极借鉴施瓦布实践课程理论中集体审议的方法，让学校、社会和教育专家参与课程开发，合理定位课程目标，适时修订课程，更新课程内容，保证教师培训综合实践课程的设置能体现应有的实践价值。最后，贯彻施瓦布实践课程理论中行动研究的方法论，做反思性教师，进行反思性教学。在教师培训实践课程的开发、实施过程中，教师是关键性因素，教师是课程与教学的主力军，教师的研究与创新推动着课程的发展与进步。

（五）高职教师培训课程评价：贯通式发展导向

高职教师培训课程评价要不断创新为贯通式发展导向。这里的贯通有两种含义：一是教师的专业发展贯穿于教师学习、工作过程和职业生涯发展的全过程；二是评价活动贯穿于教师的整个职业生涯，体现在其时间和空间上的贯通。高职教师培训课程评价要坚持为教师职业生涯发展服务，因此，要贯彻学业合格评价的基本尺度、职业生涯贯通的发展理念和学分银行融通的认证制度的理念，实施贯通式发展导向高职教师培训课程评价。在评价方法设计、评价实施过程中不断探索创新，致力于将教师培养成实践性反思者。评价要着眼于教师的学习、工作过程和职业发展，落脚于评价结果在教育行政部门的运用，以评价促进教师主体性发挥及整体发展。评价既要重视以问题解决、实践重构为载体的静态结果性评价，也要关注培训过程中学习者在解决问题的过程中、在实践共同体中进行积极的行动反思。

【参考文献】

［1］涂云海．基于胜任力的高职院校教师培训体系构建［J］．职业技术教育，2010（22）：56-59．

［2］安艳．高职院校教师职后培训存在问题及对策探讨［J］．职教论坛，2010（1）：61-63．

［3］何农．论高职教师培训体系的构建［J］．江苏高教，2009（4）：141-142．

［4］［美］雷蒙德·A．诺伊，约翰·霍伦拜克．人力资源管理：赢得竞争优势［M］．刘昕，译．北京：中国人民大学出版社，2001：265．

［5］刘凤英．基于学习型组织理论的高校教师培训与开发体系研究［D］．南京：南京理工大学，2010：80-82．

［6］朱德全，宋乃庆．教育统计与测评技术［M］．重庆：西南师范大学出版社，2007：154，175．

［7］李希贵．构建个性化教师培训课程体系［J］．中小学管理，2013（3）：43．

[8] Adler J.. Social Practice Theory and Mathematics Teacher Education: a Conversation Between Theory and Practice[J]. Nordic Mathematics Education Journal, 2000, 8 (3), 37.

[9] Barbara Mac Gilchrist, Kate Myers, Jane Reed. The Intelligent School [M]. SAGE Publications, London EC1Y1SP. 2004: 92-107.

[10] Peter Kelly. Whatis Teacher Learning: a Social-cultural Perspective [J]. Oxford Review of Education, 2006, 32 (4): 514-515.

[11] Phillips D. C.. The Good, the Bad, and the Ugly: The Many Faces of Constructivism[J]. Educational Researcher, 1995 (7): 96-100.

师资培养篇

【导语】百年大计，教育为本；教育大计，教师为本。教师承担着传播知识、传播思想、传播真理的历史使命，肩负着塑造灵魂、塑造生命、塑造人的时代重任，是教育发展的第一资源，是国家富强、民族振兴、人民幸福的重要基石。自党的十八大以来，以习近平同志为核心的党中央将教师队伍建设摆在突出位置，作出一系列重大决策部署，各地区、各部门和各级各类学校采取有力措施认真贯彻落实，教师队伍建设取得显著成就。柳州市职业院校高度重视教师队伍建设。柳州职业技术学院基于职业教育的实践特征，对高职教师职业教育教学能力的构成进行了分析，构建了高职教师教育教学能力体系，开发了"教学能力＋专业技术能力"双重要求的专业教师职业能力标准，多途径、多渠道系统开展教师职业教育教学能力培养，开展专项与常规"双线并行"的高职教师教育教学能力测评，形成师资培养激励机制，全面提升了全体教师的教育教学能力。柳州市交通学校通过搭建教师人格魅力、学识魅力、职业魅力成长平台，用教师的三维魅力教育感染学生，从而让家长放心、学校满意、企业满意。广西机电技师学院以技能大师工作室为平台和桥梁，促进教师能力提升，提升专业办学内涵，强化学校办学特色，在培养企业需要的高技能人才方面取得了较好的成绩。

【典型案例】

系统培养，双线测评，持续提升高职教师教育教学能力

柳州职业技术学院

一、高职院校办学质量的提升呼唤教师职业教育教学能力提升

2007年，柳州职业技术学院（以下简称柳职院）获批成为国家示范性高等职业院校建设立项单位。随着国家示范性高职院校建设项目的深入开展，学校从规模发展进入内涵发展阶段，课程与教学改革从宏观（全国、省市地区的布局）发展到中观（学院、专业、教师队伍整体）和微观（每门课程与每位教师）。教改的中观和微观问题已成为高职教改目前最紧迫的问题。教师教育教学能力的高低成为制约教学改革进一步推进和全面展开的主要"瓶颈"。柳职院紧密结合国家示范建设期间的各项教育教学改革活动，探索出一条职业教育教师教学能力培养的途径和方式方法，得出一套高职教师教育教学能力测评体系，形成师资培养激励机制，制定了系列师资管理制度。通过近10年的改革与建设，使全校教师改变传统的以学科知识为本位的教学观，树立以高水平职业能力培养为本位的教学观，教师的职业教育教学能力获得极大提升，国家示范性高职建设单位的示范辐射作用显著。

二、基于职业教育实践特征，解构高职教师职业教育教学能力构成

高职教师职业教育教学能力具有双重的实践特征：一是作为职业教育教师的教学实践，它存在于教学的具体组织与实施过程中；二是作为专业技术人员的生产实践，它存在于生产劳动的具体组织与实施过程中。高职教师的根本任务，是

使学生具备在企业从事专业技术工作必须具备的职业能力，高职教师的教学实践必须与不断变化的专业技术人员的职业实践相适应。

柳职院基于职业教育的实践特征，对高职教师职业教育教学能力的构成进行分析，得出其构成体系，如图1所示。前三项（基本素养、知识结构、教学技能）是成为教师的基本教育教学能力，但作为高职院校教师这三项基本教育教学能力中应该渗透职业教育的特征。后五项（职业教育教学科研能力、课程开发能力、课程资源利用能力、实践操作能力、面向社会的能力）是高职院校教师教育教学能力的特别要求，也是高职院校教师区别于其他教育教师的基本特点。

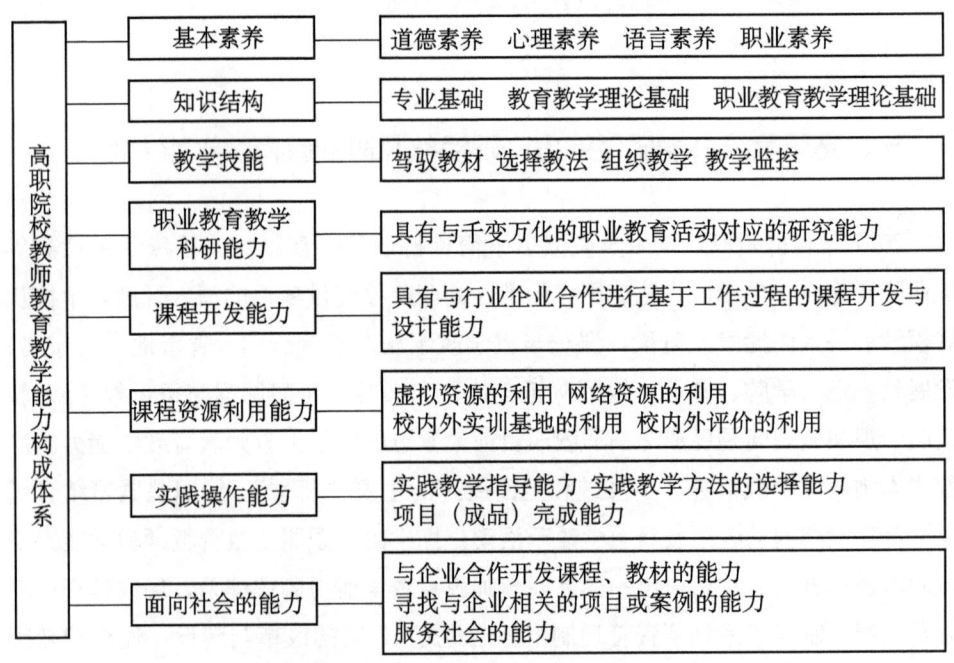

图1　高职院校教师教育教学能力构成体系

三、多途径、多渠道系统开展教师职业教育教学能力培养

（一）系统设计教师学习培训体系

根据教师发展阶段主要任务设计新入职教师、青年教师、专业教师、骨干教师、专业带头人、兼职教师等学习培训项目。学习培训内容主要包括师德师风、

学校文化、教学科研能力、专业实践能力、信息技术应用能力、教师国际化、身心健康等方面。培训服务体系关注每位教师各个成长阶段的需求，结合教师的职业生涯规划，设计不同发展通道，按通道设计不同发展阶段的学习项目，提供多种途径、多种形式的学习活动。教师根据岗位要求和自身发展需要，通过必学和自主选学相结合的方式参加学习活动。

（二）多种形式开展教师教育教学能力培养

1. 专题培训

围绕学校的发展战略及教师个人成长的需要，开展各类专题培训。开展了职业能力标准开发、新入职教师教学能力提升、内部质量保证体系诊断与改进、微课设计与制作、混合式教学的设计与实施、网络教学平台应用等多项专题培训，每年培训在 1 500 人次左右。

2. 教学工作坊

根据教师教育教学中普遍存在的难点问题，以教学工作坊的形式，进行专题研究和研讨。近年来，开展了混合式教学、课堂教学组织与管理、集体备课等教学工作坊，聘请校外专家、各级教学名师等教学经验丰富的教师主持工作坊。根据教学工作的需要不定期开展工作坊教研活动，目前，已经开展了 20 多场工作坊的教研活动。

3. 咨询辅导

组织开展教师职业生涯发展集体辅导和指导工作。为学校全体辅导员、新入校教职工、二级学院开展职业生涯发展集体辅导；聘请资深教授为学校教职工开展职业生涯发展一对一辅导。

通过系列培训，全校教师始终保持对职教理论最新发展的跟踪学习，教师对现代高职教育教学规律有了更深刻的理解，全校教师以极大的热情和激情投入教育教学改革中。10 年来，柳职院先后组织教师 500 人次到国内外学习，其中 130 人次到德国、加拿大、澳大利亚、新加坡、中国香港等职业教育发达国家和地区考察学习，带回了国外先进的职业教育教学理念、教学方法、教学模式。邀请李进、马树超、姜大源、戴士弘、赵志群等近 10 位职业教育教学专家到学校讲学，指导开展工作分析、课程开发、教学设计等方面的培训。学校在教育教学改革中，结合实际情况和本土特点，全校、各二级学院和教学团队开展了近 200 场转变教育观念、学习先进职业教育理念的大讨论和研讨活动。

(三）企业职业实践

柳职院尝试采用一学年"四学期"制度，合理安排教学时间，为教师到企业挂职和进修学习创造条件，使教师始终保持与企业最新职业情境的紧密接触，熟悉并掌握相关的典型的职业工作任务和职业工作过程的经验与知识。近年来，柳职院60%以上的专业教师到企业参加过挂职锻炼、参与技术改造和服务。通过把企业实践训练贯穿于从教师入职初期的适应阶段到多方面积累教学经验的成长阶段，直至专业素养趋于稳定的成熟阶段的全过程，以此促进教师专业工作能力与企业技术发展的对接。

（四）职业教育教学改革实践

柳职院以数控技术等6个重点专业为龙头，带动全校所有专业开展"工作任务分析"，与来自企业一线的班组长、技术人员共同开发与生产一线工作过程要求相一致的课程体系，开展课程改革，提升了教师工学结合的课程开发能力，并能根据自己的教学实践开展教学研究。同时，为积极适应地方产业国际化发展需求，柳职院加强国际合作与交流，开展了中德"双元制"、英国现代学徒制等试点，引进发达国家的职业教育培养体系和质量标准、课程资源、学生考核标准，建立与国际标准互通互认的培训中心和职业资格认证项目，将国际人才培养标准、行业企业标准融入贯穿人才培养方案全过程，在一系列的职业教育改革实践中，成长了一批具有国际化视野的专兼职结合教师。目前，中德"双元制"项目培养了8名AHK考官，有30多名专业教师、企业人员参加了培训师培训。通过全程导入英国现代学徒制项目，培养了获英方认证的3名内审员、10名认证评估师。参与机电一体化技术专业中德"双元制"教育项目（SGAVE），4名专业教师赴德国参加培训，获得培训师证书。欧洲侍酒师学校中国项目第一家合作学校落户柳职院，有9名酒店管理专业教师获得欧洲侍酒师学校颁发的中级侍酒师证书。

四、双线测评助力教师职业教育教学能力落地

（一）基于学生职业能力标准，开发"教学能力＋专业技术能力"双重要求的专业教师职业能力标准

为客观反映学生职业能力发展水平，检验和促进教育教学改革成效，柳职院

根据地方企业行业需求，借鉴德国、英国等先进国家的职业教育人才培养标准，基于企业和学生需求，按照设计导向、行动导向、持续改善理念，以"工作、过程、情境"为基本特征，组建由专业教师、教育专家、行业企业专业组成的团队、开发与国际标准对接的学生职业能力标准。基于学生职业能力标准，对所有专业教师提出了职业能力水平要求，规定了任课资格，确保教师具备胜任课程教学的能力，以专业教师的教学能力和专业能力为核心，以教师职业生涯发展为阶段开发了"教学能力＋专业技术能力"双重要求的专业教师职业能力标准，解决教师能力水平和胜任课程教学要求的问题。教学能力指课程开发、教学设计、教学实施、教学评价、教学研究；专业（技术）能力指实践操作、专业提升能力。该标准规定专业教师职业能力分为三个等级：一级（合格教师）、二级（骨干教师）和三级（专家型教师）。能力要求依次递进，高级别涵盖低级别。

（二）开展专项与常规"双线并行"的高职教师教育教学能力测评

"双线"即"常规测评"与"专项测评"。"常规测评"指的是课堂教学质量等级评定，采取对教师常规课堂教学评价结果实行分等级评定的方式进行，由教师自愿申报，通过"三评一复核"进行评定，以随堂听课的教研形式对申报教师的课堂教学质量进行评价。"专项测评"即专项比赛、教研活动、专项培训。

"双线测评"是把教师职业能力标准体系中的指标进行有机组合，实现了对教师职业教育教学能力的立体化动态测评：（1）通过课堂教学质量等级评定工作，进入教师的常规课堂，对教师常态的课堂授课能力进行现场观察和评价；通过对教师课程整体设计、单元设计和教学文件的评价，实现对教师教育教学能力的静态评估；通过对教师的网络课程和网络资源的评审，对教师的教育技术应用能力进行动态监控。（2）通过教师教学能力大赛、职业院校信息化教学大赛、教育技术教学软件应用大赛等技能比赛实现以赛促评、以赛促教、以赛促学。（3）通过"说课程""说专业""系列公开课"等教研活动，让各教学团队对教师的教育教学能力进行专业评估。（4）通过各级各类培训完成对不同特点的教师进行分类测评和培养。

表1　高职教师教育教学能力测评流程和体系表

高职教师教育教学能力测评流程								
培训	教研	比赛	专项测评	双线并行	常规测评	课堂教学质量等级评定			
国家级各类培训活动	"说课"教研活动	首届说课大赛				精品课	优质课	合格课	不合格课
院级各类培训活动	"说专业"教研活动	教师教学能力大赛							
系部各类培训活动	系列公开课活动	教师教育技术应用大赛							
高职教师教育教学能力测评体系								
指标一 学生教学评价指标	指标二 课堂教学评价指标	指标三 说课程评价指标	指标四 单元设计评价指标	指标五 整体设计评价指标	指标六 教学资源评价指标	指标七 教学文件检查评价指标	指标八 教育技术教学应用评价指标		

（三）建立多元测评主体、多维测评角度的高职教师职业教育教学能力评价方式

在不同的测评方式中，组成了多元化的测评主体，包括校级教育教学专家，各专业负责人、骨干教师和企业专家，参与随堂听课、各项比赛、各类研讨和各种培训活动，真正按照高职教育教学的要求，对教师进行多维度、多角度的测评，使测评工作更公平、公正和有效。

（四）制定了系列管理制度和激励措施

为保障教师职业教育教学能力培养的顺利开展，柳职院制定了一系列配套制度和激励措施。将体现高职教师职业特征素质能力要求纳入教师岗位聘用条件中，规定教师必须具备相应的资格和能力素养才能受聘于相应级别的岗位；实施"一学年四学期制"，相对集中安排教学工作任务，确保教师学习锻炼的时间；将国内外培训学习的机会向积极进行教育教学改革的教师倾斜；教师到企业挂职锻炼按照同级在岗人员标准发放津贴；教师参加职业资格考试，按获得证书的级别给予一次性奖励；明确规定团队负责人的津贴与团队工作考核结果挂钩；教师课酬的发放根据课堂教学质量评定结果执行，对在学校课堂教学质量等级评定中获得优质课和精品课的教师，分别给予提高课酬20%、50%的奖励；对教师年度目标奖的发放，打破平均分配的常规，根据教师参与教育教学改革的工作成效，由二级学院做二次分配。

五、主要成效显著，示范作用明显

（一）从根本上转变了教师的教育观念

广大教职员工的职业教育教学与管理理念得到深刻的洗礼，极大地开阔了教师的国际化视野，确保了教师紧跟最新的高职教育发展形势，全校教职工学习研讨蔚然成风，"工学结合""工作过程导向""能力本位"等职业教育观念深入广大教师思想观念、渗透教育教学行为中，形成了一支支勇于开拓创新的学习型教学团队，教师参加教育教学改革已成为一种自觉的行为，实现了教师的专业成长与学校发展同步协调的目标，为学校的各项建设打下了坚实的基础。培养出国家级教学名师 1 名、自治区级教学名师 3 名、院级教学名师 11 名、国家级教学团队 1 个、自治区级教学团队 8 个。

（二）全面提升了全体教师的教育教学能力

邀请来自企业一线的 268 位实践专家，召开 30 场工作任务分析会，以工作过程为导向重构了 42 个专业的课程体系。建成精品课程：国家级 6 门、自治区级 27 门、院级 67 门，形成 103 门课程的教学设计（整体和单元）案例库，制（修）定了 60 门专业核心课程标准；获得教学成果奖：国家级 1 项、自治区级 7 项；教师共发表教改论文 661 篇，获自治区级以上奖励论文 85 篇；公开出版 61 种特色教材，编写特色讲义 32 种。

（三）切实提高了教师的职业素养和实践能力

10 年来，共有教师 162 人次到 107 家企业挂职锻炼，时长总计 1 817 周；178 人次参加了 46 项技术服务，为各行业开展社会培训达 430 755 人次；184 人次参加各类技能培训和鉴定；各专业教师踊跃参加各级、各类竞赛，有 60 个项目共 266 人次获得省部级及以上奖励。

（四）形成了显著的示范辐射作用

150 多所自治区内外本科、中高职院校 2 000 多人次分享了教师职业教育教学能力培养和测评经验；在 50 多所职业院校进行专题讲座和交流；承担了 5 所国家示范中职学校教师职业教育教学能力培养工作；张翔等名师多次在各级专项活动中介绍柳职院的教育教学改革经验；改革成效在《中国教育报》《光明日报》等国内知名媒体被多次报道。

六、持续推进教师职业教育教学能力建设，助力学校内涵升级发展

随着教育教学改革的不断深入开展，围绕"国际引领，内涵升级，六化并举，建成特色鲜明高职名校"的发展战略和目标，教师的职业教育教学能力仍为阻碍进一步提高我校人才培养质量、提升学校办学水平的主要问题。未来，要继续全面推进教师职业教育教学能力提升，推进"双师型"教师队伍建设；通过针对性的培训，帮助教师掌握现代教育教学手段和方法，提升教学效果；通过广泛开展国际合作，校企合作，挂职锻炼等方式，提高教师职业素养；通过培养具有现代化教育思想、优良道德品质和感染型人格魅力，能在专业领域具有示范、激励、凝聚、辐射和带动作用的"大师"级教师发挥引领作用。

练就三维魅力教师培育三方满意学生

柳州市交通学校

针对目前中职生源的"三难"现状,我校通过搭建教师人格魅力、学识魅力、职业魅力成长平台,用教师的三维魅力教育感染学生,从而让家长放心、学校满意、企业满意。

一、中职学校教师面临"三难"问题

当前,中职学校的规模、办学条件和教学环境都有了明显提升,但进入中职学校的学生普遍存在三难问题(图1)。一是难管:思想道德素质相对较低,缺乏自信心;法纪是非观念相对淡薄,自控能力较差。二是难教:文化基础相对较差,缺乏学习主动性。三是难适应:缺乏对职业道德、职业规范的认识,对与所学专业对应的职业岗位要求知之甚少。而与其他类型的学校相比,中职的教育工作所针对的情况更为复杂,所面临的形势更为严峻,所担负的责任更为沉重。

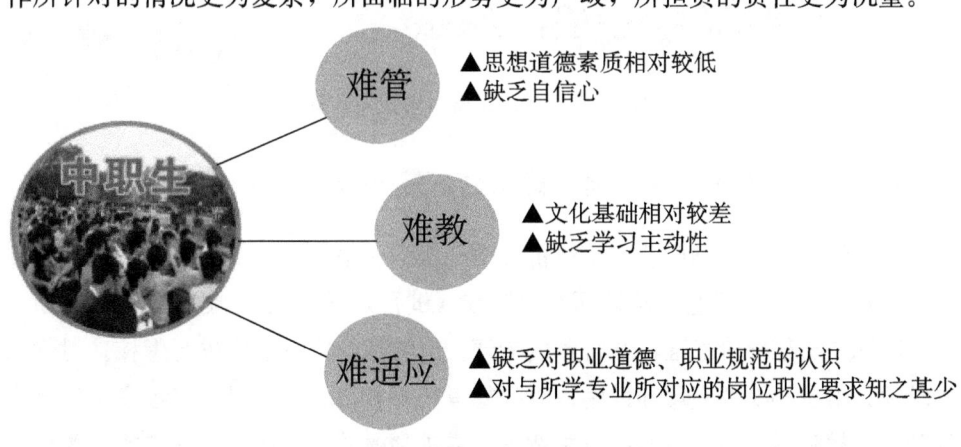

图1 中职学生三难现状

二、创新教师培养模式，打造三维魅力教师

作为中职教师，具有丰富的知识、扎实的专业技能、娴熟的教学技巧固然重要，但更重要的是教师的魅力（图2）。要用教师的人格魅力教育和感染学生，用教师的学识魅力提高学生的学习积极性和树立自信心，用教师的职业魅力培养学生的职业兴趣和职业精神。

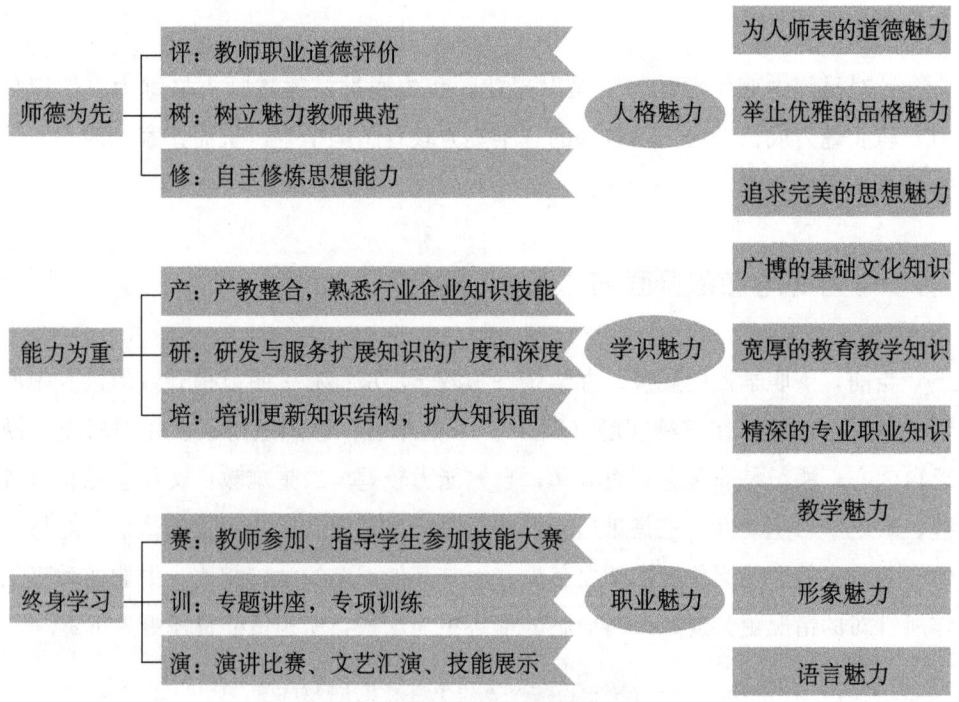

图2　教师的三维魅力培养关系图

（一）师德为先，评、树、修结合，提升教师的人格魅力

（1）评：制定教师职业道德评价标准。根据《中等职业学校教师职业道德规范（试行）》《中等职业学校教师专业标准（试行）》的要求，制定柳州市交通学校教师职业道德评价标准，结合年度考评，对教师的职业道德进行考核。对优秀的教师，给予必要的表彰和鼓励；对师德考核不合格者，依照法定程序予以严肃处理。让教师形成提升魅力的自主意识，促进师德的升华和为人师表的道德魅力提升。

(2) 树：树立魅力教师典范。通过年度评优、宣传板报、广播、网络宣传等方式，大力弘扬社会主义核心价值观。以立德树人为根本任务，践行"文明、勤奋、诚实、创新"的校训和"依托汽车、校企合一、重德强技、服务地方"的办学宗旨，树立育人为本、德育为先、能力为重的理念，关爱学生、尊重学生、信任学生，树立让每一个学生都能成为有用之才的坚定信念。引导教师注重修养、注意言行，练就举止优雅的品格魅力，处处给学生做表率。"身正为师，学高为范"，用教师高雅、文明的言谈举止修正学生的思想品质。通过自身的言传身教感染学生，让学生在潜移默化中内化为自己的学习观、价值观、人生观，不断进取，成为社会需要的高素质人才。

(3) 修：自主修炼思想能力。人格需要培养，需要教育，更需要每一位教师的自我修炼。培养健全的人格，形成善良、宽容、慈爱、忠诚的性格，具备乐观的心态、优雅的气质、执着的精神。通过专家讲座，如邀请国家级名师彭朝晖以自身成长经历谈职业教育、组织观看最美教师视频等方式，引导教师通过自我修炼，做到乐观向上、细心耐心、有亲和力。从自身积累入手，随时注意保持衣着整洁得体，语言规范健康，举止文明礼貌，形成追求完美的思想魅力，以高尚的师德建构人格力量。

（二）能力为重，产、研、培并举，提升教师学识魅力

(1) 产：落实教师下企业实践制度，采取"工教结合"的方式集中或分散进行企业生产实践活动。定期把教师送到相关企业的生产部门锻炼，跟班生产，进行专业实习和技能训练，以胜任岗位工作。同时，结合企业的生产实际和用人标准，不断完善教学方案，改进教学方法，积极开发校本教材，提高教学设计、课程开发、授课技巧、教学评估等工作能力，从而提高学生的学习兴趣，提高教学的吸引力，提高技能型人才培养质量。

在"校中厂"和校内生产性实训基地为教师设置企业岗位，让教师主动参与生产实践活动，特别利用好校内模拟工厂车间，让教师从对外承接加工业务做起。例如，校中厂——柳州玄通工贸公司数控车间的教师利用业余时间开展对外生产活动，承揽企业零件加工。由初始废品率较高、生产效率较低到废品率逐步降低，最后控制在企业要求的范围内，不断提高效率。通过生产锻炼，教师对生产工艺、产品质量的控制方法有了新的认识和提升，生产能力很快提高。

通过生产实践，让教师更好地了解产业，熟悉产品，掌握生产，了解区域及

行业现状趋势与人才需求。加强与实训实习单位沟通合作能力，为学生提供必要的职业生涯规划能力，促进校企合作与提供社会服务能力，收集分析毕业生就业信息和行业企业用人需求等相关信息能力。

（2）研：研发与服务拓展教师知识的广度和深度，提高教师服务企业能力和教学能力。学校大力提倡教师参与企业定制服务与研发活动。定制服务与研发对学校可产生多方位辐射效应，既加强了与企业生产部门的联系和合作，也为教师创造了生产实践和继续提高的机会和条件，帮助他们开阔眼界、了解市场需求，从而加快教学内容更新和教学改革。

（3）培：建立国家级、自治区级专业培训与校企互培相结合，以高职对口培训为重点，专家讲座与校内外交流为补充的师资培养方案。着重培养教师的现代职业教育理念，职业教育知识，职业背景知识，课程教学知识和自然人文、社会经济、文化艺术、信息技术等方面的知识。不断更新教师队伍的知识结构，提升教师的学识魅力。通过校本培训邀请校外专家到校讲学、安排本校信息技术专业教师作讲座和组织教师进行校内讨论或信息知识竞赛等，全面提升教师的信息素养。

（三）终身学习，赛、训、演互补，提高教师的职业魅力

（1）赛：学校鼓励教师参加技能大赛或者指导学生参加技能大赛，促使教师深入了解行业岗位，扩大知识面，提高教学改革能力。通过大赛标准对接行业标准，使专业技能训练具有完整性和针对性；通过大赛内容对接岗位标准，促进革新课程内容。技能大赛的考核方式，促进了教师深化"教、学、做一体化"教学模式改革，让适应大赛要求的任务驱动、一体教学模式成为主流，多学科综合理论和实践能力培养教学成为方向。专业教师为了让学生在大赛中取得好成绩，会自觉地不断提高实践能力、专业能力和教学改革能力，进而提升教师的教学魅力。

学校定期开展全校性的教学能力大赛，以赛促教，全面提升教师的教学设计能力、教学实施能力、实训指导能力及学生管理与评价能力。关注学生的情感体验，从有效的教学向魅力的教学提升，为学生营造宽松愉悦的学习环境，感受教师的教学魅力，形成强烈而持久的人际吸引力、精神感召力和智慧启迪力，不断向新知识殿堂奋发进取。

（2）训：通过专题讲座、形体形象训练等方式，引导教师对学生充分体现师爱与宽容，尊重信任学生、了解关心学生、严格要求学生，做到为人师表、作风

民主。时刻注重师德形象、理念形象、语言形象、行为形象、文字形象、外貌形象,充分展现教师的学识美、气质美、性格美、服饰美、形体美,提升教师的形象魅力。用教师优雅的风度、脱俗的气质、优美的语言、整洁的衣着、端庄的外表、和谐的动作表情、工整潇洒的板书、活泼开朗的性格以及谦逊宽容的态度陶冶学生的思想情操,使学生由爱其师而乐于学。

(3) 演:通过演讲比赛、辩论赛、文艺汇演、微电影等方式,提高教师的沟通合作能力和语言素养,掌握语言艺术,增强语言的表现力。让教师努力把语言学家的用语准确、数学家的逻辑严谨、哲学家的哲理深邃、演说家的论证雄辩、艺术家的丰富情感融于一身,使教学语言具有严密的科学性、鲜明的教育性、丰富的情感性、生动形象并具有明显的节奏感,提升教师的语言魅力。

教师用富有启发性的语言,善于激发学生的兴趣,抓住学生的注意力。深入学生的性格特征和情感、知识基础中,启发学生的心智、开启学生的思维,用语言传达思想、气质、感受。用极具感染力的语言,提升学生的吸引力和信服力,与学生的心灵进行深入的交流,吸引学生,引起学生的共鸣。

表1 教师语言魅力的提升

项目		基本要求	提升目标
文化课	德育	平等、情理、准确、清晰	生动感人、灵活多变、有亲切感
	语文	规范、生动、鲜明、准确	精练优美、声情并茂、妙趣横生
	数学	准确、规范、通俗、易懂	严谨简练、生动活泼、诙谐幽默
专业课		流畅、简约、准确、条理	科学严密、严谨精练、实效启迪

三、构建三维魅力教师培养平台,提升教师职业素养

(一)成立机构促落实

学校组建以覃敬新书记为组长的德育工作领导小组,把教师职业道德建设当作一项常规性工作,常抓不懈。建立以冯明源校长为组长的师资队伍建设领导小组,制订教师职业成长与培养规划,加强对教师的人格魅力、学识魅力、职业魅力的培养。

(二)搭建教师三维魅力成长平台

(1) 搭建由国家级、自治区级专业培训与校企互培相结合,高职对口培训为

重点，专家讲座与校内外交流为补充的师资培养平台，促进教师职业教育理念的更新、知识的增长和能力的提升。

（2）搭建研发与服务平台，促进教师教研能力的提高和为企业解决生产技术问题能力的提升。

（3）搭建比赛与展示平台，促进教师三维魅力交相辉映与竞相提高。

（三）营造教师三维魅力成长环境

通过学校网站、广播、宣传板报树立魅力教师典型；通过教学能力大赛，让魅力教师脱颖而出；通过年度的评优、评先，引导人人成为深受学生喜爱的魅力教师。

四、增强三维魅力教师影响力，培育三方满意学生

（一）教师的人格魅力使学生"听话"，家长放心

教师的人格魅力得到提升。把立德树人作为职业教育的根本任务，关爱学生、尊重学生、信任学生，树立让每一个学生都能成为有用之才的坚定信念，形成为人师表的道德魅力、举止优雅的品格魅力和追求完美的思想魅力。增强对学生的吸引力和亲和力，使学生能自觉地把教师当作亲人和朋友，乐于接受教师的引导和教育。"抓在细微处，落在实效中"，通过开展文化、体育、科技、志愿服务等形式多样、意义重大、针对性强、可操作性高的第二课堂，学生参与率达100%，取得良好的成效，提升了"活动育人"的意义，促进了学生全面发展，让学生满意、家长放心，吸引了越来越多的中学毕业生到校就读。

（二）教师的学识魅力使学生"好学"，学校满意

教师的学识魅力得到提升。通过产、研、培，教师逐步掌握广博的文化知识、宽厚的教学知识和精深的专业知识，形成深受学生欢迎的学识魅力。以大赛引导、推进和检验教学改革，将大赛内容提炼转化为教学内容，纳入教学过程，学生的"双证书"设置占专业总数的100%，"双证书"获取率达96.5%。学校承担了柳州市"蓝领培训计划"，专家团队为企业提供汽车维修等技术指导200次，为企业解决技术难题7起，成为柳州市最大的汽车人才培训基地，为柳州市

汽车产业的发展提供了技能人才。

(三) 教师的职业魅力使学生"好用",企业满意

教师的职业魅力得到提升。通过赛、训、演使教师的教学能力、学生教育管理与评价能力、沟通合作能力和终身学习能力得到明显提高,教师的教学魅力、形象魅力和语言魅力得到有效提升。在教学实践活动中,对学生形成强烈而持久的人际吸引力、精神感召力和智慧启迪力,从有效的教学向魅力的教学升华。企业争相选用我校毕业生,对毕业生的满意度从82%提高到93%,毕业生就业率达97%,其中,92.6%分布于广西壮族自治区,81%在柳州市就业。提高了学校为当地经济社会,特别是柳州市汽车产业服务的能力,有力地助推了柳州市汽车产业强劲增长。

五、推进三维魅力教师发展,增强教育学生、服务社会能力

(一) 加强魅力教师的培养,提升技能人才质量

师资队伍建设是学校改革发展的核心保障和永恒的主题,在学校教育过程中教师专业化职业发展让教师和学生都获得成功。对中职学校而言,单纯对教师进行教育教学知识、专业知识、专业技能和教学能力培养还远远不够,应当更注重培养与引导教师自主修炼其人格魅力、学识魅力和职业魅力,用乐观向上的亲和力感染和教育学生,让每一个学生都能成才,成为受企业欢迎的高素质劳动者和技术技能型人才。

(二) 搭建魅力教师发展平台,增强服务社会能力

教师三维魅力的形成,要靠学校搭建培养平台、成长平台和展示平台,更要靠教师的自主修炼。教师的专业成长必须与区域经济、行业发展的趋势相吻合,与学校、专业的发展相匹配,与学生的职业化成长相协调,为学生的成才、企业的用工和学校的发展服务。

建立技能大师工作室开展高技能人才培养

广西机电技师学院

广西机电技师学院创建于1956年,是国家级重点技工院校、国家中职示范校、国家级高技能人才培训基地。学院现有全日制在校生10 000多人,教职工680多人。建校至今,为社会培养了近10万名中、高级技能人才,享有"广西机电技能人才摇篮"的美誉。学院现开设有32个专业(工种),其中数控、模具、机械加工、汽车维修、电工电子等专业被评为自治区重点骨干专业。

自2012年以来,学院先后建立了3个国家级技能大师工作室、4个自治区级技能大师工作室,以技能大师工作室为平台和桥梁,不断探索深化校企合作的新途径和新办法,在强化学校办学特色,提升专业办学内涵,促进教师能力提升,培养企业需要的高技能人才方面取得了较大成绩,为探索中职学校校企合作发展提供了方向与有益启示。

一、紧扣高技能人才培养主题,推进技能大师工作室建设

贯彻落实《国家中长期人才发展规划纲要(2010—2020)》和《高技能人才队伍建设中长期规划(2010—2020)》,进一步发挥高技能领军人才在带徒传艺等方面的积极作用,按照《国家高技能人才振兴计划实施方案》以及《关于实施2012年国家级技能大师工作室建设项目的通知》的有关精神和要求,紧扣高技能人才培养这一主题,我校积极推进技能大师工作室建设,服务学校和企业发展。在技能大师工作室工作及其制度建设方面,以有利于资源的有效发挥作用为基础,以技术攻关创新和高技能人才培养双赢为前提,充分发挥政府、行业、企业和学校的积极性,形成多方参与,共同推进技能大师工作室健康发展的工作格

局，并形成一套管理科学、特色凸显的工作模式，以承担高技能人才培养的重任。

二、汇集技能人才，建立技能大师工作室

学院围绕如何发挥技能大师工作室的引领作用，如何充分发挥高技能人才和技能大师在科技创新、技术攻关等方面的重要作用等课题，确定了以"核心岗位能力"和"核心职业技能"为导向，校企融合，汇集了包括3名国家级技能大师、4名自治区级技能大师、2名企业技能大师，2名国家级技术能手、9名自治区级技术能手，5名企业技术带头人的"双核导向"的技能大师工作室团队。其中，电气自动化专业在建立了"邹火军国家级技能大师工作室"；数控加工专业建立了"陆华广国家级技能大师工作室"和"乔永荣自治区级技能大师工作室"的同时，与柳州第二机床厂共建"谢旺盛国家级技能大师工作室"；汽车维修专业完成了"陈哲峰企业技能大师工作室"的建设；钳工专业完成了"梁伟光自治区级技能大师工作室"建设，同时与柳州五菱汽车工业有限公司共建了"郑志明国家级技能大师工作室"；焊接专业建立了"唐豪自治区级技能大师工作室"；影视动画专业建立了"刘学谦自治区级技能大师工作室"。

三、发挥技能大师优势，服务专业和企业

（1）技能大师工作室根据企业使用新技术、新工艺、新设备的情况，及时制订或调整适应企业需要的高技能骨干技术人才的培养方案，并通过传、帮、带的方式来传承技能大师的高超技能，每年为企业和职业教育培养10名以上具有解决疑难技术问题能力和创新能力的中青年企业技术骨干和教师骨干。

（2）负责专业领域新技术开发和推广工作，开展专业课题研发、教学培训开发等重要任务，并使技术创新与高技能人才培养有机结合。

（3）整合企业与职业教育的高技能人才资源，形成技术攻关团队，为地方企业开展技术革新服务，并产生一定的经济效益。

（4）在为企业合作开展技术革新、设备改革等技术服务工作的同时，进一步促进技能大师工作室团队的自身建设，打造一支技术精湛、善于攻关、服务优质的技术队伍。

(5) 发挥技能大师工作室在技术方面的优势，为柳州市及广西壮族自治区开展职工技能大赛提供组织及技术指导服务。

四、强化四个"共同"，实现三个"接轨"

技能大师工作室通过校企共同研究培养高技能人才的课程体系，共同研究开发培养高技能人才的教材，共同选定培养高技能人才的师资，共同实施高技能人才的培养计划。逐步实现专业设置与用工需求接轨、课程设备与职业活动接轨、教学内容与培养目标接轨，增强校企合作培养高技能人才的紧密性和有效性。

五、抓好四个"品牌"，实现三个"结合"

一是积极取得专业对口、有条件的企业支持，形成品牌合作联盟。二是通过联合制订教学计划和教学大纲，编写培训课程和教材，确定培训考核方法，形成品牌专业。三是结合企业需求和高技能人才培养的特点，加强校本教材开发工作，切实提高校本教材开发的质量，努力打造一批品牌教材和特色教材。四是培养双师型一体化的品牌师资，通过一定的形式推出和宣传一批品牌师资。安排技能大师工作室成员到企业挂职锻炼或到合作共建平台的企业，如广东三向、柳州九鼎机电科技有限公司等企业进修培训。满足技工教育教学结合生产实践、结合企业实际、结合形势发展的要求。

六、大师领衔创品牌，培训服务结硕果

（一）面向社会，服务企业，开展高技能培训和鉴定

学校依靠师资、技术和设备优势，借助高技能人才实训基地和技能大师工作室平台，为企业开展多层次员工培训和职业技能鉴定服务。近年来，学院累计职业培训达 10 396 人，其中，高级工以上高技能人才培训达 3 190 人，员工培训层次及培训量名列广西中职院校前列。培训后，用人单位满意率达 88% 以上，学员满意率达 90% 以上。

图1　国家级技能大师邹火军对学员开展培训

（二）服务企业，协同发展，为企业解决技术难题

学校秉承服务企业、校企双赢的理念，以技能大师工作室为平台，充分发挥技术、设备和人才优势，为企业开展各类生产协作和技术服务，解决企业难题，助力企业发展。近年来，为企业开展技术服务与生产协作项目达356项，产值达300余万元，累计为企业创造经济效益超过3 000万元。其中，数控加工专业通过"谢旺盛国家级技能大师工作室""陆华广国家级技能大师工作室""乔永荣自治区级技能大师工作室"，与中国航天科工集团柳州长虹机器股份有限公司开展生产协作，为其加工某型航天产品精密零件2 000余件，有力地支持了航天军品的生产；汽车维修专业为区域内汽车维修企业解决奔驰等德系高档轿车疑难技术问题76项；电气自动化专业通过"邹火军国家级技能大师工作室"为柳州九鼎机电科技有限公司、广东三向教学仪器有限公司等多家企业提供设备改造或技术攻关服务30项，为企业创造了巨大的经济效益；钳工专业通过"郑志明国家级大师工作室"和"梁伟光自治区级技能大师工作室"联合，为柳州市帅志工贸有限公司等多家中小企业提供技术支持，帮助企业制作模具、开发产品，合作项目达50多个，"郑志明国家级大师工作室"与柳州五菱汽车工业有限公司合作开展工装夹具设计制造，完成了N300后桥壳四环焊接专机等企业技改项目；焊接加工专业通过"唐豪自治区级技能大师工作室"完成了柳州聚龙科技有限公司上汽

五菱汽车"地板2#横梁"焊接件等开发工作,完成柳州健龙工业技术有限公司发动机后横梁悬挂架生产协作。

(三)对口支援,辐射院校,引领区域高技能人才培训的改革与发展

充分发挥技能大师工作室的示范辐射作用,对口支援自治区内外技工院校,提供师资培训。近年来,通过大师工作室平台举办了全区技工学校电类专业教师教学能力提升师资培训班和现代制造机电一体化与工业控制技术急需紧缺人才培养培训班,为全自治区20多所技工学校的52名教师进行教学能力和专业技术对口培训,为全自治区行业企业和技工院校培养现代制造机电一体化与工业控制技术急需紧缺人才54人。大师工作室的核心团队成员还分别担任全国技工院校电类专业教材教法师资培训班的主讲教师,对来自全国100多位电类专业教师进行了教材教法培训。

(四)引领广西,辐射全国,为国家高技能人才培养提供经验和服务

1. 开发专业教材,实现全国共享

大师工作室通过参加全国的学术交流和合作,教学改革成果应用推广到全国各个中职学校。由国家级大师工作室任课题负责人的国家级数字化精品网络课程PLC应用技术(三菱)(图2)与全国40多所中职学校共享成果。杨杰忠、邹火军主编的《PLC应用技术(三菱)》(任务驱动模式)教材被作为全国技工院校"十二五"系列规划教材(高级工),被全国各技工学校和中职学校采用,如图3所示。

图2 PLC应用技术(三菱)精品网络课程(单机版)的界面

图3 大师工作室团队编写出版的一体化教材

2. 主持广西技工教育课题，成果全自治区推广

由电气专业技能大师工作室团队成员主持完成的广西技工教育课题技工院校一体化课程教学改革实践与研究的子课题技工院校电类专业一体化课程教学改革实践与研究的研究项目，提出了技工院校电类专业一体化课程教学整体解决方案。课题成果促进了全自治区乃至全国技工院校和各职业学校同类专业的改革发展。该大师团队核心成员多次被应邀在全国电类专业教材教法师资培训班上举办讲座，使学院和专业的研究成果在全国电气类专业教师之间得到了交流和推广。

七、体会与思考

（一）政府应加大投入，提升技能大师工作室的服务能力

政府应加大投入力度，争取行业企业投入，充分发挥技能大师工作室的引领作用，提升技能大师工作室的服务能力。

（二）校企合作，探索更广泛的合作领域

通过校企合作共建技能大师工作室平台，逐步实现从软性合作向硬性合作转

变，从企业参与学校专业设置、课程确定到投入技术和设备，直至投资办学；实现从单向合作向双向合作转变，从企业参与办学，录用毕业生，转向学校参与市场开发、技术进步和职工培训；实现从近期合作向长远合作转变，从满足企业暂时性、松散性合作关系转为稳定性和紧密性关系；实现互相支持、优势互补、利益共享、合作双赢。

【理论探讨】

法律视角下的高职院校外聘教师管理

史 红[①]

【发表情况】 2014-02-11发表于《职业技术教育》。

【摘要】 高职院校外聘教师的来源包括企业、高校等六个方面，由于其类型不同，管理诉求也不尽相同，在许多方面存在潜在的法律风险。文章从规避法律风险的角度出发，探讨高职院校外聘教师管理的有效措施，实现依法治教，以进一步稳定外聘教师队伍、提高学校管理水平。

【关键词】 法律视角；高职院校；外聘教师管理

随着办学规模的不断扩大，为弥补专职教师数量上的不足，外聘教师已经成为高职院校教师队伍的重要组成部分。但如果对外聘教师的性质认识不准确，管理不规范，服务行为不到位，不仅影响外聘教师队伍的整体建设，还容易产生法律纠纷，给学校管理带来法律风险。因此，如何依法管理外聘教师，规避管理中的法律风险，提高教师管理水平，是高职院校亟待研究、解决的重要课题。

一、外聘教师的六个来源及潜在的法律风险分析

（一）行业、企业在职专业技术人员、能工巧匠

2002年，教育部就颁发了《关于加强高职（高专）院校师资队伍建设的意见》，明确指出："兼职教师是指能够独立承担某一门专业课教学或实践教学任务、有较强实践能力或较高教学水平的校外专家。兼职教师主要应从企业及社会上的专家、高级技术人员和能工巧匠中聘请。"2006年，教育部颁发的《关于全

[①] 史红（1967— ），女，上海人，柳州铁道职业技术学院副教授，研究方向为高等职业教育管理及机械制造工艺。

面提高高等职业教育教学质量的若干意见》提出:"大量聘请行业企业的专业人才和能工巧匠到学校担任兼职教师,逐步加大兼职教师的比例。"从目前情况来看,这类教师有明确的身份认定,他们基本上在行业或企业中有稳定的工作,也与所在的行业、企业签订了劳动合同,聘请到职业院校是为承担专业课教学或实践教学任务,只能签订聘用协议;即使是行业、企业退休的技术专业人才,他们也有各类社会保险。对这种身份人员的管理最简便。

(二)破产、改制企业下岗的专业技术人员或能工巧匠

他们的身份最特殊,国家既认可他们在原单位的身份,同时也允许他们到其他企事业单位参加工作。劳动和社会保障部《关于实施〈工伤保险条例〉若干问题的意见》第一条规定:"职工在两个或两个以上用人单位同时就业的,各用人单位应当分别为职工缴纳工伤保险费。"因此,这类人员可以受聘为按劳动合同制管理的编制外全日制在职教师,以规避临时聘用过程中产生的法律问题。

(三)社会培训机构的从业人员

类似第一种,他们可能有教师资格证,本身受聘于培训机构,学院可以以任务外包的方式与社会培训机构签订协议,由机构委派教师到校担任课程教学工作或职业资格培训、鉴定任务,学校与培训机构是契约关系,工作报酬支付给培训机构。

(四)尚未就业的高校毕业生

这类受聘者尚无高职教学经历,也未获得实践教学能力,属于社会"自由人"。高职院校选聘他们可能出于临时急需,但有的受聘者就业意图和维权意识明显,以短暂的聘用,等待学校"招聘",获取稳定的工作岗位。这类情况在管理上最可能出现疏漏,稍有不慎极易引起法律纠纷,这也是高职院校外聘教师管理的重点,应尽可能减少这类受聘者。

(五)高校在读研究生

与第三类受聘者不同的是,他们的身份是在校学生,受聘于高职院校仅仅是为获取教学经验,并取得一定的兼课报酬,并不以工作岗位为追求目标,他们有可能在劳动纪律上与学校管理产生冲突,但不太容易引起法律纠纷。他们缺乏实

践教学经验和基本教学能力，不应该成为高职院校选择外聘教师的主要对象，也应尽可能减少这类受聘者。

（六）高职院校本校的退休人员

只要身体健康、年龄合适、具有较强的教育事业心且本人愿意，均可以返聘回校任教。这类受聘人员身份明晰，对学校和教学规律熟悉，自身条件很好，基本不会产生身份上的法律纠纷。

二、外聘教师管理中常见的法律风险

第一，高职院校在聘请行业企业专业技术人员、在校在读研究生时，如果未能与所在行业、企业和所在高校达成共识，可能产生的法律风险是：占用外聘教师所在单位的正常工作时间，出现劳动纪律问题，致使原岗位工作产生不良影响或事故，并有可能导致该外聘教师丧失工作岗位，或被依法追究刑事责任等问题；未与外聘教师所在单位签订保密协议，导致商业机密泄漏或盗用原单位知识产权，造成原单位名誉或经济损失的问题；外聘教师占用所在单位和受聘高职院校的资源进行科研开发，并自行占有科研成果，导致成果归属难以界定的问题。以上三种风险表现，双方在聘请兼职教师时必须认真研究达成共识并予以化解。

第二，高职院校所聘请的专业技术人员因年龄过大或存在健康问题，也可能带来法律风险。由于外聘具有临时性、短期性、偶然性，许多高职院校根本没有考虑外聘教师在教学岗位上会出现因年龄、健康等原因入院治疗的情况。遇到这种情况，高职院校必须厘清自己应负的法律责任。如果属于行业企业专业技术人员和能工巧匠、培训机构教学人员、本校的退休人员，则协助所在单位按职工医疗程序治疗，给予周到的照顾和慰问性质的经济补偿。以上人员从法律角度容易解决赔付问题，但对在校研究生和无工作单位的"社会自由人"（未就业的高校毕业生），解决问题的程序则相对比较复杂，如果属于已经办有商业保险的，则积极协助其进行商业保险索赔，给予慰问性质的经济补偿；如未办理商业保险，在签订外聘协议时应主动予以说明，则由受聘者个人主要承担医疗费用，学校给予慰问性质的经济补偿；如已经明知其身体存在健康问题还与其签订外聘协议的，则由学校主要承担医疗费用。因此，一般女性超过65周岁、男性超过70周岁，即使身体健康也不应再聘用；对聘用从事体育教学、野外实训、体力繁重或需倒班以及工作环境要求高的实践教学活动的一般外聘人员，要加强安全健康教育，防止出现法律风险。

第三，高职院校还承担外聘教师在受聘期间可能出现的工伤事故或人身伤损事件的风险。例如，在赶赴学校任课途中发生交通事故，或者在实践教学中出现身体受伤。如果认识不到这类事件的危害性，那么高职院校将面临棘手的法律诉讼，因为劳动仲裁委员会或法院在受理这类案件时，都遵循有利于保护劳动者的原则。根据劳动和社会保障部《关于实施〈工伤保险条例〉若干问题的意见》第一条规定，如果其他单位聘用下岗、待岗职工，那么该单位应当像对待本单位编制内职工一样，为其缴纳工伤保险费；如果其在该单位工作时发生工伤，那么此单位需依法承担工伤保险责任。

三、外聘教师管理规避法律风险的对策

（一）基于契约理念的视角，构建学校与外聘教师明确的权利义务关系

契约包含劳动契约与心理契约两个方面。劳动契约是一种显性形式，它以制度化、规范化方式调整劳动关系。而心理契约则是一种隐性约束，是劳动关系在发展中体现的一种动态平衡，在这种条件下，劳动者更加忠诚于组织，有能力且有意愿为组织创造出更高的绩效，组织与劳动者之间形成相互依存、共同发展的默契，这便是建立了良好的心理契约。契约关系不是由法律直接规定的，而是由组织与劳动者当事双方的法律行为设定的，取决于当事双方的约定。此类法律关系在多数情况下是对等的，没有平等的法律人格，就不可能实现真正的契约自由。

一方面，高职院校在设计劳动契约时要明确自身的需求，需要多少外聘教师、需要什么样的外聘教师，表达对外聘教师的期望和要求；同时，要求学校内部达成共识，院系两级形成协同管理，处于统一的管理频率，学校及系部应与受聘教师经过充分协商，约定受聘工作内容与质量要求、考核方法、工作时间、报酬组合与支付周期、聘期可占用的工作资源、聘期工作成果的使用与归属等，共同完成聘期契约。例如，有的学校实行项目制聘用工作方式，即受聘兼职教师在规定的时间段内，完成规定的全部教学工作，并且达到学校规定的工作要求，接

受约定的受聘待遇，项目完成即宣告结束的工作方式，合理规避法律风险。

另一方面，高职院校更要把握外聘教师的需求，在聘用制度设计上更加灵活、更加人性化，满足其心理需求，获得心理认同；在学校人事分配制度改革时，及时、合理地对外聘教师进行通报、解释，提高管理艺术，为劳动关系注入柔性的调控因素，实现劳动契约和心理契约的有机融合。

（二）基于柔性管理的理念，稳定外聘教师队伍

通过契约来依法管理外聘教师，并不排斥柔性的情感管理。构建和谐的校园氛围，需要在管理中对外聘教师采用更实的政策、更软的方法。

第一，转变管理思想。将外聘教师管理融入教师整体队伍建设中，从身份和称谓开始转变，如在登记造册、管理系统和公开场合中，将外聘教师一般称作"签约教师、客座教师"。对他们当中学术造诣高、具有高级职称者或能工巧匠，可称作"特聘教师"。外聘教师融入学校改革与发展，需要革除身份认知因素限制，把外聘教师视为改革发展的合作者和重要资源，不能只聘用他们的手和脚，还需要聘用他们的脑和心。根据他们的自身条件、心理承受能力等综合情况，充分考虑他们的成长和对学校的贡献，将他们吸纳到专业教学团队、教研室或教师工作室当中，对特别优秀或带有科研课题、重大教改项目的外聘教师，还要创造条件为其配备教学或科研助手，合理安排教学任务，使他们能够在聘期内充分发挥主动性和创造性，从而达到不求所有、但求所用、共同发展的目标。

第二，关注并努力解决外聘教师的切身利益。对一些追求稳定岗位或收入的受聘者，学校应加强教学质量评价考核与服务，严格招聘流程，真正把实践能力强、贡献大的外聘教师选拔入编。对一些在职称评审晋升方面有较强期望的受聘人员，应对其承担的课程教学质量或实践教学项目完成情况进行实事求是的记录与归纳总结，并与行业企业人事部门、政府人才交流中心建立资料共享机制。指导外聘教师制订专业发展规划，建立教学能力和专业水平提高培训制度，把外聘教师纳入专业教学团队、教研室、教师工作室的管理体系，为其安排教学指导教师，每周固定时间与其他教师一起学习交流，选送外聘教师到校外参加业务培训；系部领导、专业负责人不定期地对他们承担的课程、实践教学项目进行听课指导，鼓励外聘教师承担学术交流、科研教改任务，加快他们在高职教育教学领域的成长步伐。

第三，建立精神激励机制，让精神激励成为外聘教师专业发展的内驱力。关

注外聘教师在教书育人科研教改工作中的点滴细节，评选爱生乐教的先进个人，利用校园宣传阵地、网络新媒体和重要活动平台，广泛宣传他们教书育人、岗位建功的先进事迹。配套建立学术休假、出国深造、挂职锻炼机制，使外聘教师善学乐教、安身立命，获得平等的专业发展机会。

【参考文献】

[1] 沈晓燕．从身份到契约：高校教师主体地位的错位和复归[J]．行政与法，2006（3）：117．

[2] 周群．一起高职院校外聘教师劳动争议裁决的剖析[J]．教育教学论坛，2012（7）：80，81．

FAPO 模式：高职教师工作场的学习

刘玉芳[①] 马宽斌[②]

【发表情况】2014-05-15 发表于《职业技术教育》。

【摘要】工作场学习是高职教师专业化发展的重要途径。以管理心理学 FAPO 分析工具为理论基础，从个体感受（feelings）、个体关注（attention）、目标激励（promptings）、学习的组织实施（organization）四个维度剖析高职教师工作场学习，构建高职教师工作场学习的 FAPO 模式，为高职教师专业发展提供新的观察视野和操作路径。

【关键词】高职教师；工作场学习；FAPO 模式

工作场学习是高职教师专业化发展的重要途径，它弥合了高职教师工作与学习的断裂，使其将学习嵌入工作过程中，在"工作场"和"学习场"的耦合中提升工作与学习的绩效。职业教育变革的风起云涌和终身学习浪潮的冲击，高职教师的工作场学习成了新的重要议题。FAPO 分析工具从个体感受、个体关注、目标激励与学习组织四个层面探索高职教师工作场学习的发生机制与组织实施原理，构建了有效的高职教师工作场学习流程，为高职教师专业发展提供新的观察视野和操作路径。

一、FAPO：一种新的高职教师工作场学习分析工具

FAPO 是一种新的教师专业发展分析工具，它是基于教师专业发展的基本假

[①] 刘玉芳（1973— ），女，广西桂林人，柳州职业技术学院讲师，研究方向为高职教育管理。
[②] 马宽斌（1973— ），男，广西桂林人，广西师范大学教育科学学院副教授，研究方向为教育管理与高职教育。

设，从教师个体的社会—心理层面入手探讨教师的专业发展。从教师的个体感受（feelings）、个体关注（attention）、目标激励（promptings）和学习的组织实施（organization）提供了职业教师工作场学习的实然状态的评估指标、应然选择的评价标准、心理活动的催动力量以及组织实施的可行机制。

（一）F——个体感受：高职教师工作场学习的实然状态

教师作为人的发展是其作为专业人员发展的基础，教师的个人生活与其专业生活密切相关，教师个人生活实践的体验和感悟都会深刻影响教师的专业发展。高职教师对生活与工作有不同的感受和体验，这些情感因素会对其原有的"三观"以及专业发展产生潜移默化的作用。个体感受在高职教师工作场学习中的重要作用主要表现在三个方面：第一，个体感受的两个直接表现维度，即自我感受与环境场感受。工作场域中的自我认知、工作条件、人际交往等不同因素都会引发高职教师对自身角色及境脉产生不同的"感受效应场"。第二，高职教师对工作场境感到满意时，其感受的满意度就会得到提升，从而激发更大的热情投入工作场学习中。第三，不同的经验背景会产生不同的个人感受场。高职教师的自我感受受到已有经验与后继学习经验的影响，不同经验的强弱程度会影响其工作场学习的进程与效力。因此，自身角色与境脉二重维度的感受成为衡量高职教师工作场学习现实状态的评估指标。

（二）A——个体关注：高职教师工作场学习的应然选择

在教师生活周期的不同阶段，教师的关注点和兴奋点是不一样的。职教教师的个体关注是学习者基于感受对主体与场境的深层次识别与判定，反映对特定对象的关注程度与水平。伊万斯（Evens）从能力的视角提出工作场学习技能发展的智力维度，即"新手—较高级的新手—胜任阶段—精通—专家"。在不同的专业发展阶段，高职教师的关注点有所不同，在工作场学习中所要达到的智力维度也不同。高职教师的关注度分为关注层次与关注广度，关注层次反应不同发展阶段的目标定位。

关注广度反应对置身场域的不同范围与对象的关注程度。主要包括对境脉发展、学生成长与自身提升的关注，不同的教师关注广度会催生不同的教师内驱力。工作场学习实现了高职教师从新手到专家的过渡过程，而转变过程是否顺利取决于其对自身未来发展的关注层次。当目标定位较高时，高职教师会在无形中给予自身更多督导学习的关注，如专家教师的关注广度已超越了自身维度，转向学生与境脉维度的关注层面。因此，高职教师工作场学习要不断扩大关注广度，将关注焦点延伸到更广阔的工作空间领域。

（三）P——目标激励：高职教师工作场学习的催动力量

在工作场中，高职教师作为工作者与学习者在激励因子的作用下会更努力地工作与学习，以促进绩效目标的实现，赫茨伯格（Herzberg）的双因素理论充分说明了这一点。高职教师工作场学习是在超越保健因素的基础上进行的，是为了追求自我成就感，满足自身的挑战欲，提高自身的责任感与认同度，因而，高职教师更倾向激励因素的获得。激励作为引导高职教师工作场学习的动力因子，在内容方面，反映了高职教师逐渐由简单的生理需要转变为复杂的心理需要，如感情需要、认同需要、成就需要；在过程方面，反映了激励策略由单一化逐步向多元化转变。另外，激励的强度与高职教师工作场学习的效果并不呈现正相关的关系，两者呈"倒U形"关系，只有在激励的强度适中时，学习效果才会达到最大值。因此，在激励的过程中要规避激励过度与激励不足带来的负面影响，最大限度地发挥激励因素对高职教师工作场学习的正向功能。

（四）O——学习的组织实施：高职教师工作场学习的实践形式

组织中个体成员的工作满意度、工作投入以及继续在组织工作的时间除了依赖个体成员的性格外，还依赖组织文化。双因素理论认为，员工对工作内容本身（"激励因素"）的满意度、对工作环境（"保健因素"）的满意度在很大程度上将决定其成败，即满意度和个人生产效率正相关，内外满意度高的员工最终推动组织效能的提升。员工的内外满意度会影响组织效能的发挥。工作场学习是在学校组织系统中进行的，高职教师与指导者之间的隔阂是阻碍工作场学习的主要障碍，缺乏必要的沟通交流会导致教师误解指导者的决策意图，从而形成"上有政策，下有对策"的不利现象。指导者不能深入了解高职教师的困境与追求，不能为其成长构建相应的机会平台，会阻碍其自主学习与专业化发展的积极性。高职教师发展与学校组织发展具有"联动效应"，这种效应的实现需要学校为高职教师工作场学习提供充足的学习机会，刚性的制度保障，良好的学习氛围；另外，学校组织要下放权力，启用自下而上的管理方式，促进高职教师工作场学习自主权的充分发挥。

二、高职教师工作场学习 FAPO 模式建构

高职教师的工作场学习强调对学习者与学习内容的研究，重视认知层面与社会层面的动态建构。基于 FAPO 分析工具的检索，基于高职教师的个体感受（feelings）、个体关注（attention）与目标激励（promptings）形成"三位一体"动力模式，共同促进学习组织实施（organization）的全面实现。

（一）高职教师工作场学习 FAPO 模式的运行机理

高职教师的工作场学习是一种新的学习范式，遵循学习的基本规律。路易斯·戈麦兹（Louis M. Gomez）认为，学习是人类在一定的社会情境中进行的认知和互动过程，学习的研究整合有三大内容：一是心理学关于认知和学习的心理过程研究；二是课程与教学论关于教材资源的组织及教学过程的研究；三是教育技术学如何建立动态系统以支持全面研究学习活动的认知过程、社会情境和设计方案。首先，高职教师要感受所置身的场境（工作场），他们既要对工作场中自身角色与境脉进行整体感知，又要对所处场境的实然状态进行真实的描绘。其次，高职教师要个体关注不同的目标对象，关注的广度与层次决定了高职教师发展的速度与高度，成为教师应然状态的衡量指标。最后，激励与组织是高职教师持续学习的必要手段，适当的激励策略能够促进教师学习的积极性与主动性，组织的大力支持与资源供给是保证教师正常学习的关键因素。

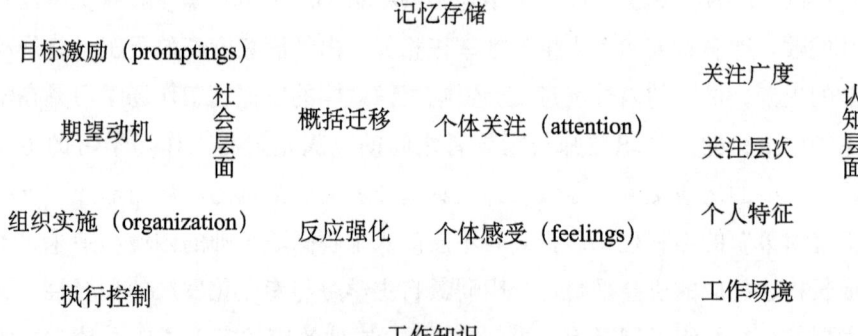

图 1　高职教师工作场学习的系统模型

从图 1 中可知，高职教师工作场学习中有两个学习过程的整合：一是认知层面，个体感受与个体关注的整合；二是社会层面，目标激励与组织实施的整合，

两者的整合都遵循学习的一般规律。因此，工作场学习既需要个体感受与个体关注参与知识获得的过程，又需要目标激励与组织实施参与学习结果的输出过程，知识的输入与学习结果的输出都是学习的基本阶段，两个层面、四个维度在学习过程中发挥着不同的作用和功能，最终共同提升学习的效力，加速学习的进程。FAPO分析工具在认知层面是从个体感受到个体关注的过程，是基于高职教师感觉基础上的关注，遵循学习的基本运作流程；在社会层面是从目标激励到组织实施的过程，是在激励与组织支持的基础上加强高职教师工作场学习的力度，是境脉因素参与的结果。

（二）高职教师工作场学习 FAPO 模式的运行流程

高职教师工作场学习的系统模型是学习的基本规律与系统论观点的有机结合，它是学习源的输入与学习结果输出的系统过程。高职教师工作场学习的系统化模型遵循一般学习的特征。工作知识既是学习源又是学习结果，它是在特定场境中对知识与技能的统整，高职教师在工作场中内化具有工作性质的知识与技能，在工作过程中外化为解决工作问题的新的工作知识与技能。

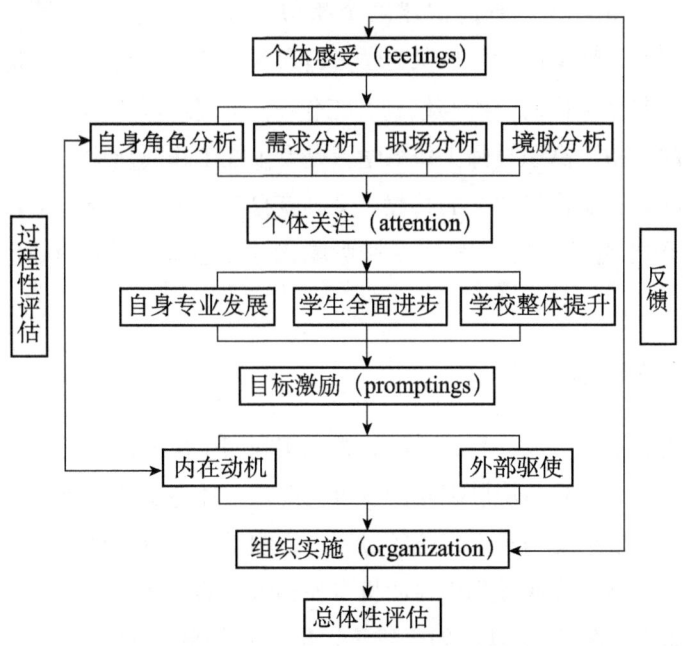

图 2　高职教师工作场学习的运行流程

从图 2 中可知，从感受到组织的过程是问题空间的建构过程，是教师从关注自身发展到促进组织发展的渐进性历程，个体关注与目标激励是问题解决的操作空间，个体关注为操作空间指引方向，激励为操作空间提供手段。个体感受是学习的初始阶段，个人特征与工作场境的感受是教师学习的前提，是确定高职教师个体关注的基础，影响高职教师工作场学习的目标定位；目标激励具有期望动机的作用，它是高职教师持续学习的推动力量；组织实施承载着执行控制的功能，它是高职教师顺利学习的保障机制。两者共同增进高职教师工作场学习的进程与成效，是强化工作场学习的外部推动力。系统化模型的整个流程是认知层面与社会层面的二维划分，个体感受与个体关注是认知情境的过程，概括迁移与反应强化是社会参与的过程，记忆存储是两者之间的桥梁，保证学习过程的顺利完成。

三、高职教师工作场学习 FAPO 模式的影响因素分析

斯库尔（Skule）在实证调查的基础上提出工作场学习"受到境脉/架构、工作场学习组织文化、学习活动设计、教育层面的障碍、个人因素等的影响"观点。艾德顿（Alderton）通过构建两个相似三角形阐述了工作场学习影响因子——学习因素、环境因素。他认为学习因素包括工作的挑战与价值、反馈和支持；环境因素包括工作的分配与结构、工作中的困难和人际关系、对个体角色、表现和进步的期望。高职教师工作场学习是发生在工作场所中的学习，其活动的性质与效力既具有工作场学习的共性，又具有自身发展的特质，剖析高职教师工作场学习的影响因子有助于充分发挥影响因子的正向功能，从而规避其负向作用。

（一）FAPO 因素

个体感受、个体关注、目标激励、组织实施四个层面内含高职教师工作场学习影响因子中个人因素与境脉因素的双重向度。个体感受与个体关注是高职教师工作场学习的主观感受与目标定位的过程，影响学习的价值倾向与学习历程。目标激励与组织实施是高职教师内在动机与外部激励的产生过程。影响其愿景构建与专业素质提升 FAPO 工具的四个维度，以不在场的影响形式推动高职教师工作场学习的进程。

（二）学校场域文化

学校场域文化内化于工作场学习的整个过程中，是影响高职教师学习效力、学习形式、学习性质的一种文化心理氛围。良好的学校场域文化具有引领、激励与规范作用，能够引领高职教师在工作场学习中树立自然合作意识、终身发展意识与反思创新意识，激发高职教师对工作场学习的意愿与热情，规约高职教师在工作场学习过程中的自身行为与活动内容。

（三）教育场境制约

高职教师工作场学习会受到教育场境因素的制约与限制，教育场境的支持力度是影响其学习效力充分发挥的重要因子。教育场境的制约主要指学习时间的灵活安排、学习资源的充分提供、学习负担的正确评估以及学习指导者的合理任用。这些因素不仅需要高职教师自身的努力，还需要学校的配合以及教育部门的支持与引导，只有教师、学校、教育部门加强合作交流，才能够突破教育场境的限制。

（四）工作知识

"工作知识"是高职教师工作场学习课程内容的新的开发视角，是突破知识与技能、理论与实践"二元悖论"的新途径，解决了高职教师学习什么样的知识，学习哪些知识等重要问题。工作知识将职业能力内化于工作任务，在工作任务中彰显职业能力，高职教师在工作场学习中通过工作任务的完成加强自身的职业能力，将职业能力运用于工作任务中，从而实现学习知识与技能的有机统一。

（五）组织发展

组织发展与高职教师工作场学习不是单向影响而是双向推动的关系。组织发展能够为高职教师的工作场学习提供更充分的资源、更广阔的发展空间，促进其工作场学习的顺利进行。而且，高职教师的工作场学习能够实现学习知识转型、创设教与学的新模式、提升高职教师的专业素养等，由此通过教师队伍的整体发展，进一步推动组织的发展。

四、高职教师工作场学习的 FAPO 模式的系统评价

高职教师工作场学习的评价系统（图3）是评估高职教师在工作场学习中所产生的反应能力、学习能力、工作行为能力与组织发展能力的有效手段。基于 FAPO 工具，从感受、关注、激励、组织四个维度来衡量高职教师工作场学习的效力，四个维度构成四个评价平台，四个平台构成一条相辅相成、相互影响的生物链条，不同平台代表不同的评价维度，评估高职教师工作场学习的不同层面，从而反作用于高职教师的学习与发展。生物链评价系统是衡量高职教师工作场学习效力的有效途径，通过评价系统了解高职教师工作场学习的最终效果。

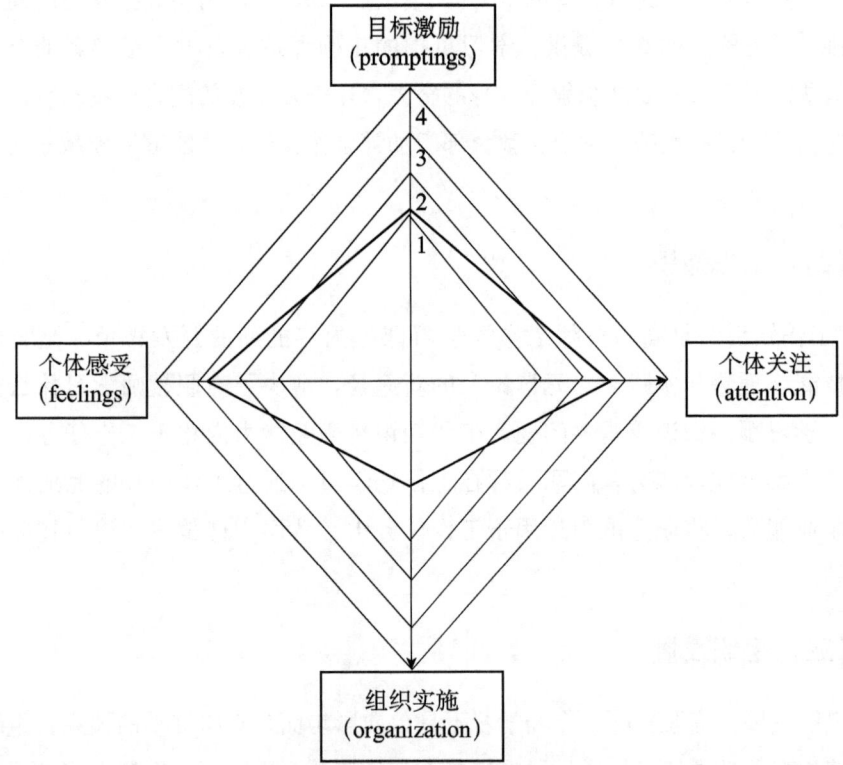

图 3 高职教师工作场学习的评价系统

根据 FAPO 学习分析工具的平台设计，个体感受与个体关注两个维度考查高职教师在工作场学习中对自身所处境脉和专业成长的关注程度，反映了高职教师能否很好地协调和整合有效的资源以促进自身目标的实现；目标激励与组织实施两个维

度考查高职教师在工作场学习中对自身外部的激励因素与组织发展的关注程度，反映了高职教师是否能够顺应组织的变化，适时地做出相应的调整与改变。当然，四个维度并不是完全独立的，它们之间具有相互渗透性与交叉性，个体感受与个体关注两个维度主要是高职教师对自身发展的评价；目标激励与组织实施两个维度则更倾向于对外部要素的评价，四个维度共同反映了高职教师工作场学习的总体状况。

从高职教师在工作场学习中对自身发展及外部要素的关注角度分析，个体感受与个体关注两个维度的分数要整体高于目标激励与组织实施两个维度的得分。由此可见，工作场学习中高职教师具有较高的效能感、较好的专业责任心以及较强的教育追求，但是由于激励因素的缺失，组织支持力度的不够，工作条件、文化氛围以及组织激励策略的不完善，高职教师的工作场学习受到阻碍。因此，完善高职教师工作场学习就要充分发挥个体感受与个体关注两个维度的促进作用，利用各种机会加强激励与组织的支持力度，进而实现高职教师的专业化成长与组织的持续性发展。

【参考文献】

[1] 崔允漷，夏雪梅. FAPO：一种新的教师专业发展分析工具[J]. 教育发展研究，2011（5）：6-10.

[2] 王建军，黄显华. 课程发展与教师专业发展[A]. 黄显华，朱嘉颖. 一个都不能少：个别差异的处理[C]. 台北：师大书苑，2002：99.

[3] Evens G. Learningin Apprenticeship Courses [A]. In JStevenson (Ed.), The Development of Vocational Expertise [C]. Adelaide, South Australia：National Centerfor Voca-tional Education Research. 1994：76-102.

[4] Wallach J. . Individualsandorganizations：theculturematch[J]. Trainingand Development Journal，1983（2）：29-36.

[5] [美]托马斯·S. 贝特曼. 管理学：构建竞争优势[M]. 王雪莉，译. 4版. 北京：北京大学出版社，2001：435.

[6] Skule S. . Learning Conditionsatwork：A Framework to Un-derstandand Assess Informal Learninginthe Workplace[J]. International of Trainingand Development，2004（1）：8-20.

[7] Eraut M. . Alderton, J. . Cole G. . Senker P. . Development of Knowledgeandskillswatwork [A]. Differing Visionofa Learning Society [C]. Bristol，The Policy Press，2002：231-262.

高职语文教师队伍建设的问题、原因和对策探析

何 惠[①]

【发表情况】 2014-08-21发表于《语文建设》。

【摘要】 高职语文教师队伍建设存在教师人员结构和知识结构不合理、教师地位尴尬等问题,原因有思想认识的偏颇、教师培养模式不合理、教师专业成长机制缺失三个方面。增强高职语文课程重要性的认识、推动教师培养的专业化、构建教师专业成长机制是解决高职语文教师队伍建设问题的可行对策。

【关键词】 高职语文;教师队伍建设;问题;原因;对策

高职语文是高职院校提升学生人文素养的重要课程,课程教学质量在很大程度上取决于教师的素质。对目前我国高职语文教师队伍建设存在的问题及其原因进行分析,进而提出解决问题的对策,对提高高职语文教师队伍整体水平,提高高职语文教学质量,具有重要的现实意义。

一、高职语文教师队伍建设存在的主要问题

(一) 教师人员结构不合理

人员结构是判断教师队伍整体水平的重要指标,一个教学团队合理的人员结构应该体现出优势互补、新老相续的和谐发展状态。然而,当前高职语文教师队伍在人员结构上存在以下不合理之处:一是学历结构不合理,高职语文教师主要是本科和硕士研究生学历,博士学历非常稀少。二是职称结构不合理,主要以中

[①] 何惠(1980—),女,广西柳州人,教育学硕士、讲师,研究方向为语文教育、职业教育。

级职称为主,少部分为副高职称,正高职称的很少并且年龄偏大。三是年龄结构不合理,青年教师占比过大,没有形成老、中、青三级教师梯队。

(二) 教师知识结构不合理

合理的知识结构是教师提高教育教学能力,保证教学质量的基本条件。当前,高职院校语文教师知识结构不合理体现在:一是现代职业教育教学理论知识急需补充。从高职院校的生源特点来看,学生的思维方式偏向形象思维,教师对其实施教学时要注重直观教学、活动教学等教学方法的运用,才能激发学生的学习兴趣,提高教学质量。现代职业教育教学理论是由现代社会条件下长期开展职业教育总结出来的规律构成的,对高职院校教师包括高职语文教师做好教育教学工作具有强大的指导作用。二是现代产业发展的基本知识欠缺。高职语文教师在教学中要根据学生所学专业的不同,将语文教学内容与专业发展的相关内容结合起来。这样才能激发学生的学习兴趣,增强教学的实用性,提高教学的效率。

(三) 教师地位尴尬

在高职院校高职语文课相对专业核心课处在边缘状态,学校在资源投入、课程安排、教师选用上,往往将高职语文放到末位考虑。首先,在资源投入上,学校对高职语文教师的进修、培训、教学条件建设等方面的经费投入过少,往往不到专业课程建设投入的零头;其次,在课程安排上,学校以专业课程教学为优先考虑对象;最后,在教师选用上,由于大多数高职院校专任的高职语文教师相对于在校学生来说是偏少的,为了解决师资问题,学校往往放宽对教师资质的要求,非中文专业的教师只要有一定语文功底或对语文感兴趣就能担任高职语文的教学。以上这些现象导致高职语文课程及其专任教师的专业性沦落谷底,高职语文教师在学校中的地位颇显尴尬。

二、高职语文教师队伍建设问题存在的原因

(一) 思想认识的偏差

高职院校领导和学生对高职语文课程作用的认识偏差导致了该课程的边缘

化，并进而导致其任课教师地位的边缘化。这些偏差表现在：一是认为高职语文就是"高四语文"，语文教学在中小学阶段进行就行，在大学统一开设语文课是多此一举。二是高职教育的"唯技能"倾向，认为职业教育技能为先，证照第一，只要学生掌握了专业技能就基本实现了培养目标。在这样的思想认识背景下，侧重人文性和审美性的教学效果难以立竿见影的高职语文备受冷落。学校在高职语文教师的进修培训、人才引进等方面也就很难有大的投入，直接制约了高职语文教师队伍水平的提升。

（二）教师培养模式不合理

目前，我国高职语文教师基本上是由学术型的综合类高校和师范类高校来培养，导致了教师的知识结构无法满足高职语文教学的需求。一是上述两类高校开设的教育教学理论课程都是针对中小学教学，目标是培养中小学师资，毕业生没有了解和掌握职业教育教学理论；二是普通高校的人才培养定位偏向学术型和理论型，学生对高职教育面向的产业和行业的发展情况缺乏应有的认识。培养模式不合理造成的知识结构缺陷，导致了高职语文教师在教学中不能针对高职学生特点组织教学，脱离学生需求，对高职语文课程的教学效果产生了不利影响。

（三）教师专业成长机制缺失

缺乏健全的专业成长机制是制约高职语文教师整体水平提高的重要因素。判断某个科目教师专业发展程度的依据主要有：依托的学科建设情况、学术团体建设情况和专业规范建设及实施情况等方面。据此，目前我国高职语文教师专业成长机制的缺失可归纳为以下几点：一是没有独立的学科可依托。普通高校已有的教育学下属的课程与教学论（语文方向）基本是研究中小学语文教学的，鲜有研究高等学校特别是高职院校语文教学的。这导致高职语文教学缺乏独立的理论体系作为指导，教师的专业成长没有学科的支撑；二是学术团体远未成熟。高职语文教师的专业成长需要有独立的运行规范的学术团体作为学术研讨、课题研究的平台，以提高高职语文教学理论研究的水平和教师的归属感；三是专业规范有待建立健全。目前，我国高职教育还没有统一的高职语文教师专业规范，导致高职语文教学在教师的资质、教学行为等方面随意性强，教师专业发展缺乏必要的依据。

三、高职语文教师队伍建设问题的解决对策

(一) 增强高职语文课程重要性的认识

胡锦涛同志指出，文化传承创新是当今中国高等学校的重大历史使命。高职院校是我国高等教育体系不可或缺的重要组成部分，是高等教育履行文化传承创新使命的重要阵地，而高职语文在高职院校履行这一历史使命的过程中具有不可替代的作用。高职语文是一门旨在提升学生汉语言应用能力、文学鉴赏能力和审美情趣，弘扬民族优秀传统文化，培养学生爱国情怀的课程。同时，高职语文教学对提高学生综合文化素质，增强就业竞争力具有重大的意义。高职语文课程发挥以上的作用在很大程度上取决于一支高水平的专任教师队伍，高职院校要正确认识高职语文课程的重要性，并在人、财、物上加大对高职语文教师队伍建设的投入，切实推动队伍水平的提升。

(二) 推动高职语文教师培养的专业化

高职语文教师培养专业化的有效途径是在师资条件优良、校企合作背景深厚的普通高校或技术师范类高校开设职业院校语文教育专业或语文教育（职教方向），专门培养职业院校语文教师。在培养过程中，一方面除了要开设中文类专业课程，要更加注重学生对现代职业教育教学理论的学习掌握，同时落实毕业实习制度，让学生在教学实践中提高教学能力；另一方面，通过让学生选修科普类课程，听取介绍产业发展进展等内容的讲座，到企业参观调研等方式，让学生了解现代产业发展的相关基本知识和工人工作的情况，这样毕业生在今后的高职语文教学中才能结合高职学生的特点合理选取教学内容，科学运用教学方法，提高教学质量。

(三) 构建高职语文教师专业成长机制

高职语文教师整体水平的提升从根本上来说，需要建立其专业成长机制。一是要加强学科建设，国家应加大对职业院校语文教学理论研究的扶持力度，吸引更多的教育理论工作者参与研究，逐步构建起职业院校语文教学理论体系，并建立独立的学科，为高职语文教师的教学实践提供理论指导；二是建立高职语文教

学学术团体。现有的各级职业教育学会均应建立语文教学分会，针对高职语文教学遇到的问题组织开展理论研讨、经验交流、课题研究等活动，为高职语文教师提供专业成长的平台。三是制定职业院校语文教师专业规范。国家教育管理部门可委托职业教育研究机构或高职语文教学质量高的院校制定职业院校语文教师专业规范，对职业院校语文教师的任职资质、能力要求、教学行为等方面设定标准，为高职语文教师的专业发展提供依据。

【参考文献】

[1] 杨昕蔚.高职语文教师专业成长路径探析[J].现代语文，2011（12）.

[2] 蔡建萍.大学语文课程教学现状及对策研究[J].开封大学学报，2006（6）.

[3] 彭琛.优化高职语文教师队伍，提升高职语文教学质量[J].教师，2012（26）.

校企合作下的"双师型"职教师资培养

卢 荷[①]

【发表情况】2016-11-15 发表于《职业技术教育》。

【摘要】"双师型"教师就是既能为学生传授专业理论,又能指导学生进行实习实训。培养"双师型"教师有利于高等职业院校长期发展,有利于扩大企业规模。借鉴德国的"双元制"和日本的"产学结合"职教师资培养模式,文章从内容选择和培养方式选择两方面提出校企合作视域下高职院校"双师型"职业教师培养策略。

【关键词】"双师型"职业教师;校企合作;师资培养策略

目前,学术界对"双师型"职业教师没有形成统一的定义,有"双证书""双职称""双能力""双素质"等描述。"双证书"是指职业教师不但具备基本的教师资格证书,还有相关行业的技术技能等级证书,甚至有些教师还拥有相关的技术专业职称。在新课改及素质教育视域下,"双师型"教师队伍的建设已趋于实践化、社会化,许多高职院校也与社会企业合作,建立了基于校企合作机制的"双师型职业师资培养机制"。它既丰富了教师的实践经验水平,也让教师将理论知识与实践教育紧密联系在一起,形成全新的教学体系。笔者认为,"双师型"教师是"双证"和"双能"的综合体,"双证"为教师从事的教育工作打下基础,也是对职业教师提出的基本要求;"双能"则是"双师型"教师必备的能力。只有"双证、双能"完整融合才是合格的"双师型"教师人才。

---

① 卢荷(1973—),女,广西柳州人,硕士,柳州职业技术学院继续教育中心副教授,研究方向为职业教师教育。

一、基于校企合作的"双师型"职教师资培养的意义

校企合作，即职业院校与社会企业相结合的办学模式，将校企双方的优势及教育资源完美地整合在一起，将高职院校的技术优势转化为实际的社会生产力，将企业的专业实践优势转化为培养技术人才的资源。二者的合作既有利于实现目前高职院校职业性人才培养的目标，也有利于满足企业及高职院校双方的人才供给需求。由此，校企合作是高职院校最好的理论实践载体，也为培养"双师型"职教师资奠定了良好的基础，具有极大的现实意义。

（一）"双师型"职教师资培养有利于高等职业院校的长期发展

随着社会经济的快速发展和转型升级，职业教育的需求也在不断增加。我国是制造产业大国，生产加工制造能力可观，但是在高阶技能人才供应方面却相对匮乏，技术工人仅占工人总数量的1/3，高级技师仅占工人总体的近4%，这对我国的信息化工业发展极为不利。所以，在转变经济增长方式的过程中，培养高职院校的职教师资就成了重中之重，高职院校必须通过多元化立体层次建设来促进教育发展，培养基于现代国民教育体系的师资力量，进而增加职校每年的生源，培养更多的人才。

企业借助校企合作这一模式，也能在一定范围内为高职院校提供兼职专业教师，直接面向学校展开基于技术理论实践层面的专业化培训，这可以为高职院校培养职教师资提供辅助力量，同时也能缓解校内师资队伍结构与社会专业建设结构间存在的矛盾。再者，企业通过与高职院校的生产、科研联合，也能强化自身的营销服务水平，还能挖掘新技术，形成新的科研成果。再将新技术融入高职院校的教育教学，对提高教学针对性、实效性等大有裨益。所以，高职院校培养"双师型"职教师资力量的现实意义就在于，学校及企业双方合作在实际人才培养方面的作用是相辅相成的，在提高高职院校教师业务能力的同时，也大幅带动了企业的创新能力及经济发展速度。

（二）"双师型"职教师资培养有利于扩大企业规模

基于校企合作的"双师型"职教师资培养，能够解决目前国内职业教育设备投入欠缺的问题，能真正满足企业生产及发展的需求，也是培养应用技能型人才

的关键。在培养"双师型"教师队伍的过程中，高职院校完全可以利用非商业途径来帮助学校教师获得企业培训资格，并强化教师对实际工作内容、实际生产流程的认识与学习，而企业技术人员也可以借助自己的工作经验，对高职学生进行岗前培训，并强化自身的组织能力。所以，基于校企合作的"双师型"职教师资队伍建设可以极大地降低企业在新晋人才岗前培训方面的投入成本，实现企业经济效益最大化。综上所述，利用校企合作机制来培养高职院校的"双师型"师资力量，是企业、学校、学生三者共赢的最佳发展策略。

二、国外校企合作下"双师型"职教师资培养对我国的启示

职业教育是全世界关注的课题，发达国家较之我国更早进入"双师型"职教师资培养体系，他们更关注职业教育中的师资力量培养，并且对职业教师的能力提出了一定的要求。更为关键的是，国外职业教育在校企合作体系构建方面更为严密，这对培养教师的素质与实践能力提出了更高要求。

（一）德国的"双元制"职教师资培养

德国的职业教育师资主要由职业院校的专职师资与实训指导教师共同组成，他们分别来自国家政府机构及社会职业培训机构。自2005年以后，德国政府就颁布了一系列的新职业教育法案，其中影响较大的是《联邦职业教育保障法》，它是德国"双元制"职教师资培养体系的基础。该法案对高校职教师资提出了相关规定，要求教师不但要具备扎实的专业基础理论，还要拥有熟练的专业技能。所以，在教师进入高校之前，首先要进行相关专业的职业培训和理论课程学习，其次在综合型大学的附属职业技术示范院校接受培训。德国的职业教师只有具备熟练教授两门或两门以上专业课程的能力，才能进入高校承担教学工作，独立任教的教师已经拥有相当扎实的专业技术功底和高素质学识。从整个培养过程来看，在职师资力量培养消耗的时间长、规格要求高、培养规划细致，拥有一定的培养体系架构，且培训方法具有较高的实效性，这也体现了德国人严谨治学的作风。另外，在与高职院校合作时，德国企业的先进管理手段、高水平硬件设备，也能够为学校提供超强的实训指导力量，整体上符合国家规定的职教师资培训标准。

借鉴德国的"双元制"职教师资培养经验，要想培养一名合格的职业教师，

必须首先接受国内相关专业的职业培训和理论课程学习，其次在综合型大学的附属职业技术示范院校接受培训，以获得相应专业的岗位资格认证，最后经过两年的职业实训教育，才能获得职业岗位资格证书，具备独立开业能力，成为学校及培训机构的教师。这一校企合作的职教师资培养模式，充分利用了企业先进的软硬件设备，同时也实现了对教育人才的全面考量，其采用的不同部门与机构相互合作机制以及健全的教育法律体系，为我国"双师型"职教师资培养提供了较好的示范。

(二) 日本的"产学结合"职教师资培养

日本在培养职业教师前，会要求教师专门到企业工作一段时间，这种培养模式被称为"职业训练指导员模式"。该模式的核心在于对专业技能教育人才的深度培养。日本政府也十分重视对本国职教师资力量的培养，根据每个时期社会的不同需求建立相应的法律法规，也在不断增加新的技术资格认证种类。"职业训练指导员"除了要掌握一定的专业系统的理论知识以外，还要拥有熟练的实践操作技能，他们必须到相关企业实践工作两年，才有资格走上执教岗位。

从为"职业训练指导员"设置的课程来看，每一门课程都与行业企业关系紧密。日本劳动省为此设立了以雇佣事业来促进职教师资培训为主的"职业能力开发综合大学"，该大学专门接纳来自全国各地的职业教育人才，以学科理论作为课程的核心内容，以培养学生实践能力作为培训目标。综合来看，日本的职教师资培养主要体现为"产学结合"的综合模式，因为它是通过社会行业产业界，向职业高校投资设备、资金以及人才，从而全方位支持职业院校的师资建设。从经济运作角度来看，职业院校与社会企业可以进行双方人员互聘，一方面，企业可以委托高职院校进行与"产学结合"相关的科研工作；另一方面，高职院校也可不断向企业输送实习人才，从而积累更多的专业实践经验，加快他们成为职业教育人才的进程。

日本这种企业产业结合实践学习的职教师资培养模式相当独特，在多年的实践发展进程中获得了极大的成果。日本职教师资培养在目标、内容与途径方面体现出高度的严谨性，在企业工作实训与高校理论培养两个方面的交替式培养模式也与我国的"双师型"模式有许多相似之处，值得我们学习。

三、基于校企合作的"双师型"职教师资培养策略

(一) 培养思路分析

在我国,"双师型"职教师资力量培养的基本理念就是以内部激励为基本着力点,以提升专业教师双师素质及双师结构优化为重点,实现教育教学改革的创新,技术服务能力的提升,专业教师教学及实践能力的提高。企业一定要做好带头作用,利用相关专业项目来打通校企双方的合作渠道,并牵引教师学习相关专业的理论知识。另外,企业还应该定期派遣人才到高职院校参与学校建设,承担一定的教学任务,从而提升高职院校的教学能力,使高职院校的职教师资培养更加合理化、专业化,这是我国"双师型"职教师资培养的基本思路。

(二) 培养目标分析

在"双师型"职教师资体系下培养出来的职业教师应该具备以下四点素质,以体现该体系对教育人才培养的全面综合性。第一,教师必须具备良好的思想素质与职业素质,对职业道德的培养尤为关键。而且还要充分了解和掌握所教专业的行业发展动态及最新技术要求,对自身的理论水平与教学经验有较高的要求,要取得相应专业的高校教师认证资格。第二,教师要具有较强的职业基本知识和相应的实践能力,而且要能将相关理论熟练运用到实际的教学活动中。第三,教师要熟悉相关行业的管理规定,能够在课程教学中引导学生参与企业管理以及基础性的生产实践活动。第四,教师要有较强的创新能力,尤其在我国新课改教育理念指导下,要善于接纳新知识理论、新技术与新信息,能够在课堂上展现创造性教学手段,从而帮助学生提升专业水平,拓展基于学生的创新创业活动。

(三) 基于校企合作的"双师型"职教师资培养策略

在校企合作环境下,"双师型"职教师资的培养工作一定要从多元化的角度展开,本文主要从培养内容及培养方式选择两个方面探讨高职院校"双师型"职教师资培养的相关策略。

第一,基于内容选择的培养策略。首先,要强化教育培养的针对性与适用性。对"双师型"职教师资人才的培养一定要考量教师的实际状况,积极合理、

精确细致地运用分类及个性化管理模式。也就是说，要根据教师的个性特点、专业实践履历以及教育背景等不同方面进行全面培养，如教育心理学、职业教育理论等课程就能提高教师的教学能力，而实训操作、社会活动等则能历练教师的教学实践能力与组织能力，所以，高职院校一定要定期组织实践技能培训，组织专业教师参与国家及行业组织的职业技能等级鉴定考核与实践技能操作培训活动，以开拓教师的专业视野。另外，还要合理利用"校企合作"模式，将教师推到企业实践岗位上进行锻炼，让他们积累一定的社会及行业经验，然后在教育工作中将其传递给在校学生，形成良性循环。其次，要强化教师在生产一线岗位的实践经验积累。在校企深度合作中，高职院校也应该不断探索培养职教师资的新途径，实现校内"双师型"教师队伍的全新突破。高职院校应该多从企业争取科研项目，利用项目研发带动职教师资的专业素质培养，考量教师的专业知识结构与实践操作能力。把科研项目引入校园也是高职院校培养职业教师进行"顶岗培训"的一种全新模式，学校应该配合教师企业培训机制，为教师提供更多的实践机会，促进产学研三位一体全面发展，这是目前高职院校在职教师资培养方面的重点。

第二，基于培养方式选择的培养策略。首先，校企合作可以强化理论实践结合。校企合作在高职院校的职教师资培养中，应该在工作岗位方面具有针对性，企业和高职院校都要根据自身需求输送和培养人才，创新职教师资培养模式，在新形势下探索职业教育队伍的建设规律。例如，柳州职业技术学院根据市场导向选择与其合作的大型企业，近年来还建立了独立于学校与企业的实训中心，充分发挥了校企双方的科研技术优势，对提升学校职业教师的技术应用能力有很大帮助。该校2015年与当地汽车维修企业合作，建立了校园中的汽修培训基地，让教师在教学过程中自学，在短期内提高了教师的汽修理论及实践水平，使"双师型"职教师资培训体系越来越成熟。另外，职教师资培养还应重视技能操作能力的训练，高职院校应该联合企业利用双方共同资源，举办技能大赛、创业大赛、专业产品设计大赛等能够激发职业教师竞争力与自信心的比赛，也将比赛作为验收教师阶段性成绩的手段，从而确立下一步职教师资培训目标。其次，引入企业高级技术人员。校企合作的另一大优势就是高职院校能够通过合作从企业聘用一些具有丰富实践技能和经验的高级技术人员作为兼职教师。学校可以让兼职教师帮助校内专业教师，形成专业人才带动教育人才的全新指导模式，强化兼职教师与专职教师的交流和学习，这种指导模式能大幅提高高职院校的整体教学水平。

为此，各高职院校每年可以任务分配的形式从合作企业引进高级技术人员，以辅助专职教师共同研发项目，同时为专职教师做培训。这一全新的人才培养模式对高职院校"双师型"职教师资在短期内快速成长具有十分重要的意义。

【参考文献】

［1］尤凤翔，于音，左步雷，等.科学发展观视野下的高职院校"双师型"教师队伍建设探讨：以南京铁道职业技术学院为例［J］.职业技术教育，2011，32(11).

［2］王春艳.浅谈校企合作联合培养和培训教师模式创新［J］.价值工程，2014（11）.

质量保障篇

【导语】提高人才培养质量是加快发展现代职业教育的核心任务，是推进职业教育改革创新的永恒主题。构建职业教育质量保障体系对提高职业教育质量至关重要，该体系一般分为外部质量保障和内部质量保障。作为提高教育质量的责任主体，职业院校在学校内部开展一系列检查、评估、审核等措施对保障职业教育质量尤为重要。柳州职业技术学院以职业院校质量管理体系建设与实施为核心，通过制度创新、流程再造和管理嫁接，建立"一站式"综合服务中心，实现服务全程跟踪、顾客满意度导向、问题升级改进，逐步建立起适应持续发展、科学高效，具有本土化特色的内部质量管理模式和运行机制。柳州铁道职业技术学院以强化质量文化、职业健康理念和标准流程为核心，严格按照企业生产规程、生产环境和文化氛围，开展实验实训室标准化建设、实训行为标准化建设和实验实训项目标准化建设，全面规范实践教学设备管理、环境建设、资料建设和教学安全，切实提高和保障了实践教学质量。广西商业学校大胆改革教师教学质量的评价机制，引入第三方对教师教学质量进行多元评价，评价结果与教师课酬挂钩，以评促教、以评促改、以评促建，成效显著。

【典型案例】

引入卓越绩效模式提升质量管理水平
——柳州职业技术学院质量管理改革与实践探索纪实

柳州职业技术学院

柳州职业技术学院针对职业院校质量管理存在的系列问题，以职业院校质量管理体系建设与实施为核心，自2013年起导入卓越绩效模式，通过制度创新、流程再造和管理嫁接，建立"一站式"综合服务中心，实现服务全程跟踪、顾客满意度导向、问题升级改进，逐步建立起适应持续发展、科学高效，具有本土化特色的内部质量管理模式和运行机制，学校发展展现出蓬勃生机。

一、职业院校内涵发展问题与挑战并存

（一）职业院校质量管理存在系列问题

当前，我国高等职业教育已进入内涵发展阶段，但在人才培养质量体系建设与实践问题上，还存在一系列问题，如管理主体不明确，理念滞后且缺乏质量意识；管理散点式、碎片化倾向突出，缺乏系统设计，尚未形成合力；缺乏以事实为依据，质控点不明确、结果不可测量问题；没有统一的监测数据平台，无法实现诊断和预警功能等，这些严重影响了高职人才培养质量的提升。

（二）职业院校质量管理体系建设与实施是核心

教育部《关于深化职业教育教学改革全面提高人才培养质量的若干意见》明确提出了"全面提高人才培养质量"的重要性和紧迫性。当前，我国高职教育正处在改革与创新、凸显职业教育类型的关键时期，高职教育的内在特质是走校企合作、工学结合的道路，培养高素质技能型人才。就目前大多数高职院校建设和发展的实际情况来看，需要创新一条规模扩张的外延型发展和以质量提升为主的

内涵型发展并举的特色之路，而内涵型发展的关键是提高人才培养质量。我国高等职业教育由规模扩张向内涵发展的转变，给高职院校人才培养质量管理既带来了新的机遇，也提出了挑战，建立、健全人才培养质量管理体系就成为必然要求。此外，学生和用人单位的满意度是衡量人才培养质量的重要标尺，就高职院校而言，从学生、家长、用人单位的角度关注质量成为必然选择。在全面质量管理中，管理围绕质量展开，人人都参与其间，目的是促进顾客（学生、用人单位、家长等）的满意度。在这种体系中，顾客是焦点，目的是不断改进，且人人参与其中。

二、"卓越绩效"引领下构建体系并开展实践

（一）以"卓越绩效"为导向，构建"1245"质量管理体系

借鉴卓越绩效模式的先进思想和方法，提出和实践了一个"大质量"人才培养质量管理理念，构建了"1245"人才培养质量管理体系，体系涵盖了人才培养质量管理理念、技术路线、人才培养全过程环节、人才培养全要素系统（见图1）。

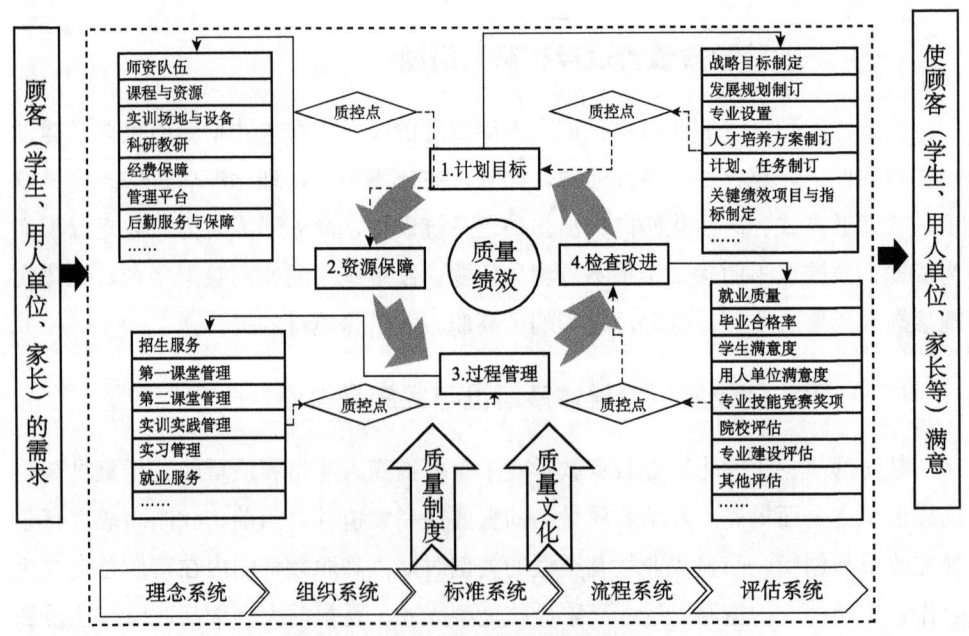

图1 "1245"高职人才培养质量管理体系

1. 明确了一个"培养质量"导向

以学校战略目标和战略地图为引领，以提高人才"培养质量"为最终目标，系统全面地建立了人才培养各环节的关键绩效指标，明确各环节质控点，设立了130项关键绩效指标。关键绩效指标指导和驱动学校人才培养迈向质量时代，实现了从"规模"向"质量效益"的转变。

2. 确立了两条技术路线

一方面是制度建设，即相关组织机构、制度、流程的编写、确立和贯彻实施，确保规范性和科学性；另一方面是深耕质量文化，注重文化内化，实现管理的以人为本，实现技术硬性要求与以人为本的人文性结合，促进人才培养质量管理的健康可持续提升。

3. 覆盖了人才培养四个环节

按照人才培养质量生成的过程，借鉴质量管理循环PDCA（计划、实施、检查、改进）的思路和原则，将高职院校人才培养质量管理分为"计划目标—资源与服务保障—过程管理—检查改进"四大环节。

4. 形成了五大运行保障系统

以卓越绩效模式"7大类目11项核心价值观"为引领，以顾客（学生、家长、用人单位等）为关注焦点，人人参与，构建了人才培养质量管理理念系统；组建了质量管理委员会统一领导、书记和校长亲自任组长、职能部门为支撑、教学单位为质量生成核心、质量办具体推进的组织系统；编制了质量手册、各类标准、规范文件、记录鉴证文件在内的标准系统；通过业务流程再造，形成了持续优化的流程系统；以管理成熟度标准评估、关键绩效指标制定与考核、自评师队伍建设为主，建立了评估系统，开展质量考核诊断。

（二）以"卓越绩效"为导向，有效实施十大建设举措

1. 引入专业咨询公司，成立专门质量管理部门

自2013年年初起，引入深圳市金品质公司，启动"人才培养质量管理能力提升"工程。成立了以书记、校长为组长的人才培养质量管理能力提升工作领导小组，组建质量管理委员会，成立质量管理办公室。下设质量管理科和绩效管理科，承担战略目标分解与评估、部门绩效考核、内外顾客满意度调查与改进、质量管理体系建设、教学督导、行政督查与改进等职责。

2. 制定质量战略地图，确立正确的质量目标

在学校"国际引领、内涵升级、六化并举，建成特色鲜明高职名校"战略引领下，确立了人才培养"标准国际化、团队专业化、贡献卓越化、管理现代化、服务人性化、校园精致化"的质量目标，确立了"让学生成为企业首选"的质量使命，系统建立了人才培养各环节的关键绩效指标，明确各环节质控点，分别从人才培养"出口"、人才培养业务、顾客、员工学习成长四大方面设立了65项关键绩效指标。关键绩效指标指导和驱动学校人才培养迈向质量时代，实现了从"规模"向"质量效益"的转变。

3. 广泛深入开展研讨，明确培养工作职责和流程

厘定各部门工作职责，明确交叉工作职责的牵头部门。自2013年以来，学校组织16个行政部门广泛开展了30余场工作职责研讨会。由原来800多条职责，梳理归类成200多条的学校人才培养职能分工表。组织召开了40余场研讨，运用PDCA管理方法，设计和优化了471条工作程序，理顺了人才培养工作职责和流程。

4. 全员培训与文化内化，提高全员质量意识

系统设计和组织了人才培养质量管理理念和方法培训活动。针对学校领导和全体科级以上干部培训达20余次，培训1 000多人，培训内容涉及学校人才培养质量战略、人才培养管理与实施部门职责梳理、人才培养管理流程文件编写和审批方法、教育服务质量标准制定、管理成熟度评估等，通过学习内化，形成"人人参与、追求卓越"的质量意识。

5. 注重研究开发，设置科学的质量标准

以学生职业能力为核心，研究制定了学校层面学生职业能力等级标准基本框架和各专业具体的学生职业能力标准，以此衡量人才培养达成度和质量；针对人才培养全过程的各个环节和要素，在"目标与计划—资源与服务保障—过程管理—检查与改进"四大环节制定了标准，特别围绕人才培养的所有教育服务都制定了标准，如学生事务服务标准、食宿管理和服务标准等。

6. 以服务师生为根本，全面保障质量生成

立足卓越绩效"以顾客为关注焦点"理念，主动转变教育服务观念，通过满意度调查，识别师生的关键服务需求，为师生提供优质服务，全面保障质量生成。

(1) 建立"一站式"综合服务中心，落实服务育人。学校成立了"一站式"学生服务中心，提供生活服务、学业服务、个性化服务和 24 小时热线电话服务，具体包括报修、报警、投诉、事务咨询、证件、证明办理等 24 项业务。现已把"一站式"学生服务中心扩展为面向教师、在校生和毕业生服务的综合服务中心。推行"一站式"育人服务，赢得了师生的一致好评，成为深化教育教学改革、提高教学与服务质量的典范。

图 2 "一站式"综合服务中心

(2) 建立教育服务质量标准，提高师生教育服务满意度。从学生角度出发，完善了食堂、宿舍和校园保洁等教育服务项目的服务标准，建立外包商家定期自查和后勤部门不定期抽查、依据标准打分、月度奖惩的制度，形成自查和抽查二级后勤服务监控体系，建成监控信息化平台，即时向外包商家发送抽查不合格项目，督促改进，为学生提供满意的教育服务，有效提高了教育服务的质量。

7. 创新问题升级机制，补齐育人服务短板

将人才培养涉及的教育服务事项分为非常紧急、紧急、一般三个等级，每个等级需完成的时间不同，在规定时间内没有办结，会按照标准自动升级到上一级领导，通过问题升级机制，促使教育服务事项按时、快捷办结。

8. 开展成熟度评估，评估诊断培养工作全过程

利用创建的"五等级四层次"管理成熟度评估标准，通过"望、闻、问、切"方法，对人才培养各个环节开展评估，发现短板，进行改进。一是对所有人才培养涉及的部门开展评估，如对教务与实训管理处的评估，在专业建设、实训基地建设与管理、课堂教学质量监控等方面从"系统、执行、改进、一体化"四

个层面评估诊断其水平，识别改进点；二是对二级学院人才培养的专业建设、教学实施、质量监控、学生管理服务等从"系统、执行、改进、一体化"四个层面评估诊断其水平，识别改进点。

9. 开展诊断性绩效考核，向质量管理要效益

基于卓越绩效模式以顾客为关注焦点的理念，建立学院绩效考核管理制度。制定了柳州职业技术学院绩效考核管理办法以及与之配套实施的细则，建立部门、岗位年度考核的可量化关键绩效指标；通过实施绩效考核，将绩效考核结果作为部门、教职工年终奖励性绩效发放和年终"先进""优秀"评比的重要依据，充分发挥了教职工参与人才培养工作的积极性，提高了学院办学质量效益。

10. 搭建信息化管理平台，实现实时采集与监控预警

与中兴通讯合作，建设"教育部—中兴通讯 ICT 行业创新基地"，顶层设计、系统规划人才培养信息化建设。自主开发了教育服务工作督查系统、质量管理体系文件管理、资源节能管理系统、学生网上缴费系统、学生第二课堂活动分管理系统和专业教学资源库系统等 11 个系统，构建了 51 个网上行政管理审批工作流程，促进了教育服务便捷、高效。利用云平台完成顾客满意度在线调查、满意度在线统计分析和大数据存储等，强化数据信息的记录与保存，以作为质量管理的参考依据。

三、完善保障条件与机制

（一）最高管理层决策及成立机构是推进的前提保障

学校组建了全校质量管理委员会，书记、校长亲自任主任，设立质量管理机构——质量管理办公室。质量管理办公室全面负责质量管理体系建设，具体包括学校目标分解与评估、诊断性绩效考核、内外顾客满意度调查、管理成熟度评估、专项工作诊断与改进、信息数据平台的设计建设、数据分析应用等。

（二）形成人人参与的质量文化是有效推进的核心保障

职业院校的质量管理需要全员参与，而不是某个部门的事情。必须开展全员参与卓越绩效意识的培训和教育，广泛发动宣传，领导班子统一认识，中层领导倾力推进，广大教职工积极参与，各个部门协同配合，全力以赴。我校开展全员培训，由质量办对师生员工进行质量培训，宣传贯彻质量价值观，使员工由被动接受变为主动参加，由空泛的质量意识变为关注人才培养质量成本而导致的改正行动，从以人为本的角度出发，从实际问题入手，用典型的作用和现场质量案例分析，解决员工的思想问题，促进员工转变观念和认识。

（三）组建一支懂得规则会评估的自评师队伍是人力保障

要推进卓越绩效，自评师队伍建设必不可少，首先让自评师深入理解卓越绩效评价准则的内涵以及在学校经营管理中的应用，其次着重讲授卓越绩效管理自我评价的方法。打造一支素质过硬的自评师队伍，满足各流程运营管理自我评价、持续改进的要求，使卓越绩效管理模式从导入转向日常运行，并持续开展活动。

（四）建立自评和绩效考核机制是推进卓越绩效常态化的重要手段

按卓越绩效持续改进的理念，要先评价，找出产生的原因，根据重要性和难易程度确定改进方案，实施改进后，再对改进的绩效进行评价，如此循环改进、持续提高。通过绩效考核，将任务和推进要求细化到每个部门，每个人员身上，通过绩效考核方式驱动卓越绩效模式的推进。

四、改革成效显著，创新成果突出

基于卓越绩效模式的质量管理改革，获得了 2016 年柳州市教育改革创新一等奖、2017 年柳州市教学成果特等奖、2016 年广西职业教育重大招标课题立项、2017 年广西职业教育教学成果特等奖、入选 2016 年教育部高等职业教育"质量·开放·融合"成果案例。

（一）成效

1. 学生、家长、用人单位满意

自实施"卓越绩效"导向的人才培养质量管理体系建设以来，我校整体管理成熟度从原来的 14 分提高到了现在的 19.3 分。与第三方（深圳市金品质企业效益开发有限公司）合作开展在校生满意度调查，学校整体人才培养管理成熟度从原来的 14 分提高到了 19.3 分，学生整体满意度从 92.58% 提高到 93.90%，教学服务满意度从 95.59% 提高到 96.68%，家长、用人单位满意度逐年提高。

2. 在自治区内外职业院校应用推广

我校的质量管理做法引起中国高职高专教育网、《广西日报》等 10 多家媒体关注；学校累计 6 次在全自治区会议上就质量管理工作汇报交流，在东盟职教论坛上做典型发言；先后有 50 多所自治区内外院校、600 余人次到校交流学习质量管理经验；广西幼儿师范高等专科学校、广西职业技术学院、柳州市二职校、广西城市建设学校等 9 所院校到我校学习交流后，已在各自学校内学习和推广应用"卓越绩效"管理模式。

3. 对职业教育理论与实践的研究

围绕卓越绩效导向的质量管理专题发表论文 10 篇，撰写 10 个实践案例，编写了 5 套实施手册，丰富了高职人才培养质量管理体系建设的理论与实践研究。

（二）创新

1. 应用创新

率先在职业院校中系统引入卓越绩效模式并开展本土化实践。卓越绩效模式源自美国国家质量奖评审标准，主要用于企业管理，在国内高校管理中鲜有成功范例。我们率先引入高职院校，结合学校实际，创造性地形成了"教育服务问题升级机制、一站式综合服务中心"等本土化实践案例，开启了卓越绩效模式在高职院校人才培养质量管理中的应用之"门"。

2. 体系创新

构建了高职院校"1245"人才培养质量管理体系，实现"全员、全过程、全方位"育人。该体系涵盖了质量导向、技术路线、过程环节、运行系统，以人才培养质量为导向，从"计划目标—资源与服务保障—过程管理—检查改进"人才培养全过程入手，通过制度建设和质量文化内化，系统设计，形成了质量生成合力。

3. 方法创新

首创用"五等级四层次"管理成熟度标准评估改进人才培养活动全过程。创造性地建立了高职院校管理成熟度评估标准，纵向从"被动型、萌芽型、主动型、创新型、卓越型"五个等级深入，横向从"系统、执行、改进、一体化"四个层次展开。标准评估指导人才培养活动全过程，通过评估发现质量管理短板，确定重点改进项目，持续改进，为职业院校人才培养活动过程提供了评估方法。

五、质量管理之路，任重道远

经过近 5 年的实践，我校逐步认识到卓越绩效管理模式是一个系统、全面、量化可验证的先进管理模式，既是系统评估和考察方法，也是衡量一所学校是否符合国际标准的参照系，更是一个促进学校改进业绩，提高质量和竞争力的重要途径。给我们带来很大的启发和效果，如教育要重视价值领导、文化构建，及目标和愿景的形成；教育要有清晰和可操作性的战略、策略，其中战略地图、平衡计分卡及行动方案等非常新颖而有效；教育要始终以人为本，尤其要重视对学生、教职工、利益相关者和市场的需求识别，并随时关注和把握他们的满意度情况；教育要重视测量、分析和知识管理，尤其以数据和历史证据来完善管理，在大数据时代，这一点尤其重要；教育要强化过程管理，质量是一个持续创造和改进的过程——教育质量也如此。下一步，我校将在卓越绩效模式引领下，以打造教育的"卓越柳职"为目标，进一步全面深入地推进卓越绩效模式，深化质量意识，落实质量管理行动计划，朝着目标坚持数年，必见成效。

强化实践教学"三个标准化"建设，保证和提升人才培养质量

柳州铁道职业技术学院

一、背景

实践教学"三个标准化"内涵建设是强化以质量文化、职业健康理念和标准流程为核心。实验实训基地是高职院校实践教学的重要基础，学校历来重视实践教学，从 2013 年开始，严格按照企业生产规程、生产环境和文化氛围，开展实验实训室标准化建设、实验实训行为标准化建设和实验实训项目标准化建设，要求每个专业制定专业实验实训项目目录，规范编制专业所有实验实训教学资料，完善和建立专业实践教学体系，称为"三个标准化"建设。

实验实训室标准化建设、实验实训项目标准化建设、实验实训行为标准化建设的开展，全面规范实践教学设备管理、环境建设、资料建设和教学安全，切实提高和保障了实践教学质量。

"三个标准化"分别从制度文件、硬件条件和人的行为角度出发，对学校实践教学质量进行了诠释，既是对质量文化和质量标准的一次有效实践，也是对人才培养工作内涵的创新。

二、主要做法

（一）深入企业调研，校行企共同制定实践教学管理制度和办法

为使实践教学建设制度化、规范化，我校多次组织专业教学团队到南宁铁路局等相关行业企业进行深入调研，了解企业的岗位标准、技术规范、设备管理

等。组织召开专项研讨会,邀请行业专家作指导,由学校专任教师和企业一线技术人员联合制定实践教学建设和管理制度,先后出台了柳州铁道职业技术学院实训项目建设管理办法、柳州铁道职业技术学院实训室标准化建设实施办法、柳州铁道职业技术学院实训行为标准化建设实施办法、柳州铁道职业技术学院实验实训室标准化建设评估验收标准等文件。再由各教学单位制定出每个专业的实验实训项目目录,按照规范标准编制出所有实验实训项目的相关教学资料,并依据企业岗位的操作标准规范学生的实训行为,建立和完善专业实践教学体系。

图1 "三个标准化"制度建设研讨会

(二)制定"三个标准化"具体建设内容

1. 实训项目标准化建设

为培养与市场"无缝对接"的高素质技术应用型人才,各专业课程的实训项目对接所属行业企业的岗位工作标准和职业技能要求,根据企业调研结果,按照铁路系统中车的(车站、车务段、客运段)、机(机务段、供电段)、工(工务段、工务机械段)、电(电务段、通信段)、辆(车辆段、动车客车段)不同工种设立不同专业课程的实训项目。各铁路类专业通过对口站段的咨询、调研、跟班,结合企业岗位群的能力要求,针对目前铁路的主流运营设备情况,编制、修订本专业所有实验实训课程的实训大纲、实训指导书,使本专业的实践教学更具系统性、目的更明确、针对性更强。

2. 实验实训室标准化建设

为提高实验实训室的管理水平和设备的使用效率，规范实践教学组织及实训室账物管理，我校从硬件、软件两方面着手，一方面加大资金投入，根据专业实训教学需要配齐设备台套数，按"真、全、新"的原则进行硬件建设，确保实验实训设备与企业现场作业的高度一致性和仿真性；另一方面根据各实验实训室的项目特点和操作要求，开展实验实训室文化建设，治理改善实训室环境，规范设备维修记录和实训项目计划等资料，鼓励实训指导教师结合实训项目教学，对实训设备进行开发、设计、改造等科研创新探索，把软件建设落到实处。

3. 实训行为标准化建设

实训行为标准化要求学生在实验实训课中，必须穿着相应的工作服，严格按照实验实训的流程规范进行操作及使用工具。强化对学生职业行为习惯的养成训练，搭建学生职业行为习惯训练的客观载体，明确学生的职业思想、职业行为、职业体能、职业心态的企业化标准要求，确保学生通过实训项目能够获得真实的岗位工作体验，将理论知识与实践技能有效融合，不断提升自身的职业技能与职业综合素质，从而实现课堂实训教学与企业现场作业的无缝对接。

（三）推广"三个标准化"建设成效

2016年10月，实践教学的"三个标准化"建设成果在我校第二届科技节暨科技成果（作品）展上展出，其间恰逢2016年全国职业院校铁道交通运营管理专业（客运）学生技能竞赛在我校举办，来自全国20多所铁路院校的专业教师、300多名参赛选手以及柳州市各职业院校的同行们参观了科技节的展出。

图2　第二届科技节暨科技成果（作品）展

三、主要成效

自开展"三个标准化"建设项目评估以来，经过学校各方面的努力，不仅提高了教师素质，教学条件也得到了很大提升，成效显著。

（一）实验实训室建设规范有序

"三个标准化"建设期间，我校成立了评估专家组，根据相应的评估标准及流程，依据体制与管理、实验实训任务、仪器设备管理、实训教师队伍、环境与安全、管理规章制度6项指标对"三个标准化"建设项目开展评估验收工作。目前，我校共有92个实验实训基地申请参加了第一、二批次的评估验收，评估结果为"合格"的实验实训室77个，"优秀"的3个，"不合格"的12个，合格率达87%。对未参加验收或验收不合格的实验实训室，评估专家组提出了有针对性的解决方案，并要求限期进行整改。

图3　实训室评估组进行实训室建设评估

图4　评估验收后的实训室内景

（二）编制实训项目标准化建设指导书，强化实训指导

通过实训项目标准化建设，各二级学院根据专业发展特点，分别推出6个专业的实训项目标准化指导书：《铁道交通运营管理专业实训项目标准化指导书》《铁道工程技术专业实训项目标准化指导书》《通信技术专业实训项目标准化指导书》《铁道信号自动控制专业实训项目标准化指导书》《铁道供电技术专业实训项目标准化指导书》《汽车检测与维修专业实训项目标准化指导书》。这一系列标准化指导书也是我校广西特色高校立项建设的重要成果，在使用中得到同行较高的评价。

（三）规范实训行为，促进学生素质全面提升

通过制定实训室实训行为标准，对教师与学生的实训行为进行规范，实训期间教师与学生严格按照标准执行，实训效果大为改观。

实训室实训行为标准

以人文本，从教师、学生出发，通过合理化的改善活动，使全体人员养成守标准、守规定的良好习惯，实训教师应爱岗敬业、为人师表、认真备课、规范教学、坚守岗位、专心致志、细致耐心、严谨务实、按时作息、安全第一、公正考核、相互尊重；学生应遵守纪律、尊敬师长、爱护设备、文明礼貌、干净卫生，促进各成员素质全面提升。

一、实训前
1. 实训教师按实训要求，调试好仪器、设备，提前开启实训室门。
2. 实训教师将实训室各项仪器、设备、工具等整齐、有序摆放，禁止乱放工具与杂物。
3. 应排定值日表，轮值打扫卫生，检查仪器、设备及工具并整理好，检查实训室情况，关闭好门窗。
4. 学生进入实训室前应接受安全及文明教育，遵守纪律、提高安全意识。
5. 学生应遵守学校各项规章制度，服从实训教师指导，按时出勤，不迟到、不早退。
6. 学生应按不同的工种和专业着工作服，保持仪容仪表，确保秩序正常，排队进入实训室。
7. 实训教师应指导学生按工位就位，确保人人到位。
8. 学生进入实训岗位时，检查所用设施是否备齐，有无损坏情况。

二、实训中
1. 实训教师作实训操作演示时，学生要认真听讲，不得乱挤、大声喧哗，更不得随意动手。
2. 学生实训时，必须在指定工位上进行操作，未经教师批准不得开动设备，不得动用他人设备，更不得任意调整、开动其他仪器、设备。
3. 若发生问题，必须保持现场，并立即请示报告，查明原因。
4. 学生应按照操作规程及实训要求，按步操作实训设备，严禁暴力蛮干操作。
5. 学生要诚实守信，认真记录，确保数据真实有效，不得弄虚作假，擅离实训岗位。
6. 应牢记节约使用的原则，不浪费实训室耗材资源。

三、实训后
1. 保持设备、机台、工作桌、工作台等干净，无杂物，不任意放置无关物品。
2. 对长期放置（一周以上）的材料和设备等须加盖防尘设施。
3. 清点并整理工具、实训设备及仪器，并放置指定位置，整齐摆放。
4. 各项实训材料应按规定整齐放置，消耗用品，如手套、抹布、扫把、拖把等定位放置。
5. 值日学生应认真打扫卫生，检查仪器、设备及工具并放好，关闭门窗。
6. 实训结束后，应切断电源和其他开关，还原实训仪器、设备原貌，报告实训教师后方可离开。

图5 实训室实训行为标准

图 6　操作行为标准化

图 7　实训服装标准化

四、体会与反思

（一）通过"三个标准化"建设，完善了实训室各项管理制度，提升了实训室管理人员水平

在评估过程中，我校建立健全了实训室的各项规章制度，加强了实训室的规范化管理。实训室各项资料完整齐全，更新改造建设计划趋于合理。实训室管理人员认真学习"三个标准化"文件精神，全面、准确地掌握评估标准并从严进行自评整改。在建设过程中，各实训室管理人员选定薄弱环节，从资料收集、制度

建设入手，对照文件中的 200 多条评估标准逐条进行整改，付出了大量的辛勤劳动，使我校绝大部分实训室基本达到了评估标准的要求。在自评整改的过程中实训室管理人员的自身管理水平也得到了提高，进一步加强了学校实训教师队伍的建设。

（二）促进实训室的标准化建设，提高了实训室仪器设备完好率

在整个建设过程中，学校领导和相关职能部门高度重视和支持，多次组织专题讨论，并对参评的实训室进行专题指导，针对日常检查中发现的问题和不足及时提出整改意见，规范了评估涉及的表格约 13 个，完成整改项目近 300 个，有效促进了实训室标准化建设。同时，进一步完善和落实了实训室的固定资产、低值耐用品及易耗品、仪器设备维修的管理制度，保证了仪器的完好率。

（三）"三个标准化"建设过程中仍然存在各种管理问题

我校在"三个标准化"建设过程中，存在重结果、轻过程，重建设、轻运行，重硬件、轻软件，重购置、轻管理，重投入、轻氛围等问题，这些问题使实训室仍然处在一个低水平重复建设的阶段。

（四）职业院校"三个标准化"建设任重而道远

"三个标准化"建设一直是我校实践教学与实训室建设的重要措施，对提高实训室的管理水平和效益、保证实践教学质量具有极大的促进作用。采取切实有效的行动加强实训室建设，实现实训室工作的制度化、规范化和科学化，对我校提高办学质量和投资效益，提升人才培养质量具有重要意义。

课堂上来了"不速之客"
——广西商业学校教学质量多元评价的探索

课堂，是学校教学的主阵地。如何保证课堂教学质量、激发教师的教学热情、获得良好的教学效果，一直是困扰各中等职业学校的一大难题。职业教育进入全新高速发展的阶段，原有的评价机制也显现固有的弊端：许多中等职业学校对教师教学质量评价的主体相对单一，多为学校内部的评价，评出的结果不能让教师们信服；评价标准难以体现职业教育特色，仍用学科知识体系的评价标准，使教师们置疑评价的科学性；评价的结果不敢与绩效挂钩，不能体现优劳优酬。学校在教学质量监控中积极探索职业教育多元评价新路子，以"借助外力"来"加压内力"，激发教师自我发展的原动力，从而对学校教学质量进行内涵提升。广西商业学校大胆改革教师教学质量的评价机制，引入第三方对教师教学质量进行多元评价，评价结果分六个等级，教师课酬也相应分为六个档次，以评促教、以评促改、以评促建，成效显著。

一、确定教学质量多元评价目标

（1）引入第三方评价机构，委托第三方建立行业、企业、教育研究机构和学校等多方参与的评价机构，开展对教师教学质量的评价。

（2）探索"1346"的多元评价新模式，打破薪酬分配的"大锅饭"，激发教师教学改革的内在动力。

二、引入第三方，开展教师教学质量多元评价的探索

（一）建立科学系统的运行机制

运行机制主要涉及以下四个方面的要素：一是组建学校课堂教学质量考评工作

组；二是制定考评工作组职责和考评程序；三是委托由企业行业专家、教育研究机构和学校的同行专家等组成的专家组，对全校的教师教学质量进行评价；四是考核结果与薪酬挂钩。

（二）构建"1346"的多元评价模式

"1346"即"一个门槛、三方评价、四个环节、六个等级"。

一个门槛：以学生评价合格为前提，若学生评价不合格即一票否决，充分体现了以学生为主体的职业教育的理念及特点。

三方评价：聘请企业行业专家、同行专家、学生三方主体共同参与，构成一个多层次、纵横交叉的网络，形成一个多元化的课堂教学质量评价模式，使评价突出职教特色，更客观。

四个环节：开学前说课、学期中听课、学生评价和期末总结验收的考核评定四环节，实现了对教学质量的全程监控，体现了教学质量评价的科学性。

六个等级：根据"一个门槛、三方评价、四个环节、六个等级"评定方式的综合得分排序，一～四级课程的比例分别是课程任务数的5%、10%、20%、25%，其余为合格课与不合格课，各等级分别按以下系数计算发放课酬：一级为1.8、二级为1.6、三级为1.4、四级为1.2、合格课为1、不合格课为0.5。各等级课酬有差别，体现了优绩优酬，有利于激发教师提高教学质量的积极性。

（三）制定凸显职教特色的评价指标

"1346"的多元评价指标体系，把行业规范和职业标准作为学校教学质量评价的重要依据，把第三方评价意见作为教学质量评价的抓手，改变学科知识体系注重知识的系统性、完整性的评价模式，凸显职业教育特色。如对课堂教学内容主要监测是否与工作岗位对接，是否根据工作岗位的技能要求科学设计学习任务，是否注重学生的技能训练；对教学方法主要监测是否根据课程内容和学生特点，灵活运用行动导向教学法，是否注重教学做合一，理论与实践一体化，是否注重过程性评价，是否能够恰当使用现代教育技术等。

（四）共同实施多元评价

根据广西商业学校课堂教学质量等级评定实施办法，学校每个教学部聘请职教及企业专家1人以上，采取随堂、随人推门听课方式，从不同的角度了解师情、学情，准确把握课堂教学的优缺点，通过一堂课、一个教学细节，直接对教师进行全方位指导与点拨。每学期听课、评课结束，专家组根据综合评分确定教师的课堂教学质量等级。

三、以评促建，教学质量踏上新台阶

我校以教学质量多元评价模式的改革为切入点，用倒逼的手段，激发了教师自我提升的内动力，教师主动到企业实践、主动参加学习培训，教改科研蔚然成风，学校教学质量得以整体提升。

（一）突破教学质量评价中"质"难以量化的难题

校企共同探讨、设计各教学环节中的评价量表，具体有学生评价用表、教师说课评价用表、教师听课评价用表、教师教学文件检查用表等，每个量表均设计一级指标和二级指标，每个指标均设定具体的分值，主要从教学目标、教学内容、教学方法、教学效果等多方面评价教师的教学质量。实行量化评价，突破了教学质量评价中"质"难以量化的难题。

（二）课堂实现了"三个转变"

评价方式的变化引发任课教师主动向同行讨教、参与学习培训、到企业实践和锻炼；各专业教学部还邀请企业专家到校给教师上课，让教师获得职业领域的工作经历、资源及话语权，为课堂教学积累"气场"和"职业感"。学校课堂实现了三个转变：一是课堂教学正在从教师"教课本"向"用教材教"方向转变；二是教与学的关系正得到改善，课堂从学科知识导向模式向行动导向教学模式转变；三是师生的关系正得到改善，由知识灌输者向职场引领者、共同学习者转变。

（三）技能比赛硕果累累

在教师们的精心指导及严格训练下，我校学生从2012年至2017年参加各级、各类技能比赛硕果累累，分别获得国家、自治区、柳州市的技能比赛一、二、三等奖共计986个，比过去几年明显增加，教师中金牌教练不断涌现。

(四) 教改科研蔚然成风

我校多元评价以"借助外力"来"加压内力",充分调动了教师参与教改科研的积极性。学校的教学质量"多元评价"方案实施后,教师踊跃申报各类教改研究课题,先后获得 2014 年国家级教学成果二等奖、2017 年广西职业教育自治区级教学成果一等奖;2017 年,参加自治区级以上各类技能大赛,获得一等奖 8 个,二、三等奖 26 个,均创学校历史新高。

(五) 课程建设成效显著

当我校"多元评价"取得阶段性成功后,课程建设成为制约学校教学质量进一步提升的"瓶颈"。为解决这个难题,学校将教学质量"多元评价"中一、二级课程与品牌课程建设相结合,增设了参与课程开发为教师申报一、二级课程的条件,推进品牌课程的开发与实施。2014 年,经企业行业专家、自治区内课程专家 128 人次的严格评审,学校共有客户服务技巧等 16 门课被评为校级品牌课程,2015—2017 年,每年与行业企业合作开发 6 门以上的课程。

(六) 辐射示范作用凸显

自我校进行教学质量"多元评价"模式改革实践探索以来,取得了突出成绩,引起很多兄弟学校的关注,广西银行学校、广西机械高级技工学校、柳州市第二职业技术学校、福建省经贸学校、广东省民政学校、上海市商业学校等 30 多所中职学校领导教师先后到我校考察学习并给予高度评价,在中职学校中引起了巨大反响。该教学质量评价模式对兄弟学校起到了示范带动作用,因而具有积极的现实参考意义和广阔的应用前景。

四、条件保障

(一) 营造学校教改的和谐环境

教学质量评价与绩效挂钩,是学校改革的深水区,因为这一做法颠覆了教师教学质量传统的评价模式,还涉及教师报酬的重新分配,"牵一发而动全身"。因此,我校把此工作列入"一把手"工程,校长亲自向全校教师进行评价方案的动员宣讲，通过各种形式的讨论、学习、培训，对评价指标进行解释和辅导，使全校教职工达成共识，教学质量评价的改革得以顺利推进。

（二）精心设计使制度更趋于科学合理

根据学校的实际情况精心设计、几经修改广西商业学校课堂教学质量等级评定实施办法。该办法第一体现公平性，不同的专家多维度的评价，三方评价分数权重的合理确定，体现了职业教育的特点和要求。第二体现激励性，课酬拉开了档次，打破了课酬计算主要依据职称和课时的传统做法，给积极开展教改的教师提供了进取的空间。第三体现可操作性，考虑到评价工作涉及面广、难度大，我校采取两级管理的办法，一、二级课程评价由学校负责，三、四级和合格课程评价由教学部负责。

（三）评价结果与绩效挂钩

我校教学质量"多元评价"综合评分结果，使最高等级一级课与合格课的课酬系数之比为1.8∶1，拉开了收入的差距，不仅打破了干多干少一个样，而且打破了干好干差一个样的教师薪酬分配"大锅饭"，树立了多劳多得、优质优酬的新理念。通过多元评价，把教师聘用、职务升降、培训发展、绩效薪酬相结合，使学校的激励机制得到充分运用，有利于学校的健康发展，同时也对教师本人建立起不断自我激励的模式。

五、体会：企业参与职校教学质量评价是必然趋势

（一）引入社会评价因素是提高职业教育质量的一个突破口

职业教育多元评价具有评价主体多元性、评价方式开放性、评价指标系统性和评价过程持续性等特征，充分发挥社会评价（主要是企业行业评价）在教学质量评价中的作用，合理使用多元评价促进学校教学质量的不断提高，对提高教育质量和培养高素质技能型人才具有积极的促进作用。我校教学质量多元评价模式改革的实践证明，职业教育多元评价已经成为提高职业教育质量的一个突破口。

（二）企业参与评价是职业教育质量获得公信力的重要因素

衡量职业教育质量的根本标准就是能否满足行业企业需要，毕业生的口碑在

一定层面上取决于独立于学校之外的社会或者用人单位。因此，企业参与评价突出了职业教育特点，评价指标体系和评价过程公允，评价结果全面、客观，在社会上也更具可信度，是职业教育质量获得公信力的重要因素。

（三）职业学校应与企业形成教学质量保障的利益共同体

中职学校要培养"适销对路"、受用人单位欢迎的毕业生，就需要加强与企业行业的联系，按照企业行业的要求及标准进行人才培养，需要校企共同设计、开发专业人才培养质量的评价指标，共同破解"人才培养对接用人需求、专业对接产业、课程对接岗位、教材对接技能"的问题，共同探索"教师教什么、怎么教，学生学什么、怎么学"。因此，职业学校与行业企业形成了质量保障的利益共同体。

【理论探讨】

论以生为本的高等教育质量评价

何　惠[①]　李东航[②]

【发表情况】2014-01-30发表于《中国成人教育》。

【摘要】以生为本的高等教育质量评价就是以促进学生发展为根本评价目的，将学生作为教育质量的最终载体，发挥学生的评价主体作用。目前，我国高等教育质量评价要实现以生为本，面临评价取向、评价功能、评价主体构成、评价方法和评价内容等方面的困境，急需采取可行方略予以破解。

【关键词】以生为本；高等教育；教育质量评价

1998年，联合国教科文组织《世界高等教育大会宣言》指出，"在当今这个日新月异的世界，高等教育显然需要有以学生为中心的新视角和新模式"，要求"国家和高等院校的决策者应把学生及其需要作为关心的重点，并应将他们视为高等教育改革的主要的和负责的参与者"。我国高等教育质量评价经过不断探索，初步形成了完整的评价体系，但随着高等教育大众化的迅速发展，这一评价体系的不足也日渐凸显，评价偏离了高等教育人才培养的目标，对我国高等教育人才培养质量的提高造成了消极影响。因此，在我国高等教育质量评价中，树立以生为本的理念并探索其实现路径具有重要的现实意义。

一、以生为本的高等教育质量评价的内涵解析

（一）以促进学生发展为根本目的

以生为本的高等教育质量评价强调发挥评价的"促进学生发展"功能，认为

---

①　何惠（1980—　），女，硕士，柳州职业技术学院讲师，研究方向为高等教育、语文教育。
②　李东航（1981—　），男，在读博士研究生，柳州职业技术学院副教授，研究方向为高等教育管理。

评价的根本目的不是通过鉴定和评比来体现政府政绩，而是促进学生实现发展的目标。评价不只是教育教学过程结束时鉴别、筛选学生的手段，更应该是促进学生发展的有效手段。以生为本的高等教育质量评价不仅关注学生的学业成绩，更关注学生身心的全面健康发展；不仅关注学生的学习结果，更关注学生在学习过程中良好学习品质的养成和思维能力的提升。

（二）将学生作为教育质量的最终载体

以生为本的高等教育质量评价认为，大学生是展现高等教育质量的最终载体，大学生素质和能力的高低决定着高等教育质量的优劣。办学理念、培养机制、教学设施、师资条件等教育因素只是形成高等教育质量的必要条件，并不等于高等教育质量本身，也不必然带来高等教育质量的提高。因此，以生为本的高等教育质量评价，将关注的焦点从以往高等教育评价所关注的高校对教育资源的掌握和投入，转向大学生的实际素质和能力发展水平。在具体的评价实践中，高校毕业生的用人单位满意度、社会声誉和社会贡献度是较为客观、全面地反映高校学生发展水平的指标。这些指标在以生为本的高等教育质量评价指标体系中，应占有突出位置。

（三）发挥学生的评价主体作用

以生为本的高等教育质量评价认为，大学生既是教育质量评价的对象，又是评价的主体。发挥学生的评价主体作用，对保证高等教育质量评价真正以生为本，促进学生发展具有重要的意义。首先，大学生是高等教育教学活动的主体之一，对教育质量状况具有最真切的感受，他们对自我学习与发展状况做出的评价，是整个教育质量评价不可或缺的信息来源。其次，自我评价能力是学生学习能力与自控能力的重要因素，在高等教育质量评价中发挥学生的评价主体作用，开展学生评教和学生自我评价活动，可以促进学生学习能力与自控能力的提高。

二、以生为本的高等教育质量评价的时代背景

（一）高等教育由规模扩张转向内涵提升

以 2010 年全国第四次教育工作会议的召开和《国家中长期教育改革和发展

规划纲要（2010—2020）》的颁布实施为标志，我国高等教育发展由规模扩张全方位转入内涵提升阶段。高等教育内涵建设的主要着力点在于高校要突出人才培养的特色，促进学生的个性发展和学习能力、创新能力的提高。一是高校要根据社会发展需求和自身条件，合理确定人才培养目标定位，突出优势，形成人才培养特色，实现错位发展。二是高校在人才培养过程中，要在培养学生基本素质和通用技能的基础上，更加突出学生的个性发展，更加注重学生学习能力和创新能力的提高。我国高等教育内涵建设的推进，要求高等教育质量评价在价值取向上做出相应的调整，即由对高等教育社会功能的关注转向对个体功能的关注，将高校发挥学生潜质、培养其独立个性和可持续发展能力的成效作为高等教育质量评价的关键指标。

（二）人才需求由标准统一转向个性多元

大工业生产时代，生产过程高度标准化，岗位操作技能要求严格统一，劳动者要完成统一的生产规程，其思想和行为的个性特征被标准化的生产遮蔽，生产过程对劳动者的创新意识和创新能力的要求比较低。与之相对应的，高等教育在人才培养上注重的是学生的共性，即对统一的生产技能的掌握。而在当今的知识经济时代，创新能力对社会生产的发展和产业竞争力的提升具有决定性作用。这个时代需要的劳动者除了要具有基本的通用素质和能力外，更重要的是拥有持续创新能力，而创新就是共性中的个性凸显。高等教育要培养学生的创新能力，从根本上说，就是要促进学生独立个性的形成。在此背景下，对高等教育人才培养具有重要引导作用的质量评价，应树立以生为本的理念，依据多元化的质量标准对不同类型和层次的高等教育进行分类评价，促进高校瞄准自身人才培养目标定位，促进学生个性发展，提高其创新能力。

三、以生为本的高等教育质量评价的现实困境

我国高等教育质量评价的全面组织实施，以及科学化、规范化和制度化，始于20世纪90年代末至21世纪初，对我国高等教育质量的提高起到了巨大的推动作用。但由于我国现有高等教育质量评价系统，在评价取向、评价功能、评价主体构成、评价内容和评价方法上仍存在诸多不足，高等教育质量评价要实现以生为本还面临不少障碍。

(一) 在评价取向上，重社会价值轻个体价值

高等教育质量评价的价值取向，是评价主体从自身利益出发，对高等教育质量进行评判时持有的价值倾向性，对高等教育质量评价具有根本的导向作用，决定着评价标准、评价对象和评价方法的选择。根据高等教育利益主体的不同，高等教育质量评价的价值取向可分为社会本位和个体本位两类。前者强调依据高等教育对经济、社会发展的推动作用来评价高等教育质量，后者将高等教育对学生潜质的激发和个性发展的促进作用，作为高等教育质量评价的主要指标。目前，我国高等教育质量评价过于偏向社会本位的价值取向，突出强调高校人才培养数量、科研产出、服务水平等指标，对高等教育质量所蕴含的个体价值重视不够。

(二) 在评价功能上，重结果鉴定轻未来发展

从评价的功能上来看，高等教育质量评价主要分为，旨在对质量生成的结果（水平）进行鉴定的终结性评价和旨在对质量生成过程中存在的问题进行诊断、为未来发展提供参考的发展性评价两种。前者着眼于"过去"，后者着眼于"未来"。我国现行的高等教育质量评价在很大程度上是一种终结性评价。由于评价结果对高校获取建设项目、政府财政投入、学位点设置等具有决定性意义，因此高校和其他利益相关者更多的是关注高等教育质量评价的结果，而对存在的问题及其原因缺乏深入地剖析。对大学生来说，未来的路还很长，清晰地认识存在的问题比简单的评价结果对他们的未来发展更加具有促进作用。

(三) 在评价主体上，重政府主导轻学生参与

我国现行的高等教育质量评价的主要特点是政府主导，评价方案的制定及实施、评估结果的发布均由政府组织，导致评价主体过于单一。由于政府既是评价对象又是评价主体，集"裁判员"和"运动员"于一身，导致评价过程中的腐败现象、造假现象屡见不鲜。而作为高等教育的主体之一，大学生几乎没有获得真正参与质量评价的机会，导致评价过程的信息收集有失全面，评价结论有失偏颇。

(四) 在评价内容上，重教学条件轻培养质量

我国现行的高等教育质量评价，在评价内容上关注更多的是教学设施、校园

环境、教学管理等教学条件要素，实质上是一种教学条件的评价，而不是教育质量的评价。例如，现行的本科教学评估方案包括办学思路、教学条件与利用、师资队伍、教学效果等七个一级指标和一个特色项目，仅有教学效果一个指标中的部分观测点涉及了学生在高校学习过程中获得的发展，其余六个指标涉及的仅仅是实现教学质量的条件。在高校的人才培养活动过程中，学生是直接的参与者，是高校教学工作最主要的质量主体，他们在高校的素质和能力养成状况，才是高等教育质量的最终体现。

（五）在评价方法上，重定量分析轻定性描述

我国目前已经建立了高等学校办学状态基础数据平台，并以此为基础对高等院校教育质量进行评价。数据平台的优点是直观、便捷，有利于避免主观因素对评价过程的干扰。但是，由于平台的数据由评价对象自行提供，数据来源单一，存在评价对象根据指标要求逆向操作的道德风险，容易导致上报的数据水分过大，严重影响评价结果的客观性。更重要的是，高等教育的质量单靠量化的方式是无法完全展现出来的，反映教育质量的某些重要指标，如学校社会声誉、学生可持续发展能力等是无法完全量化的，必须辅以定性方式予以描述。

四、以生为本的高等教育质量评价的构建方略

（一）突出评价的个体价值取向

我国高等教育质量评价要实现以生为本，必须从根本上纠正过于强调社会价值的取向偏颇，突出个体价值的评价取向。其实，对个体价值的强调并不意味着对评价的社会价值取向的完全否定，高等教育的社会价值与个体价值间存在辩证统一的关系，社会价值的实现需要个体价值的充分实现，个体价值的彰显离不开社会价值的合理引导和规范。综合来看，对高等教育个体价值的适当突出是平衡高等教育的社会价值与个体价值的合理选择，因为高等教育要发挥自身对经济社会发展的推动作用，从根本上要通过培养具有独立个性、创新能力强的高等专门人才，而这也正是高等教育个体价值的题中之意。我国高等教育质量评价以生为本，就是要突出个体价值的评价取向，将高等教育促进学生潜能发挥和个性发展的成效作为质量评价的根本标准。

（二）强化评价的促进发展功能

高等教育质量评价要着眼于学生的未来发展，强化评价促进学生发展的功能。一是健全分类评价机制。高等教育大众化的特征是人才培养类型的多元化，不同类型的人才培养需要有不同的质量标准。学术型的人才培养，要突出理论掌握和研究能力的质量标准；技能型的人才培养，应强调实践操作技能掌握的质量标准。只有评价主体根据相应的质量标准对不同类型的人才培养进行评价，才能引导高校和学生紧扣自身发展定位，实现人才培养目标。二是注重问题分析。高等教育质量评价不可报喜不报忧，要对存在的问题给予更多的关注，发挥管理人员、教师和学生的主动性，对问题进行梳理，对问题原因展开分析，以便对症下药，推进教育教学改革。三是加强评价结果反馈和问题整改。要将评价结果及时反馈给管理者、教师和学生，同时落实评价后问题整改的回访和监督制度，推动各有关方面切实解决问题，不断提高人才培养质量。

（三）尊重学生的评价主体地位

学生是高等教育教学过程的直接参与者，对教育质量感受最直接、最有发言权。在西方发达国家的高等教育质量评价中，学生的评价主体地位日益突出，如冰岛、丹麦、芬兰、挪威与瑞典北欧五国，通过立法保障学生高等教育质量评估的参与权，评估机构与被评高校采用各种办法，让学生全程参与，发挥学生参与的主体性，使学生参与评估计划制订、外部评估小组、院校自我评估、现场考察与评估报告发布，产生了良好的效果。此外，美国高等教育为了提升本科教育质量，由全国高等教育管理系统中心开发了本科教育良好实践指标体系，核心内容就是以学生的"参与"程度为中心，对教学过程进行评估，主要通过对学生进行问卷调查，为学校改进教学提供依据。我国现行高等教育质量评价，虽然在教学评估中设置了学生座谈会环节，有部分高校开展了学生评教、毕业生回访等方式探索，但由于管理体制的"官本位"沉疴，学生的评价主体地位并没有得到充分尊重，其发言权对评价结论的影响微乎其微，沦为评价过程的"布景"。因此，我国高等教育质量评价要切实发挥学生的评价主体作用，必须从根本上改变目前高等教育管理体制的行政化，推进管理民主化，并从法规上明确和保障学生的评价主体地位。

（四）聚焦学生学习质量的评价内容

我国高等教育质量评价指标体系的重心，应从高校对教育教学资源的占有量向资源的使用效率、学生的学习效果转移。学生学习质量评价内容，包括在校生学习质量和毕业生就业表现两个方面。在校生学习质量评价可从学生学业成绩、各类竞赛成绩和道德品质等综合素质表现进行评价；高等教育质量的优劣，最终表现在毕业生的就业和职场发展状况上，毕业生就业表现评价可通过用人单位满意度调查、毕业生社会贡献度调查、毕业生自我评价等途径进行。值得注意的是，毕业生就业表现的评价需要用人单位和毕业生的积极配合，这就需要高校与用人单位建立长效合作机制，建立、健全校友会制度。

（五）运用定量与定性相结合的评价方法

定量评价方法的优点是信息获取客观明确，但高等教育中涉及价值判断的问题数据无法说明其全部意义，因此，需要定性评价方法给予补充。只有定量与定性方法优势互补、有机结合，才能保证评价结论的全面性和客观性。首先，在我国现行的高等教育质量评价中，运用数据平台和报表收集高校教育质量信息，使工作效率大幅提高，但目前收集的数据基本反映的是高校整体办学状况，没有深入反映学生发展质量微观层面的数据信息。因此，应该利用现代信息网络技术，让学生自主通报个人学习发展情况信息，并通过技术的自动整理分析得出评价报告，以真实反映学生的发展质量。其次，对集中反映学生质量水平的用人单位满意度、毕业生社会贡献度等无法完全依靠数据说明的评价指标，可通过用人单位回访、毕业生座谈会等访谈调查方式获取相关评价信息。

【参考文献】

[1] 姜峰，崔莉. 以学生为中心，创建新型综合性大学[J]. 理论纵横，2007（10）.

[2] 翁琴雅. 新时期我国学生评价的价值观：从"以分为本"向"以生为本"的转变[J]. 当代教育科学，2009（21）.

[3] 冷余生. 从质量争议看高等教育质量评价的现状和任务[J]. 高等教育研究，2007（3）.

[4] 杨智勇，孙岳兵，邢亮. 学生就是大学：以生为本促进高等教育又好又

快发展[J].湖南农业大学学报（社会科学版），2009（4）.

[5] 方展画，薛二勇．高等教育质量评估中的学生参与：以北欧五国为例[J].教育研究，2007（1）.

[6] 岳小力，张晓鹏．构建以学生为中心的本科教育质量评价指标体系：试析美国"本科教育良好实践指标"手册[J].高教探索，2009（3）.

[7] 钟秉林，周海涛，刘臻，等．总结经验教训研究背景趋势创新评估思路：新一轮本科教学评估基本问题探析（一）[J].中国高等教育，2009（1）.

完善高职院校行政管理人员绩效考评体系的建议

赵 萃①

【发表情况】 2015 - 11 - 30 发表于《中国成人教育》。

【摘要】 目前,高职院校行政管理人员绩效考评体系建设相对于教师绩效考评工作依然比较滞后,对行政人员的绩效管理会直接影响高职院校的整体管理水平,因此,高职院校未来改革与发展的一个重要课题就是如何不断加强和完善高职院校行政人员绩效考评体系。本文旨在通过分析我国高职院校行政管理人员绩效考评中存在的问题,探讨如何完善高职院校行政管理人员绩效考评体系,进而建立更加科学、完善、合理、高效的绩效考评体系,真正发挥绩效考评的激励、导向作用,实现学校与在校员工的共同发展。

【关键词】 高职院校;行政管理人员;绩效考评

绩效考评是绩效管理系统中的一个环节,高职院校行政管理人员是学校的重要组成部分,因此,树立正确的绩效管理理念,科学运用绩效考评的导向作用,对激发行政管理人员的积极性,促进其发展,提高工作效率具有十分重要的意义。

一、高职院校行政管理人员现状分析

(一)行政管理人员整体素质较低

行政管理人员是指从事行政、教学、科研管理工作以及政治工作的人员。在

---

① 赵萃(1982—),女,硕士,柳州职业技术学院讲师,研究方向为职业教育与人力资源管理。

高职院校中，这些人员在人事处、财务处、教务处、后勤处、图书馆、办公室、学生处等部门工作，承担了除教学以外的各项管理工作。近年来，高职院校快速发展，学生数量大幅增加，教师队伍整体水平不断提高，但与之相对的行政管理人员却赶不上学校发展的脚步，表现出整体滞后的特点。与教学人员相比，行政管理人员学历相对较低，水平素质良莠不齐，专业管理知识欠缺，整体管理水平有待提高。

（二）行政管理人员管理工作内容复杂，职能划分不明确

高职院校行政管理人员的管理工作主要表现为管理层级相对较少，职能划分不够明确，从而造成每个人不能很好地各司其职，管理内容相对复杂。以一些高职院校的学生处为例，既要负责学生的衣食住行等方面的管理制度的制定和执行监督，又要对全校学生纪律进行监督，通常情况下，一个管理人员要负责多项具体的工作。职能得不到合理的划分，管理人员间层级划分不明显等问题十分突出，不利于对行政管理人员进行绩效考评。

二、我国高职院校行政管理人员绩效考评存在的问题

（一）考评形式死板

我国高职院校行政管理人员绩效考评主要采用德、能、勤、绩、廉五大指标，各项考评指标不能根据岗位不同进行分别设计。考评笼统地以五大指标为考评指标，不会因行政管理人员所在岗位不同、工作性质和内容的差别设计考评各方面的权重系数和分值。

（二）考评标准千篇一律，缺乏明确的岗位分析

目前，一部分高职院校行政管理人员的绩效考评标准只是从企业拿来稍加修改后使用，或者购买现成的绩效考评指标数据库。根本没有根据学校的应用性、地方性和职业性等特点为依据进行分析，从而导致绩效考评的各项核心标准只具备了普遍性，无法具备针对高职院校行政管理人员绩效考评标准的特殊性。高职院校行政管理人员岗位很多，各个岗位的工作性质、内容、范围以及工作对象各不相同，很多高职院校基本不做岗位分析，或者分析不细致、不到位，行政管理

人员不管在什么岗位，绩效考评指标都一样，没有任何区别，最终导致绩效考评的可信度大大降低。

（三）考评过程不规范，随意性大，缺乏监督

高职院校的绩效考评很难有校外的其他机构进行监督，这就可能造成整个考评过程只是统计过程而不是考核与评价的过程。目前，各高职院校的绩效考评都成立一个专门的考评小组，小组成员大都是各个部门的领导或者拥有高级职称的人员，这些人员往往年年都参与考评，遵循固定的考评模式和考评标准，为了考评而考评，只求有一个最终的结果。这样很容易导致考评过程随意性较大，完全是走过场，甚至考评小组内部内定考评结果的情况。久而久之，就会出现大部分行政管理人员对绩效考评不积极、不重视，应付了事的情况。最终导致行政管理人员对未来充满迷茫，失去工作动力和发展动力。对高职院校而言，则是极大地削弱了绩效考评的引领作用，只重视考评结果，不重视最初的管理发展目标，整个学校的管理工作将会是一盘散沙。

三、完善高职院校行政管理人员绩效考评体系的建议

（一）构建高职院校行政管理人员绩效考评体系的原则

1. 民主测评与自我评价相结合的原则

高职院校行政管理人员绩效考评的负责部门在对全校行政管理人员开展绩效考评的过程中，既要求被考评者根据自己的工作实际表现开展自我评价，也要联合其所在部门的同事、服务对象等开展民主测评。与此同时，被考评者所在部门要根据绩效考评体系，结合组织目标和个人实际表现做出客观、符合实际的评价。

2. "质"与"量"相结合的原则

"质"是指性质、质地，"量"是指数量。高职院校的行政管理工作十分庞大繁杂，对这个系统中工作的人员进行考评，既不能简单拿工作的质量来衡量，也不能单纯拿工作的数量来衡量。因此，考评既要对工作进行质地检验，又要根据量化标准对工作量进行精准测算。简言之，就是绩效考评既要有定性指标，又要有定量指标。

3. 服务性的原则

高职院校的部分行政部门实际上是一些相应的服务部门，但这些部门普遍存在重管理而轻服务的意识，总是存在大门难进、事情难办、脸难看的问题。如果从对行政管理人员进行绩效考评入手，以服务性原则作为工作目标来制定考评标准，就会很好地杜绝各部门出现管理人员总是高高在上的现状。

（二）完善高职院校行政管理人员绩效考评模式设计

对高职院校行政管理人员进行绩效考评要从多方面、多角度予以考虑，这就要求考评的信息搜集要通过多个渠道获得。正因为行政管理人员是连接学校领导与基础人员的纽带，所以他们承担的工作任务尤为重要，责任更加重大。那么，对行政管理人员的绩效考评模式的选择要慎之又慎，要由多种模式相结合，互相辅助使用，在考评过程中要做到以下两点：一是结合被考评者的实际岗位和工作情况设计考评模式；二是采用360度考评模式，参与考评的人员除被考评者外，还应包括与其工作有直接或间接接触的人员，如被考评人员的同事、下级以及考评小组，以求考评结果的客观性与公正性。

1. 自我考评

采取自我考评的方式既有优点也有缺点，优点是被考评者主动参与考评过程，参与的积极性与主动性会相应提高；缺点是被考评者对自身的评价有失客观性和公正性，从而出现自我夸赞或弄虚作假的现象。因此，在实际考评过程中，自我考评可以作为其他考评模式的辅助和补充，使考评可以更加全面和公正，发现其他考评模式中存在的问题。比如，采用其他考评模式考评出的结果与被考评者自我考评结果差别很大，就说明考评过程可能出现了偏差，需要及时核查及纠正。

2. 直接上级考评

一方面，对被考评者的平时工作表现和实际工作情况了解最多的是其直接上级，所以通过直接上级对被考评者进行考评，一般情况下，考评结果会比较客观、可靠和准确。另一方面，被考评者与上级由于长期的工作配合，会产生一定的个人情感，因此，考评可能受到个人喜恶的影响，掺杂过多的个人情感，从而影响考评的结果，造成绩效考评结果有失偏颇。

3. 直属下级考评

与直接上级相似，下级考评模式主要的优点也是由于上下级关系的存在，对彼此之间的工作情况十分了解和熟悉，有助于直接获取考评信息。但缺点是考评者由于岗位和思考角度的不同，在考评过程中会带有一定的个人情绪，导致考评结果不准确。与此同时，由于上下级关系，考评结果有可能出现夸大优点、隐藏缺点、避重就轻的现象。因此，在实际考评过程中，使用下级考评这一模式时，要采取不记名考评的方式来完成，从而避免上文中提到的弊端出现。

4. 同级同事考评

考评者与被考评者之间既有工作关系又有竞争关系，因此，同级同事考评模式有可能搜集到其他考评模式无法获取的信息。但要注意的是，这种考评模式也存在一定的弊端，由于双方的竞争关系，可能出现刻意打低分或者恶意评价，从而影响考评结果的准确性。所以，在合理把握同事间关系的基础上，在中层行政管理人员绩效考评中可以运用这一模式。

5. 考评小组考评

考评小组是指由一组固定的人员对被考评者进行考核和评价。采取这种模式的考评，小组成员可以由各岗位人员抽调组成，对被考评者进行多角度、多方位、多层面的考核与评价，这样可以避免被考评者的直接上级由于个人喜恶影响考评的结果。但是不能忽略的是，考评小组考评也存在一定的漏洞，即考评小组成员并不一定对每一位被考评者都十分熟悉和了解，考评结果难免会出现偏差。

综上所述，正是因为每一个考评模式都有其优缺点，所以高职院校行政管理人员绩效考评要选择多种模式相结合，即360度考评模式。

（三）建立高职院校行政管理人员绩效管理长效运行机制

高职院校行政管理人员绩效考评是一个长期的、系统的工作，影响绩效考评结果的因素多种多样，十分复杂。因此，作为学校的领导，一定要具备现代绩效管理理念，懂得绩效考评不是单纯通过考核过程而是通过科学的绩效考评体系管理来实现的。绩效考评不仅是组织领导和行政管理人员之间的一项管理活动，更是学校绩效管理的一个重要组成部分。目前，我国高职院校行政管理人员绩效考评存在很多问题和不足，所以必须从根本入手，建立健全绩效管理的长效运行机制，根据岗位设置需要，真正做到对个体考评的公平性，完善绩效考评模式，形成自上而下的公开、公平、公正的考评文化。虽然建立健全高职院校行政管理人员绩效管理长效机制的周期相对较长，难度较大，见效也会相应较慢，却是能够真正完善绩效考评系统的最根本的措施。

总之，应不断完善高职院校行政管理人员绩效考评机制，帮助学校建立一支高水平、高效率的行政管理人员队伍，提高学校整体管理服务水平，最终达到提高学校核心竞争力的目标。

【参考文献】

[1] 孟秀琴．浅议高职院校教师的绩效考核[J]．科技情报开发与经济，2007 (17)．

[2] 王占宇．谈高校教师绩效考核系统的构建[J]．民营科技，2009 (8)．

[3] 李志，唐波．三位一体的绩效考评[J]．企业管理，2009 (12)．

[4] 李红梅，龚捷．浅析高职院校行政管理人员绩效考核[J]．职教论坛，2011 (12)．

[5] 潘燕．高职院校行政人员绩效考评中的问题及对策[J]．江西教育科研，2007 (11)．

基于卓越绩效模式的高职院校管理成熟度评估指标体系研究

鞠红霞[①] 邱福明[②] 陈玉成[③]

【发表情况】2018-02-01发表于《中国成人教育》。

【摘要】高职院校管理成熟度评估指标体系是检验衡量高职院校管理水平的准则和标尺，应按照卓越绩效模式理念，遵循科学性、可操作性、系统性原则，以高职院校管理的内容和人才培养、社会服务等工作流程为基点构建指标体系。对高职院校管理成熟度进行评估，有利于高职院校更准确地了解自身管理的现状，找出管理中的不足，从而针对问题根源及时改进，以提高整体管理水平。

【关键词】高职院校；管理成熟度；评价指标体系

提升管理水平既是提升职业院校核心竞争力的内在要求，也是提高人才培养质量的现实需要。自从建设国家职业教育示范院校以来，各职业院校对管理工作越来越重视，基本上遵循"管理示范"的要求，科学设计了管理体系，理顺了制度。但是，与当前和未来职业院校治理能力现代化的新要求相比，职业院校管理水平特别是管理成熟度方面还有很大的距离。教育部《职业院校管理水平提升行动计划（2015—2018年）》和《高等职业院校内部质量保证体系诊断与改进指导方案（试行）》两个文件的颁发，都期望通过管理来提升高职院校的治理能力和自主诊断改进能力，这与管理成熟度密切相关。质量是高职院校教育生存和发展的基础，质量管理的体系设计以及实施水平则是质量管理的目标和落脚点。因

---

① 鞠红霞（1969— ），女，江苏人，柳州职业技术学院副校长、教授，主要研究方向为高职教育。
② 邱福明（1982— ），男，江西赣州人，博士、副教授，柳州职业技术学院质量管理办公室主任，主要研究方向为职业教育课程与教学论、职业教育管理研究。
③ 陈玉成（1980— ），男，湖北孝感人，深圳市金品质企业效益开发有限公司高级顾问，咨询专长为卓越绩效模式、质量管理、职业院校运营管理。

此，对高职院校来说，找到一种可行的框架或方法来衡量评价自身的质量管理具有重大的意义。

一、高职院校管理成熟度概念与内涵解析

管理成熟度研究的历史起源较早，源于著名的质量管理大师菲利普·克劳士比（Philip B. Crosby）在1979年提出的质量成熟度方格理论。目前，管理成熟度在企业管理中应用较多，尤其在项目管理中应用广泛。"管理成熟度，简单而言，就是企业的管理体系在运营过程中达到的成熟程度，也就是管理体系与企业经营需求之间的匹配程度。"通常意义上来说，在管理学中，成熟度有时被认为是个体对自身的行为承担相应责任的水平和愿望的强烈与否。它取决于两个要素：工作成熟度和心理成熟度。但也有研究者认为："成熟度是一个程度概念，是用于描述事物发展到接近完善的程度，它能够合理地把握住事物从低级到高级再到消亡的过程发展规律。"这种理解倾向于将管理成熟度理解为某一组织的整体管理水平达到的水平和层级。本文根据卓越绩效模式的理念，将高职院校管理成熟度定义为高职院校的管理水平所达到或实现的程度，反映了一所高职院校在某一发展阶段的制定战略目标、做好资源统筹、进行内部评估与改进的能力。

"学者们对质量管理实践要素的识别和测量、如何在企业实施质量管理实践以及质量管理实践和绩效的关系进行了大量的研究。"高职院校管理成熟度作为衡量高职院校管理水平的准则和标尺，需要考虑其科学性、可操性、系统性等原则，构建起一个框架，再应用这个框架衡量评估。首先，要评估高职院校总体的质量管理水平和发展状态，将高职院校整体质量水平从纵向角度划分若干等级，并清晰描述每个等级的显著特征。其次，根据高职院校的特点遴选出具有很强代表性的指标，明确每个指标的内涵，描述每个指标的显著特征，将这些指标建成一个完整科学的评价体系。最后，组建校内外专家或者组建自评师队伍开展成熟度评估。

二、卓越绩效导向的高职院校管理成熟度评价指标体系构建

卓越绩效管理模式是在全面质量管理的基础上发展起来的更具操作性、系统性的管理模式，它不是一种需要达成的目标，而是一种基于自身现状，以结果为导向的评价方法。卓越绩效强调关注经营结果，强调为相关方创造平衡的价值，标准的非规定性和灵活适用性，以关键绩效指标为纽带，保持全组织的目标一致

性。我们根据卓越绩效评价准则、卓越绩效模式（教育类）评估标准和深圳市市长质量奖教育类评定标准，参考 ISO 9004 管理成熟度评价方法，以高职院校的职责内容和人才培养、社会服务工作流程为出发点，尝试建立了高职院校"五等级四层次"成熟度评估标准体系。

（一）构建高职院校成熟度评估标准体系

该体系纵向分为五个等级，分别是被动型、萌芽型、主动型、创新型、卓越型（见表1）；横向分为系统、执行、改进、一体化四个层次（见表2）。评估时，先纵向定位学校管理成熟度，在确立纵向等级的基础上，基于该等级水平，再看横向层次的系统、执行、改进、一体化分别达到什么水平，可以赋分多少。

表1　高职院校管理成熟度五个等级及特征

成熟度	关键特征		分值
	文字描述	图示	
被动型	孤立目标 被动反应 没有系统		1
萌芽型	一致目标 自发执行 局部系统		2
主动型	绩效目标 主动改进 完整系统		3
创新型	高效目标 突破改进 协同系统		4

续表

成熟度	关键特征		分值
	文字描述	图示	
卓越型	标杆目标 持续成功 一体化系统	→→→→→ 战略目标和运营目标	5

表2　高职院校管理成熟度横向四个层次表

层次	特征及分值				
	被动型	萌芽型	主动型	创新型	卓越型
系统	1.没有建立目标或建立了孤立目标；2.工作缺乏必要的策划；3.缺乏流程制度，被动完成任务	1.建立了非量化的初步一致目标；2.工作进行局部、非系统化的策划；3.建立了孤立的流程制度	1.识别出所有相关方的要求和期望，并建立了绩效目标和量化指标；2.工作进行完整、系统化的策划；3.建立了相互关联的流程制度（满足5W1H）	1.追求高效率达成目标和满足相关方要求；2.工作进行创新型、系统化策划；3.建立了动态改进的工作系统	1.追求教育领先和标杆地位；2.工作进行可持续成功的策划；3.建立了可分享的、学习型和一体化的工作系统
执行	1.大部分遵循孤立的流程制度执行；2.对流程制度的执行过程缺乏必要的督导、检查；3.对达到的目标和要求的结果缺乏数据收集、分析和评价	1.大部分遵循相互关联的流程制度执行；2.对流程制度的执行过程实施了必要的督导、检查；3.对绩效目标和量化指标的结果进行数据收集、分析和评价	1.以动态改进方式执行；2.对工作系统的执行过程实施了必要的数据化监控；3.对满足要求和达成绩效目标的效率进行数据收集、分析和评价	1.以学习和分享、可持续成功的方式执行；2.对工作系统的执行过程，实施了必要的信息化控制；3.基于数据和信息进行行业发展趋势预测
改进			1.根据过程督导、检查结果，对执行过程实施改进；2.根据绩效测量、分析和评审结果，对流程制度实施改进；3.改进是渐进式的	1.根据数据化监控结果，对执行过程实施改进；2.根据效率的测量、分析和评审结果，对工作系统实施动态改进；3.改进是创新性、突破性的	1.根据信息化控制结果，对控制方法实施改进；2.根据趋势预测结果，对工作系统实施可持续成功改进；3.改进是引领行业发展趋势的、可分享的

续表

层次	特征及分值				
	被动型	萌芽型	主动型	创新型	卓越型
一体化			1. 流程制度的改进与院校理念、战略和整体绩效有偏差；2. 流程制度的改进工作有主次之分；3. 流程制度的改进工作顺序缺少协调一致	1. 工作系统的创新与院校理念、战略和整体绩效无偏差；2. 工作系统的改进工作有主次之分；3. 工作系统的改进工作基本协调一致	1. 引领趋势的改进与院校理念、战略和整体绩效高度一致；2. 引领趋势的改进工作主次分明；3. 引领趋势的改进工作相互支持、协调一致

（二）组建高职院校成熟度自评师队伍

为了组建一支理念先进、方法熟练的自评师队伍，需要出台自评师管理程序，开展自评师选拔，组建自评师队伍。队伍人员可以涵盖中层干部、科级管理人员和干事。要对质量管理自评师开展培训，培训内容包括卓越绩效模式的起源与发展、框架概述、标准解析及柳职院实践、管理成熟度评估标准及方法讲解、管理成熟度评估案例与练习，形式上涵盖理论学习、小组案例练习、管理成熟度评审实操。目的在于打造一批掌握卓越绩效模式管理理念和方法的自评师，加强学校质量管理队伍建设，有效强化卓越绩效模式在各部门中的运用，提升学校管理质量总体水平。

（三）明确高职院校成熟度评估操作方法

评估要求自评师本着客观公正、系统、持续改进的原则，主要由评估准备和现场评估两部分组成。其中，现场评估部分最关键，包含现场首次会议、现场评估、评估组现场合议、现场末次会议四个环节。首次会议要求被评估部门全体人员参加，组长说明评估目的和依据，宣布评估工作安排，介绍评估检查工作项目；现场评估环节是自评师根据管理成熟度评估表所拟评估的工作项目，逐项开展评估；每一项工作项目的具体评估程序：评审组提出抽查的工作项目→被评审方陈述做法→评审组询问/访谈→评审组查阅工作流程/制度文件和交流→评审组查阅工作流程/制度的执行方案/报告/记录和交流→评审组查阅基于执行效果的统计分析、改进措施和交流→评审组记录听到/看到/查阅的相关证实性材料→自评师各自评分；评估组现场合议研讨评估结论，包括各组员陈述收集到的评估支撑材料，合议单项工作评分得分、部门管理成熟度评估总分、评估记录和改进建议等。如果对某项具体工作评分时，组员间若出现最高分值与最低分值差距达2分以上的情况，必要时组长可请被评估部门补充佐证材料，并根据组员评分理由和被评估部门补充展示的佐证材料情况，评判出该项工作的成熟度分值。若出现最高分值与最低分值差距在2分之内的情况，组长可定夺给出具体分数。现场末次会议由组长主持，双方交流评估情况，包括主要优势、改进机会、成熟度分数等，并宣布现场评估结论。

三、提高高职院校管理成熟度的策略

高职院校通过引入卓越绩效模式，构建管理成熟度评估标准体系是一种自设目标、自我评估管理的科学做法，真正使学校成为提高质量管理水平的主体，并以完整的体系、科学的评估标准和相关制度保障全面质量管理的推进。基于对高职院校管理成熟度评估的试行实践，笔者提出以下策略。

（一）确立科学合理的质量战略

《职业院校管理水平提升行动计划（2015—2018年）》明确提出，要"确立管理工作在职业院校办学中的基础性地位，落实国家职业教育有关法规、制度及标准，全面规范办学行为，不断激发办学活力，切实提高职业院校依法办学的能力和水平"。教育部《关于深化职业教育教学改革全面提高人才培养质量的若干意见》也要求，"构建教学标准体系，健全教学质量管理和保障制度，以增强学生就业创业能力为核心，加强思想道德、人文素养教育和技术技能培养，全面提高人才培养质量。"质量战略在高职院校整体战略中具有举足轻重的作用。高职院校虽然建立了教学质量监控体系，制定了办学的质量方针和质量目标，但是更加符合现代职业教育发展趋势、更加具有系统性的质量战略却不够清晰，导致质量管理体系成为摆设，失去"方向盘"的引领作用。高职院校制定一个遵循现代职业教育发展规律、符合学校实际情况、富有个性特色的质量战略尤为重要。为此，需要学校组织各部门和各类教职员工分层分批展开大讨论，草拟初步方案，反复征求意见，邀请专家指导等，最后确定学校的质量战略。例如，柳州职业技术学院就通过这些方式，确立了"国际引领，内涵升级，六化并举，建成特色鲜明高职名校"的发展战略，聚焦质量，以期实现国际化的标准、卓越化的贡献、专业化的团队、现代化的管理、人性化的服务、精致化的校园，并通过制定战略地图，分解与展开战略实施。

（二）建立质量管理对标体系

高等职业教育经过近几年的发展，在规模上以及影响力等方面都成为中国高等教育的一股新生力量，甚至在国际上也有初步影响力。但是，在质量上特别是人才培养质量控制过程方面仍然有很大的提升空间。高职院校要花大力气提高质量核心竞争力，可以建立质量对标体系，通过各类调查和数据分析，如学生、家长、行业企业、政府部门等，了解、比较同类院校质量水平等，多渠道搜集标杆的最新动态、成功经验、过往数据和当前趋势，找准标杆进行比对和评测，获取相关的可靠分析数据，客观真实地掌握自身管理现状，尤其关键环节和领域的质量指标，找到弱项和缺陷，为改进提供决策依据。当前，教学诊断改进的理念已经越来越清晰，柳州职业技术学校的做法是在重点引入卓越绩效管理模式理念的同时吸收全面质量管理、目标管理等管理理念，以学校顾客为导向，将卓越绩效的"领导、战略、顾客和市场、测量分析改进、人力资源、过程管理、经营结果"七个方面的理念贯穿诊断改进工作中；以绩效管理及考核性诊断为抓手，以标准与制度体系建设为基础，以校本数据平台建设为支撑，形成内外结合的全方位、多元化质量保证机制。

（三）始终关注和追求顾客满意

"企业实现顾客满意和顾客忠诚的过程，是一个持续改进、追求卓越的过程。必须通过提高产品质量、服务质量，使顾客从信任到信赖，并使顾客获得惊喜，最终提高顾客的忠诚度。"高职院校也一样，必须梳理并准确了解顾客的需求和期望。卓越绩效管理标准强调，绩效和质量是由组织（学校）的学生及利益相关者判定的。因此，学校必须重视所有教育方案与教育服务的属性，以及为学生及利益相关者增加价值的支持。根据不同的顾客类型，我们确定了学校需要开展迎新服务满意度调查、在校生满意度调查、毕业生就业满意度调查、家长满意度调查、用人单位满意度调查和教职工满意度调查六种调查工作，并且根据顾客在学校学习、生活或工作的时间规律特点，制订了满意度调查实施计划。从顾客的角度出发，结合大量的现场访谈、调研，以及日常收集的投诉和督导检查信息，归整出学校教育教学服务的关键改进环节，最终形成各类满意度调查数据分析报告，进而有针对性地改进。

（四）建立和创新问题升级机制

我们将学校人才培养涉及的教育服务事项分为非常紧急、紧急、一般三个等级，每个等级所需完成时间不同，在规定时间内没有办结会按照标准自动升级到上一级领导，通过问题升级机制，促使教育服务事项按时、快捷办结（见表3）。

表3 物业服务事项等级表

升级岗位	负责部门	具体升级要求
物业主管	物业服务公司	1. 物业在接到任务后按紧急状况及时派工； 2. 在规定时限内完工或将信息反馈给校园110
物业经理		督促2小时内落实，否则升级
科长	职能部门	督促2小时内落实，否则升级
副处长		督促2小时内落实，否则升级
处长		督促2小时内落实，否则升级
分管副校长	校领导	督促2小时内落实，否则升级
校长		督促2小时内落实

四、结论

由于卓越绩效模式在高职院校全面推进的试点案例少，没有比较成型的经验。目前，在国内只有深圳市的中小学有全面推进卓越绩效的试点经验。但高职院校与中小学差别大，其管理体系和相关利益方比中小学要复杂得多。我校所开展的改革实践，也是在吸收借鉴的基础上，重点在本土化开发与探索，力图"将国内外典型的质量管理成熟度模型与高职教育质量管理现实水平两个维度有机结合"，从另一种视角审视质量管理成熟度与高职院校之间的契合，还有很多不够细致的地方，如成熟度评估标准需要定期进行修正、增加或剔除，特别对一些显著特征的描述还不够明晰，针对不同的自评师容易带来不同的理解。另外，评估的具体操作办法、组织形式仍需进一步丰富和验证。本文对高职院校管理成熟度的研究与实践只是一种尝试，仅仅提供一种思路和方法，仍需持续深入地研究完善。

【参考文献】

［1］水常玺. 管理成熟度的评价理论与方法［M］. 北京：中国经济出版社，2012：78.

［2］陈霞. 数据加工企业管理成熟度评价指标体系研究［J］. 商业经济，2011（12）：40.

［3］苏秦. 中国企业质量管理成熟度研究［J］. 企业管理，2010（9）：172.

［4］赵敏. 质量管理成熟度研究［J］. 质量管理，2008（5）：32.

［5］周艺勇. 高职教育质量管理成熟度评价研究［J］. 职业教育研究，2014（6）：11-12.

五位一体的高职学生素质教育评价体系构建

梁美英[①]

【发表情况】2014-12-11发表于《教育与职业》。

【摘要】高职学生是我国大学生群体的重要组成部分,在国家建设和发展中承担着重要的责任。高素质是高职毕业生成长成才的重要因素,更是国家发展强大的需要。文章提出建立学生、家庭、学校、企业、社会满意的五位一体的高职学生素质考核体系,即建立健全高职学生素质考核制度,设立"层级化联动"的素质教育组织机构,制定操作性强的高职学生素质测评指标体系,采用定量与定性相结合的高职学生素质评价方式,采用多元化的高职学生素质评价渠道。

【关键词】高职素质教育;五位一体评价体系

高等职业教育发展到今天,为国家培养了大批的高端技能型人才。国家对高等职业教育培养的人才有了越来越高、越来越具体的要求,把对学生的素质教育提到更加重要的地位。

教育部《关于全面提高高等职业教育教学质量的若干意见》中明确指出,加强素质教育,强化职业道德,把社会主义核心价值体系融入高等职业教育人才培养的全过程。我国高职院校重视培养学生的专业能力,特别体现在专业课和实践教学环节有充分的教学保障,使高职院校学生的知识技能紧跟经济发展的步伐,满足企业生产制造的需要。但是,仅仅重视学生的专业技能是无法很好满足学生成长成才和国家发展需要的。浙江广厦学院提出"以技能立身,靠素质发展"的校训,院长许华春说:"强调技能立身,体现的是一种劳动价值观。从立身到立业,到成为一个成功人士,必须靠素质,靠道德良心。"可见,高职院校已经开

---

① 梁美英(1968—),女,广西柳州人,硕士,柳州职业技术学院副教授,研究方向为教育管理。

始重视培养学生的素质。素质教育的实践活动正在各高职院校热火朝天地开展着。大家基本达成共识，认为综合素质是高职毕业生成长成才的重要因素，更是国家发展和强大的需要。学生素质教育活动评价制度在高职院校素质教育活动体制中起着"指挥棒"的作用，重视素质教育，就要重视对素质教育效果的考评。

一、高职学生素质教育考核现状

（一）高职学生素质教育考核制度缺乏或不完善

俗话说："没有规矩，不成方圆。"规矩就是我们常说的规章制度。制度或称建制是社会科学的概念。从社会科学的角度理解，制度泛指以规则或运作模式规范个体行动的一种社会结构。这些规则蕴含着社会价值，其运行彰显着社会秩序。建制的概念被广泛应用到社会学、政治学及经济学范畴中。制度最一般的含义是指要求大家共同遵守的办事规程或行动准则。高职院校建立完善、健全的素质教育考核制度，规范素质教育活动程序，保证素质教育活动的完整性，保障素质教育活动的质量，检验素质教育活动的效果。评价制度缺乏或不完善，素质教育活动的随意性就很强，使素质教育活动经常处于无序化而不能持续性开展，各项素质教育活动也会流于形式；不制定素质教育活动过程中素质的评价方式，其他素质教育教学方式的改革等也将流于形式，素质教育工作难以推上新台阶。

（二）高职学生素质教育考核没有统一的标准

孟子曰："权然后知轻重，度然后知长短，物皆然，心为甚。"课程标准对课程的性质与作用、课程理念与设计思路、课程教学目标、课程内容与安排、课程实施原则和课程考核都做出了详细的规定。素质教育活动不同于第一课堂教学活动，学生素质的高低是很难用分数来量化的，在很多情况下，学生只要参加了素质教育活动，学校就认为他们获得了相应的素质熏陶，潜移默化地提升了素质，因此淡化、忽略了学生素质教育活动中对学生素质的考核。没有统一的标准或标准欠缺，加上难以量化，极易引起考核不全面，做出非客观公正的判断。没有统一的标准也与高职院校内的管理机构，对学生应该具备的素质没有形成统一认识有关。以柳州职业技术学院为例，在对学院中层以上领导干部的问卷调查中，关于这个问题的答案很多，汇总起来，认为学生应该具备道德素质、身心素质、表达能力、与人沟通能力等，几乎涵盖了所有的素质。素质教育是一项系统工程，素质教育是促进学生全面发展的教育。学生应该最大限度地扩展自己的能力。除统一基础课程外，要尽可能有途径和方式让学生发挥天赋和爱好，做到既打好基础，又有利于学生个性的发展。

（三）高职学生素质教育考核内容简单、形式单一

教学评价并不等于测试。素质教育考核不仅仅是对素质教育活动的简单复制，很多学生活动也都可以考核学生的素质。考试形式的单一体现在把考试或竞赛当作素质教育活动的主要评价形式，没有使用素质教育领域中其他行之有效的评价形式。在活动评价中，被评价人和评价人的关系也趋于单一，没有考虑多方对承担着国家建设重任的高职学生都有要求。知识可以在很短的时间内得到，如可以直接从现场教学活动中获得；而人的素质的变化是一个动态的过程，需要一定时间训练、吸收、消化才能获得，要在具体行为活动中综合反映出来。即使同样一件事，相同的人在不同情境下的表现也不是一样的，如在小悦悦事件中，那些走过小悦悦身边，面对受伤的小悦悦而无动于衷的人，假如看到的是自己的亲人，绝大多数是不可能袖手旁观的。学生是存在个体差异的，不同学生的家庭背景、个人天性、后天努力以及态度等都不同，会影响其素质教育接受的程度。素质教育考核的简单化和单一化，会影响考核结果的真实、客观、科学。素质测评的简单化、单一化和形式化，对被测评的学生来说，往往无法对自己的素质状况有正确的认识。从某种程度上来说，学生会找不到努力的方向，影响素质的提高，家庭、学校、企业和社会也会对这些学生的认同感和满意度降低。

二、构建学生、家庭、学校、企业、社会五位一体的高职学生素质考核体系

（一）建立健全高职学生素质考核制度

制度作为一种行为规范，必须注意几个问题：一是要把握政策导向和实际效用，做到即使是阶段性的制度也不能例外。制定制度时要多一些标准，少一些概念；多一些定量，少一些定性，以保证制度具有较强的可操作性。二是要保持制

度的连续性。即使在完善或修订制度时也要注意保持制度的连续性，原有制度在没有完善修订前仍要继续执行。要避免全盘否定原先制度的现象，否则就会造成负面效应，容易形成制度上的复杂性和不连续性。三是要使制度符合教育主体的实际，要结合教育主体的具体情况，以保证制度的最大效应。例如，学生、家庭、学校、企业和社会都强烈要求高职学生必须具备一定的口头表达能力，那么，作为教育主体的学校，就必须提供能提高学生口头表达能力的素质教育活动，保证学生有机会提升能力。

（二）设立"层级化联动"的素质教育组织机构，有效推进素质教育活动的实施，以保障对学生素质教育活动能力的有效评价

成立以院领导挂帅、院领导以及全体中层正职领导为成员的素质教育工作领导小组，负责指导全院素质教育工作；领导小组下设办公室以及由学生工作处、院团委联合组成的素质教育机构，负责统筹规划并指导学生不同阶段的素质教育活动；素质教育机构管理下的各种能力训练中心以及各专业教学系通力配合，共同开展素质教育教学活动。

（三）制定操作性强的高职学生素质测评指标体系

测评指标体系要具体、详细，将学生素质考核落到实处。改变学生只重参与，不注重教育活动过程中能力提升的实际情况，使学生从形式上参与素质教育活动变成真正参与。可以从测评指标、测评内容、测评对象、测评方法、测评人、分值等方面进行设置（见表1）。测评指标是指素质考评的大项，可分为职业素养、人文素养、身体素质、心理素质、就业与创业能力、社会综合实践等，测评内容是每个大项下面的具体素质教育内容，是对测评指标的具体分解。例如，职业素养下可以分为诚信教育、爱国教育、责任心教育等；测评对象可以是不同年级、不同专业的学生；测评人可以有学生、教师、家长、企业代表和社会人员等；分值即具体分数。各项测评内容反映的是测评对象某一方面的素质状态，由反映测评对象各个方面的素质状态的指标构成的有机整体或集合构成测评指标体系。总之，测评指标要符合高职学生的特点，规定学生的素质教育必修分时，以确保制度执行的有效性。素质教育是促进学生全面、和谐发展的教育。学生应该最大限度地扩展自己的能力，发挥天赋和爱好，做到既打好基础，又有利于个性的发展。

表1　高职学生素质测评表（以一项活动为例）

一级指标	二级指标	测评内容	测评对象	测评方式	测评人	分值
思想教育与职业道德训练	诚实守信爱岗敬业	参观企业	二三年级	按企业员工上岗要求；按学校学生外出参加要求	企业学校	……
		企业专家和优秀毕业生讲座	二三年级	分享个人体会、说体会	学生互评、自评	……
		主题班会	一二年级	分组讨论、发言	辅导员、学生自评	……
	荣誉感责任感认同感	辩论赛	……	……	……	……
		演讲比赛				
		参观校园、校史馆				
……	……					
合计		—	—	—	—	……

（四）采用定量与定性相结合的高职学生素质评价方式

定量评价就是用各项素质教育测评得出的数字来表述学生素质教育的结果，而定性评价是用文字语言描述学生的素质状况。定性评价与定量评价应该是统一的、相互补充的。只有定量评价而没有定性评价，结果是单调的、生硬的，毫无价值可言；只有定性评价而没有定量评价，结果则显得抽象、简单、不准确。不同的评价方法各有不同的特点与性能，但都有一个共同之处，即一般都是通过比较对照来分析问题和说明问题。正是通过对各种指标的比较或不同时期同一指标的对照才反映出数量的多少、质量的优劣、效率的高低、消耗的大小、发展速度的快慢等，为鉴别、判断提供确凿的信息。

（五）采用多元化的高职学生素质评价渠道

评价时，要综合各方面、各层次的意见，避免和克服片面性和主观随意性，力争得出比较客观、公正的结论。多渠道可以包括网络测评系统、活动实时记录平台以及由学生、教师、家长、企业和社会组成的评价。开发学生素质教育活动网络测评系统，要求素质教育活动指导教师在网络系统上提交素质教育活动方案，经"层级化"领导流程审核后方可开展活动；指导教师需在规定时间内给参加活动的学生录入相应的活动成绩。该系统实时记录学生每学期参加素质教育活动的具体情况。开通和利用学生活动实时记录平台，通过实时"奖罚单"详细记录学生在校日常考勤、工作表现、生活习惯、获奖情况等，总体反映学生综合素质培养的状况。通过制定相关管理办法，组织各院（系）开展学生自评、学生互评、非毕业班在校生家长问卷调查、顶岗实习期间企业与带队教师联合评定、毕业生跟踪调查和用人单位调研以及社会（社区）等评价学生的各项素质状况。

【参考文献】

［1］薛天祥．高等教育管理学［M］．桂林：广西师范大学出版社，2002．

［2］杭国英，武飞，武少侠．高职院校人文素质评价体系构建［J］．高等教育研究，2011（7）．

国际合作篇

【导语】 全球经济一体化进程的加快和我国"一带一路"建设的深化，发展职业教育已经成为包括中国在内的世界各国振兴经济、改善民生、促进社会和谐的战略抉择，这为职业教育的快速发展带来了巨大的机遇和全新的挑战。柳州职业教育充分利用广西壮族自治区地处东盟桥头堡的区位优势，适应国际交往和发展的需要，除了对内引进国际化职教资源，更通过一系列的项目建设实现对外的技能输出，包括技能人才的输出以及国内先进技术技能标准的对外输出，为"一带一路"建设提供强大的智力支撑和人才保障。柳州职业技术学院与区域重点企业深度合作，对企业国际化及技术技能人才需求的演进规律、高职人才培养的针对性策略进行总结分析，构建了区域企业国际化技术技能人才需求与高职人才培养的"三三三"耦合理论框架，探索形成了"先进标准引领、本土实践创新"的国际化技术技能人才培养模式。柳州铁道职业技术学院深入推进与泰国、印尼、柬埔寨等东盟国家的区域合作，探索与中国轨道交通产业和技术"走出去"相协调的职业教育发展模式。柳州城市职业学院与上汽通用五菱公司及配套企业开展上汽通用五菱印尼基地国际化人才培养的战略合作，校企联合招生、联合培养、一体化育人，同时，在教学标准开发、课程建设、师资培训、学生培养等方面形成职业教育标准输出东南亚国家，助力"柳州智造"与"柳州技艺"走向世界。

【典型案例】

对接先进标准培养高职国际化人才服务区域企业"走出去"

柳州职业技术学院

针对区域企业实施国际化发展,特别是国家实施"一带一路"建设后,区域企业加快"走出去"步伐对国际化技术技能人才的需求,柳州职业技术学院与区域重点企业广西柳工机械股份有限公司、柳州采埃孚机械有限公司、上汽通用五菱汽车股份有限公司深度合作,对企业国际化及技术技能人才需求的演进规律、高职人才培养的针对性策略进行总结分析,构建了区域企业国际化技术技能人才需求与高职人才培养的"三三三"耦合理论框架,探索形成了"先进标准引领、本土实践创新"的国际化技术技能人才培养模式。经过10年的实践探索,学校对接国际标准,重构专业课程体系,打造国际化专业教学团队,建设对接国际先进标准的实训教学条件、人才培养质量评价体系和管理保障体系,培养了一批国际化技术技能人才,学校综合竞争力位列全国百所示范性高职院校影响力第19名,广西首位,为区域企业主动响应国家"一带一路"倡议,更加稳健地"走出去",提供了有力的人才支撑。

一、培养国际化技术技能人才是区域产业国际化和转型升级的需要

(一)区域产业国际化发展需要职业教育培养国际化人才

国家"一带一路"建设的深入实施,中国—东盟自由贸易区升级版建设进程加快,使广西壮族自治区在全国对外开放大格局中的地位更加凸显。《广西壮族自治区国民经济和社会发展第十三个五年规划纲要》提出,"十三五"期间,广西要进一步发挥和拓展广西独特的区位优势,全面履行中央赋予广西"三大定位"新使命,基本建成国际通道、战略支点、重要门户,主动融入国家"一带一

路"建设，以"一带一路"沿线国家和地区为重点，推进广西钢铁、汽车、工程机械、有色金属等优势产业走出去，积极参与国际产能合作和重大项目开发建设。《柳州市国民经济和社会发展第十三个五年规划纲要》中指出，要拓展深化与东盟国家交流合作的领域和内涵，充分发挥装备制造优势，引导和推动更多企业开展国际产能合作，加快推进上汽通用五菱印尼项目等海外项目建设，提高对外合作水平，逐步提高柳州自主品牌的国际影响力。紧跟产业"走出去"的战略步伐，培养具有国际竞争力的高技能人才，具有突出的现实必要性。

（二）区域产业转型升级需要职业教育提升人才培养标准

加快产业转型升级是广西和柳州"十三五"期间经济发展的主线。《广西壮族自治区国民经济和社会发展第十三个五年规划纲要》中指出，"十三五"期间，广西将打响产业转型升级攻坚战，推动产业转型升级，做大做强支柱产业，改造提升传统产业，大力发展战略性新兴产业和新业态新模式，打造广西产业升级版。《柳州市国民经济和社会发展第十三个五年规划纲要》提出，要发挥汽车、钢铁、机械三大产业的核心引领作用，推动信息化和工业化深度融合，推进工业提质、增效、扩规模，打造区域性先进制造业基地。开展国际合作育人，引进和吸收国外先进技能人才培养的标准，对培养区域产业升级所需的技能型人才，推动产业技术革新，最终实现区域产业的转型升级具有重要的现实意义。

二、构建理论模型，改革培养模式，全要素支撑国际化人才培养

（一）构建区域企业国际化技术技能人才需求与高职人才培养的"三三三"耦合理论框架

通过剖析学校紧跟区域重点企业"走出去"步伐，培养国际化技术技能人才的实践案例，揭示区域企业国际化发展的演进阶段、每个阶段的人才需求特点、高职院校人才培养策略，构建了区域企业国际化技术技能人才需求与高职人才培养的"三三三"耦合理论框架。

区域企业发展对高端技术技能人才的需求是高职院校人才培养的出发点和落脚点。区域企业国际化发展具有阶段性，每个阶段有不同的国际化技术技能人才需求。高职院校需要针对其阶段性，采取不同的人才培养策略并保持一定的前瞻

性，以实现区域企业国际化技术技能人才需求与高职人才培养的耦合。

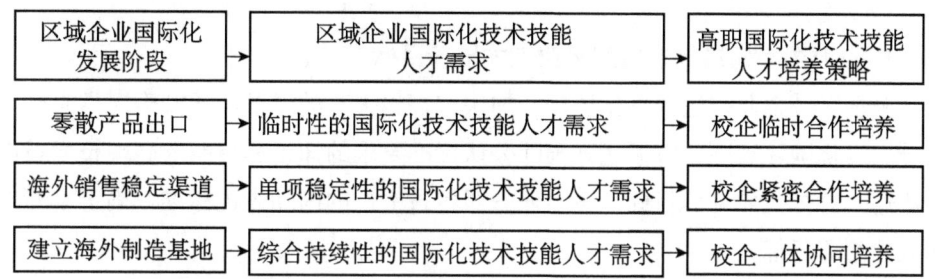

图1　企业国际化技术技能人才需求与高职人才培养的"三三三"耦合理论框架

（二）探索"先进标准引领、本土实践创新"的国际化技术技能人才培养模式

先进标准引领，即学校引入德国工商大会（AHK）技能认证标准、德国手工业协会（HWK）技能认证标准、英国国家职业资格物流三级标准和工程机械行业（柳工）先进标准、美国卓越绩效管理标准；本土实践创新，即把先进标准的理念、原则与柳州市、学校本土实际和技术技能人才成长规律有机结合，把国际先进工艺流程、产品标准、技术标准、服务标准、管理方法等创新性地融入人才培养各要素和全过程。

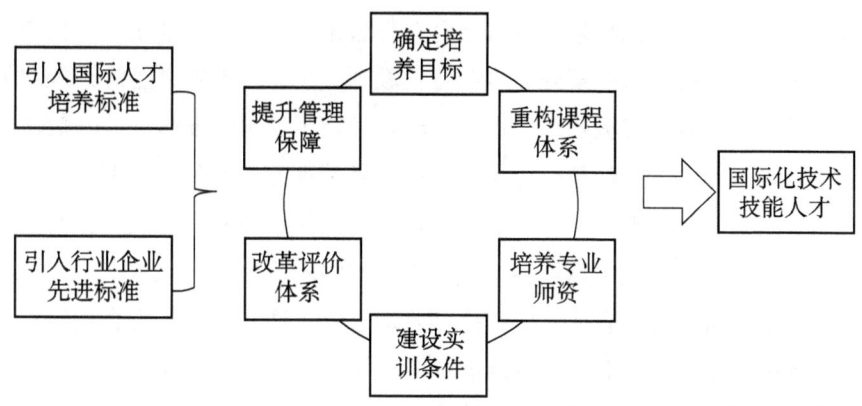

图2　"先进标准引领、本土实践创新"的国际化技术技能人才培养模式

学校在"先进标准引领、本土实践创新"的国际化技术技能人才培养模式的统领下，各专业根据自身特点，以项目为依托，探索各具特色的国际化专业技术技能人才培养模式。

(三) 开展国际化技术技能人才培养模式各要素的改革与建设

1. 参照国际先进标准确定专业人才培养目标

根据区域企业推进国际化进程，加快"走出去"的需求，学校确定具有国际视野、通晓国际规则、掌握达到国际公认标准要求的知识和技能的高端技术技能人才这一总体人才培养目标。各专业参照各自引进的国际先进标准，确定本专业的人才培养目标。

2. 开发符合国际先进标准的专业课程体系

以国际先进职教和行业标准为引领，重构专业课程体系，为国际化技术技能人才培养奠定课程基础。机电类专业开发了本土化"双元"专业课程体系；物流管理专业设计了基于英国物流职业标准"测评"模式下雇员的权利和责任（ERR）、沟通、数据处理及计算机（ESW）、物流模块（NVQ）三大教学单元；汽车类专业根据专业核心能力形成规律，构建了"分级递进"式的专业课程体系；工程机械类专业参照德国双元制培养模式，按照"基础能力→专项能力→综合能力→创新能力"的职业成长规律和教学规律，构建了四个模块（电气、液压、发动机、底盘）并进的"工学交替"专业课程体系。

3. 培养满足国际化人才培养要求的专业教学团队

紧扣国际化技术技能人才培养对专业教师教育教学能力的要求，将选派教师出国进修与请国外专家到校培训有机结合，打造国际化专业教学团队。机电类专业依托德国工商大会上海办事处，组织专任教师、企业培训师赴上海开展双元制人才培养模式、课程开发流程等培训，同时，聘请了德国培训师来校开展教学示范；物流管理专业选派专任教师赴英国进修，邀请英方专家到校授课，重点培养教师的教学能力、学习能力、专业能力、评估能力和培训能力；汽车类专业将赴德培训与在华德资车企技术培训相结合，提升教学团队的国际化水平；工程机械类专业选派专业教师参与企业真实生产和管理过程，理解行业先进企业对技术技能人才培养的要求，进而有针对性地改革专业课程体系和教学模式。

4. 建设对接国际先进标准的实训教学条件

根据国际先进标准对技术技能人才培养过程中实训教学条件建设的要求，机电类专业按照"小班教学、定期轮换"的教学要求及 AHK 职业考证需要，建设跨企业培训中心，并在企业内建设包括工艺教室、模拟生产加工岛、工艺开发室等项目的企业培训中心；物流管理专业在国际知名物流企业敦豪物流柳州分公司建设校外实训基地；汽车类专业根据 SGAVE 项目的要求，建设汽车维修专业实训室，与企业共建共享型跨企业培训中心——汽车"工匠学院"；工程机械类专业通过柳工—柳职院全球工程机械客户体验中心建设，形成集培训、教学、职业技能鉴定、技能竞赛、客户体验、咨询服务、创新创业和专业技术交流平台等多项功能为一体的实训教学平台。

5. 构建对接国际先进标准的人才培养质量评价体系

各专业参照对应的国际先进标准对专业人才培养质量评价的要求，构建各具专业特色的评价体系。机电类专业采用德国 AHK 认证体系对学生进行考核；物流管理专业建立了基于英国现代学徒制的"评估师＋内审员＋外审员""三位一体"三级质量监控体系，在实施过程中实现了全方位的教学过程控制、实时的教学内涵质量监控、有效的教学反馈和全面的教学质量评价；汽车类专业探索实施"考教分离、双元实施、多维评价"的学生职业能力测试；工程机械类专业建立并完善工程机械服务人才培训标准、工程机械职业资格认证体系、工程机械服务人员质量保证体系。

6. 构建基于卓越绩效模式的人才培养管理保障体系

借助校外管理咨询公司力量，引入美国卓越绩效管理模式，对教育教学、学生管理、后勤服务等各工作环节进行流程再造。突出以生为本，优化管理服务流程、明确工作职责、提升管理服务效能，为培养高质量国际化技术技能人才提供坚实的保障。

三、建立协调机制，四方协同服务企业"走出去"

建立校企高层协调组、中层执行组和基层操作组三个层级的协调机构，完善技术骨干培养管理制度。发挥行业协会的指导作用，以学校优势专业为载体、以跨国企业为盟友、以海外产业需求为支撑，实现行业、专业、企业、产业四方协同，共同培养服务企业全球化战略的技术骨干，实现伴随企业"走出去""走得稳、走得好、走得远"，实现中国职业教育标准的国际输出。

2015 年，柳工与柳州职业技术学院强强联合，共同建立了柳工—柳职院全球工程机械客户体验中心，合作开展人才培养、全球经销商培训、技能竞赛、科技研发等。同时，基于柳工在全球的发展战略布局，校企在全球选址建设分中心，建设覆盖全球的中国企业海外培训基地网络，通过线上线下培训，共享培训资源，服务企业海外发展。目前，已在南亚（印度）、北美、波兰、中东、拉美（巴西）、亚太（泰国）、非洲（南非）、俄罗斯等"一带一路"沿线国家建立了 8 个分中心。柳州职业技术学院在分中心基础上，建立了 8 个柳职国际工匠学院。以该学院为平台，按照中国职业教育标准，面向当地产业发展培养技术技能人才，既促进"一带一路"沿线国家的产业发展，又有力助推了中国企业的国际化发展，还提升了学校的国际影响力，实现了中国职业教育标准的国际输出，探索形成了中国职业教育服务"一带一路"的"四方协同"模式。

四、国际化人才培养促进学校办学实力全面提升

（一）构建了西部欠发达民族地区职业院校国际化办学的可行模式

"借船出海"，通过引入国际先进技能人才培养标准和行业企业先进标准，将其创新性地融入人才培养各要素和全过程，实现国外先进标准的本土化，使民族地区的学生不用出国就能享受先进的国际化职业教育，最大限度地给予每个学生人生出彩的机会，保障了教育公平。目前，校企共合作举办了 8 期"柳工海外服务专员班"，培养了国际化工程机械技术技能人才。其中，1/3 服务于东盟国家，大部分已经走上了区域负责人的岗位。此外，中德双元制试点项目机械设计与制造专业"采埃孚"班、机电一体化专业"上通五"班、物流管理专业英国现代学徒制试点、中德汽车机电人才培养（SGAVE）项目实验班等，共培养学生 600 多名；同时，以点带面，将国际化职教理念、教学方法、管理模式在全校推广，使教职工和学生受益。

（二）提升了学校服务区域产业发展的能力

国际化发展战略的实施，提升了学校教师的教育教学水平和科研能力，为学校服务区域产业发展奠定了坚实基础。近两年来，学校教师为企业开展了技术服务项目 70 多项，获得市厅级以上科研立项项目共计 150 多项，其中，省部级项目 2 项；专利申请量 120 项，专利授权量 92 项；教职工发表论文 600 多篇，其中，核心论文 85 篇，SCI、EI 等收录论文 3 篇。目前，学校拥有 5 个柳州市工程技术中心。2016 年，学校协同创新研究院成为第五批自治区级技术转移示范机构。2017 年，学校教师梁云主持的"汽车钣金件视觉智能检测系统"项目荣

获 2017 年广西工业创新大赛（高校组）决赛三等奖，获奖金 5 万元。此外，近三年来，学校社会培训规模累计达 6 万人次，技能鉴定累计 1.2 万人次。

（三）实现了学校人才培养模式升级

国际化战略的实施，推动学校"校企深度交融、工学有机结合"人才培养模式跃升升级版。以国际先进标准为引领，把国际先进工艺流程、产品标准、技术标准等创新性地融入专业课程体系，重构了 5 个专业的专业课程体系；开发了 25 门专业课程或教学资源包；建成 5 门国家级精品资源共享课。培养了符合英国现代学徒制标准的 3 名内审员和 10 名评估师，机械制造专业 8 名教师获得德国 AHK 考官资格；汽车类专业 4 名教师获 SGAVE 项目培训教师资格认证；全校近 200 名教师到德国、英国等国家学习先进职教理念和教学方法。建成了机电类专业汽车零部件精密教学工厂和满足 AHK 职业考证需要的跨企业培训中心，物流管理专业敦豪物流（柳州）公司校外实训基地；建设了符合 SGAVE 项目要求的汽车维修专业实训室和跨企业培训中心——汽车"工匠学院"；启用了柳工—柳职院全球工程机械客户体验中心；提升了学校的管理水平。通过开展卓越绩效管理模式改革，学校的管理服务流程更加优化，管理服务水平实现质的飞跃，学生成长的校园环境得到了大幅改善。据深圳市卓越模式管理咨询有限公司第三方评估，2016 年在校生的平均满意率为 90.70%，其中，对教学服务、素质培养、学校影响力和校园氛围的平均满意率最高，分别是 95.13%、95.18% 和 95.19%。

（四）增强了学校的品牌影响力

国际先进标准的引入有效地推动了学校内涵建设，促进了学校办学实力，使品牌影响力获得大幅提升。跻身 2016 年中国专科（高职高专）院校竞争力排行榜第 27 名，全国百所示范性高职院校影响力第 19 名，广西高职第 1 名。"引进国际先进标准，服务企业走向东盟战略"的专题案例入选全国高职高专校长联席会议 2016 年年会高等职业教育"质量·开放·融合"成果展优秀案例奖。截至目前，累计有 120 多所区内外本科、中高职院校约 1 100 人次分享了国际化技术技能人才培养的理论框架、教改方案、实践范式等方面的经验；在 10 多所职业院校进行专题讲座和交流，为国内职业院校开展国际化育人提供经验借鉴。《中国日报》、中国高职高专网、《广西日报》、《柳州日报》等权威媒体对我校国际化育人教学成果进行的报道累计 90 多次，引起了广泛反响。

五、反思

（一）国际化技术技能人才培养的制度保障机制有待健全

对接先进标准开展国际化人才培养必然要对学校原有的教学模式、评价方式、师资建设和管理机制进行大幅度的改革，而改革能否顺利实现预期目标关键在于学校能否建立起完善的制度保障机制。目前，学校要进一步加强"双元制"下的学生学分管理制度、教师薪酬制度和考核制度等制度机制建设。

（二）国际化技术技能人才培养的校企合作机制有待健全

高职国际化技术技能人才培养离不开校企深度合作。目前，学校虽然在校企合作顶层设计上出台了一些制度、构建了一些合作机制，但是在具体专业和教学团队的校企合作机制上还有待实现制度化和长效化。

（三）国际化的校园文化建设有待加强

高职国际化技术技能人才的成长离不开国际化校园文化的熏陶，而目前学校在国际化发展战略的宣传、设施建设的国际化、学生活动中国际化要素的引入等方面还有待加强。校园文化的国际化韵味还有待凸显。

立足东盟桥头堡助力高铁"走出去"

柳州铁道职业技术学院

近年来,柳州铁道职业技术学院在服务国家"一带一路"建设中,结合自身办学特色和资源优势,将目光瞄准轨道交通装备制造业等国家战略产业,充分利用广西壮族自治区地处东盟桥头堡的区位优势,深入推进与泰国、印尼、柬埔寨等东盟国家的区域合作,探索与中国轨道交通产业和技术"走出去"相配套的职业教育发展模式,助力中国高铁走向世界。随着中老铁路、雅万高铁、中泰铁路的陆续开工建设,东盟各国高铁专业技术人才的需求急剧增加,为此,我校与东盟各国开展了形式多样的职业教育国际合作项目。

一、成立"泰中轨道交通学院",整体输出高铁课程体系

"泰中轨道交通学院"是我校与泰国东北皇家理工大学(RMUTI)于2016年共同提议并发起的合作项目。2017年9月,双方签署合作共建协议,以泰方大学提供校舍和教学仪器设备硬件设施,我校输出课程体系、成套教学资料和专业建设标准构建与中国高铁技术体系相适应的高铁人才培养体系,为泰国培养本土化的高铁人才。2017年11月,"泰中轨道交通学院"在泰国举行揭牌仪式,这是一个跨国的混合所有制学院,是中国轨道交通类高职院校首次出国办机构,是在"一带一路"平等文化认同框架下的成功案例,体现了和平、交流、合作、共赢的精神。中新社、《中国教育报》、《香港大公报》等海内外知名新闻媒体均在显著位置报道了中国首家海外轨道交通学院的成立。

图1 2017年柳铁职院与泰国东北皇家理工大学签署共建"泰中轨道交通学院"协议

二、设立"柳铁职院大城府分院",迎来首届合作培养学生

我校与泰国大城商业技术学院合作由来已久。自2015年起,我校与泰国大城府商业技术学院就签订了校际合作备忘录,通过举办"泰国轨道交通职业教育师资培训班""高铁文化夏令营"等项目,推动了校际合作的深入发展。

2017年,两校正式签署协议共同举办我校首个海外分院。2018年1月,"柳州铁道职业技术学院大城府分院"在泰国大城商业技术学院隆重揭牌。泰国教育部官员、大城府政府官员、当地各职业院校师生代表和泰国媒体出席揭牌仪式,见证了分院的诞生。

两校以"1+1.5+0.5"的合作方式共同培养高铁技术人才,开展学历教育。2017年3月,大城府分院招收了28名泰国学生,分别就读于泰国大城商业技术学院、春武里技术学院等四所学校,我校派出四名专业教师到泰国学校交流授课。学生在泰国完成1年基础课和汉语学习后,于2018年3月来我校进行铁工、信号等高铁专业课的学习和实训。这是我校首批学历教育留学生,他们在中泰所有学习结束后,将获得中泰两所院校的毕业证书。

2018年,我校将联合企业在大城府共同投资建设高铁信号实训室、高铁模拟驾驶实训室,帮助合作院校逐步建设系统化的高铁实训基地。

图2 我校教师(中间穿白色衬衣)赴泰国院校援教

图3 柳州铁道职业技术学院大城府分院揭牌仪式现场

图 4　邱同保副校长在揭牌仪式后接受 NBTWorld（泰国国家新闻社）专访

三、举办轨道交通师资培训班，提升东盟高铁师资水平

2016 年至今，我校举办了 5 期泰国轨道交通职业教育师资培训班，为泰国 10 所高校培养了 70 多名轨道专业师资，得到了泰国政府和社会的高度关注。泰国驻南宁总领事蔡乐·蓬蒂窝拉卫在 2017 年 9 月率团到学校访问，对我校为泰国铁路事业发展培养师资人才，表示衷心的感谢。

2017 年 12 月，我校第一期印尼高速铁路职业教育师资培训班开班。来自印尼火车学院、印尼交通职业学院等 3 所院校的教师参加了为期一个多月的培训。培训班的开设，得到了印尼外交部、印尼驻华大使馆、印尼驻广州总领事馆的高度重视，印尼方面拨出专款支持该合作项目的开展。中新社、《香港大公报》《国际日报》、广西卫视等海内外新闻媒体报道了我校与印尼的合作。

国际合作篇

图 5　2017 年 3 月，第三期泰国轨道交通师资培训班结业典礼

四、建设"中国—东盟轨道交通职教集团"，搭建跨国交流平台

经自治区教育厅批准，由柳州铁道职业技术学院牵头组建的中国—东盟轨道交通职业教育集团于 2018 年 5 月 19 日在柳州市隆重举行了成立大会。来自中国、泰国、印度尼西亚、老挝、柬埔寨、马来西亚等国内外成员单位 68 所教育机构、企业及职业院校 150 余人参加了成立大会。

这是一个非营利、非独立法人的社会组织，也是首个面向东盟的职教集团。目前，集团的 68 家理事单位，含国内院校 25 家、国内行业企业 17 家、泰国院校行业企业 12 家、印尼院校企业 5 家、老挝院校行业企业 4 家、柬埔寨院校企业 3 家、马来西亚行业企业 1 家、国外政府机构 1 家。集团的组建，将有利于促进轨道交通职业教育的国际交流与合作，实现中国与东盟各国轨道交通职业教育优势互补、资源共享，满足东盟各国经济建设和社会发展对铁路运输、城市轨道交通及工程建设高技能人才的需求。

集团成立后，将对接东盟国家轨道交通发展、服务经济建设，以校企合作为依托，以校企职教资源整合为纽带，以高技能人才培养为核心，加强中国与东盟国家校际合作和校企合作，在师资、实验实习设施、实训基地、职业技能鉴定、课题研究成果、教育信息、工学结合及合作办学等方面实现资源共享，打造中国

—东盟轨道交通职业教育品牌，提升东盟国家轨道交通职业教育的综合实力，更好地服务于东盟国家经济建设。

图 6　柳州市委常委、宣传部部长、副市长焦耀光讲话

图 7　与会领导及嘉宾合影

响应"一带一路"倡议伴随企业"走出去"

柳州城市职业学院

一、形成背景

上汽通用五菱汽车股份有限公司(以下简称 SGMW)2016 年实现年产销突破 213 万辆,继续成为全国整车销量冠军,是广西首家年销售收入跨越千亿元大关的制造企业。上汽通用五菱在印尼西爪哇省勿加西县投资 7 亿美元,兴建总面积达 60 公顷的整车工厂和零部件园区,项目预计于 2017 年 7 月投产,建成后将具备年产 15 万辆整车的能力。基地建有冲压、车身、涂装和总装四大工艺车间,配套整车自动装配线、车身焊接和装配自动生产线、喷涂自动生产线、冲压自动生产线。为了确保高效率生产,上汽通用五菱及其零配件配套生产企业需要大量的技术专业人才,从事企业生产过程的运行、控制、维护与管理工作。

图 1　上汽通用五菱印尼基地

二、主要举措

柳州城市职业学院与上汽通用五菱及其零配件配套生产企业开展上汽通用五菱印尼基地国际化人才培养的战略合作,在国内成立"中国印尼 SGMW 汽车学院"培养高职学历学生,在印尼成立"印尼中国 SGMW 汽车培训教育中心"培养生产基地的本土化人才。校企联合招生、联合培养、一体化育人,培养与中国企业和产品"走出去"相配套的技术技能人才。同时,在教学标准开发、课程建设、师资培训、学生培养等方面形成职业教育标准输出东南亚国家,助力"柳州智造"与"柳州技艺"走向世界,以响应国家"一带一路"倡议,践行职业教育伴随企业"走出去"行动计划。

图 2 中国印尼 SGMW 汽车学院成立揭牌仪式

2015—2017 年,共计招收 200 多名印尼留学生到我院参加上汽通用五菱印尼项目的定向培养,其中,学历班 180 人,短训班 28 人。

2016 年 1 月 25—29 日,以学院党委书记范莉莎为组长的一行 5 人,远赴印尼开展实地访问。柳州城市职业学院、上汽通用五菱印尼汽车有限公司、卡拉旺国立第一职业技术学校代表共同签署了合作协议。

图3 柳州城市职业学院、上汽通用五菱印尼汽车有限公司、卡拉旺国立第一职业技术学校代表共同签署了合作协议

图4 26名印尼留学生赴上汽通用五菱印尼公司实习现场（业务培训）

图5 我院教师为印尼学生就具体事项开展座谈

图 6　新生家长会及签约现场

图 7　2016 级第三批 45 名印尼新生合影留念

三、条件保障

(一) 组织保障

(1) 成立领导小组，负责统筹、协调、指导项目的整体规划及建设；负责项目的过程监控及督导。领导小组由范莉莎书记和谢名洋院长担任组长。

(2) 项目工作组，包括教务处、国教学院、后勤保卫、机电与汽车工程系等负责具体组织项目建设的实施；保证项目进度和建设质量；协调解决项目建设中的相关问题；接受学院和上级有关部门对项目建设的监察和审计；及时报告、研究解决项目建设过程中出现的问题。

（二）政策支持

制定一系列职业教育国际化的配套政策，支持国际化背景下校企合作办学的途径和模式，探索主体多元化的合作办学体制和多方共赢的运行机制。

（三）资金保障

（1）自项目开展以来，得到了自治区、市领导的高度重视，两级财政对该项目进行专项拨款达 700 万元，以确保项目正常开展。

（2）自项目实施以来，校企坚持双主体育人，共同培养人才。合作企业全程参与招生、教学、实习和就业每个环节，全程参与人才培养方案制定、课程体系开发、教材编写、学生专业课程的教学和提供优质的实习条件。实现了专业设置与产业岗位需求对接，课程内容与职业标准对接，教学过程与生产过程对接，提高了人才培养质量和针对性。合作企业出资扶持该项目金额达 120 万元，有效地促进了项目得以顺利实施。

四、主要成效

在 2016 年 2 月 24 日召开的全国人大常委会第十九次会议上，教育部部长袁贵仁表扬了柳州职教的有益尝试："广西柳州实施'企业走出去职业教育伴随计划'，与印尼职业院校合作，在当地为上汽通用五菱印尼工厂培养人才。"

2016 年 3 月 10 日，自治区教育厅副厅长蔡昌卓到我院调研学院国际交流工作情况，学院领导范莉莎书记、谢名洋院长以及各职能部门领导陪同调研，重点考察了我院"中印尼 SGMW 汽车学院"的工作情况。蔡副厅长对我院的校企合作理念与成绩表示了高度肯定。他认为我院教育理念思路新颖、特色鲜明，很多做法值得借鉴学习。同时，也希望我院继续深入思考学校转型发展的创新模式，抓好由此带来的历史机遇，与地方产业链更紧密结合，为地方经济发展提供技术人才服务，为广西职业和地方产业发展作出应有的贡献。

2016 年 3 月 11 日，自治区教育厅副厅长黄雄彪、职业与成人教育处处长李勇齐到我院调研。在实地了解我院与柳州本土汽车龙头企业——上汽通用五菱汽车股份有限公司合作，共建中印上汽通用五菱汽车学院，为上汽通用五菱印尼生产基地培养高端技术人才和管理人才等有关情况后，黄雄彪高度评价了我院国际化、民族化办学特色。

图 8　范丽莎书记陪同蔡副厅长考察工作

图 9　蔡厅长和留学生亲切交流

图 10　黄雄彪副厅长与印尼汽车学院学生交流

2016年4月,柳州市委常委、纪委书记张俊雄到我院进行实地调研和座谈,他希望我院继续融入国家"一带一路"建设,坚持打造更加鲜明的国际化、民族化办学特色,为社会培养更多、更高端的技能型人才。

图 11　市委常委、纪委张俊雄书记调研

2016年5月8日,我院印尼留学生荣获天津第五届自动化生产线安装与调试国际邀请赛第三名。

图 12　印尼学生在获奖后的合影

2016年9月,印尼卡拉旺国立第一职业技术学校校长阿库斯、学生处处长阿丽娅到我院参观访问,看望在我院就读的印尼留学生,并进行交流座谈。阿库斯一行人详细了解了印尼留学生在我院的学习、生活情况,勉励同学们不仅要学好专业技能,而且要多与中国师生沟通交流,搭建更多促进两国文化交流的平台。

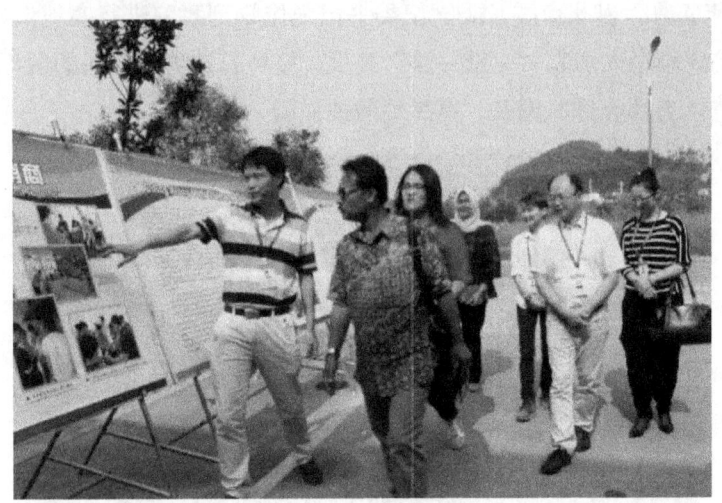

图 13　覃京翎主任带领阿库斯一行人了解我院

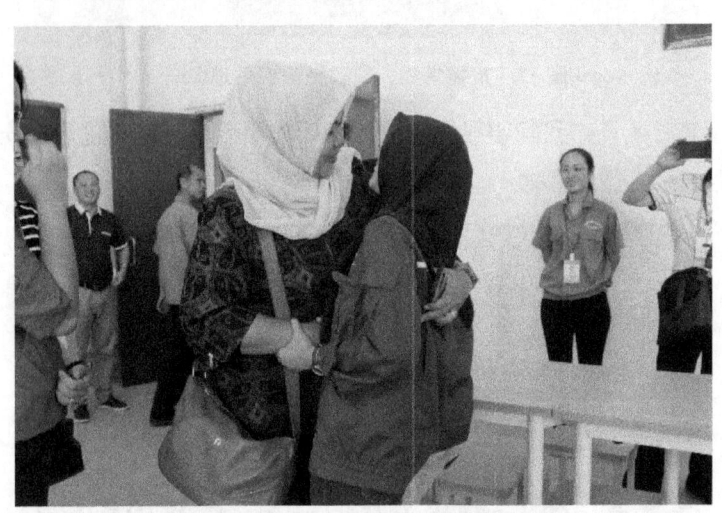

图 14　阿库斯一行人亲切会见留学生

2016—2017 年，我院近 120 名印尼留学生圆满完成在中国的学习任务，怀揣着自己心中的梦想，奔赴上汽通用五菱印尼基地开始他们的实习生涯。他们在不同的工作岗位，不仅要接受专业知识的培训，还要与来自中国的供应商进行沟通、进行设备的联调联试，同时还要进行公司文件的翻译和整理。通过参加上汽通用五菱印尼基地的建设，他们将在中国所学的专业知识及技能实践带回印尼，为中国—印尼"一带一路"建设贡献自己的力量。

2017 年 5 月，全国高职高专校长联席会议在北京发布了《2017 中国高等职

图 15 供应商 SEW 对学生们进行电机方面的培训

图 16 冲压车间进行机械知识的考试

图 17　与来自中国的供应商沟通

图 18　成为职业人

业教育质量年度报告》,共有1 298所高职院校被纳入评价。我院荣登2016年高等职业院校"国际影响力50强"榜单,是广西壮族自治区唯一获此殊荣的高职院校。发布会上,我院服务"一带一路"建设,伴随企业"走出去",与上汽通用五菱汽车股份有限公司和印尼中等职业学院合作,为上汽通用五菱汽车股份有限公司培养国际化高端技能人才的成功经验,成为《2017中国高等职业教育质量年度报告》的案例。

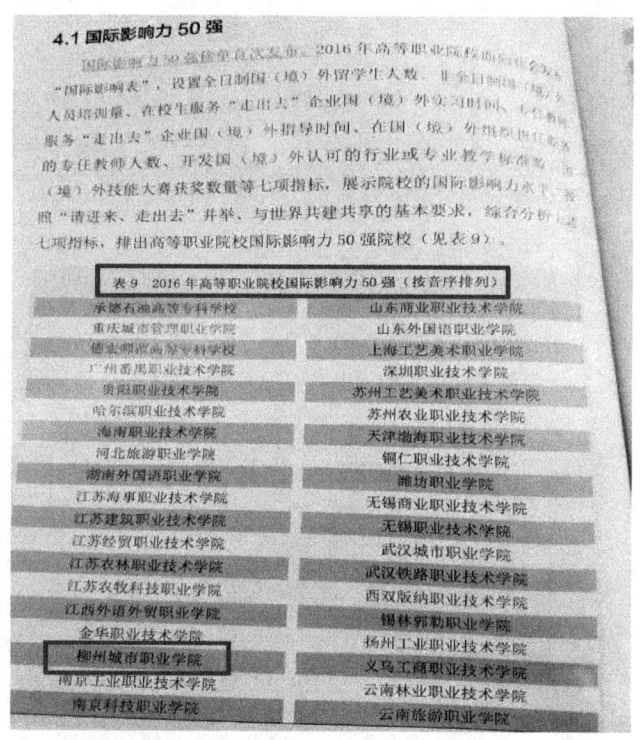

图19　国际影响力50强榜单

2017年9月,2017年广西职业教育自治区级教学成果奖评定结果揭晓,我院教改项目"面向东盟,民族地区高职院校伴随企业'走出去'人才培养模式改革与实践"获自治区级教学成果一等奖。这是我院在自治区级教学成果奖申报上的又一新突破,彰显了我院在高等职业教育教学改革研究道路上的喜人成果。

此次获奖的项目立足我院专业人才培养,积极响应了国家"一带一路"发展倡议,是对我国职业教育服务企业"走出去",创新"校企校"国际合作模式的主动探索。这一研究项目以学院与上汽通用五菱公司及印尼当地学校的合作为主要抓手,不但实现了学院国际化特色与高技能专业人才培养的缜密结合,而且实现了职业教育助力中国企业在海外发展的目标。

图 20　焦耀光副市长参观上汽通用五菱印尼汽车有限公司

图 21　焦耀光副市长与我院印尼留学生合影

媒体影响：2015 年 12 月 1 日，《新播报》报道我院推进校企合作为印尼输送技能人才；2015 年 12 月 8 日，《柳州晚报》报道印尼领事来我院访问交流；2015 年 12 月 25 日，《新播报》报道中印上汽通用五菱汽车学院在我院成立；2015 年 12 月 26 日，《柳州晚报》关注中印上汽通用五菱汽车学院在我院成立；2015 年

12月28日,《柳州日报》刊登中印上汽通用五菱汽车学院在我院成立;2016年3月11日,《新播报》《柳州日报》报道自治区教育厅领导来我院调研;2016年7月13日,《柳州晚报》报道我院让"柳州智造"与"柳州技艺"走向世界;2016年8月30日,广西卫视的《广西新闻》报道《海上新丝路东盟万里行·教育篇》广西职业教育伴随企业发展走向东盟;2016年10月21日,《柳州日报》报道我院瞄准国际一流标准办出特色;2017年5月17日,《广西新闻》报道我院职业教育伴随企业"走出去"人文交流助力"一带一路"建设;2017年5月31日,在柳州APP报道《广西首例!柳州城市职业学院在境外设立分院》;2017年5月31日,中国新闻网报道我院广西首个高职院校在印尼成立分院助力企业走出去;2017年6月2日,《柳州晚报》报道柳州城职院在印尼设分院;2017年9月2日,《广西新闻》报道我院《"洋学生"到广西"取真经"》;2017年11月22日,《柳州新闻》报道我院迈向"一带一路"职业教育国际化伴随企业"走出去"。

五、体会与思考

我院服务"一带一路"建设伴随企业走出去,为上汽通用五菱印尼基地培养国际化高端技能人才项目,作为广西唯一一所高职院校入选全国高职院校"国际影响力50强",是校企合作、服务"一带一路"倡议的典型案例。通过本项目的实践,学院已在职业教育国际化方面积累了较为丰富的经验,同时也为今后更好地开展"企业走出去职业教育伴随计划"的实施进行深入思考。

(一)加强国际化师资团队建设

教师队伍国际化是国际化人才培养的首要条件,拥有一批国际视野及综合能力强的复合型教师团队是该项目得以顺利推行的关键要素。在今后实施职业教育国际化项目运作中,如何高效培养一批具有国际视野、精通专业、经验丰富的师资团队仍是重中之重。

(二)"企业走出去职业教育伴随计划"的政策支持

广西壮族自治区在国家"一带一路"建设发展中,与东盟国家合作具有明显的区位优势,伴随企业国际化战略,东盟各国需要一批了解中国文化、中国企业的高技能型管理人才。政府从反哺产业发展的角度出发,如果能在留学生奖

（助）学金政策、外派工作人员（专业教师）便利性等方面加大支持力度，必将助推中国企业更好地走出国门，实施全球化战略。

（三）职业教育标准输出的要素建设

在"企业走出去职业教育伴随计划"的人才培养实践中，体会到职业教育标准的输出需要组建一支国际化师资团队、构建企业需求的课程体系以及与之相配套的技能实践基地。如何整合资源，开展技能实践基地、教学资源的跨国共建是有效为企业"走出去"提供人才保障亟待解决的问题。

上汽通用五菱印尼生产基地国际化人才培养项目的实施是"企业走出去职业教育伴随计划"一次有益的探索和实践。通过项目的实施，学院已形成一套完整的校企共同"出海"的运行机制。柳州城市职业学院借助此项目实践，积极融入产业实施职业教育标准输出，助力"柳州智造"与"柳州技艺"走向全国、走向世界。

【理论探讨】

基于校企合作国际化项目的文化育人研究
——以柳州城市职业学院中印尼 SGMW 汽车学院为例

吴书勤[①]　蒋丽丽[②]

【发表情况】2017-07-20 发表于《高教论坛》。

【摘要】随着全球经济一体化进程的推进，职业教育也呈现出国际化的趋势。文章以柳州城市职业学院与上汽通用五菱合办的中印尼 SGMW 汽车学院为例，通过介绍该项目的背景及学生特点，阐明文化育人的原因，并对该项目中文化育人的内容进行简要分析。

【关键词】校企合作；国际化；跨文化交际；文化育人

随着经济全球化的进一步深入，对教育及文化等领域的交流与发展产生了深刻影响。2014年5月，国务院印发的《关于加快发展现代职业教育的决定》提出建立"中国特色、世界水平的现代职业教育体系"的目标，要求"加强国际交流与合作"。本文以柳州城市职业学院与上汽通用五菱合办的中印尼 SGMW 汽车学院为例，对校企合作国际化办学项目中的文化育人进行分析。

一、项目背景

柳州城市职业学院（以下简称柳州城职院）成立于 2006 年，成立之初就明确了学院的办学特色之一是民族化、国际化并进。多年来，柳州城职院积极与国外院校和机构合作，大量向国外院校输送汉语教师，协助国外院校开展中文教育；招收来自世界各地的留学生到学院学习中文、进修学历教育；接待来自世界

---

① 吴书勤（1975—　），女，广西平乐人，柳州城市职业学院副院长，研究方向为教育教学管理。
② 蒋丽丽，柳州城市职业学院。

各地的团队到学院进行短期文化育人。2011年,柳州城职院又获批成为广西首批华文教育基地,通过与多个国家的学校和机构建立合作关系,及时了解东盟各国关于教育交流的动态和政策,使学院的在校留学生规模不断扩大,成为广西区内在校留学生最多的高职院校。

上汽通用五菱汽车股份有限公司(以下简称上通五)成立于2002年,是一家大型的中外合资汽车公司。作为一家国际化和现代化的本土合资企业,上通五是柳州汽车工业的代表。2015年8月,上通五斥资45亿元人民币在印度尼西亚雅加达建设海外生产基地,将制造、销售五菱品牌汽车,拟计划2017年建成投产。这是企业跟进国家"一带一路"建设并充分利用广西壮族自治区与东盟海陆相连的独特区位优势,积极"走出去"的重要实践。

柳州城职院与上通五进行校企合作,成立了SGMW汽车学院,签订了人才培养协议书,合作培养国际化汽车人才。项目中的学生为印尼留学生,17～20岁,来中国之前都已经高中毕业,汉语处于零基础或者起步阶段,准备在中国学习半年至一年。两国在气候、饮食、宗教、风俗习惯等方面截然不同,形成了文化差异。汉语水平有限加上文化差异可能导致文化冲突,正是在这样的环境下,项目中文化育人的部分必不可少。

二、项目文化育人的原因

(一)增强文化自信,注重以文化人以文育人

习近平总书记在全国高校思想政治工作会议上的讲话要求要"更加注重以文化人以文育人"。他指出:"文化滋养心灵,文化涵育德行,文化引领时尚。"文化自信"是更基础、更广泛、更深厚的自信"。"以文化人以文育人"与文化自觉、文化自信的思想是一脉相承的。这是对自身文化价值的充分肯定和积极践行,并对文化的生命力持有的坚定信心。中华民族博大精深的优秀传统文化正是我们的强大底气所在。在项目文化交流过程中,我们要始终坚定文化自信,让中华民族的文化理念走出国门,让文化自身说话,使其成为中印尼两国和平交流沟通的媒介,也为项目学生今后在工作中顺利进行跨文化交际打下良好基础。

(二)通过文化育人实现人才培养目标

该项目中人才培养目标是培养综合素质全面,具有较为扎实的专业技

能，有较强外语应用能力，并对中国文化有一定了解，能够顺利进行跨文化交际的专业技能人才。具有不同文化背景的人们之间的交际称作跨文化交际，本文中所涉及的是中印尼跨文化交际。如果学生不了解中印尼文化间的差异性，就很可能导致跨文化交际失败，可能发生误解甚至冲突。反之，他们的跨文化交际意识和能力越强，与企业的沟通和配合将更成功。项目通过文化育人，使学生明确企业对人才知识储备、文化素质、跨文化交际能力的目标需求，让学生了解两国文化背景差异，使学生进一步了解中国文化，在此基础上增强对中国文化的认同，从而逐步适应不同文化，增强并提高跨文化交际意识和能力，最终成为企业需要的具有较强跨文化交际能力的专业型、复合型人才。

（三）提升人才培养质量，体现办学特色

民族化、国际化是柳州城职院自成立以来一直明确的办学特色之一。中华文化源远流长，灿烂丰富，它既包括中华民族共有的思想、教育、生活文化，也容纳了各民族各具特色的民族文化。广西壮族自治区是一个少数民族地区，各民族不同的风俗文化共同创造了独具特色的八桂文化，为八桂文化积累了丰富的精神内涵。学院通过开展文化育人活动，汇聚更多资源，进一步拓宽视野，提升人才培养质量，提高办学层次与水平，为更多的中国企业开拓东盟市场提供了更专业的人才培养服务。

三、项目文化育人的原则

（一）尊重文化差异

不同国家的人有各自的思维方式和生活习惯、民风民俗，彼此之间的不同形成了文化差异。教师在进行文化传播或者教学过程中，不能以自我为中心向其灌输中国文化，应当主动了解项目学生的生活习惯、民族文化、人情风俗，明确存在的文化差异，才能有的放矢，更有效地在跨文化交际时排除障碍，保证文化育人的顺利进行。项目学生多为穆斯林，一般不喝酒，不吃猪肉，而中国人在生活中很多人习惯喝酒、吃猪肉。教师只有在了解、尊重、接纳这些文化差异的前提下，才能顺利进行跨文化交际，通过交际进行文化传播。

(二) 强化文化体验

校企合作"订单式"培养人才，实质是学校根据企业的实际需要，共同制定人才培养方案，并由学校组织实施的一种人才培养新模式。此项目中上通五急需大量技术人才储备，以满足 2017 年海外生产基地建成投产的需要。因此，学生要在 1 年的时间内完成语言和专业技能的学习，课程计划安排相当紧凑，没有足够的课时进行课堂文化教学，这就需要教师充分利用课外时间，根据学生的生活场景及参与的活动因时、因地制宜地进行文化渗透以及传播，并提高效率，使学生在课外也能获得足够的、真切的文化感知和体验，增强跨文化交际能力。

(三) 全员全程全方位育人

习近平总书记在全国高校思想政治工作会议上指出："要把思想政治工作贯穿教育教学全过程，实现全程育人、全方位育人，努力开创我国高等教育事业发展新局面。"文化育人潜移默化地影响着学生的思想，同样应该构建全员育人、全过程育人、全方位育人的方针。项目中的文化育人部分不应仅局限于某个阶段或某种形式，要把文化育人贯穿项目过程始终，开展形式多样的活动，发动全院师生，增加了解渠道，使项目学生从不同角度、层次感知、了解中国文化特色，并在此过程中提高跨文化交际能力。

四、项目文化育人的内容

近年来，柳州城职院在明确国际化、民族化的办学方针基础上，积极响应国家"一带一路"建设的号召，结合具体实际，在项目人才培养的文化育人内容主要有如下几个方面。

(一) 传统文化

中国传统文化是中华文明演化汇集成的一种反映民族特质和风貌的民族文化，历史悠久、博大精深。它是中华民族几千年文明的结晶，包括诗词曲赋、民族音乐、戏剧等艺术形式和各种民俗等。为了让学生体验儒家传统文化，柳州城职院组织学生参加祭孔大典并诵读《论语》，表达对先贤孔子以及中国传统儒学的追思，让学生身临其境感受中国传统文化的魅力。组织学生参加汉服春晚表演,通过穿着汉服体验汉文化特色,同时在表演中请学生演奏印尼民族乐器昂格隆,将汉服文化与印尼民族音乐相融合。学生既体验了中国传统文化,也展示了印尼民族特色,增强了民族自豪感,做到了传播与交流的结合。此外,作为课外学习的延伸,柳州城职院每周举办三次"汉语角"活动,包括诗文诵读、介绍汉服文化、教授书法绘画等多种方式使学生体验丰富多彩、博大精深的中国传统文化,并且通过学习增强文化认同感,提高跨文化认知。

(二)民族文化

中国作为一个多民族国家,民族文化是中国文化必不可少的一部分。广西壮族自治区作为一个具有典型特色的少数民族地区,民族文化更是精彩纷呈。在学生还未正式入学之前,学校会带领学生参观柳州市的公园和博物馆,讲述柳州文化历史;带学生品尝柳州特色小吃,体验柳州丰富的饮食文化。同时,组织学生参加冬令营活动,领略柳州市以外广西地区的优美风景和风土人情。在校运会开幕式上,请中国学生和留学生分别穿着各自民族的特色服装展现本国民族特色。在竞技项目中,设置具有广西民族特色的扔绣球项目,使学生感受广西特有的民族文化风情。在竞技的同时,也为学生搭建友好的文化育人平台,展现民族文化特色。

(三)生活文化

项目学生的学习不只是专业技能的学习,也是跨文化的学习。单纯的课堂文化教学容易使学生缺乏兴趣。只有将文化体验与学生日常生活结合起来,切身感受到中国文化的魅力,才能激发学生的兴趣,在现实生活中进行跨文化体验与交际,提高跨文化交际能力。在中国重大的传统节日,学校都会为留学生组织活动,体验中国的民风民俗。例如,春节学习包饺子,迎接中国新年的到来。留学生们亲自动手包饺子、煮饺子,并品尝自己的劳动成果,体验一场中国文化与美食的盛宴。元宵节介绍看花灯、吃汤圆的习俗,并教学生动手制花灯、做汤圆。这些活动极大地增进了学生们对中国的传统节日、习俗及饮食文化的深入了解,增强了文化认同感。此外,柳州城职院还积极组织留学生与中国师生进行结对子联谊活动,深入感受中国的家庭文化,在实践中体验中国的生活文化。

（四）校园文化

柳州城职院注重项目文化课堂教学的同时，校园文化建设也在蓬勃发展。校园文化作为课堂文化的补充，同时也是学校教育展示的窗口，学生身在其中感受中国校园文化，体验文化氛围，能够潜移默化地增强文化理解，进一步提高跨文化交际能力。学院的"手拉手"社团是专为中国学生和留学生设立的，旨在通过组织社团活动，让留学生和中国学生能够互相交流，增进了解，促进学习。留学生在结识新朋友的同时也能通过中国学生了解更多当下年轻人的文化资讯。此外，有不少留学生在学院社团中担任各种职务，既能锻炼个人能力也能在此过程中进行跨文化交际。还有不少留学生积极参加学院组织的各种唱歌、表演比赛，展示自我的同时也融入了校园文化生活，增加了文化认同。

五、结语

柳州城职院在校企合作国际化办学过程中结合地方特色资源，以学生为本，采取教学与实践相结合，文化与生活齐渗透的模式，充分营造良好的文化传播环境，使学生在学习专业技能的同时进行文化体验，以获得良好的跨文化认知与交际能力，并通过国际化项目办学取得了一定的发展成果和突破，进一步将国际化办学特色提升一个新台阶。希望通过对该项目中文化育人的分析为培养学生跨文化交际能力提供一些具有实效的参考。

中国—东盟自贸区"升级版"建设与广西高职教育发展

唐述荣[①]

【发表情况】2014-12-30 发表于《中国成人教育》。

【摘要】随着中国—东盟自贸区"升级版"的提出和建设,广西对高技能人才的需求不断扩大,这为当地高职教育提供了发展机遇。广西高职院校要加快自身能力建设,及时规划和调整建设思路,充分利用区位、政策等优势,通过推进集团化建设、设置针对型智库、打造高效能师资队伍等方式,实现新的跨越。

【关键词】中国—东盟自贸区;升级版;广西;高职教育

2013年9月2日,在第十届中国—东盟博览会和中国—东盟商务与投资峰会上,国务院总理李克强指出,中国与东盟开创了合作的"黄金十年",更要创造新的"钻石十年",使中国—东盟自贸区与时俱进,在更广领域、更高质量上打造"升级版",力争2020年双边贸易额达到1万亿美元。同年10月9日,在第16次中国—东盟领导人会议上,李克强提出,推进七个领域合作的"2+7"合作框架,启动中国—东盟自贸区"升级版"进程,加快互联互通基础设施建设,密切人文、科技、交流等合作。2013年,在利好政策的推动下,中国与东盟各国双边贸易额达到4 436亿美元,年均增长21%以上,这个涵盖19亿人口的发展中国家最大的自由贸易区在全球经济低迷的情况下显现出勃勃生机。与此同时,农业、金融贸易、信息通信、法律以及东盟国家语言等专门人才和复合型人才需求缺口持续增大的趋势开始显现,这为广西高职教育提供了极佳的发展

[①] 唐述荣(1963—),男,柳州职业技术学院国际交流处副处长,研究方向为高等职业教育教学管理及专业建设。

机遇。

一、人才需求分析

随着中国—东盟自贸区"升级版"的推出和实施，双方合作的领域从传统的建筑业、承包工程逐步向农业、环保、能源、制造业和商业服务等多个领域深入发展。2013年上半年，中国对外贸易额增长8.6%，同期，中国和东盟的双边贸易额为2 105.6亿美元，同比增长12.2%，高于全国外贸增速3.6个百分点。在第十届中国—东盟博览会上，国际和国内经济合作项目达到1 000亿元，涉及农业及农产品加工、林业及林产品加工、矿产开采及加工、工业制造、交通能源、基础设施、旅游开发、住宿和餐饮业、商贸物流等多个行业。因此，自贸区"升级版"的建设对人才能力框架提出了新的要求，既需要具有经济合作、贸易往来、旅游管理等能够从事一线工作的服务型人才，又需要在工业制造、工程服务、矿产开采等重点领域具备熟练操作技能的应用型人才。

据《"十二五"广西人才开发目录》统计显示，在中国—东盟自贸区"升级版"的人才需求范围和层次方面：第一产业主要体现在水利建设、农业和林业，其学历要求基本在专科层次，包括管理人才、经营管理人才、科技人才、高技能人才等，涉及质量管理、项目管理、商务管理、人力资源管理、环境工程、机械制造、路桥工程、环境监测、园艺花卉、生物工程、食品检测与营销等75个专业；从需求人数来看，"十二五"时期是第一产业建设的黄金时期，对各类管理人才的需求较旺盛，特别是水工、农田水利、水文、水保类、电力类、岩土工程、环境工程、大坝安全监测等专业人才为急缺人才。第二产业包括食品、石油和化工、汽车、有色金属、冶金、机械、电力、建材、造纸和木材加工、电子信息、医药制造、纺织服装与皮革工业、生物产业、船舶等，学历要求基本以专科为主，专业涉及国际贸易、市场营销、项目管理、财务运作、机械设计、电气工程、汽车工程、食品工程、仪表工程、产品开发、计量管理等159个；其中，具备专业背景或管理经验，又具有国际市场开拓能力、熟悉东南亚语种的高技能人才长期看好，而具有国际视野、具备跨国公司工作和管理经验，能熟练运用东南亚各国语言进行交流的营销类人才需求量较大，中高端营销人才为急缺人才。第三产业包括现代物流与国际贸易、会展及旅游业、现代金融业、房地产业等，专业涉及物流技术、电子商务、海外贸易、会展旅游、市场策划、金融服务、理财保险、市场营销等 35 个；技能型人才需求量大，约占本产业全部人才需求的 60%～70%。

2012 年，中国—东盟第一产业、第二产业、第三产业贸易额达到 1 204 865 万美元，人才需求量呈不断上升趋势，通过人才需求预测子模型，利用相关数据带入人才需求预测总模型，得出自贸区第二产业、第三产业人才的大致需求情况，见表 1。

表 1　2012—2014 年中国—东盟自贸区人才需求数量基本值

	2012 年	2013 年	2014 年
人均 GDF（元）	3 451.018	3 643.26	3 835.503
第二产业 GDP 比重（%）	44.268	44.690	45.111
第三产业 GDP 比重（%）	50.603	51.072	51.540
就业人数（万人）	28 613.89	29 152.31	29 690.74
经济类支出（亿元）	8 683.915	9 314.435	9 944.956
人才需求量（万人）	3 023.236	3 108.769	3 194.303

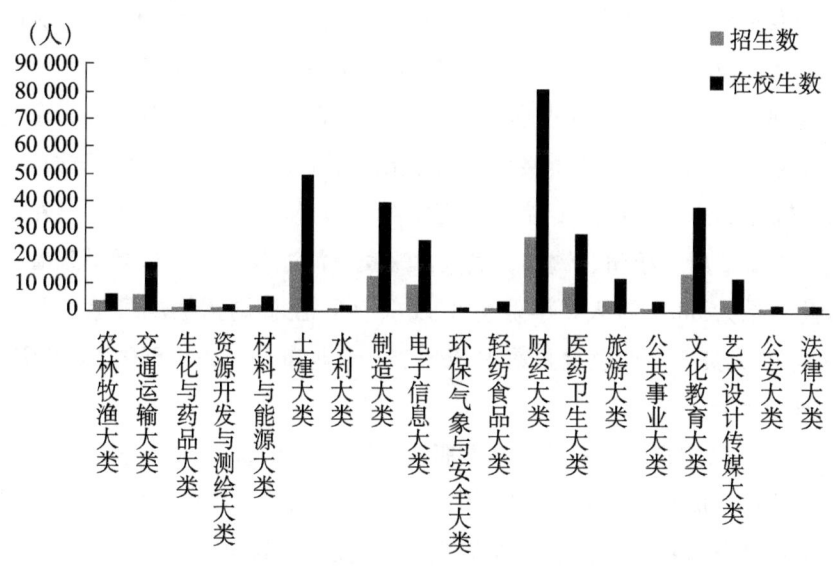

图 1　广西高职院校各专业大类在校生及招生情况

从实际情况来看，中国—东盟自贸区"升级版"的人才需求随着各个领域合作的不断推进和纵深发展，农业、金融贸易、信息通信、法律以及东盟国家语言等专门人才和复合型人才需求缺口出现了持续增大，特别是熟悉东盟事务的国际高端技能型人才极为短缺，已经成为制约双方合作进一步深化的"瓶颈"。因此，全力提升符合自贸区建设需求的人才培养力度便显得尤为重要。

二、广西高职教育发展状况分析

广西壮族自治区地方政府一直把高职教育的发展放在重要位置，出台多项政策优先保障高职教育的投入，支持高职创新发展。2013年，自治区人民政府出台了《关于全面提高高等教育质量振兴广西高等教育的若干意见》及相关配套文件，从行动纲领、措施抓手、监督检查等方面形成了一整套全面提高高等职业教育质量、振兴广西高等职业教育的政策体系，在教学改革、创新能力、对外开放、队伍建设、教育投入、教育管理、基础建设7个方面深化改革，把高等职业教育纳入经济社会发展和产业发展规划，并根据设区市的经济社会发展水平和产业、地域特点，对各院校布局及其专业结构进行优化调整，推动广西高职教育发展。

据《2014广西壮族自治区高等职业教育质量年度报告》统计显示，截至2013年12月，广西32所普通本科院校中的21所举办高等职业教育；独立设置的高职高专院校38所（含2所国家高职示范校、3所国家骨干校）；6所成人高校中的4所开设普通高等职业教育。在办学主体上，省级部门举办17所，地市级部门举办21所，社会力量办学11所，形成了政府主导、行业指导、企业和社会力量积极参与的多元化办学格局。从布局来看，除玉林、贺州和防城港之外，其余设区市都布点有高职高专院校，南宁18所，柳州4所，桂林、崇左、百色各3所，北海2所，梧州、钦州、贵港、来宾、河池各1所。从规模来看，全日制在校生人数为33.1万人，毕业生10.8万人，全日制招生规模达11.4万人；专业覆盖19大类，专业设置总数为355个，专业布点约为1 850个，2013年度新增专业167个。

2013年，认定自治区示范性高等职业教育实训基地19个，全区示范性高职实训基地数量增加至151个；2013年，广西共有21门高职类课程获教育部批准为国家级精品资源共享课。基本形成了门类齐全、设置合理、建制完整的现代高职教育体系。

三、广西高职教育对接中国—东盟自贸区"升级版"人才培养状况分析

广西高职教育的发展对区域经济的提升意义重大。但由于种种原因，当前广

西高职院校在对接自贸区"升级版"人才培养方面还存在诸多问题。

（一）主动对接意识不强

受传统意识和发展惯性的影响，广西高职院校明显缺乏对接自贸区"升级版"的主动意识。从广西教育厅发布的28所高职院校《高等职业教育质量年度报告（2014）》来看，没有一所高职院校明确提出针对对接自贸区"升级版"进行相关专业的考察、论证或建设的计划，即使个别院校相继开设了国际贸易（东南亚方向）、东盟国家的小语种教学（如越南语、泰语）等辅助专业，但在对接中国—东盟"升级版"方面还没有系统的专业规划。受经济运行和国家政策的影响，高职各专业毕业生的就业率高低并不一致，直接影响招生的数量和质量。2008年柳州职业技术学院物流专业（自治区级优质专业、国家示范院校重点建设专业）开设6个班（300余人），2013年则只有3个班（不足120人）；汽车检测与维修技术专业（自治区级优质专业、国家示范院校重点建设专业）也由2011年的5个班（近300人）下降到2013年的3个班（不足150人）。对接主动意识不强更为直接的不良后果是，在2013年11月24日举行的"柳州市2014届高校毕业生双选会暨柳州职业技术学院专场招聘会"上，参会的200多家企业中来自自贸区的就有120多家，然而面对这些企业提供的众多就业岗位，大多高职毕业生因不懂东南亚小语种或专业差异过大而失之交臂。

（二）缺乏长远规划设计

广西壮族自治区作为我国与东盟唯一水陆相连的省份，在中国—东盟自贸区合作与交流的区位优势明显。据2013广西统计年鉴统计，2012年，中国—东盟自贸区（4＋2市）地区总产值为5 901.17亿美元，进出口贸易额为2 261 245万美元，接近广西GDP的一半。随着中国—东盟自贸区"升级版"的快速推进，产业合作不断向纵深发展，人才需求势头日益旺盛。从目前广西高职院校的建设重点来看，80％以上的高职院校推崇社会热门专业和投入少、要求低、收费高的专业，在专业设置上盲目追求大而全，结果导致办学定位不清，优势特色没有足够发展。以柳州城市职业技术学院为例，该校三产类专业底蕴丰富，其茶艺、公共事务管理（幼儿园管理方向）等是传统优势专业，在广西全区享有较高的声誉，且具备良好的发展前景，该校却大力建设本身并不具备优势的机电、汽车、模具、电气自动化等二产类专业，这种注重短期效应的行为对师资配备、实训场所等教学基础无疑产生了巨大压力。虽然截至 2013 年 7 月底，广西高职高专院校的毕业生平均就业率为 91.5%，但是注重追求短期效应，必然会造成就业的短视，非常不利于广西高职教育的可持续发展。

（三）师资力量总体薄弱

广西的高职院校大多是 1998 年前后从中等专业技术学校、企业培训技校或各类成人高校升格而来，虽然历经了 16 年的发展，在师资培养方面大力推进人才引进战略，但由于待遇等多种原因，整体师资水平还较低。国家示范校柳州职业技术学院，全校专职教师有 499 人，具有全日制研究生学历的 108 人；高级职称虽有 189 人，但从中学高级教师转来的 103 人，科研能力普遍较弱；教授虽有 29 人，但其中专职教师只有 12 人；虽有博士或在读博士 4 人，但所学专业领域（多为教育学或哲学）与学校发展的重点专业严重不符。近年来，由于学校部分知名教授的流失，使一些专业的教师数量严重不足，导致少部分教师课时量过大，如院级必修课"就业与创业"，个别教师就在 360 节/学期以上，再加上各种各样的绩效考核资料的撰写，根本无暇顾及改进课堂教学方法和提升自身专业水平。虽然学校每年都大力推进人才引进战略，但由于招聘渠道不畅通，难以吸引具有熟悉企业运行的专家和技术人员来校任教。

四、对接自贸区"升级版"的建议与措施

从现实来看，中国—东盟自贸区"升级版"的发展对广西高职教育来说，既是机遇也是挑战，需要广西高职院校针对现实做出及时调整。

（一）推进集团化建设

中国—东盟自贸区"升级版"的建设，将使节能环保、新一代信息技术、生物、高端装备制造、新能源、新材料、新能源汽车等战略性新兴产业到 2020 年实现增加值占国内生产总值的比重达 15% 左右，为中国与东盟国家在产业对接、延伸产业链方面提供机遇。这就需要适应产业对接的大量高技能人才，对这些人才的培养已经不单是个别高职院校能够完成的，建立和发展职教集团成为当前广西高职教育的首要任务。打造以广西各级政府为主导、以各高职院校为主体、以自贸区相关企业为支撑，"政校企"合作的高职教育模式，构建起高职教育与经

济社会协调发展平台，促使职业教育在办学规模、专业设置和人才结构上，与区域经济社会的发展需求相适应；以行业为指导、以学校为主体、以企业为支撑的"行校企"合作，使三者实现在宏观、中观和微观层面的深度融合，为职业教育和区域经济发展提供有效的制度保障。

（二）设置针对型智库

智库作为以政策研究为己任，兼顾影响公共政策和舆论的政策研究机构，在西方发达国家的高校已经得到充分发展，如美国约翰·霍普金斯大学的"跨大西洋关系研究中心"、英国苏塞克斯大学的"发展研究所"、法国巴黎政治学院的"国际问题研究中心"等。这些智库型机构对各国的经济发展和政治决策都曾起过至关重要的作用。我国高校也于 2012 年在"协同创新"政策的推动下，掀起了建设高校智库的浪潮。2014 年 2 月 28 日，教育部印发《关于中国特色新型高校智库建设推进计划的通知》明确指出："支持高校智库与实际工作部门联合组建研究团队，强化高校之间及高校内部的合作，着力构建优势互补、深度融合、多学科交叉的协作机制，及时提供动态监测、效果评估和信息反馈。"

目前，广西的高职院校已具备智库建设的几个优势：一是区位优势，广西与东盟一衣带水、水陆相连，世代杂居，基本相似的情感体认很容易了解彼此的风俗习惯和发展态势；二是世界银行项目"中国广西全球发展学习网络中心"对中国—东盟人才合作项目的专门研究已经取得了突破性进展；三是高职院校内部各类研究所的广泛设立，有宽广的学科覆盖面（如柳州职业技术学院设立有物流、机电、汽车、环监等 9 个研究所），在各领域有综合性、多方位的学科支撑；四是有广泛的经验可以借鉴。因此，设置针对性智库的条件基本成熟，可以对适应自贸区发展需求的人才培养展开初步论证，为广西高职院校的可持续发展提供明确的方向。

（三）打造专业性师资队伍

广西高职教育的师资队伍建设在区政府的大力支持下，近年来取得了长足进步。2013 年，自治区教育厅、自治区党委组织部、宣传部、发改委、财政厅、人力资源与社会保障厅 6 部门先后共同或单独颁发了《关于加强广西高等学校青年教师队伍建设的实施意见》《广西高等学校优秀中青年骨干教师培养工程实施办法（试行）》《广西高校优秀青年骨干教师国内访问学者计划实施办法（试行）》

等多项办法,大力加强高等学校教师队伍建设,共确认第一批高等职业学校优秀中青年骨干教师24名,高等职业学校青年教师教学业务能力提升计划培养对象900余名。

但不容忽视的是,广西高职院校具备东盟背景的师资建设仍滞后于自贸区"升级版"的建设,因此,加大相关师资队伍建设的力度已成为广西高职教育的紧迫任务。一是广泛、深入地开展与东盟国家相关师资的交流与合作,共同深化教育教学改革,分享优质教学资源。在职业院校专业设置及建设、课程设计和开发、教材教法创新、教学模式改革、教师和校长培训等方面进一步细化合作内容;二是加大与自贸区企业"校企合作""工学结合"的力度,完善"厂中校""校中厂"的配套设施,全力推进专业性较强的"双师型"建设;三是疏通人才引进渠道,鼓励人才引进,做到"以事业留人,以感情留人,以待遇留人",不断提高师资的科研能力和教学水平;四是打造一支高水平的兼职队伍,通过规范并实施兼职教师资格制度、校企合作促进制度、人事制度等保障兼职教师的合法权利和收益分配,切实发挥他们的作用。

亚洲开发银行日前发布报告称,2014年东盟整体经济增速将达到5.3%左右。鉴于中国与东盟在经贸金融和互联互通等领域的合作更加深入,中国对东盟经济的拉动作用日益明显,东盟经济将保持稳中有升。2014年被确定为"中国—东盟友好交流年"。目前,东盟国家为实现经济发展目标,力争在2015年年底建成东盟经济共同体。这些利好消息都为广西的高职教育带来了新的历史机遇。因此,作为此区域高技能人才培养的主要支撑,广西的高职院校应当充分认识中国—东盟自贸区"升级版"建设的现实意义,在国家和广西自治区政府的政策引导下,大力推进职教集团建设,及时做好相关专业的论证和开设,辅以现有专业的改造、调整与拓展,打造一支专兼结合、德才兼备的高效师资队伍,完善实训基地的对接和配套,积极稳妥地构建与自贸区"升级版"建设相吻合的高技能人才培养体系,推动广西高职教育实现新的跨越。

【参考文献】

[1] 王军伟. 中国—东盟自贸区:合作向纵深发展多项藩篱待突破 [EB/OL]. 南宁新闻网,2013-09-03.

[2] 石超,薛勇军. 东盟自由贸易区人才需求趋势分析:基于多元回归分析的方法[J]. 当代经济,2012(22):76-77.

［3］夏潋.打造中国—东盟自贸区升级版［N］.新经济导刊，2014-03-03.

［4］刘华强."双三元"办学模式是破解高职教育瓶颈的必由之路［N］.光明日报，2013-04-20.

［5］高鸿，高红梅.职业教育集团化办学的内涵与特征研究［J］.中国职业技术教育，2012（36）：32-36.

［6］朱周良.中国东盟自贸区欲升级经济总量或5年后超美国［N］.中国证券报，2013-10-09.

［7］张莺.广西与东盟职业教育合作日益深化期待细化合作［EB/OL］.广西新闻网，［2012.10.16］. http：//www.gxnews.com.cn/staticpages/20121016/newgx507cbb51-6232726.shtml.

［8］李宁.东盟经济期待稳中有升［N］.人民日报，2014-01-09.

演进嬗变中的高职院校教育国际化发展阶段及策略

吴书勤[①]

【发表情况】 2018-04-15 发表于《教育与职业》。

【摘要】 文章阐述了地方高职院校教育国际化的发展历史及三个阶段嬗变的关键要素和特征,进而从价值引领、目标使命、着眼点和策略模式四个方面提出了高职院校教育国际化的深度发展策略:走实施共建"一带一路"及推动构建"职业教育共同体"的"共商、共建、共享"深度发展之路;深层次培养更具国际竞争力和跨文化引导力的创新型人才;基于大学国际化水平评价指标体系,分析影响高职院校国际竞争力提升的要素指引;创新设计"国际化、差异化、本土化"三位一体的国际化发展模式。

【关键词】 高职教育;教育国际化;教育共同体

党的十九大报告中指出,要以"一带一路"建设为重点,坚持"引进来"和"走出去"并重,遵循"共商、共建、共享"原则,加强创新能力开放合作,形成陆海内外联动、东西双向互济的开放格局。2016 年,中共中央办公厅、国务院办公厅印发《关于做好新时期教育对外开放工作的若干意见》,明确提出要实施"一带一路"教育行动,促进沿线国家教育合作。在全球化趋势下,实施"一带一路"建设和"教育对外开放"的重要倡议,既是党的十九大在新时代提出的重大战略,也是教育顺应世界多极化和文化多样性的必然选择,更是教育对构建"人类文明共同体"的追梦之旅。

---

① 吴书勤(1975—),女,广西柳州人,柳州城市职业学院副院长、中学一级教师。

一、高职院校教育国际化演进嬗变的三个阶段

高职教育国际化的历史,可以追溯到清朝的专门学堂及实业学堂创办的教育国际化。本文重点论述我国自改革开放以来,地方高职院校教育国际化不断演进和嬗变的过程(见图1)。

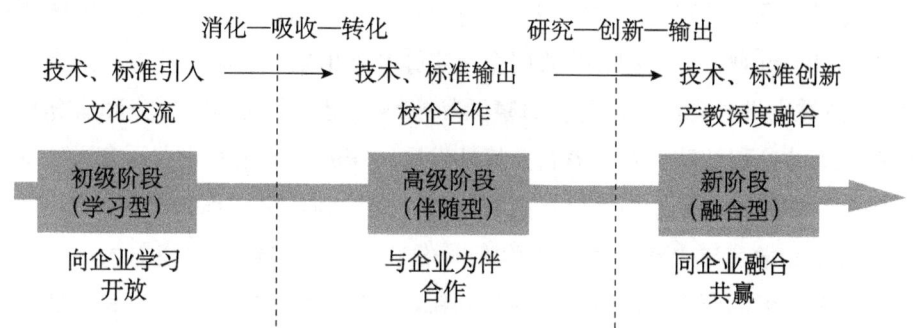

图1 我国地方职业院校教育国际化演进阶段示意图

(一)初级阶段:以交流、学习为主的吸入式国际化

自改革开放以来,我国高职教育国际化交流与合作趋势初现端倪,如与德国、澳大利亚合作开展职业教育培训及办学合作,推荐优秀学生到境外实习和就业、聘请外籍教师到校任教、举办国际学术交流会议等,均取得了积极成效。地方高职院校在成立之初就十分注重开展多种形式的国际交流与合作:一是与东盟国家建立起文化交流与合作的纽带,面向东盟国家培养、输出师范生作为汉语师资;二是与东盟国家的华商会、华校建立联系,输出华文教材与课程;三是面向东盟国家吸纳留学生,陆续培养来自泰国、印尼、马来西亚、韩国等国家的留学生;四是依据自身优势及学科发展需要,精心制订骨干教师赴海外学习培训目标与计划,选派优秀中青年骨干教师赴德国、英国等国家师从一流导师从事研究和学习;五是引进和培养一批国际化师资人才,并将西方先进标准引入优势专业建设中,再通过内化、自建、实践三个过程,把符合国际标准的优质高职教育资源输出东盟国家。

此阶段处于国家大力倡导与东盟国家建立对话与合作关系的关键时期。地方高职院校虽然积极响应国家号召,大力发展面向东盟的国际交流与合作,但因工

作重点以学校自身为主体，以非产业形态的文化、教师等资源输出为目标，国际化"无产业支撑"，从而呈现内隐、被动的"引进消化、吸收模仿"特征。这一阶段的主要成果是搭建了"西—中—东"的国际化交流桥梁，为高职院校的进一步国际化发展奠定了基础。

（二）高级阶段：以企业标准输出为主的伴随式国际化

以习近平同志为核心的党中央先后提出"一带一路"倡议以及"中国制造2025"等发展计划，鼓励和支持我国企业实施"走出去"战略。地方企业要"走出去"，急需大批具有国际视野、通晓国际规则，能够参与国际事务和国际竞争的国际化人才。职业院校在培养企业境外发展所需的国际化人才方面有天然的优势，地方高职院校应紧紧抓住时代发展机遇，充分利用区域优势产业。2015年，柳州城市职业学院与上汽通用五菱汽车股份有限公司共建"中印尼汽车学院"，该校经过两年多的研究、改革、实践和创新，搭建了校企共同育人平台，建立了"政校企双边三方"协同育人机制，在人才培养模式改革、专业课程体系建设、实践教学模式创新、师资队伍建设等方面均取得了显著成效。这是地方高职院校伴随地方企业"走出去"的典型成功案例，其以东盟国家为突破口，以企业标准输出为主，成功实施了高职院校的国际化办学之路。

此阶段是国家全方位实施"一带一路"倡议的重要时期。伴随地方企业实施"走出去"战略，以企业为主体破解了高职院校的境外办学难题，创新了跨境人才培养模式，实现了企业国际标准输出，走出了以产业支撑为依托的国际化办学之路，从而呈现出外显、主动"技术输出"的特征。这一阶段的主要成果是建立了"政校企双边三方教育"协同育人平台和机制，为构建"一带一路"建设背景下面向东盟的"职业教育共同体"，培养具有国际素养、职业素养和人文素养的技术技能型人才的终极目标总结了理论经验。"政校企双边三方"中"双边"是指中国和东盟国家，"三方"是指中国的职业院校、东盟国家的职业院校和东盟国家的中国企业。

（三）新阶段：以深度融合为主的发展式国际化

习近平总书记在党的十九大报告中提出，要实施共建"一带一路"，坚持和平发展道路，推动构建人类命运共同体。"一带一路"倡议以共商、共建、共享为原则，是面向各国开放的、全球化的一种全新的合作理念与发展哲学，其囊括四大古老文明，将引领全球化新的发展方向，进而推动构建"人类命运共同体"。

地方高职院校要重新审视高职院校国际化深度发展问题，在"一带一路"倡议背景下，充分发挥高职教育特长，输出更具国际竞争力的教育产品，并在国际视野下进行地方差异化，淡化中国因素，积极融入当地文化特色，以推动高职教育的国际化深度发展。例如，2016年，柳州城市职业学院与上汽通用五菱印尼汽车有限公司、印尼卡拉旺国立第一职业技术学校合作共建"印尼中国上汽通用五菱汽车教育培训中心"；2017年5月，柳州城市职业学院、上汽通用五菱印尼汽车有限公司又与印尼西卡朗国立第一职业技术学校合作共建"印尼中国上汽通用五菱汽车教育培训基地"。这些境外基地以培养国际化人才为目标，利用三方合作办学的地域差异化优势，创新设计了"国际化、差异化、本土化"三位一体的国际化发展模式，即在印尼实施教育培养，与当地企业文化相融合，当地制造、当地销售、当地融资融市，以探索提升当地学生生存与发展能力的教育模式，为中国企业的海外发展提供强有力的人力资源支持。

此阶段是国家深度实施"一带一路"倡议，构建"人类命运共同体"的深度发展时期。地方高职院校在国际化发展过程中，以深度融合为主旨，坚持走"特色化、差异化"道路，与政府、企业、境内外学校、学生构建"职业教育共同体"，从而呈现出多元"引智创新"的特征。这一阶段的主要成果是在"一带一路"倡议背景下，初步搭建了"职业教育共同体"，初步构建了国际化创新型人才培养体系，"向东输技，与西竞争"的深度发展式国际化已经显现，为我国高职教育有效发挥科学研究、社会服务及文化传承创新等教育职能提供了必备条件。

二、高职院校教育国际化深度发展策略

（一）价值引领

走实施共建"一带一路"及推动构建"职业教育共同体"的"共商、共建、共享"深度发展之路。

在国家层面，"一带一路"倡议下的共商、共建、共享原则及和平合作、开放包容、互学互鉴、互利共赢的丝路精神是一种全新的合作理念，也是一种发展哲学，将引领全球化新的发展方向，有力推动构建"人类命运共同体"。共建

"一带一路"的精神原则与构建"人类命运共同体"的原则是一致的,其核心关键要素就是"共商、共建、共享"。在国家层面的价值引领下,职业教育也要走构建"教育共同体"之路。马和民、周益斌认为,建立在公共利益基础上的教育价值共识是解决教育问题的思想基础,"教育共同体"应以这种教育价值共识为基础,并借助信息技术支持的交流、交往、传播功能,建设多主体、多渠道、多层次的对话平台。由此可见,以相互支持为准则的教育共同体是解决教育问题的实践路径。

在高职教育层面,职业教育实施"一带一路"倡议,是构建"职业教育共同体"的有力推动,必须秉持"共商、共建、共享"的深度发展原则,并以解决高职教育发展所面临的"生源危机"和"质量危机"为目标,借势加强高职教育的内涵建设。随着国家对职业教育国际化的日益重视,其办学重心将向"内涵提升"方向深度发展。

(二)目标使命

深层次培养更具国际竞争力和跨文化引导力的创新型人才。职业教育国际化的深度融合,"深"不仅要体现在培养体系、课程体系和认定体系上,还要在教育国际化过程中潜移默化地实现"共商、共建、共享",促进社会经济发展、民族文化软实力的提升,其根本还是要回归到目标使命上。那么,高职教育国际化的目标使命是什么呢?

在经济全球化背景下,企业急需大量既了解国际经济运作规律,又通晓各国国情、文化、法律、科技,且精通外语的优秀国际化人才。世界范围内的综合国力竞争,归根到底是创新型人才的竞争,培养适应经济全球化需求的优秀国际化人才已成为凸显职业教育办学水平的有力抓手和重要指标。由此可见,高职教育国际化深度发展的目标使命是培养更具国际竞争力和跨文化领导力的创新型人才。

(三)着眼点

基于大学国际化水平评价指标体系,分析影响高职院校国际竞争力提升的要素指引。2016年,中办、国办印发的《关于做好新时期教育对外开放工作的若干意见》提出,要深入推进管办评分离,形成以政府监管、学校自律、社会评价为一体的质量保障体系。与此同时,随着大学排行榜的影响力在全社会不断加大，关于国际化方面的评价指标体系也相应出台，其中，国内影响力比较大的是西南交通大学每年开展的"中国大学国际化水平排名"，其内容涉及国际化理念、学生国际交流、教师国际交流、教学国际交流、科研国际交流与合作、文化交流与传播、中外合作办学、国际声望、国际化管理、国际化校园10个一级指标以及34个二级指标。目前，这些考核指标已成为高校开展国际化工作的重要参照指标，具体见表1。

表1 高职院校国际竞争力提升的要素指引表

目标层级	指导思想	《大学国际化水平评价体系》的一级考核指标	《大学国际化水平评价体系》的二级建设指标	具有国际竞争力的一流高职院校要素指引
国家政府、社会层面	产教融合	1. 中外合作办学 2. 国际化理念 3. 国际声望	1. 发展规划 2. 国际影响力	两高： 1. 国际化办学水平高 2. 特色化的国际教育品牌及影响力高
学校国际化建设层面	校企合作	1. 国际化校园 2. 国际化管理 3. 教师国际交流 4. 科研国际交流与合作	1. 国际化创新基地（校园环境及硬件设施） 2. 国际化保障（机制制度、经费投入、机构与管理人员、信息与资料） 3. 国际化师资（交流、构成、晋升） 4. 科研国际化（项目研究、科研成果）	四强： 1. 国际化资源配置能力强 2. 国际化管理机制强 3. 师资人才队伍强 4. 自主创新能力强
实际国际化人才培养层面	工学结合	1. 教学国际交流 2. 文化交流与传播	1. 国际化课程建设 2. 国际化文化交流	两特征： 1. 国际化课程品质卓越 2. 跨文化国际交流水平突出
学生发展层面	工学合一	学生国际交流	1. 留学生 2. 派出学生 3. 就业国际化	三多： 1. 留学生多 2. 派出学生多 3. 国际化就业人数多

地方高职院校应秉承"企业需求为导向""政校企跨境协同、多元合作"的发展主旨，在发展过程中不断总结工作经验，制定符合校情的国际化工作实施方案，工作方案要以提升国际化发展的11项共性要素为基本发展指标。并把这11项要素列入每年学校事业发展的重要指标加以考核，从而形成提升高职院校国际竞争力的"多主体、多渠道、多层次"的可行性工作规划，切实把国际化深度发

展融合到学校的人才培养、课题体系建设、实践教学模式创新、科技研发平台搭建、师资队伍建设及管理服务等工作中，成为学校向一流国际化高职院校迈进的行动指南。

（四）策略模式

创新设计"国际化、差异化、本土化"三位一体的国际化发展模式。

第一，国际化：深层次制定与本地区发展需求相适应的国际化教育举措。高职院校要坚持实施"一带一路"教育行动，并参照国际化发展的 11 项重要指标，深层次制定与本地区发展需求相适应的国际化教育举措。一是搭建校企合作平台，充分调动各方资源；二是建立"政校企双边三方"协同育人机制，构建"三养成三模块三阶段"的三维立体递进式人才培养模式；三是创建基于核心技术、核心课程为导向的"双核"学习领域的专业课程体系，提出"宽基础、分层次、强技能"校企一体化实践教学模式；四是培养基于"外籍教师＋企业师傅＋学院教师"的"三化"（国际化、多样化、本土化）师资团队，进而形成国际认同的中国职业教育模式、标准和文化，为我国企业"走出去"培养大量具有国际素养、职业素养和人文素养的高素质技术技能型人才。

第二，差异化：深层次挖掘与区域优势产业相匹配的职业院校国际化发展差异化优势。高职院校应从经济、文化、制度层面，积极开展国际化科研项目及平台的内涵研究，科学系统地推动学校从自身专业优势出发，与地方区域优势产业相结合，在学校国际化深度发展过程中探寻其差异化优势，以发展切合学校优势的特色化、差异化和创新型国际化深度发展之路，有效提高国际竞争力和影响力。高职院校可以依托校本国际化特色办学优势，通过整合校政企三方资源，积极服务本地区的"众创空间""科技企业孵化器""小微企业创业创新公共服务平台"等新型创新平台，以探索实践职业教育国际化发展的特色化、差异化道路。

第三，本土化：深层次关注教育输出国的本土文化传承及利益诉求。高职院校要以构建"职业教育共同体"为总目标，共同关注国家、政府、企业、境内外学校及学生等多主体的利益诉求，并深层次关注教育输出国的本土文化传承及利益诉求，积极推动高职教育国际化发展从逐鹿东盟教育市场到融入东盟国家当地文化，从职业教育国际化发展成为国际化的职业教育。真正国际化的职业教育是没有疆域限制的，应在吸纳所有地方特质的基础上，创造自身优势，积极进行地方差异化，淡化中国因素，融入当地特色，如肯德基、麦当劳、IBM、可口可乐、DELL等。由此可见，创造自己的职业教育品牌，是实现创造本土化的职业教育最终目标。

高职教育的国际化并非一蹴而就，而是经历了不断摸索和积累提高的过程。高职院校应结合地方产业充分发挥自身优势，从价值引领、目标使命、着眼点及策略模式进行积极探索，以促进我国高职院校的国际化深度发展，为社会培养国际化的高素质人才。

【参考文献】

[1] 邢晖，李玉珠．百所高职院校国际化发展现状调查[J]．教育与职业，2014（7）．

[2] 崔岩．"一带一路"战略视野下推进我国高职教育特色化、国际化发展的若干思考[J]．中国职业技术教育，2016（33）．

[3] 王立勇．"一带一路"和构建人类命运共同体原则一致［EB/OL］．（2017-10-29）[2017-11-10]．http：//finance.sina.com.cn/meeting/2017-10-29/doc-ifynfvar4947570.shtml？cre＝financepage？偍hpc&mod＝f&loc＝4&r＝9&doct＝0&rfunc＝100．

[4] 马和民，周益斌．走向对话与支持的教育共同体[J]．南京社会科学，2010（3）．

[5] 周洁．我国高职院校国际化办学现状与思考[J]．科技展望，2017（23）．

[6] 缪秋菊，邵琳艳，李俊飞．高职院校国际化应用型人才培养的现状及对策[J]．职业时空，2013（8）．

[7] 苏志刚，王爱萍．在借鉴与创新中探寻高职院校国际化发展战略[J]．中国高等教育，2011（5）．

[8] 郝美彦．我国高职高专院校国际化发展的路径选择[J]．兰州教育学院学报，2017（1）．

"一带一路"背景下广西—东盟职业教育国际化路径探讨

汤爱丽[①]

【发表情况】2016-08-15发表于《广西科技师范学院学报》。

【摘要】"一带一路"建设的发展推动了高职院校国际化办学的进程。广西高职院校国际化办学有良好的地缘和政策优势,积累了丰富的经验。目前,广西高职院校应在广西—东盟区域教育一体化建设的基础上从五个方面提升办学合作水平。一是提升职业教育的国际化水平;二是优化师资结构,推进师资队伍国际化;三是构建与国际职业教育相接轨的质量标准;四是进一步推进职业教育国际化向纵深拓展;五是加强与企业的校企合作,实现职业教育国际化与企业国际化的合作共赢。

【关键词】"一带一路";广西—东盟;职业教育;国际化;路径

当前,随着世界经济一体化日益向纵深发展,国与国之间在经济、文化、科技等方面的交往日益密切,高等教育国际化已成为发达国家教育发展的共同趋势。作为高等教育中的一种教育类型,高职教育国际化办学是其既能谋求外延拓展,又能实现内涵提升的新的发展之路。高职教育以培养生产、管理、服务等一线的高素质技能型人才为目标,"一带一路"建设逼迫人才培养变局,也给职业教育人才培养提出了更高的要求,迫使职业教育适应"一带一路"建设人才的需求,有效提升人才供给的匹配性和使用性。为此,在"一带一路"建设背景下,大力推进职业教育国际化成为高职院校未来发展的必然趋势也是其重要发展目标和首要任务,高职院校要积极提早布局,及时调整办学策略和人才培养方案,以

---

① 汤爱丽(1982—),女,广西柳州人,硕士,讲师,研究方向为教育管理。

适应经济全球化以及"一带一路"建设国际化人才的需要。

一、广西—东盟职业教育国际化的现状

"一带一路"建设加快了中国高端装备企业"走出去"及东盟国家重大项目建设的步伐,为密切广西与东盟国家的职业教育交流与合作,促进东盟国家对广西职业教育理念和成就的认可提供了重要契机。

在高等职业教育国际化浪潮的影响下,广西教育领域的国际交流合作不断加强,为积极顺应这一形势,也出台了相关政策,尤其《广西壮族自治区中长期教育改革和发展规划纲要(2010—2020年)》强调,"打造面向东盟的教育国际交流与合作高地。充分发挥广西的地缘、历史渊源、人才资源和政策优势,积极参与中国—东盟区域教育一体化的探索与建设,推动与东盟国家高校间学分转移和互认,鼓励大学间建立全面、务实的教育合作关系。"开展多层次宽领域的教育国际交流与合作,联合建立教学科研合作平台,鼓励与国外大学实行教师互派、学生互换、学分互认和学位互授联授,鼓励有条件的学校面向国际市场建设具有较高水平的国际化人才培养基地,鼓励学生赴海外学习、实习,鼓励有条件的高校、职业院校积极开发海外教育市场。要发展海外教育,应增加骨干教师海外培训力度,完善公派留学人员管理机制及评价机制及信息交流平台,提高公派留学生的利益。

(一)广西职业教育国际化的地缘优势显著

广西壮族自治区是中国唯一与东盟不仅有陆地相连也有海洋相连的省区,这种沿边沿海的地理位置为广西与东盟国家的教育交流提供了优越的地缘优势,同时,又有华侨和民族民俗等人文优势。在中国—东盟职业教育国际化中,广西处于"桥头堡"的位置,区位优势凸显。

2015年,国家发改委、外交部和商务部联合发布的《推动共建丝绸之路经济带和21世纪海上丝绸之路的愿景与行动》,对广西参与"一带一路"建设做出了明确的目标定位:"发挥广西与东盟国家陆海相邻的独特优势,加快北部湾经济区和珠江—西江经济带开放发展,构建面向东盟区域的国际通道,打造西南、中南地区开放发展新的战略支点,形成21世纪海上丝绸之路与丝绸之路经济带有机衔接的重要门户。"这一定位既包括骨干通道建设、经济交流、生态环境建

设等内容，也包含教育领域的密切合作，目标定位明晰。

因此，在"一带一路"建设背景下，将广西打造成为中国—东盟职业教育国际化的重要门户，已成为"一带一路"的"有机衔接的重要门户"战略目标的重要内容。

(二) 广西职业教育国际化面临的形势

广西部分本科高校自 20 世纪 50 年代就与东盟国家开展国际教育合作，高职院校与东盟的国际教育合作起步则稍晚，直至 2000 年左右才开始起步。虽然起步晚，与发达地区的职业教育国际化程度相比也有一定的差距，但是，广西职业院校充分发挥自身优势，南宁、柳州等地的高职院校已与越南、泰国、印度尼西亚等东盟国家的院校开展国际交流与合作。

"2011—2015 年，到广西学习的东盟国家留学生达到 37 346 人，居中国各省区之最；同时，广西每年派往东盟国家留学的学生超过 5 000 人，是中国派往东盟国家留学学生人数最多的省份。"其中，高职院校学生占比分别约为 32% 和 26%。广西作为国内接收东盟留学生和向东盟国家派遣留学生最多的省区，广西教育的知名度，尤其职业教育的知名度在东盟国家中逐步提升。

第三届中国—东盟教育交流周提出倡议，中国—东盟在 2020 年前实现"双十万学生流动计划"，即到 2020 年实现东盟来华留学生和中国到东盟的留学生都达到 10 万人左右。可见，广西在中国—东盟职业教育国际化的发展具有广阔前景。同时，随着中国与东盟各国之间的政治、经济、文化等方面的交流合作日益紧密，特别是伴随"一带一路"贸易的繁荣和经济合作的不断深入，诞生了一个巨大的国际人才市场，为职业教育的国际化创造了良好环境。广西借助在中国—东盟自由贸易区建设中有利的战略地位，积极发挥自身独特的窗口功能，职业教育国际化的发展前景广阔。

二、广西职业教育国际化提升路径

广西职业教育国际化虽然具有一定的基础，但是要实现职业教育国际化水平的全面提升，还需从职业院校、政府、企业三个维度综合施策，进一步完善职业教育国际化的发展策略、政策、合作机制。

（一）发挥职业院校的主观能动性，不断提升职业教育的国际化水平

在广西与东盟国家职业教育交流与合作中，师生互访、合作办学等项目仍以语言类专业为主，中国—东盟在基础设施、农业矿业等领域的合作项目的人力资源支撑乏力。要提升职业教育国际化水平，高职院校必须以"一带一路"建设为契机，实行"走出去"与"引进来"相结合，满足培养国际化高素质技术人才的需求。

实施职业教育"走出去"战略。建设一流的职业院校、培养一流的国际化技术技能人才就要走国际化的发展道路。职业教育国际化既是高职院校的一种发展状态，也是提升高职院校办学实力和水平的一个突破口，更是提升我国高职教育整体水平的重要途径。广西高职院校要强化国际化意识，在综合考虑东盟国家经济社会、文化传统及人才需求的基础上，发挥民族特色，广西与一些东盟国家的风物相通、民俗相近、语言文化相似，华人华侨也较多，实行国际化与民族化并举，加大利用"互联网＋"思维、东盟国家的传媒、华人华侨团体等方式宣传广西职业教育，加快广西职业教育输出。

（二）进一步优化师资结构，推进师资队伍国际化

实施职业教育"引进来"战略。借鉴国际上职业教育合作成熟的经验和行之有效的形式，提高职业教育国际化水平。引进师资是师资队伍国际化的重要途径，侧重引进具有双语教学能力、教育经验丰富的外籍教师、海归人才。一是有选择性地聘请国外优质师资，重点聘请符合学校重点专业和特色专业的国际化教师；二是吸纳更多有教学经验的并且具备留学背景的青年教师；三是聘请企业里的外籍专家作客座教授来学校兼职；四是注重对本校教师的出国进修培养和交流，尤其学校重点学科专业的骨干教师，应多"走出去"进行国际学术交流和项目合作研究。

（三）构建与国际职业教育相接轨的质量标准

用师资国际化推动课程国际化，课程国际化是培养国际化高素质技术技能人才的主要手段，要改造旧课程、增设新课程、引进新教材。对此，高职院校必须做好充分准备，在课程设置、教材编写、教学理念上应该更多与国际接轨，将相关行业（企业）产品（生产）的国际通用标准融入教学内容。同时，借鉴先进职业教育理念，改进、完善留学生管理体制机制。通过实行"走出去"与"引进

来"相合，充分调动高职院校的主观能动性，进一步扩大职业教育国际化的专业面，尤其侧重突出优势特色专业的交流与合作，更好地满足国际化技术技能人才的培育需求，提升职业教育的国际化水平。

（四）政府科学统筹谋划，推进职业教育国际化向纵深拓展

政府要进一步加大对职业教育国际化的扶持力度。高职院校与本科院校相比，在办学规模、实力、影响力上较为薄弱。因此，在职业教育国际化方面，应加强对高职院校的支持力度，在新扩建国际合作办学机构、国际项目招生、收费政策、引进外籍师资等方面给予适当照顾，制定相关优惠政策，为高职院校的职业教育国际化提供政策支持。

积极推进职业教育国际化均衡发展。当前，实施职业教育国际化的高职院校主要集中在南宁、柳州等经济基础较好的城市，导致职业教育国际化不均衡。政府应统筹谋划、加强引导，既充分意识到部分地市国际化薄弱的现状，又要在资金方面扩大高职生、留学生奖学金的覆盖面，在管理方面主动适应广西和东盟国家经济、社会、文化实际，制定完善广西与东盟国家职业教育国际化发展战略，进一步扩大高职院校的办学自主权，激发高职院校的国际化办学活力，开创广西职业教育国际化的特色模式。

大力提升广西职业教育在东盟国家的影响力。加大高职院校对外宣传力度，为高职院校走职业教育国际化道路牵好线、搭好桥，调动、组织高职院校在东盟国家开展广西职业教育展、汉语考试介绍会、留学说明会等宣传活动。当前，广西高职院校国际交流与合作的东盟国家主要集中在越南、泰国、印尼等国家。因此，加大广西职业教育的对外宣传力度，有利于扩大广西职业教育在东盟国家的知晓度、拓展广西职业教育的合作平台。

（五）企业加强校企合作，实现职业教育国际化与企业国际化的合作共赢

企业是高等职业教育转化为经济成果的熔炉，职业教育是直接为企业提供技术技能人才的教育类型，与企业的发展联系最紧密。"一带一路"建设的实施，加快了企业"走出去"的步伐，必然对职业教育发展产生迅速而深刻的影响。

中国企业"走出去"需要加强产教融合、校企合作。在"走出去"过程中，中国企业遭遇了人才匮乏，更缺少生产一线人才以及培训、指导当地员工的技术

人才等问题，迫切需要与职业院校开展校企合作，共同培育"一带一路"建设所需人才。企业对国际化技术技能人才的需求强劲，职业教育要伴随企业"走出去"。当前，已有企业与广西职业院校一起，携手东盟国家院校，在境外合作办学，共建实习实训基地、职业培训中心。将项目建设与高素质技能人才培养相结合，既可以为转移到东盟国家的企业开发当地人力资源、节约劳务成本，又可以为学生提供境外就业的机会。

但是，为提升自身竞争力，企业在"走出去"过程中，还可以创新校企合作模式，拓宽合作途径，探索与广西职业院校共建技术开发中心、科技公司等，促进企业技术创新，提高校企合作层次，也有利于提升职业教育国际化的程度和水平。

三、结语

随着国家"一带一路"建设不断推进，职业教育国际化也将得到深度融合和拓展，这在给广西高职院校带来机遇的同时，也提出了更高的要求。"职业教育"要服务国家"一带一路"建设，就要坚定不移地走国际化道路。广西在职业教育国际化道路上，应充分利用区位优势、地缘优势等，紧抓广西—东盟职业教育交流契机，积极推进职业教育国际化进程。面向东盟，广西职业教育国际化的路径仍需从职业院校、政府、企业方面采取综合施策，实行职业院校、各级政府、企业三个维度协调联动的形式，只有致力于将广西打造成为中国—东盟职业教育国际化的重要门户，才能进一步完善职业教育国际化的发展策略、合作机制，从而不断提升职业教育国际化水平。

【参考文献】

[1] 推动共建丝绸之路经济带和21世纪海上丝绸之路的愿景与行动 [EB/OL]. [2016-04-20]. http://zhs.mofcom.gov.cn/article/xxfb/201503/20150300926644.shtml.

[2] 广西成东盟留学生出国留学首选地 [EB/OL]. [2016-04-20]. http://www.asean-china-center.org/2015-12/30/c_134963046.htm.

教学成果篇

【导语】1989年，国家开展第一届国家级教学成果奖评选工作，揭开中国教育教学改革领域最高奖项序幕，通过四年一次的评奖活动，激励各级各类学校不断深化教育教学改革，以内涵提升为要务，引领和促进各地及学校总结提炼教育教学优秀经验和成果，并通过国家层面这一共享平台，促进优秀教学成果的交流和推介。2014年，国家级教学成果奖增设职业教育大类奖项，自此国家级教学成果奖呈现基础教育、职业教育、高等教育"三足鼎立"的局面。

首届职业教育国家级教学成果奖共评出451项，其中，特等奖1项（高职）、一等奖50项（高职38项、中职12项）、二等奖400项（高职300项、中职100项）；广西壮族自治区成绩优异，共获得22项奖项，其中，一等奖1项（中职）、二等奖21项（高职8项、中职13项），获奖数量位居全国第六名，中职获奖总数全国第一名；柳州市职业院校获得4项二等奖奖项（高职2项、中职2项），获奖数在全区仅次于南宁市。

2018年，第二届职业教育国家级教学成果奖共评出452项，其中，特等奖2项（中职1项、高职1项）、一等奖50项（高校3项、高职38项、中职9项）、二等奖400项（高校21项、高职282项、中职97项）。广西壮族自治区成绩优异，共获得15项奖项，其中，一等奖3项（高职1项、中职2项）、二等奖12项（高职8项、中职4项），获奖数量位居全国第八名；柳州市院校获得一等奖1项（柳州市第一职业技术学校）、二等奖3项（高职2项，中职一项）。

柳州市在两届职业教育国家级教学成果奖中均取得了好成绩，这是柳州市委、市政府长期以来高度重视职业教育工作的结果，也是柳州市第一职业技术学校和柳州职院等获奖学校多年来锐意进取、改革创新、内涵发展结出的硕果，集中体现了近年来柳州市职业教育内涵发展、品牌发展、可持续发展的成绩。

中等职业学校残疾人"残健融合、三级递进"培养模式的创新与实践
（2018年国家级一等奖·柳州一职）

成果完成人：覃海波、何瑜、王佩娟、李莉、王春秋、孙卉、闭柳蓉、刘凌、罗毅、苏凯、莫谢英、黄宁、陈文洁、江薇、罗翠翠、刘继红、廖新明、朱微微、余明、蒋明、赵从奎、孙伟、史庭宇、申立忠、唐倩雯、林博韬、周祎维、黎曼莉、刘红驹、冯秀云、黎平

成果完成单位：柳州市第一职业技术学校、广西壮族自治区残疾人联合会、柳州市残疾人联合会、柳州市职业教育研究所

获奖等级：国家级一等奖

柳州市第一职业技术学校（以下简称柳州一职）针对当地残疾人接受职业教育困难，文化素质与职业技能差，就业率及就业层次低，难以融入主流社会这一重大民生问题，在各级政府及众多企业的支持下，自2006年起，规模开展残疾人中职学历教育及残疾人职业技术培训。11年来，共招收聋哑、低视、肢残、低智、多重等全日制残疾学生687名，开展残疾人职业技术培训5 225人；创建了独特的"残健融合、三级递进"残疾人职业教育培养模式，即在"残健融合"理念下构建与运行"三级递进"特色教育教学体系的残疾人培养模式。使大批残疾人以技术技能型人才回归主流社会。在惠及民生，促进有质量的教育公平和就业公平中成效显著。

一、改革实践背景

（一）发展残疾人职业教育，是改善民生的重要举措

根据《广西第二次全国残疾人抽样调查数据分析报告》数据显示：2006年，

全区15岁及以上的残疾人有319.34万人，占残疾人总数的94.62%。其中，在业的有88.12万人，占15岁及以上残疾人总数的27.59%；不在业的有231.22万人，占15岁及以上残疾人总数的72.41%。分布在农、林、牧、渔、水利业（占86.35%）；商业、服务业（占6.76%）；生产、运输设备操作人员及有关人员（占4.2%）等行业。残疾家庭年人均收入以0~683元、945~2 000元、2 001~3 000元等占的比例最高。而年人均收入处在0~683元、684~944元等相对贫困和绝对贫困的比例则高达24.1%。从数据中可以看出，残疾人由于文化层次低和专业技术差导致其就业率低、就业层次低，因残导致家庭贫困现象较为突出。教育是民生之基，就业是民生之本，加强残疾人职业技术教育对促进残疾人职业技能提升，扩大残疾人就业，帮助残疾人及其家庭脱贫走向小康，有不可替代的重要作用。

（二）本地区缺乏残疾人中等职业教育和残疾人职业技术培训机构，残疾人回归主流社会不畅

2006年，广西壮族自治区有6岁及以上的残疾人331.2万人。其中，大专学历及以上的有2.89万人，占0.87%；高中（含中专）学历12.20万人，占3.68%。从这些数据中可以看到，广西残疾人能享受到高中阶段教育的人非常少，而且广西没有任何一所专门开展残疾人学历教育和职业技术培训的职业学校。如此低的文化素质让他们回归主流社会受阻。"让更多的残疾人接受职业教育并以一技之长进入社会"是柳州一职成立全区唯一一所残疾人中职学校"柳州益智特殊教育职业技术学校"的初衷。

（三）本地区培养残疾人的理念落后，模式单一

柳州市只有一所小学初中段的盲聋哑学校和一所智障学校，残疾青少年被集中在一起学习，处在相对隔离的环境中。他们处在自己狭小的圈子里，相对封闭的环境会影响对残疾学生独立、自信的培养。

（四）残疾人在学习过程中与健全人在心理素质和文化素质方面存在较大差异性，教育教学实施难度大

为解决残疾人接受职业教育困难的问题，柳州一职开展规模招生并成立特教学校，将残疾学生融合到健全学生中学习、生活。同时，也遇到了一系列的问题：特殊学校管理与普通职业学校管理的差异性如何消融？残疾学生与健全学生

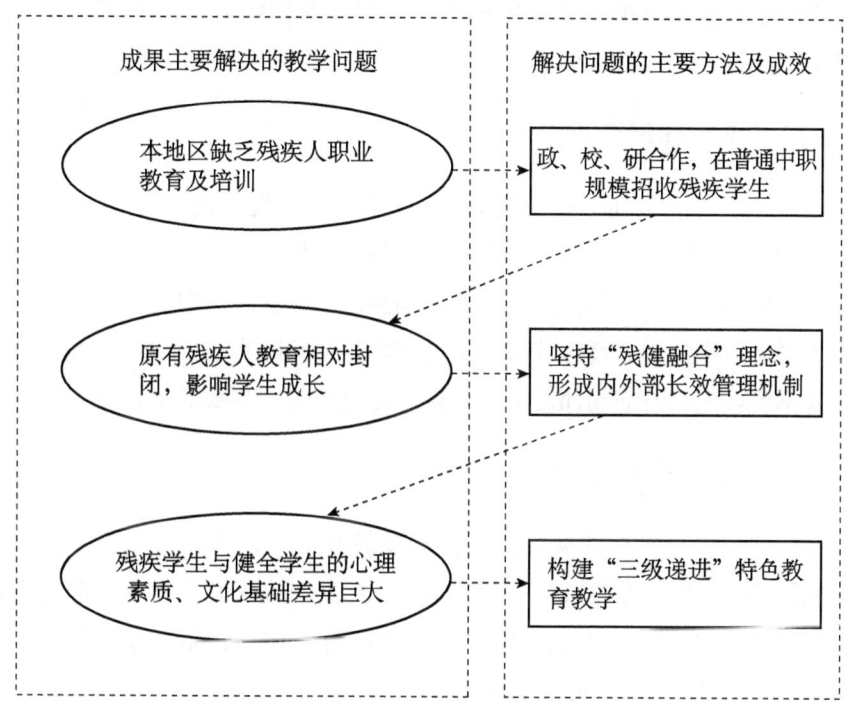

图 1 基于问题导向的成果结构图

的心理差异如何相互调整?残疾学生残疾类型及文化程度差异造成的学习障碍如何扫清?这些问题都急待解决。

二、改革实践目标

(1) 创建一个在中职学校中将残疾学生与健全学生融合教育的残疾人培养模式。

(2) 建立与残健融合教育相适应的残健双赢长效管理机制。

(3) 提升残疾学生教学质量,逐步实现残疾学生的层次需求,让他们"可自理→会交往→能就业"。

三、解决问题的主要措施

(一)成立管理机构,制定实施方案

柳州一职成立了"特教部",配备了专门的管理人员,由政教处直接管理。

制定并实施了"柳州市第一职业中等学校关于开展残疾人学历教育工作实施方案"等工作方案。

（二）坚持残健融合理念

2004—2005年，柳州一职招收少量残疾学生随班就读模式试点获得了成功。2006年，柳州一职开始规模招生（34人），并坚持将残疾学生融合到健全学生中就读的管理理念。让残疾学生与健全学生同生活、共学习的融合培养，实现了真正意义上的无障碍沟通，增进残疾学生与健全学生间的有效交往，让他们减少陌生感和自卑感，主动开启封闭的心灵，走出相对封闭的自我圈子，树立自信。

（三）确立"三步走"实施策略

为有计划、有步骤地开展好残疾人职业教育工作，柳州一职确立了"三步走"实施策略，即第一步（2006—2008年），熟悉残疾人职业教育培养特点；第二步（2009—2013年），创新残疾人职业教育培养模式；第三步（2014—2017年），实践、推广新型残疾人职业教育培养模式。

（四）构建与运行"三级递进"特色教育教学体系

"三级递进"特色教育教学体系＝"三级成长"培养路径＋"阳光心灵"特色德育＋"分层递进"特色教学。

1. 确立"三级成长"培养路径

柳州一职结合残疾学生实际，设计了"可自理→会交往→能就业"的三级成长培养路径。

2. 实施"阳光心灵"特色德育

引入心理咨询专家团队，开展"阳光心灵"心理健康系列实践活动；围绕"三级成长"培养路径，开展"阳光之路"阶段性实践活动；设立"阳光基金"辅助贫困残疾学生；建立"阳光成长档案"关注每一位残疾学生的成长。

3. 实施"分层递进"特色教学

（1）根据对学生情况的分析，在尊重学生及其家长意愿的前提下，将学生分为两个层次实施教学。残疾程度低、文化基础稍好的残疾学生融入普通班级随班就读，执行统一教学方案；残疾程度高（主要为聋哑）、基础薄弱的学生整班建制进入计算机应用专业就读，执行独立教学方案。

（2）确立三级学习阶梯。随班就读残疾学生为"学方法→学合作→抓自主学习"；独立建班的残疾学生为"补基础→学合作→抓技能考核"。

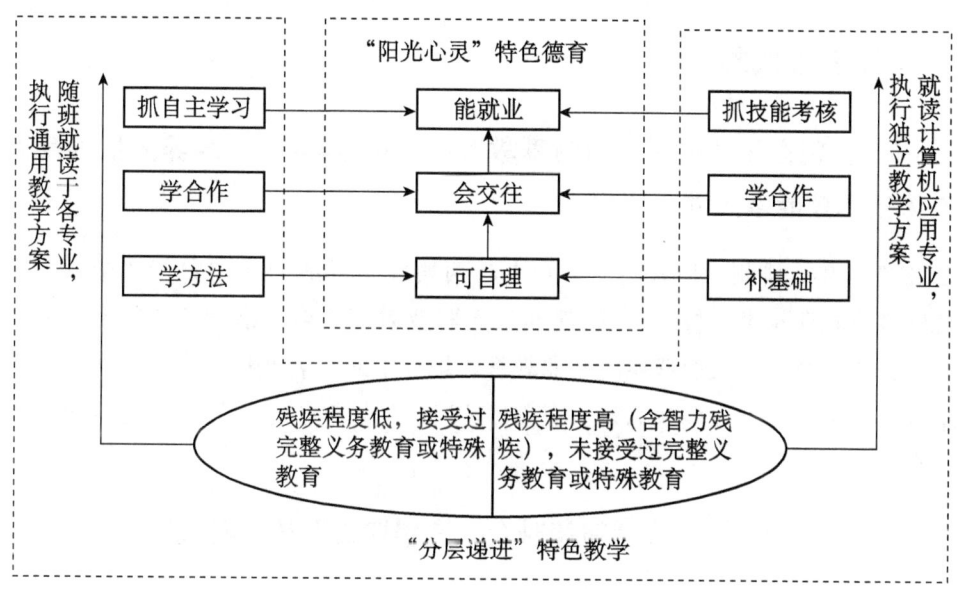

图 2 "三级递进"特色教育教学结构图

（五）创建多方密切合作、资源融合调配的内外部长效管理机制

1. 成立"柳州益智特殊教育职业技术学校"

2009年，柳州一职在柳州市教育局支持下，获批组建了"柳州益智特殊教育职业技术学校"，采取"一套人马两块牌子"的方式进行管理，用该机构统一协调招生、经费、运行等管理问题，解决了本地区残疾人接受职业教育困难的问题。

2. 形成内部融合管理机制

学校制定并实施"柳州市第一职业中等学校关于开展残疾人学历教育工作实施方案"等系列规章制度，并加强了统一管理、创新协同工作，形成了内部长效管理机制。

3. 形成政、校、研多方合力

学校积极与区市两级残联、区教育厅、市教育局、柳州市职教研究所合作，得到资金、政策、科研力量支持，形成外部长效管理机制。

（六）打造优秀师资队伍，提供优质特教服务

柳州一职积极引进了毕业于南京特教师范学院的优秀专业人才；聘请心理咨

询专家、行业技师等 20 余人作为兼职教师；派出教师 100 多人次，参加各级残联组织的残疾人管理和教学培训，为残疾学生教育教学提供师资保障。

四、主要成果

（一）创办了"柳州益智特殊教育职业技术学校"，培养大批残疾人成为技术技能型人才

2009 年，柳州一职采用"一套人马两块牌子"的形式创立了"柳州益智特殊教育职业技术学校"，并搭建残疾人职业教育平台。借助这个平台，柳州一职开展了卓有成效的残疾人职业教育，培养了 600 名残疾人中职学历学生和培训了 5 000 名社会残疾人，并使他们以技术技能型人才高质量地回归主流社会。

（二）构建了残疾人"残健融合、三级递进"培养模式

创新构建了中等职业学校残疾人"残健融合、三级递进"培养模式，即在"残健融合"理念下，构建及运行"三级递进"特色教育教学体系的培养模式。使学生在融合开放的环境下，围绕"可自理→会交往→能就业"培养路径，根据自己的基础，按照既定的阶梯成长、成才。

（三）形成了"多方合力、规范管理、协同创新"的内外部长效管理机制

对内：制定了一系列残疾学生教育教学管理制度；完善了残疾学生的生活及实训设备设施；创建了专门化的师资团队；开发了针对残疾学生的课程体系；开展了规范的教学和丰富多彩的系列活动；对残疾人教育教学工作开展专项检查、评议，形成了长效内部管理机制。

对外：与广西残联、柳州市残联、广西教育厅、柳州市教育局、柳州市职教研究所合作，形成了政校研合作、资源融合调配的外部长效管理机制。

（四）促进了残疾人职业能力全面发展，就业竞争力强劲

1. 就业竞争力强

学校自 2006 年接收第一批残疾生 34 人起，历经 11 年，共招收聋哑、低视、

肢残、低智、多重等全日制残疾学生687人，就业率均保持在90%以上，"双证率"达90%以上。开展残疾人职业技术培训5 225人，其中4 762人获得职业资格证（获证率91%），在惠及民生、促进有质量的教育公平中成效显著。

2. 摘金夺银，实力强劲

残疾学生在各项赛事中摘金夺银：获全国职业技能大赛二等奖一个；23人次获自治区级职业技能竞赛奖；获残奥会奖牌2金1银；获国家级体育赛事奖牌6枚。他们中有创造柳州市"青工技能竞赛"2个第一，即第一次有残疾人与健全人同场竞技、第一次由残疾人夺得状元的莫灿添，他同时还代表广西壮族自治区在全国职业技能大赛上与健全中职生一较高低，获得二等奖；有夺得残奥会2金1银，并获得"五一劳动奖章"和"全国三八红旗手"的彭秋萍；有夺得全国青少年机器人比赛金牌的罗静虹；有获得全国残疾人岗位精英职业技能竞赛"创新作品奖"的杨光林；有在广西壮族自治区第三届残疾人职业技能竞赛分获计算机组装、计算机程序设计、美发师、电子装配与测试四个项目第一名的洪刚、陈靖华、韦冯春、黄海明，还有一大批在岗位上努力工作的优秀员工，展示了我校残疾学生的强劲实力，也很好地呈现了我校残疾人"残健融合、三级递进"培养模式的育人成果。

（五）拓宽了健全学生德育培养途径

学校里出现大量残疾学生和残疾学员，使每一届进入学校的健全学生都经历了"好奇→同情→习以为常"的心理过程，学校处处呈现出健全学生热诚帮助残疾学生的身影。"残健融合"不仅有利于残疾学生成长，而且对培养健全学生平等待人、乐于助人、积极进取的人生观、价值观也有极大的促进作用。对当下营造"残健融合"的和谐校园环境，将来成为和谐社会合格公民都具有重要的意义。

五、成果的特色及创新点

（一）残健融合理念下的残疾人职业教育办学模式成全国典范

在普通中职学校成规模招收残疾学生，将其融合在健全学生中学习、生活，在国内鲜见。2007年，中残联"残疾人职业教育与培训工作"调研组专程到柳州一职调研，给予高度评价，认为有较高的推广价值。随后《中国青年报》等媒体对此进行了报道。2009年，中国残联又组织全国特教界代表团30余人到柳州一职实地参观学习。仅 2014—2017 年，就有 25 批次中国残联等各级残联领导、各级政府领导及国内外兄弟学校到我校参观学习。

在普通中职学校通过校中校的形式开展残疾人职业教育，政府投入少、办学规模大、产生效益快且高，为其他地区地方政府解决残疾人职业教育问题提供了可参考的范例。

(二) "残健融合、三级递进" 残疾人培养模式居全国领先

柳州一职率先在国内实践了残疾人"残健融合、三级递进"培养模式。2008 年，在中残联主办的"中意合作项目——残疾人职业教育培训机构教学工作研讨会"上做主题发言，得到了中外专家和中残联领导高度赞扬。

两个月即可将视力残疾学生培养成会使用计算机并通过按摩技师理论考试的高效率人才培养模式，还吸引了南京特殊教育师范学院（国内唯一一所特教师范院校）的教授专程到我校与教师交流探讨，并给予了高度评价。

残疾学生特色培养模式成效显著，学生就业率、技能考证通过率都在 90% 以上，学生心理健康，回归主流社会成功率高。为其他开展残疾人教育的学校和机构提供了很好的借鉴经验。

(三) 残疾类型覆盖面及数量属全国罕见

11 年来，柳州一职培养了 687 名残疾中职生，培训了 5 225 名社会残疾人，让他们凭一技之长回归主流社会，脱离贫困。而且这些残疾人包含了除精神外的肢体、视力、听力、语言、智力、多重等残疾类型，在一所普通中职学校培养大规模的覆盖面广的残疾人，在全国实属罕见，脱贫效果明显，创造的社会价值也是巨大的。为开展残疾人脱贫攻坚工作的组织机构提供了有效的解决路径。

表 1　柳州市第一职业技术学校 2016—2017 年全日制残疾学生体量对比表

柳州一职	2016 年在校生情况		2017 年在校生情况	
	残疾学生（人）	全校学生（人）	残疾学生（人）	全校学生（人）
	123	9 540	149	10 081
全国	残疾人中等职业学校（所）			
	118			
	残疾学生（人）			
	11 209			
	平均每校人数（人）			
	95			

* 全国资料来自《2016 年中国残疾人事业发展统计公报》。

六、成果的推广应用效果

（一）成果得到政府及领导专家的肯定

（1）2011年6月，以"智慧改变生活"为主题的残疾人智慧宿舍样板间项目在全国职业院校技能作品展中大放异彩，刘延东同志（时任国务委员）在参观时给予好评，并接见了两位参展的残疾学生代表。

（2）2012年9月，刘延东同志到学校视察，特地看望了这两位学生，并对学校的残疾人教育给予了肯定和赞扬。

（3）"国家级残疾人职业培训示范基地"、首批"国家级残疾人职业培训基地""广西残疾人职业技能培训基地""自治区扶残助残先进集体"。

（二）成果引起国内外各界关注

（1）2014—2017年，有25批次残联系统人员、级政府领导及兄弟学校到我校参观学习。

（2）南京特殊教育师范学院视力残疾教育专家慕名到我校交流学习计算机培训经验。

（3）《中国青年报》等17家媒体对学校的残疾人职业教育进行了多次报道。

（4）受英国驻华使馆邀请和中残联委派，学校代表到英国参加残疾人教育交流活动，受到国际同行的关注。

（5）学校代表应邀在中残联主办的"中意合作项目——残疾人职业教育培训机构教学工作研讨会"上做主题发言。

（三）学校残疾人职业教育影响力不断增强

（1）2012年，残疾学生莫灿添在教育部举办的全国职业院校校园文化研讨会上作为唯一学生代表做主题发言。

（2）学校教师在区残联组织的职业培训交流会上，就视力残疾人计算机教育做主题发言。

（3）为柳州市盲聋哑学校教师进行师资培训，为其学生提供就业前培训。

(四) 残疾人职业培训脱贫效果显著

(1) 作为广西定点残疾人短期职业培训机构，面向广西培训了 5 225 名残疾人，其中 91% 获得职业技能证，大批残疾人凭一技之长摆脱了贫困。

(2) 培训学员谭士熙获得两次"全国残疾人劳动模范""第二届全国残疾人自强创业奖"，获得温家宝（时任总理）同志的亲切接见。他不但自己创业，脱贫致富，还帮助其他残疾人就业，帮助了大量残疾人，成为柳州市首届"十大慈善人物"，是广西残疾人创业的杰出代表。

习近平总书记在十九大报告中指出，"努力让每个孩子都能享有公平而有质量的教育"。柳州一职以此为工作的出发点，继续努力使残疾人职业教育质量不断提升。

导入卓越绩效模式
创建高效能教育教学质量保障机制
（2018年国家级二等奖·柳职院）

成果完成人：石令明、张翔、鞠红霞、邱福明、韦林、刘柳、唐冬雷、黎凤环、覃日娜、傅昌德、陈文勇、冯雪萍、韦小波、韦林华、黎渝林、黄宁、李革、陈芳、麻慧琼、黄莉、张慧敏、蓝杜骞、陈波、韩霄、蓝星华、韦益良、金峥、才激扬、陈玉成、牛定柱、程云燕、龙陵英、佘雅斌、王乔、谭丽丽

成果完成单位：柳州职业技术学院、深圳市金品质企业效益开发有限公司、云南林业职业技术学院、广西职业技术学院、广西幼儿师范高等专科学校、广西经贸职业技术学院、广西柳州市第二职业技术学校、广西城市建设学校

获奖等级：国家级二等奖

学校在国家示范院校建设的基础上，坚持质量强校，直面教育教学质量保障中全员质量意识树立难、缺乏高效质量管理工具和内生动力不足等问题。2011年，率先将源自美国波多里奇国家质量奖、现应用于我国政府质量奖的评审标准——卓越绩效评价准则（GB/T19580）导入学校教育教学中，借鉴卓越绩效模式理念和框架，创新形成了一个职教版的卓越绩效质量评价标准，创建了高效能教育教学质量保障机制，为职业院校导入先进质量管理模式、提高教育教学质量提供了可借鉴的范式，发挥了重要的示范引领作用。

经过7年改革实践，效果凸显，形成了部门通力协作、人人参与的教书育人、服务育人、管理育人氛围。教学满意度由2009年的75％提高到2017年的90％；改革案例分别入选2012年、2013年《全国高等职业教育质量年报》、2016年高职校长联席会"质量·开放·融合"成果优秀案例、2017年行业指导委员会优秀案例；对外开展推广宣传报告136场，累计带动15所中高职院校导

入卓越绩效模式;《中国教育报》、《中国高等教育》、中国高职高专网等10多家主流媒体专题报道其做法和经验。

一、背景和问题

(一) 背景

1. 推进职业院校内涵建设,构建教育教学质量保障机制是关键

教育部《关于深化职业教育教学改革全面提高人才培养质量的若干意见》明确提出了"全面提高教育教学质量"的重要性和紧迫性。当前,我国职业教育正处在改革与创新的关键时期,需要创新一条规模扩张的外延型发展和以质量提升为主的内涵型发展并举的特色之路,而内涵型发展的关键是提高教育教学质量。建立教育教学质量保障机制就成了必然要求。职业院校作为质量保障主体,如何激发利益相关方参与、如何找到有效管理工具,形成人人参与已是紧迫要求。

2. 推动教育教学质量保障转型,全员全过程质量保障是核心

学生和用人单位的满意度是衡量教育教学质量的重要标尺,就职业院校而言,从学生、家长、用人单位、政府角度关注质量成为必然选择。卓越绩效质量管理围绕质量展开,旨在提高顾客(学生、用人单位、家长等)的满意度和教育教学质量。在这种理念中,顾客是焦点,目的是不断改进,且人人参与其中。

(二) 问题

1. 质量保障主体不清、全员质量意识不强,质量保障合力不足

职业院校普遍存在将教育教学质量简单等同于课堂教学质量,认为质量保障只是教学部门和督导的事,非教学部门及外包服务商的质量保障意识不强,与质量利益相关的用人单位、学生、家长和教职员工参与不够,全员质量意识不足。

2. 质量标准不明、组织架构不健全,缺乏高效质量管理工具

职业院校虽然普遍建立了质量保障机制,但仍存在标准不明、组织架构不健全等问题,习惯由国家政策主导、自上而下的外在推动型评估,主观能动性不够,内生动力不足。缺乏一个能将教学、服务、管理三大领域有机整合的质量管理工具,持续改进能力弱。

3. 信息平台建设滞后,教育教学常态运行与监测支撑不足

职业院校的信息平台建设虽已实现校级信息系统的数据整合、资源共享,但对学校管理、教学、科研、生活等支撑力度不够，覆盖面小，不能有效采集教育教学数据进行分析应用，无法对教育教学运行实现常态化监测和预警。

二、主要做法

（一）吸收内化，形成一个职教版的卓越绩效质量评价标准

按照卓越绩效评价准则的"领导、战略、顾客、测量分析、员工、运营、结果"七大类目框架，结合职业院校教育教学质量保障特点，创新设计出职业院校卓越绩效质量评价标准，标准包括 7 个类目（学校主要领导远见卓识、发展战略制定与部署、以学生和利益相关方为中心、教育教学质量测量分析和信息管理、以教职工为本、以教育教学运行系统为焦点、卓越的成果），涵盖 17 个评分项、36 个着重方面和 56 个具体问题。标准凸显职业教育中利益相关方多元化、企业深度参与的特性，解决了职业院校教育教学质量保障没有具体标准、缺乏高效质量管理工具的问题。

（二）顶层设计，创建高效能教育教学质量保障机制

以卓越绩效模式为主要手段，以提高顾客（学生、用人单位、家长、政府等）满意度和教育教学质量为核心目标，明确了以"让学生成为企业首选"为核心的学校文化理念，形成了理念、组织、目标、标准、服务支撑、过程管理、评估改进七大运行系统，创新了"教育服务问题升级机制、24 小时全天候响应的一站式综合服务中心、用于评价管理水平的成熟度评估"等举措，梳理教育教学服务职责 856 条，制定全覆盖的标准 368 个，编写流程 471 项、实施案例 32 个、操作手册 22 套，建设智能化集约化校本信息平台，形成了教育教学质量持续改进和优化的整体解决方案和保障机制（见图 1）。该机制具有以下特点：

（1）以卓越绩效模式为质量管理主要手段，贯穿始终。

（2）以提高顾客满意度和教育教学质量为最终目标。

（3）形成了理念、组织、目标、标准、服务支撑、过程管理、评估改进七大运行系统。

（4）实现了教学、服务、管理三大领域全覆盖。

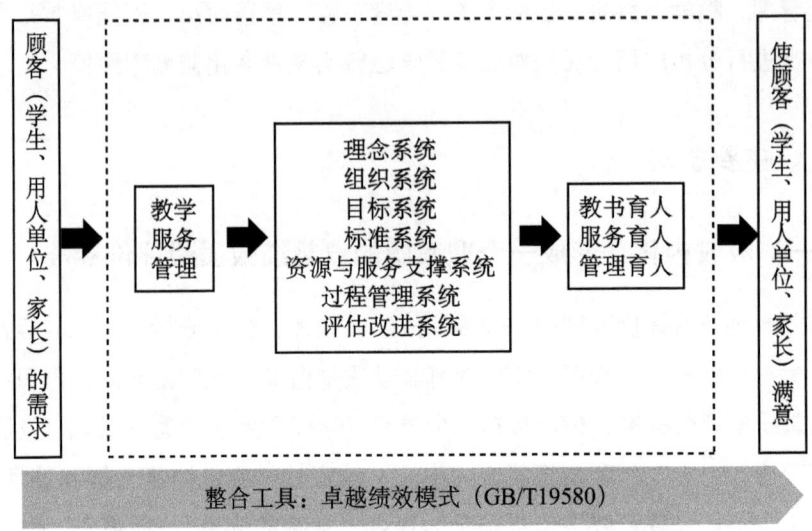

图 1 卓越绩效模式导向的高效能教育教学质量保障机制

（三）创新方法，解决质量保障"落地难"问题

1. 培育质量文化，全员参与

以顾客满意为目标，针对教育教学质量保障问题开展地毯式调研，围绕学校教育教学质量战略、质量标准制定、职责梳理、流程文件编写、管理成熟度评估等面向全体教职员工，系统开展培训累计 250 多场，参训 21 658 人次，全员参与，形成"不制造缺陷、不接受缺陷、不传递缺陷"的质量文化。

2. 厘清职权，健全组织架构

卓越绩效模式突出"以运营为关注焦点"，倡导组织要设计、管理和改进工作系统和工作过程。学校重新调整机构，分为党委行政模块、管理模块、业务监管模块、服务模块和二级教学模块，组建质量管理委员会，成立质量管理办公室，负责质量保障顶层设计和统筹，厘清了职责。组织开展工作职责研讨会 30 余场，把原来的 800 多条职责梳理归类成 200 多条的学校人才培养职能分工表。

3. 制定质量战略，确立质量目标

卓越绩效模式强调组织要建立战略以应对挑战并强化战略优势。学校根据平衡积分卡原理，从学习与成长（员工）、运营及流程（培养过程）、客户（服务对象）、培养质量（办学成果）四个层面，系统设立了由 65 项内部质量关键绩效指标组成的战略目标，明确各环节质量控制点，指导和驱动学校教育教学质量

提高。

4. 制定各类质量标准，考核可测

制定学生职业能力等级标准，制定全方面教育教学服务标准（学生事务服务标准、食宿管理和服务标准等）、创新建立了职业院校管理成熟度评估标准。建立了学校、部门、个人层级清晰的目标链和关键绩效指标库，面向所有部门和教职员工开展绩效评估，考核可测。

5. 创新服务方式，确保服务支撑

以服务师生为根本，全面保障质量生成。遵循卓越绩效"以顾客为关注焦点"的理念，成立了"一站式"综合服务中心，提供48项生活、学业、个性化服务。根据制定的各类教育服务质量标准，定期自查和不定期抽查；开展顾客（学生、家长、用人单位、教职工等）满意度调查，识别工作需求和改进点，建成信息化平台，常态监测教育教学运行。

创新问题升级机制，完善育人服务追踪与评价。将教育教学服务事项分为非常紧急、紧急、一般三个等级，规定每个等级完成的时间和标准，在规定时间内未办结的，会自动升级到上一级领导，使原来长期处于拖延或滞后的"老大难"问题得到根本解决，极大地提高了各类教育服务的效率和质量。

6. 关注过程运营，流程再造优化和固化

卓越绩效评价准则中的"过程的实施"包含了过程管理PDCA循环中的"D：实施"和"C：检查"两个阶段，并要求"有效和高效地实施"。借鉴应用PDCA（计划、实施、评价和改进）质量管理理念方法，设计优化471条工作流程，理顺了学校质量保障工作流程。

7. 开展成熟度评估，建立长效自评机制

管理成熟度评估能为组织提供一个评估与改进的框架，优化和进化管理水平。学校创造性地建立职业院校的"五等级四层次"管理成熟度评估标准，将管理水平分为"被动型、萌芽型、主动型、创新型、卓越型"五个等级，每个等级从"系统、执行、改进、一体化"四个层次进行评估。组建了56人的校内质量管理自评师队伍，累计开展校内自评师培训836人次，在全校所有部门围绕人才培养各个环节开展自我评估，建立长效自评机制，持续改进。

8. 搭建平台，常态监测教育教学运行

自主开发25个共享融通的教育教学服务信息系统，建立64个网上审批流程，建成任务追踪和评价系统，建立智能化质量保障工作信息平台；强化数据采集、分析和应用,实现全过程信息化,进行常态化监测和预警。

三、成果的创新点

(一)理论创新——构建了基于卓越绩效模式的职业院校教育教学质量保障理论框架

创新建立了职业院校卓越绩效质量评价标准,使卓越绩效模式在职业院校教育教学质量保障中的引领、诊断、聚合作用充分凸显,提供了教育教学质量保障缺失的具体标准和高效质量管理工具。

总结提出了实施职业院校卓越绩效质量评价标准的三个前提条件、三个实施原则、六个实施步骤。三个前提条件,即学校具备一定的内涵基础,能自觉识别管理优势和短板,学校主要领导决策果断;遵循三个实施原则,即开放吸收和引进、本土融合和创新、持续循环提升;按照六个实施步骤,即领导决策、全员准则培训、建立评价组织、自评师培训、实施自我评价、持续改进。

创造性地建立职业院校的"五等级四层次"管理成熟度评估标准。将管理水平分为"被动型、萌芽型、主动型、创新型、卓越型"五个等级,每个等级从"系统、执行、改进、一体化"四个层次进行评估。该理论在《中国教育报》《中国高等教育》《中国职业技术教育》等报刊上发表,做到理论上有创新。

(二)实践创新——成功探索和实施了以学生和利益相关方为中心、各领域全覆盖的质量提升路径

国内职业院校还没有系统导入卓越绩效模式的先例,更没有成功应用的范例。我校率先导入,创新了"教育服务问题升级机制、一站式综合服务中心、管理成熟度评估"等本土化实践范例,为职业院校推进质量保障工作、持续提升质量提供可借鉴的经验。

教育服务升级机制按照非常紧急、紧急、一般三个等级,规定每个等级所需完成时间,未在规定时间内完结会自动升级到上一级领导,促进按时快速办结,完善服务育人的追踪和评价。

一站式综合服务中心提供生活、学业、个性化全方位服务,时间全天候,环境人性化,实现了学生自我教育、自我管理、自我服务。

管理成熟度评估利用"五等级四层次"评估标准，组建自评师队伍，对各部门、各项工作以及教育教学各个环节开展评估，发现短板持续改进，为教育教学质量评价提供了全新的评估标尺。

四、成果的推广应用效果

（一）学校师生受益面广

通过改革，学校教育教学生态发生了质的变化，有效激发二级学院的办学活力、职能部门的工作动力、师生员工的学习力和创造力，质量保障主体全员化，教育教学满意度显著提高。全校 7 年累计受益学生 28 000 多名。与麦克可思等第三方调查评估机构合作，开展顾客（学生、家长、用人单位等）满意度调查，结果显示，2009—2017 年顾客满意度显著提高。

（1）教学满意度从 75％提高到 90％。

（2）学生整体满意度从 81.36％提高到 93.90％。

（3）家长满意度从 91.06％提高到 95.57％。

（4）用人单位满意度从 86.23％提高到 92.05％。

（二）发挥重要示范和辐射作用

项目成果申报成员累计 136 次，在广西、全国各类会议、论坛上介绍导入卓越绩效模式建立高效质量保障机制的经验；自治区内外共有 15 所中高职院校借鉴我校的做法，导入了卓越绩效模式，近 20 万名在校生受益。举办"卓越绩效模式与质量保障"高峰论坛，共 37 所院校 152 名代表参加，先后有 130 多所区内外院校，850 多人次来我校交流学习质量保障经验。

（三）获得各级领导高度认可

原教育部副部长鲁昕在中国—东盟职业教育联展上对我校"学生搞创新发明，采用先进技术服务社会发展"充分肯定；原教育部职成司葛道凯司长来我校指导时认为，"实训基地全员质量管理及育人方式很先进"；广西教育厅唐咸仅厅长来我校考察时指出，"一站式服务中心的育人经验应该向基础教育推广"。

(四) 获主流媒体高度关注

项目成果累计 22 次获得国家、地方 10 多家主流媒体的高度关注，其中《中国教育报》专版报道我校"导入卓越绩效模式，创建高效能教育教学质量体系"有关工作；《中国高等教育》《中国职业技术教育》分别发表我校"制定战略地图，把'三全育人'落到实处"经验；中国高职高专教育网、中国职业技术教育网全文转载报道我校"导入卓越绩效模式，创建高效能教育教学质量体系"的做法和经验。

(五) 对职业教育研究的贡献

出版专著 2 部，公开发表专题论文 25 篇，撰写了 9 篇近 16.2 万字的专题研究报告和 19 篇近 6 万字的实践案例，制定质量保障制度 165 个，为丰富职业院校质量保障理论研究作出了重大贡献。

(六) 提升了学校影响力

学校教育教学质量不断提升，影响力不断扩大，位居全国高职院校竞争力排行榜第 27 名，1 300 多所院校中位列前 3‰；位居全国 100 所示范高职影响力排行榜第 19 名；截至 2017 年，连续 17 年获得广西壮族自治区就业创业先进单位（全广西唯一）；2016 年全国创新创业 50 强学校。

对接国际先进标准培养技术骨干"四方协同"服务企业全球化战略
（2018年国家级二等奖·柳职院）

成果完成人：朱伟才、鞠红霞、瞿凡、林若森、李东航、陈文勇、何志忠、黎华、林宁、王浩澂、邓益民、陈华、苏磊、磨虹任、计端、周文海、黎渝林、邱福明、廖波光、吴兆辉、武皓、赵萃、黄俊、陈秋娜、黄光周、刘汉源、陆柳春、徐反帝

成果完成单位：柳州职业技术学院、广西柳工机械股份有限公司、上汽通用五菱汽车股份有限公司、柳州采埃孚机械有限公司、敦豪物流（北京）有限公司柳州分公司

获奖等级：国家级二等奖

学校在国家示范校建设的基础上，坚持服务区域企业全球化发展战略、培养产业转型升级和国际化紧缺人才的理念，全面实施"国际引领，六化并举，内涵升级，建设全国一流特色鲜明高职名校"的发展战略，针对"一带一路"建设背景下，高职院校服务企业全球化战略需要"培养什么人""如何培养""如何可持续培养"的问题，与广西柳工机械股份有限公司（简称柳工）、上汽通用五菱汽车股份有限公司（简称上通五）等企业深度合作，推进国际先进职业能力标准本土化，培养服务区域企业全球化发展的技术骨干，推动中国职业教育标准的国际输出。

项目成果按照"标准引入—标准内化—标准实施—标准输出"的思路，构建了培养技术骨干的整体解决方案，为高职院校引进国际优质教育教学资源，进而融入学校人才培养过程，培养国际化人才，推进中国职业教育标准输出，提供了一条可操作、可推广的实践路径。构建了高职院校服务区域企业全球化战略的

"四方协同"模式，为高职院校服务企业全球化发展提供了可供借鉴推广的实践模式。实践成果有力地推动了学校教育教学改革，促进了人才培养质量进一步提升，促进了中国职业教育国际影响力的提升。曾获2017年广西职业教育教学成果奖一等奖，典型案例分别入选2016年和2017年全国高职高专校长联席会优秀案例奖。

一、主要问题

（一）高职院校服务区域企业全球化战略需要"培养什么人"

区域企业全球化发展不仅需要普通的一线技术工人，更需要具有国际视野、通晓国际规则、掌握国际职业能力的技术骨干作为支撑。高职院校的人才培养目标如何随之进行调整，使人才的素质和能力结构满足区域企业全球化发展的要求。

（二）高职院校"如何培养"服务区域企业全球化战略的人才

高职院校如何引进、吸收和内化国际先进职业能力标准，并将其本土化为校本标准，制定和实施服务区域企业全球化战略的人才培养整体解决方案。

（三）高职院校"如何可持续培养"服务区域企业全球化战略的人才并实现中国职业教育标准的国际输出

高职院校在培养服务区域企业全球化战略的人才时，行业协会、学校专业、合作企业与海外产业四大要素容易出现脱节、缺乏良性互动，人才培养"走不稳、走不好、走不远"，中国职业教育标准无法实现国际输出。

二、主要做法

（一）研究企业全球化发展需求，确定技术骨干人才培养目标

研究企业全球化战略对人才的需求变化，将培养目标定位为"国际视野＋国际规则＋国际先进职业能力"的技术骨干。通过开设介绍世界各国文化和发展概况的选修课、开展国际文化交流活动、建设国际化专业课程等方式，使学校培养

的人才了解世界不同国家和地区的自然风貌、历史文化、宗教习俗，了解和掌握国际通行的法律法规、国际惯例、行为规范、外交礼仪，掌握对接国际标准的专业技能。

（二）按照"标准引入—标准内化—标准实施—标准输出"思路，对技术骨干的培养过程进行整体设计

1. 引进和内化国际先进职业能力标准，构建校本标准

根据不同专业人才培养特点，把德国工商大会（AHK）和手工业协会（HWK）技能认证标准、英国职业资格标准、欧洲侍酒师执业资格标准、工程机械行业（柳工）标准、通信行业（中兴）标准等国际先进职业能力标准，引入机电类专业、汽车类专业、物流类专业、酒店管理类专业、工程机械类专业和通信类专业，将校外先进标准内化为校本的学生职业能力标准、课程标准、师资标准和实训基地建设标准。

表1　学校服务区域企业全球化战略技术骨干培养重点项目

专业集群	机电一体化	机械制造	物流管理	连锁经营管理	汽车检测维修	酒店管理和旅游管理	工程机械	通信技术
引入标准	德国工商大会（AHK）技能认证标准	德国工商大会（AHK）技能认证标准	英国职业资格	英国职业资格	德国手工业协会（HWK）技能认证标准	欧洲侍酒师执业资格标准	工程机械行业（柳工）标准	通信行业（中兴）标准
依托项目	德国双元制	德国双元制	英国现代学徒制	英国现代学徒制	教育部SGAVE（中德汽车机电人才培养）	欧洲国际侍酒师人才培养	柳工—柳职院全球客户体验中心	教育部—中兴通讯ICT行业创新基地
合作企业	上汽通用五菱	柳州采埃孚	敦豪物流柳州分公司	乐意客餐饮投资有限公司	德系五大车企	欧洲侍酒师学校	广西柳工	中兴通讯股份有限公司

2. 根据标准系统建设技术骨干培养支撑要素

（1）建设国际化专业课程体系。机电类专业开发了本土化"双元"专业课程体系；物流管理专业设计了基于英国物流职业标准"测评"模式下雇员的权利和责任（ERR），沟通、数据处理及计算机（ESW），物流模块（NVQ）三大教学

单元；汽车类专业根据专业核心能力形成规律，构建了"分级递进"式的专业课程体系；工程机械类专业参照德国双元制培养模式，按照"基础能力→专项能力→综合能力→创新能力"的职业成长规律和教学规律，构建了四个模块（电气、液压、发动机、底盘）并进的"工学交替"专业课程体系。

（2）培养国际化专业教学团队。紧扣技术骨干培养对专业教师教育教学能力的要求，将选派教师出国进修与请国外专家到校培训有机结合，打造国际化专业教学团队。机电类专业依托德国工商大会上海办事处，组织专任教师、企业培训师赴上海开展双元制人才培养模式、课程开发流程等培训，同时，聘请了德国培训师来校开展教学示范；物流管理专业选派专任教师赴英国进修，邀请英方专家到校授课，重点培养教师的教学能力、学习能力、专业能力、评估能力和培训能力；汽车类专业将赴德培训与引进在华德资车企技术培训相结合，提升教学团队的国际化水平；工程机械类专业选派专业教师参与企业真实生产和管理过程，理解行业先进企业对技术技能人才培养的要求，进而有针对性地改革专业课程体系和教学模式。

（3）建设国际化实训教学条件。根据国际先进职业能力标准对技术骨干培养过程中实训教学条件建设的要求，机电类专业按照"小班教学、定期轮换"的教学要求建设跨企业培训中心，并在企业内建设包括工艺教室、模拟生产加工岛、工艺开发室等项目的企业培训中心；物流管理专业在国际知名物流企业敦豪物流柳州分公司建设校外实训基地；汽车类专业根据 SGAVE 项目要求，建设汽车维修专业实训室，与企业共建共享型跨企业培训中心——汽车"工匠学院"。工程机械类专业通过柳工—柳职院全球工程机械客户体验中心建设，形成集培训、教学、职业技能鉴定、技能竞赛、客户体验、咨询服务、创新创业和专业技术交流平台等多项功能为一体的实训教学平台。

（4）构建国际化人才培养质量评价体系。各专业参照对应的国际先进标准对专业人才培养质量评价的要求，构建各具专业特色的评价体系。机电类专业采用德国 AHK 认证体系对学生进行考核；物流管理专业建立基于英国现代学徒制的"评估师＋内审员＋外审员"三位一体的三级质量监控体系，在实施过程中实现了全方位的教学过程控制、实时的教学内涵质量监控、有效的教学反馈和全面的教学质量评价；汽车类专业探索实施"考教分离、双元实施、多维评价"的学生职业能力测试；工程机械类专业建立并完善工程机械服务人才培训标准、工程机械职业资格认证体系、工程机械服务人员质量保证体系。

3. 伴随企业"走出去"输出中国职业教育标准

学校与柳工共同建立了柳工—柳职院全球客户体验中心，合作开展人才培养、全球经销商培训、技能竞赛、科技研发等，同时，基于柳工在全球的发展战略布局基础，校企在全球选址建设分中心，建设覆盖全球的中国企业海外培训基地网络，通过线上线下培训，共享培训资源，服务企业海外发展。目前，已在印度、波兰、阿联酋、泰国、俄罗斯等"一带一路"沿线国家建立了8个分中心。柳州职业技术学院在分中心的基础上，建立了"柳职国际工匠学院"。以该学院为平台，按照中国职业教育标准，面向当地产业发展培养技术技能人才。

此外，学校与柳工沙特经销商——卡坦尼集团在沙特共建卡坦尼学院。从沙特工程机械售后服务人才培养起步，逐步扩大到制造业、服务业等其他相关专业的联合办学。学校全程为卡坦尼学院办学提供建设和管理咨询，负责所有专业标准的建设、课程开发、教材编制及相关师资培训和考试认证。通过项目实施，实现了中国职业教育标准的国际输出，充分发挥了学校作为国家示范性高职院校的示范引领作用，扩大了中国职业教育的国际影响力。

（三）建立协调机制，推动行业协会、学校专业、合作企业和海外产业"四方协同"

1. 健全协调机制和制度

一方面，建立校企高层协调组、中层执行组和基层操作组三个层级的协调机构，管理高层协调组是由学校领导与企业高层构建的工作组，主要承担项目顶层设计和进度监督，解决合作双方存在的设备、资金、人员管理等方向性问题；中层执行组是由二级学院领导与企业人才资源管理高层组建的工作组，其职责是细化项目顶层设计，制定详细工作方案，负责组织实施人员培训、课程体系构建、课程开发及实训基地建设、教学管理等工作，监控项目运行情况，确保项目按节点运行，及时向管理高层协调组汇报合作中存在的问题；基层操作组主要由学校专业负责人与企业基层管理人员领衔，包括学校专业教师和企业技术人员，具体落实中层领导组制定的工作方案，实施课程体系构建、课程开发及实训基地建设等工作，开展课程教学。

另一方面，建立技术骨干培养管理制度保障体系。签署校企战略合作协议，明确协同培养技术骨干过程中双方的权利和义务、沟通机制、工作机构等；在课程体系开发、师资队伍管理、实训条件建设和使用、教师课酬、人才培养质量评价等方面制定专项管理制度，确保培养过程得到长效制度保障。

2. 推动行业协会、学校专业、合作企业和海外产业"四方协同"

借助行业协会的指导作用，选取学校优势专业作为载体，强化国际化课程体系、师资队伍和实训条件建设，在跨国企业的深度参与下，瞄准海外产业的发展需求，推进行业协会、学校专业、跨国企业、海外产业，"四方协同"培养服务区域企业全球化战略的技术骨干，解决高职院校培养技术骨干缺乏合力，无法持续开展的问题。

三、创新之处

（一）提出了高职院校人才培养与区域企业全球化发展人才需求的耦合理论框架

分析区域企业全球化发展及其人才需求规律，提炼出以"三阶段两层次"为主要内容的校企需求耦合理论框架。提出区域企业全球化发展可分为"零散产品出口、海外销售稳定渠道、建立海外制造基地"三个阶段；企业的人才需求呈现两个层次：通晓国际规则、掌握国际先进职业能力的普通一线技术工人和技术骨干；高职院校要顺应区域企业全球化发展的人才需求变化，适时调整人才培养目标，从而实现学校人才培养与企业人才需求的耦合。此理论框架的提出进一步丰富了职业教育国际化和校企合作理论。

（二）构建了对接国际先进职业能力标准培养技术骨干的整体解决方案

依据"标准引入—标准内化—标准实施—标准输出"思路，放眼全球，兼收并蓄，将国内外具有世界先进水平的职业能力标准引入学校专业人才培养过程，经过本土吸收转化形成校本标准；依据标准改革课程体系、建设师资队伍和实训基地，改革评价体系，开展技术骨干培养；培养中国企业海外生产经营需要的本土人才，实现中国职业教育标准的国际输出。为高职院校系统设计国际优质职教资源的引入、内化、实施和输出全过程，提供了一个可操作、可推广的整体解决方案。

（三）探索形成了高职院校服务区域企业全球化战略的"四方协同"模式

学校在培养区域企业全球化战略需要的技术骨干过程中，建立健全协调机制和管理制度，发挥行业协会的指导作用，以学校优势专业为载体，以跨国企业为盟友，以海外产业需求为支撑，形成"四方协同"的局面，改变以往高职院校开展海外办学项目时，只有学校孤军奋战，脱离企业和当地产业发展需求的局面，为职业院校持续开展海外办学，输出中国职业教育标准提供可供借鉴的实践范式。

四、应用效果与推广价值

（一）在学院内的推广应用和效果

项目成果在全校 54 个专业推广，近 2 万名学生受益，学生不用出国就能享受国际化的职业教育，最大限度给予每个学生人生出彩的机会，保障了教育公平。学生参加技能竞赛获得国家级奖项 70 多项，省级奖项 700 余项。学校连续 17 年被评为"广西高校毕业生就业工作先进单位"（广西唯一）；超过 50% 的专职教师到德国、英国、美国、新加坡、中国香港和台湾等国家和地区学习进修，10% 的专职教师获得国际通用的职业资格证书。其中，有 3 名教师获得英国现代学徒制内审员资格、10 名教师获得英国现代学徒制评估师资格、8 名教师获得德国工商大会（AHK）考官资格、4 名教师获得教育部中德汽车机电人才培养（SGAVE）项目培训教师资格认证。学校拥有国家级优秀教学团队 1 支、自治区级优秀教学团队 7 支、国家级教学名师 1 人、自治区级教学名师 6 人，是广西拥有国家级、省级教学团队和教学名师人数最多的高职院校。学校跻身全国"高职院校创新创业示范校"50 强；全国竞争力排行榜第 27 名，位列 1 335 所院校中的前 3%；全国百所示范高职影响力排行榜第 19 名，广西高职第 1 名。

（二）在国内外的推广应用和效果

带动广西科技大学鹿山学院、柳州市一职校、二职校等院校开展国际化人才培养模式改革、课程建设和师资培养；120 多所省内外本科、中高职院校约

1 100多人次分享了学校对接国际先进标准培养技术骨干的经验;在中国—东盟职业教育展、全国职业院校物流专业教学研讨会作经验介绍,到 20 多所国内职业院校开展专题讲座和交流;基于"柳职国际工匠学院"将中国职业教育标准向印度、沙特等国家的职教机构进行推广;《中国教育报》、《中国日报》、中国高职高专网、《广西日报》、《柳州日报》等权威媒体对成果进行的报道累计 150 多次;"引进国际先进标准,服务企业走向东盟战略"和"先进标准引领,多元深度融合,打造国际工匠"两个人才培养案例,分别入选 2016 年和 2017 年全国高职高专校长联席会年会成果展优秀案例。

(三) 对职业教育研究的贡献

出版专著 1 部,在《中国高等教育》等期刊发表论文 14 篇,撰写了 15 篇近 11 万字的专题研究报告、9 篇近 8 万字的实践案例,为丰富职业教育国际化理论研究作出了较大贡献。

(四) 在区域经济中的推广应用和效果

在学校二级学院的机电类专业、汽车类专业、工程机械类专业、通信类专业、物流类专业、酒店管理类 6 个专业,开展技术骨干培养项目,培养了 1 000 多名服务区域企业全球化战略的技术骨干,为企业提升核心竞争力,开拓海外市场提供了有力的人才支撑。广西柳工机械股份有限公司在"一带一路"沿线国家的海外技术人员的 20% 由我校培养。

基于脱贫攻坚的农民种养技术
精准培训研究与实践
(2018年国家级二等奖·牧校)

成果完成人：王纯国、赵骏新、李芳敏、蒋漓生、梁桂、黄志善、廖福振、冷毕丹、叶婷婷、周勤、江剑波、刘彤、李运光、韦语丹、罗鸣、梁炜、刘佑东

成果完成单位：广西柳州畜牧兽医学校

获奖等级：国家级二等奖

一、成果研究过程

(一) 改革背景

党和政府高度重视"三农"工作，出台一系列强农惠农政策，给予符合条件的农民免费种养技术培训，提高农民科技素质和经营管理水平，通过农民发展种养产业增加收入，促进农民脱贫与致富。广西壮族自治区作为西部少数民族农业大省，农业欠发达，贫困人口多，发展农业和脱贫任务艰巨。但是，长期以来面向农民的种养技术培训以"漫灌式"粗放培训为主，导致培训吸引力不强，组织管理难，种养技术培训助力农民脱贫与致富成效不明显。

(二) 改革目标及思路

项目着眼于加强农业供给侧改革，紧紧围绕脱贫攻坚战略下的产业扶贫，以农民种养技术精准培训为核心，以提升农民生产技能和经营管理水平，发展种养产业实现脱贫与致富为目标，针对以往"漫灌式"粗放培训，探索"点灌式"精准培训，致力于培养懂技术、会经营、能致富的新型农民，以产业发展助力广西

精准扶贫与农民致富，实现农业发展提质增效，为区域乡村振兴筑牢根基，彰显职业教育在脱贫攻坚中的提振作用。

（三）改革实践过程

1. 筑巢引凤

学校自 20 世纪 80 年代起开展养殖技术培训，积累了相当丰富的经验。2009年2月，教育部出台《关于切实做好返乡农民工职业教育和培训等工作的通知》；2009年3月，自治区劳社厅等出台《关于印发 2009 年广西返乡农民工创业就业基金实施细则的通知》。为此，从 2009 年 9 月开始，成果主要完成人主动与相关部门沟通联系，组织开展培训需求调研、设计培训项目、制定培训方案、开发培训教材等，并争取到自治区农业厅支持，在学校建立"广西现代农业技术培训基地"，为培训做好准备。

2010年9月，与柳州市劳社局合作的返乡农民工养殖技术培训班开班，在学校、政府、企业等通力协作下，培训取得较好的效果，初步实现了校政企互利共赢。

2. 引凤筑巢

继返乡农民工培训取得成功后，学校将培训成果向有关部门汇报沟通，让他们了解学校农民种养技术培训的优势和成效，争取支持并大力宣传。2010—2013年，自治区农业厅、柳州市扶贫办等先后在学校建立培训基地 15 个，全面开展农民种养技术培训。

3. 总结提炼

针对不同类型的培训对象，学校始终遵循"培训前期需求调研—编制培训方案—开发培训项目、课程和教材—培训准备—培训实施—培训诊断—成果反馈"的工作思路，认真办好每一期培训班。通过边研究、边实践、边推广、边总结，到 2013 年 11 月，形成了完善的农民种养技术培训实施方案和培训体系，开发了培训项目、课程和教材，为大规模开展农民种养技术培训奠定了坚实基础。

（四）主要解决的教学问题及解决教学问题的方法

主要解决：培训内容泛化，针对性不强，与区域农业产业发展结合不紧密；培训方式粗放、方法单一；培训时间安排与农时、农作物生长周期相冲突，培训对象组织难、培训过程管理难、培训内容对接难；培训后跟踪指导服务不到位，农民创业成效不明显等问题。

1. 定制培训项目、课程与教材

依托广西桂中职业农民学院等培训平台，启动"五方联动"培训机制，开展培训需求调研、诊断与分析，为培训对象科学设计培训项目与培训课程，并对课程模块进行优化、组合与匹配，开发通俗易懂、图文并茂、科学实用的培训教材。解决因培训内容泛化导致的培训与提高农民生产能力和区域农业产业发展结合不紧密问题。

2. 灵活的办班形式和授课方式

根据区域种养产业发展和布局以及培训对象特点，一是采用"一乡一业一班""一村一业一班""一屯一业一班"等办班培训形式；二是采取集中培训与单独指导、网络培训与现场培训相结合的授课方式，做到办班形式多样，教学方式方法灵活，与当地产业发展和农民需求紧密结合。解决培训方式粗放、方法单一的问题，提高农民参加培训的积极性和培训效果。

3. 全程分段培训

根据农闲与农忙、农作物生长周期与季节等情况，农闲时集中学员到学校进行通用管理类课程培训，到学校周边示范种养企业现场培训；农忙时送教上门，教师到乡（镇）、村屯开班，到田间地头和农户的养殖场结合农作物生长周期现场培训，培训内容针对性强，农民现学现用，培训效果非常好。有效解决培训时间安排与农时、农作物生长周期的冲突，培训对象组织难、培训过程管理难、培训内容对接难问题，让农民学习与生产两不误、双促进。

4. 训后跟踪指导服务

培训结束后，培训服务团队的专家通过现场、电话和网络等方式跟踪回访学员，与学员建立良性互动关系，为参训学员发展种养产业提供技术、政策、信息等方面的指导与帮助，让学员深深体会到党和政府对他们的关心，激发干事创业的信心和激情，解决农民训后跟踪指导服务不到位的问题，助力农民发展种养产业增加收入脱贫与致富。

二、主要成果及内容

（一）搭建服务"三农"培训平台

自治区农业厅、柳州市政府在学校建立广西桂中职业农民学院，扶贫、水库移民等部门在学校建立贫困村劳动力、库区移民等培训基地 25 个，与种养企业共建实训基地 36 个，在乡（镇）、村委设立培训点 168 个，学校成立培训中心负责培训工作，建有可同时容纳 300 人集中培训的公寓 3 栋、多媒体教室 4 间、报告厅 2 间，配置了学员餐厅。可通过上述平台对农民实施分类培训，提供有效的培训教育、技术推广和科技服务。

（二）形成"五方联动"培训机制

在搭建培训平台的基础上，形成学校、市（县）主管部门、乡（镇）、村委、种养企业"五方联动"培训机制，共同设计培训实施方案，制定培训管理制度，在培训对象选送、培训项目、课程设计、教材开发、培训方式、培训时间、培训管理、后勤服务、训后指导创业等方面精准施策，提升培训的精准性和实效性。

其中：学校、市（县）主管部门、乡（镇）政府、村委、种养企业通过前期需求调研、诊断与分析，根据区域农业产业发展和学员特点，科学设计分类、分项培训实施方案，通过不断实践与总结形成培训实施总方案 1 个，制定培训管理制度 12 个，开发培训项目、课程、教材、教学资源，打造高素质的培训服务团队；学校、市（县）主管部门、乡（镇）、村委负责培训准备、培训组织、过程监管、后勤服务；县级主管部门、乡（镇）、村委负责学员选送；培训结束后，市（县）主管部门、学校安排专家通过现场、电话、网络回访指导学员种养生产，收集反馈培训意见建议。

（三）开发定制化培训项目、课程与教材

根据区域农村经济发展和种养产业发展、农民文化水平，结合农民的创业意向，开发"柑橘生产技术"等培训项目 29 个、美丽乡村与休闲农业等课程模块 58 个，编写《竹鼠养殖技术》等种养技术培训教材 30 门。培训项目设计合理，针对性强，与产业发展和农民创业意向紧密吻合；课程模块可根据培训需要灵活匹配和组合；教材通俗易懂、图文并茂、科学实用，确保学员看得懂、学得会、用得上。为方便农民学习，开发了相应的网络教学资源库（含教学视频 258 个、课件 200 个）。

（四）建立"内外结合，三实一虚，全程分段"培训模式

根据种养产业布局和农时特点，采取"一乡一业一班""一村一业一班""一

屯一业一班"等培训组织形式,坚持"校内与校外""集中与分散"培训相结合,运用"固定课堂""田间课堂""农家课堂"三个真实课堂和"网络虚拟课堂"自主学习等授课形式,将培训全过程分成若干阶段进行,农闲时组织学员到学校和示范种养企业集中培训,农忙时根据农事特点和农作物生长周期送教上门,教师到乡(镇)、村屯开班,深入田间地头和农户种养现场培训,培训内容针对性强。更重要的是直接到田间地头、种养场结合农时和农作物生长周期现场培训,既解决了生产中的实际问题,又让农民现学现做,以确保农民学习与生产两不误、双促进,培训效果明显,受到参训农民的广泛认同。

"固定课堂"是指将学员集中到学校教室、实训室和周边示范种养企业进行通用管理类课程和专业实践教学;"田间课堂"是指直接到农民所在地的田间地头、种养场开展现场集中教学,传授种养技能,针对存在的问题进行诊断,提出整改方案,农民边学边做;"农家课堂"是指教师深入农户种养场个别培训指导,对症下药,立竿见影;"网络虚拟课堂"是指利用学校网站上的教学资源库(微视频、课件等),让学员在网上自主学习。

(五)建成专兼结合的培训服务团队

组建了一支由本校教师、农技推广部门和种养企业专家、致富带头人、成功创业学员组成的会教学、有技术、懂经营的培训服务团队,可在项目咨询、技术指导、生产经营、典型示范、训后回访等方面为农民提供全方位服务,让农民学有所获、干有榜样。

三、成果的特色与创新

(一)建立了精准培训体系

通过培训需求调研、诊断与分析,将培训目标与要求、教学组织与管理、农民实际需求和培训后创业意向等有机融合,创新定制培训项目、培训课程、培训教材、培训时间、培训方式、训后帮扶指导创业等环节,力求做到"精准",形成"项目—课程—教材—时间—方式—帮扶指导"等有机融合的培训系统,极大地提高了培训的精准性。其价值在于在全面、准确地了解培训需求的前提下,通过精准施策获得预期培训效果,为在新时代新使命新征程中开展农民种养技术精准培训提供了新思路、新举措，是当今解决农民培训诸多矛盾与问题的有效探索。

（二）创新了培训组织方式

根据农业产业发展、农作物生长周期、农忙与农闲的差异，采取"一乡一业一班""一村一业一班""一屯一业一班""校外与校内""集中与分散"和"全程与分段"相结合的培训组织方式，农闲时安排学员到学校和周边示范种养企业集中培训，农忙时送教上门，教师到乡（镇）、村屯开班，结合农作物生长周期分段深入田间地头和农户种养现场培训，农民现学现用，使培训内容与产业发展相吻合、培训时间与农作物生长周期相吻合、培训学习与农业生产两不误和双促进。在该方式下，培训内容针对性强，有效地解决了培训内容与产业发展脱节、培训时间安排与农时冲突而出现的培训对象组织难、培训过程管理难、培训内容对接难的"三难"问题。

（三）把农民种养技术培训融入脱贫攻坚战

党和政府始终把农民种养技术培训融入脱贫攻坚中，坚持教育扶贫与精准扶贫相结合，聚焦农业供给侧改革，紧紧围绕脱贫攻坚战略下的产业扶贫开展种养技术培训，致力于培养懂技术、会经营、能致富的新型农民，通过种养技术精准培训，并在训后帮扶指导参训农民发展种养产业增加收入，从而脱贫与致富，已使部分学员成为致富带头人，形成了培训带动创业、创业依托产业、产业发展助力广西精准扶贫的良性循环，并实现了广西农业发展提质增效，为实现区域乡村振兴筑牢了根基，彰显出职业教育在"脱贫攻坚"中的重要提振作用。

四、成果的推广与应用

（一）助力精准扶贫和农民致富

项目自 2009 年改革与实践以来，开展农民种养技术精准培训 6.3 万人，培训覆盖广西壮族自治区 77% 的贫困县，2.3 万人经培训后从事种养创业，部分学员已成长为当地种养产业主力军和致富带头人；2015 年，学校选派 1 名教师到天等县上映乡连加村担任第一书记,对该村252户贫困家庭进行精准帮扶,通过种养培训带动村民开展畜禽养殖、种桑养蚕、水果生产,成功脱贫101户。项目为广西2015年脱贫88万人、精准扶贫成效综合排名全国第一,2016年减贫111万人、综合得分全国第一,2017年蒙山县等7个县(区)成功脱贫摘帽以及农民致富起到很好的助推作用。

(二)促成种养产业经济圈,提升农业发展水平

培训内容涵盖桑蚕、糖蔗、水果、茶叶、畜禽水产养殖等,广西宏华公司等600余家种养企业依托学校培训服务在学校周边投资建场,形成以学校为中心的种养产业经济圈,不仅解决了部分农民的就业问题,而且有效推广了先进种养技术,提高了自治区种养生产的专业化、标准化、规模化和集约化水平,促进了三江茶叶、大化七百弄鸡等地方特色种养产业的发展,为广西桑蚕等产业在全国名列前茅、广西畜禽水产养殖业"9+1"名特优产品享誉全国、环江香猪等8个产品获国家地理标志产品作出了重要贡献。

(三)示范辐射好

(1) 2014年8月,农业部组织埃塞俄比亚农业职教校长到我校培训学习;江苏农牧学院等11家自治区内外职业院校先后到我校学习农民培训经验;2013年11月,广西水库移民培训工作现场会在我校召开;2015年、2016年、2017年,广西新型职业农民培训论证会连续三年在我校召开。

(2) 2018年1月,在"全区现代特色农业产业'10+3'提升行动阶段总结暨转段动员部署会"上,时任自治区副主席张秀隆在讲话中专门介绍项目成果,他两次提到:"柳州牧校多年来为全区农业培养了大量适应农村发展需要的人才,全区农业院校应该向他们学习,主动适应农村农业发展需要培养应用型人才,带动农村的经济发展。"

(3) 开发的美丽乡村与休闲农业等课程模块和《种桑养蚕技术》等农民培训教材得到政府部门、广大学员和培训机构充分认可,课程被充分借鉴,教材在广西农职院等自治区内9个培训基地的新型职业农民培育、库区移民培训等项目中推广使用17万册。

(四)社会影响力强

(1)发表论文17篇,科研立项3项,获2017年职业教育自治区级教学成果特等奖等省部级以上荣誉19项,《中国教育报》《中国职业技术教育》等10家媒体对项目成果争相进行报道。

(2)2016年9月,农业部农民科教培训中心领导到我校调研新型农民培育并给予高度肯定;2016年6月,自治区政协调研组到我校调研新型职业农民培育并给予充分肯定;2017年9月,自治区农业厅厅长刘俊,2017年12月,柳州市委书记郑俊康分别视察学校,对学校农民培训给予高度评价。

(3)第一完成人王纯国受聘中国现代畜牧业职教集团副理事长、广西"农指委"副主任委员,2014年6月,应邀在全区水产畜牧系统农技推广干部培训班上介绍培训经验;第二完成人赵骏新担任农业部教材建设委农民培训分会副主任委员;其他完成人在各级种养协会担任职务35人次。

五、成果形式

(一)培训实施方案

表1 培训实施方案(部分)

序号	方案名称
1	广西柳州畜牧兽医学校农民种养技术培训实施方案
2	2010年融水县和睦镇返乡农民工养猪、养鸡技术培训项目实施方案
3	2012年三江侗族自治县八江乡平流村(贫困村)劳动力茶叶生产技术培训实施方案
4	2013年柳城县社冲乡洛文村(贫困村)劳动力百香果种植技术培训实施方案
5	2015年融水县安太乡尧电村(贫困村)劳动力林下鸡养殖技术培训实施方案
6	2012年南宁市水库移民劳动力养猪、养鱼技术试点培训实施方案
7	2014年桂林市水库移民劳动力柑橘种植技术培训实施方案
9	2014年三江侗族自治县八江乡布代村新型职业农民茶叶种植培训实施方案
10	2015年柳城县冲脉镇新型职业农民养鸭技术培训实施方案
11	2017年天峨县向阳镇新型职业农民珍珠李生产技术培训项目实施方案
12	2013年柳州市村"两委"干部、农村党员、农村新经济社会组织负责人和种养大户林下养鸡技术、养牛羊技术培训项目实施方案

（二）培训项目

表 2 培训项目一览表

序号	类别	项目名称
1	种植类	柑橘生产技术
2		种桑养蚕技术
3		糖蔗生产技术
4		茶叶生产与加工技术
5		蔬菜种植技术
6		食用菌生产技术
7		优质水稻生产技术
8		葡萄生产技术
9		红心柚种植技术
10		沙田柚种植技术
11		月柿栽培技术
12		百香果栽培技术
13		珍珠李栽培技术
14	养殖类	实用养猪技术
15		实用养牛技术
16		实用养羊技术
17		实用养鸡技术
18		实用养鸭技术
19		实用养鹅技术
20		养鱼技术
21		竹鼠养殖技术
22		养龟技术
23		养鳖技术
24		养蛇技术
25		养鸽技术
26		养兔技术
27	综合管理类	农业经营管理
28		村务管理
29		农家乐经营

（三）课程模块

表 3 通用管理类课程模块一览表

序号	课程	总学时	现场教学学时
1	现代农业与新型职业农民	4	0

续表

序号	课程	总学时	现场教学学时
2	美丽乡村与休闲农业	4～8	2～4
3	农产品质量安全	4	2
4	农产品市场营销与电子商务	4	2
5	土地扩权及土地流转政策解读	2	0
6	农村维稳与"三大纠纷"调处	2	0
7	如何做好一名村干部	2	0
8	如何预防村干部职务犯罪	2	0
9	金融、财务与税务知识	2～4	0
10	农产品经纪人基本知识、职业标准及职业道德规范	2～4	0
11	农产品目标市场营销及营销策略；农产品相关法律法规	2～4	0
12	市场信息采集与分析、客户拓展与谈判	2～4	0～2
13	农业生产地理分析、主要农产品地理分布、运输主干线地理分布	2～4	0～2
14	农产品进超市、农产品展示展销和连锁配送、农产品标准化	2～4	0～2

表4 种植类课程模块一览表

序号	课程	总学时	现场教学学时
1	沙糖橘种植	8～16	4～8
2	沙田柚种植	8～16	4～8
3	金橘种植	8～16	4～8
4	红心柚种植	8～16	4～8
5	蜜橘种植	8～16	4～8
6	马水橘种植	8～16	4～8
7	椪柑种植	8～16	4～8
8	柑橘病虫害防治	8～16	4～8
9	茶叶种植	8～16	4～8
10	茶叶加工、营销与品评	8～16	4～8
11	茶叶病虫害防治	8～16	4～8
12	糖蔗种植	8～16	4～8
13	糖蔗病虫害防治	8～16	4～8
14	桑树种植	4～8	2～4
15	桑树病虫害防治	4～8	2～4
16	桑蚕饲养	4～8	2～4
17	桑蚕病虫害防治	4～8	2～4
18	叶类蔬菜种植	8～16	4～8
19	瓜果类蔬菜种植	8～16	4～8
20	块茎类蔬菜种植	8～16	4～8
21	蔬菜病虫害防治	8～16	4～8

续表

序号	课程	总学时	现场教学学时
22	农药知识与安全用药	4～8	2～4
23	肥料知识与合理施肥	4～8	2～4
24	新型植保器械的使用	4	2

表5 养殖类课程模块一览表

序号	课程	总学时	现场教学学时
1	养猪	8～24	4～12
2	养牛	8～24	4～12
3	养羊	8～16	4～8
4	养鸡	8～16	4～8
5	养鸭	8～16	4～8
6	养鹅	8～16	4～8
7	养蛇	4～8	2～4
8	养竹鼠	4～8	2～4
9	养鳖龟	4～8	2～4
10	养兔	4～8	2～4
11	养鸽	4～8	2～4
12	养鱼	8～16	4～8
13	猪病防治	8～16	4～8
14	牛病防治	4～8	2～4
15	羊病防治	4～8	2～4
16	鸡病防治	4～8	2～4
17	鸭鹅病防治	4～8	2～4
18	鱼病防治	4～8	2～4
19	兽药知识与安全用药	4～8	2～4
20	饲料知识与科学用料	4～8	2～4

（四）特色培训教材与教学资源库

表6 特色培训教材一览表

序号	教材名称	编者	出版社	时间
1	《优质水稻生产术》	王纯国等	中国农业出版社	2017年1月
2	《现代甘蔗生产技术》	李芳敏	中国农业出版社	2017年1月
3	《柑橘类水果种植技术》	赵骏新等	中国农业出版社	2017年1月
4	《茶叶生产与营销》	梁桂等	中国农业出版社	2017年1月
5	《葡萄生产技术》	黄志善等	中国农业出版社	2017年1月
6	《蔬菜生产与食用菌栽培技术》	李芳敏等	中国农业出版社	2017年1月
7	《种桑养蚕技术》	李芳敏等	中国农业出版社	2017年1月

续表

序号	教材名称	编者	出版社	时间
8	《畜禽养殖技术》	黄志善等	中国农业出版社	2017年1月
9	《牛羊病防治》	梁炜等	科学出版社	2015年5月
10	《畜禽养殖员实用技术》	罗鸣等	中国农业科学技术出版社	2014年7月
11	《科学养猪实用新技术》	罗鸣等	中国农业科学技术出版社	2014年7月
12	《农产品质量安全与电子商务》	王纯国等	中国农业出版社	2017年1月
13	《养鱼与鱼病防治》	刘清等	特色培训教材	2012年2月
14	《猪生产》	陶佑强等	特色培训教材	2012年7月
15	《畜禽饲养技术》	黄志善等	特色培训教材	2012年7月
16	《猪病防治》	陈坚等	特色培训教材	2012年7月
17	《沙糖橘生产技术》	广西桂中职业农民学院	特色培训教材	2015年11月
18	《种桑养蚕技术》	王纯国等	特色培训教材	2014年1月
19	《肉鸽养殖技术》	王纯国等	特色培训教材	2014年1月
20	《养鱼技术》	王纯国等	特色培训教材	2014年1月
21	《养蛇技术》	王纯国等	特色培训教材	2014年1月
22	《养鳖龟技术》	王纯国等	特色培训教材	2014年1月
23	《竹鼠养殖技术》	王纯国等	特色培训教材	2014年1月
24	《养猪技术》	黄志善等	特色培训教材	2014年1月
25	《养牛羊技术》	黄志善等	特色培训教材	2014年1月
26	《畜禽水产养殖技术》	黄志善等	特色培训教材	2014年1月
27	《养鸭鹅技术》	黄志善等	特色培训教材	2014年1月
28	《养鸡技术》	黄志善等	特色培训教材	2014年1月
29	《饲料兽药营销技术》	梁桂	特色培训教材	2014年7月
30	《库区移民发展种养业启示》	赵骏新等	特色培训教材	2016年2月

表7 教学资源库视频、课件一览表

序号	课程	视频（个）	课件（个）	序号	课程	视频（个）	课件（个）
1	柑橘种植	10	12	16	养羊技术	10	32
2	种桑养蚕	8	7	17	养鸡技术	25	7
3	甘蔗种植	3	4	18	养鸭技术	11	6
4	茶叶种植	7	5	19	养鹅技术	7	3
5	蔬菜种植	24	11	20	养鱼技术	2	2
6	食用菌栽培	8	6	21	竹鼠养殖	1	1
7	优质水稻生产	8	3	22	养龟技术	1	1
8	葡萄种植	8	2	23	养鳖技术	1	1

续表

序号	课程	视频（个）	课件（个）	序号	课程	视频（个）	课件（个）
9	红心柚种植	2	2	24	养蛇技术	1	1
10	沙田柚种植	6	2	25	养鸽技术	1	1
11	月柿种植	2	1	26	养兔技术	1	1
12	百香果种植	1	1	27	农业经营管理	14	6
13	珍珠李种植	1	1	28	村务管理	3	4
14	养猪技术	46	54	29	农家乐经营	5	1
15	养牛技术	40	22				
视频合计（个）				258			
课件合计（个）				200			

（五）论文与科研项目

表8 发表论文一览表

序号	论文名称	作者	期刊名称/时间
1	搭建新型职业农民培训平台的实践探索	王纯国	《广西教育》（2016年第11期B）
2	面向农民种养技术精准化培训实践探索	王纯国	《广西教育》（2017年第11期B）
3	中职校开展新型职业农民培训面临的问题及应对策略	梁桂	《广西教育》（2017年第10期B）
4	对当前形势下加速新型职业农民现代畜牧养殖技术培训的思考	罗鸣	《中文信息》（2015年第1期）
5	影响我国生猪价格波动的因素	梁桂	《当代畜牧》（2011年第1期）
6	动物免疫失败的原因与对策	赵骏新	《四川畜牧兽医》（2013年第12期）
7	特种经济动物养殖的"庞氏骗局"特征探析	梁桂	《当代畜牧》（2011年第2期）
8	常见猪传染性疾病的治疗措施	罗鸣	《兽医导刊》（2014年第7期）
9	龙胜凤鸡禽白血病病毒的分离与鉴定	冷毕丹	《畜牧与饲料科学技术》（2014年第10期）
10	广西龙胜县某凤鸡场禽白血病检测	冷毕丹	《畜牧兽医科技信息》（2014年第11期）
11	绵羊、山羊的多胎性研究进展	冷毕丹	《兽医导刊》（2015年第1期）

续表

序号	论文名称	作者	期刊名称/时间
12	广西主要地方优良品种鸡禽白血病的感染情况调查	冷毕丹	《广西畜牧兽医》（2013年第3期）
13	行动导向法在"场地消毒实训"中的应用与反思	赵骏新	《广西教育》（2015年第2期）
14	三例犬常见传染性皮肤病的诊治	刘佑东	《山东畜牧兽医》（2014年第11期）
15	一例犬口腔肿瘤的临床诊断与治疗	刘佑东	《山东畜牧兽医》（2014年第8期）
16	犬细小病毒病的临床诊断与治疗研究	刘佑东	《山东畜牧兽医》（2014年第4期）
17	中西医结合治疗鸡组织滴虫病	刘佑东	《兽医导刊》（2014年第19期）

表9 相关科研项目一览表

序号	项目名称	项目类别	立项时间
1	特种经济动物养殖工作任务型教学研究	区教育厅C级教研项目	2010年11月
2	新型农民养殖技术培训方式改革与实践	区教育厅一级教改项目	2014年9月
3	新型职业农民培训助推广西农业产业发展的实践与研究	区教育厅重点教改项目	2017年12月

（六）培训管理制度

表10 培训管理制度一览表

序号	制度名称
1	广西柳州畜牧兽医学校培训班班主任工作流程
2	广西柳州畜牧兽医学校培训班外聘班主任工作流程
3	广西柳州畜牧兽医学校培训后续跟踪指导服务制度
4	广西柳州畜牧兽医学校培训班教学组织管理制度
5	广西柳州畜牧兽医学校水库移民培训资金管理与使用制度（暂行）
6	广西柳州畜牧兽医学校水库移民培训突发事件防范与应急处置措施
7	广西柳州畜牧兽医学校水库移民培训学员管理规定
8	广西柳州畜牧兽医学校水库移民培训学员学习制度
9	广西柳州畜牧兽医学校水库移民培训学员须知
10	广西柳州畜牧兽医学校水库移民培训学员管理制度
11	广西柳州畜牧兽医学校水库移民培训教学工作管理制度
12	广西柳州畜牧兽医学校水库移民培训学员后勤保障与服务制度

（七）培训平台

表11 培训基地一览表

序号	培训基地名称	授予部门	授予时间（年）
1	广西桂中职业农民学院	自治区农业厅、柳州市人民政府	2015
2	军地两用人才培训基地	某部队	2008
3	广西工会职工就业培训基地	自治区总工会	2009
4	广西现代农业技术培训基地	自治区农业厅	2009
5	柳州市柳北区工会职工创业就业培训基地	柳州市柳北区工会	2010
6	广西贫困村劳动力转移就业培训基地	柳州市扶贫办	2012
7	柳州市就业再就业定点培训机构	柳州市人社局、财政局	2013
8	广西水库移民培训基地	自治区水库移民工作管理局	2013
9	桂林市桂柳家禽公司柳州分公司职工技能培训基地	桂林市桂柳家禽公司柳州分公司	2013
10	广西正康种猪公司职工技能培训基地	广西正康种猪公司	2013
11	广西香桂种猪有限责任公司职工技能培训基地	广西香桂种猪有限责任公司	2013
12	河池市金城江区水产畜牧兽医局水产畜牧兽医业务技能培训基地	河池市金城江区水产畜牧兽医局	2013
13	融水苗族自治县水产畜牧兽医局水产畜牧兽医业务技能培训基地	融水苗族自治县水产畜牧兽医局	2013
14	天峨县水产畜牧兽医局水产畜牧兽医业务技能培训基地	天峨县水产畜牧兽医局	2013
15	南丹县水产畜牧兽医局水产畜牧兽医业务技能培训基地	南丹县水产畜牧兽医局	2013
16	融安县水产畜牧兽医局水产畜牧兽医业务技能培训基地	融安县水产畜牧兽医局	2013
17	柳州市青山农业开发有限公司职工技能培训基地	柳州市青山农业开发有限公司	2014
18	广西农垦新兴畜牧有限责任公司职工技能培训基地	广西农垦新兴畜牧有限责任公司	2014
19	融水苗族自治县新型职业农民培训基地	融水苗族自治县农业局	2014
20	三江侗族自治县新型职业农民培训基地	三江侗族自治县农业局	2014
21	宜州市水产畜牧兽医局水产畜牧兽医业务技能培训基地	宜州市水产畜牧兽医局	2014
22	三江侗族自治县水产畜牧兽医局水产畜牧兽医业务技能培训基地	三江侗族自治县水产畜牧兽医局	2014
23	融安县新型职业农民培训基地	融安县农业局	2014

续表

序号	培训基地名称	授予部门	授予时间（年）
24	环江毛男族自治县水产畜牧兽医局水产畜牧兽医业务技能培训基地	环江毛男族自治县水产畜牧兽医局	2014
25	马山县水产畜牧兽医局水产畜牧兽医业务技能培训基地	马山县水产畜牧兽医局	2014
26	防城港市就业再就业定点培训机构	防城港市人社局、财政局	2014

表12 实训基地一览表

序号	类别	企业名称	联系人
1	种植类	柳江县洛满镇嘉良家庭农场	谭干鹏
2	种植类	鹿寨县桂橙水果种植专业合作社	李祖贵
3	种植类	武宣县上龙水果种植合作社	陈全庆
4	种植类	三江县独峰山茶叶专业合作社	杨吉勋
5	种植类	三江县独峒乡兴润茶叶专业合作社	韦国春
6	种植类	柳州市农科所柑橘苗场	杨培丽
7	种植类	柳城县东泉镇华侨农场蜜橘基地	黄奎威
8	种植类	地鹿寨县"榴河橘海"特色柑橘产业示范基地	罗志兵
9	种植类	柳江区成团镇鲁比葡萄基地	韦海潭
10	种植类	广西凤糖生化股份有限公司	李政
11	种植类	柳州市柳邕农副产品批发市场有限公司	杨鸿声
12	种植类	柳州市汇利丰茧丝绸有限责任公司	张婉蓉
13	种植类	柳江县桂乐现代化农业开发有限公司	胡建平
14	种植类	柳州市柳城鹏鑫源茧丝绸有限公司	罗子安
15	种植类	融安县广融农业综合开发有限公司	李日裕
16	种植类	融水县元宝山茶业有限公司	滕月莲
17	种植类	兴安县泽荣生态农业发展有限公司	戴坤坤
18	种植类	柳江县健鑫农业家庭农场有限公司	覃秀丽
19	养殖类	广西柳州香桂种猪有限公司	吴飞虎
20	养殖类	广西实隆禽业有限责任公司	肖薇
21	养殖类	柳州市桂景禽业有限责任公司	张崇义
22	养殖类	广西叁皇养殖集团有限公司	程刚
23	养殖类	桂林新希望饲料有限公司	雷先文
24	养殖类	广西百家农业科技有限公司	林泉
25	养殖类	桂林春辉生态农业发展有限公司	王继娟
26	养殖类	广西桂柳家禽公司桂英种鸭有限公司	罗万强
27	养殖类	广西农垦永新畜牧集团新兴有限公司	卢文钦
28	养殖类	广西巨东种养集团有限公司	徐晓彬
29	养殖类	广西春茂农牧集团有限公司	罗世嫦
30	养殖类	广西华盛集团露塘养殖分公司	莫千亮
31	养殖类	广西钦州市富牛牧业有限公司	韦泽阳

续表

序号	类别	企业名称	联系人
32	养殖类	柳城县天福种猪场	陆德进
33	养殖类	柳州市大鹏畜牧有限责任公司	张俊宁
34	养殖类	广西武宣金泰丰农业科技发展有限公司	陈仁杰
35	养殖类	广西柳州畜牧兽医学校教学牧场	朱炳华
36	养殖类	广西柳州畜牧兽医学校动物医院	陈坚

（八）主要奖项及荣誉

表13 主要奖项及荣誉一览表

序号	获奖种类	获奖时间	获奖者	获奖等级	授奖部门
1	2017年广西职业教育教学成果特等奖	2017年8月	王纯国等	自治区级	广西壮族自治区教育厅
2	广西首批新型职业农民培育示范基地	2017年12月	广西柳州畜牧兽医学校	自治区级	广西壮族自治区农业厅
3	"国家中等职业教育改革发展示范学校建设计划"第三批立项建设学校（特色项目：社会服务与示范带动作用）	2012年9月	广西柳州畜牧兽医学校	国家级	教育部办公厅、人力资源社会保障部办公厅、财政部办公厅
4	2013年度广西中等职业教育实训基地建设项目：畜禽生产与疾病防治专业	2013年5月	广西柳州畜牧兽医学校	自治区级	广西壮族自治区教育厅
5	2014年度广西中等职业教育示范特色专业及实训基地建设项目：畜牧养殖专业	2014年9月	广西柳州畜牧兽医学校	自治区级	广西壮族自治区教育厅
6	2015年度广西中等职业教育示范特色专业及实训基地建设项目：畜牧兽医专业	2015年9月	广西柳州畜牧兽医学校	自治区级	广西壮族自治区教育厅
7	2015年度广西中等职业教育示范特色专业及实训基地建设项目：特种动物养殖专业	2015年9月	广西柳州畜牧兽医学校	自治区级	广西壮族自治区教育厅
8	新型职业农民培育教学名师5人、教学精品课程5门、优秀课件一等奖3项、二等奖2项、三等奖3项	2017年12月	黄志善等	自治区级	广西壮族自治区教育厅
9	全国休闲农业创意精品大赛南京总赛区产品创意金奖	2012年10月	王纯国等	国家级	全国休闲农业创意精品推介活动组委会

续表

序号	获奖种类	获奖时间	获奖者	获奖等级	授奖部门
10	全国休闲农业创意精品大赛南京总赛区产品创意银奖	2012年10月	王纯国等	国家级	全国休闲农业创意精品推介活动组委会
11	自治区2000—2009年农村成人教育先进个人	2010年11月	黄志善	自治区级	广西壮族自治区教育厅
12	2011年度全区服务"三农"助农增收工作标兵证书	2012年1月	黄志善	自治区级	广西壮族自治区农业厅
13	首届全国涉农中等职业学校信息化教学设计大赛二等奖	2017年11月	叶婷婷等	国家级	中国职业技术教育学会农村与农业职业教育专业委员会
14	2017年广西职业院校信息化教学大赛一等奖	2017年12月	叶婷婷等	自治区级	广西壮族自治区教育厅
15	2016年广西职业院校信息化教学大赛二等奖	2016年11月	冷毕丹等	自治区级	广西壮族自治区教育厅
16	2017年广西职业院校信息化教学大赛二等奖	2017年12月	冷毕丹等	自治区级	广西壮族自治区教育厅
17	2015年广西职业院校信息化教学大赛三等奖	2015年6月	冷毕丹等	自治区级	广西壮族自治区教育厅
18	2016年广西职业院校信息化教学大赛三等奖	2016年11月	冷毕丹等	自治区级	广西壮族自治区教育厅
19	2017年广西职业院校信息化教学大赛三等奖	2017年12月	周勤等	自治区级	广西壮族自治区教育厅

六、成果评价

该项目成果主动服务"三农",充分发挥职教扶贫的作用,围绕脱贫攻坚背景下的产业扶贫开展种养技术精准培训,针对以往农民培训中存在的培训内容泛化等问题,通过搭建符合农民特点的培训平台,建立完善的培训体系,开发定制化培训项目、课程和教材,运用灵活多样的培训方式,提升了农民生产技能和经营管理水平,并在训后帮扶指导农民发展种养产业增加收入,从而脱贫与致富,助力广西精准扶贫和广西农业产业发展、农民致富,为实现区域乡村振兴筑牢了根基。

该项目成果选题意义深远,内容丰富,实施推广成效显著,具有新颖性、独创性、示范性，对促进职业院校涉农专业加强教学改革创新，培养职业农民，加强农村实用技术人才培养有重要的示范作用，是职业教育服务国家乡村振兴计划和脱贫攻坚战略的典型案例，为全区乃至全国通过开展农民种养技术培训发展产业脱贫与致富，提供了很好的理论和实践经验，取得了广泛的社会影响，具有重要的实践意义和很高的推广应用价值，达到了国内同类改革领先水平。

高职学生第二课堂活动课程化的研究与实施
（2014年国家级二等奖·柳职院）

成果完成人：朱伟才、阳旭、梁毅、杨琳、梁美英、阎志斌、胡慕贤、户岚岚、唐艳、骆琴、唐冬雷、姜献生、安掌明、高勇军、牛永惠、黎晓灵、韩霄、王慧、景凌凌

成果完成单位：柳州职业技术学院

获奖等级：国家级二等奖

第二课堂是除第一课堂理论教学和实验教学以外的，以思想、科技、文化、艺术等开放型活动为载体，旨在培养学生综合素质的教育形式。柳州职业技术学院围绕如何科学设计和实施第二课堂活动，充分发挥教育作用的问题，以培养具有良好职业素养和可持续发展能力的高素质高端技能型人才为目标，构建了基于学生全面发展的高职学生第二课堂活动课程化的素质教育模式。系统设计了高职学生第二课堂活动内容和途径，制定第二课堂活动标准，编写第二课堂活动指导书，组建"教学名师＋辅导员＋党团领导＋企业家＋劳动模范＋优秀毕业生"全面参与的指导教师队伍，建设"九中心一讲堂"素质教育实训基地，建立"层级化联动"的第二课堂管理模式，建立了科学化、规范化、实效性强的第二课堂活动质量评价体系。经过三年的实践探索，提升了我院学生综合素质，提高了人才培养质量，产生了一批国家级和自治区级教改成果，社会影响大。2012年，获广西高等教育教学成果一等奖。

一、背景和问题

教育部《关于全面提高高等职业教育教学质量的若干意见》中明确指出，

"加强素质教育,强化职业道德,把社会主义核心价值体系融入高等职业教育人才培养的全过程"。如何整体设计学生在校期间第二课堂活动内容和开展途径,把素质教育贯穿于高职教育的全过程,直接关系到高职教育人才培养目标的实现。长期以来,高职学生第二课堂活动主要存在以下两个亟待解决的问题:

一是高职学生第二课堂活动受传统狭义课程观的局限,长期等同于学生课外业余活动,随意性强,未能与第一课堂形成教育合力,不利于人才培养水平的提高。

二是高职学生第二课堂活动缺乏一套科学、规范、可操作的教育模式,无系统设计、无活动标准、无教材、师资队伍薄弱、实训基地匮乏、缺乏有效的管理机制,实施效果差。

二、主要研究与实践的内容和成果

(一)主要研究与实践的内容

1. 系统设计高职学生第二课堂活动

为突破狭义课程观的局限形成教育合力,我们按照学院课程体系"二维"模型,深入挖掘基本素质教育"内容维度"及第二课堂"形式维度",整体规划设计学生三年六学期的第二课堂活动内容和实施途径,使素质教育贯穿高职教育的各个环节;把第二课堂活动要求纳入人才培养方案,规定学生三年内除修完第一课堂学分外,还须修完第二课堂活动120分。

依据社会对高职学生职业素质的需求,将第二课堂活动内容系统设计为7个模块11项活动(见图1),分别培养学生的职业道德、就业与创业能力、创新精神、语言表达能力、社会交往能力、心理健康素质以及身体素质,要求每项活动必须与专业相结合设计活动内容,将学院第二课堂活动的共性要求与各专业的个性需求相结合,实现全方位育人。

系统设计,将专项素质课堂教学、专业课程渗透素质教育、工学结合实践素质教育、社会活动体验素质教育、人文素质拓展讲座培训5个紧密相扣的环节作为第二课堂活动的主要教育途径(见图2),实现第二课堂素质教育活动全渠道育人,解决第二课堂活动途径离散化、活动碎片化的问题。

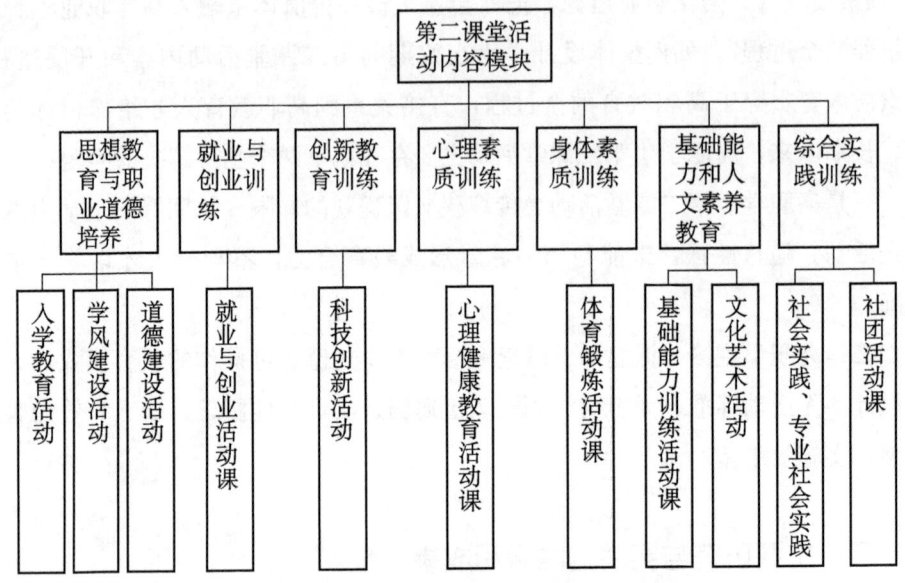

图1　柳州职业技术学院第二课堂活动内容模块

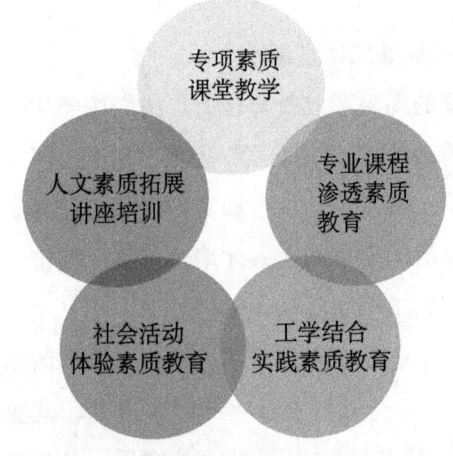

图2　柳州职业技术学院"五环相扣"的第二课堂活动途径

2. 制定高职学生第二课堂活动标准

根据学院人才培养总体目标，参照课程标准的要求，编制了第二课堂活动标准，作为实施第二课堂活动素质教育的指导性文件，对第二课堂活动的性质、作用、目标、内容安排、实施原则以及活动考核等问题进行了规定。活动性质为面向全院学生举行的第二课堂素质教育活动，活动设计理念为"以学生综合素质发展为中心，为学生职业生涯发展服务"，活动目标分为素质目标、能力目标和情感目标，围绕学生职业核心能力的培养，着力提高学生分析与解决问题能力、信息处理能力、自我学习能力、沟通能力、社会交际能力、组织管理能力和团队合作能力。活动标准的制定，解决了传统第二课堂活动无标准的问题。

3. 编写高职学生第二课堂活动指导书

根据高职学生身心特点和社会需求，我们编写了包含 7 个模块 11 项活动的《高职学生第二课堂活动指导书》，每项活动规定了活动对象、活动主题、活动目的、活动内容及活动学时，为活动指导老师开展各类活动提供主要参考。指导书将每种活动分为"主题导学、主题导训、体验导向"三个阶段，其中，"主题导学"包含学习思考、学习聚焦、学习思考三个内容，便于学生在开展活动前了解相关知识，引导学生进行思考；"主题导训"包含活动实践、蓄能历练、活动案例三个内容，提出第二课堂活动实践任务、素质培养要求；"体验导向"包含心灵感悟和自我测试两个部分，便于学生检验活动效果。

4. 建立一支"教学名师＋辅导员＋党团领导＋企业家＋劳动模范＋优秀毕业生"全面参与的第二课堂活动指导教师队伍

一是建立由各级教学名师、优秀思想政治工作者、优秀中青年骨干教师以及专家教授为主的第二课堂活动课程指导教师。

二是选聘和培养一支思想素质好、学历层次高、责任心强、善于管理和教育的辅导员队伍，担任部分第二课堂素质教育活动组织者。

三是各级领导干部亲自担任学生第二课堂活动教师。学院党委书记、院长、副院长以及各教学系部书记、主任开讲座上讲台，各级团总支、支部书记主导策划第二课堂活动课程。

四是聘请全国五一劳动奖章获得者、全国巾帼英雄、广西及柳州市劳动模范、成功企业家、优秀毕业生等作为第二课堂活动兼职教师。通过组织开展校企合作办学、顶岗实习、专题讲座、交流会等活动，发挥他们在第二课堂中的指导作用。

5. 建立"九中心一讲堂"素质教育实训基地

为了保障 7 个模块 11 项第二课堂活动内容的系统实施，学校建立了"九个中心一个大讲堂"素质教育实训基地。作为第二课堂活动课程实施平台，学生通过在实训基地中开展各种训练活动，实现第二课堂活动教育目标（见图3）；同时，在校外建立企业学生素质教育实训基地和社区学生素质教育实训基地。

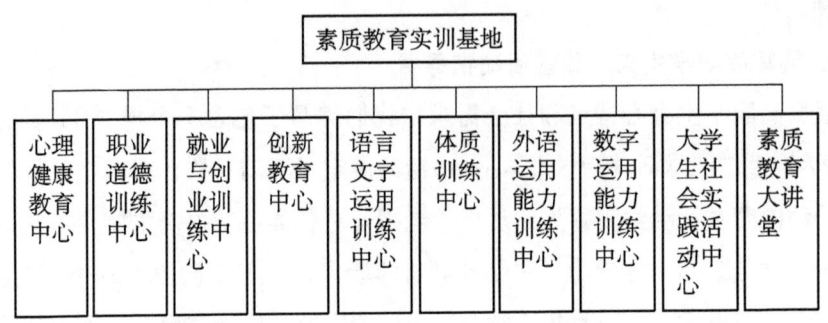

图3　柳州职业技术学院"九中心一讲堂"素质教育实训基地

6. 构建"层级化联动"高职学生第二课堂活动课程化管理模式

（1）设立"层级化联动"的第二课堂素质教育组织机构。成立以学院党委书记、院长挂帅，党委副书记、副院长以及全体中层正职领导为成员的素质教育工作领导小组，负责指导全院素质教育工作；领导小组下设办公室以及由公共基础部、学生工作处、院团委联合组成的素质教育基地，负责统筹规划并指导学生不同阶段的第二课堂活动课程；素质教育基地管理下的各训练中心以及各专业教学系统通力配合、共同开展第二课堂素质教育教学活动。至此，学院素质教育工作在"层级化联动"的第二课堂管理模式下有效推进实施。

（2）完善高职学生第二课堂活动课程化管理办法。制定和完善学生第二课堂素质教育活动及学分管理办法、素质教育活动第二课堂人才培养方案及课程设计、素质教育目标体系、学生诚信银行管理办法、学生综合素质考评管理办法、学生综合素质教育活动监控管理暂行办法、学院第二课堂活动经费管理办法等管理规定，为第二课堂活动课程化顺利实施提供制度保障。

（3）建立学校、企业、学生共同参与的第二课堂活动多元化评价体系。一是开发"第二课堂活动管理系统"，要求指导教师在提交活动方案、经"层级化"领导流程审核后，方可开展活动；同时，指导教师须在规定时间内给予参加活动的学生录入活动分。该系统实时记录学生每学期参加第二课堂活动的具体情况。二是利用"综合测评积分"平台，通过实时"奖罚单"详细记录学生在校的日常考勤、学习表现、生活习惯、获奖情况等，总体反映学生综合素质培养的状况。

三是通过制定柳州职业技术学院人才培养质量社会监控办法，组织各系（部）开展非毕业班在校生家长问卷调查、毕业生跟踪调查和用人单位调研等活动，评价学院人才培养质量，还与麦可思人力资源信息管理咨询公司合作开展"毕业生就业水平测量与评价"工作。

（二）主要研究与实践的成果（2009—2013）

1. 教改成果

就业与创业课程建成国家级精品资源共享课，建成高职心理健康教育、高职语文、英语视听说、思想道德修养与法律基础、毛泽东思想和中国特色社会主义理论体系概论五门自治区精品课程。

《高职学生职业道德与礼仪实训教程》获得全国高职高专基础教材三等奖。

学院大学生 KAB 创业俱乐部获得广西资助育人示范基地，2011 年被评为全国十佳优秀大学生 KAB 创业俱乐部。

2. 学生竞赛成果

学生参加国家级、广西壮族自治区级各类通用竞赛累计 500 人次。其中，获得国家级竞赛一等奖 71 项、二等奖 131 项、三等奖 229 项；获得广西壮族自治区级竞赛一等奖 86 项、二等奖 202 项、三等奖 364 项。

2010 年，我院选手在全国大学生创业计划大赛"创业之星"沙盘模拟经营中荣获第一名，是获得此奖项的首个高职院校。

3. 教学团队建设成果

第二课堂活动指导教师获得国家级技能竞赛奖 10 项，广西壮族自治区级技能竞赛 59 项；5 名教师获得"广西高校优秀大学生社团指导老师"称号；广西高等学校思想政治理论课教学指导委员会委员 2 名，广西高等学校思想政治理论课课程建设首席专家组专家 3 名，广西高等学校思想政治教育巡视组专家 10 名，广西社会心理学会理事会副理事长 1 名、副会长 1 名。

学院连续五年被评为"广西壮族自治区安全文明校园"。

4. 理论成果

出版了《高等职业院校素质教育研究》《高职学生职业道德与礼仪实训教程》等 16 部专著，公开发表论文 58 篇，编写完成 12 万字的《高职学生第二课堂活动指导书》。

三、研究与实践的创新点

（一）推进了高职学生第二课堂活动课程化的素质教育模式改革，实践探究有突破

按照"课程化"的标准，基于全方位育人、全渠道育人、全程育人、全员育人的"大课程观"素质教育理念，在学院课程体系"二维"模型下系统设计第二课堂活动、制定活动标准、编写活动指导书、建立一支"教学名师＋辅导员＋党团领导＋企业家＋劳动模范＋优秀毕业生"全面参与的指导教师队伍、构建"层级化联动"的管理模式、建立多元化质量评价体系，解决了高职学生第二课堂活动无系统设计、无活动标准、无教材、师资队伍薄弱、实训基地匮乏和缺乏有效的管理机制的问题。第二课堂与第一课堂形成了教育合力，人才培养方式更加切合高职教育特点，形成了科学、规范、可操作的第二课堂活动运行机制。该项目成果为高职院校提供了学生素质教育新思路与第二课堂教育教学改革的实践范例。

（二）建立了科学化、规范化、实效性强的第二课堂活动质量评价体系

一是通过编制第二课堂活动标准、制定人才培养质量社会监控办法、建立高职学生第二课堂活动课程化管理办法，使第二课堂活动质量评价有了科学化、规范化的依据。二是学校、企业、学生共同参与的第二课堂活动多元化质量评价方式，使人才培养质量的测评数据更加客观、全面。三是通过开发"第二课堂活动管理系统"和利用"综合测评积分"平台，使第二课堂活动质量评价有了实效性强的操作平台。评价体系的构建，保障了第二课堂活动的教育质量，极大地促进了人才培养工作水平。

四、研究与实践成果的应用推广及社会影响

（一）校内应用

本项目成果极大地促进了学院教育教学改革，在学院建成国家示范性高等职

业院校中起到重要的作用。全院 1 万余名学生因此受益,毕业生就业率达到 95%以上,柳工集团有限公司、上汽通用五菱汽车股份有限公司、柳州钢铁(集团)公司等 30 家企业以订单班形式长期聘用学院毕业生。学院连续 13 年被评为"全区高校毕业生就业工作先进集体"。

(二)在国内职业院校应用推广

学院第二课堂活动课程化教育方式、管理模式、课程体系已被广西壮族自治区内外,甚至发达地区的职业院校认同和借鉴。近年来,先后有北京信息职业技术学院、济南职业技术学院、广州铁路职业技术学院等 80 余所高职院校、1 000 多人次到学院交流学习,分享学院通过第二课堂活动课程化实施全程素质教育方面的经验。

本项目成果还对口指导广西壮族自治区 7 所高职院校及 10 所中等职业学校的素质教育。研究成果多次在广西壮族自治区内外学术研讨会、经验学习会上进行交流。

(三)专家评价与社会效益

教育部鲁昕副部长于 2012 年 9 月在中国—东盟职业教育联展上,充分肯定了学院对学生创新创造能力的培养,建议学院在学生作品上加入柳职院的标志,作为学院对外交流的礼品选用。

广西中烟工业公司巡视员陆建南说:"柳职院的学生能吃苦,专业能力、动手能力强,有不服输的精神,是企业的生力军。"广西玉柴党委副书记叶斌说:"柳职院毕业生基础扎实,综合素质高,在公司生产中发挥了重要作用。"学院毕业生快速成长为桂林福达股份公司的技术与管理骨干的案例。2012 年、2013 年连续两年被收录在《中国高等职业教育人才培养质量年度报告》中。

(四)社会舆论

《中国青年报》、《中国教育报》、《广西日报》、广西教育厅网、《柳州日报》等媒体均对学院素质教育进行了大量报道。

"五一体六融合企业课程体系"的研究与实践
（2014年国家级二等奖·柳州一职）

成果完成人：王春秋、李莉、覃海波、何瑜、闭柳蓉、何川、刘凌、覃有堂、孙伟、张文彬、刘继红、王佩娟、江帆、罗毅、朱微微、李井清、陈运强、余明、许平、蒋明、史硕江、韦峰、黄兰英、朱伯贤、史庭宇、李士明

成果完成单位：柳州市第一职业技术学校

获奖等级：国家级二等奖

从2005年开始，我校依托我校校内经营性实训基地（自主经营、自负盈亏，不以盈利为唯一目的的校办企业）柳州市益智大酒店、柳州市益智驾驶培训学校、柳州市益鹏汽车快速养护中心、柳州市益智软件科技有限责任公司、柳州市益智超市、柳州市金运食品厂，创建了"五一体六融合企业课程体系"。"五一体"，即学生与员工一体、教师与企业经理人一体、教学场所与工作场地一体、学生评价与员工考核一体、教学管理与经营管理一体；"六融合"，即专业建设与企业发展融合、教学效果与经济成果融合、教学过程与生产过程融合、教学内容与生产任务融合、教学评价与产品质量评价融合、教学管理与企业管理融合，促进教学质量全面提升。

一、改革背景

我校在教学改革过程中，遇到以下阻力。

（一）课堂教学与生产实践脱节

教学以学校和课堂为中心，课程和教学没有紧跟企业需求，专业课教学技能

不够突出、就业针对性不强，学生能力与企业要求存在一定差距。

（二）企业参与教学动力不足

企业参与教学仍停留在提供实习场所和接纳毕业生就业两个方面，在参与职业学校专业课程教学方面较为欠缺，校企共建、共享、共赢的长效合作机制还未充分建立，校企人员互动、实训基地共建、科研课题共同参与等方面的力度急需加大。

（三）教师专业教学水平、实践教学能力不足

部分教师的知识结构老化，无法适应经济社会的发展，不能同步于企业的技术更新；部分专业课教师企业实践经验不足，动手操作能力较低，教学与实践不能有机结合。

二、改革目标

以学校校内经营性实训基地为平台，构建富有我校特色的"五一体六融合企业课程体系"；提升专业办学水平与教学质量，促进学生全面发展；建设一支与我校发展配套的"擅长专业教学、精通教育科研、熟练市场经营、能够指导生产、懂得现代管理"复合型师资队伍；建设校内经营性实训基地，将其打造成具有造血功能和较强教学承载力的专业实训基地。

三、改革举措

从 20 世纪 80 年代开始，我校就积极创建校内经营性实训基地，学校的计算机及应用专业、旅游服务与管理专业、烹饪专业、汽车应用与维修专业、现代商务专业、电子技术应用专业、数控专业均有各自的校内经营性实训基地，为我校企业课程的建设打下坚实基础。在此基础上，我校开始了扎实有效的工作。

（一）以"六融合"理念制定企业课程改革实施方案

深入各专业及其所创建的校内经营性实训基地，就存在的问题以及双方的优劣势进行分析，确定了打造校企双赢的"六融合"企业课程体系的改革思路，颁

布了柳州市第一职业技术学校"企业课程研究与实践"教学改革实施方案,拉开企业课程建设序幕。

(二)开展试点建设,初步形成"五一体"运行机制

学校以计算机及应用专业的软件设计方向为试点,借助校内经营性实训基地柳州市益智软件科技有限责任公司开展企业课程建设。首先,把柳州市益智软件科技有限责任公司的工作岗位和生产任务与软件设计专业课程教学内容和要求进行对比分析,将二者相融的内容整理出来,重新整合出网站开发、小型管理软件开发、小游戏开发等企业课程,并将这些课程放到柳州市益智软件科技有限责任公司各项目工作室实施。专业教师直接在公司内担任生产项目经理并承担项目教学及指导任务;其次,学生以班级为单位,在该课程的时间段到公司学习,在学习中直接参与公司项目生产,接受公司员工管理及项目分工;再次,教师采用项目教学法带领学生开发项目,按企业项目验收标准考核学生的开发过程与开发结果,完成生产与教学任务;最后,学生在教师指导下完成工作项目的同时完成自己的学习任务。试点工作让项目组基本理顺了公司发展与学校教学要求的关系,形成了相关的管理、考核、激励等文件,初步构建了"五一体"运行机制,即学生与员工一体、教师与企业经理人一体、教学场所与工作场地一体、学生评价与员工考核一体、教学管理与经营管理一体的运行机制,保障了校企双方的积极性,激发了学生的学习热情,在我校具有可操作性及推广价值。

(三)校内推广,形成学校企业课程体系

借助于在试点工作中形成的"五一体"运行机制,学校组织骨干专业全面推行企业课程建设。烹饪专业在柳州市益智大酒店开发中餐烹饪、面点制作企业课程;汽车运用与维修专业在柳州市益智驾驶培训学校、柳州市益鹏汽车快速养护中心开发汽车二级维护、汽车美容、驾驶技术企业课程;现代商务专业在柳州市益智超市开发超市经营、市场营销、会计实务企业课程;计算机及应用专业在柳州市益智软件科技有限责任公司开发商业广告设计与制作、动漫设计、影视制作等企业课程;数控专业在数控技术实训中心开发数控技术企业课程,形成了学校企业课程体系。在这些企业课程中,学生进入的是真实工作场景,接受的是真实工作任务,提前进入员工角色。例如,我校烹饪专业在实施面点制作企业课程时,将学生以班级为单位,一个月为期限,轮流到益智大酒店学习。在这一个月

里，他们的任务就是为全校 5 000 多名师生提供一日三餐中的面点及接受师生生日蛋糕的定制。在教师的带领下，他们每天要为第二天所需的原材料下采购任务单，制作 6 000 个包子、馒头、花卷等蒸点，2 000 多个面包、蛋糕等烤点及师生定制的生日蛋糕；在生产过程中，学生组成质检小组严把产品质量关，对学生的产品根据完成情况实施等级销售，并根据销售的等级确定学生学习每个品种的成绩；学生每天要对经营情况进行成本核算，填写实训手册。在课程实施中我校很好地实现了"六融合"，即专业建设与企业发展融合、教学效果与经济成果融合、教学过程与生产过程融合、教学内容与生产任务融合、教学评价与产品质量评价融合、教学管理与企业管理融合。

（四）构建"职业学校发展与企业成长依存共进"理论

学校在创建企业课程的同时还加强理论研究，系统研究了职业学校发展与企业成长的关系。经过调研分析，项目组找到了校企合作"瓶颈"：校企双方管理机制不同、校企双方价值取向不同、校企双方需求不同。提出了校企依存共进，平衡发展的四项原则：广泛性原则、责权利统一原则、权利平等保护原则、循序渐进原则。指出了校企合作的重要途径是进行资源整合，将企业资源，即企业所能、控制、选择和运用的，能提高组织效率和效力的全部战略性资产、资本、流程、信息和知识，主要指资金、场地、技能、人力资源和社会资源与学校资源，即原创性知识和技术、品牌声誉、教师资源、劳动力资源、校园场地及设备资源等进行整合，优化校企双方的资源配置，有进有退、有取有舍，达到资源互补，相互依赖，获得整体的最优，取得"1+1 大于 2"的效果，构建了"职业学校发展与企业成长依存共进"的理论框架。

（五）推广应用，形成企业课程建设三模式

在已实施的"校内经营性实训基地内建"模式基础上，我校还与上汽通用五菱汽车股份有限公司、柳州饭店、中国电信柳州分公司等校外企业合作建设了车身修复、餐饮服务、客房服务、计算机信息管理等企业课程，形成"知名企业外建""引企入校共建"企业课程建设新模式。

经过实践，目前我校与 12 家校内外企业共同建设，形成 11 个专业方向的企业课程体系，实现了校企教学联动，形成了良好的校企合作机制、共建激励机制及相互服务机制，年受益学生 5 000 人。

四、改革成果及应用

(一) 形成了"职业学校发展与企业成长依存共进"的理论成果

在项目实施过程中,我校对中职校企深度合作的"瓶颈"及对策进行了系统研究,提出了校企合作的四个原则;提出了校企合作重要途径在于"校企资源整合"的理念,形成了"职业学校发展与企业成长依存共进"的理论并用于指导改革实践,撰写了10万字的专著《广西企业参与职业技术教育的知识体系研究》(广西师范大学出版社出版中);发表了《广西企业参与职业教育现状、瓶颈与支持体系构建》等23篇论文,出版了校本教材62本,项目主持人参与了《广西壮族自治区职业教育校企合作促进办法》等文件的起草。

(二) 创建了"五一体六融合企业课程体系"

通过建立"五一体"机制,实现"六融合"效果,与12家企业共同建设形成了11个专业方向的企业课程体系。

(三) 促进了学生职业能力全面发展,学生就业竞争力提高

多年来,我校学生就业率均保持在98%以上,"双证率"达97%,企业满意率达90%以上,专业对口率87%,且70%以上在广西壮族自治区就业,为区域经济和社会发展提供了技能人才支撑和高素质劳动者保障,推进了柳州市、广西壮族自治区的工业化进程。学生技能水平在广西名列前茅:自2007年以来,学生参加全国中职技能大赛,获一等奖4个,二、三等奖76个。

(四) 促进了专业建设,专业办学实力提高

通过企业课程体系的建设,整合了企业资源,引入了最新的技术、管理理念,专业办学质量与影响力不断提升。我校于2013年通过首批国家发展示范校的认定;计算机及应用专业、汽车运用与维修专业、电子技术应用专业、烹饪专业、电子商务专业、旅游服务与管理专业成为广西中职示范性专业和广西中职专业师资培训基地;计算机及应用专业、汽车运用与维修专业、电子技术应用专业、烹饪专业成为柳州市品牌专业,学校招生人数在广西名列前茅。

（五）促进了校内经营性实训基地发展，校企合作实现双赢

通过企业课程体系的建设，发展壮大了我校校内经营性实训基地，2013年总产值达 3 000 多万元，年提供教师实践岗位 100 个，造血功能和教学承载能力稳步提升。通过校企联动，还解决了校外合作企业员工培训方法单一、高素质员工储备紧缺等问题，提升了企业管理人员的综合能力，拓宽了企业发展思路，填补了企业培训教材的空白。

（六）促进了师资队伍建设，教师综合能力提高

通过企业课程体系的建设，打造了 50 名"擅长专业教学、精通教育教学科研、熟练进行市场经营、会从事或指导生产、懂得现代管理"的复合型教师，教师的综合实力不断提高。

（七）促进了教学模式改革，课堂吸引力和教学效率提高

通过企业课程体系的建设，使各专业的专业特色更为突出，呈现了教学模式的多样性：如汽车应用与维修专业的汽车维护自助式教学模式；数控技术专业的精益实训模式；计算机应用专业的工作室教学模式等。极大地促进了学生学习的主动性和创造性。为更好地吸引学生、培养学生职业能力，教学方法也更加灵活多变，学生的课堂满意率大幅提升。

五、成果推广

（一）在同行中起到了良好示范作用

我校企业课程体系的校内经营性实训基地内建模式，被纳入"广西教育发展重点工程与体制改革"中。近 3 年来，接待来访的山西省教育厅职教考察团等自治区内外同行 40 批次；多次在全国中职骨干教师培训班以及全自治区中等职业学校校长培训班、中层干部培训班、骨干教师培训班做专题宣讲。

（二）成果得到了领导专家的肯定

刘延东、鲁昕等领导同志均到我校指导工作，并对我校的校企合作形式给

予了高度评价。2013年，我校周海莉同学作为唯一的选手代表在全国职业院校技能大赛闭幕式上发言，获得了刘延东等领导同志的高度肯定；2012年6月，我校莫灿添同学在全国职业院校德育创新暨校园文化建设工作座谈会上作为唯一的学生代表发言，得到了教育部副部长鲁昕同志的高度肯定，并在会后专门要求新闻单位到我校采访宣传。

（三）成果多次被媒体报道宣传

近3年，项目建设成果得到《中国教育报》、《广西日报》、中国教育电视台、柳州电视台等媒体宣传报道42次，取得了良好的公众效益。

六、项目的特色和创新

（1）创新性地提出了"职业学校发展与企业成长依存共进"理论。

系统研究了职业学校发展与企业成长依存共进的关系，提出了两者平衡发展的理论框架，并运用理论指导实践。

（2）创建了"五一体六融合企业课程体系"，具备很强的移植性、可推广性。

（3）将企业课程体系的建设与学校校内经营性实训基地的发展融为一体，使实训基地自带造血功能，经济效益与教学承载能力同步增长。

项目组本着"边研究、边实践、边总结、边完善"的原则，将企业课程建设不断深入，为职业教育及地方经济作出更大贡献！

基于企业需求的高职校企合作育人教改实践
（2014年国家级二等奖·柳职院）

成果完成人：石令明、张翔、林若森、鞠红霞、黎华、黎刚、黎凤环、瞿凡、杨毅、韦林、韦小波、唐冬雷、冯雪萍、周文海、陈文勇、邱福明、张海峰、蒙飚、唐述荣、黄海国、刘柳、林宁、李东航、廖波光、王栋、赖国煌、周礼民、梁新、莫翔明

成果完成单位：柳州职业技术学院

获奖等级：国家级二等奖

在西部地区产业升级发展对人才培养不断提出新要求、职业教育校企合作育人深层问题亟待破解的背景下，柳州职业技术学院围绕如何科学开展校企合作育人这个重难点问题，依托广西教改工程重大项目"基于企业需求的高职校企合作理论研究与实践探索"，与行业代表性企业广西柳工机械股份有限公司、东风柳州汽车有限公司深度合作，专业带头人和企业专家、技术骨干全程参与，认真总结学院多年来校企合作育人的实践经验，以提升人才培养质量为目标，深入开展合作育人的理论研究与教改实践探索。

学院遵循政府主导、行业指导、企业参与的职业教育发展规律，在开放办学、校企深度交融的理念下，依托区域经济，坚持互惠共赢原则，搭建了以企业需求"三阶段四层次"发展规律为主要内容的高职校企合作需求理论框架，构建了基于企业需求的高职校企合作育人系统化教学改革方案。经过7年的实践探索，在提升人才培养质量，强化服务能力的同时，大力推进教改质量工程建设，产生了一批国家级和自治区级高水平、标志性教改成果，人才培养水平得到了明显提高。

一、背景和问题

职业教育具有教育和经济双重属性，遵循政府主导、行业指导、企业参与的发展规律，校企合作是职业教育人才培养模式改革的重大突破口。高职教育是一种教育类型，其人才培养目标定位于培养生产和管理一线的高素质高端技能型人才。教育部在《关于推进高等职业教育改革创新引领职业教育科学发展的若干意见》中明确提出：高等职业教育必须坚持以提高质量为核心，以增强特色为重点，以合作办学、合作育人、合作就业、合作发展为主线。西部地区产业升级发展对人才培养不断提出新要求，职业教育校企合作育人深层问题亟待破解。

随着高职教育的快速发展，校企合作育人的实践案例越来越丰富，一些深层次的问题和矛盾也随之暴露出来。一般来说，有两大类问题：一类是学校不可控的问题，如政府、行业和企业的政策、制度和具体行为；另一类是学校自身经过研究和改革可以控制和改变的问题。在校企合作育人方面，主要存在以下两个亟待解决的、具有普遍性和典型性的教育教学问题：

问题1：高职校企合作育人存在"重实践探索、轻理论提升"倾向。对校企合作育人"是否有规律可循""规律是什么"等问题的研究甚少，缺乏从需求视角分析企业和学校各自的需求特点和规律，缺乏理论指导高职校企合作育人的教学改革实践。学校与企业关系松散，合作内容和方式单一、层次不高，专业建设的市场适应力差，对新技术新工艺的反应慢，严重影响了人才培养的质量。

面临人口红利逐渐消失，学校掌握着重要的人力资源，尽管"校方市场"会逐步改善校企合作这种被动局面，但随着西部地区产业升级发展对人才培养不断提出新要求，高职院校若不及时研究和遵循校企合作育人的规律，人才培养质量将无法满足行业企业人才需求。

问题2：高职校企合作育人存在"重眼前合作，轻长远规划"的倾向。对"如何运用规律提高校企合作育人质量"的研究甚少，对高职校企合作育人的教育教学规律研究甚少，缺乏科学的、可操作的、渗透人才培养各环节的校企合作育人系统化教改方案。学校与企业的合作随意性大，合作不稳定、没有规律、不成体系，人才培养方案难以全面实现，不利于人才培养水平的提高。

二、主要做法

（一）总结经验，构建高职校企合作需求理论框架，并指导校企合作育人实践

结合高职教育校企合作育人的实际案例，深入调查、分析企业和高职院校各自在不同发展阶段的供需特点，研究影响校企合作育人的主要因素，研究企业和学校各自需求的分类、特点和规律，构建高职校企合作需求的理论框架。

高职校企合作需求理论的主要观点是：校企合作育人的重要理念是"紧密依托区域经济，需求互补，资源共享，服务地方"，高职院校和企业在不同发展阶段具有不同的发展需求规律，通过恰当的合作模式和运行机制，二者的部分需求可以互补，双方资源可以实现互享共赢。

（1）企业需求具有"三阶段四层次"的发展规律，对高职院校资源的需求随着企业规模和发展阶段有所侧重。其中，"三阶段"是指临时性合作需求阶段、单项稳定型合作需求阶段和综合稳定型合作需求阶段；"四层次"包括企业的基本生存需求、稳定发展需求、文化与社会认可需求、社会价值实现需求。

（2）学校需求具有"从单向需求到双向需求"的发展规律，处于不同发展阶段的高职院校人才培养工作有不同需求，且这些需求的主要满足途径是通过校企合作方式获得。

（3）高职教育校企合作育人呈现从局部到整体，从低层次到高层次，从松散到紧密合作的发展趋势，具有合作主体多元化、合作内容涉及领域宽、合作形式多样化、合作模式多层次四个特点。

将高职校企合作需求理论应用于指导学院校企合作育人实践。合作前，学院认真遴选合作企业，分析双方需求规律，制定全方位合作育人预案，精心设计合作项目和合作形式，有的放矢地寻找双方合作需求的契合点，确保合作成功率；合作中，按照企业需求发展规律，不断调整合作方案，主动满足企业和学校的现实需求和潜在需求，确保合作质量；阶段性合作结束后，双方共同进行评价和总结反思，促进双方持续高水平合作开展专业建设和教学改革，确保校企双方的需求得到较充分的满足，人才培养质量得到进一步提高。

(二) 建立机制，搭建校企合作育人平台

建立"三元两会一平台"校企合作机制，将校企交流制度化和常态化，即以政府、企业、学院有机互动为前提，学院产学合作委员会和专业建设委员会为支撑，合作教育平台为载体的办学运作方式，搭建了"政府主导、企业参与、学院运作"的开放式资源共享的合作教育平台。学校和企业资源进行合理配置，实现了设备、技术、人力等资源共享。以产促学，学院提高了人才培养效益，企业获得了经济效益，促进了柳州市社会经济发展，实现互惠共赢。

(三) 系统设计，实施校企合作育人系统化教学改革方案

研究校企合作育人的教育教学规律，构建校企合作育人的系统化教学改革方案，以解决校企全程合作育人的难点问题。

1. 深入开展"校企深度交融，工学有机结合"人才培养模式改革

学院依托柳州市的工业优势，结合"以二产类专业为主、三产类专业为辅协调发展"定位，对人才培养进行了顶层设计，构建开放性的校企合作教学平台，推行工作与学习相互融合的教学改革，形成和丰富了学院"校企深度交融，工学有机结合"人才培养模式（见图1）。学校和企业资源共享，全程全方位紧密合作，解决了人才培养的四个关键问题：培养什么人才（目标）、怎样培养人才（途径）、如何建设条件（条件）、如何监控目标实现（制度）。

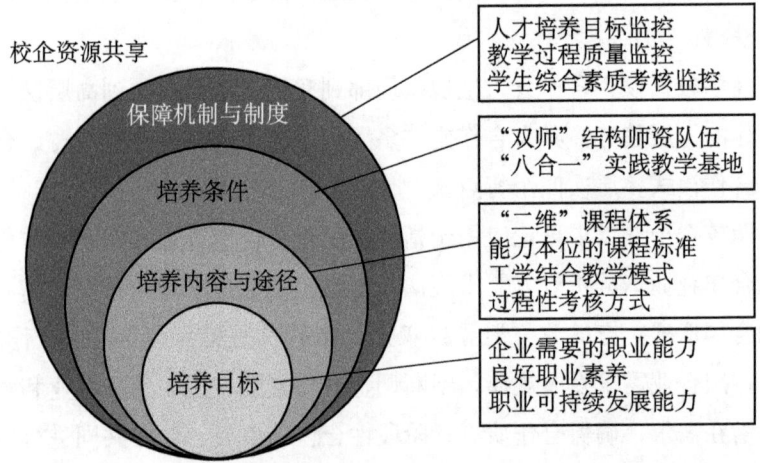

图1 "校企深度交融，工学有机结合"人才培养模式

在学院"校企深度交融,工学有机结合"人才培养模式总框架下,各专业构建具有特色的培养模式,使人才培养既有总体方向又各自体现专业特性。

2. 系统构建校企全程合作育人的标准化流程

要求在每个专业建设过程中,组建由企业专家、教育学专家与校内专业教师、公共课教师、教学和学生管理人员及校内外教学质量监控小组成员等主要参与的多元化团队,制定校企全程合作育人的标准化流程,明确了"社会调研—课程体系构建—课程标准制定—方案论证和审核—实施保障条件设计和建设—方案实施—实施效果反馈"七个规定环节的主要任务、参与人员和操作标准,通过这七个环节的不断循环,全面进行课程体系的开发以及课程标准的建设,持续优化人才培养方案。

用标准化的育人流程来规范人才培养的设计、实施、监控等所有环节,以流程保障质量。

3. 有效实施基于工作过程的"二维"课程体系

坚持企业需求与学生需求并重的原则,充分利用社会资源构建了一个以工作过程为导向的高职教育课程体系"二维"模型(见图2),并从2009年开始,要求全院所有专业设计并实施"二维"课程体系。"二维"模型由"内容"和"形式"两个维度构成。

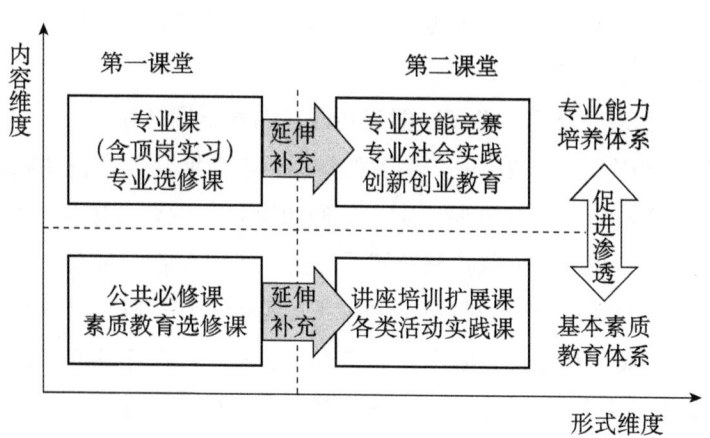

图2 基于工作过程的高职教育课程体系"二维"模型

"内容维度"包括基本素质教育和专业能力培养体系,教学目标均源于企业对学生的需求。基本素质教育体系的主要内容以学生基本素质和职业核心能力的培养为主,重点解决学生"如何做一个社会人"的问题。专业能力培养体系的主要内容以学生专业理论知识和专业技能系统化培养为主,解决学生"如何做一个职业人"的问题。二者相互融合、彼此渗透。

"形式维度"包括第一课堂和第二课堂,第一课堂侧重系统知识的传授和专业技能的培养,以课堂教学为主,是教育教学的主渠道;第二课堂侧重实践锻炼和学生个性的发展,以学生课外实践活动为主。二者是课程体系中不可或缺的重要组成部分,第二课堂是第一课堂的延伸与补充,并实现课程化管理。两个体系相互促进渗透,两个课堂有机结合,共同构成了完整的"二维"课程体系要素。

构建"二维"课程体系,把第一课堂和第二课堂、公共课和专业课彼此关联起来,系统化设计所有教育教学活动,以形成人才培养的整体合力。

4. 大力开展校企共建共管共享的生产性实训基地建设

利用柳州市"区域先进制造业基地和中国西部工业重镇"的区位优势,根据实践教学的"职业性、技术性、针对性、综合性、应用性"等特点以及校内外实训基地的个性化要求,遵循校企共建、资源共享的原则,充分考虑企业在场地、资金、设备、技术上的优势和不足,从企业需求出发,找准校企共建共享实训基地的合作点,开拓思路,探索并实践了多种建设方式,建成一批形式多样的,将生产车间与教室、学生与学徒、教师与师傅、教学内容与工作任务、教学用具与生产工具、作业与产品(作品)、教学与科研、育人与创收"八合一",学产研培服"五位一体"的生产性实训基地。主要模式有"校中厂""厂中校""企业托管""植入式工作站"等。

5. 进一步推进"老总、总工、能工巧匠"的教学团队建设

学院充分发挥"三元两会一平台"的作用,与企业建成利益共同体,各专业教学团队从人才培养工作的需要出发,从柳州市各行业企业中精心挑选"老总、总工、能工巧匠"和劳动模范担任兼职系主任、兼职专业带头人、兼职教师和兼职德育辅导员,与系领导班子共同谋划系部发展和专业规划,与专职教师一道进行社会调研、开展课程建设、制定并实施人才培养方案,打造了"系部领导班子有老总""专业带头人团队有总工""骨干教师队伍有能工巧匠"专兼结合的专业教学团队。

通过把"老总、总工、能工巧匠"引进教学团队,不同层级的企业人员在人才培养中发挥不同的角色作用,使校企之间既有战略性的合作,也有一线教学的参与。

6. 构建并完善高职校企合作育人工作绩效评价体系

通过开放式问卷、访谈及资料分析的方法，对校企合作工作绩效评价的主体、评价指标、评价内容、评价方法、评价标准进行研究，制定了高职校企合作工作绩效评价体系，评价内容包括合作资源、合作过程、合作效果三个方面共 9 个维度。其中，8 个维度由学校进行评价，"企业需求满意度"作为一个重要评价维度，由企业进行评价。编制了企业需求满意度问卷，从社会环境氛围、学校办学水平和实力、校企合作机制、毕业生质量、学校服务 5 个维度评价企业对校企合作开展效果的满意程度。

以校企合作共同提高人才培养质量为出发点和落脚点，校企双方作为评价主体，将企业需求满意度融入绩效评价体系，为高职院校校企合作育人工作绩效评价提供基本思路，通过完善校企合作评价体系，使校企合作育人实践得以良性发展。

三、主要成效

依托区域经济，校企紧密合作，大力推进教改质量工程建设，教改成果显著，获得一批国家级和自治区级高水平、标志性教改成果，人才培养质量得到极大提高。

（1）学生质量：学院连续 13 年获得"自治区高校毕业生就业工作先进集体"荣誉称号。学生就业率达 95% 以上，平均薪酬在 2 000 元以上。

（2）专业建设成果：校企合作共同建成国家级示范重点专业 6 个，国家支持高等职业学校提升专业服务能力项目 2 个，国家级教学资源库建设子项目 3 个，自治区级特色专业 9 个。100% 专业开展两阶段顶岗实习。

（3）课程建设成果：校企合作共同建成国家级精品资源共享课 5 门。100% 专业校企合作建成工作过程为导向的"二维"课程体系。

（4）教学团队建设成果：校企合作共同建成国家教学团队 1 支、自治区级教学团队 8 支，培养出国家级名师 1 名、自治区级名师 5 名。形成系部领导班子有"老总"、专业带头人团队有"总工"、骨干教师队伍有"能工巧匠"的教学团队。

（5）实训基地建设成果：校企合作共同建成国家级职业教育实训基地 3 个，自治区级示范性高等职业教育实训基地 13 个，柳州市级千万元实训基地 3 个。

（6）学生专业技能竞赛成果：获得国家级奖励 245 多项，自治区级奖励 950 多项。

（7）教师技能竞赛成果：获得国家级奖励 40 多项，自治区级奖励 70 多项。

四、研究成果的创新点

（一）提出一个源自实践、立足工业城市的高职校企合作需求理论，理论研究有所突破

围绕如何科学开展校企合作育人，以满足西部产业升级发展对人才培养的新要求等问题，与行业代表性企业全程合作，对高职校企合作育人的特点和规律进行分析，从实践中凝练出以企业需求"三阶段四层次"发展规律为主要内容的高职校企合作需求理论。提出企业需求存在"临时性合作—单项稳定型合作—综合稳定型合作"三个阶段，以及"基本生存需求、稳定发展需求、文化与社会认可需求、社会价值实现需求"四个层次的发展规律，高职教育校企合作育人呈现从局部到整体，从低层次到高层次，从松散到紧密合作的发展趋势等主要观点，进一步丰富了职业教育校企合作理论。

（二）提出了科学的、可操作的高职校企全方位合作育人教学改革方案，实践探索有所突破

基于校企合作需求理论，构建了高职校企合作育人系统化教学改革方案，并在机制建设、人才培养模式改革、合作育人流程制定、课程体系构建、课程标准制定与教学改革、生产性实训基地建设、教学团队建设以及评价体系完善等人才培养各个环节，遵循企业需求发展规律，灵活调整校企合作内容，充分整合双方优质资源，形成"校中厂""厂中校""企业托管""植入式工作站""企业订单班"等主要合作育人形式，实现校企生利益最大化，教学改革成效显著，人才培养质量持续提高。为高职院校提供了科学的、可操作的、可借鉴的校企全方位合作育人的新思路与教改实践范例。

五、应用效果与推广价值

（一）在学院内的推广应用和效果

项目成果应用于 46 个专业，使近万名毕业生和 1 万名在校生以及 400 多名

教师受益。学院连续13年被评为"全区高校毕业生就业工作先进集体",毕业生平均起薪为2 000元以上。学生技能竞赛获国家级奖励245多项,自治区级奖励950项。专业、课程、实训基地、师资等专项获国家级项目33个,自治区级项目58个。学院办学水平和人才培养质量大幅度提高。

(二)在国内职业院校的推广应用和效果

150多所自治区内外本科、中高职院校约2 000多人次分享了校企合作育人的理论框架、教改方案、实践范式等方面的经验;在50多所职业院校进行专题讲座和交流;指导近10所中职国家示范校创建申报工作,承担5所国家示范中职学校教师职业教育教学能力培养工作;多次在国内学术研讨会上进行交流,《中国教育报》《光明日报》等国内知名媒体多次报道,合作育人典型案例先后入选2012年、2013年《中国高等职业教育人才培养质量年度报告》。

(三)对职业教育研究的贡献

出版专著2部,编著1部(待出版),发表论文76篇,撰写了27篇近16.2万字的专题研究报告和13篇近4万字的实践案例,编写了一套校企合作管理制度,为丰富高职教育校企合作理论研究作出了较大贡献。

(四)在区域经济中的推广应用和效果

毕业生就业率达95%以上,70%以上在广西壮族自治区就业,60%在柳州市就业;提供各类培训3.3万人次;为40多家企业提供生产服务,年总产值超过2 500万元;为企业提供技改和研发项目100多个;申报专利170项,获专利41项,为"柳州制造"向"柳州智造"发展作出了积极贡献。

企业购买课程校企互动双赢的"双循环"课程开发模式创新与实践
（2014年国家级二等奖·商校）

成果完成人：李柳缤、吕志宁、杨林钟、黄强新、李远来、莫静宁、杜娟、汪茜、杨莉荪、覃一平、蓝竹梅

成果完成单位：广西商业学校

获奖等级：国家级二等奖

一、改革的背景

广西商业学校多年来构建基于"工学结合"的"岗位技能＋商科职业素质"的人才培养模式和课程体系，培养"讲诚信、守规则、精技能、懂经营、会合作"的商科复合型技能人才。但是，与大多数中职学校一样，学校面临课程与岗位脱节，企业参与课程开发动力不足，教师实践能力与教学目标要求不匹配，服务营销教师到企业实践难的问题。为此，学校积极探索校企合作开发岗位对接课程新模式，开辟培养"双师型"教师的新途径。

二、改革的目标及思路

学校确定了以提高服务营销人才培养质量为目标，以开发岗位对接课程为突破口，以校企合作为主线，以企业购买课程为校企合作的利益结合点，推进企业全程参与课程开发，确保课程开发的质量，形成校企互通的优秀课程库。深化课程在学校和企业的双向推广，建设会经营、懂教学的"双师型"教师队伍，同时，通过企业购买课程服务企业，实现校企融合双赢。

三、改革的措施及成果

（一）搭建课程开发与有偿服务企业为一体的教师实践平台，解决企业参与职校课程开发动力不足的问题

1. 注册成立柳州市海越管理咨询服务公司，使之成为融课程开发与有偿服务企业为一体的教师实践平台

企业通过公司向学校购买课程，产生校企利益的结合点，将学校为企业有偿服务转化为校企合作开发课程，并引进第三方课程评价机制，让课程与教师接受市场的检验和评价，打造"双师型"教师队伍，实现校企互动共赢。

2. 创新课程开发"十步骤"，用合同形式规范企业参与课程开发全过程

科学的开发流程是课程质量的保障。企业购买课程的合同规范了校企双方在课程二次开发中的责、权、利，企业受利益驱动会主动配合学校课程开发和实施全过程。企业为教师到企业体验、收集工作案例、完善课程内容提供方便，确保岗位与课程的对接。课程经企业课前评审合格后，在企业和学校进行双向推广和实施，校企共同评价、优化和修订课程，不断提高课程质量。课程被不同的企业购买和推广，汇集了更多的教学案例，丰富了学校依托课程服务企业的经验和课程教学资源。

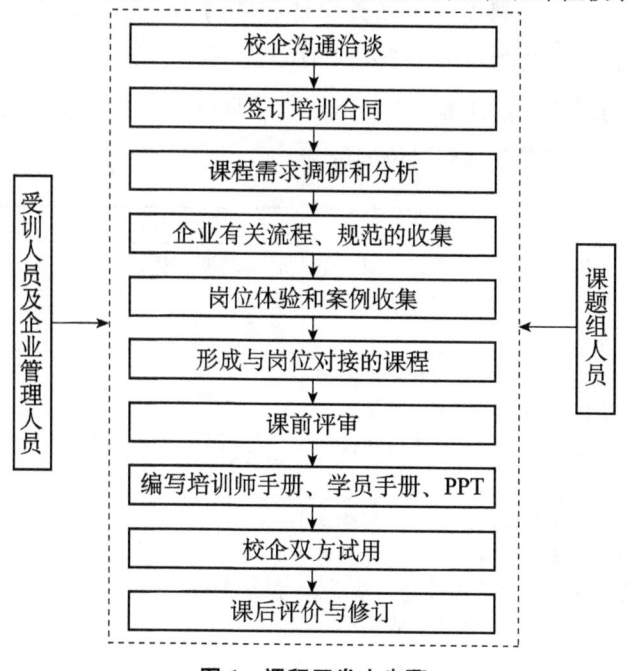

图 1　课程开发十步骤

3. 形成了"企业需求调查—学校开发课程—校内教学使用—企业购买课程—企业员工内训—校企修订优化"的"双循环"课程开发模式

企业购买课程将课程开发的学校需求转变为企业需求,学校行政行为转变为市场行为,从而改变学校在校企合作开发课程中的被动局面,创新了课程开发新模式。

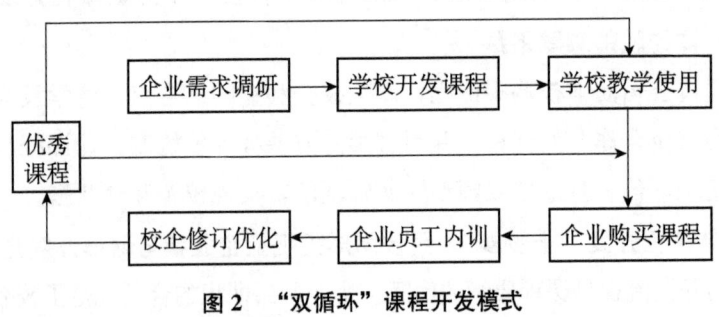

图 2 "双循环"课程开发模式

(二) 建设优秀课程库,解决课程与岗位脱节的问题

1. 开发服务营销系列岗位对接课程

柳州市海越管理咨询服务有限公司以岗位需求确定课程的设置,以培养职业能力组织课程内容,以典型工作任务设计教学活动,开发了基础素质、销售技能、服务营销、管理技能四大类 20 多门课程。店长管理实务、推销技巧、门店销售技巧、卖场岗位综合训练、客户服务技巧训练,成为学校的精品课程。课程在校企双向推广,实现教学与岗位的融合。

类别	主要课程	对接岗位	受训对象
基础素质类	商务礼仪、人际沟通训练、团队拓展训练、服务营销理念、新员工入职训练	通用培训课程,目的是提升员工的基本素质	企业新员工;在校学生
销售技能课程	卖场岗位综合训练、门店销售技巧、手机销售技巧训练、营销人员技能训练、商务沟通首次拜访技巧训练	专卖店销售岗、营业厅、电话营销等一线销售岗位	营业员、营销员、导购员、话务外呼人员等;学校营销类相关专业学生
服务营销课程	精准客户服务技巧训练、广西移动案例大讲堂、中国移动营业厅服务规范训练、电话沟通技巧与演练、餐厅(包厢)服务规范、收银员规范训练	服务营销类岗位	收银员、服务员、销售客服人员;学校服务营销类专业学生

续表

类别	主要课程	对接岗位	受训对象
管理技能课程	店长管理实务、广西联华超市店长特训营、移动通信店长特训营、商品流通企业进销存、现代超市培训教材	服务、营销一线管理岗位	主管与领班、超市店长、移动营业厅经理；学校服务营销类专业学生

2. 校企合作编写校企适用教材

教材突出实用性、可操作性。编写的教材有《推销技巧》《客户服务技巧训练》《卖场岗位综合训练》《店长管理实务》《门店销售技巧》《现代超市经营管理培训》《营业厅现场管理培训》《手机销售技巧》《ERP沙盘对抗训练》《POS收银系统培训》。

3. 形成独特的校企对接教学模式和方法

我校在企业多年的培训实践中建立了稳定的教学活动结构框架和程序，形成了新的教学模式，并运用行动导向教学方法，如角色扮演法、案例分析法、调查法、项目教学法、引导文教学法、四段教学法、微观教学法，有效调动了受训者的积极性。

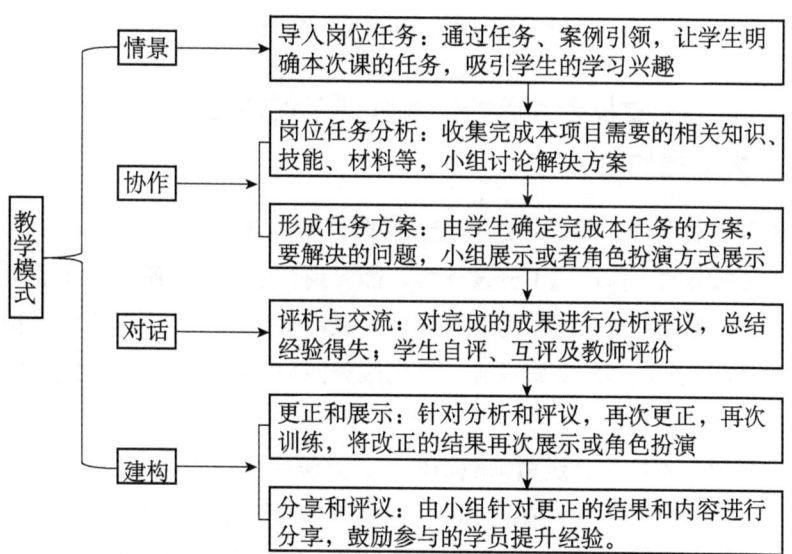

图3　形成独特的岗位对接教学模式和方法

4. 引进"一个门槛、三方评价、四个环节、六个等级"的校企联动的第三方课程评价机制

企业购买课程在校企双方推广实施，实施的效果需经受市场的检验和评价。

企业购买课程用于企业内训的第三方评价机制，整合了企业员工自身能力提升的需求、企业发展对人才的要求、客户满意对企业的诉求。企业购买课程用于校内教学的第三方评价机制，将课程设置、教学质量、行业标准、企业需求、学生特点同步整合，形成了科学合理的教学质量评价机制。

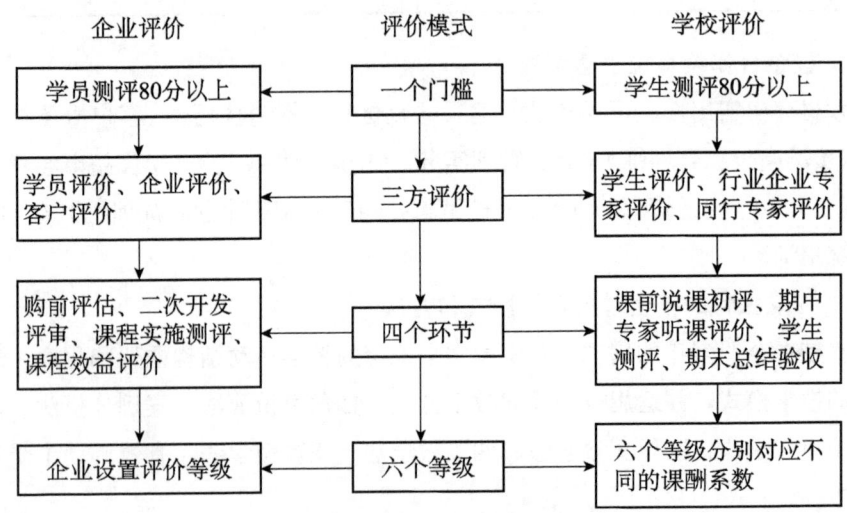

图4　校企联动的第三方评价机制

（三）锻造一支校企互通的"双师型"教师团队，解决营销服务教师职业能力不强的问题

1. 参与课程开发，促进理念转变、实践能力提升

教师在真实的工作环境下开发课程，需要到企业一线调研，到企业进行岗位实践，从单纯的课程教学转变为职场体验。教师参与企业购买课程的营销，获得真实的营销服务全过程的实践经验，营销服务能力得以提升，在实践中转变职教理念。

2. 课程双向实施，促进教师教学内容、方法的改革和创新

企业购买课程的双向实施，要求课程内容与岗位需求对接，教学方法与员工（学生）能力提升对接，教学情景与工作情景对接，教学过程与工作过程对接，教学评价与员工需求、岗位要求、客户期待对接，促使教师改革教学内容、教学方法。

3. 引进第三方评价机制，引导教师职业生涯的发展

学校引进第三方评价机制，由学生、企业员工、行业专家等组成评价人员，

同步整合企业要求、行业标准、学生特点。评价指标体系体现了对教师职业胜任力的要求，评价结果与绩效挂钩，更好地发挥评价机制以评促建、以评促改、以评促学的作用，引导教师的专业化发展。

四、成果的推广应用效果

（一）学生学习热情空前高涨

企业与学校深度融合，开发了基础素质、销售技能、服务营销、管理技能四大类课程，如人际沟通训练、精准客户服务技巧训练、新员工入职训练等20多门优质课程，编写了《客户服务技巧训练》《现代超市经营管理培训》《ERP沙盘对抗训练》等10本校企通用教材，课程采取团队竞赛互动式学习的教学模式，内容实用、操作性强，极大地激发了学生的学习兴趣，学校曾以给学生增加课时作为对学生的奖励。10年来，受益学生达万人以上，学生对教学的满意度在98%以上。

（二）学生岗位适应期明显缩短

课程将变化多端的商务过程进行梳理，提炼出直观、可反复训练、操作性强的解决问题的工具，成为学生进入企业岗位的职前训练和就业后的工作指南。例如，负面情绪自我调适三步法；赢得领导赏识与信任的三个关键；优秀员工的三大特质修炼；处理顾客投诉的7个步骤；赢得订单的三部曲；赢得客户的12个电话；优质服务的五项修炼等。学生反复训练形成商务技能，能够很快适应岗位。与江苏中和贸易公司合作的"店长订单班"学生顶岗实习半年内就有60%的人当上副店长，一年后，90%都升为店长。学生在上海大蔬无界餐饮公司的出色表现，促进了上海烹饪餐饮协会主动与我校进行深度合作。

（三）企业效益显著提升

100多家企业购买课程做内训，受训人数约2万人。内训过程结合工作实际，通过团队竞赛、情景模拟、角色扮演、案例分析等形式，让学员学以致用。购买课程的广西铁通公司多年处于通信行业客户满意度调查第一名，参加全国客户服务技能比赛获得一等奖；柳州移动公司客户服务在接受课程内训后，客户满意度获得移动系统第一名；贺州电信客服人员在接受上门服务能力提升课程内训后，客户投诉率下降 50%；广西联华超市获得全国世纪联华店长陈列比赛三等奖，培训师在培训课件比赛中获得第一名。

（四）一批校企互通"双师型"教师脱颖而出

培养国家级职教名师 1 人，省级职教名师 2 人；学校获省级以上教改成果一等奖 3 个；获省级以上教学比赛一等奖 5 个。一批教师成为进得了企业，上得了课堂的"双师型"教师；多名教师不但成为学校教学改革的核心骨干，也是多家企业聘请的企业顾问和兼职培训师；一些教师甚至还外包企业业务，既是企业一线实践的行家里手，又是中职教育的专家。

（五）课程效应提升学校品牌，在同行学校中起到示范作用

项目成果在全国同行学校推广过程中，受到职教教师的一致好评。吕志宁老师曾经受到中国职业教育技术学会邀请，到成都、广州、济南、桂林、珠海、厦门等地的全国职教骨干师资培训中推广应用成果，引起强烈反响。目前，已有多所职业院校到学校考察研讨。李柳缤、吕志宁老师曾受广西人力资源与社会保障厅邀请，在全自治区教学骨干培训中推广该成果。2011—2013 年，受邀在广西科技大学、广西师范大学职业技术师范学院、广西师范学院、广西财经学院等全国或全自治区性的骨干师资培训中推广，受到学员的一致好评。目前，成果在国内近 20 所职业学校、4 000 人次骨干教师培训中推广应用，在同类中职学校中起到示范引领作用。

多年的耕耘，换来累累的硕果。2010 年，学校被广西商务厅确定为柳州市商务人才培训基地；2013 年，市场营销、电子商务、会计专业被中国商业联合会评为全国商科特色专业，一批优质企业主动与学校开展深度合作。

五、成果的创新

（一）课程开发模式创新——企业购买，校企互动的"双循环"课程开发模式

目前，通过校企合作开发课程实现产教融合，已成为职校的普遍共识。但企

业只注重过程，不关注结果和质量的问题成为校企合作开发课程的"瓶颈"问题。企业购买课程，形成"企业需求调查—学校开发课程—校内教学使用—企业购买课程—企业员工内训—校企修订优化"的"双循环"课程开发模式，创新地解决了企业参与课程开发动力不足的问题。

（二）教师培养途径创新——在真实的服务营销环境"学、做、教"中，校企共育"双师型"教师培养途径

目前，中职学校服务营销的教师面临靠经商提升实践能力不可行，到企业实践又因商务活动的特点限制不允许。企业购买职校课程，会主动为课程开发提供真实的岗位需求，为教师提位岗位实践的机会，为收集企业资料、工作案例提供方便。教师在企业内训中，向企业专家、岗位能手、销售高手跟岗学习，并将亲身体验的案例带到课堂，让学生反复演练，形成"条件—问题—解决方案"的教学方法，教会学生"判断事件—决策处理—行动解决"的能力，上课如上岗，教师的实践能力、职业素养、教学能力得以快速提升，开辟服务营销教师培养的新途径。

（三）课程评价机制创新——校企联动的"一个门槛、三方评价、四个环节、六个等级"的第三方的教学质量评价机制

目前，职业学校课程评价存在评价主体单一，缺少课程服务的终端——企业的参与。"双循环"模式下"一个门槛、三方评价、四个环节、六个等级"的第三方的教学质量评价机制，校企都以受训者满意为门槛，将课程服务的终端企业和客户分别纳入校企课程评价的主体，使评价结果更具客观性、社会化。学校第三方评价结果与绩效挂钩，突破了教学质量难以量化考核的难题。

后 记

自 2005 年以来，教育部先后与多省区共建"职业教育改革试验区"。以"试验区模式"探索深化职业教育体制改革，完善中国特色社会主义教育制度体系建设。2009—2013 年，广西壮族自治区与教育部合作共建"国家民族地区职业教育综合改革试验区"，广西壮族自治区教育厅与柳州市人民政府共建"民族地区职业教育改革发展示范区"。随着试验建设的扎实、有效推进，已逐步形成以柳州市为核心的职业教育改革建设新局面，职业教育发展特色明显、成绩斐然：两次获评为"全国职业教育先进单位"，"职业教育伴随企业走出去"受时任教育部长袁贵仁点名表扬，成为全国首批现代学徒制试点城市……

柳州职业教育发展从"特色"到"模式"，得到了各级领导、专家学者和社会各界的高度关注和殷切期盼：自治区教育厅黄雄彪副厅长、李栋学处长、覃壮才处长曾多次要求做好职业教育发展柳州特质的总结凝练工作；国内知名职教专家姜大源、赵志群、刘育锋、徐朔、郭扬、高鸿、徐国庆等人都对柳州职业教育发展进行过热心的指导；2011 年，是"柳州模式"概念的发轫之年，该年 3 月，韦晓明在《广西教育》发表了《职教园区建设的"柳州模式"》一文，论述了柳州工业职教园实现了校和校、校和城、产和教等多方面的互动融合、带动了整个柳州职业教育发展，这是最早提出"柳州模式"概念的学者。5 月，时任柳州市市长郑俊康作为唯一一个地级市代表在全国职业教育工作会议上作了典型经验介绍后，《职业技术教育》杂志社随即刊文《广西攻坚——民族地区职业教育发展的样本：柳州模式》进行聚焦，从满足先进制造业基地的人才需求、面向"三农"、品牌立校三个方面阐释了作为柳州第四张名片的职业教育。2019 年 2 月，潘旭阳等在《职业技术教育》上发表《现代职业教育改革发展示范区建设的路径选择——以广西现代职业教育改革发展示范区建设为例》一文，对职业教育"柳州模式"进行了概括阐释，在真正意义上体现了柳州职业教育特质。

2017年3月28日,市委常委、宣传部长焦耀光副市长代表柳州市人民政府与广西壮族自治区教育厅签订共建"广西现代职业教育改革发展示范区"协议,为更好地总结柳州职业教育成功经验,提炼职业教育发展"柳州模式",柳州市教育局高屋建瓴地牵头成立了以潘旭阳副局长为组长的"柳州市职业教育'柳州模式'的研究和创建"项目组,项目执研两年来得到自治区教育厅、上海教育科研究院、柳州市职业教育研究所以及柳州市各职业院校人力、物力和财力上的大力支持,产生了丰硕的理论和实践成果,《职业教育发展柳州模式》一书就是其一。2019年3月1日,项目顺利结题,由马庆发、徐国庆、徐朔、岳龙和施新生组成的项目结题评审专家组给予项目很高的评价:

"职业教育'柳州模式'的研究与创建"课题是一个很有价值的课题。课题组在充分调研的基础上,总结提炼了柳州职业教育模式。

该课题研究成果由三部分组成:柳州市职业教育发展调研报告、职业教育发展"柳州模式"(理论卷)和职业教育发展"柳州模式"(实践卷)。

理论卷揭示了柳州职业教育模式的特色:校企深度合作和产教广泛融合。主要体现在:政府在顶层设计、政策推进和高效管理等方面发挥主导作用;多种纽带形成校企命运共同体;全方位产教融合,突破一所学校、单一学历层次的专业教育,形成覆盖多岗位、涵盖各个层次的专业集群建设。

实践卷聚焦柳州市职业教育发展特色,围绕重点、难点和热点问题,从立德树人、体制创新、校企合作、专业建设、课程改革、师资培养、质量保障、国际合作八个方面,佐证了柳州职业教育模式"政府领航、双元一体、教产相伴、融合发展"的鲜明特征。

柳州职业教育因地制宜形成的"柳州模式",为其他地区职业教育发展提供了借鉴意义,对新时代职业教育的改革和发展具有重要的示范价值。

从2017年4月和9月项目组开展两次大规模调研,到2018年4月形成职业教育发展"柳州模式"撰写提纲,8月初稿出炉,再到2019年3月书稿付梓。两年来,尽管项目组全体成员付出了大量的时间、精力和心血,但由于时间仓促,水平有限,挂一漏万,值得商榷的地方很多,热忱地欢迎职教同人和各界专家批评指正,以期再版时修正,使之臻于完美。

本书编撰了立德育人、体制创新、校企合作、专业建设、课程改革、师资培养、质量保障、国际合作、教学成果共9篇31个典型案例、8个教学成果、36

篇发表的相关核心论文，编委们在潘旭阳、史庭宇、周海燕、李莉等人带领下做了大量艰辛而细致的编撰工作，全书最后由潘旭阳、史庭宇统稿。

编　者

2019年3月